Wolfgang Kraemer / Michael Müller (Hrsg.)

Corporate Universities und E-Learning

Wolfgang Kraemer/Michael Müller (Hrsg.)

Corporate Universities und E-Learning

Personalentwicklung und lebenslanges Lernen

Strategien – Lösungen – Perspektiven

Die Deutsche Bibliothek – CIP-Einheitsaufnahme
Ein Titeldatensatz für diese Publikation ist bei
Der Deutschen Bibliothek erhältlich.

Dr. Wolfgang Kraemer ist Geschäftsführer der imc information multimedia communication GmbH, Saarbrücken und Mitglied des Schmalenbach Arbeitskreises „Online- Aus- und Weiterbildung". Darüber hinaus leitet er die Schmalenbach Arbeitsgruppe „Corporate Universities".

Michael Müller ist Geschäftsführer der LMC Lean Manufacturing Consulting GmbH.

Schriftleitung:
Daniel Heyman ist Senior Consultant der imc information multimedia communication GmbH, Saarbrücken.

1. Auflage Dezember 2001

Alle Rechte vorbehalten
© Betriebswirtschaftlicher Verlag Dr. Th. Gabler GmbH, Wiesbaden 2001

Lektorat: Ralf Wettlaufer / Brit Voges

Der Gabler Verlag ist ein Unternehmen der Fachverlagsgruppe BertelsmannSpringer.
www.gabler.de

Das Werk einschließlich aller seiner Teile ist urheberrechtlich geschützt. Jede Verwertung außerhalb der engen Grenzen des Urheberrechtsgesetzes ist ohne Zustimmung des Verlags unzulässig und strafbar. Das gilt insbesondere für Vervielfältigungen, Übersetzungen, Mikroverfilmungen und die Einspeicherung und Verarbeitung in elektronischen Systemen.

Die Wiedergabe von Gebrauchsnamen, Handelsnamen, Warenbezeichnungen usw. in diesem Werk berechtigt auch ohne besondere Kennzeichnung nicht zu der Annahme, dass solche Namen im Sinne der Warenzeichen- und Markenschutz-Gesetzgebung als frei zu betrachten wären und daher von jedermann benutzt werden dürften.

Umschlaggestaltung: Ulrike Weigel, www.CorporateDesignGroup.de
Druck und buchbinderische Verarbeitung: Lengericher Handelsdruckerei, Lengerich
Gedruckt auf säurefreiem und chlorfrei gebleichtem Papier
Printed in Germany

ISBN 3-409-11855-1

Vorwort

Das im Rahmen der Aus- und Weiterbildung in Hochschulen und Unternehmen vermittelte Wissen unterliegt immer schneller werdenden Veränderungen und es entstehen ständig neue Wissensgebiete. Die Innovationszyklen sind in einigen Bereichen bereits so kurz, dass eine Wissensvermittlung über die erfolgsrelevanten Methoden und Verfahren im Unternehmen mit herkömmlichen Bildungsmaßnahmen nicht geeignet ist, da die Gesamtdauer der flächendeckenden Bildungsmaßnahme den Innovationszyklus übersteigen würde.

Zeitpunkte und Dauer des Wissenserwerbs werden durch die Notwendigkeit zum lebenslangen Lernen verändert. Die Wissensakkumulation, die bisher schwerpunktmäßig im Vorfeld der Berufstätigkeit stattfindet, wird bis zum Ende der Berufstätigkeit ausgeweitet. Lernen wird somit zu einem lebenslangen Prozess und kann nicht mehr als abgeschlossene Lebensphase betrachtet werden (Life Long Learning). Das Lernen auf Vorrat wandelt sich somit zum Lernen auf Abruf. Daraus resultiert die Notwendigkeit zur grundlegenden Neugestaltung sowie dem Management von Lern- und Wissensprozessen in Unternehmen (Learning Process Engineering). Jürgen E. Schrempp, Vorstandsvorsitzender der DaimlerChrysler AG und Initiator der DaimlerChrysler Corporate University, führt dazu aus:

> *„Wir werden nur dann nachhaltig zu den weltbesten Unternehmen gehören können, wenn wir das riesige Potential an Ideen, Erfahrungen und kreativer Energie, das in unserem Unternehmen steckt, in Innovationen, neue Prozesse, neue Produkte und neue Märkte umsetzen können. Und wenn wir Kernkompetenzen quer durch den Konzern systematisch stärken und neu entwickeln".*

Dies zeigt auch, dass die Mitarbeiter nicht nur als handelnde Subjekte des Wandels und der Innovation angesehen werden, sondern dass sie ebenso auch Objekt der Innovation sind, dass sie fortwährend „entwickelt" werden müssen, damit langfristig ihr persönlicher und damit auch der Erfolg des Unternehmens gewährleistet ist. Die Unternehmen sind sich zunehmend dieser Verantwortung bewusst und belassen es nicht bei der Formulierung von Anforderungen für das lebenslange Lernen ihrer Mitarbeiter, sondern schaffen durch den Aufbau von firmeneigenen „Corporate Universities" auch die notwendigen Rahmenbedingungen. In Deutschland sind dies beispielsweise Unternehmen wie Bertelsmann, DaimlerChrysler, Deutsche Bank, Deutsche Lufthansa, e.on, KPMG, Merck, mg technologies oder SAP.

Corporate Universities sollen das organisatorische und individuelle Lernen in Unternehmen anregen und fördern und dabei die Unternehmensziele in Lern- und Wissensziele transformieren. Das Management der Lern- und Wissensprozesse in Unternehmen wird somit in Form einer Corporate University institutionalisiert. Der Vorteil der

Verbreitung von „Best-Practice-Wissen" durch die Corporate University liegt darin, dass dieses Wissen so auch an anderen Stellen im Unternehmen sinnvoll genutzt werden kann: Zum einen liefern diese Musterlösungen Anregungen zur Lösung ähnlicher Probleme, die an anderen Stellen im Unternehmen auftreten, zum anderen wird so vermieden, dass zur Lösung des gleichen Problems erneut Zeit und Ressourcen aufgewendet werden, obgleich an einer anderen Stelle im Unternehmen schon eine Lösung für eben dieses Problem existiert.

Die zunehmende Etablierung von Corporate Universities auch in Europa unterstreicht zudem die Bedeutung der Themen lebenslanges Lernen, Mitarbeiter- und Personalentwicklung sowie Wissensmanagement in Unternehmen, wenngleich der Begriff für ein breites Spektrum von unternehmensspezifischen Lernaktivitäten verwendet wird.

Der erfolgreiche Betrieb einer Corporate University ist maßgeblich von der IT-Unterstützung abhängig. So können sich zum Beispiel die Mitarbeiter mit sogenannten Employee Self Services individuelle Lernarrangements zusammenstellen und zu entsprechenden Lernangeboten anmelden. Durch den Einsatz von Internet-Technologien entstehen gleichzeitig innovative Nutzeffekte, die den Wissensaustausch in virtuellen Lerngemeinschaften unabhängig von Raum und Zeit ermöglichen. Es ist darum konsquent, dass der Aufbau der europäischen Corporate Universities mit der Implementierung von E-Learning-Strategien in Unternehmen zusammenfällt. Die Bundesbildungsministerin Edelgard Buhlman stellt hierzu fest „..netzbasiertes Lernen ist zentrales Thema der Zukunft". Die Lernenden können so flexibel und bei Bedarf die Bildungsangebote unabhängig von tradierten Zeitrastern kosteneffizient nutzen, ohne auf Kommunikation und Interaktion verzichten zu müssen. Unternehmen können dadurch eine homogene und schnelle Distribution von Wissen realisieren. Das Lernen wandelt sich vom meist passiven und anonymen Konsum in Präsenzveranstaltungen hin zum individuellen Lernprozess, bei dem die Lernenden ihre Lernumgebung, die Lernschritte und Lernzeiten und das Lerntempo individuell und autonom gestalten können. Dies fördert die Entwicklung einer Lern- und Arbeitskultur, die von den Lernenden selbst getragen und weiterentwickelt wird. Über die räumliche und zeitliche Entkopplung der Wissensvermittlung hinaus, eröffnen die Imaginations- oder Cyberpotentiale interaktiver E-Learningsysteme vielfältige Chancen zur didaktisch-pädagogischen Anreicherung, Belebung und Neugestaltung von Lern- und Wissensinhalten. Weiterhin eröffnen solche Lernsysteme den Lernenden eine effiziente Lernerfolgskontrolle. Teletutoren, die mittels Email oder Videokonferenz für Rückfragen zur Verfügung stehen, gewährleisten eine individuelle Betreuung der Lernenden.

Das vorliegende Buch beschreibt erprobte Strategien und Konzepte für den Aufbau von Corporate Universites und die Einführung von E-Learning in Unternehmen. Anhand von Fallbeispielen werden konkrete Lösungen aufgezeigt.

Im ersten Teil des Buches werden die Aufgaben und Ziele von Corporate Universities aus eher theoretischer Sicht beschrieben – mit vielen Verweisen auf konkrete Erscheinungsformen und Projekte. In der Summe ergibt sich daraus ein Gesamtbild, das in einer Klassifizierung der Instrumente und einer Typologie der Organisationsformen subsummiert wird. Mit der Operationalisierung der Lernszenarien, die von Corporate Universities unterstützt werden und der Spezifikation ihrer Leistungsbeziehungen zu Bildungspartnern in Lernallianzen, werden die bekannten Begriffserklärungsansätze weiter konkretisiert.

Ein Element dieser organisationalen Virtualität der Corporate Universities ist ihre Netzwerkbildung mit externen Bildungspartnern: Hochschulen, Business Schools und Beratungsunternehmen treten als Content Lieferanten auf, sind aber zugleich auch Bildungspartner, da die Corporate Universities zu „Sponsoren" für die fachlich-wissenschaftliche Konzeptentwicklung avancieren. Diese an der Praxis der Managemententwicklung erprobten Konzepte fließen später in die Lehre ein oder unterstützen das Branding der Partner. Auf die Rolle der externen Partner innerhalb solcher Lernallianzen wird ausführlich im zweiten Teil dieses Buches auch unter dem Aspekt des E-Learning eingegangen.

E-Learning bringt nicht nur neue Möglichkeiten für die Personalentwicklung, sondern bedeutet auch eine Fülle neuer Aufgaben und Themen für diese Funktion im Unternehmen. Im dritten Teil werden deshalb E-Learning-Konzeptionen im Rahmen der Mitarbeiter- und Führungskräfteentwicklung vorgestellt: Von der Entwicklung einer E-Learning Strategie und –Projektplanung über die Unterstützung von Präsenzveranstaltungen durch E-Learning (blended learning) bis hin zu didaktischen Grundlagen und „eContent"-Konzepten.

Auf der Basis von Fallstudien werden im vierten Kapitel Realisierungsansätze von Corporate Universities vorgestellt, deren Gestaltungselemente als Orientierung für die Konzeption und Realisierung weiterer Corporate Universities dienen können. Eine Auswahl der wichtigsten Corporate Universities und Managementakademien deutscher und internationaler Konzerne ist in Fallbeispielen vertreten – mit Beschreibungen zur Strategie, organisatorischen Verankerung, Zielgruppen, Personalentwicklungskonzepten, Implementierungsstrategien, Lernallianzen und Business Modellen.

Die Herausgeber danken den Autoren für ihre Mitarbeit und termingerechte Lieferung der Beiträge – insbesondere denen, die Fallbeispiele aus der Unternehmenspraxis lieferten und damit über ihre internen betrieblichen Zielsetzungen und Konzepte bereitwillig Auskunft gaben.

Dem Gabler Verlag, vertreten durch den Cheflektor Herrn Ralf Wettlaufer, danken wir für seine redaktionelle Unterstützung.

Unser besonderer Dank gilt Herrn Dipl.-Volkswirt Daniel Heyman für die Übernahme der Schriftleitung und der damit verbundenen umfangreichen Betreuung des Manuskriptes und der Autoren, die er neben seiner Tätigkeit als Senior Consultant bei der imc GmbH vorbildlich meisterte.

Saarbrücken, Stuttgart im August 2001

Dr. Wolfgang Kraemer   Michael W. Müller

Inhaltsverzeichnis

Vorwort V
Autorenverzeichnis XV

1. Corporate Universities – Aufbruch in ein neues Lernparadigma

Dr. Wolfgang Kraemer, Stefanie Klein
imc information multimedia communication GmbH, Saarbrücken
Klassifikationsmodell für Corporate Universities 3

Jeanne Meister
Corporate University Xchange, Inc., New York
Corporate Universities: Vehicles For Continuous Learning 55

Prof. Dr. Armin Töpfer
Technische Universität Dresden, Dresden
Corporate Universities und Distance Learning – Aufbruch in ein neues Lernparadigma 65

Dr. Hubert Weber
Institute for Growth and Innovation, München
Corporate Universities im Informationszeitalter 89

2. Lernallianzen zwischen Hochschulen, Business Schools, Consultancies und Corporate Universities

Prof. Dr. Christian Scholz, Dr. Volker Stein
Universität des Saarlandes, Saarbrücken
Lehrinhalte von Corporate Universities: Zur Dynamik der curricularen Entwicklung 125

Tilman Küchler
CHE Centrum für Hochschulentwicklung, Gütersloh
Gespenst oder Realität? – Die hochschulpolitische Wirklichkeit der Corporate University 135

Dr. Heiko Hilse
Universität Witten/Herdecke, Witten
The Schools of Business – the Business of Schools. Corporate Universities und traditionelle Universitäten in einem sich verändernden Bildungsmarkt 149

Prof. Dr. Martin K. Welge
Universität Dortmund, Dortmund
Boris Wernig
Universitätsseminar der Wirtschaft, Schloss Gracht, Erftstadt
Die Rolle von Business Schools in den Evolutionsphasen eines Corporate University Netzwerkes 177

Prof. Piero Morosini, Prof. Ulrich Steger
IMD International, Lausanne
Learning from Best Practice in Corporate Universities: Developing Effective Distance Learning Capabilities in your Organization 195

Prof. Dr. Rolf-Dieter Reineke
Fachhochschule Ludwigshafen, Ludwigshafen
Corporate University und Unternehmensberatung 205

Ralf Landmann, Tatjana Brönner
Arthur D. Little, Wiesbaden
Lernallianzen zwischen Top-Management-Consultancies, Business Schools und Corporate Universities 215

3. Dimensionen, Szenarien und Perspektiven von E-Learning in Corporate Universities

Dr. Frank Habermann, Dr. Wolfgang Kraemer
imc information multimedia communication GmbH, Berlin/Saarbrücken
Envision E-Learning - Von der Strategie zum detaillierten Projektplan 233

Christine Gallenstein
imc information multimedia communication GmbH, Saarbrücken
From Brick to Click: Blended learning für die Integration von E-Learning und Classroom Training 259

Peter Sprenger
imc information multimedia communication GmbH, Saarbrücken
Zur Bedeutung von web-basierten Inhalten in virtuellen Lernarchitekturen 287

Dr. Dirk Thißen
imc information multimedia communication GmbH, Saarbrücken
Dr. Hartmut Steuber
Heinrich-Heine-Universität, Düsseldorf
Didaktische Anforderungen an die internetbasierte Wissensvermittlung 315

Jörg Klein-Kretzschmar, Dr. Volker Zimmermann
imc information multimedia communication GmbH, Saarbrücken
Vom Wissensbedarf zum Web-based Training 339

Peter Sprenger, Dr. Wolfgang Kraemer
imc information multimedia communication GmbH, Saarbrücken
Learning Service Providing 357

4. Realisierungsvarianten von Corporate Universities

Michael Müller
DaimlerChrysler AG, Stuttgart
DaimlerChrysler Corporate University – The Path to Top Performance......... 391

Michael Müller
DaimlerChrysler AG, Stuttgart
Dr. Wolfgang Kraemer, Christine Gallenstein, Gabriele Fünfrocken
imc information multimedia communication GmbH, Saarbrücken
DaimlerChrysler Corporate University Online – The E-Dimension of Executive Development......... 401

Dr. Wilfried G. Aulbur, Michael Müller
DaimlerChrysler AG, Bangalore/Stuttgart
Knowledge Management at the DaimlerChrysler Corporate University......... 427

Stefan Blaschke
SAP AG, Walldorf
SAP University......... 439

Dr. Herrmann-Peter Weicht
Merck KGaA, Darmstadt
Merck University – Ein Beitrag zur Internationalisierung der Merck KGaA......... 451

Uwe Gottwald
mg technologies AG, Frankfurt
Die mg academy - Die Corporate University der mg technologies ag......... 471

Dr. Daniel Dirks
Allianz AG, München
Das Allianz Management Institute – ein Beitrag zu aktiver Kulturgestaltung im global agierenden Unternehmen......... 489

Udo Sonne, Dr. Bernhard Tenger, Ulrich Klein
Deutsche Lufthansa AG, Frankfurt
**Lufthansa startet in die neue Welt des Lernens - von der
Lernplattform zum Bildungsportal** 503

Juliane Vering, KPMG Deutsche Treuhand-Gesellschaft, Berlin
Dr. Fank Habermann, imc GmbH, Saarbrücken
Michael Gschwendtner, KPMG Consulting, München
**Virtual Campus: Einführung einer mitarbeiter-orientierten Lernwelt
im Intranet von KPMG** 527

Dr. Richard Straub
IBM, Paris
E-Learning als Unternehmensprozess – Praxiserfahrungen von IBM 549

Autorenverzeichnis

Dr. Wilfried G. Aulbur
DaimlerChrysler AG, Bangalore

Stefan Blaschke
SAP AG, Walldorf

Tatjana Brönner
Arthur D. Little, Wiesbaden

Dr. Daniel Dirks
Allianz AG, München

Gabriele Fünfrocken
imc information multimedia communication GmbH, Saarbrücken

Christine Gallenstein
imc information multimedia communication GmbH, Saarbrücken

Uwe Gottwald
mg technologies AG, Frankfurt

Michael Gschwendtner
KPMG Consulting, München

Dr. Frank Habermann
imc information multimedia communication GmbH, Saarbrücken

Dr. Heiko Hilse
Infineon University, München

Stefanie Klein
imc information multimedia communication GmbH, Saarbrücken

Ulrich Klein
Deutsche Lufthansa AG, Frankfurt

Jörg Klein-Kretzschmar
imc information multimedia communication GmbH, Saarbrücken

Dr. Wolfgang Kraemer
imc information multimedia communication GmbH, Saarbrücken

Tilman Küchler
CHE Centrum für Hochschulentwicklung, Gütersloh

Ralf Landmann
Arthur D. Little, Wiesbaden

Jeanne Meister, PhD.
Corporate Universities Xchange, Inc., New York

Prof. Piero Morosini
IMD International, Lausanne

Michael Müller
DaimlerChrysler AG, Stuttgart

Prof. Dr. Rolf-Dieter Reineke

Fachhochschule Ludwigshafen, Ludwigshafen

Prof. Dr. Christian Scholz

Universität des Saarlandes, Saarbrücken

Udo Sonne

Deutsche Lufthansa AG, Frankfurt

Peter Sprenger

imc information multimedia communication GmbH, Saarbrücken

Prof. Ulrich Steger

IMD International, Lausanne

Dr. Volker Stein

Universität des Saarlandes, Saarbrücken

Dr. Hartmut Steuber

Heinrich-Heine-Universität, Düsseldorf

Dr. Richard Straub

IBM, Paris

Dr. Bernhard Tenger

Deutsche Lufthansa AG, Frankfurt

Dr. Dirk Thißen

imc information multimedia communication GmbH, Saarbrücken

Prof. Dr. Armin Töpfer
Technische Universität Dresden, Dresden

Juliane Vering
KPMG Deutsche Treuhand-Gesellschaft, Berlin

Dr. Hubert Weber
Institute for Growth and Innovation, München

Dr. Hermann-Peter Weicht
Merck KGaA, Darmstadt

Prof. Dr. Martin K. Welge
Universität Dortmund, Dortmund

Boris Wernig
Universitätsseminar der Wirtschaft, Schloss Gracht, Erftstadt

Dr. Volker Zimmermann
imc information multimedia communication GmbH, Saarbrücken

1. Corporate Universities – Aufbruch in ein neues Lernparadigma

Dr. Wolfgang Kraemer, Stefanie Klein
imc information multimedia communication GmbH, Saarbrücken

Klassifikationsmodell für Corporate Universities

1. Notwendigkeit einer Systematisierung

Der Begriff „Corporate University" wird inzwischen für verschiedenste Lernkonzeptionen in Unternehmen verwendet. Was mit dem Titel „Corporate University" bezeichnet wird, umfasst bei genauer Analyse eine ganze Bandbreite von Modellen, die von konventionellen Trainingszentren bis zu innovativen Architekturen der unternehmensinternen Lernorganisation reichen [1]. Da der Begriff „Corporate University" nicht geschützt oder allgemeingültig definiert ist, überrascht es nicht, dass die Unterschiede zwischen den Modellen beträchtlich sind.

Zum Teil verbergen sich hinter dem anspruchsvollen Titel herkömmliche Schulungszentren von Unternehmen, welche die begriffliche Unschärfe nutzen und sich bei der Etablierung ihrer unternehmenseigenen „Universität" darauf beschränken, ihre internen oder outgesourcten Trainingsabteilungen mit einem wohlklingenden Namen zu versehen, ohne grundlegende strukturelle und inhaltliche Verbesserungen vorzunehmen und ohne substantiell die Funktion von Lernen im Rahmen des Unternehmenskonzeptes neu zu definieren [2]. Der Zusammenhang der angebotenen Programme mit den strategischen Zielen eines Unternehmens ist häufig nicht erkennbar.

Diesen Corporate Universities stehen jedoch bei anderen Unternehmen umfassend konzipierte, durchdacht realisierte und innovative Programme der Mitarbeiterentwicklung gegenüber, deren Veranstaltungen einen engen Bezug zur Unternehmensstrategie aufweisen und deren Inhalte sich aus den geschäftlichen und wettbewerbsrelevanten Anforderungen ergeben. Diese „echten" Corporate Universities können inzwischen mit klassischen und angesehenen Business Schools durchaus konkurrieren.

Heute finden sich – wie bereits dargestellt – unter dem begrifflichen Markenzeichen einer Corporate University vielfältige Ausprägungen. Zur Abgrenzung der eigentlichen Bedeutung des Begriffs, definiert Meister daher eine Corporate University wie folgt:

„A corporate university is a portal within a company through which all education takes place. It is an organization's strategic hub for educating employees, customers, and suppliers. Corporate universities link an organization's strategies to the learning goals of its audience." [3]

An anderer Stelle wird eine „moderne" Corporate University definiert als:

„A function or department that is strategically oriented toward integrating the development of people as individuals with their performance as teams and ultimately as an entire organization by linking with suppliers, by conducting wide-ranging research, by facilitating the delivery of content, and by leading the effort to build a superior leadership team." [4]

Beiden Definitionen gemeinsam ist die strikte strategische Ausrichtung der Weiterbildungsaktivitäten einer Corporate University sowie die Integration von Lieferanten und Kunden. Eine Corporate University ist also weit mehr als eine Schulungsabteilung.

Trotz der vielfältigen Ausprägungsformen von Corporate Universities lassen sich einige zentrale Gestaltungsprinzipien identifizieren [5]:

- Durch die Schaffung von Lernmöglichkeiten, Bildungsprodukten und Dienstleistungen unterstützen Corporate Universities die strategischen Unternehmensprozesse.
- Dabei sollte auch die Corporate University selbst weniger als ein Ort des Lernens und vielmehr als ein Prozess angesehen werden.
- In das zu erstellende Curriculum der Corporate University sollten alle Kernkompetenzen des Unternehmens integriert werden.
- Instruktionsorientierter Unterricht sollte durch vielseitig verteilte Lernformen ersetzt werden.
- Es sollte ein System zur adäquaten Messung sowohl der eingehenden als auch der ausgehenden Leistungen erarbeitet werden.
- Neben der reinen Wissensvermittlung können Corporate Universities auch zur besseren Nutzung vorhandenen Wissens eingesetzt werden, um dadurch Wettbewerbsvorteile zu erreichen und Möglichkeiten zum Eintritt in neue Märkte aufzuzeigen.

Folgende Abbildung verdeutlicht detailliert die von Meister identifizierten Unterschiede zwischen einer Corporate University und einem traditionellen „Training Department":

Klassifikationsmodell für Corporate Universities

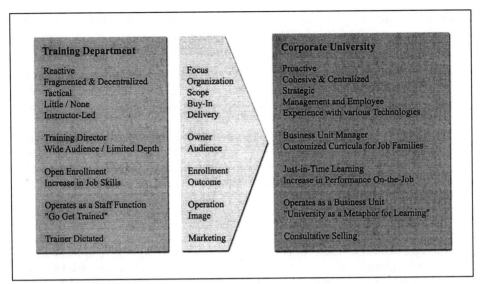

Abbildung 1: Unterscheidung Training Department und Corporate University [6]

Betrachtet man den Begriff „Corporate University", so drängt sich die Überlegung auf, ob der Begriff „Universität" hier nicht fehl am Platz ist.

„Mit traditionellen Universitäten im Sinne des Humboldt'schen Bildungsideals haben diese Institutionen allerdings wenig gemein. Sie sind klar auf Wertschöpfung ausgelegte strategische Instrumente der Unternehmensführung, die der immensen Herausforderung von lebenslangem Lernen im Kontext von großen Organisationen gerecht werden sollen." [7]

Streng genommen – unter Beachtung der Tatsache, dass der Ausdruck „Universität" auch die Zugrundelegung wissenschaftlicher Ansprüche impliziert – ist die Wortwahl sicherlich irreführend. Betrachtet man jedoch eine Universität als eine Stätte des gemeinsamen Lernens und Lehrens, so ist dies sicherlich auch für Firmenuniversitäten zutreffend. Die Stellung des Deutschen Hochschulverbandes zu dieser Fragestellung ist jedoch eindeutig:

„... prinzipiell begrüßen wir verstärkte Weiterbildungsaktivitäten der Unternehmen. Wir haben nur etwas dagegen, wenn sie das Wort Universität im Namen tragen. Das impliziert, dass ein gewisser Fächerkanon und Interdisziplinarität vorhanden sind. Wenn aber nur Leute dort zugelassen werden, die ein ganz bestimmtes Profil aufweisen, und dort auch nur einseitig geschult werden, dann müssen wir uns gegen den Ausdruck Universität wehren." [8]

Eine ähnliche Einstellung zu diesem Thema wird von der Siemens AG in München vertreten. Dort traf man die bewusste Entscheidung, die konzernweiten Management Development Programme [9] nicht mit dem Etikett der „Corporate University" zu überschreiben, unter anderem aus folgenden Gründen [10]:

- Eine Universität wird als eine Institution angesehen, die durch die Integration von Lehre und Forschung gekennzeichnet ist. Die Siemens AG beschränkt sich jedoch auf die reine Vermittlung von Lehrinhalten. Somit entfällt eines der beiden zentralen Aufgabengebiete einer Universität.
- Des weiteren impliziert der Begriff „Universität" den freien Fluss sowie die uneingeschränkte und nicht auf bestimmte Zielgruppen beschränkte Nutzung von Informationen. Diese Bedingung kann im Rahmen eines Unternehmens nie erfüllt sein, da gewisse strategische Informationen immer den Entscheidungsträgern vorbehalten sind.

Die Wandlung von der Trainingsabteilung zur Corporate University folgt den neuen Lernparadigmen in der Wissensgesellschaft. Für das Design, die Entwicklung und das Management einer Corporate University werden die Bindung und Verpflichtung des Unternehmensmanagements, die Etablierung einer Lernallianz mit verschiedenen Bildungspartnern, der Schritt in Richtung neuer Technologien und der Zwang die Corporate University als eigenständiges Geschäftseinheit zu führen, als wichtige Schlüsselelemente identifiziert. Diese unternehmenseigenen Bildungsakademien entwickeln sich zur strategischen Kernzelle einer Organisation, mit der Zielsetzung einer kosteneffizienten Schaffung qualitativ hochwertiger Lernlösungen [11]:

„*A function or department that is strategically oriented toward integrating the development of people as individuals with their performance as teams and ultimately as an entire organization by linking with suppliers, by conducting wide-ranging research, by facilitating the delivery of content, and by leading the effort to build a superior leadership team*".

Wie in Abbildung 2 dargestellt, sind die folgenden Bausteine für das Design und die Entwicklung einer Corporate University relevant, wobei die einzelnen Bausteine je nach Anwendungsfall unterschiedlich gewichtet werden können oder für den individuellen Fall sogar ganz ausscheiden können.

Zu diesen Designbausteinen gehört die Bildung eines Verwaltungsapparates, die Entwicklung und Förderung einer Vision, die Empfehlung für Bereichs- und Finanzierungsstrategien, die Entwicklung einer Organisation, die Identifizierung und Spezifizierung aller Stakeholder mit ihren Aufgabenbereichen, die Entwicklung von Bildungsprodukten und Dienstleistungen, die Auswahl an Lern- und Bildungspartnern, der Entwurf einer Technologiestrategie, die Einführung eines Bewertungssystems und die Kommunikation der Vision, Produkte und Programme in und über die Organisation hinaus.

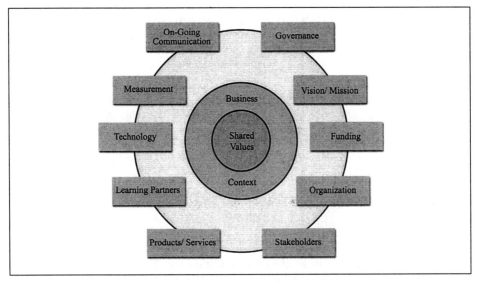

Abbildung 2: Designbausteine einer Corporate University [12]

Allen Corporate Universities gemeinsam ist, dass sie sich in ihrer Struktur und ihrem Angebot an den Zielen und den Bedürfnissen des Unternehmens orientieren. Die Spannbreite reicht dabei von traditionellen Trainingszentren bis zu integrierten Lernarchitekturen.

Da sich auch die in der Literatur angegebenen Definitionen des Begriffs „Corporate University" auf eine Fülle von Ausbildungsinstitutionen anwenden lassen, die sich hinsichtlich der Qualität ihres Bildungsangebots fundamental unterscheiden, ist bei der Diskussion der Thematik „Corporate Universities" genaueres Hinsehen geboten.

Notwendig ist in diesem Kontext ein konzeptioneller Ansatz zur Systematisierung und Klassifizierung von Corporate Universities. Ziel einer Klassifizierung ist es, für charakteristische Merkmale eine Ordnungssystematik aufzustellen, die dazu beiträgt, „die Bedeutung und Rolle einer Corporate University im Gesamtkonzept eines Unternehmens realistischer einzuschätzen". Zugleich liefert sie Hinweise und normative Bezugspunkte zur Beurteilung der Qualität einer Lernarchitektur und zur Festlegung von Maßnahmen, die zum Erreichen der angestrebten Ausbildungsziele erforderlich sind.

2. Bestehende Ansätze zur Systematisierung von Corporate Universities

Die Formulierung eines eigenen Klassifikationsmodells erfordert das Studium, die Analyse und Bewertung vorhandener Ansätze. Daher sollen zunächst die in der Literatur bekannten Modelle zur Systematisierung und Typologisierung dargestellt werden.

2.1 Unterscheidung von Corporate Universities nach ihrer primären Aufgabe

Den ersten Ansatz zur systematischen Klassifikation von Firmenuniversitäten lieferte Fresina im Jahr 1997 mit seinem in der Zeitschrift „Corporate University Review" veröffentlichten Aufsatz *„The Three Prototypes of Corporate Universities"* [13].

Fresina unterscheidet – aufbauend auf möglichen Entwicklungsstufen einer Corporate University – drei Ausprägungsformen:

Prototyp I: Reinforce and Perpetuate (Evolution)

Die primäre Aufgabe von Corporate Universities diesen Typs liegt in der Erhöhung individueller Fähigkeiten und Fertigkeiten zur Erzeugung einer gewissen Konformität beziehungsweise zur Gewährleistung einer vorgegebenen Qualität der Produktion. Unternehmensphilosophie und bewährte Kernpraktiken sollen im Rahmen der Firmenuniversität gefestigt und weitergegeben werden, bzw. neue Unternehmenspraktiken und Initiativen den Mitarbeitern nahe gebracht werden. Eine auf diese Weise ausgerichtete Corporate University impliziert jedoch keineswegs, dass sich das entsprechende Unternehmen Veränderungen verschließt. Diese werden allerdings immer vor dem Hintergrund des Primärzwecks betrachtet, d.h., die bewährten Praktiken werden zwar entsprechend neuer Erkenntnisse überarbeitet und es werden auch neue Praktiken eingeführt, aber dabei wird stets darauf geachtet, dass sie konform mit der Unternehmensphilosophie sind.

Prototyp II: Manage Change (Revolution)

Diese zweite Entwicklungsstufe von Corporate Universities ist gekennzeichnet durch die Fokussierung auf organisatorischen Wandel im Unternehmen. Die Unternehmenspraktiken, -systeme, -strategien und -philosophien werden mit den Change-Inititativen im Unternehmen verknüpft und unterliegen somit laufenden Veränderungen. Die primäre Aufgabe dieser Corporate Universities liegt in der Unterstützung der Einführung und Implementierung von Veränderungsprozessen. Meistens werden die Veränderungen jedoch von anderer Stelle im Unternehmen initiiert. Die Aufgabe der Corporate University besteht darin, die betroffenen Mitarbeiter aufzufordern und zu motivieren, über neue Perspektiven und Möglichkeiten des Unternehmens nachzudenken und überalterte Handlungsweisen und Denkmuster zu verwerfen. Anschließend werden die aus Sicht des Unternehmens zukunftsgerichteten und erfolgversprechenden Praktiken, Inhalte und Methoden eingeführt und den Teilnehmern der Programme vermittelt. Diese neuen Denk- und Verhaltensweisen müssen dabei durch geeignete Lehrmethoden im kollektiven Gedankengut der Zielgruppe „eingefroren" werden. Den Teilnehmern muss auch der Kontext und tiefere Sinn der Veränderungsprozesse erklärt werden, denn nur ein solches Verständnis ermöglicht ein Überdenken und Loslassen von liebgewonnenen Verhaltensweisen.

Prototyp III: Drive and Shape (Vision)

In diesem Fall ist die Corporate University ein wichtiges Instrument zur Bestimmung des zukünftigen Profils und der zukünftigen Richtung des Unternehmens. Diesem Typ liegt die Auffassung zugrunde, dass solche Fragen am besten unter Einbeziehung der kollektiven Wissensbasis des Managements oder sogar der des gesamten Unternehmens beantwortet werden können. Die Bestimmung der zukünftigen Richtung des Unternehmens erfordert zunächst den Willen, das Vergangene loszulassen und die Fähigkeit, die Gegebenheiten der Gegenwart und die Herausforderungen und Probleme der Zukunft vollständig und unverzerrt zu betrachten. Im nächsten Schritt muss untersucht werden, wie das Unternehmen auf diese Herausforderungen und Probleme, denen es in der Zukunft gegenüber stehen wird, reagieren sollte, d.h., die zukünftige „Marschroute" des Unternehmens soll festgelegt werden.

Bei den hier vorgestellten Typen handelt es sich um Idealzustände, wie sie in der Praxis kaum anzutreffen sind. Die real existierenden Corporate Universities enthalten in der Regel Elemente zweier oder sogar aller Typen.

2.2 Geschäftslogiken von Lernarchitekturen und ein 5-Stufenmodell für die Verknüpfung von Lernen und Praxis

Die Verknüpfung von Kompetenzentwicklung und unternehmensinternen Veränderungsinitiativen erfordert nach Deiser eine Konzeption, die einerseits einen Rahmen für die notwendigen individuellen, organisatorischen und strategischen Lern- und Veränderungsprozesse bereitstellt und zugleich eine Verschmelzung mit den Kerngeschäftsprozessen gewährleistet [14]. Deiser bezeichnet diese Konzeption als integrierte Lernarchitektur, die idealerweise „strategisch richtiges" Wissen und Handeln generiert, existierendes Organisationswissen zugänglich macht, systematisch Kernkompetenzen entwickelt und pflegt, sowie die allgemeine strategische Kompetenz der Organisation erhöht. Eine derartige Lernarchitektur kann somit nicht nur als Qualifikationsinstrument, sondern auch als Kulturintegrator, Standardisierungsmechanismus und als Drehscheibe für strukturelle und kulturelle Organisationsformen benutzt werden. Aus den Kernfunktionen dieser Lernarchitektur (Qualifikation der Mitarbeiter, Kulturbildung und Systemintegration, Implementierung strategischer Initiativen, Nutzung bereichsübergreifender Synergien und Abbau von Organisationsbarrieren, Standardisierung von Core Practices, die Betreibung einer eigenständigen Geschäftseinheit) lassen sich, wie in Abbildung 3 dargestellt, vier idealtypische Modelle für Corporate Universities als Lernarchitekturen ableiten, die jeweils unterschiedlichen Geschäftslogiken folgen. Auch diese Typen kommen in der Realität kaum in ihrer Reinkultur vor, doch liefern sie einen Orientierungsrahmen zur Systematisierung von Corporate Universities. Die einzelnen Modelle drücken dabei keine Wertigkeit aus, die Wahl eines Typus hängt vom spezifischen Unternehmenskontext und den strategischen Absichten der Unternehmensführung ab [15].

Typus	Kernfunktion	Business-Logik	Rolle des Management	Beispiel
Profit Center	positiver Denkgang	Unabhängiges Geschäftsfeld	Aufsichtsrat	Outgesourcte Trainingsabteilung
Qualifikationszentrum	Vermittlung wettbewerbskritischen Wissens	Innovation, Qualität	Bereitstellung der Ressourcen	Motorola
Standardisierungsmotor	Transfer von Core Practices	Economies of Scale	Definition der Standards	Andersen Consulting, McDonalds, Disney
Strategische Drehscheibe	Unterstützung von Transformationsprozessen	Kerninstrument der Unternehmensführung	Architekt und Change-Leader	General Electric

Abbildung 3: Geschäftslogiken von Corporate Universities [16]

Darüber hinaus schlägt Deiser zur Unterscheidung von Lernarchitekturen aufbauend auf den drei Prototypen von Corporate Universities nach Fresina ein 5-Stufenmodell für die Verknüpfung von Lernen und Praxis vor. Dabei wird bei jeder Stufe die Verbindung von Lernen und Tun größer.

Klassifikationsmodell für Corporate Universities

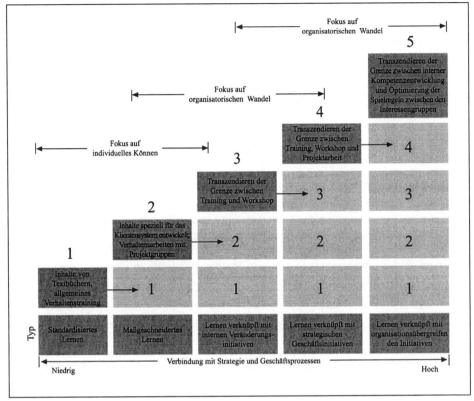

Abbildung 4: 5-Stufenmodell nach Deiser [17]

Stufe 1: Standardisiertes Lernen

Das Lernen erfolgt ausschließlich nach dem traditionellen seminaristischen Modell der Wissensvermittlung beziehungsweise des Verhaltenstrainings. Die Inhalte sind weitestgehend standardisiert, eine Verbindung zum unternehmensspezifischen Kontext wird nicht oder nur zufällig hergestellt. Die Umsetzung des erworbenen Wissens in organisationsspezifisches Handeln, also der gezielte Transfer der neuen Fähigkeiten und Fertigkeiten in den täglichen Arbeitsalltag, wird vermutlich entweder gar nicht geleistet oder den Teilnehmern überlassen.

Stufe 2: Maßgeschneidertes Lernen

Inhalt und Design der Lernveranstaltungen werden auf die konkreten Bedürfnisse des Unternehmens abgestimmt. Die Lernprogramme werden daher überwiegend unternehmensintern veranstaltet und es erfolgt ein stärkerer Einsatz von Verhaltenstraining im

Rahmen realer Teams, die das Gelernte anschließend unmittelbar in ihrem alltäglichen Arbeitsumfeld einsetzen und anwenden können. Die Aktivitäten dieser zweiten Stufe sind häufig auch in ein übergeordnetes Personalentwicklungsprogramm integriert oder lose mit Organisationsaktivitäten verknüpft.

Stufe 3: Verknüpfung mit internen Change-Initiativen

Die Lernaktivitäten werden zielgerichtet mit organisatorischen Veränderungsinitiativen verknüpft, wobei die Lehrveranstaltungen beispielsweise in Form von Workshops durchgeführt werden, durch die für die vom Wandel betroffenen Mitarbeitern ein Forum zur Bewältigung der durch den Wandel entstandenen neuen Anforderungen und Probleme geschaffen wird. Auf dieser Stufe sind auch bereits erste Ausprägungen eines systematischen Organisationslernens erkennbar, denn „kognitive und soziale Lernprozesse werden nicht nur direkt von den Implementationsanforderungen abgeleitet, sondern die im Rahmen der Workshopserien gemachten Erfahrungen und Einsichten werden auch aktiv an die Organisation rückgekoppelt. Dies erfordert die Einrichtung einer größeren ‚Lernarchitektur', die bewusst strukturelle Mechanismen für die Steuerung der Feedforward- und Feedbackprozesse vorsieht"[18].

Stufe 4: Verknüpfung mit strategischen Geschäftsinitiativen

Lernarchitekturen dieser Stufe leisten einen aktiven Beitrag zur Implementierung struktureller und kultureller Veränderungen im Unternehmen. Konkrete Geschäftsprobleme des Unternehmens werden beispielhaft. Durch die Konzipierung der Lernprozesse in Form von pädagogisch und didaktisch strukturierten Projekten werden Lernen und Handeln systematisch miteinander verknüpft und fließen im Extremfall praktisch ineinander über. Inhaltliche Schwerpunkte gibt es bei den angebotenen Programmen nicht. Im Unterschied zu den herkömmlichen Formen des Projektmanagements findet jedoch ein just-in-time Lernen statt, wodurch die Qualität der erzielten Projektergebnisse erhöht wird, was sich wiederum positiv auf die Wettbewerbsfähigkeit der gesamten Organisation auswirkt. Die in den vorhergehenden Stufen bestehende Trennung zwischen Ausbildung und Linie entfällt, die Aufgabe des Linienmanagements besteht im Design und in der Kontrolle der Lernorganisation.

Stufe 5: Verknüpfung mit organisationsübergreifendem Partnering

Durch die Einbindung aller organisationsübergreifender Stakeholder in die Lernarchitektur beschränkt man sich in dieser Stufe nicht mehr auf die unternehmensinterne Kompetenzentwicklung, sondern erweitert die Lernaktivitäten um das Management der Branchenspielregeln. „Die Herausforderung von Stufe 5 besteht dabei nicht so sehr in der Verknüpfung von Lernen und Tun (das leistet bereits Stufe 4), sondern in der genauen Bestimmung der Themen, die in die unternehmensübergreifende Architektur eingespeist werden sollen sowie im kooperativen Zusammenwirken mit nicht hierarchisch kontrollierbaren Systemen"[19]

Diese fünf Stufen der Verbindung von Lernen und Praxis schließen einander laut Deiser nicht aus, sondern bauen logisch aufeinander auf, wobei Elemente der vorhergehenden Stufen in die nächst höhere Ebene einfließen können.

Abbildung 5 fasst die Beschreibung der einzelnen Stufen noch einmal übersichtlich zusammen:

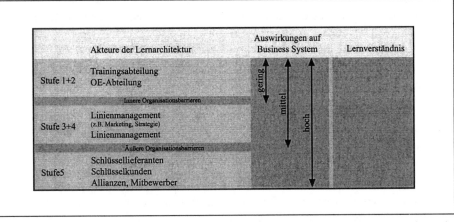

Abbildung 5: Hauptcharakteristika der 5 Stufen zur Verknüpfung von Lernen und Praxis [20]

2.3 Typologisierung von Corporate Universities anhand von Kernfunktionen

Die dem Ansatz von Fresina stark ähnelnde Typologisierung nach Aubrey unterscheidet Corporate Universities nach ihrer Kernfunktion. Auch er arbeitet drei unterschiedliche Typen heraus [21]:

Typ 1: A resource for technology development

Der Aufbau einer Corporate University zur Unterstützung und Förderung technologischer Entwicklungen und Innovationen im Unternehmen stellt laut Aubrey den Ursprung der historischen Entwicklung von firmeneigenen Ausbildungsstätten dar. Luftfahrtunternehmen, wie beispielsweise Lockhead oder Rockwell, konnten keine Mitarbeiter mit dem für ihren Bereich nötigen technologischen Know-how finden und waren daher gezwungen, in Zusammenarbeit mit den unternehmenseigenen Forschungslaboren ihre eigenen Trainingsinstitute zu gründen. Ihnen folgten aus vergleichbaren Gründen Unternehmen der Automobil- und Computerindustrie. Als Beispiele führt Aubrey die Apple University sowie die Corporate University des Videospieleherstellers Kalisto auf.

Typ 2: A resource for quality or service development

Corporate Universities dieses Typs dienen der Entwicklung und Verbreitung unternehmensweiter Qualitäts- und Servicestandards. Als konkrete Beispiele werden die Accor Academy in Frankreich oder die McDonald's Hamburger University in der Nähe von Chicago genannt.

Typ 3: A resource for people development

Dieser dritte Typ von Corporate Universities zeichnet sich durch eine starke Konzentration auf die Entwicklung der Mitarbeiter aus. Gerade Unternehmen in Märkten mit extremer Nachwuchs- und Personalknappheit, wie beispielsweise der Bereich der Informationstechnologie, müssen sich am Markt durch besondere Formen der Mitarbeiteraus- und -weiterbildung profilieren, um sich von ihrer Konkurrenz abzuheben.

Zusammenfassend betrachtet bietet dieser Ansatz nichts wirklich Neues, die einzelnen Typen werden nur unzureichend beschrieben, wodurch die Typologisierung deutlich an Unschärfe leidet.

2.4 Zweidimensionale Systematisierung von Corporate Universities anhand der Kriterien Zielgruppe und Lerninhalte

Stauss unterscheidet prototypisch fünf Typen von Corporate Universities, die er in einem Feld anordnet, welches durch die Klassifikationsmerkmale Zielgruppe und Inhalt aufgespannt wird [22]:

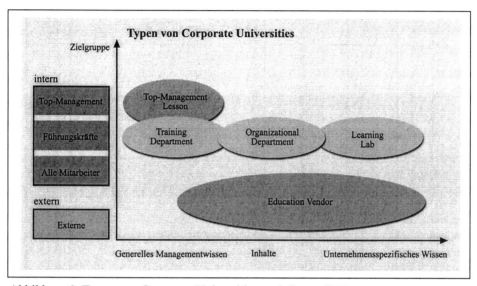

Abbildung 6: Typen von Corporate Universities nach Stauss [23]

Typ I: Top Management Lesson

Primäres Ziel von Corporate Universities dieses Typs ist die Einbindung des Top-Managements in die Weiterbildungsaktivitäten des Unternehmens, um so nicht nur den Nachwuchs sowie die mittlere Hierarchieebene mit strategischen Entwicklungen und strukturellen wie kulturellen Veränderungen vertraut zu machen, sondern auch die relevanten Entscheidungsträger den unternehmensspezifischen Bedürfnissen entsprechend weiterzubilden.

Typ II: Training Department

Wie der Name bereits andeutet, handelt es sich bei Corporate Universities dieses Typs letztlich um eine umbenannte Trainingsabteilung, bei der das Ziel der fachlichen Weiterbildung der Mitarbeiter im Vordergrund steht. Dabei differenzieren die Lerninhalte stark in Abhängigkeit vom jeweiligen Schulungsbedarf.

Typ III: Organizational Development

Da die primäre Aufgabe dieser Corporate Universities in der Vermittlung, Stärkung und gegebenenfalls Anpassung der Organisationskultur besteht, werden als potentielle Zielgruppe alle Mitarbeiter des Unternehmens definiert. Bezüglich der Lerninhalte wird versucht, durch Methoden wie Training on- oder near-the-job unternehmensspezifisches Wissen zu sichern und auszubauen.

Typ IV: Learning Lab

Firmenuniversitäten des Typ IV versuchen, die Mitarbeiter zu einem systematischen Überdenken bestehender Werte und Strukturen zu animieren, um dadurch dem Anspruch einer lernenden Organisation zu genügen und die bewusste Schaffung einer Lernkultur zu forcieren. Dies setzt jedoch die bereits oben erwähnte Offenheit gegenüber und Bereitschaft zu Veränderungen voraus. Zur Ausweitung des Blickwinkels und des Ideenspektrums werden bei diesem Typ auch externe Teilnehmer in die Lernprogramme integriert. Inhaltlich dominieren aktuelle und innovative Geschäftsthemen, die stark an den spezifischen Informationsbedürfnissen der entsprechenden Zielgruppe ausgerichtet sind. Dabei werden zur kontinuierlichen Aufrechterhaltung von Dialogen vor allem interaktive und kommunikationsfördernde Lernformen eingesetzt.

Typ V: Education Vendor

Diese Formen von Corporate Universities übernimmt neben der reinen Wissensvermittlung auch die Funktion der Wissensgenerierung. Selbst geschaffene Lerninhalte werden ebenso wie allgemeines Wissen gegen Bezahlung internen, aber auch externen Kunden vermittelt. Aufgrund dieser Profit-Orientierung der Ausbildungsinstitution gewinnen gerade externe Kursteilnehmer an Bedeutung. Die Corporate University steht in direkter Konkurrenz zu renommierten Ausbildungsstätten und muss daher auf ein durchgängig hohes Niveau der angebotenen Programme achten. Neben rein finanziellen Aspekten geht es dabei auch um die Positionierung und Vermarktung des Unternehmensnamens durch eine entsprechende Imagewirkung der Kurse.

Tabelle 1 stellt die Charakteristika der einzelnen Typen zusammenfassend dar.

Kriterium/Typ	Top-Management Lesson	Training Department	Organizational Development	Learning Lab	Educational Vendor
Ziele	Einbindung in den Weiterbildungsprozess	Fachliche Weiterqualifikation	Durchsetzung und Weiterentwicklung einer strategiegerechten Unternehmenskultur	Unternehmerische Flexibilität, Innovations- und Anpassungsfähigkeit stärken	Vermarktung unternehmerischen Wissens
Zielgruppen	Top-Management	Führungskräfte / alle Mitarbeiter	Alle Mitarbeiter	Alle Mitarbeiter, Teams, Arbeitsgruppen	Externe Zielgruppen
Inhalte	Generelles und aktuelles Managementwissen	Allgemeines Managementwissen / Fachwissen	Unternehmensbezogenes Managementwissen	Aktuelle Themen und problemorientiertes Wissen	Unternehmensbezogenes und generelles Managementwissen
Methodik	Class Room, Diskussionsforen	Steigender Anteil an technologiegestützten Selbstlernprogrammen	Betonung von „On-the-job"- u. „Near-by-the-job" Managementmethoden	Betonung direkter Kommunikationsformen, auch durch IT	Class Room, technologiegestützt
Virtualitätsgrad	Gering	Relativ hoch, steigender Anteil	Eher hoch	Mittel bis hoch	Gering bis hoch
Kooperation mit realen Universitäten	Einzelprogramme mit ausgewählten Eliteuniversitäten	Mittel bis hoch	Gering bis mittel	Mittel bis hoch	Prinzipiell eher gering, bei Zertifizierung evtl. hoch
Vergabe von Abschluss-Zertifikaten	Nicht relevant	Relevant	Wenig relevant	Nicht relevant	Einige Zertifikate von Real Universitäten

Tabelle 1: Charakteristika der fünf Typen von Corporate Universities nach Stauss [24]

3. Konzeption eines Klassifikationsmodells

Da die Ausprägungsformen von Corporate Universities sehr vielfältig sind, erscheint eine Benennung einzelner Typen wenig sinnvoll, da diese Idealzustände oder Reinformen in der Praxis nur in Ausnahmefällen anzutreffen sind. Darüber hinaus birgt eine Typologisierung immer die Gefahr mangelnder Trennschärfe, denn nur selten sind die unterschiedlichen Charakteristika eindeutig einem bestimmten Typ von Corporate Universities zuzuordnen. Häufig gehen die jeweiligen Ausprägungen der Klassifikationsmerkmale fließend ineinander über und die „typischen" Charakteristika eines Typs sind auch bei einem anderen feststellbar. Für die in der Praxis am häufigsten beobachtbaren

Mischformen besteht meistens nicht die Möglichkeit einer Einordnung, wodurch die praktische Relevanz solcher Ansätze verloren geht.

Um möglichst alle Realisierungsformen von unternehmenseigenen Universitäten erfassen zu können – und somit eine möglichst umfassende Charakterisierung und Positionierung von Corporate Universities zu ermöglichen – empfiehlt es sich die Anzahl der untersuchten Merkmale sowie die Definition möglicher Ausprägungsformen dieser Merkmale auszuweiten. Diese Ausweitung birgt aber die Gefahr, dass die Übersichtlichkeit verloren geht. Daher werden im folgenden übergeordnete Klassifikationskriterien gebildet. Sie ergeben sich fast zwangsläufig aus den fundamentalen Fragestellungen, die mit der Einrichtung und dem Betrieb einer Corporate University verknüpft sind und reichen von der Zielsetzung über Realisierungs- und Finanzierungsmöglichkeiten bis zur Erfolgsevaluierung.

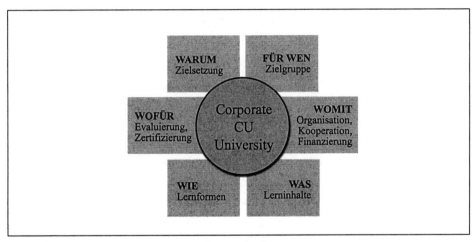

Abbildung 7: Systematik der untersuchten Kriterien

Die Kriterien werden jeweils hinsichtlich ihrer Differenzierungsmöglichkeit untersucht. Als Ergebnis dieser Analyse erhält man Merkmale für die Beschreibung eines konkreten Sachverhaltes innerhalb des durch das übergeordnete Kriterium vorgegebenen Rahmens. Die Merkmale sind so ausformuliert, dass der Grad ihrer Ausprägung in fünf gleichlautenden Stufen angegeben werden kann.

3.1 Zielsetzungen

Aufgrund der sehr vielfältigen Möglichkeiten der strategischen Ausrichtung von Corporate Universities existieren eine Vielzahl potenzieller Zielsetzungen. Empirische Untersuchungen [25] zeigen dennoch die Dominanz einiger zentraler Zieldefinitionen von Corporate Universities:

- *Steigerung der Wettbewerbsfähigkeit*: Erhöhung der organisationsinternen Problemlösungskompetenz
- *Forcierung der Unternehmensstrategie*: Verknüpfung der Aus- und Weiterbildungsaktivitäten mit den strategischen Zielen der Organisation
- *Verbreitung von Best-Practice-Wissen*
- *Unterstützung von Veränderungsprozessen im Unternehmen*
- *Steigerung der Effizienz von Weiterbildungsprogrammen* [26]: Gezielte Koordination und Vernetzung aller Weiterbildungsaktivitäten sowie durch die Ausnutzung von Synergien
- *Förderung der Mitarbeiterentwicklung:* Aufbau von Intellectual Capital durch Verbesserung von fachlichen und sozialen Kompetenzen der Mitarbeiter sowie Erhöhung der Beschäftigungsfähigkeit der Mitarbeiter durch die Förderung der individuellen Weiterentwicklung [27]
- *Aufbau von Leadership- und Management-Kompetenz:* Entwicklung der wettbewerbskritischen Kompetenzen der Führungskräfte
- Bindung des Intellectual Capitals: Schaffung von impliziten Anreizen für leistungsstarke Mitarbeiter zum Verbleiben im Unternehmen
- *Unterstützung des externen Personalmarketings*: Erhöhung der Attraktivität des Unternehmens bei der Rekrutierung von High-Potentials durch die Nutzung der Corporate University als Profilierungsinstrument in Abgrenzung zu anderen Unternehmen
- *Stärkung der Organisationskultur:* Entwicklung, Pflege und gegebenenfalls Weiterentwicklung einer in sich stabilen und beständigen Unternehmenskultur
- *Globale Vernetzung:* Schaffung eines ganzheitlichen Organisationsverständnisses über Abteilungs-, Unternehmens- und Landesgrenzen hinweg
- *Förderung des Dialogs:* Aufbau und Pflege kommunikationsfördernder Strukturen im Unternehmen
- *Organisationsinterne Aufwertung des Lernens* [28]: Erhöhung der Relevanz und der Bedeutung von Lernen und Weiterbildung im Unternehmen sowie Betonung der Ernsthaftigkeit und Seriosität des Bildungsangebotes.

Wie in Abbildung 8 dargestellt, divergiert die Stärke der Ausprägung dieser Zielsetzungen in Abhängigkeit vom jeweiligen unternehmensspezifischen Kontext.

Kriterium	Merkmale	Ausprägungsstufen				
		keine	schwach	mittel	stark	sehr stark
Zielsetzung	Steigerung der Wettbewerbsfähigkeit					
	Forcierung der Unternehmensstrategie					
	Verbreitung von Best-Practice-Wissen					
	Unterstützung von Veränderungsprozessen					
	Steigerung der Effizienz von Weiterbildungsprogrammen					
	Förderung der Mitarbeiterentwicklung					
	Aufbau von Leadership- und Managementkompetenz					
	Bindung des „Intellectual Capital"					
	Unterstützung des externen Personalmarketings					
	Stärkung der Organisationskultur					
	Globale Vernetzung					
	Förderung des Dialogs					
	Organisationsinterne Aufwertung des Lernens					

Abbildung 8: Differenzierungsmöglichkeiten nach dem Kriterium „Zielsetzungen"

Die in Tabelle 2 aufgelisteten Ziele ausgewählter deutscher Corporate Universities zeigt, dass in den meisten Fällen die gesamte Bandbreite möglicher Zielsetzungen in den Zielkatalog aufgenommen wurde.

Corporate University	Zielsetzungen
Bertelsmann University [29]	■ Stärkung der Marktposition des Medienunternehmens in einem komplexen, immer globaleren Wettbewerbsumfeld ■ Konzernübergreifende Vernetzung der Führungskräfte ■ Aufbau von Kernkompetenzen ■ Förderung eines effizienten Wissensmanagements ■ Stärkung der Kooperation zwischen Menschen unterschiedlicher Sprachräume ■ Vermittlung und Weiterentwicklung der Unternehmenskultur
DaimlerChrysler University [30]	■ Entwicklung unternehmerischer Kompetenzen und Förderung des unternehmerischen Verständnisses ■ Ausweitung des Einsatzspektrums der Führungskräfte durch eine auf den Ausbau der General Management-Fähigkeiten ausgerichtete Wissensförderung ■ Intensivierung der internationalen Orientierung ■ Beitrag zur Steigerung des Unternehmenswertes durch Wissensentwicklung und -verbreitung ■ Abbau von Organisationsgrenzen durch internationales „networking" sowie durch verteiltes Lernen ■ Aufbau einer weltweiten Dialogplattform für Führungskräfte ■ Umsetzung der Unternehmensvision und -mission
Lufthansa School of Business [31]	■ Effektive und effiziente Unterstützung und Entwicklung der Konzernstrategie ■ Weiterentwicklung und Bindung des Intellectual Capitals ■ Strategieorientierte Verknüpfung von akademischer Expertise, Best-Practices von Kooperationspartnern und eigenem Know-how ■ Förderung der Führungs- und Leistungskultur im Unternehmen ■ Erbringung eines Beitrages zur Profilierung der Lufthansa als attraktives Unternehmen auf dem Gebiet der Nachwuchsgewinnung ■ Förderung der persönlichen Weiterentwicklung jedes einzelnen Mitarbeiters

Tabelle 2: Ziele deutscher Corporate Universities

3.2 Zielgruppe

Betrachtet man die möglichen Zielgruppen von Corporate Universities, so lassen sich interne und externe Kunden unterscheiden. Entsprechend des originären Zwecks von Corporate Universities stellen interne Kunden die Hauptzielgruppe der Weiterbildungsveranstaltungen dar. Dabei kann das Leistungsspektrum einer Corporate University Bildungsangebote für Mitarbeiter aller Hierarchiestufen beinhalten oder aber die Zielgruppe durch die Definition von Zulassungsbeschränkungen verschiedenster Art festlegen. In diesem Zusammenhang unterscheidet man auch zwischen offenen und geschlossenen Lernarchitekturen [32]. Bei geschlossenen Varianten erfolgt eine explizite Teilnehmerbeschränkung durch die Festlegung von Ausschlusskriterien. Offene Formen verzichten auf die Vorgabe von Zulassungsvoraussetzungen.

Die Veranstaltungen einer Corporate University sind in der Regel zielgruppenspezifisch konzipiert. Segmentierungen des Kursangebotes einer Corporate University erfolgen dabei meist nach folgenden Kriterien 33:

- nach der Hierarchieebene,
- nach unternehmensinternen Organisationseinheiten (zum Beispiel Angebote für bestimmte Abteilungen, Arbeitsgruppen oder Teams),
- nach bestimmten situativen Bildungsanforderungen (zum Beispiel Kurse für neue Mitarbeiter).

Einige Corporate Universities öffnen ihre Programme – meist gegen eine entsprechende Teilnahmegebühr – auch für externe „Gasthörer", zum Beispiel für Teilnehmer aus dem in die Wertschöpfungskette des Unternehmens integrierten Personenkreis, wie etwa Lieferanten, Groß- und Einzelhändler oder Endabnehmer der unternehmensspezifischen Produkte und Dienstleistungen. Auf diese Weise kommt es zum professionellen Austausch über die Grenzen des Unternehmens hinweg. Unternehmensexterne Ideen, Anregungen, Erfahrungen und Know-how werden in die Veranstaltungen der Firmenuniversitäten hineingetragen.

Kriterium	Merkmale	Ausprägungsstufen				
		keine	schwach	mittel	stark	sehr stark
Zielgruppe	Definition von Zulassungskriterien					
	Segmentierung des Kursangebotes nach Hierarchiestufen					
	Segmentierung des Kursangebotes nach Organisationseinheiten					
	Segmentierung des Kursangebotes nach situativen Bildungsanforderungen					
	Teilnahmemöglichkeiten für externe „Gasthörer"					

Abbildung 9: Differenzierungsmöglichkeiten nach dem Kriterium „Zielgruppe"

Bis auf einige wenige maßgeschneiderte und daher geschlossene Programme sind die Weiterbildungsangebote der Deutschen Bank University für alle Mitarbeitergruppen geöffnet [34]:

„Mit einer Ausrichtung auf elitäre Gruppen unter den Mitarbeitern wäre die herausragende Chance vertan, ein deutliches und positives Signal in die gesamte Bank zu senden: Wir sind eine lernende Organisation, wir lernen schneller als unsere Mitbewerber, wir lernen im Team, um ein positives Klima für Kunden- und Ergebnisorientierung sowie für Innovationen zu schaffen, wir ermöglichen eine Atmosphäre des Vertrauens, die für die schnelle Verteilung von Wissen Voraussetzung ist."

Um die jeweiligen Vorstellungen und Entwicklungsbedürfnisse der einzelnen Mitarbeitersegmente adäquat und zielgerichtet befriedigen zu können, hat die Deutsche Bank eine differenzierte Analyse der einzelnen Zielgruppen vorgenommen (Abbildung 10).

Laut Michael Heuser, dem Leiter der Lufthansa School of Business, laufen Unternehmen, deren Corporate University ausschließlich Programme für das Management anbieten, Gefahr, dass ihre strategische Entwicklung hängen bleibt und sich die Weiterbildung nicht rechtzeitig auf neue Gegebenheiten einstellen kann [35]:

„Wenn man das lebenslange Lernen ernst nimmt, muss eine Corporate University über das gesamte Unternehmen gehen."

Characteristics of different segments

	Senior managers (SM)	Middle managers (MM)	Other employees (OE)
- budget available for training	High leverage justifies huge amounts of money	sometimes huge amounts of money invested	Cost and time efficient training is requestet
- origination/initiation of training	100% of resondens originated training themselves	73% self originated 15% originated by personnel 12% originated by bosses	38% self originated 17% originated by personnel 46% originated by bosses
- use-ratio of external courses	40 % of total courses	41 %	21 %
- learning takes place "off-the-job"	82 %	61%	74%
- readiness to invest private time * would invest more if awarded	2 hours 44 %	1,9 hours 33 %	2,4 hours 58 %
- preferred development methods * self study work books * coaching / mentoring * creating formal networks * external exchange programmes	 56% say its "effective" 67% 56% 56%	 22% say its "effective" 94% 33% 83%	 37% say its "effective" 100% 26% 79%
- training needs (with categories)	26% management skills 13% communication skills	16% finance 15% management skills	29% IT/Computer 16% economics/ business
- favoured length of courses	4,3 days p.a.	3,7 days p.a.	3,6 days p.a.
- altidude towards db university * like to attend db uni courses * like to become allumni member * be more interested in learning	67% „positive" 78% 44% 33%	72% 94% 50% 50%	95% 95% 58% 68%
-attitude towads lifelong learning (l.l.)	77% „l.l. is need of the future"	61% „l.l. is need of the future"	84% „l.l. is need of the future"

Abbildung 10: Differenzierte Analyse der Zielgruppen der DB University [36]

Da sich die Lufthansa School of Business als strategische und kulturelle Plattform des Lufthansa-Konzerns versteht, können externe Studieninteressierte nicht an den Programmen teilnehmen, Ausnahmen werden nur im strategischen Umfeld des Unternehmens gemacht [37].

Mit dem Anspruch „Kein Angebot von der Stange, sondern Programme mit individuellem Zuschnitt" [38] wendet sich die mg academy primär an Führungskräfte, Potenzialkandidaten und Nachwuchskräfte des mg-Konzerns. Die Förderung dieser Zielgruppen ist Teil der Wachstumsstrategie des Unternehmens. Um ein hohes Niveau der Programme sicherzustellen, erfolgt eine gezielte Ansprache der Teilnehmer [39].

Das Leistungsangebot der DaimlerChrysler University richtet sich an die leitenden Führungskräfte des gesamten DaimlerChrysler Konzerns, wobei, wie in Abbildung 10 dargestellt ist, von einer Zielgruppengröße von etwa 7100 Führungskräften auszugehen ist.

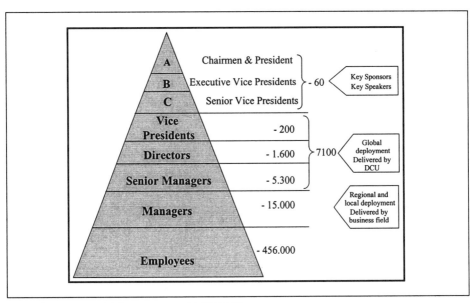

Abbildung 11:   Zielgruppen der DCU [40]

3.3 Organisationsform

Die Aufbauorganisation sollte gemäß dem Leitsatz „Form follows function" die strategische Zielsetzung und Orientierung einer Corporate University widerspiegeln.

Beim zentralen Modell werden alle Aktivitäten der Corporate University von einer zentralen Instanz im Unternehmen geplant, geleitet und durchgeführt. Die Einflussmöglichkeiten der einzelnen Geschäftsbereiche und Divisionen sind eher gering. Vorteile dieser Strukturform sind unter anderem:

- leichte Kontrollmöglichkeit über alle Weiterbildungs- und Personalentwicklungsaktivitäten innerhalb der Organisation durch die Unternehmensleitung und die Personalverantwortlichen,
- Möglichkeit der Nutzung von Synergien,
- Sicherstellung einer gewissen Einheitlichkeit und Konsistenz der Kurse,
- verstärktes Potenzial zur Vermittlung der Organisationskultur sowie eines ganzheitlichen Unternehmensverständnisses in den Programmen der Corporate University,
- Möglichkeit der Ausrichtung der Kurse auf die strategischen Ziele des Gesamtunternehmens.

Ein Nachteil des zentralisierten Modells liegt in der Gefahr eines fehlenden Praxis- und Aktualitätsbezuges der Programme sowie einer mangelnden Ausrichtung der Kurse auf die Bildungsanforderungen der einzelnen Unternehmensbereiche und Tochtergesellschaften.

Bei der dezentralisierten Organisationsform übernehmen die einzelnen regionalen oder divisionalen Einheiten die Verantwortung für die Planung und Umsetzung von Weiterbildungsveranstaltungen. Eine zentrale Kontroll- und Abstimmungsinstanz existiert in der Regel nicht oder besitzt nur geringe Interventionskompetenzen.

Vorteilhaft an dieser Struktur ist die sich logischerweise ergebende Nähe zum Kunden sowie die Möglichkeit der divisionalen, regionalen oder funktionalen Anpassung der Kurse an spezifische Bildungsbedürfnisse. Des weiteren erlaubt das dezentrale Modell aufgrund der fehlenden Notwendigkeit der permanenten Abstimmung schnellere Reaktionsmöglichkeiten auf Umwelteinflüsse und die sich daraus ergebenden neuen Weiterbildungsanforderungen. Allerdings kann diese Struktur auch schnell zu chaotischen Weiterbildungsstrukturen führen und so die Mitarbeiterentwicklung behindern. Auch mangelt es den Programmen häufig an dem nötigen strategischen Fokus, denn durch die fehlende Koordination der Weiterbildungsaktivitäten entsteht die Schwierigkeit der Realisierung einer einheitlichen – an die Corporate Identity, an die Organisationskultur sowie an die Unternehmensstrategie angepassten – Grundstruktur der einzelnen Programme.

Einen Kompromiss zwischen zentraler Kontrolle und divisionalen oder regionalen Freiheiten stellt die föderale Organisationsstruktur dar. Sie integriert die Lernbedürfnisse aller Geschäfts- oder Konzerneinheiten in ein Gesamtkonzept und fördert somit einen strategischen und langfristigen Charakter der Weiterbildungsaktivitäten. Die einzelnen Geschäftseinheiten tragen dabei meist die Verantwortung für das Angebot und die Umsetzung der einzelnen Programme, die zentrale Instanz gibt die Richtlinien und den Realisierungsrahmen vor. Dieser Ansatz sichert sowohl die notwendige Nähe zum Kunden als auch die strategische Orientierung der Programme.

Meist verändert sich die Organisationsform im Zeitverlauf: Nach einer zentralen Initiierungs- und Startphase werden die Verantwortlichkeiten im Rahmen eines föderalen Modells sukzessive auf dezentrale Einheiten übertragen. Oder aber ursprünglich dezentrale Mitarbeiterentwicklungsprogramme werden unter dem Dach einer Corporate University in ein globales Konzept mit strategischer Ausrichtung integriert. In der Regel weisen daher ab einer gewissen Entwicklungsstufe die meisten Firmenuniversitäten eine föderale Organisationsform auf. Lediglich die Stärke der Bindung an die zentrale Instanz variiert in Abhängigkeit vom Unternehmenskontext.

Die Form der organisatorischen Einbindung der Corporate University in den Gesamtkonzern bestimmt den Grad der Autonomie beziehungsweise Abhängigkeit von der Geschäftsleitung des Mutterunternehmens.

Gerade in den USA werden Corporate Universities zunehmend auch als eigenständiges Geschäftsfeld ausgegliedert. Diese Firmenuniversitäten sind meist als Profit-Center organisiert und bieten daher ihre Programme auch außerhalb des Unternehmens an. Die Ausgliederung der Trainings- und Personalfunktion stößt in Deutschland jedoch aufgrund der fehlenden Fokussierung auf unternehmensinterne Bedürfnisse häufig auf Kritik [41]:

„Unternehmen müssen sich nur darüber im klaren sein, dass sie sich damit der Möglichkeit berauben, eine optimale Verbindung zwischen dem strategischen Prozess und einer integrierten Lernarchitektur zu schaffen. Wenn die Verbindung der ‚Akademie' mit den operativen Geschäftseinheiten per definitionem durch Marktkräfte (und nicht durch managerielle Steuerung) geregelt wird, bleibt das Potenzial einer echten Corporate University weitgehend ungenutzt."

Studien haben gezeigt, dass es hinsichtlich der Berichtsstruktur von Corporate University in der Regel nur zwei realistische Alternativen gibt [42]: In den meisten Fällen berichten die Firmenuniversitäten entweder direkt an den Vorstand oder an die Personalabteilung beziehungsweise den Personalverantwortlichen im Unternehmen.

Hinsichtlich der Einbindung des Managements in die Corporate University, bestehen zwei häufig gewählte Möglichkeiten:

- *Einbindung der Manager als Lehrende:* Treten die Manager im Rahmen der Programme einer Corporate University als Lehrer auf, so kann dies der Weitergabe von gewachsenem unternehmensinternen Know-how oder von langjährigen Erfahrungen dienen. Als Hauptträger der Unternehmenskultur können die Manager auch den Teilnehmern das Wertesystem sowie die Philosophie des Unternehmens adäquat vermitteln.

- *Einbindung der Manager als gelegentliche Berater:* Entsprechend ihrem individuellen Fachgebiet und ihren persönlichen Kernkompetenzen können die Manager die Leitung der Corporate University beispielsweise bei der Definition von Standards, bei der Konzeption neuer Programme oder bei der Qualitätskontrolle von bestehenden Kursen unterstützen.

Die Frage nach dem Ausmaß der Einbindung des Managements ist unter anderem abhängig von der Frage, ob die Manager für ihre Unterstützung explizit entlohnt werden oder ob die Weitervermittlung von Wissen zu den Aufgaben einer jeden Führungskraft unabhängig von vertraglichen Vereinbarungen gehört.

Kriterium	Merkmale	Ausprägungsstufen				
		keine	schwach	mittel	stark	sehr stark
Organisationsform	Stärke der Bindung dezentraler Einheiten an eine zentrale Instanz					
	Eingliederung in bestehende interne Strukturen					
	Autonomie der Corporate University im Unternehmen					
	Berichtspflicht an den Vorstand					
	Berichtspflicht an das Personalmanagement					
	Einbindung der Manager als Lehrende					
	Einbindung der Manager als Berater					

Abbildung 12: Differenzierungsmöglichkeiten nach dem Kriterium „Organisationsform"

Wie das in Abbildung 13 dargestellte Organigramm zeigt, besteht die Organisation der Deutschen Bank University im wesentlichen aus vier Bereichen:

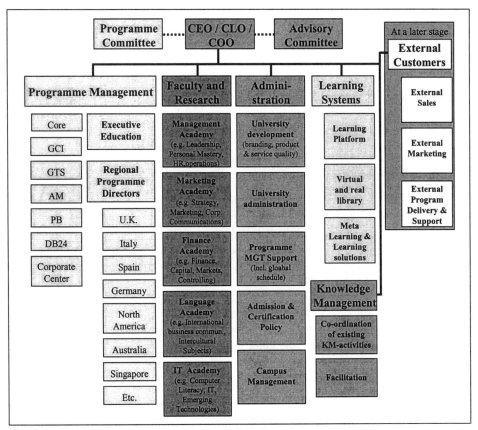

Abbildung 13:   Organigramm der Deutschen Bank University [43]

Durch den Bereich *Programmanagement* wird die geschäftliche Struktur der Deutschen Bank nachgebildet. In der Regel beschäftigt jeder Geschäftsbereich einen Programmdirektor als Key Account Manager, der für die Erfassung des Lernbedarfs, die Entwicklung und Steuerung der Lernprogramme sowie für die Kontrolle der Kosten und Lernerfolge zuständig ist. Die Einheiten des Bereich *Faculty and Research* sind zuständig für die Bereitstellung von Wissen und Lehrkräften, für die Pflege von Expertennetzwerken, die Benennung von Trainern, die von den Programmdirektoren bei Bedarf abgerufen werden können, sowie für die Gestaltung von Lernprogrammen im Auftrag der Programmdirektoren. Die Führung dieser Einheiten wird mit Hilfe des sogenannten

„Co-Rektoren-Modell" realisiert: Für jede Akademie fungiert eine Top-Führungskraft des Unternehmens als Rektor. Sie wird unterstützt durch einen hauptamtlichen Co-Rektor aus dem akademischen oder Trainingsbereich. Der Bereich *Administration* übernimmt neben Trainingsmanagement und Programmlogistik vor allem die Erstellung von Richtlinien für die Zertifizierungs- und Zulassungspolitik, das Management der Bildungszentren sowie die betriebswirtschaftliche Steuerung der Corporate University [44].

Geführt wird die Deutsche Bank University von einem Geschäftsführer, der direkt an den Personalvorstand des Unternehmens berichtet. Dem Geschäftsführer zur Seite stehen ein von der DUKE University gestellter Kanzler sowie ein kaufmännischer Geschäftsführer. Dieses Team wird unterstützt durch ein Programm- sowie ein Beratungskomitee. Aufgabe des aus Vertretern unterschiedlicher Geschäftsbereiche bestehenden Programm-Komitees ist es, das jährliche Programm sowie das Budget der Deutschen Bank University zu genehmigen und die Übereinstimmung der geplanten Veranstaltungen mit der Konzernstrategie sicherzustellen. Das Beratungs-Komitee unterstützt das Führungsteam unter anderem in fachlichen und organisatorischen Fragen [45].

Die DaimlerChrysler University ist unternehmensintern in den internationalen Bereich EMD (Executive Management Development) integriert. Sie wird durch einen interdisziplinären Beirat gesteuert, dem unter anderem der Vorstandsvorsitzende angehört [46].

Die Geschäftsleitung des Allianz Management Institute ist verantwortlich für die Planung und Koordination aller angebotenen Programme. In strategischen Fragen wird die Geschäftsführung durch einen Beirat, bestehend aus Vertretern der Unternehmensleitung sowie externen Mitgliedern aus Wissenschaft und Praxis, unterstützt und beraten. Aufgabe der Bildungsleiter der einzelnen Standorte und Unternehmen der Allianz Gruppe ist das Mitwirken an der Planung und Konzeption der Aktivitäten. Darüber hinaus sind sie für die Umsetzung bestimmter Programme an den jeweiligen Standorten zuständig [47].

3.4 Finanzierung

Betrachtet man die Finanzierungsmöglichkeiten von Corporate Universities, so lassen sich zwei Extremformen unterscheiden: Die Corporate University als Cost- oder Profit-Center.

Eine als Cost-Center geführte Corporate University erhöht die Kontrollmöglichkeiten des Mutterunternehmens und garantiert ein primär auf die unternehmensindividuellen Bildungsanforderungen ausgerichtetes Kursprogramm.

Eine als Profit-Center organisierte Corporate University stellt eine eigenständige Dienstleistungseinheit dar, die gemäß einer „pay for service"-Philosophie ihre Leistungen an unternehmensinterne und -externe Kunden verkauft. In diesem Fall werden die Inhalte der Veranstaltungen meist an die Marktbedürfnisse angepasst, was sich – nach Aussage von Kritikern – mitunter negativ auf die Qualität der Programme auswirken kann [48]:

„Sollen Corporate Universities mehr als nur outgesourcte Trainingsabteilungen mit neuem Namen sein, können sie nicht als Profit-Centers, sondern nur als Cost-Centers mit einem klaren budgetären Bekenntnis konzipiert werden." Eine Corporate University mag *„zwar als Profit-Center finanziell erfolgreich sein, verliert aber durch die Logik der Marktmechanismen ihre Potenz als organisationsübergreifende Drehscheibe des strategischen Prozesses."*

Diese allgemeine Kritik am Profit-Center-Konzept wird durch Untersuchungen in den USA unterstützt, die besagen, dass die meisten Best-Practice Corporate Universities als Cost-Center organisiert sind [49]. Dennoch finanzieren sich in den Vereinigten Staaten inzwischen eine zunehmende Zahl von Corporate Universities selbst [50].

Die Wahl der Finanzierungsform ist meist abhängig vom Entwicklungsstadium der Corporate University. Die überwiegende Zahl der Firmenuniversitäten beginnt ihre Arbeit als Cost-Center, denn um die Programme erfolgreich am Markt anbieten zu können, muss sich die Corporate University zunächst einen Namen als kompetentes Bildungsinstitut aufbauen und die Qualität der Kurse über einen gewissen Zeitraum unter Beweis stellen. Des weiteren determiniert auch die strategische Zielsetzung der Corporate University die Finanzierungsquelle: Sieht die Firmenuniversität ihre Hauptaufgabe in der Stärkung der Unternehmenskultur und in der Unterstützung von kulturellem Wandel, so werden die Programme immer einen starken Unternehmensbezug aufweisen, wodurch ihre Marktfähigkeit automatisch eingeschränkt wird. Spezialisiert sich die Corporate University hingegen auf die Vermittlung allgemeiner Fähigkeiten und universell einsetzbaren Wissens, so bietet sich eine Vermarktung der Kurse außerhalb des Unternehmens durchaus an.

Krite-rium	Merkmale	Ausprägungsstufen				
		keine	schwach	mittel	stark	sehr stark
Finan-zierung	Profit-Orientierung					
	Anteil unternehmensexterner Finanzierungsquellen am Gesamtbudget					

Abbildung 14: Differenzierungsmöglichkeiten nach dem Kriterium „Finanzierung"

Eine Untersuchung hinsichtlich der Finanzierungsquellen von Corporate Universities ergab folgendes Ergebnis:

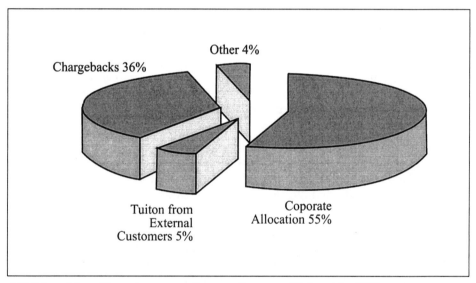

Abbildung 15: Finanzierungsquellen von Corporate Universities [51]

Vergleicht man die Zahlen mit früheren Jahren, so hat sich der Anteil externer Einnahmequellen deutlich erhöht und wird Prognosen zufolge weiterhin ansteigen.

3.5 Kooperation mit traditionellen Bildungsinstituten

Die Namensidentität zwischen Corporate Universities und traditionellen Universitäten oder Business Schools muss nicht zwangsläufig zu einem Konkurrenzverhältnis führen. Die Verknüpfung der auf unterschiedlichen Gebieten liegenden Stärken beider Institutionen ist vielfach erfolgsversprechend und zielführend. Daher arbeiten viele Firmenuniversitäten bei der Realisierung ihres Kursprogramms mit renommierten Bildungseinrichtungen zusammen. Bei der Auswahl geeigneter Kooperationspartner spielen meist Kriterien wie Flexibilität, gemeinsame Ziele und Visionen oder Prestige und Ruf der Bildungseinrichtung eine Rolle [52].

Hinsichtlich der Intensität und Kontinuität entsprechender Kooperationen existieren vielfältige Ausgestaltungsformen. Diese reichen von einer punktuellen Zusammenarbeit oder kursbezogenen Abmachungen über Forschungskooperationen bis hin zu langfristig orientierten und umfangreichen Kooperationsprogrammen im Sinne strategischer Allianzen [53]. Im Fall einer kooperativen Realisierung des Programmangebotes einer Corporate University übernimmt die Firmenuniversität meist die Festlegung des Lernangebotes, die Planung des Curriculums, die Auswahl und Beschaffung von Lerninhalten sowie die Vermarktung und Evaluierung der Lernangebote. Die traditionellen Bildungsinstitute sind in der Regel für die konkrete Ausarbeitung der Inhalte sowie für die Durchführung der Programme und die Betreuung der Teilnehmer zuständig [54].

Kriterium	Merkmale	Ausprägungsstufen				
		keine	schwach	mittel	stark	sehr stark
Kooperation mit traditionellen Bildungsinstituten	Intensität der Zusammenarbeit					
	Kontinuität der Zusammenarbeit					

Abbildung 16: Differenzierungsmöglichkeiten nach dem Kriterium „Kooperation mit traditionellen Bildungsinstituten"

Die Lernallianzen [55] zwischen Corporate Universities und Business Schools gehen inzwischen soweit, dass von den Business Schools nicht nur die Lerninhalte firmenspezifisch entwickelt werden, sondern auch vergleichbar mit den Zulieferkonzepten der Automobilindustrie, örtlich enge Kunden-Lieferantenbeziehungen aufgebaut werden. So hat zum Beispiel die Duke University eine Niederlassung in direkter Nähe zur Corporate University der Deutschen Bank gegründet und die Stanford University einen internationalen Campus in Berlin eröffnet. Während die Business Schools sich durch den Zugang zu aktuellen Praxisthemen und Unternehmensdaten gegenüber den staatlichen Universitäten einen Zeit-, Wissens- und Finanzvorteil verschaffen [56], ist die Meinungsbildung der staatlichen Universitäten hinsichtlich einer möglichen Zusammenarbeit mit den Corporate Universities noch nicht abgeschlossen. Diese möchten dabei weder auf die Rolle des Zulieferbetriebes reduziert werden, noch die Unabhängigkeit der Wissenschaft verlieren [57].

Tabelle 3 zeigt beispielhaft die Kooperationen deutscher Corporate Universities mit internationalen Bildungseinrichtungen auf.

Bereits in einem frühen Stadium der Gründung entschied sich die Deutsche Bank University für die Zusammenarbeit mit einer international führenden Business School [58]:

„Die Auswahlkriterien lauteten wie folgt: es sollte eine renommierte Business School sein, die bereit wäre, für die DB Universität nicht nur akademischer Lieferant, sondern Partner zu sein und Zertifizierungen für entsprechend gestaltete Programme zu erteilen. Gleichzeitig war es wichtig, dass dieser Partner über eine virtuelle Lernplattform verfügte, im Umgang mit innovativen Techniken erfahren ist und diese für Lernzwecke optimiert einzusetzen weiß."

Durch die Zusammenarbeit mit mehreren Kooperationspartnern wollte die Lufthansa School of Business eine zu starke Bindung an einen einzigen Partner vermeiden. Ziel war vielmehr die Zusammenführung führender Business Schools aus verschiedensten Kontinenten zu einem akademischen Netzwerk [59].

Die Bertelsmann University hat die Kooperation mit der Harvard Business School sowie dem IMD in Lausanne bewusst gewählt, um auf diese Weise „sowohl amerikanische Erfahrungen als auch die speziellen Methoden und Sichtweise europäischer Schulen in das Programm einzubeziehen und die unterschiedlichen Kulturen für das eigene Management zu berücksichtigen" [60].

Corporate University	Kooperationspartner
Allianz Management Institute	■ INSEAD ■ Universität St. Gallen ■ Universitätsseminar der deutschen Wirtschaft (USW)
Bertelsmann University	■ Harvard Business School ■ International Institute for Management Development (IMD)
DaimlerChrysler University	■ Harvard Business School ■ INSEAD ■ International Institute for Management Development (IMD)
Deutsche Bank University	■ Fuqua School of Business (Duke University)
Lufthansa School of Business	■ London Business School ■ Indian Institute of Management Bangalore ■ INSEAD ■ McGill University ■ Hitotsubashi University
Merck University	■ WHU Koblenz ■ Hong Kong University of Science and Technology ■ Kellog Graduate School of Management ■ London Business School
mg academy	■ Management Zentrum St. Gallen ■ Universitätsseminar der deutschen Wirtschaft (USW) ■ Duke University ■ Universität Mannheim ■ Universität Köln

Tabelle 3:   Lernallianzen deutscher Corporate Universities

Das Geschäftsmodell zwischen Corporate Universities und den Inhaltepartnern ist von einer klaren Rollenverteilung geprägt. Die Planung des Curriculum wird von der Corporate University koordiniert, ohne dabei einen umfassenden Universitätsbetrieb mit Lehrkörper und Campus zu institutionalisieren. Die konkrete Ausarbeitung der Inhalte - zum Beispiel auf der Basis von Fallstudien - sowie die Durchführung der Programme und Betreuung der Teilnehmer erfolgt durch die Business Schools, wie auch folgende Aussage zeigt [61]:

„Business Schools sind in erster Linie als Knowledge oder Information Broker zum Themenbereich General Management für unsere Führungskräfte anzusehen, die ‚state of the art' Wissen vermitteln. Als Konzern haben wir die Aufgabe, unsere strategisch wichtigen Themen zu formulieren und die entsprechenden Inhalte zu designen. Die fachliche Ausgestaltung, sprich die Umsetzung dieser strategic topics in Lehrveranstaltungen oder zukünftig dann auch in Web-based cases, ist dann die Aufgabe der beauftragten Business Schools".

Die Analyse der Leistungsprozesse einer Corporate University, wie in Abbildung 17 dargestellt, zeigt, dass von der Corporate University weder die Generierung, Aufbereitung und Vermittlung der Lerninhalte noch die Betreuung und Zertifizierung der Lernenden vorgenommen wird. Fokus ist vielmehr die Festlegung, Auswahl, Beschaffung und Vermarktung der Lernangebote an die entsprechenden Zielgruppen im Unternehmen sowie die permanente Überprüfung der Übereinstimmung des Lernangebotes mit den Zielen des Unternehmens.

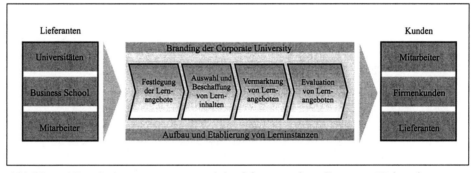

Abbildung 17: Leistungsprozesse und -beziehungen einer Corporate University

Die Lerninhalte-Generierung im Sinne von Forschung, Aufbereitung und Kombination zu einem Curriculum findet in der Corporate University nicht statt. Vielmehr erfolgt eine Definition von strategisch relevanten Themen, die eine Operationalisierung in konkrete Lernangebote impliziert. Dies führt zu einer Auswahl- und Beschaffungsentscheidung von Lerninhalten und dem Aufbau von Lernallianzen mit den jeweiligen Lieferanten dieser Lerninhalte. Dabei können Lerninhalte unternehmensintern oder auch –extern beschafft werden.

3.6 Unternehmensübergreifendes Wissensmanagement

Aufgrund der zunehmenden Fokussierung auf Kernkompetenzen wird die ursprünglich innerhalb der eigenen Organisationsgrenzen angesiedelte Wertschöpfungskette über mehrere eigenständige Unternehmen verstreut. Da es für ein Unternehmen und seine Mitarbeiter wichtig ist, ein Verständnis der Funktionsweise der eigenen Wertschöpfungskette aufzubauen, darf sich ein effizientes und strategisches Wissensmanagement nicht auf das eigene Unternehmen beschränken [62]:

„Die Erzeugung, Verteilung und Nutzbarmachung von Wissen ist ein unternehmensübergreifender Lern- und Organisationsprozess, der nolens volens gemeinsam mit nicht mit traditionellen Machtmechanismen kontrollierbaren, aber für den eigenen Wettbewerbserfolg unverzichtbaren Partnern erfolgen muss."

Ein unternehmensübergreifendes Wissensmanagement reduziert die Gefahr von Betriebsblindheit und sichert eine Optimierung der Schnittstellen in der Wertschöpfungskette. Das Ziel von Unternehmen muss also in der Gestaltung einer organisationsübergreifenden Lernarchitektur bestehen, in die alle entlang der Wertschöpfungskette angesiedelten Stakeholder integriert werden. Dabei versteht man unter Stakeholdern alle für die Strategie eines Unternehmens relevanten Interessengruppen, „die Zielansprüche äußern, ein Einsatzrisiko tragen und über eine entsprechende Macht zur Durchsetzung ihrer Interessen verfügen" [63].

Darüber hinaus kann aber auch die Kooperation mit Unternehmen der eigenen oder für die strategischen Ziele der Organisation relevanten Branchen von großem Nutzen für die Partner sein. Der unternehmens- und branchenübergreifende Austausch von Best-Practices sowie die Erfahrung der Fremdwahrnehmung des eigenen Unternehmens können wichtige Impulse für die Positionierung, den Ausbau von Kernkompetenzen und die Festlegung der strategischen Stoßrichtung des Konzerns geben. Wie nachfolgende Abbildung zeigt, kann die Zusammenarbeit einer Corporate University mit externen Organisationen sich unter anderem auf die Erstellung der Curricula, die Konzeption der Programme beziehungsweise die gemeinsame Umsetzung der Programme beziehen.

Kriterium	Merkmale	Ausprägungsstufen				
		keine	schwach	mittel	stark	sehr stark
Unternehmensübergreifendes Wissensmanagement	Kooperative Erstellung der Curricula					
	Kooperative Konzeption von Weiterbildungsprogrammen					
	Kooperative Umsetzung von Weiterbildungsprogrammen					
	Angebot spezifischer Schulungsprogramme für Händler, Lieferanten oder Kunden des Unternehmens					

Abbildung 18: Differenzierungsmöglichkeiten nach dem Kriterium „Unternehmensübergreifendes Wissensmanagement"

Die Lufthansa School of Business versucht, in ihren Leadership-Programmen den Außenfokus ihrer Geschäftstätigkeit mit einzubeziehen. Hierzu integriert sie Partner entlang der Wertschöpfungskette sowie Unternehmen der eigenen oder anderer Branchen auf für die Lufthansa strategisch relevanten Gebieten in den Lernprozess. Viele Programme als Konsortien mit einem definierten Kreis an Partnerunternehmen organisiert, wobei die Lufthansa School of Business die Wahl der Partner als für das effektive strategische Lernen von ausschlaggebender Bedeutung ansieht [64].

3.7 Lerninhalte

Aufgabe einer Corporate University ist es, die Lerninhalte auf die konkreten Bedürfnisse des Unternehmens auszurichten sowie in direkten Bezug zu den Kernkompetenzen des Unternehmens und den aus der Strategie abgeleiteten Handlungsfeldern zu setzen.

Ein zentraler Inhalt vieler Weiterbildungsveranstaltungen stellt die Weitergabe von *Managementwissen* oder *methodischem Wissen* dar. Für eine mögliche Differenzierung interessant ist in diesem Fall die Frage, inwieweit diese Inhalte an den unternehmensspezifischen Kontext angepasst wurden.

Entsprechend der primären Aufgabe von Corporate Universities steht in einer Vielzahl der angebotenen Programme der Transfer von *unternehmensspezifischem Wissen und Know-how* im Vordergrund. Zentrale Themen sind unter anderem: Kultur, Geschichte oder Tradition des Unternehmens, Best-Practices, Strategie und Kernkompetenzen oder Branchenkenntnisse.

Durch den Trend zu flacheren Hierarchien, zu einer dezentralisierten Entscheidungsfindung sowie zu flexibleren Organisationsstrukturen geht das Aufgabenspektrum der Mitarbeiter in immer stärkerem Maße über die Ausführung von Anweisungen oder Befehlen hinaus. So wird von dem Mitarbeiter beispielsweise erwartet, dass er Vorschläge zur Verbesserung der Arbeitsabläufe erarbeitet oder eine permanente Qualitätskontrolle seiner eigenen Leistung durchführt. In diesem Kontext ist es Aufgabe der Corporate University in geeigneten Kursen die *Problemlösungskompetenz* der Mitarbeiter sowie deren Fähigkeit zu *kreativem Denken* zu erhöhen. Dem Teilnehmer müssen Methoden und Techniken zur Analyse von Situationen, zur Definition von Problemen, zur gezielten Hinterfragung bestehender Mechanismen und Abläufe, zur Erarbeitung von Verbesserungsvorschlägen sowie zur Implementierung gefundener Lösungen vermittelt werden.

Aber auch die Vermittlung *sozialer und vor allem kommunikativer Kompetenz* gewinnt zunehmend an Bedeutung. Hierbei geht es nicht nur darum, die Kommunikationsfähigkeit der Mitarbeiter, sondern auch ihre Fähigkeiten in Bezug auf die Zusammenarbeit in Gruppen, auf die Konfliktfähigkeit des Einzelnen und den Aufbau persönlicher Netzwerke zu fördern [65]:

„*With teams moving to the fore as the vehicle of performance within flexible organizations, individual effectiveness is increasingly linked to well-developed communication and collaborating skills.*"

Im Rahmen von Führungskräfteentwicklungsprogrammen geht es meist um den Aufbau von *Leadership-Kompetenz* und die Optimierung des Führungsverhaltens.

Für eine umfassende Klassifikation von Corporate Universities spielt auch die Aktualität der Lerninhalte eine Rolle. Konkret bedeutet dies: In welchen Zeitabständen findet eine qualitative Überprüfung und eine darauf aufbauende Anpassung der Inhalte statt?

Kriterium	Merkmale	Ausprägungsstufen				
		keine	schwach	mittel	stark	sehr stark
Lerninhalte	Anteil unternehmensspezifischer Inhalte					
	Unternehmensindividuelle Aufbereitung allgemeiner Lerninhalten					
	Vermittlung von Managementwissen					
	Spezialisierungsgrad des vermittelten Managementwissens					
	Förderung von Problemlösungskompetenz und kreativem Denken					
	Förderung sozialer und kommunikativer Fähigkeiten					
	Förderung von Leadership-Kompetenz					
	Häufigkeit der Evaluierung und Aktualisierung der Lerninhalte					

Abbildung 19: Differenzierungsmöglichkeiten nach dem Kriterium „Lerninhalte"

3.8 Lernformen

Betrachtet man die im Rahmen der Programme von Corporate Universities zum Einsatz kommenden Lernmethoden, so ist nach wie vor eine starke Dominanz *traditioneller Präsenzveranstaltungen* feststellbar. Zunehmend wird jedoch durch *Aktionslernen* das Lernen aus dem Seminarraum an den Arbeitsplatz verlagert. Diese Personalentwicklungsmaßnahmen „on the job" oder „near the job" bieten den Vorteil, dass Theorie und Praxis unmittelbar miteinander verzahnt werden. In vielen Corporate Universities wird in diesem Kontext *Projektarbeit* zur Lösung bestehender innovativer Nicht-Routineaufgaben als Lernform eingesetzt.

Beobachtbar ist ein Trend vom Lehren zur Lernunterstützung, das heißt zu Formen der Weiterbildung, die den individuellen Lernbedürfnissen Rechnung tragen und somit ein *selbstgesteuertes Lernen* ermöglichen [66]:

„Eine Kultur des Selbstlernens entwickelt sich jedoch nicht von selbst – sie setzt de facto Teamstrukturen im Unternehmen voraus und erwächst aus einer mit den Lernaktivitäten mitwachsenden intrinsischen Motivation der Lernenden."

Dieser Trend zum selbstgesteuerten Lernen wird unterstützt durch die zunehmende Bedeutung solcher Unterrichtsformen, die stark durch den Einsatz moderner Informations- und Kommunikationstechnologien geprägt sind [67]. Beispiele hierfür sind Computer-, oder Satelite-Based Training, Multimedia Learning, Lernen unter Verwendung von CD-ROM's, Videokonferenzen oder Business-TV. Auch das Internet oder unternehmenseigene Intranets werden in zunehmendem Maße für die Zwecke der Aus- und Weiterbildung eingesetzt [68].

„Neue Medien erlauben neue Formen der Lernorganisation. Sie gestatten ein dezentrales und zeitlich flexibles Lernen, unabhängig vom Referenten, für eine theoretisch unendliche Teilnehmerzahl. Gleichzeitig ermöglichen sie aber auch eine stärkere Individualisierung, sowohl im Hinblick auf die Lerninhalte als auch hinsichtlich der Lerngeschwindigkeit..."

Dennoch stellen für viele Unternehmen die erforderlichen Anfangsinvestitionen eine Hürde beim Einsatz multimedialer Lernformen dar. Langfristig kann der Nutzung moderner Informations- und Kommunikationstechnologie jedoch zu einer Reduktion der Aus- und Weiterbildungskosten führen.

Kriterium	Merkmale	Ausprägungsstufen				
		keine	schwach	mittel	stark	sehr stark
Lernformen	Anteil traditioneller Präsenzveranstaltungen am gesamten Kursprogramm					
	Anteil Aktionslernen am gesamten Kursprogramm					
	Anteil Projektarbeit am gesamten Kursprogramm					
	Anteil selbstgesteuertes Lernen am gesamten Kursprogramm					
	Einsatz multimedialer Lernformen					

Abbildung 20: Differenzierungsmöglichkeiten nach dem Kriterium „Lernformen"

Die von der Deutschen Bank University eingesetzten Lernformen folgen festgelegten methodischen Grundsätzen [69]:

- *Arbeitsintegriertes Lernen:* Lernen und Arbeiten geht ineinander über beziehungsweise wird aufeinander abgestimmt.
- *Projektarbeit:* Echte Beratungsprojekte aus den Unternehmensbereichen der Bank mit dringlichem Lösungsbedarf werden als Projektarbeiten an Lernteams vergeben.
- *Learning on demand:* Lernen muss dann möglich und Lernmaterial dann verfügbar sein, wenn es gebraucht wird.
- *Vielfalt der Kanäle:* Nutzung fortschrittlicher und innovativer Technologien zur Ergänzung von Präsenzseminaren und zur Ermöglichung eines zeitgemäßen Lernens.

Durch den Aufbau einer virtuellen Lernplattform möchte die Deutsche Bank University das just-in-time-Lernen unabhängig von Ort und Zeit ermöglichen. Hierzu wurde als Ergänzung zu den tutorgestützten Präsenzveranstaltungen eine Intranet-Lernumgebung entwickelt, welche als Rückgrat der Corporate University dienen soll [70].

Bei der DaimlerChrysler University soll in Zukunft ein großer Teil der Potenzialentwicklung von Führungskräften Aktionscharakter besitzen [71]:

„Im Rahmen mehrmoduliger Projektprogramme arbeiten Potentialträger des Konzerns an bereichsübergreifenden realen Geschäftsproblemen und erhalten dafür eine Infrastruktur von Projektsponsoren, Prozessmoderatoren und Fachexperten bereitgestellt, die von der Corporate University koordiniert werden."

Darüber hinaus können die aus allen Bereichen der Welt zusammengesetzten Teams auf eine multimediabasierte Intranetplattform – die DCU-Online – zurückgreifen, welche die Projektteilnehmer im Sinne von Online-Communities vernetzt. Das Ziel der Schaffung der DCU-Online bestand darin, die angesprochene Zielgruppe mehrfach jährlich mit entsprechend strategisch relevanten Informationen und Themen ansprechen zu können. Jede Führungskraft besitzt auf diese Weise die Möglichkeit sich ihr individuelles Lernprogramm selbst zusammen zu stellen und an ihren individuellen Zeitplan anzupassen. Die Intranetplattform dient neben der Vermittlung von Lerninhalten unter anderem dem weltweiten Wissensaustausch der Führungskräfte, enthält Übersichten über alle angebotenen Programme sowie Informationen zu verteilt arbeitenden Lern-Projektgruppen und bietet virtuelle Veranstaltungen – wie beispielsweise Chats oder Foren – an [72].

3.9 Virtualisierung

Da Corporate Universities nicht zwangsläufig auf die Existenz eines eigenen Campus oder den Aufbau von eigenem Lehrpersonal angewiesen sind, lassen sich viele unterschiedliche Virtualisierungsgrade von Firmenuniversitäten unterscheiden. Diese können von einem Campus-Konzept, wie es beispielsweise von Motorola umgesetzt wurde, bis zu rein virtuellen Institutionen ohne festen Sitz reichen. Untersuchungen zeigen einen – überwiegend durch den Einsatz innovativer Informations- und Kommunikationstechnologien verursachten – Trend zur zunehmenden Virtualisierung von Corporate Universities [73]. Präsenzveranstaltungen werden durch moderne Formen des Selbst- und Distanzlernens abgelöst, wodurch eine Loslösung von Raum und Zeit erfolgt.

Ein hoher Virtualisierungsgrad ist in der Regel dann gegeben, wenn das strategisch relevante Wissen geographisch weit gestreut ist und mit Hilfe medienbasierter Informations- und Kommunikationstechnologien vermittelt werden kann. Des weiteren ist der Grad der Virtualisierung häufig abhängig vom Alter der Corporate University: Viele Unternehmen bauen zunächst virtuelle Strukturen auf und investieren erst im Laufe der Jahre in die Errichtung eigener Gebäude oder gar eines unternehmenseigenen Campus.

Trotz der vielfältigen Möglichkeiten virtueller Lernformen wird die Bedeutung der Zusammenführung von Mitarbeitern an einem gemeinsamen Ort immer wieder betont [74]:

„Allein eine virtuelle Form der Corporate University einzurichten empfiehlt sich nicht, da der direkte Kontakt zu den Teilnehmern konstitutiv für den Lernerfolg ist – geht es doch nicht nur um ein Assimilieren an den unternehmerischen Managementtechniken, sondern gleichzeitig um ein Entkulturieren an der Unternehmenskultur."

Kriterium	Merkmale	Ausprägungsstufen				
		keine	schwach	mittel	stark	sehr stark
Virtualisierung	Virtualisierungsgrad					
	Ausmaß der synchronen Abwicklung der Aktivitäten zwischen den beteiligten Akteuren der Corporate University					

Abbildung 21: Differenzierungsmöglichkeiten nach dem Kriterium „Virtualisierung"

Trotz der Kenntnis der Vorteile von Web-basiertem Lernen misst die Deutsche Bank University dem Aufbau einer realen Infrastruktur große Bedeutung bei [75]: Im Falle der Deutschen Bank soll diese Infrastruktur aus vier bis fünf Orten weltweit bestehen, an denen kleinere Gruppen von Lehrenden und Lernenden temporär zusammenkommen, lernen und arbeiten können. Im Zentrum dieser Lernknoten soll künftig das sogenannte „neue Kronberg", ein umgebautes Trainingszentrum im Taunus, stehen, welches als identitätsstiftender „Center of Gravity" die Funktion der Zusammenführung von virtuellen und realen Programmen der Deutschen Bank University übernimmt.

Die DaimlerChrysler University sieht in der virtuellen Plattform DCU-Online keineswegs eine Substitutionsmöglichkeit für die bestehende Form der Corporate University. Nach wie vor soll nicht auf die persönliche Kommunikation der Teilnehmer verzichtet werden [76]:

„Aus unserer Sicht ist es wichtig, dass die Wissensvermittlung im ersten Schritt persönlich stattfindet, zum Beispiel durch entsprechende Events und Programme, ... Die weitere Kommunikation kann dann auf informeller Basis, zum Beispiel über virtuelle Alumni-Netze und in Communities of Practice, erfolgen."

Virtuelle Lernformen und Face-to-Face-Veranstaltungen unterstützen und ergänzen sich hier also gegenseitig.

3.10 Evaluierung der Lernerfolge

Es existieren kein allgemeingültige Konzepte zur Messung der Lernerfolge, denn die Frage nach dem Gegenstand der Messung kann nur in Abhängigkeit von den Zielsetzungen der jeweiligen Corporate University beantwortet werden [77]. Um Kriterien zur Messung der Lernerfolge aufstellen zu können, müssen Corporate Universities zunächst den gewünschten Output ihrer Aktivitäten, also die angestrebten Veränderungen und Verbesserungen, zielgruppenspezifisch definieren [78].

An die Evaluierung der Lernerfolge schließt sich die Auswertung der Ergebnisse an, um auf dieser Basis mögliche Verbesserungsvorschläge zu erarbeiten.

Als Kriterium zur Differenzierung von Corporate Universities bietet sich in diesem Kontext die Häufigkeit der Evaluierung der Lernerfolge an. So ist beispielsweise eine gelegentliche, stichprobenweise durchgeführte oder aber auch eine kontinuierliche Messung der Lernerfolge denkbar.

Kriterium	Merkmale	Ausprägungsstufen				
		keine	schwach	mittel	stark	sehr stark
Evaluierung der Lernerfolge	Häufigkeit der Evaluierung von Lernerfolgen					

Abbildung 22: Differenzierungsmöglichkeiten nach dem Kriterium „Evaluierung der Lernerfolge"

Eine Vorreiterrolle hinsichtlich der Messung von Lernerfolgen nimmt die Motorola University ein. Alle Kurse der Motorola University sind an festgelegten Effektivitätsstandards ausgerichtet, deren Einhaltung anhand folgender Kriterien überprüft wird [79]:

- *Zufriedenheit des Teilnehmers mit dem Lehrer, den Kursunterlagen und dem Veranstaltungsrahmen:* Jeder Kurs muss eine kontinuierliche Verbesserung der Zufriedenheitsrate der Teilnehmer aufweisen können.
- *Erreichung der vereinbarten Lernziele und Generierung von neuem Wissen:* Jeder Kurs muss nachweisen, dass achtzig Prozent der Teilnehmer die genau definierten Lernziele erreicht haben.
- *Transfer des Gelernten in den Arbeitsalltag:* In Zusammenarbeit mit dem Linienmanagement überprüft die University, ob der angesprochene Transfer stattgefunden hat. Ist dies nicht der Fall, wird nach Gründen für die fehlende Umsetzung gesucht.
- *Auswirkung der Trainingsaktivität auf die Geschäftsergebnisse.*

3.11 Zertifizierung

In der Mehrzahl der von Corporate Universities angebotenen Programme wird den Teilnehmern lediglich ein hausinternes Zertifikat als Beleg für die erfolgreiche Absolvierung ausgestellt. Hier stellt sich als mögliches Differenzierungsmerkmal die Frage, ob sich die der Zertifizierung zugrundeliegende Leistungskontrolle auf die reine Überprüfung der Anwesenheit beschränkt (teilnahmeorientiert) oder ob der Kursteilnehmer einen Leistungsnachweis, beispielsweise im Sinne einer wie auch immer gearteten Abschlussarbeit, erbringen muss (leistungsorientiert).

Durch die Zusammenarbeit mit traditionellen Bildungseinrichtungen besitzen Corporate Universities jedoch auch die Möglichkeit auf akademische Zertifikate anrechenbare Kurse, etwa im Rahmen eines MBA-Programmes, anzubieten. In den USA gaben 1999 in einer Befragung sechzig Prozent der Corporate Universities an, dass sie mit traditionellen Bildungseinrichtungen kooperieren, um auf diese Weise zertifizierte Abschlüsse anbieten zu können [80].

Kriterium	Merkmale	Ausprägungsstufen				
		keine	schwach	mittel	stark	sehr stark
Zertifizierung	Häufigkeit der Vergabe hausinterner Zertifikate					
	Leistungsorientierung bei der internen Zertifizierung					
	Anteil der auf akademische Zertifikate anrechenbaren Kurse am gesamten Kursprogramm					

Abbildung 23: Differenzierungsmöglichkeiten nach dem Kriterium „Zertifizierung"

Auf die Frage, ob in Zukunft eine Zertifizierung vorgesehen ist beziehungsweise ob der Abschluss an einer Corporate University den gleichen Stellenwert haben könnte wie ein regulärer Abschluss an einer deutschen Hochschule wird festgestellt [81]:

„Wir haben nicht vor, in Konkurrenz zu deutschen oder internationalen Universitäten zu treten und dort Abschlüsse anzubieten, die einem MBA oder einem sonstigen hochqualifizierten Abschluss gleichzusetzen sind."

Aus diesen Aussagen wird ersichtlich, dass vor dem Hintergrund der Zertifizierung in naher Zukunft keine Konkurrenzsituation zwischen staatlichen und firmenspezifischen Universitäten entsteht.

Die Abbildung 24 stellt alle dargestellten Abgrenzungskriterien noch einmal zusammenfassend dar.

Kriterium	Merkmale	keine	schwach	mittel	stark	stark
Wissensmanagement	Kooperative Erstellung der Curricula					
	Kooperative Konzeption von Weiterbildungsprogrammen					
	Kooperative Umsetzung von Weiterbildungsprogrogrammen					
	Angebot spezifischer Schulungsprogramme für Händler, Lieferanten oder Kunden des Unternehmens					
Lerninhalte	Anteil unternehmensspezifischer Inhalte					
	Unternehmensindividuelle Aufbereitung allgemeiner Lerninhalte					
	Vermittlung von Managementwissen					
	Spezialisierungsgrad des vermittelten Managementwissens					
	Förderung v. Problemlösungskompetenz u. kreativem Denken					
	Förderung sozialer und kommunikativer Fähigkeiten					
	Förderung von Leadership-Kompetenz					
	Häufigkeit der Evaluierung u. Aktualisierung der Lerninhalte					
Lernformen	Anteil traditioneller Präsenzveranstaltungen am gesamten Kursprogramm					
	Anteil Aktionslernen am gesamten Kursprogramm					
	Anteil Projektarbeit am gesamten Kursprogramm					
	Anteil selbstgesteuertes Lernen am gesamten Kursprogramm					
	Einsatz multimedialer Lernformen					
Virtualisierung	Virtualisierungsgrad					
	Ausmaß der synchronen Abwicklung der Aktivitäten zwischen den beteiligten Akteuren der Corporate University					
Evaluierung der Lernerfolge	Häufigkeit der Evaluierung von Lernerfolgen					
Zertifizierung	Häufigkeit der Vergabe hausinterner Zertifikate					
	Leistungsorientierung bei der internen Zertifizierung					
	Anteil der auf akademische Zertifikate anrechenbaren Kurse am gesamten Kursprogramm					

Abbildung 24: Zusammenfassende Darstellung der Abgrenzungskriterien

Die genauen Beweggründe für den Aufbau einer Corporate University und die daraus abgeleiteten Aufgaben und Funktionen sind vielfältig und abhängig vom unternehmensspezifischen Kontext. Dabei spielen unter anderem Faktoren wie das organisationsindividuelle Wettbewerbsumfeld, die Unternehmensgröße oder die strategischen Ziele des Unternehmens eine große Rolle. Dennoch lassen sich einige grundlegende und häufig genannte Funktionen von Corporate Universities identifizieren.

Da die Ausprägungsformen von Corporate Universities sehr vielfältig sind, erscheint eine Benennung einzelner Typen wenig sinnvoll, da diese Idealzustände oder Reinformen in der Praxis nur in Ausnahmefällen anzutreffen sind. Darüber hinaus birgt eine Typologisierung immer die Gefahr mangelnder Trennschärfe, denn nur selten sind die unterschiedlichen Charakteristika eindeutig einem bestimmten Typ von Corporate Universities zuzuordnen. Häufig gehen die jeweiligen Ausprägungen der Klassifikationsmerkmale fließend ineinander über und die „typischen" Charakteristika eines Typs sind auch bei einem anderen feststellbar. Für die in der Praxis am häufigsten beobachtbaren Mischformen besteht meistens nicht die Möglichkeit einer Einordnung, wodurch die praktische Relevanz solcher Ansätze verloren geht.

Da sich die bisher bekannten Ansätze auf die Klassifikation anhand von einigen wenigen, im Falle von Fresina und Aubrey sogar einem einzigen, Klassifikationskriterien beschränken, bieten die Modelle kaum Hilfestellung für eine detaillierte Auseinandersetzung mit dem Thema, zum Beispiel im Rahmen einer Neukonzipierung einer unternehmensinternen Lernarchitektur. Der erreichte Klassifizierungsgrad dient meist nur der groben Systematisierung von Corporate Universities.

Zielsetzung des hier vorgestellten Ansatzes, ist es mehr Identifizierungs- und Zuordnungsmöglichkeiten zu bieten. Die Multipolarität der Ausprägungen der gewählten Klassifikationskriterien dieses Modells hat den Vorteil, dass es, trotz der erheblich größeren Anzahl von Kriterien leicht verständlich bleibt und bietet trotzdem die Möglichkeit, reale Zwischenstufen exakt beschreiben zu können.

Literaturverzeichnis

[1] Vgl. DEISER, R., Corporate Universities – Modeerscheinung oder Strategischer Erfolgsfaktor?, in: Organisationsentwicklung, 5(1998)1, S.41.

[2] Ebenda, S. 41.

[3] Vgl. MORRISON, J. L., Corporate Universities: An Interview with Jeanne Meister, <URL: http://horizon.unc.edu/ts/vision/2000-07.asp>, online: 01.11.2000.

[4] GLOBAL LEARNING RESOURCES (Hrsg.), The Uses and Misuses of the Term "Corporate University" – An attempt to categorize and define today's corporate university, <URL: http://www.glresources.com/corp_ed/whatcu.htm>, online: 01.11.2000.

[5] Vgl. MEISTER, J. C. zitiert nach Kraemer, W./Müller, M., Virtuelle Corporate University – Executive Education Architecture und Knowledge Management, in: Scheer, A.W. (Hrsg.): Electronic Business und Knowledge Management – Neue Dimensionen für den Unternehmungserfolg, Physica Verlag, Heidelberg 1999, S. 496-497.

[6] Vgl. MEISTER, J. C., Corporate universities - Lessons In Building A World-Class Work Force, New York 1998, S. 23.

[7] DEISER, R., Die Corporate University als integrierte Lernarchitektur, o.O., o.J., S. 1.

[8] HENSE-FERCH, S., Zehn-Tages-Semester für hoch bezahlte Studenten, <URL: http://szarchiv.diz-muenchen.de/REGIS_A11029081;internal&action=body.action>, online: 15.01.2001.

[9] Nähere Informationen zu Siemens Management Learning sind zu finden unter http://skd.mchm.siemens.de oder in folgenden Veröffentlichungen: BELLMANN, M., Siemens Management Learning: A Highly Integrated Model to Align Learning Processes with Business Needs, in: Boshyk, Y., Business Driven Action Learning – Global Best Practices, Macmillan Press, o.O. 2000, S. 141-151; HERBIG, U., Siemens Mangement Learning – Online training for managers, in: News and Views, o.Jg.(1998)4, S. 14-18.

[10] Gemäß Telefonat mit Herrn Dr. Udo Dierk, Leiter Management Learning der Siemens AG, München am 31.01.2000.

[11] Vgl. o.V., The Uses and Misuses of the Term „Corporate University", in: http://www.glresources.com/WHATCU.HTM (20.07.99).

[12] Vgl. MEISTER, J. C., Corporate universities - Lessons In Building A World-Class Work Force, Revised and Updated Edition, a. a. O., S. 61.

[13] Vgl. FRESINA, A. J., The Three Prototypes of Corporate Universities, in: Corporate University Review, 5(1997)1, S. 3-6.

[14] Vgl. DEISER, R., Corporate Universities – Modeerscheinung oder Strategischer Erfolgsfaktor?, in: Organisationsentwicklung, 5(1998)1, S.41.

[15] Ebenda, S. 43f.

[16] Ebenda, S. 44.

[17] Ebenda, S. 46.

[18] DEISER, R., Corporate Universities – Modeerscheinung oder Strategischer Erfolgsfaktor?, in: Organisationsentwicklung, 5(1998)1, S. 45.

[19] Ebenda, S. 45.

[20] Ebenda, S. 47.

[21] Vgl. AUBREY, B., Best Practices in Corporate Universities, in: Neumann, R./Vollath, J., Corporate University – Strategische Unternehmensentwicklung durch maßgeschneidertes Lernen, Hamburg et al. 1999, S. 34-36.

[22] Vgl. STAUSS, B., Die Rolle deutscher Universitäten im Rahmen einer Corporate University, in: Neumann, R./Vollath, J., Corporate University – Strategische Unternehmensentwicklung durch maßgeschneidertes Lernen, Hamburg et al. 1999, S. 133-138.

[23] Ebenda, S. 132.

[24] Ebenda, S. 138.

[25] Vgl. DENSFORD, L., Many CUs under development; aim is to link training to business, in: http://www.traininguniversity.com/magazine/nov_dec98/front1.htm (01.11.2000).

[26] Vgl. STAUSS, B., Die Rolle deutscher Universitäten im Rahmen einer Corporate University, in: Neumann, R./Vollath, J., Corporate University – Strategische Unternehmensentwicklung durch maßgeschneidertes Lernen, Hamburg et al. 1999, S. 126.

[27] Ebenda, S. 126.

[28] Ebenda, S. 126.

[29] Vgl. BERTELSMANN AG (Hrsg.), Die erste funktionierende Firmen-Uni, <URL: http://www.bertelsmann.de/press/press_item.cfm?id=1619>, online: 08.01.2001 und BÜHRIG, G., Corporate Universities – Innovative Lernarchitekturen eröffnen

neue Freiräume, in: Frankfurter Allgemeine Zeitung, 01.03.1999, Nr. 50, Sonderbeilage „Chance Weiterbildung", S. B7.

[30] Vgl. KRAEMER, W., Corporate Universities – Ein Lösungsansatz für die Unterstützung des organisatorischen und individuellen Lernens, in: Zeitschrift für Betriebswirtschaft (ZfB), 70(2000)3, Ergänzungsheft, S. 121.

[31] Vgl. HEUSER, M./SATTELBERGER, T., Erste Corporate University in Deutschland: Die Lufthansa School of Business, o.O., o.J., S. 3.

[32] Vgl. KRAEMER, W., Corporate Universities – Ein Lösungsansatz für die Unterstützung des organisatorischen und individuellen Lernens, in: Zeitschrift für Betriebswirtschaft (ZfB), 70(2000)3, Ergänzungsheft, S. 117.

[33] Vgl. STAUSS, B., Die Rolle deutscher Universitäten im Rahmen einer Corporate University, in: Neumann, R./Vollath, J., Corporate University – Strategische Unternehmensentwicklung durch maßgeschneidertes Lernen, Hamburg et al. 1999, S. 128.

[34] HOSTER, D.; SVOBODA, M., Die Deutsche Bank Universität – Motor des Wandels, o.O., o.J., S. 9-10.

[35] SCHWERTFEGER, B., Campus im Hof, in: Wirtschaftswoche, o.Jg.(2000)49, o.S.

[36] Ebenda, S. 10.

[37] Vgl. LUFTHANSA SCHOOL OF BUSINESS (Hrsg.), Frequently Asked Questions, in: http://www.lhsb.de/seiten/faq.htm (08.01.2001).

[38] MG ACADEMY (Hrsg.), mg academy – die Corporate University der mg, Frankfurt o.J., S. 9.

[39] Vgl. MG ACADEMY (Hrsg.), mg academy – die Corporate University der mg, Frankfurt o.J., S. 9-10.

[40] © DaimlerChrysler Corporate University.

[41] DEISER, R., Corporate Universities – Modeerscheinung oder Strategischer Erfolgsfaktor?, in: Organisationsentwicklung, 5(1998)1, S. 43.

[42] Vgl. CORPORATE UNIVERSITY XCHANGE (Hrsg.), Survey of Corporate University Future Directions, New York 1999, S. 41.

[43] Vgl. HOSTER, D./SVOBODA, M., Die Deutsche Bank Universität – Motor des Wandels, o.O., o.J., S. 13.

[44] Ebenda, S. 13-15.

[45] Ebenda, S. 15-16.

[46] Vgl. KRAEMER, W./FREY, M./MÜLLER, M., Virtual Corporate University – DaimlerChrysler geht neue Wege in Executive Education und Knowledge Management, in: Information Management & Consulting, 14(1999)3, S. 94.

[47] Vgl. ALLIANZ GROUP (Hrsg.), Allianz Management Institute – Führungskräfte-Qualifizierung mit System, München, 1999, S. 7.

[48] DEISER, R., Corporate Universities – Modeerscheinung oder Strategischer Erfolgsfaktor?, in: Organisationsentwicklung, 5(1998)1, S. 48.

[49] Vgl. DENSFORD, L., Learning from the best: APQC finds what makes a CU successful, http://www.traininguniversity.com/magazine/jan_feb98/apqc.html (01.11.2000).

[50] Vgl. MEISTER, J. C., Corporate Universities – Lessons in Building a World-Class Work Force, New York 1998, S. 51-53.

[51] Vgl. CORPORATE UNIVERSITY XCHANGE (Hrsg.), Survey of Corporate University Future Directions, New York 1999.

[52] Vgl. MEISTER, J. C., Corporate Universities – Lessons in Building a World-Class Work Force, New York, 1998, S. 184-185.

[53] Vgl. STAUSS, B., Die Rolle deutscher Universitäten im Rahmen einer Corporate University, in: Neumann, R./Vollath, J., Corporate University – Strategische Unternehmensentwicklung durch maßgeschneidertes Lernen, Hamburg et al. 1999, S. 131.

[54] Vgl. KRAEMER, W., Corporate Universities – Ein Lösungsansatz für die Unterstützung des organisatorischen und individuellen Lernens, in: Zeitschrift für Betriebswirtschaft (ZfB), 70(2000)3, Ergänzungsheft, S. 119.

[55] Vgl hierzu zum Beispiel KRAEMER, W./MILIUS, F., Der Virtuelle Campus: Bildungsdienstleistungen für lernende Organisationen, in: Scheer, A.W. (Hrsg.), Organisationsstrukturen und Informationssysteme auf dem Prüfstand, Heidelberg 1997, S. 51-81.

[56] Vgl. TÖPFER, A., Corporate Universities als Intellectual Capital, in: Personalwirtschaft, 26(1999)7, S. 37.

[57] Vgl. ETZHOLD, S., Absahner und Reformer, in: Die Zeit vom 23.07.98, S. 25.

[58] HOSTER, D./SVOBODA, M., Die Deutsche Bank Universität – Motor des Wandels, o.O., o.J., S. 9.

[59] Vgl. HEUSER, M./SATTELBERGER, T., Erste Corporate University in Deutschland: Die Lufthansa School of Business, o.O., o.J., S. 4.

[60] BERTELSMANN AG (Hrsg.), Die erste funktionierende Firmen-Uni, in: http://www.bertelsmann.de/press/press_item.cfm?id=1619 (08.01.2001).

[61] Vgl. KRAEMER, W./FREY, M./MÜLLER, M., a.a.O., S. 95.

[62] DEISER, R., Vom Wissen zum Tun und zurück. Die Kunst des strategischen Wissensmanagement, in: Schneider, U. (Hrsg.), Wissensmanagement – Die Aktivierung des intellektuellen Kapitals, Frankfurt/Main 1996, S. 58.

[63] SCHOLZ, C., Strategische Organisation. Multiperspektivität und Virtualität, 2. Aufl., Landsberg/Lech 2000, S. 71.

[64] Vgl. HEUSER, M./SATTELBERGER, T., Erste Corporate University in Deutschland: Die Lufthansa School of Business, o.O., o.J., S. 5.

[65] MEISTER, J. C., Corporate Universities – Lessons in Building a World-Class Work Force, New York 1998, S. 13.

[66] SCHWUCHOW, K. H., Lernen auf neuen Wegen, in: Schwuchow, K. H./Gutmann, J. (Hrsg.), Jahrbuch Personalentwicklung und Weiterbildung 1998/99, Neuwied-Kriftel 1998, S. 52.

[67] Vgl. STAUSS, B., Die Rolle deutscher Universitäten im Rahmen einer Corporate University, in: Neumann, R./Vollath, J., Corporate University – Strategische Unternehmensentwicklung durch maßgeschneidertes Lernen, Hamburg et al. 1999, S. 129.

[68] SCHWUCHOW, K. H., Lernen auf neuen Wegen, in: Schwuchow, K. H./Gutmann, J. (Hrsg.), Jahrbuch Personalentwicklung und Weiterbildung 1998/99, Neuwied-Kriftel 1998, S. 51.

[69] Vgl. HOSTER, D./SVOBODA, M., Die Deutsche Bank Universität – Motor des Wandels, o.O., o.J., S. 5-8.

[70] Vgl. MÖHRLE, M./SMITH, R., Lernen als Motor des Wandels – Ein neuer Ansatz für Executive Education in der Deutschen Bank, in: Neumann, R./Vollath, J., Corporate University – Strategische Unternehmensentwicklung durch maßgeschneidertes Lernen, Hamburg et al. 1999, S. 73.

[71] DEISER, R., Die Corporate University als integrierte Lernarchitektur, o.O., o.J., S. 4.

[72] Vgl. KRAEMER, W./MÜLLER, M., Virtuelle Corporate University – Executive Education Architecture und Knowledge Management, in: Scheer, A.-W. (Hrsg.), Electronic Business und Knowledge Management – Neue Dimensionen für den Unternehmungserfolg, Heidelberg 1999, S. 508-519.

[73] Vgl. STAUSS, B., Die Rolle deutscher Universitäten im Rahmen einer Corporate University, in: Neumann, R./Vollath, J., Corporate University – Strategische Unternehmensentwicklung durch maßgeschneidertes Lernen, Hamburg et al. 1999, S. 130.

[74] Vgl. SCHOLZ, C., Personalmanagement. Informationsorientierte und verhaltenstheoretische Grundlagen, 5. Aufl., München 2000, S. 525.

[75] Vgl. HOSTER, D./SVOBODA, M., Die Deutsche Bank Universität – Motor des Wandels, o.O., o.J., S. 16.

[76] Vgl. KRAEMER, W./FREY, M./MÜLLER, M., Virtual Corporate University – DaimlerChrysler geht neue Wege in Executive Education und Knowledge Management, in: Information Management & Consulting, 14(1999)3, S. 94.

[77] Vgl. MEISTER, J. C., Corporate Universities – Lessons in Building a World-Class Work Force, New York 1998, S. 77-80.

[78] Vgl. o.V., Measuring what matters: How to make training count, in: http://www.traininguniversity.com/magazine/sep_oct99/cover10.htm (01.11.2000).

[79] Vgl. AUBREY, B., Best Practices in Corporate Universities, in: Neumann, R./Vollath, J., Corporate University – Strategische Unternehmensentwicklung durch maßgeschneidertes Lernen, Hamburg et al. 1999, S. 42-43.

[80] Vgl. o.V., Corporate Universities Emerge as Pioneers in Market-Driven Education, in: http://www.aacsb.edu/publications/newsline/1999/spcorporat_1.html (14.01.2001).

[81] Vgl. KRAEMER, W./FREY, M./MÜLLER, M., Virtuelle Corporate University – DaimlerChrysler beschreitet neue Wege in Executive Education und Knowledge Management, in: Information Management & Consulting, 14(1999)3, S. 96.

Jeanne Meister
Corporate University Xchange, Inc., New York

Corporate Universities: Vehicles For Continuous Learning

Across North America and Europe, the explosive growth in corporate universities reflect the dramatic transformation in how working adults are re-tooling their skills. A college graduate can expect to change jobs 11 times over a 40-year working life and change their skill base at least three times. Labor flexibility and downsizing have led to the concept of "portfolio careers," as workers trade job security for learning new skills.

A worldwide skills shortage is largely responsible for the changing way corporations are developing their employee skills, as well as training their customers and suppliers. Five interrelated revolutions currently underway in post secondary education are fueling the growth of corporate universities.

First, a shortened shelf life of knowledge is driving firms to provide more rigorous professional development for their staffs. Rapid technological changes require ongoing employee education in order to remain competitive. Firms organized for learning create a highly skilled and flexible workforce, creating value in the marketplace and staying competitive in the industry.

Secondly, the explosive growth of Internet-based learning (e-learning) is changing the education landscape. The International Data Corporation (IDC) reports that approximately 700 000 students were enrolled in e-learning courses in 1998 and this number is projected to increase to over 2.2 million by 2003. In Europe, e-learning expenditures will hit $3.9 billion by 2004, up from $717 million in 2001 - a compound annual growth rate of 96%. Content expenditures are expected to show the strongest growth ahead of services and delivery solutions. This shift to using the Internet for education and learning is driven by both employers who want to provide "just in time" accessibility to learning as well as by employees who are increasingly accustomed to self-service convenience from financial institutions like E-trade and bookstores like Amazon.com. A recent study by Corporate University Xchange, *Chief Learning Officers: Running Training as a Business*, predicts that by the year 2003 more than 30% of all corporate education will be delivered over corporate intranets.

Third, corporations are taking the job of educating their workforce into their own hands by creating corporate universities - enterprise-wide portals for educating internal employees as well as the customer and supply chain. Higher education in the United States is evolving from a monopoly to a highly competitive marketplace. In the past 14 years, more than 100 four-year colleges in the United States have closed - almost twice the number that shut down during the previous decade. But during this same time period, the number of organizations with a corporate university or corporate college has gone from 400 to over 2 000. Assuming the current growth rate, the number of corporate universities will exceed 3 700 - the number of traditional universities - by the year 2010 if not sooner.

McDonald's Hamburger University is an excellent case in point. In 37 years, more than 50 000 managers of McDonald's restaurants have graduated from Hamburger University, an 130 000 square foot facility on the McDonald's corporate campus in Oak Brook, Illinois. Since one-eighth of the American population has worked at McDonald's at some stage of their lives, the company can lay claim to being a bigger trainer than the United States Army. Training is clearly critical to the company's goal of consistency of product and service. However as a "mature" business in the United States, with sales and expansion slowing, McDonald's must continually re-invent itself. Key to this is a strategic education and learning program for employees and franchisees.

Fourth, education is becoming a critical vehicle for companies to attract employees. Increasingly, job candidates make employment choices based upon the continuous learning opportunities offered. Always the case with consulting or IT firms, more and more of today's companies are turning to training and development to reduce turnover and increase employee retention.

Indeed, employee retention is the final driver launching corporate universities. In 1997, California-based Alcatel established Alcatel University. Alcatel believes its corporate university has led to a decrease in its monthly labor turnover from 12% to 6%.There's also the case of FedEx Quality University. Exit interviews and employee culture surveys at Federal Express showed that a lack of career development was a big factor in why people left an organization. To counter that, Federal Express established learning and development as one of its four business strategies and launched FedEx Quality University: a virtual global learning system as the backbone of its new strategy. This virtual university is available worldwide to the more than 140 000 Federal Express employees. If Federal Express employees cannot find a suitable learning offering within the catalog of Quality University, they may participate in a course offering from an outside vendor paid for by a personal learning fund of $2 500 annually.

1. The Transformation Of Corporate Learning

Corporations are particularly aware of the need for employees to constantly renew their knowledge and skills. Motorola University, established in 1981, has functioned as a large-scale vehicle for skills development, knowledge management and culture change within the organization. Since its launch, it has expanded to offering training to its network of customer and suppliers, and currently derives almost 10% of its revenue -- about $14-15 million -- from courses licensed and sold externally.

As an organization with 50% of its 150 000 employees outside the United States and 99 Motorola University sites in 22 countries, there is a strong emphasis upon developing trans-cultural competencies as well as providing a consistent Motorola message worldwide. But even though Motorola has invested in physical sites in 22 countries, it is also developing an e-learning product known as a "knowledge bank," where training is broken down into five-minute chucks. These learning chucks may then be customized to match individual learning needs by individuals who can access them through web browsers. This system of learning is almost like an electronic tutor - as learners use the knowledge banks registering the skills they have and those they need to excel in their jobs.

Inventions such as Motorola's knowledge banks are commonplace among corporate universities, where the term corporate university is becoming synonymous with virtual university. In fact at Dell Learning, the corporate university of Dell Computer Corporation, the entire new employee orientation program is done via the corporate intranet. This has resulted in a 75% reduction in training hours - from eight to two hours. Moreover, as Dell has become encouraged by its experience in using e-learning for employees, it has created an online university for its customers know as Educate U.

This transformation of post secondary learning is not just happening in the United States. While corporate universities are an American invention, a growing number of global companies are replicating the strategy in their markets. Figure 1 lists a sample of corporate universities in Europe. Part of the increase is the simple fact that European organizations are underscoring the importance of education as key to their business and the retention of their employees. For example, the learning needs of Xerox's 19 000 European workforce (employees from 35 countries speaking 15 languages) are met through the Virtual Learning Environment, the virtual corporate university of Xerox located in Blanchardstown, Dublin Ireland. Xerox is typical of a number of corporate universities in Europe that are supplementing a bricks and mortar campus with digital learning. For example, Unipart, the British automotive parts group in Oxford, England, added a virtual university to its corporate training center known as Unipart University. The virtual learning component called Virtual U delivers online learning to more than 10 000 Unipart employees.

The Growth of Corporate University in Europe

Corporate University	Industry	Country	Year Launched
Union Fenosa Corporate University	Utilities	Spain	2000
Virtual Lrng. Environment (Xerox Europe)	Technology	Ireland	2000
Virtual U (Unipart Group)	Manufacturing	U.K.	2000
Eurochambres Academy	Geverment	France	1999
University for Lloyds (LloydsTSB Group)	Finance	U.K.	1998 – 99
ACNielsen University	Professional Services	Belgium	1998
DaimlerChrysler Corporate University	Manufacturing	Germany	1998
Deutsche Lufthansa School of Business	Aviation	Germany	1998
BAE Systems Virtual University	Aerospace & Defense	U.K.	1997
Alstom Contracting University	Utilities	France	1992
T University (ST Microelectronics)	Manufacturing	U.K.	1992
Cap Gemini Ernst & Young	Professional Services	France	1991
AXA Université	Insurance	France	1987
Isvor Fiat	Manufacturing	Italy	Pre- 1980

© Corporate University Xchange, New York

Figure 1:   The Growth of Corporate Universities in Europe

2. Running Education as a Business

Technological innovation is transforming the underlying structure of the global economy from physically based assets to knowledge-based assets. As a result, employee education efforts are moving from being managed as a luxury employee benefit measured on a cost basis, to being managed as a business mission-critical activity measured on its economic contribution to business goals -- a significant change in their operating philosophies and methods. Indeed, Corporate University Xchange research indicates that forty percent of corporate universities are, or plan to be within two years, either self-funded or becoming profit centers.

To operate a corporate university as a business, learning officers should first conduct needs assessments, strategically determining what type of learning is most needed for growth. Then partnerships are created with vendors, universities, or other subject matter experts to assist in developing and delivering the necessary courses.

Corporate universities will also increasingly outsource to e-learning specialists, particularly distance learning vendors and online universities. Research shows that corporate universities plan to invest heavily in e-learning, more than doubling their use of technology to deliver programs, from 23 percent in 2000 to 49 percent in 2003.

Corporate universities are marketing their services through various channels, especially their own web sites (Internet/Intranets) and client presentations. Indeed, most chief learning officers assume primary responsibility for marketing corporate university services to current and prospective clients. As part of their marketing strategy, corporate universities frequently try to establish themselves as a "brand" by using distinct colors, logos, and slogans in their communications and course materials.

3. Deutsche Bank University

As corporate universities are run as "education" business units, they are increasingly attracting the attention and involvement of the CEO. In 1997, Heinz Fischer, Deutsche Bank's global head of HR, created a list of five primary objectives to be achieved by 2002 to make the world's second largest bank a showcase for the performance-based working environment. One of these five objectives was reengineering Deutsche Bank's learning function, which would eventually lead to the founding of Deutsche Bank University (DBU). The Executive Board, under the leadership of its spokesman -- the bank's equivalent of chief executive officer -- Rolf Breuer, approved the plan in 1998.

"Deutsche Bank University will allow us to better combine our traditional focus on learning with today's employment environment using modern technology," said Breuer. "This in turn enables our colleagues to acquire the knowledge and skills they need to be successful at their jobs regardless of their physical location."

With over 93 000 employees and offices in more than 50 countries, Deutsche Bank has long placed a high priority on employee development. On average, it has invested more than four percent of net income in employee education and training. The professional training program, Ausbildung, combines both classroom and on-the-job learning periods, usually lasting between two and three years. In 1998 Deutsche Bank received 33 000 applications for the 1 400 available Ausbildung spots.

Utilizing their intranet, Deutsche Bank introduced edunet, a platform that enables individuals to learn from their desktops or in learning centers. Individuals can select from over 800 course offerings covering topics such as financial services industry, IT, and English/German language training. Although edunet can and does function as a standalone learning solution, it has had its greatest success when combined with other training activities such as formalized Trainee Programs and traditional classroom seminars.

Besides the use of technology to advance their learning model, Deutsche Bank actively searched for an external learning partner from the world of leading business schools. They were in the process of developing an executive education program when they realized they needed assistance from a brand-name university. Ultimately, Deutsche Bank chose to partner with Duke University's Fuqua School of Business in Durham, North Carolina (in the United States) to co-develop a virtual learning program in addition to the executive education program.

3.1 Deutsche Bank University's Philosophy

- Create and share knowledge foraction
- Encourage networking and group learning to add value
- Enable just-in-time learning
- Foster self-development for employability
- Break paradigms of learning: place, time, content

@1998 DeutscheBank

The first joint venture of DBU and FSB was Spokesman's Challenge, a program sponsored by Breuer that would become the keystone of the corporate university. "Spokesman's Challenge was our trial attempt to work in cooperation with the faculty of a leading business school to create a learning program that builds on prior work of the bank," said Breuer. "Spokesman's Challenge is also a different way of learning, of exchanging views and ideas, and applying this knowledge to help Deutsche Bank achieve our mission of becoming the world's best financial services provider." Figure 2 presents the home page of the Spokesman's Challenge.

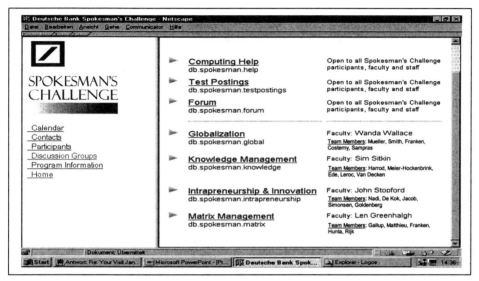

Figure 2: Home page of the Spokesman's Challenge

The purpose of The Spokeman's Challenge is two fold; 1) to develop the next generation of Deutsche Bank's top managers and 2) to build a plan of recommendations and actions for change. During the development process, The Spokeman's Challenge was defined as a challenge or business opportunity of strategic importance to Deutsche Bank, provides an opportunity for learning and debate and leads to actionable outcomes for the bank's success.

Deutsche Bank CEO defined challenges, such as:

- How can Deutsche Bank create value by better leveraging synergies across businesses, i.e. how does it come from a conglomerate discount to a conglomerate premium?
- How can Deutsche Bank create value through better management of its cost?
- What is the optimal business model for Deutsche Bank to capture maximum value in the market, i.e., degree of focus vs. degree of conglomeration?
- How can Deutsche Bank ensure that future acquisitions will be value-creating business decisions, learning from its own experience and the experience of others?

After pinpointing these challenges, teams were assembled (facilitated by Duke faculty) to provide action steps for the bank in resolving each one of them.

4. Lufthansa School of Business

At the same time Deutsche Bank was launching DBU, the Lufthansa Group's Executive Board in 1998 founded the Lufthansa School of Business (LHSB). Says a manager at Lufthansa, "If you nowadays want to feel and experience the integrative culture of Lufthansa beyond the different divisions and businesses, you have to go to the Lufthansa School of Business." Open to Lufthansa's more than 65 000 employees, the LHSB offers targeted basic and advanced training for professional and personal development. It combines corporate level activities and development programs in the areas of leadership, general management and corporate culture. With a conceptual focus on the growth of individual and organizational human capital, the LHSB also serves as a company think tank, as well as its primary strategic, cultural, and communications platform.

At regular review meetings, the Lufthansa Group's Executive Board and LHSB's managing dean discuss in-depth the direction and concrete actions needed by the LHSB to support Lufthansa's business strategy. Furthermore, Executive Board members and senior executives are highly involved in all activities of LHSB, with the chief executive officer defining projects, giving lectures, explaining strategies, and leading students in ongoing learning processes.

Since its beginning, LHSB has supported the formation of a common Lufthansa culture beyond the cultures of its diverse businesses. Founded in 1926, Deutsche Lufthansa competes in a wide range of airline-related businesses, most importantly the passenger and cargo sides of the airline industry. In the broader aviation industry realm, the LHSB integrated Star Alliance members -- 13 partners worldwide such as Singapore Airlines, All Nippon Airways, and United Airlines -- into the Lufthansa culture. Almost all LSB programs attract employees and managers from partner airlines, thus helping create a "meta-culture" in the Star Alliance.

5. A Commitment to Lifelong Learning

With so many corporate universities being established, it is clear that organizations are placing human resource development high on their strategic agendas. In working with clients, I often hear someone saying, "There is no better way to move training and development from the closet to the center of the agenda than to establish a corporate university."

There is also no doubt that for many corporate universities their desire to launch a central strategic umbrella for learning has been a means to say something as well as to do something. The message often communicated to employees is that the organization values its people and is committed to providing continuous learning opportunities for lifelong development. There are also tactical issues. If organizations seek to create corporate universities they are frequently seeking greater control and economies of scale in the training and development arena, often the last area to apply standard business processes and quality control.

Finally, before an organization sets out to form a corporate university, there are five key issues that must be kept at the forefront.

Gain the commitment and active involvement of top management. This comes down to being able to persuasively communicate to top management what can be achieved through leveraging the maximum value from their investment in learning.

Create strategic partnerships. Both Deutsche Bank and Lufthansa created strategic partnerships with universities and technology firms to leverage learning and follow-up in the web.

Identify the outcomes of learning and tie these to business results. An organization's investment in learning should reap tangible outcomes such as increased market share, entry into new markets or decreases in employee turnover.

Be creative in using games and simulations as learning tools. Remember adults learn best when they are actively engaged in a business simulation. For example, learners may work in a team to come up with a design for a process to assemble electronic components. Along the way learners discover that although there may be multiple ways to designing a factory system, efficiencies in execution are very standard.

Finally, organizations must work to build a learning culture, where employees at all levels understand the value of lifelong learning. That means more firms may in fact follow the lead of Federal Express and ultimately yield $2 500 annually to each employee to purchase learning courseware, tools and books.

Prof. Dr. Armin Töpfer
Technische Universität Dresden, Dresden

Corporate Universities und Distance Learning – Aufbruch in ein neues Lernparadigma

1. Veränderte Anforderungen an Lernen und Umsetzen

In jüngster Zeit sind die Anforderungen an die Unternehmen im Hinblick auf ihre Anpassungsfähigkeit an veränderte Marktbedingungen und im Hinblick auf die Lernfähigkeit der Unternehmensmitglieder sowie des gesamten Unternehmens stark gestiegen. Maßgebliche Gründe hierfür sind in folgenden Sachverhalten zu sehen:

- Veränderungen der Umfeld- und Marktbedingungen laufen in deutlich kürzeren Zyklen ab, so dass die Phasen relativer Stabilität ebenfalls immer kürzer werden. Unternehmen müssen deshalb in der Lage sein, situationsgerechte Anpassungen und Umstrukturierungen schnell genug vorzunehmen, damit sie relativ zügig noch in diesem erforderlichen Zyklus wirksam werden und nicht erst in der darauf folgenden Anpassungsschleife zum Einsatz kommen.
- Hinzu kommt folgender Erfahrungswert: Empirische Untersuchungen belegen, dass in ca. 70 Prozent der Unternehmen strategisch ausgerichtete Veränderungsprozesse durch die fehlende Umsetzung in das Tagesgeschäft ohne die erwünschten Ergebnisse bleiben [1].
- Das Unternehmen ist damit immer mehr nicht nur ein wissendes, sondern vor allem auch ein lernendes System. Erfolgreich ist also das Unternehmen, das schneller lernt, als sich Marktveränderungen vollziehen, und das besser umsetzt, als dies seine Wettbewerber tun.

Dies gilt umso mehr, je mehr dezentrale Einheiten als Business Units in der Form von Centers of Competence oder Centers of Excellence mit einem relativ hohen Selbstständigkeitsgrad geschaffen werden [2]. Dieses stärkere Unternehmertum im Unternehmen ist eine geeignete Antwort auf die schnelleren Veränderungen im Unternehmensumfeld, da hierdurch die Sensitivität und Reaktionsfähigkeit aller Unternehmensteile und damit des gesamten Unternehmens erhöht wird.

Dies gelingt aber nur, wenn die ergebnisverantwortlichen Führungskräfte als Unternehmer im Unternehmen schnell und zielgerichtet genug trainiert und geprägt werden. Dabei ist zugleich die notwendige Voraussetzung, dass auch die Mitarbeiter effizient und effektiv geschult werden. Lernende Organisationen sowie der geforderte lebenslange Lernprozess lassen sich also nur über – in dem erforderlichen Tempo – lernende Individuen erreichen. Jack Welch, der CEO von General Electric, bewertet seine Führungskräfte beispielsweise nicht nur nach ihrer Leistung und dem erreichten Ergebnis, sondern insbesondere auch nach ihrer Lernfähigkeit und dem Umsetzungsfortschritt. Denn ersteres sichert den Gegenwartserfolg, letzteres aber den Zukunftserfolg.

2. Wissen zur Steigerung des Unternehmenswertes

Diese vorstehenden Zusammenhänge sind in Abbildung 1 wiedergegeben. Ergänzt durch ein leistungsfähiges Wissensmanagement macht dies das Intellectual Capital eines Unternehmens aus. Beides zusammen steigert den Unternehmenswert [3]. Wissensmanagement umfasst dabei nicht nur Daten und Informationen, vielmehr zusätzlich auch die schwerer erfassbaren und dokumentierbaren, in der Praxis aber umso wichtigeren Erfahrungen und Problemlösungen.

Zum Intellectual Capital zählen humanzentrierte Vermögenswerte, Marktvermögenswerte und auf die Infrastruktur des Unternehmens bezogene Vermögenswerte [4].

Zu den humanzentrierten Vermögenswerten gehört insbesondere das im Unternehmen verfügbare Humankapital, also die Qualifikation, das Engagement, die Erfahrung, das Know-how und die Problemlösungskompetenz von Mitarbeitern und Führungskräften. Die Marktvermögenswerte bestehen aus dem Kundenkapital in Form von Zufriedenheit und Bindung der Kunden sowie aus der externen Struktur im Sinne eines Partnering mit anderen Wertschöpfungspartnern innerhalb eines über die Grenzen des Unternehmens hinausgehenden Netzwerkes. Infrastrukturvermögenswerte umfassen sowohl markenbezogene immaterielle Vermögenswerte, z. B. Marken, Firmennamen und Warenzeichen, als auch durch Urheberrechte geschützte Vermögenswerte, wie z. B. Bücher, Filme, Musik und Zeitschriftenveröffentlichungen. Weiterhin lässt sich verbrieftes intangibles Eigentum, wie Patente, Gebrauchsmuster, Copyrights und Lizenzen, dazu zählen und nicht zuletzt die nicht schützbaren immateriellen Vermögenswerte, wie z. B. Wissensdatenbanken, Prozessketten sowie organisationale und personelle Netzwerke in Form einer Benchmarkingdatenbank.

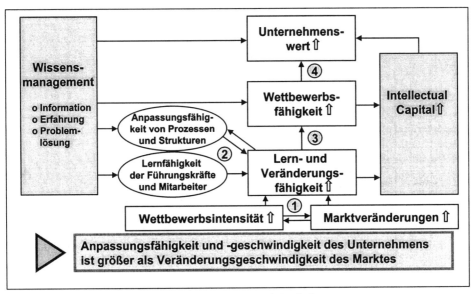

Abbildung 1: Wissensmanagement und Intellectual Capital

Es steht außer Frage, dass der Mitarbeiterwert die wesentliche Ursache ist, um den strukturellen Wert des Unternehmens zu steigern und um den Kunden- und Lieferantenwert zu festigen und zu erhöhen. Mit anderen Worten sind qualifizierte und engagierte Mitarbeiter die wichtigste Voraussetzung, um Prozesse und Kommunikationsstrukturen im Unternehmen schlank und wirkungsvoll zu gestalten, qualitativ hochwertige Marktleistungen zu erzeugen und so zufriedene und dem Unternehmen verbundene Kunden zu erreichen. Alle drei Bestandteile des Intellectual Capital werden durch Wissen und Lernen der Unternehmensmitglieder sowie des gesamten Unternehmens geprägt.

3. Corporate Universities

3.1 Gründung von Corporate Universities

Immer mehr Unternehmen nehmen die Entwicklung ihres Humankapitals selbst in die Hand und gründen sogenannte Corporate Universities. In den letzten Jahren ist in dem Markt für „Education & Training" eine starke Aufbruchstimmung entstanden. Auf dem ersten internationalen Kongress „Designing a Virtual Corporate University" im Jahr 1999 in Washington D.C. waren bereits über 400 Teilnehmer aus 20 Ländern.

Der Bereich "Higher Education/Corporate Training" ist das am raschesten wachsende Segment im Bildungsmarkt. Gab es 1988 ca. 400 Corporate Universities in den USA, so waren es 1997 ca. 1 000 und 1999 ca. 1 600 solcher Institutionen [5]. Die Anzahl ist weiter steigend. Ca. 40 Prozent der 500 weltweit größten Unternehmen betreiben eine eigene Firmenuniversität.

Die Gründe für die steigende Bedeutung von Corporate Universities liegen auf der Hand:

- Die zunehmende Internationalisierung der Unternehmen macht es erforderlich, Wissen schnell und gezielt zu ergänzen und auch inhaltlich anzupassen.
- Angestrebt sind dabei maßgeschneiderte Trainingskonzepte für Führungskräfte und Mitarbeiter sowie auch für Kunden und Partner.
- In einer Zeit zunehmender Unternehmenszusammenschlüsse und Akquisitionen wird durch diese unternehmensspezifischen Weiterbildungsinstitutionen ein schnelleres Zusammenwachsen der Unternehmensteile gefördert.
- Hinzu kommt eine weitere Möglichkeit: Gut entwickelte und konkurrenzfähige Corporate Universities offerieren Kursangebote auch am „freien Markt", um so eine bessere Kostendeckung zu erreichen. Dies fördert zugleich auch das kundenorientierte Unternehmertum in diesen Fortbildungszentren.

Konzept und Nutzen einer Corporate University sind in folgenden sechs Bausteinen verankert:

1. Wissen wird in Form von konzentrierten theoretischen Grundlagen und Fakten vermittelt, aber nur entsprechend dem unternehmensspezifischen Bedarf. Dies spart Zeit und Geld, da aus Unternehmenssicht unnötiger allgemeiner „Wissensballast" von anderen Bildungsinstitutionen und dabei nicht zuletzt von Universitäten vermieden wird.
2. Zugleich werden die Umfeldfaktoren des Unternehmens in den Trainings stärker berücksichtigt, als dies externe Weiterbildungsinstitutionen tun können. Kernelemente des Qualifizierungsprozesses sind damit Erfahrungswissen aus dem Unternehmen und Umsetzungsfähigkeit im Unternehmen. Dies wird insbesondere dadurch erreicht, dass auch die Führungskräfte als Dozenten und Trainer an der Corporate University wirken.
3. Das damit verbundene Ziel ist „Learning by Earning". Lernen wird so zum integrierten Bestandteil des unternehmerischen Handelns und ist ein Kernelement von Wertschöpfungsprozessen.
4. Dies wird dadurch erreicht, dass Lernen insbesondere auch am eigenen Business-Case erfolgt. Durch den Einsatz unternehmensspezifischer Fallstudien werden nicht nur entsprechende Sachverhalte analysiert, sondern zugleich auch Fehlererkennung und strukturierte Entscheidungsprozesse trainiert sowie damit Problemlösungskompetenz entwickelt.
5. Dies führt dazu, dass die Unternehmensstrategie auf diese Weise kommuniziert und besser verstanden sowie im Ergebnis also auch im Unternehmen besser verankert wird. Die Unternehmensstrategie ist eine wesentliche Grundlage für die angestrebte Unternehmenskultur, die so greifbar und umsetzbar stärker verinnerlicht wird.
6. Nicht zuletzt können mit dieser Vorgehensweise im Rahmen der zunehmenden Internationalisierung Kursteilnehmer aus verschiedenen Unternehmensbereichen und Weltmarktteilen zusammengebracht werden. Hierdurch wird der Wissenstransfer innerhalb des Unternehmens verstärkt, ein international ausgerichteter und zusammengesetzter Führungsnachwuchs aufgebaut und zugleich auch ein für die Zukunft des Unternehmens wichtiges Networking erreicht [6].

Eine weitere Stärke von Corporate Universities liegt darin, unterschiedliche Lernschritte in übergeordnete Lehrgänge zu integrieren und damit nicht nur einzelne Seminare und Workshops anzubieten. Überdies können Corporate Universities neben der Fortbildung von Fach- und Führungskräften den Wissensaustausch unter Managern verstärken. Ein weiterer Vorteil unternehmenseigener Universitäten liegt darin, einen Kanon von Wissen und Werten aufzubauen, der die Grundlage für Management, Unternehmenskultur und Administration bildet. Ein Kanon kann gegenüber der Vielzahl von neuen Managementphilosophien zu Sicherheit verhelfen, besonders wenn dieser mit Fallstudien aus dem eigenen Unternehmen hinterlegt ist [7].

Ein hohes Niveau an Wissen und Lernen wird dadurch erreicht, dass die Corporate Universities zwar größere Infrastruktur-Einheiten sind, ihre theoretisch-konzeptionelle Fundierung und ihre Fortschrittlichkeit vor allem aber durch die Zusammenarbeit mit exzellenten Universitäten und Business Schools erhalten. Forschung im originären Sinne wird damit nicht selbst durchgeführt, sondern als Outsourcing auf diese akademischen Partner übertragen. Von Interesse für die Corporate Universities ist vielmehr die Bündelung und Bereitstellung von Wissen im Unternehmen, die zu einer anwendungs- und bedarfsorientierten Forschung im Bereich Weiterbildung führen kann. Mögliche Forschungs- bzw. Interessenschwerpunkte sind z.B. Fragen, was neue Lernmethoden für den Erwerb bestimmter Kompetenzen im Unternehmen leisten, wie ein Unternehmenswandel erfolgreich begleitet werden kann oder wie die Unternehmensstrategie vermittelt werden kann. Dabei spielt der Einsatz und die Erprobung neuer Technologien eine wichtige Rolle, u. a im Bereich Distance Learning oder die Nutzung des Intranet als Wissensdatenbank.

Neben allen diesen positiven Aspekten stellt sich allerdings die Frage, ob Corporate Universities immer diesem Anspruch gerecht werden oder nicht selten nur ein Etikettenschwindel sind.

Diese Vermutung ist manchmal nicht von der Hand zu weisen. Denn zum Teil werden interne oder outgesourcte Trainingsabteilungen lediglich mit einem wohlklingenden Etikett versehen. Funktionen des Lernens werden im Rahmen des Unternehmenskonzeptes dann substantiell nicht neu definiert. Und nicht zuletzt werden keine fortschrittlichen Organisationslernarchitekturen und keine neuen Erlebniswelten des Lernens geschaffen [8]. Dies bedeutet, dass das, was nach außen unter dem Titel „Corporate University" in Erscheinung tritt, heute eine ganze Bandbreite von Modellen präsentiert, die von traditionellen Trainingszentren bis zu genialen Organisationslernarchitekturen à la General Electric reichen [9].

Gelingt es andererseits, Lernaktivitäten mit täglichen Geschäftsprozessen und mit der Umsetzung der Unternehmensstrategie in zunehmendem Maße zu verbinden, dann wird durch diese Integration von Lernen und Tun eine Corporate University von der Modeerscheinung zum strategischen Erfolgsfaktor.

3.2 Entwicklungsstufen von Corporate Universities

In einer grundsätzlichen Unterscheidung lassen sich drei Entwicklungsstufen von Corporate Universities differenzieren. In Abbildung 2 sind sie wiedergegeben [10].

Abbildung 2: Drei Entwicklungsstufen der Corporate University

In der ersten Stufe sind die Corporate Universities ausschließlich darauf ausgerichtet, Wissen zu vermitteln, Verhalten zu trainieren und so die individuellen Fähigkeiten und Fertigkeiten auf die betrieblichen Bedürfnisse des Unternehmens auszurichten. Beispiele sind Einrichtungen wie die Disney University, bei der nach dem Konzept „den Geist der Maus atmen" die Weiterbildung darauf ausgerichtet ist, Verhalten mit hoher Servicequalität zur Erfüllung der Standards zu prägen. Ein weiteres Beispiel für die erste Stufe ist die Corporate University bei McDonalds. Das Ziel besteht darin, durch Trainings eine globale Standardisierung der Produkte und Dienstleistungen zu erreichen sowie Skaleneffekte zu erzielen. Das Training in „Core Practices" soll Kosteneinsparungen im Einkauf und im Prozessmanagement bewirken [11].

Die Corporate University von Motorola wurde bereits 1981 gegründet. Sie ist ein Beispiel für die zweite Stufe: Lernen wird mit internen Veränderungen verknüpft und soll so organisationales Lernen ermöglichen. Lernen soll auf diese Weise den organisatorischen Wandel fördern und unterstützen. Bei Motorola stand im Zentrum des Lernens die weltweite Implementierung von Qualitätsprogrammen. Durch „Agents of Change" und ein abgestuftes Konzept der Weiterbildung aller Mitarbeiter sind Fähigkeiten und Verhaltensbereitschaften vermittelt worden, die es ermöglichten Six-Sigma-Projekte mit dem Ziel der Null-Fehler-Qualität durchzuführen.

Deutsche Unternehmen wie Bertelsmann und DaimlerChrylser gehen einen ähnlichen Weg. Bei Bertelsmann wird beispielsweise die Verbindung von Organisations-, Unternehmens- und Persönlichkeitsentwicklung angestrebt, um auf diese Weise die Unternehmenskultur zu prägen und weiterzuentwickeln. Mit dem Ziel einer besseren weltweiten Zusammenarbeit werden europäische und amerikanische Perspektiven verknüpft. Wissenschaft und Praxis werden in Fallstudien sowie Online-Konferenzen kombiniert.

Bei DaimlerChrysler steht die Internationalisierung und die Vermittlung der Konzernstrategie auf der einen Seite sowie Leadership in der Führungskräfteentwicklung und ein Networking der Führungskräfte auf der anderen Seite. Durch gezieltes Wissensmanagement soll die Corporate University als Instrument zur strategischen Weiterentwicklung des Konzerns und zur Unternehmenswertsteigerung insbesondere auch des Intellectual Capital dienen. Management Development wird verknüpft mit Strategie-Dialogen und einem Innovations- und Wissenstransfer. Hierdurch sollen beispielsweise Web-basierte Learning Communities entstehen, die bezogen auf aktuelle Praxisprobleme in Business Communities im Sinne von Communities of Practice überführt werden.

Eine Institution, die eindeutig zur dritten Stufe gehört, ist die Corporate University von General Electric in Crotonville. Im Vordergrund stehen auf diesem Niveau die Unternehmensstrategie und Netzwerke. Die Umsetzung der Unternehmensstrategie soll durch eine projektorientierte Unterstützung des strategischen Wandels erfolgen. Einbezogen werden hierin auch Wertschöpfungs-Partner außerhalb des Unternehmens. Die General Electric Corporate University besteht bereits seit den 50er Jahren. Qualifiziert werden Führungskräfte und Mitarbeiter mit dem Anspruch, Business Excellence zu erreichen und umzusetzen. Inhaltliche Schwerpunkte der Work-Out-Programme waren beispielsweise Kosteneinsparungen durch Prozessoptimierung, Entbürokratisierung, das grenzenlose Unternehmen, Six Sigma und E-Commerce [12]. Die Corporate University ist ein Instrument, um den jeweils erforderlichen Wandel durch General Electric hindurch zu realisieren. Jack Welch selbst, der CEO von General Electric, steht im Durchschnitt zwei Tage pro Monat als Dozent und Sparringspartner für die Corporate University zur Verfügung.

Ein aktuelles Beispiel einer in Deutschland – auf der Basis vorhandener Trainingseinrichtungen – neu geschaffenen Corporate University ist die im Frühjahr 2000 eröffnete Print Media Academy der Heidelberger Druckmaschinen AG (HDM). Der

Weltmarktführer in der Druckmaschinenbranche trägt damit den Anforderungen der Internationalisierung und der stärkeren Kundenorientierung Rechnung. Abbildung 3 gibt einen Eindruck von den Zielgruppen, den Produkttrainings und den Management-Trainings. Eine eindeutige Zuordnung auf eine der drei Entwicklungsstufen ist noch nicht möglich. Im Vordergrund stehen offensichtlich die Vermittlung von Fähigkeiten und Fertigkeiten und der technologische sowie organisatorische Wandel.

Abbildung 3: Print Media Academy - Heidelberg (HDM) 2000

3.3 Ergebnisse von Corporate Universities

Was Corporate Universities an Ergebnissen bewirken können, zeigen die 1999 von der Corporate University Xchange Inc. preisgekrönten Unternehmensbeispiele in fünf Kategorien [13]:

- Die Tennessee Valley Authority University, Fortbildungseinrichtung eines großen Energieversorgers, wurde prämiert für das integrierte Ausrichten von Geschäftsstrategien und Lernen im Unternehmen und das Einbeziehen der höchsten Führungskräfte in den Lernprozess. Deren Engagement gab wichtige Signale für die Mitarbeiter als Kursteilnehmer und Adressaten. Über 200 000 Kurse an 35 Orten in sieben Staaten der USA wurden im Jahr durchgeführt und brachten im Ergebnis erhebliche Kosteneinsparungen.
- IDX Institute of Technology, eine kleine Software-Firma in Vermont, entwickelte Lernallianzen mit Universitäten. Zielgruppen waren sowohl die Kunden als auch die Mitarbeiter. Lehrkräfte stehen für kooperierende Universitäten zur Verfügung. Studenten dieser Universitäten können bei IDX studieren.
- Die IBM Corporate University wurde dafür ausgezeichnet, dass sie Technologie einsetzte, um eine kontinuierlich nutzbare Lernumgebung zu erstellen. 1998 konnten so 100 Millionen US-Dollar bei den Ausbildungskosten eingespart werden. Die Tendenz war und ist steigend. Der IBM Global Campus bietet 1 000 Kurse über das Web an. SalesCompass offeriert Just-in-time-Training für Vertriebsmitarbeiter. Partner sind die New York University und die Pace University.
- Dell Learning war einer der Gewinner aufgrund der Messung des Wertes der Investition in die Aus- und Weiterbildung: Ein Sales Training für 101 Vertriebsmitarbeiter kostete exakt 41 309 US-Dollar und bewirkte einen zusätzlichen Gewinn von genau 279 265 US-Dollar. Dies entsprach einem Return on Investment von 676%. Aus einem anderen Kurs resultierte ein Umsatzanstieg von 62%. Neben den Umsätzen wird immer auch die Qualität gemessen.
- Die ST University der ST Microelectronics, einem französischem Halbleiterhersteller, entwickelte und implementierte innovative Marketingstrategien. Der Marketing-Plan umfasst Promotion, Web-Advertising und Konferenzen für Mitarbeiter sowie Auszeichnung der Manager, welche die ST University am meisten unterstützt haben. Lieferanten und Geschäftspartner wurden in das Programm eingebunden. Auch Finanzanalysten nahmen daran teil. Die Kurse wurden mit Videos und CD-ROM, beispielsweise „Silicapolis", einer Einführung in die Chip-Industrie, unterlegt.

Im Jahre 2000 wurden beim zweiten Jahreskongress der Corporate University Xchange Inc. folgende sechs Unternehmen ausgezeichnet [14]:

- Milliken University, da Lernen unternehmenswert an der Unternehmensstrategie ausgerichtet wurde;
- ISG University für den erfolgreichen Aufbau einer neuen Corporate University; die Gesundheitsorganisation hat bereits nach einem Jahr erhebliche Verbesserungen und Kosteneinsparungen realisieren können;

- Symbol University für das Entwickeln von Lernallianzen mit Universitäten, die den Beschäftigten des Scanner- und Hardware-Herstellers den Zugang zu unterschiedlichen Qualifizierungsschwerpunkten und -inhalten eröffnet;
- PeopleSoft Universiy für das Entwickeln und Einführen innovativer Marketing- und Marken-Techniken, die insbesondere für einen Software-Hersteller in Zukunft immer wichtiger werden, um Wettbewerbsvorteile zu erreichen;
- TMG Training als weitgehend virtuelle Corporate University einer Business Unit von Intel für die Messung des Wertes der Bildungsinvestitionen des Unternehmens;
- BAE Systems Virtual University für die Einbindung von Technologie als zentralem Wettbewerbsfaktor in ein kontinuierliches Lernumfeld in dem britischen Luftfahrtunternehmen.

4. Zusammenarbeit mit Universitäten und Business Schools

Die Beispiele der preisgekrönten Corporate Universities zeigen bereits, dass häufig eine enge Zusammenarbeit mit Universitäten und Business Schools angestrebt wird. Der Grund liegt darin, dass die Corporate Universities oftmals vorwiegend virtuelle Gebilde mit einer überschaubaren Infrastruktur sind. Insbesondere beschränkte Budgets, aber auch fehlendes spezielles Know-how zwingen dazu. Deshalb ist eine professionelle und renommierte externe Bildungsinstitution notwendig als Katalysator für relevantes Wissen in Richtung Business Excellence. Der Modetrend der Lean-Education wird noch dadurch verstärkt, dass sich Wissen heute alle fünf Jahre verdoppelt, aber gleichzeitig auch – je nach Branche – bereits nach wenigen Jahren veraltet.

Um in der vordersten Front des Business sowie des Wissenstransfers zu sein und um leistungsfähige Konzeptionen schnell nutzen zu können, wird die Zusammenarbeit mit exzellenten Universitäten und Business Schools angestrebt. Wie die Ergebnisse einer Befragung im Jahre 1999, ebenfalls durchgeführt von der Corporate University Xchange als führender Transfer- und Beratungsinstitution, belegen, suchen über 50% der Weiterbildungsabteilungen von Unternehmen Partnerschaften mit Universitäten für akkreditierte Kurse. Es versteht sich von allein, dass die Corporate Universities mit dieser Zielrichtung nicht zu „Makler- und Reisebüros" für renommierte Business Schools entarten dürfen.

Die Vorteile der Netzwerkzugehörigkeit für Corporate Universities auf der einen Seite und Universitäten und Business Schools auf der anderen Seite sind in Abbildung 4 dargestellt.

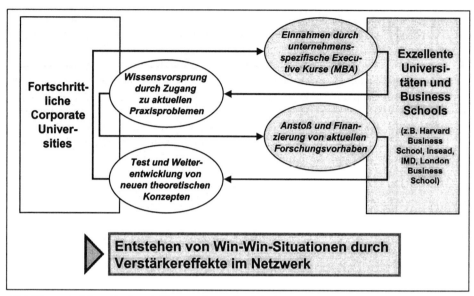

Abbildung 4: Vorteile durch Netzwerkzugehörigkeit

Die exzellenten Universitäten und Business Schools erhalten als ausgewählte Partner fortschrittlicher Corporate Universities regelmäßige und nicht unerhebliche Einnahmen durch unternehmensspezifische Executive Kurse oder maßgeschneiderte MBA-Programme. Sie erhalten zusätzlich einen Wissensvorsprung durch den Zugang zu aktuellen Praxisproblemen, die Gegenstand der unternehmensspezifischen Kurse sind. Dadurch bekommen sie den Anstoß und häufig auch die Finanzierung für aktuelle Forschungsvorhaben. Dies versetzt sie in die Lage, neue und theoretisch fundierte, aber zugleich praxisorientiert ausgerichtete Konzepte zu testen und weiterzuentwickeln. Hierdurch steigt ihre Attraktivität für fortschrittliche Corporate Universities. Es entsteht also eine Win-Win-Situation für beide Seiten mit zusätzlichen Verstärkereffekten in diesem Netzwerk [15].

Zwischen Universitäten kommt es bereits zu Joint Ventures, so beispielsweise zwischen der Cambridge University in Großbritannien und dem Massachusetts Institute of Technology (MIT) in den USA. Das konkrete Ziel ist, durch die Gründung eines Institutes die Wettbewerbsfähigkeit der britischen Industrie zu erhöhen und neue Technologien in Großbritannien zu entwickeln. Vermittelt werden soll die Fähigkeit des MIT, Wissen in Geschäftserfolge und Wertsteigerung zu transferieren. Das Institut ist staatlich gefördert. Für die ersten fünf Jahre beträgt das Budget 114 - 130 Millionen. US-Dollar. Der erwartete Beitrag der britischen Industrie zu den laufenden Kosten beträgt ca. 15 Millionen. US-Dollar. MIT und Cambridge University wollen ein Austauschprogramm für Studenten und Fakultätsmitglieder einrichten, und die gemeinsamen Forschungsprogramme sollen zur Entwicklung neuer Technologien führen [16].

5. Formen des Lernens

Angestrebt ist durch alle diese Weiterbildungskonzepte, eine umfassende Qualifizierung der Führungskräfte und Mitarbeiter zu erreichen. Neben der Fachkompetenz stehen die Methoden- und die Sozialkompetenz im Vordergrund. Das Ziel ist zusätzlich, die Problemlösungskompetenz, aber auch die konzeptionelle Kompetenz bei den Führungskräften zu fördern. Insgesamt soll hierdurch die Persönlichkeitskompetenz gesteigert werden.

In dieser Kombination umfassen die Anforderungen an Führungskräfte und Mitarbeiter unterschiedliche Stufen des Lernens. Sie sind in Abbildung 5 aufgeführt und entsprechen dem bekannten Drei-Komponenten-Modell [17].

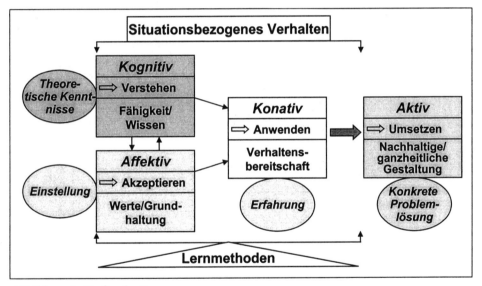

Abbildung 5: Stufen des Lernens

Der „klassische" Bereich ist kognitiv ausgerichtet auf Verstehen und das Vermitteln von Fähigkeiten und Wissen. Theoretische Kenntnisse vergrößern die Qualifikation insbesondere in den Bereichen Analyse und Bewertung. Ergänzend werden im affektiven Bereich Werte und Grundhaltungen vermittelt, um so Einstellungen zu prägen. Angestrebt wird zusätzlich aus der Kombination der beiden Ansätze die konative Komponente als Verhaltensbereitschaft und Anwendung des Wissens. Hierfür wird Fremderfahrung vermittelt, und hieraus entsteht Eigenerfahrung. Das Ziel ist also, dass Lernen und die damit verbundene Qualifizierung die unmittelbare Vorstufe für Umsetzen, also die nachhaltige und ganzheitliche Gestaltung, ist. Die Folge sind konkrete Problemlösungen.

Entscheidend für den Erfolg und die Nachhaltigkeit des Lernens sind dabei die eingesetzten Methoden. Abbildung 6 zeigt die Verbindung der Methoden und Stufen des Lernens, ergänzt wird diese Darstellung durch die Kennzeichnung der jeweils schwerpunktmäßig aktivierten Hirnhälfte(n) [18].

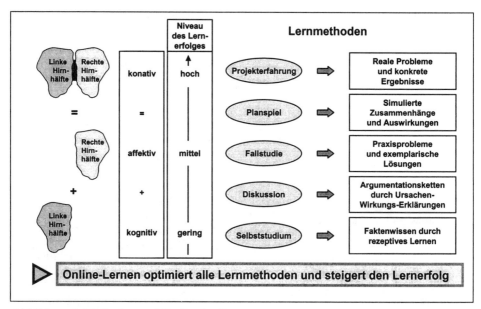

Abbildung 6: Methoden und Stufen des Lernens

Wie leicht nachvollziehbar ist, sind die einzelnen Lernmethoden zum Teil unterschiedlich ausgerichtet. Fallstudien und Planspiele sind dabei Vorstufen, die weniger ganzheitlich und realitätsbezogen sind als konkrete Projekterfahrungen.

Die Frage ist, inwieweit Präsenzlernen durch Online-Lernen mit neuen Medien unter Einsatz des Internet ergänzt oder ersetzt werden kann. Die These ist, wie Beispiele der prämierten Unternehmen und konkrete Praxiserfahrungen belegen, dass Online-Lernen alle Lernmethoden optimiert und den Lernerfolg steigert. Um Missverständnissen vorzubeugen, es steht außer Frage, dass Web-basiertes Lernen Präsenzlernen nicht vollständig ersetzen kann, aber in der sinnvollen Kombination die Effektivität des Lernens deutlich erhöht. Hierauf wird im Folgenden näher eingegangen.

6. Distance Learning/Education als Zukunftsanforderung

Nach einer Prognose der International Data Corporation (IDC) aus dem Jahre 1999 vergrößert sich der Markt für Web-Basiertes Training von ca. 197 Millionen US-Dollar im Jahre 1997 auf ca. 5,5 Milliarden US-Dollar im Jahre 2002. Diese „Explosion" im Weiterbildungsmarkt wird durch eine Befragung der Corporate University Xchange im Jahre 1999 bestätigt: 82% der Corporate Universities nutzen bereits Web-basierte Technologien. Die Zukunft hat also bereits begonnen. Es wird jedoch erwartet, dass 96% aller Weiterbildungsmaßnahmen von Unternehmen im Jahre 2003 Online über das Netz durchgeführt werden.

Grundvoraussetzung ist, dass Lernen mit neuen Medien einfach und unterhaltsam ist. Das Kunstwort „Edutainment" belegt diese Zielsetzung. Lernen, Unterhaltung und Spiel wirken bei dieser Software zusammen. Das Beispiel der Lernwelt des US-Militärs in Form eines Virtual Campus, wie er in Abbildung 7 dargestellt ist, geht in diese Richtung.

Der Akteur "spaziert" über den Campus und holt sich seine gewünschten Informationen an den Abfragepunkten der einzelnen Gebäude.

Distance Learning eignet sich insbesondere zum Erwerb bzw. zur Erweiterung der Fachkompetenz, wo es also primär um die Aneignung von Wissen geht. Die Methodenkompetenz kann insoweit durch Lernen mit Neuen Medien erlangt werden, als dass diese Form des Lernens Selbstorganisation und selbständige Problemlösungen verlangen. Beim Web-basierten Training mit seinen Möglichkeiten der Interaktion zwischen Teilnehmern und Tutoren kann bis zu einem gewissen Grad die Sozialkompetenz gefördert werden. Sollen jedoch die Führungs- und Persönlichkeitskompetenz angesprochen werden, sind andere Formen der Weiterbildung empfehlenswerter.

In Großbritannien ist bereits 1969 eine Open University als Privater Bildungsanbieter für alle Bevölkerungsschichten geschaffen worden. Sie hat bis heute mehr als zwei Millionen Kursteilnehmer in 305 regionalen Studienzentern zu verzeichnen. In 1999 waren es in Großbritannien 141 000 Studierende und in 41 weiteren Ländern zusätzlich 23 000 Studierende. Sie verteilen sich auf 125.000 Undergraduate und 39 000 Postgraduate. Im Jahr 2000 waren es bereits 250 000 Studierende und 11 000 Lehr- und Verwaltungskräfte. Die Kurse werden heute multimedial unter Einsatz des Internet durchgeführt. 50 000 studieren online, 30 000 im Ausland. Um eine Zahl zu nennen: Pro Tag lesen die Studierenden 150 000 Messages. Als Abschlüsse sind z.B. wie in den USA der Master of Business Administration (MBA) oder der Master of Computing möglich. Die Erfolgsquote der Absolventen liegt bei 85%. Das Budget beträgt 345 Millionen. US-Dollar pro Jahr [19].

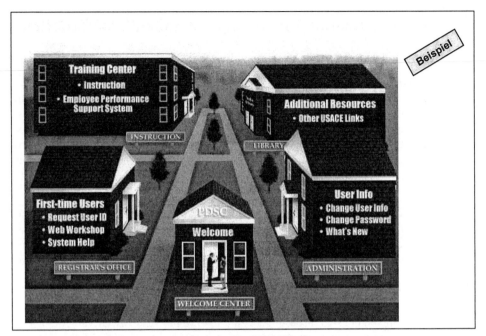

Abbildung 7: Virtual Campus –Lernwelt des US-Militärs

Zusätzlich noch ein Beispiel aus dem Unternehmensbereich: Ford betreibt das weltweit größte interaktive digitale Satellitennetzwerk. Angeschlossen sind allein 6 000 Händler in Nordamerika. Synchron möglich sind Fernsehübertragungen zu neuen Produkten, asynchron möglich ist die individuelle Bearbeitung von Lernprogrammen. Sie sind zusätzlich auch auf CD-ROM verfügbar. Bevor weitere Beispiele und erzielte Ergebnisse des Web-basierten Lernens referiert werden, soll zunächst auf die Formen und Medien sowie auf den Nutzen des Distance Learning eingegangen werden.

Abbildung 8 schematisiert den Einfluss und die Kombination der Medien und der Formen des Lernens auf den Lernerfolg. Wie ersichtlich wird, ist das gesamte Medien-Portfolio einsetzbar, wobei es im Einzelfall allerdings auf die zielgerichtete multimediale Kombination ankommt. Auch hier gilt: Weniger ist manchmal mehr. Der kombinierte Einsatz mehrerer Medien kann und sollte inhaltliche Schwächen und Defizite nicht überdecken.

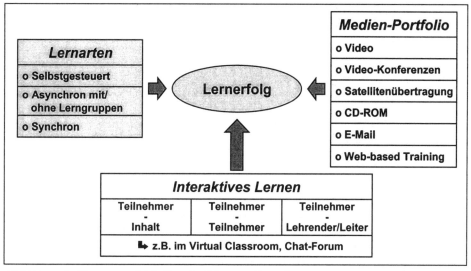

Abbildung 8: Formen und Medien des Distance Learning

Die unterschiedliche Interaktion im Lernen kann sich neben der inhaltlichen Bearbeitung des Stoffes durch den Teilnehmer auch auf den Teilnehmer- Teilnehmer-Kontakt und den Teilnehmer-Lehrender-Kontakt zum Beispiel in einem Chat-Forum oder dem Virtual Classroom erstrecken. Wichtig ist auch hier, dass interaktives Lernen ziel- und ergebnisorientiert ist. Es kann und soll gerade in diesem Bereich nicht nur kognitiv, sondern auch affektiv und konativ sein.

Als Lernarten lassen sich, die – bereits im Beispiel Ford – angesprochene synchrone oder asynchrone Lernart unterscheiden. Hinzu kommt, dass die Lernart und –geschwindigkeit selbst gesteuert werden können.

Der Nutzen von Web-basierten Trainings lässt sich in folgenden fünf Punkten zusammenfassen. Sie beziehen sich primär auf die drei Kriterien Zeit, Kosten und Lernerfolg:

1. Ermöglicht wird gemeinsames Lernen auch bei räumlicher Distanz, wobei die Entfernung völlig nebensächlich wird. Alle Mitarbeiter sind so an jedem Ort des Unternehmens über den Globus verteilt gleichzeitig erreichbar und einbeziehbar.
2. Ein weiterer Vorteil liegt im „Just-in-Time" -Lernen. Wissensvermittlung wird bei Bedarf auf der Grundlage von stets aktuellen Information möglich. Es gibt also keine Verfallszeiten von Wissen über die räumliche Distanz.
3. Mitarbeiter können bei der asynchronen Selbststeuerung das eigene Lerntempo bestimmen. Es ist also individuell möglich, Neues zu vertiefen und Unklares zu wiederholen, wo und wie auch immer die Schwerpunkte gesetzt werden.

4. Insgesamt ist bei Web-basierten Trainings ein deutlich kürzerer Zeitaufwand für Lernvorgänge erforderlich. Erfahrungswerte gehen bis zu einer Zeitverkürzung von 50% durch eine straffere Lernorganisation. Hiermit verbunden sind entsprechende Kosteneinsparungen durch den höheren Durchsatz des Lernens und kürzere Lernzeiten als Opportunitätskosten.
5. Auf der Basis interaktiver multimedialer Techniken ist zusätzlich eine Bewertung und Auswertung des Teilnehmer-Leistungsniveaus möglich. Dies läuft darauf hinaus, dass die Erfolge und Probleme beim Lernfortschritt durch den Lehrenden unmittelbar ermittelt werden können und so Rückkopplungen, beispielsweise auch in Präsensveranstaltungen, gezielt an Lerndefiziten ansetzen können.

Ein wichtiger Punkt ist, dass mit Web-basiertem Training ein höherer Lernerfolg erreicht werden kann im Vergleich zu Präsenz-Veranstaltungen.

Dies wird durch eine Untersuchung zur Bewertung der Effizienz von Distance Learning belegt. Die Fragestellung hierbei war, ob Universitätsstudenten, die einen Teil ihrer Kurse per Distance Learning absolviert haben, erfolgreicher sind als Studenten, die ausschließlich am Präsenz-Unterricht teilgenommen haben. [20]

Die wichtigsten Ergebnisse waren, dass Distance Learning Studenten bei der Benotung besser abschnitten als Präsenz-Studenten. Die Ausnahme waren Distance Learning-Kurse per Fernsehen - live oder aufgenommen. Es gab eine positive Korrelation zwischen der Anzahl der belegten Distance Learning-Kurse und der Leistung der Studenten. Die Schlussfolgerung der Untersuchung lautet somit, dass Studenten, die einen Teil ihrer Kurse per Distance Learning absolvieren, genauso gut abschneiden, wenn nicht gar besser als Studenten, die ausschließlich am Präsenz-Unterricht teilnehmen.

Weiter zeigte sich, dass die Distance-Learning Studenten in der Lage sind, wichtige Konzepte in zukünftigen Kursen anzuwenden. Sie haben gelernt, auf sich selbst gestellt zu arbeiten und das Wichtigste herauszufiltern. Distance Learning kann kreative Problemlösung fördern, was sich wiederum positiv auf die Motivation der Studenten auswirken kann, so dass sie sich ggf. auch mehr Mühe mit der Vorbereitung von Kursen geben [21]. Dies zeigt, dass durch Distance Learning die persönliche Methodenkompetenz gesteigert werden kann.

Zwei Beispiele sollen den Einsatz und den Erfolg des Web-basierten Lernens belegen. Der bereits angesprochene IBM Global Campus, der seit April 1999 existiert, wurde von über 70 000 Mitarbeitern weltweit genutzt. Die Internet- Lernangebote des virtuellen Bildungszentrums zur Schulung der Mitarbeiter haben bereits im ersten Jahr eine nachhaltige Wirkung gezeigt:

- ▶ Lou Gerstner, der CEO von IBM, beziffert die Einsparungen und Produktivitätssteigerungen auf 100 Millionen US-Dollar. Ein Drittel der internen Trainings war im Jahre 1999 bereits per "Distributed Learning" durchgeführt worden.
- ▶ Urs Hinnen von IBM setzt die erreichte Kostenreduzierung für einen netzbasierten Trainingskurs mit 60 – 70 % an.
- ▶ Ein Erfahrungswert belegt, dass 400 000 US-Dollar Kosten eingespart werden können, wenn ein Unternehmen 1 000 Stunden Präsenz-Training durch netzbasierte Weiterbildung ersetzt. Gerade auch bei zeitkritischer Qualifizierung können weltweit gleiches Wissen und gleiche Methoden eingesetzt werden [22]. Das Unternehmen war, wie vorstehend angeführt, hierfür im Jahre 1999 ausgezeichnet worden.

Ein weiteres Beispiel dafür, dass mit Web-basiertem Training Kosten eingespart werden können, ist der Coaching-Simulator von IBM. Dieses weltweite, virtuelle Trainingsprogramm für das Management kann bei 90% Kostenersparnis zehnmal mehr Teilnehmer ansprechen als traditionelle Schulungsmethoden – und das unabhängig von Ort und Zeit [23].

Neben dem guten Kosten-Nutzen-Verhältnis, werden als weitere Gründe für die Einführung des Distributed Learning bei IBM, wird genannt, dass es ermöglicht, 25 000 neue Mitarbeiter pro Jahr reibungslos in neue Sachverhalte einzuarbeiten, und dass es die zeitkritische Qualifikation großer Gruppen gewährleistet. Außerdem fördert es im Unternehmen die internationale Zusammenarbeit von Lerngruppen [24].

Das zweite Beispiel bezieht sich auf das Cisco Academy Programme:

- ▶ Trainingseinheiten von maximal 20 Minuten ermöglichen es den Außendienstmitarbeitern, die Lerneinheit kurz vor dem Kundengespräch durchzugehen.
- ▶ Selektives Lernen wird verstärkt. Ein Eingangstest zeigt, ob die Inhalte einer Kurseinheit bereits beherrscht werden. Die Testergebnisse belegen gleichzeitig die Qualität des Trainingskurses und das Wissensniveau der Mitarbeiter.
- ▶ Mit dem Cisco-Online-Trainings-System werden jeden Tag 2 000 Wissens-Test durchgeführt. Ein positives Begleitergebnis hierbei ist: Die Mitarbeiter mancher Landesgesellschaften wollen auf diese Weise ihr gutes Qualifikationsprofil dem Unternehmen demonstrieren.
- ▶ Als Ziel wurde bereits formuliert: Das System soll auch Cisco-Absatzmittlern zur Verfügung gestellt werden. Die Prognose geht dahin: Eines Tages wird das Training für jeden Job auf der Welt über Internet verfügbar sein [25].

Diese rasante Entwicklung haben - zumindest im angloamerikanischen Raum - auch die Universitäten erkannt. Deshalb formieren sich strategische Allianzen zwischen führenden Business Schools und Technologie-Partnern. Das Ziel ist, dem neuen globalen

Wettbewerb im Bereich „Higher Education" standzuhalten und nach Möglichkeit eine führende Position zu erreichen. Abbildung 9 zeigt die seit 1999 existierenden neuen Netzwerke durch Internettechnologien [26].

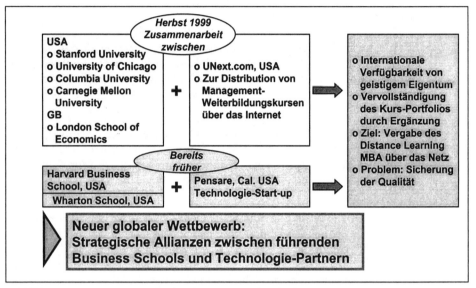

Abbildung 9: Neue Netzwerke durch Internettechnologie

Wie nachvollziehbar ist, sind es gerade sehr renommierte Business Schools und Universitäten, die hier bereits aktiv sind. Zusammen mit den Technologie-Partnern können diese Netzwerke in allen Teilen der Welt agieren. Distance Learning anhand von Kursen dieser Bildungsinstitutionen ist dadurch überall möglich. Die Konkurrenz für lokale und nationale Universitäten liegt damit auf der Hand. Die Situation wird sich dann verschärfen, wenn die internationale Verfügbarkeit dieser Lerneinheiten auch zu einem MBA über das Internet führen sollte. Auch wenn die Probleme der Qualitätssicherung und der Authentizität der Lernenden noch nicht gelöst sind, ist die Entwicklung vorgezeichnet. Zumindest für die weltweite Online-Management-Weiterbildung gibt es hier keine Beschränkungen.

Die typische Konstellation strategischer Allianzen und Netzwerke wird also der in Abbildung 10 wiedergegeben Aufgabenteilung entsprechen: Die Universitäten und Business Schools sind die inhaltlichen Wissenslieferanten, die Technologie-Partner geben als Service-Provider den Auftrag zur Entwicklung der Lernprogramme und sichern die Distribution der Weiterbildungsangebote über das Internet. Ergänzt wird dies durch den Plattform-Provider, also z.B. durch LearningSpace von Lotus.

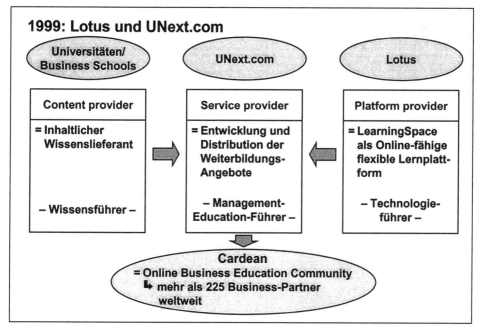

Abbildung 10:   Strategische Allianzen und Netzwerke

Die zukünftige Entwicklung des Web-basierten Lernens wird dahin gehen, die Dominanz der Informationstechnologie und der Internet-Technologie zugunsten einer Dominanz von Lernformen und Lerninhalten zu verschieben. Um dies mit dem Bild eines Hundes zu verdeutlichen: Wenn der Inhalt der Hund ist und die IT und das Web der Schwanz, dann wackelt heute noch zu viel der Schwanz mit dem Hund statt umgekehrt. Wettbewerbsvorteile werden von Anbietern in Zukunft primär durch inhaltliche und pädagogisch-didaktische Performance im Rahmen innovativer Lernarchitekturen erreichbar sein. Technologie wird vor allem dann noch wichtig für Wettbewerbsvorteile sein, wenn es sich um die Lernsoftware und die Plattform handelt. Die Anforderung wird sich immer mehr in die Richtung entwickeln, ohne Spezialistenwissen durch einfache Gestaltung und Handhabung des Systems die Eingabe von Wissen zu erleichtern und die Nutzung und Anwendung dieses Wissens – vor allem auch unter Einbeziehung interaktiver Bausteine – zu verbessern.

7. Empfehlungen für den Aufbau einer Corporate University

Der eingangs festgestellte Wettbewerb mit einer hohen Dynamik der Veränderungen im Weiterbildungsbereich wird durch die aufgezeigten Entwicklungslinien und gegebenen Beispiele nachhaltig belegt. Unternehmen, die auf diesem Gebiet zur Steigerung des Intellectual Capital nicht früh genug und konsequent genug handeln, geraten eindeutig ins Hintertreffen. Für den erfolgreichen Aufbau einer Corporate University lassen sich fünf Empfehlungen geben:

1. Um die Ergebnisverantwortung, Schnelligkeit und den unternehmerischen Spielraum zu erhöhen, ist der Weiterbildungsbereich – wie immer er im Unternehmen bezeichnet wird – als Profit-Center und Business Unit zu führen.
2. Die Führungskräfte des Unternehmens sind als Lehrende und Lernende in die Umsetzung des Vorhabens einzubeziehen. Die Akzeptanz und die Durchschlagskraft werden hierdurch eindeutig erhöht. Die Unternehmensleitung muss Vorbild sein.
3. Um die Infrastruktur klein zu halten und um auf dem neuesten Stand des Wissens und der Methoden zu bleiben, sind neue Formen der Partnerschaft mit Universitäten und Business Schools aufzubauen.
4. Neue Technologien sind für schnelleres und dezentrales Lernen sowie für bessere Lernerfolgskontrollen im angepassten multimedialen Verbund zu nutzen.
5. Der Nutzen und der Wert der Investitionen in die Weiterbildung sind regelmäßig zu messen, und zwar direkt quantitativ und qualitativ über Indikatoren. Die Verantwortlichen erhalten hierdurch eine bessere Argumentationsbasis und Grundlage für neue Investitionen.

Literaturverzeichnis

[1] GERTZ, D./BAPTISTA, J, Grow to be great: Wider die Magersucht in Unternehmen, 2.Aufl., Landsberg/Lech 1996, S. 26; KAPLAN R. S./NORTON D. P., Balanced Scorecard - Strategien erfolgreich umsetzen, Stuttgart 1997, S. 186.

[2] TÖPFER, A. (Hrsg.), Geschäftsprozesse: analysiert & optimiert, Neuwied, Kriftel, Berlin 1996, S. 248 ff., 259 ff.

[3] TÖPFER, A./LAU, O., Intellectual Capital zur Wertsteigerung des Unternehmens, in: Töpfer, A. (Hrsg.), Das Management der Werttreiber: Die Balanced Score Card für die Wertorientierte Unternehmenssteuerung, Frankfurt/M. 2000, S. 50 f.; STEWART, T. A., Der vierte Produktionsfaktor: Wachstum und Wettbewerbsvorteile durch Wissensmanagement, München, Wien 1998, S. 83 ff.

[4] STEWART, T. A., Der vierte Produktionsfaktor: Wachstum und Wettbewerbsvorteile durch Wissensmanagement, München, Wien 1998, S. 83ff.; SVEIBY, K. E., Wissenskapital – das unentdeckte Vermögen: immaterialle Unternehmenswerte aufspüren, messen, steigern, Landsberg/ Lech 1998., S. 28ff.

[5] AUTHERS, J., Keeping company with the campus, in: Financial Times vom 26.04.1999, S. 11.

[6] TÖPFER, A., Corporate Universities als Intellectual Capital, in: Personalwirtschaft, 26(1999)7, S. 33 f.

[7] TÖPFER, A./SCHÜTTE, S., Oft nur Etikettenschwindel, in: wirtschaft und weiterbildung, 12(2000)1, S. 50.

[8] EBENDA.

[9] DEISER, R., Corporate Universities – Modeerscheinung oder strategischer Erfolgsfaktor?, in: Organisationsentwicklung, (1998)1, S.41.

[10] TÖPFER, A., Corporate Universities als Intellectual Capital, in: Personalwirtschaft, 26(1999)7, S. 35 f.

[11] DEISER, R., Corporate Universities – Modeerscheinung oder strategischer Erfolgsfaktor?, in: Organisationsentwicklung, (1998)1, S. 43.

[12] EBENDA, S. 42.

[13] AUTHERS, J., Keeping company with the campus, in: Financial Times vom 26.04.1999, S. 11.

[14] Vgl. Corporate University Excellence Awards 2000.

[15] TÖPFER, A., Corporate Universities als Intellectual Capital, in: Personalwirtschaft, 26(1999)7, S. 37.

[16] KELLY, J., Joint university plan wins funding, in: Financial Times vom 06/07.11.1999, S. 5.

[17] TÖPFER, A., Managementqualifikation in den neuen Bundesländern – Herausforderungen an die marktorientierte Unternehmensführung, in: Meffert, H./Wagner, H./Backhaus, K. (Hrsg.), Marktorientierte Unternehmensführung in den neuen Bundesländern – Bestandsaufnahme und Ausblick, Münster 1992, Dokumentationspapier Nr. 69, S. 42.

[18] EBENDA, S. 43.

[19] ANDERSON, L., Open door to career success, in: Financial Times vom 07.02.2000, S. 12; The Open University, U.K.: Basic facts and figures for 1998, unter: http://www.open.ac.uk (abgerufen im September 1998); The Open University, U.K., unter: http://www.open.ac.uk/for-business/business.html (abgerufen im Januar 2001).

[20] SONNER, B., Success in the Capstone Business Course – Assessing the Effectiveness of Distance Learning, in: Journal of Education for Business, Vol. 74, No. 4, March/April 1999, S. 243.

[21] EBENDA, S. 246 f.

[22] SCHÜTTE, S., Lernen in der Informationsgesellschaft, in: wirtschaft & weiterbildung Nov./Dez.1999, S. 12 ff.

[23] EBENDA, S. 14.

[24] EBENDA, S. 17 f.

[25] TAYLOR, R., On target, on course and online, in: Financial Times vom 22.09.1999, S. 22.

[26] BRADSHAW, D., Schools drawn into new webs, in: Financial Times vom 11.10.1999, S. 9.

Dr. Hubert Weber
Institute for Growth and Innovation, München

Corporate Universities im Informationszeitalter

In diesem Beitrag wird die zentrale These vertreten: „Wir sind mitten im Informationszeitalter und keiner merkt es." Konkret bedeutet dies, dass viele noch mit einer Landkarte unterwegs sind, die nicht mehr auf die Landschaft passt.

Um Aussagen über Corporate Universities auf einer Mikro- bzw. Unternehmensebene treffen zu können, ist es zunächst notwendig eine Makrosicht einzunehmen. Bildlich gesprochen ist diese Situation mit folgender zu vergleichen: Trennt man bei einem Menschen ein Auge vom restlichen Körper ab, so ist dieses abgetrennte Auge - isoliert vom restlichen Körper, den anderen Sinnesorganen und dem Gehirn - nicht in der Lage zu sehen. Erst in dem Gesamtzusammenhang mit dem restlichen Körper ist es dazu fähig.

1. Makro-Ebene:

Wenn man von einem zeitlichen Gesichtspunkt aus versucht, die letzten Jahrhunderte zu beschreiben, so kann man diese in das Nomadenzeitalter, landwirtschaftliche Zeitalter, Industriezeitalter und Informationszeitalter einteilen [1].

Im Vergleich dieser Zeitalter zeigt sich ganz deutlich, dass das Informationszeitalter sowohl durch ganz andere Faktoren gekennzeichnet ist, als auch über ganz andere Erfolgsfaktoren verfügt als die vorangegangenen Zeitalter (vgl. Abbildung 1).

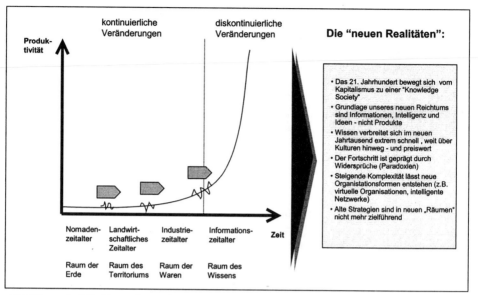

Abbildung 1: Die Transformation zur Informationsgesellschaft stellt Unternehmen vor "neue Realitäten"

1.1 Kennzeichen des Informationszeitalters

Das Informationszeitalter lässt sich im wesentlichen durch eine Änderung des Produktivitätsfortschrittes und der Wertschöpfungskette beschreiben.

Betrachtet man den Anstieg der Produktivität, so ist festzustellen, dass diese in den letzten Jahrzehnten dramatisch zugenommen hat. Einen enormen Anteil daran hat hierbei insbesondere die Informations- und Kommunikationstechnologie. Andy Grove spricht von einem Potential um den Faktor zehn, den Unternehmen hier ausschöpfen können.

Während im Nomadenzeitalter (Raum der Erde), dem landwirtschaftlichen Zeitalter (Raum des Territoriums) und im Industriezeitalter (Raum der Waren) alle Erfolgsfaktoren mit **Materie** (tangibel) aggregiert werden konnten, kommt durch das Informationszeitalter eine neue Ebene hinzu: **Information** (intangibel). Dies ist die wahre Herausforderung für die Unternehmen und ihre Menschen. Es ist nicht so, dass in der New Economy auf einmal alles nur noch virtuell ist. Wirklich neu ist jedoch, dass neben die materielle Wertschöpfungskette eine virtuelle Wertschöpfungskette tritt.

1.2 Neue Erfolgsfaktoren

Die entscheidenden Erfolgsfaktoren des Informationszeitalters sind die kollektive Intelligenz und das Management von Paradoxien.

■ **Kollektive Intelligenz**

Legt man den Erfolg von Nationen und Unternehmen im globalen Wettbewerb als Maßstab für die Wettbewerbsfähigkeit zu Grunde, so ist festzustellen, dass Europa im Moment nur einen Mittelfeldplatz einnimmt. Einer Studie der renommierten US-Investmentbank Salomon Smith Barney zufolge war im Herbst 2000 die Wachstumsprognose für das 2000er Bruttoinlandsprodukt für Japan 2,1%, für Deutschland 2,9% und die USA 5,2% (das reale Wachstum ist zwar geringer ausgefallen, jedoch liegen die USA immer noch vor Europa und Japan). Geht man zehn Jahre zurück und fragt, welche Nation damals das Thema „Management" dominiert hat, kommt man sehr schnell auf Japan. In dem World Competitiveness Report des IMD in Lausanne belegte Japan in den Jahren 1989 bis 1993 ununterbrochen den ersten Rang (in 1992 lag Deutschland zum Beispiel noch auf dem zweiten Platz). In dem aktuellen Growth Competitiveness Report des Global Competitiveness Report 2000, den das Weltwirtschaftsforum in Genf zusammen mit führenden Wissenschaftlern der amerikanischen Harvard-University erarbeitet hat, liegt Japan nur noch auf Platz 21. Die deutschsprachigen Länder Schweiz (10.), Deutschland (15.) und Österreich (18.) nehmen dabei nur Mittelfeldplätze ein. Angeführt wird diese Rangliste von den USA (1.), gefolgt von Singapur (2.), Luxemburg (3.), Niederlande (4.), Irland (5.) und Finnland (6.).

Offensichtlich ist, dass Länder, die im Industriezeitalter den Wettbewerb dominiert haben, im Informationszeitalter weit abgeschlagen sind. Lévy weist darauf hin, dass jedes Zeitalter seine kritischen Erfolgsfaktoren hat, und viele Unternehmen daran scheitern, dass sie versuchen die kritischen Erfolgsfaktoren des letzten Zeitalters (mit denen sie auch sehr erfolgreich waren) in das Neue zu übertragen. War im landwirtschaftlichen Zeitalter noch wichtig, über viel Land bzw. **Großgrundbesitz** zu verfügen (Raum des Territoriums), so war im Industriezeitalter auf einmal viel **Kapital** von Bedeutung, um große Fabriken zu bauen und Menschen einzustellen, die diese „well oiled machine" in Gang hielten (Raum der Waren). Fokus war hierbei die Optimierung der Flüsse (Kapital-, Material- und Informationsflüsse) und somit die Verbesserung der Effizienz (d.h. die Dinge richtig zu tun). Die Menschen wurden in diesen relativ stabilen Zeiten überwiegend als „Kostenfaktor" betrachtet, und ihre Zahl in Downsizing-Projekten regelmäßig verringert.

Im Informationszeitalter dagegen ist Revitalisierung bzw. Growth (und nicht Restrukturierung bzw. Cost Cutting) die Herausforderung. Kritischer Erfolgsfaktor ist hierbei die **kollektive Intelligenz** (Raum des Wissens). Und dies ist das Trügerische am Begriff des Informationszeitalters. Er hört sich sehr technisch an und lässt vermuten, dass man im Informationszeitalter ist, wenn man das Internet, E-Mail und ein

Informationszeitalter ist, wenn man das Internet, E-Mail und ein Mobiltelefon benutzt. Die Wahrheit aber ist, dass es viel weniger ein technisches Problem darstellt. Natürlich, ist die Informationstechnologie der technische Ermöglicher (Enabler), jedoch ist es vielmehr eine Frage der Fähigkeiten (Capabilities) einer Organisation [2]. Daher wäre der Begriff „Knowledge Society" [3] wesentlich treffender, um den Kern dieses Zeitalters zu beschreiben. Dieser beinhaltet nämlich, dass Wachstum auf den Menschen und ihrem Wissen aufbaut. Die Menschen und ihre Fähigkeiten sind das Wichtigste, um als Unternehmen wachsen zu können. Dabei sind die Menschen auch nicht mehr so einfach austauschbar, da sie nicht nur über das Fachwissen (das vielleicht noch in einer Knowledge-Datenbank als explizites Wissen abbildbar ist), sondern auch über das Kontext-Wissen verfügen (das nicht so einfach in einer Knowledge-Datenbank als implizites Wissen abbildbar ist) [4]. Der Fokus dieser „Knowledge Worker" [5] mit einem postheroischen Management-Stil [6] liegt weniger auf der Effizienz als auf der Effektivität (die richtigen Dinge zu tun). Japan und Deutschland waren „Weltmeister" in kontinuierlichen Veränderungen (Effizienz), dagegen dominieren die USA momentan durch ihre Fähigkeit zu diskontinuierlichen Veränderungen (Effektivität).

■ Management von Paradoxien

Befragt man Vorstände oder Geschäftsführer, wie sie sich ihre Organisation in einem paradiesischen Traumzustand wünschen würden: Beharren, reagieren oder agieren, so hört man sehr häufig: „Natürlich agieren". Jedoch ist diese Frage komplexer, als sie sich zunächst anhört, denn eine Organisation würde sehr schnell in Probleme geraten, wenn alle ihre Mitglieder beginnen würden, zu agieren (zum Beispiel wenn auch alle Buchhalter oder Revisoren besonders kreativ würden). Erfolgreiche Unternehmen im Informationszeitalter zeichnen sich dadurch aus, dass sie gleichzeitig beharren, reagieren und agieren können.

Der Kern dieser Aussage ist, dass während das Industriezeitalter durch das ODER (zentral ODER dezentral, global ODER lokal, kontinuierliche Veränderungen ODER diskontinuierliche Veränderungen, Veränderungsmanagement ODER Konstanzmanagement, ...) geprägt war, ist das Informationszeitalter gekennzeichnet durch das UND (zentral UND dezentral, global UND lokal, kontinuierliche Veränderungen UND diskontinuierliche Veränderungen, Veränderungsmanagement UND Konstanzmanagement,...). Auf der Ebene der Organisationsstrukturen (s. Kap. 2: Mikro-Ebene) bedeutet dies, dass das Informationszeitalter nicht das Ende der Bürokratie oder das Ende der Hierarchie ist. Es ist sogar wichtig, die Hierarchie nicht über Bord zu werfen (jedoch tritt an die Stelle der Hierarchie der Funktionen eine Hierarchie der Kernkompetenzen) und einige Bürokratie zu bewahren (s. Abbildung 2). Jedoch erzeugt dies Widersprüche bzw. Paradoxien. Das zentrale Axiom, um Paradoxien aufzulösen ist: „Unterscheide!" („Draw a distinction", s. Spencer-Brown), d.h.: "Wenn du zwei widersprüchliche Anordnungen erhältst, erfülle sie beide", denn ein Paradox ist ja immer ein Problem eines Beobachters [7].

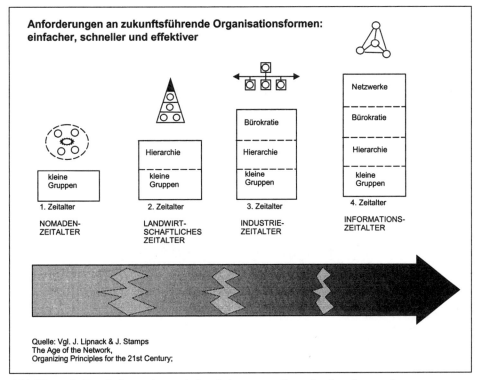

Abbildung 2: Das Informationszeitalter bringt neue Organisationsformen hervor

Für Unternehmen bedeutet dies, dass jedes Business heutzutage in zwei „Welten" konkurrieren muss [8]: Eine physische Welt, deren Ressourcen Führungskräfte sehen und berühren können (Atome, Market Place) UND eine virtuelle Welt, die aus Informationen besteht (Bits, Market Space). Die letztere ist zu einer Welt des E-Business herangewachsen, eine neue Quelle der Wertgenerierung (s. Abbildung 3) [9].

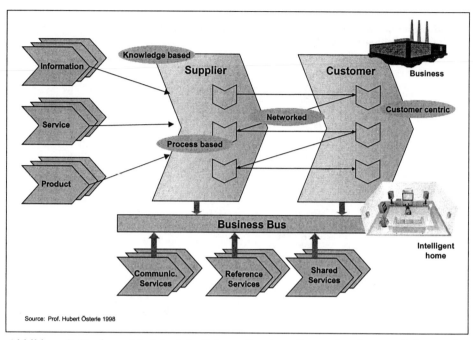

Abbildung 3: Business Model of the Information Age: Enterprises have to Reinvent the Customer Processes

Peter Gross spricht in diesem Zusammenhang von der Multioptionsgesellschaft. Kernaussage ist, dass die Anzahl der Optionen im Informationszeitalter wächst. Er vergleicht es mit der Situation, in der eine Person mit einem Dessert-Teller (auf den drei Teilchen passen) vor einem Buffet mit tausend Möglichkeiten steht. Einerseits hört sich dies phantastisch an, andererseits verwirrt es diese Person gleichzeitig, da bei ihr - kaum dass sie sich drei Teilchen genommen hat -, das Gefühl aufkommt: „Eigentlich hätte ich drei andere Teilchen nehmen sollen". Die Menschen sehnen sich in solchen Situationen der Unsicherheit („die richtigen Teilchen zu nehmen") nach Sicherheit und Halt, d.h. eine (Vor)Auswahl aller möglichen Optionen zu finden, zu denen sie dazugehören möchten (Brand Identity, Community).

2. Mikro-Ebene

Für Unternehmen wird insbesondere die Fähigkeit wichtig, den Wandel bzw. die Veränderungen selbst aktiv zu gestalten. Während Unternehmen im Industriezeitalter vorwiegend mit kontinuierlichen Veränderungen konfrontiert waren, stehen sie zunehmend vor der Herausforderung, ebenfalls Antworten auf diskontinuierliche Veränderungen zu geben. Die erforderlichen Veränderungen führen zu Brüchen in gewohnten Geschäftsprozessen. Es bedarf besonderer Fähigkeiten seitens des Managements, die Notwendigkeit des Wandels frühzeitig zu erkennen und den erforderlichen - von Diskontinuität geprägten - Wandlungsprozess zu steuern und die Veränderungen zu implementieren. Dabei gilt es für die Unternehmen, einen strategischen Paradigmenwechsel zu vollziehen, weg von der reinen Kostenreduzierung hin zu Wachstumsstrategien, d.h. statt der Entscheidung Revitalisierung ODER Restrukturierung (mit Fokus „Cost Cutting") hin zur Kombination von Revitalisierung UND Restrukturierung (mit Fokus „Growth"). Konzentrierte sich im Industriezeitalter das Wachstum (s. Abbildung 4) noch auf Diversifikation (related and unrelated), d.h. Konglomeraten (Conglomerates), so treibt die Hinwendung zum Kapitalmarkt Unternehmen immer mehr zur Fokussierung (Market Penetration, Vertical Integration, Globalization), d.h. Fähigkeiten (Capabilities).

		\multicolumn{5}{c	}{**Direction of Growth**}
		Market Penetration	Globalization	Vertical Integration	Related Diversivication	Unrelated Diversivication
Mode of Growth	Innovation (Organic/ Internal)	Toyota: Lexus	Honda in USA	Enron: Energy Ind.	Disney: Cruise Ships	TATA (India)
	Strategic Alliances/ Joint Ventures	GM + Saab	Renault + Nissan	Acer + Texas Instr.	Disney + Infoseek	Siam Cement (Thailand)
	Mergers & Acquisitions	Ford + Jaguar	Daimler + Chrysler	Merck + Medco	Disney + ABC	Vivendi (France)

Source: Aneel G. Karnani: Five Ways to Grow the Market and Create Value; in: Mastering Strategy, Part Four, ed. by Financial Times, Oct. 18, 1999, P. 8

Abbildung 4: Growth Strategies: Five Ways to Grow the Market and Create Value

Wichtig ist hierbei darauf hinzuweisen, dass Wachstum nicht mit schierer Größe zu verwechseln ist (vergleichbar dem Turmbau zu Babel). Viele bekannte Unternehmen haben zum Beispiel nach einem Merger in weniger als einem Jahr ihren Unternehmenswert halbiert. Barrie G. James, ein ehemaliger Ciba-Manager sagte hier einmal sehr treffend: „Viele Manager glauben, mit der Größe des Tankers verringere sich die Gefahr des Absinkens". Die Kernfrage, die sich hierbei stellt, ist nicht wie ein Wachstumsprojekt (z.B. der Merger) dabei hilft, Kostensenkungspotentiale zu realisieren, sondern wie Fähigkeiten (Capabilities) aufgebaut werden können, die ein Unternehmen in die Lage versetzen, ihren Markt zu dominieren (Value Innovation) [10].

2.1 Unternehmens- und Business Unit-Ebene

In diesem Kapitel wird die zentrale These vertreten: „Viele Manager verlieren ihren gesunden Menschenverstand, wenn Sie ihr Unternehmen betreten".

Kaum ein Manager würde privat auf die Idee kommen, mit seiner Großmutter und seinem Großvater den Mont Blanc zu besteigen, wenn diese beiden noch nie in ihrem Leben einen Berg bestiegen haben. Sie würden wahrscheinlich mit dem Auto auf den Parkplatz eines Restaurants auf einem Hügel fahren und mit den beiden die paar Schritte zu Fuß auf die Terrasse gehen, um dort gemütlich eine Tasse Kaffee zu trinken. In ihrem Unternehmen dagegen treiben viele Manager - bildlich gesprochen - bei diskontinuierlichen Veränderungen (einem Merger, einer Allianz oder einem Innovationsprojekt) die gesamte Mannschaft „untrainiert" den Mont Blanc hinauf.

Nachfolgend soll dargestellt werden, wie sich diskontinuierliche Veränderungen, die kennzeichnend für das Informationszeitalter sind, auf die Unternehmens-, die Business Unit-, die Team- und die Individual-Ebene niederschlagen. Dabei handelt es sich vorwiegend um die Veränderungen durch Revitalisierungs- bzw. Wachstumsstrategien (Merger, Allianzen und Innovationen), im Gegensatz zu Restrukturierungs- bzw. Cost Cutting-Strategien, die in der Mehrzahl kennzeichnend für das Industriezeitalter waren.

Der Wechsel vom Industrie- zum Informationszeitalter drückt sich auch auf der Unternehmensebene aus und zeigt sich sowohl in einer Änderung der strategischen Ausrichtung als auch in einer zunehmenden Bedeutung von intangiblen Faktoren.

2.1.1 Neuer strategischer Fokus (Kapitalmarkt) UND intangible Faktoren

Während in den 70er Jahren Unternehmen auf Diversifikation setzten, wandelt sich momentan der Fokus hin zur Ausrichtung auf den Kapitalmarkt. Aber auch hier ist häufig zu beobachten, dass wir in unserem Denken noch sehr stark von dem Industriezeitalter geprägt sind, d.h. im ODER denken: In vielen Unternehmen konzentriert sich bei dem

Thema Shareholder Value alles auf den finanziellen Wert. Rappaport [11] hat jedoch bei der Einführung des Begriffes immer Value (d.h. Werte) gemeint (d.h. finanzieller Wert für Aktionäre UND Werte bzw. Sinn für Mitarbeiter, Lieferanten, Kunden und die Gesellschaft) [12]. Diese Veränderung drückt sich auch in der Literatur aus. Während Erich Gutenberg noch 1951 in seinem Buch „Grundlagen der Betriebswirtschaftslehre" mit dem Begriff die „Unternehmung" die Gesellschaft noch ausschloss, wird sie in neueren Publikationen wieder eingeführt [13].

Die zunehmende Bedeutung von intangiblen Faktoren zeigt sich insbesondere am Thema Unternehmenswert und in der Stabilität der Mitarbeiter.

Wurde die Marktkapitalisierung bis vor wenigen Jahren noch sehr stark von den tangiblen Assets bestimmt, zeichnet sich eine zunehmende Bedeutung von intangiblen Werten ab (d.h. tangible UND intangible). Einer Studie von Interbrand zufolge ist die Marktkapitalisierung von Coca Cola zu 59%, McDonalds zu 64% und von BMW zu 77% von deren Brand abhängig [14].

Während im Industriezeitalter die Mitarbeiter Stabilität durch tangible Faktoren erfuhren (Zugehörigkeit zu einer Abteilung über mehrere Jahre und damit einem festen Platz im Organigramm), ist das Informationszeitalter dadurch geprägt, dass die Mitarbeiter zunehmend in ständig wechselnden Projekten oder bereichsübergreifenden Teams arbeiten. Die neue Stabilität wird dabei verstärkt durch intangible Faktoren geliefert (Brand Identity, Unternehmenskultur, Werte und Verhalten, Spielregeln im Unternehmen, Rituale, Religion, ...) [15], die den Mitarbeiterinnen und Mitarbeitern Sinn für ihr Tun stiften und sie inspirieren, Wagnisse einzugehen. Malik [16] spricht in diesem Zusammenhang von Visionen als einem „Dream with a Deadline". Während die angestrebten Ziele bei kontinuierlichen Projekten gerade noch vorstellbar sind (indem man „ein wenig schneller läuft"), sind die Ziele bei diskontinuierlichen Projekten aus dem heutigen Stand des Geschäftsmodells so ambitioniert, dass sie unvorstellbar und nicht erreichbar erscheinen. Wer im Informationszeitalter eine Führungsrolle einnehmen möchte, muss Architekt der Industrie sein (creating the future and reinventing its industry) [17] und sich vom Wettbewerb differenzieren (get different), d.h.: "Wer immer in den Spuren anderer wandelt, darf sich nicht wundern, wenn er keine Eindrücke hinterlässt. Wer überholen will, muss aus der Normalspur ausbrechen!"

Viele Unternehmen haben eine hervorragende Expertise in kontinuierlichen Veränderungsprojekten erworben (und waren dabei auch sehr erfolgreich), scheitern jedoch bei diskontinuierlichen Problemstellungen, da sie versuchen, ihr kontinuierliches „Tool-Set" auf diskontinuierliche Fragestellungen zu übertragen.

Während es bei Cost Cutting bzw. Downsizing-Projekten genügte, sich auf eine Detail-Komplexität zu konzentrieren, um eine kontinuierliche Veränderung zu erzielen, ist es bei (diskontinuierlichen) Wachstumsstrategien essentiell, einen ganzheitlichen Ansatz zu wählen (s. Abbildung 5). In der Praxis zeigt sich jedoch, dass sich z.B. Mergers & Acquisitions zunehmender Beliebtheit erfreut, aber 65% der Fusionen [18], 70% der Allianzen [19] und bis zu 75% der Innovationsprojekte [20] scheitern. Befragt man Beteiligte an (gescheiterten) Wachstumsprojekten, was die kritischen Erfolgsfaktoren sind, so kann man diese häufig einer (1) fachlichen Ebene zuordnen. Die Stolpersteine (9/10tel) liegen - vergleichbar einem Eisberg - unter der Wasseroberfläche und können der (2) politischen und (3) emotionalen bzw. kulturellen Ebene zugerechnet werden.

(Das Competence Center „Change Engineering: Growth and Innovation" (CC CE) an der uwh forschungsgesellschaft mbH an der Universität Witten/Herdecke forscht gemeinsam mit Partnerunternehmen an der Entwicklung eines ganzheitlichen, systematischen und methodenorientierten Vorgehensmodells zur erfolgreichen Implementierung von (diskontinuierlichen) Wachstumsprojekten. Partnerunternehmen im CC CE sind: Credit Suisse und Rentenanstalt/Swisslife aus der Schweiz, Degussa, Münchner Rück und Volkswagen aus Deutschland sowie Form Factor aus dem Silicon Valley in den USA.) Daher gilt es, bei der erfolgreichen Implementierung von Geschäftsmodellen im Informationszeitalter, alle Ebenen simultan zu adressieren.

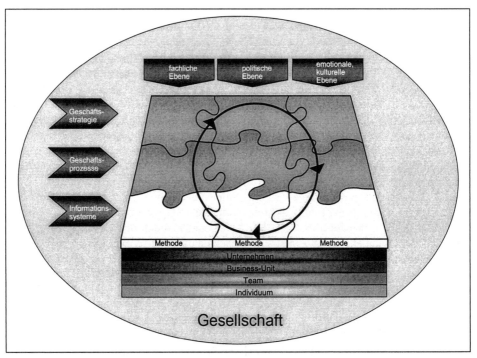

Abbildung 5: Ziel ist ein ganzheitliches, systematisches und methodenorientiertes Vorgehensmodell

Die beschriebene Veränderung vom Industrie- zum Informationszeitalter und die damit verbundenen Anforderungen von diskontinuierlichen Veränderungsprozessen zeigt sich sehr deutlich in dem Organisationsentwicklungskonzept von Friedrich Glasl und Bernard Lievegoed: Diese teilen die dynamische Entwicklung eines Unternehmens in vier Phasen (s. Abbildung 6). Während die erste Phase (Pionierphase) sehr stark die emotionale/kulturelle Ebene adressiert, konzentriert sich in der zweiten Phase (Differenzierung) alles auf die fachliche Ebene (Logik). Dies heißt nicht, dass Macht und Kultur keine Rolle spielen, jedoch sind sie in der Regel nicht diskutierbar. Erst ab der dritten Phase (Integration) wird intern und ab der vierten Phase (Assoziation - auch durch die Einbindung der Lieferanten und Kunden) neben der fachlichen Ebene auch die politische und kulturelle bzw. emotionale Ebene wieder eingeführt (finanzieller Wert UND Werte). Sie bilden sogar die Basis, um in diese Phase vordringen zu können.

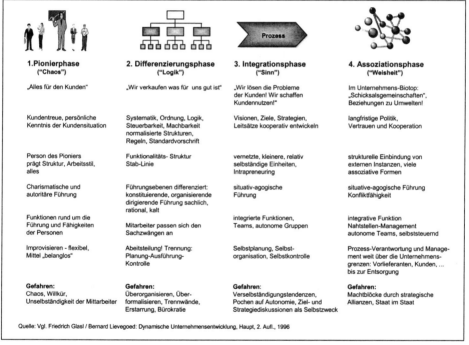

Abbildung 6: Die vier Phasen der dynamischen Organisationsentwicklung

Diese Entwicklung wird noch einmal in Abbildung 7 verdeutlicht. Während Phase/Stufe eins und zwei mit Individualsport überschrieben werden können, zählt in Phase/Stufe drei (intern) und vier (auch extern) Teamsport. Ab Phase/Stufe vier wandelt sich das „Spiel" von Unternehmen gegen Unternehmen zu Netzwerk gegen Netzwerk (bzw.

Community gegen Community), d. h. die Unternehmensgrenzen werden dabei aufgelöst (Borderless Company)[21].

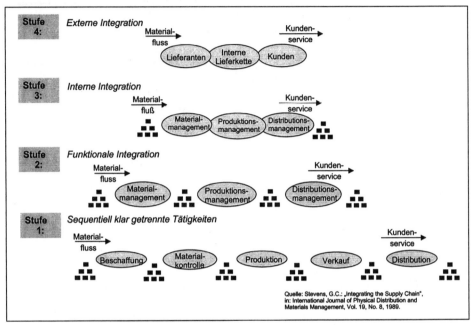

Abbildung 7: Der Weg zu einer integrierten Wertschöpfungskette (Supply Chain) durchläuft mehrere Stufen

2.1.2 Management by Symphony

Eine wesentliche Fähigkeit von erfolgreichen Unternehmen des Informationszeitalters ist es, alle vier „Muskeln" zu entwickeln, d.h. alle vier Phasen „spielen" zu können. Dabei muss nicht jede einzelne Mitarbeiterin und nicht jeder einzelne Mitarbeiter jeden Tag alle vier Phasen durchlaufen. Sie müssen jedoch gemeinsam als „Orchester" eine „Symphonie für ihre Kunden spielen können". Wichtig ist hierbei der „Respekt vor der Unterschiedlichkeit" (Diversity), d.h. die Anerkennung, dass jede Phase wichtig ist und nicht nur diejenigen die Helden in der Organisation sind, die gerade die vierte Phase repräsentieren. Viele Start-ups leiden z. B. darunter, dass sie viele tolle Ideen haben, aber diese nicht auf die Strasse bringen, d.h. zuwenig strukturiert vorgehen (Differenzierungsphase). Damit sich ein Unternehmen die Fähigkeiten der nächsten Phase aneignen kann, muss es bereits in der übernächsten Phase denken. Die Essenz der Geschäftsmodelle des

Informationszeitalters ist nicht Management der Einheit (Homogenität) sondern das Management der Differenz (Heterogenität).

Diese diskontinuierlichen Veränderungen sind primär eine Frage der Fähigkeiten einer Organisation, die nicht so einfach kopierbar sind, und somit die Quelle der Wettbewerbsvorteile im Informationszeitalter bilden (Capabilities-based Competition). Wie sich dies auf der Unternehmens-, Business Unit-, Team- und Individual-Ebene niederschlägt ist Inhalt der nächsten Kapitel.

2.2 Das „Spiel" verändert sich - und verlangt neue Fähigkeiten

Erfolg oder Scheitern im Leben hängen stets davon ab, dass man weiß, an welchem „Spiel" man gerade beteiligt ist. Ein erfolgreicher Tennisspieler wird scheitern, wenn alle, die mit ihm auf dem Feld stehen, Fußball spielen [22]. Wichtigste Erkenntnis ist, dass alle Wachstumsstrategien diskontinuierliche Veränderungen sind und nicht mit einem kontinuierlichen „Werkzeugkasten" (Cost Cutting bzw. Downsizing) angegangen werden können. **Diskontinuitäten** sind **radikale** Veränderungen und sind nicht kompatibel mit den bestehenden Systemen [23] - im Gegensatz zu **evolutionären** Veränderungen bei **kontinuierlichen** Veränderungsprojekten. Somit ist die Frage des Gelingens einer diskontinuierlichen Veränderung primär eine Frage der Fähigkeiten (capabilities) einer Organisation.

2.3 Fähigkeiten-basierter Wettbewerb

Die zentrale Herausforderung für die Unternehmensführung im 21. Jahrhundert besteht darin, diesen Übergang zu einer **auf den Fähigkeiten beruhenden Wettbewerbsstärke** zu meistern. Ein Unternehmen, das im Wettbewerb seine Fähigkeiten in die Waagschale wirft, beherrscht seine operativen Prozesse und die Kunst des Wandels meisterhaft. Es kann seine Prozesse rasch neu gestalten und sowohl auf alten als auch auf neuen Märkten innovative Fähigkeiten entwickeln und einsetzen. Welche Voraussetzungen muss ein Unternehmen erfüllen, wenn es diese auf Fähigkeiten beruhende Wettbewerbsstärke erwerben möchte?

- Es muss in seiner **Strategie** auf seinen eigenen Fähigkeiten aufbauen und diese dann mit den Fähigkeiten seiner Geschäftspartner verknüpfen.
- Seine Strategien und Fähigkeiten müssen die Möglichkeiten der **Telekommunikations- und Informationstechnik** (IT) nutzen.
- Es muss **Architekt der Industrie** sein (creating the future and reinventing its industry, s. Hamel/Prahalad), sich einem **einzigartigen Geschäftsmodell** verschreiben

(optimale Verzahnung von (a) operativen Geschäftsprozessen, (b) Organisationsstrukturen und Fähigkeiten, (c) Leistungsmess- und Bezahlungssystemen, (d) IT sowie (e) Werte und Verhalten), um auf diese Weise Leistungssteigerungen um Größenordnungen zu erreichen.
- Es muss seine **organisatorische Agilität** (bzw. seinen Operating State) ausbilden, um sich schnell wandeln, und seine Fähigkeiten kontinuierlich erneuern zu können.

Was sich jedoch die meisten Führungskräfte nicht klar machen ist, dass eine Veränderung der Fähigkeiten vor allem Zeit benötigt und nicht rein kognitiv in ein paar Tagen erworben werden kann. Hannes A. Meyer (Head e-business und Mitglied der Konzernleitung der Rentenanstalt/Swisslife) nennt dies die 1:2:4:8-Regel. Wenn man für die Entwicklung einer neuen Strategie die Zeiteinheit eins benötigt, bedarf es zur Veränderung der Strukturen und Prozesse die doppelte, zur Veränderung der Technologie die vierfache und zur Veränderung der Fähigkeiten die achtfache Zeit.

Im Informationszeitalter ist daher nicht nur „Speed-Management" wichtig. Ein noch höheres Gewicht hat hierbei die „Entdeckung der Langsamkeit" (Sten Nadolny) oder wie ein japanisches Sprichwort sagt: „Wenn Du es eilig hast, mache einen Umweg". Das heißt, man muss der Organisation die Zeit geben, diese Fähigkeiten (durch trial-and-error) zu entwickeln und sich auch von den eigenen Erwartungen klar machen, dass die Organisation für die Entwicklung dieser Fähigkeiten Zeit benötigt.

2.3.1 Get Different

Die Unternehmensberatung Droege & Partner hat 1993 Top-Manager aus allen Bereichen der deutschen Industrie in einer Umfrage die Frage gestellt: „Halten Sie Ihr Unternehmen für Kundenorientiert?" 1993 antworteten nur 4% der Befragten mit „Ja". Vier Jahre später in 1997 gaben auf die (etwas veränderte) Frage: „Was ist in diesem Jahr Ihre oberste Priorität?", 98% der Befragten die Antwort: „Kundenorientierung". Dies heißt aber nicht, dass alle diese Unternehmen bereits kundenorientiert waren. Jedoch muss man sich fragen, wodurch differenzieren sich Unternehmen im Wettbewerb, wenn (fast) alle kundenorientiert sind? Somit wird im Informationszeitalter die Fähigkeit „to get different" zum entscheidenden Erfolgsfaktor. Je mehr die Instabilität auf den Märkten wächst, desto wichtiger werden die langfristig haltbaren Fähigkeiten eines Unternehmens, sich im Wettbewerb zu verändern und sich durch ein **einzigartiges Geschäftsmodell** (business model) zu **differenzieren**.

2.3.2 Berechenbarkeit - Triviale und nicht-triviale Maschinen

Problem bei der Entwicklung von Fähigkeiten zur Bewältigung von Diskontinuitäten und somit von einer auf Fähigkeiten basierenden Wettbewerbsstärke ist allerdings, dass die Führungskräfte und Mitarbeiter(innen) jahrzehntelang in Schulen und Universitäten darauf gedrillt wurden, die Welt als „wohldefiniertes System" bzw. als „triviale Maschine" [24] mit einem Ursache-Wirkungs-Denken zu betrachten nach dem Muster: „Wenn Du auf den grünen Knopf drückst, leuchtet die grüne Lampe." Insgeheim wurden auch Unternehmen mit Technik gleichgesetzt - mit dem (Irr)Glauben, dass auch diese „vollständig berechenbar" und optimierbar sind. Da sich viele Manager nach solchen „Rezepten" (vergleichbar einem Kochbuch) sehnen, bieten Unternehmensberater, Business Schools oder die Managementliteratur sehr gerne „Rezeptbücher" an: „Innovationsmanagement" oder „Change Management" suggerieren ja auch, dass beides managebar ist (100% optimierbar, d.h. mit Sicherheit).

Jedoch hat man es in Organisationen mit Menschen (nach Heinz von Foerster mit „nicht-trivialen Maschinen" bzw. „schlecht-definierten Systemen") zu tun und hierbei gilt das erste Gesetz der Psychologie: „Some do, some don´t"! Daher wird hier die These vertreten, dass Innovationen oder Change nicht managebar oder vollständig berechenbar sind - sondern höchstens steuerbar oder lenkbar sind (mit Wahrscheinlichkeiten < 100%, d.h. mit Risiko).

So laufen wir Gefahr, dass unser Weltbild nicht zur Welt, unsere innere Landkarte nicht zur Landschaft passt [25]. Daher verwundert es nicht, dass Führungskräfte, die mit dem Konzept der „trivialen Maschine", das bei kontinuierlichen Veränderungen noch einigermaßen funktioniert, da ein Grossteil der Erfahrungen aus der Vergangenheit und Gegenwart (Bereich des Wissens) übertragen wird, bei diskontinuierlichen Veränderungen scheitern. Denn hierbei müssen alle involvierten Mitarbeiter(innen) über ihre „persönliche rote Linie" bzw. aus Ihrer „Comfort Zone" heraus in die Zukunft gehen (Bereich des Nicht-Wissens). Insbesondere müssen sich Führungskräfte vor Augen halten, dass durch alle diskontinuierlichen Veränderungen (Innovationen, Allianzen oder Merger) *Mehrheiten zerstört* werden, da eine *Minderheit* einer *Mehrheit* „etwas Neues vorschreibt". Daher muss bei jedem einzelnen(r) Mitarbeiter(in) der Handlungswille mobilisiert werden. Dies gelingt nur, wenn alle (1) die Gründe verstehen, (2) von der Richtigkeit, (3) der Durchsetzbarkeit sowie (4) von der längerfristigen Durchsetzbarkeit überzeugt sind. Dies wird beeinflusst durch (a) die Erwartungen aller, (b) die Glaubwürdigkeit der Führungsmannschaft, (c) die konsequente Ausführung sowie (d) die Basis von allem: Vertrauen (trust).

2.3.3 Mut zur Realität

Bei diskontinuierlichen Veränderungen (Zukunft, Bereich des Nicht-Wissens) wird häufig mit voller Wucht gegen einen der größten Stolpersteine gelaufen. Die Mitarbeiter(innen) sollen an einem „Spiel" teilnehmen, an dem sie den Sinn nicht verstehen, und die Spielregeln nicht bekannt sind oder diese werden erst hinterher verkündet.

Für diskontinuierliche Veränderungen ist es allerdings erfolgsrelevant, die Spielregeln klar vorab festzulegen und zu kommunizieren. Jack Welch, der scheidende CEO von GE (General Electric), wurde immer als „Neutronen-Jack" verschrien, aber doch von den meisten bewundert. Nicht zuletzt, weil er zwar hart war, aber immer den Mut hatte, die Spielregeln im vornhinein bekanntzugeben. So war bei Akquisitionen immer im voraus klar (und somit wird das „Spiel" für jeden berechenbar), dass das Modell „Kolonialherr" ist (und nicht als „Merger of Equal" verschleiert wird). Dies erzeugt Sicherheit in der Unsicherheit und baut sogar Vertrauen auf.

Mut zur Realität ist kostenlos (benötigt nur Courage), ein Mangel davon kann dagegen „sehr teuer" werden (nicht nur finanziell, d.h. insbesondere auf der Vertrauensebene). Eine kürzlich veröffentlichte Studie kommt zu dem Ergebnis, dass die Mitarbeiter(innen) an einem normalen 8 Stunden-Tag ca. 5-7 Stunden produktiv sind. Dagegen sinkt deren Produktivität rapide, wann immer eine Veränderung in den Macht- bzw. Kontrollverhältnissen (wie dies bei allen diskontinuierlichen Veränderungen der Fall ist) stattfindet, auf *weniger als eine Stunde* [26]. Viele Unternehmen geben nach einem Merger, einer Allianz oder einer Innovation wenige oder gar keine Informationen an ihre Mitarbeiter, Kunden und Lieferanten weiter, weil noch alles „unsicher" ist. „Ganz sicher" aber ist dann, dass dies die Wettbewerber nutzen, um Marktanteile zu erobern sowie Mitarbeiter in einer ersten Welle sofort und in einer zweiten Welle nach einem Jahr gehen.

2.3.4 Breakdowns als Basis für Breakthroughs

Da im Industriezeitalter die meisten Organisationen wie eine „well-oiled machine" laufen mussten, ist auch die oberste Spielregel: „Zero Defect". Ein Merger, eine Allianz oder eine Innovation ist jedoch eine diskontinuierliche Veränderung für alle Mitarbeiter(innen). Diese Situation kann mit Schwänen verglichen werden, welche die ganzen Jahre in einem ruhigen Teich geschwommen sind und jede kleine Bugwelle souverän nehmen können, da sie diese bereits sehr gut kennen. Wim Thoelke hat man immer nachgesagt, dass er alle Fehler selbst eingebaut hat, damit er sie dann ganz souverän meistern konnte (triviale Maschine). Was passiert jedoch, wenn man die Schwäne aus dem Teich auf das Gras jagt (Zukunft bzw. Bereich des Nicht-Wissens, nicht-triviale Maschine)? Die Frage, die sich dann stellt, ist: (1) Machen wir uns hier lächerlich bzw. laufen wir wie die Tölpel oder (2) lernen wir nun gemeinsam vernünftig zu laufen? Dabei genügt es nicht, dass nur die Mitarbeiter(innen) „aus dem Teich" gehen und das Top-

Management im sicheren Fahrwasser schwimmt und fragt: „Warum tölpelt ihr denn da so herum"?, sondern - um in diesem Bild zu bleiben - das Top-Management muss zuerst „aus dem Wasser steigen" und als das neue Rollen-Modell „Fehler sind unvermeidbar und erlaubt" vorleben. Wichtig ist dabei, **gemeinsam** zu lernen, wie man „vernünftig läuft". Per definitione ist es jedoch unvermeidlich, dass man zu Beginn Fehler macht, um einen Durchbruch (Breakthrough) zu erreichen. Es ist sogar wie ein Naturgesetz: Um Breakthroughs zu erreichen, benötigt man Breakdowns [27]. Umgekehrt heißt dies: Ohne Breakdowns keine Breakthroughs. Klassische Organisationen in der „Differenzierungsphase" (s. Abbildung 6) vermeiden jedoch in der Regel Breakdowns.

Ein anderer Umgang mit Fehlern ist sicherlich die Basis für Amerikas momentaner Dominanz im weltweiten Wachstumswettlauf. Eine wichtige Fähigkeit wird dabei für alle Führungskräfte und Mitarbeiter(innen) einer Organisation „to **manage surprise**". Kennzeichnend dafür ist z.B., dass es im Silicon Valley die Begriffe „Bankrott" und „Konkurs" gar nicht gibt. Man kennt dort nur den Begriff „Setback".

Von Steve Jobs erzählt man sich zum Beispiel (als er zum ersten Mal CEO bei Apple war), dass er einen Mitarbeiter zu sich gerufen hatte, der gerade vier Millionen Dollar „in den Sand gesetzt" hatte. Als dieser den Raum betreten hatte, sagte er zu Steve Jobs: „Steve, ich weiß genau, warum Du mich gerufen hast. Du willst mich feuern." Steve Jobs hatte darauf geantwortet: „Bist Du wahnsinnig? Ich habe gerade vier Millionen Dollar in Dich investiert. Jetzt erzähle einmal, was wir daraus lernen können."

2.4 War for Talents

Befragt man Führungskräfte: „Was die Ursache dafür ist, wenn Dinge in einer Organisation nicht funktionieren: (1) Die Strukturen bzw. Systeme oder (2) die Menschen"?, so bekommt man sehr häufig die Antwort: „Natürlich die Menschen"! Walter Deming hat jedoch empirisch nachgewiesen, dass zu 80%-85% die Strukturen bzw. Systeme und nur zu 15%-20% die Menschen die Ursache dafür sind [28]. Dies heißt: Strukturen erzeugen ein Verhalten. Somit gilt *nicht*: „Wenn wir die Mitarbeiter(inne)n von Unternehmen X hätten, dann wäre es hier ja ganz anders!", sondern die Essenz dieser Statistik besagt, dass jedes Unternehmen die Mitarbeiter(inne)n in seiner Organisation hat. Viele Unternehmen senden Heerscharen von Headhuntern aus, um auf „Goldsuche" nach den Besten zu gehen, und merken nicht, dass Sie mitten auf einer Goldmine stehen (ihren eigenen Mitarbeitern). Die gleichen Menschen, denen man im Unternehmen wenig zutraut, organisieren jedoch privat Ihren eigenen Hausbau oder als Vorsitzender eines Sportvereins ein Sommerfest mit tausend Leuten. Hier sollte man sich vor Augen halten, dass es in den nächsten Jahren eine riesige Verknappung an Mitarbeiter(inne)n mit den notwendigen Fähigkeiten geben wird (die Diskussion um die Greencard für IT-Fachkräfte in Deutschland ist noch nicht einmal die Spitze des Eisberges), d.h. es beginnt ein „war for talents".

2.5 Organisatorische Agilität

Ein bestimmter Teil der Unternehmenskultur ist sowohl zugänglich als auch steuerbar. Diesen Ansatzpunkt, den man den *Operating State* eines Unternehmens nennen kann, identifiziert man, indem man Fragen nach den Einstellungen und Vorgehensweisen einer Organisation in bezug auf vier Schlüsselfaktoren stellt: Identität, Macht, Lernen und Konflikt [29]:

- **Identität.** Mit welcher organisatorischen Einheit - Team, Sparte, Berufsgruppe, Gesamtunternehmen - identifizieren sich die Mitarbeiter? In den meisten Unternehmen werden enge Beziehungen zu Berufskollegen, Arbeitsgruppen oder funktionalen Silos geknüpft. *Abgetrenntheit* wird geduldet oder sogar bewusst gefördert. Arbeiten die Mitarbeiter hingegen in funktionsübergreifenden Teams, haben die Ziele des Gesamtunternehmens verinnerlicht, dann identifizieren sie sich mit einer einheitlichen Firmenidentität. Dieses *Zusammengehörigkeitsgefühl* prägt ihr Verhalten.

- **Macht.** Glauben die Mitarbeiter, dass sie den Markterfolg eines Unternehmens beeinflussen können? In den meisten Unternehmen ist die *Resignation* in bezug auf den Status quo die vorherrschende Einstellung unter den Beschäftigten. Oder kann im Gegensatz dazu (getreu seinem Grundsatz, eine Vorreiterrolle spielen zu wollen) eine Atmosphäre der *Möglichkeit* geschaffen werden, in der die Mitarbeiter(innen) davon überzeugt sind, dass sie die sich ihnen bietenden Chancen auch mit den nötigen Machtbefugnissen wahrnehmen können?

- **Lernen.** Wie geht ein Unternehmen mit neuen Ideen um? Häufig verstecken sich die Beschäftigten eilends hinter Altvertrautem, zum Beispiel Firmentraditionen oder dem "Not-Invented-Here"-Syndrom, oder sie leugnen die Existenz neuer Ideen völlig. *Arroganz* und *Abwehrreaktionen* verstärken sich gegenseitig; Lernen wird unmöglich. Daher muss die Führung Mechanismen entwickeln, die Entdeckung, Experimentierfreudigkeit und offene Diskussionen von Ergebnissen fördern. *Wissbegier* und *Aufgeschlossenheit gegenüber allem Neuen* sind Voraussetzung für schnelles Lernen.

- **Konflikt.** Wie geht ein Unternehmen mit Auseinandersetzungen um? In den meisten Organisationen wird versucht, Meinungsverschiedenheiten unter den Teppich zu kehren. Dadurch verhärten sich aber lediglich die alten Fronten. Die *Angst* vor Konflikten führt zu ihrer *Unterdrückung* bzw. *Verdrängung*. Das Management muss daher spezielle Vorgehensweisen einführen, die Mitarbeiter(inne)n die Möglichkeit geben, ihrem Ärger Luft zu machen, adäquaten Raum für Diskussionen vorsehen und letztlich zur Konsensbildung und entschlossenem Handeln führen. Wenn Konflikte in einem *sicheren* Rahmen angesprochen werden können, besteht die Möglichkeit zu echten *Lösungen*.

2.6 Team-Ebene

Es gibt nur wenige exzellente Teams - insbesondere auf der Top-Management-Ebene. Das Informationszeitalter ist jedoch Teamsport. Ein arabisches Sprichwort besagt: „Willst Du das Land in Ordnung bringen, musst Du erst die Provinzen in Ordnung bringen. Willst Du die Provinzen in Ordnung bringen, musst Du die Städte in Ordnung bringen. Willst Du die Städte in Ordnung bringen, musst Du die Familien in Ordnung bringen. Willst Du die Familien in Ordnung bringen, musst Du die eigene Familie in Ordnung bringen. Willst Du die eigene Familie in Ordnung bringen, musst Du Dich in Ordnung bringen."

2.6.1 Top-Management: Walk the Talk

Essentiell bei diskontinuierlichen Veränderungen ist, dass man eine Veränderung nicht nur bei den Mitarbeiter(inne)n einfordert, sondern dass sich das Top-Management zuerst verändert und als „Rollenmodelle" die neuen Werte und Verhaltensweisen vorlebt. Goethe sagte einmal: „Wenn man den ersten Knopf einer Jacke falsch setzt, dann wird es mit der ganzen Jacke nichts mehr".

2.6.2 High-Performance Teams

Ein High-Performance Team ist gekennzeichnet durch (a) eine kleine Anzahl von Individuen mit sich ergänzenden Fähigkeiten, (b) gemeinsam geteilte(r) Zweck, Ziele, Arbeitsansatz, (c) fühlen sich für ihre Arbeit gemeinsam verantwortlich, (d) Suche der Herausforderung, (e) Gefühl der Verantwortlichkeit, (f) Unterstützung eines jeden für alle anderen Teammitglieder und (g) übertrifft die gestellten Erwartungen [30].

2.7 Individual-Ebene

Neben der organisatorischen Agilität gilt es ebenfalls bei allen Mitarbeiter(inne)n eine persönliche Agilität (d.h. auch neue Fähigkeiten) zu entwickeln. Die Disziplinen der persönlichen Agilität sind [31]:

- Gemeinsames Verständnis der Komplexität des Geschäfts
- Management von einem Zukunftsentwurf aus
- Beharrliches Unbehagen mit dem Status quo
- Kompromisslos direkte Aussprachen (straight talk)
- Abschluss eines neuen Sozialvertrages (Employability statt Employment)
- Handlungsorientierte Zuständigkeit
- Umwandlung von Krisensituationen in Lernfelder

2.8 Fazit: Leading from the Future - Vom Manager- zum Entrepreneur Modell

Erfolgreiche Geschäftsmodelle des Informationszeitalter sind in erster Linie dadurch gekennzeichnet, dass sie auf Fähigkeiten basieren (durch die Informationstechnologie „enabled") und *weniger* ein Bewahren der Gegenwart (Bereich des Wissens) als *vielmehr* ein Wettlauf um die Zukunft (Bereich des Nicht-Wissens) sind, d.h. dass weniger Management sondern vielmehr Leadership als Kernfähigkeit gefragt ist. Der ehemalige kanadische Eishockey-Star Wayne Gretzky sagte einmal zu seinem Erfolg befragt: „Ich bin nicht da wo der Puck ist, sondern da, wo er sein wird".

Verstärkt wird die Notwendigkeit (aus der Zukunft her zu führen) noch durch die drei Mega-Trends (bzw. Attraktoren): Globalisierung, Verkleinerung und Virtualisierung [32], die sich gegenseitig verstärken. Häufig werden die Begriffe Management und Leadership synonym verwendet. Jedoch besteht dazwischen ein fundamentaler Unterschied und verlangt unterschiedliche Fähigkeiten: *Managen* tut man Ressourcen und *führen* tut man Menschen. Leader stehen vor der Herausforderung, mit Ihrem Unternehmen und ihren Mitarbeitern *kurzfristig* Geld zu verdienen sowie *langfristig* zu überleben. Dabei sind sie gefordert, immer neue Möglichkeiten zu identifizieren und Optionen abzuwägen, wie ihr Unternehmen langfristig überleben kann (s. Abbildung 8). Kernfähigkeit ist dabei weniger „having the answer" (Manager), als vielmehr „to live in the question" (Leader).

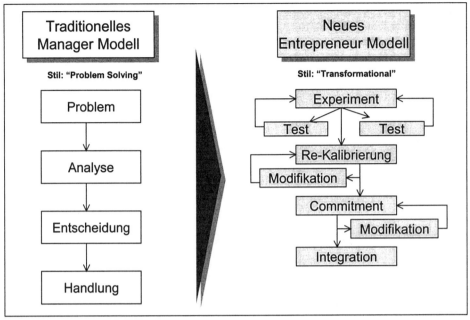

Abbildung 8: Für diskontinuierliche Veränderungen kristallisiert sich ein neues Modell des Projektmanagements heraus

Hierzu ist es notwendig, neue Perspektiven einzunehmen, die außerhalb der „Ur-Rille" oder des „Ur-Bildes" ihres Unternehmens liegen. Zum Beispiel wird ein Reifenhersteller dessen *Ur-Bild* (sehr produkt-orientiert) das „heilige Rad" ist, von seinen Chancen im Markt sehr eingeengt und auch in seiner Überlebensfähigkeit sehr gefährdet sein. So waren um die Jahrhundertwende nicht z.B. Mercedes Benz, Ford oder Toyota die prädestinierten Automobilhersteller, sondern die Pferdekutschen-Unternehmen. Da diese jedoch ihren Blick (augrund ihres „Ur-Bildes") vorwiegend auf die Herstellung noch besserer und billigerer Pferdekutschen richteten, verpassten sie, dass das Kundenbedürfnis eigentlich nicht *Pferdekutschen*, sondern *Mobilität* war.

Im menschlichen Organismus erneuern sich sämtliche Körperzellen (mit Ausnahme der Nervenzellen) innerhalb von sieben Jahren mindestens einmal. Nur diese ständige Veränderung ermöglicht es lebenden Systemen, dieselben zu bleiben [33].

Ein exzellentes Beispiel für ein europäisches Unternehmen, das diesen fundamentalen (Perspektiven-)Wandel bzw. diese diskontinuierliche Veränderung gemeistert hat, ist die finnische Nokia (s. Abbildung 9). 1865 als Holz- und Papierunternehmen gegründet und in den siebziger Jahren noch Weltmarktführer in Gummistiefeln, hat Jorma Ollilia nach seinem Start als CEO am 16. Januar 1992 bei seinen Vorstandskollegen ein Executive Alignment (bzgl. der Revitalisierungsstrategie) erreicht. Am Ende eines zweiwöchigen

Off-Sides im gleichen Jahr wurde von allen die „All-out-Strategie" getragen und es wurden alle Unternehmensbereiche abgestoßen, die nicht zu dem Wachstumsbereich Telekommunikation zählten (s. Abbildung), mit der Vision bzw. der Brand Identity: „Connecting People".

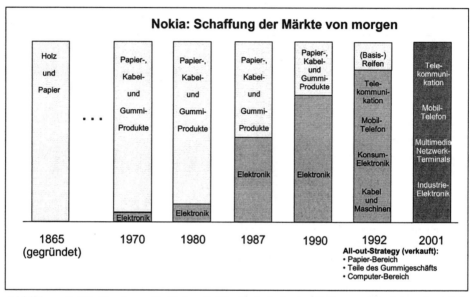

Abbildung 9: Wettlauf um die Zukunft: Um in turbulenten Zeiten zu überleben, hat sich Nokia zu einem Unternehmen gewandelt, das sich voll auf die digitale Telekommunikation fokussiert

Um das „Entrepreneur Modell" erfolgreich anzuwenden, sollten sieben *Richtlinien* beachtet werden [34]:

1. **„Think Big!"** - oder haben Sie schon einmal etwas von Alexander dem Mittelprächtigen gehört? Während es bei kontinuierlichen Veränderungen genügt, ein Ziel zu verfolgen, das man sich gerade noch vorstellen kann, muss man sich bei diskontinuierlichen Veränderungsprojekten ambitionierte Ziele setzen, die in dem Augenblick, in dem sie formuliert werden, unvorstellbar sind. Zum Beispiel war die Vision von John F. Kennedey 1960: „In zehn Jahren wird als erster Mensch der Welt ein Amerikaner auf dem Mond stehen" (technisch gesehen) unmöglich. Aber erst diese Ambition hat bei den Amerikanern die Phantasie geweckt - wie es Goethes Faust formulierte - „das Unmögliche zu begehren".

2. **Bilden Sie Cross-funktionale (High-Performance) Teams** – Kreativität und Innovation erfordern möglichst viele Sichtweisen. Besetzen Sie das Team mit den besten Mitarbeiter(inne)n, die möglichst heterogen sein sollten (Fachbereich, Ausbildung, Nationalität, Geschlecht, Religion, ...). Dies erfordert jedoch von allen Teammitgliedern die Fähigkeit zu konstruktivem Meinungsstreit.

3. **Halten Sie immer das „Big Picture" im Kopf, aber implementieren Sie in kleinen Schritten** - Obwohl man immer den „großen Schritt" als Ziel hat, ist es wichtig, mit „kleinen Stufen" zu beginnen, vergleichbar der Frage: „Wie esse ich einen Elefanten"? Antwort: „Indem ich ihn in kleine Stücke zerlege".

4. **Starten Sie mit „Easy Wins"** - Erkunden Sie „das neue Land" (die Innovation, die Allianz oder die Akquisition/den Merger) mit schnellen, messbaren Ergebnissen, nicht mit langwierigen Analysen, die den Wettbewerbern die Möglichkeit eröffnen, den ersten Schritt zu tun.

5. **Setzen Sie schnelle Feedback-Schleifen auf** (Wochen, nicht Monate) - Jede Initiative ist ein Experiment. Testen Sie häufiger (an jedem Meilenstein) und rekalibrieren oder nehmen Sie Änderungen vor, bevor Ressourcen in größerem Masse gebunden werden.

6. **Nutzen Sie fokussierte Piloten** - Vermeiden Sie ein Anwachsen des Umfangs (scope creep). Denken Sie immer daran, dass das Ziel ist, immer nur den Vorzug (merit) einer einzigen Idee zu testen. Entscheidungen, die Ressourcen binden, müssen zu klaren Ja- oder Nein-Ergebnissen führen, d.h. die Anzahl der Variablen muss begrenzt sein.

7. **Darwinismus ist o.k.** - „Killen" Sie Initiativen, die nicht funktionieren, bevor Ressourcen von dem restlichen Unternehmen gebunden werden.

Der Erfolg ist nicht garantiert, sondern harte (Team)Arbeit. Sicher aber ist eines: Bei 100% Sicherheit und 0% Risiko ist die Wahrscheinlichkeit auf den Erfolg (von diskontinuierlichen Veränderungen) = 0%. Unternehmertum im Informationszeitalter zeichnet sich aus durch Risiko (50%-50%) oder wie Theodor Fontane sagte: „Am Mut hängt der Erfolg".

3. Anforderungen an Corporate Universities im Informationszeitalter

In diesem Kapitel wird die zentrale These vertreten, dass sich vor dem Hintergrund der Aussagen in Kapitel 1 und 2 im Informationszeitalter zunehmend viele Mitarbeiter(innen) von Corporate Universities den Vorwurf gefallen lassen müssen: „If you can't do it, teach it!"

3.1 Neues Kompetenzprofil von Mitarbeiter(innen) an Corporate Universities sowie von Führungskräften

Die Ursache für den Vorwurf „If you can't do it, teach it!" liegt häufig darin, dass viele Mitarbeiter(innen) in Corporate Universities selbst noch nie im Business gearbeitet haben, und daher auch nicht die Sprache der Manager sprechen oder deren Probleme kennen. In Zeiten hoher Stabilität, in denen die Mitarbeiter(innen) eines Unternehmens ihr Geschäft auf den Erfahrungsschatz der Vergangenheit und Gegenwart (Bereich des Wissens) aufbauen konnten, ist dies auch nicht notwendig. Das Informationszeitalter zeichnet sich jedoch (wie bereits oben beschrieben) dadurch aus, dass die Turbulenzen deutlich zunehmen [35] und neue Fähigkeiten erfordern. In Phasen der Turbulenz liegt die größte Wahrscheinlichkeit in einem unvorhergesehenem Ereignis, das die Struktur verändert - und unvorhergesehene Ereignisse (Bereich des Nicht-Wissens) können per Definition nicht „geplant" werden. Oft können sie jedoch prognostiziert werden. Das erfordert Zukunftsstrategien (bzw. Szenarien); Strategien, die grundlegende Veränderungen bereits erkennen und vorwegnehmen, Strategien, die ein Unternehmen in die Lage versetzen, sich neuen Realitäten zu stellen und in Turbulenzen ihre Chance zu sehen.

Mitarbeiter(innen) von Corporate Universities müssen in turbulenten Zeiten Managern helfen, Strategien zu entwickeln, um schnellen Wandel als Herausforderung anzunehmen sowie drohende Veränderungen in produktive und profitable Aktivitäten umzusetzen. Um dies leisten zu können, reicht es nicht aus, „Administrator" zu sein und Manager zu Kursen einzuladen, die eher allgemeinen Charakter und somit eine geringe Relevanz für das Unternehmen haben. Vielmehr benötigen Mitarbeiter(innen) von Corporate Universities ein neues Kompetenzprofil (s. Abbildung 10), um Ihre Aufgabe als akzeptierter „Berater" der Manager wahrnehmen zu können. Waren die Mitarbeiter(innen) der Personalentwicklung im Industriezeitalter von Ihrer Ausbildung her sehr häufig Diplom-Psychologen oder Diplom-Kaufleute mit dem Schwerpunkt „Personal", die noch nie im Business gearbeitet haben, verschmilzt im Informationszeitalter die Aufgabe Personal- und Organisationsentwicklung (s. Abbildungen 6 und 7). Wenn Corporate Universities das Business unterstützen möchten, diskontinuierliche Veränderungen zu implementieren, müssen die Mitarbeiter(innen) selbst als neue authentische Rollenmodelle die neuen Fähigkeiten (s. Abbildung 10) vorleben, die sie den Managern vermitteln möchten. Wie in Kapitel 2.1.2. „Management by Symphony" bereits dargestellt, ist die Essenz der Geschäftsmodelle des Informationszeitalters nicht Management der Einheit (Homogenität), sondern Management der Differenz (Heterogenität). Für Corporate Universities bedeutet dies, dass deren Mitarbeiter(innen) selbst eine hohe Heterogenität aufweisen, d.h. sie haben vorher selbst in einigen der Abteilungen eines Unternehmens gearbeitet (Forschung & Entwicklung, Produktion, Vertrieb, Controlling, IT, etc.). Ferner haben die verschiedenen Mitarbeiter(innen) unterschiedliche Ausbildungen (Ingenieure, Kaufleute, Informatiker, Psychologen, Geisteswissenschaftler, etc.), sind von Ihrer Nationalität verschieden und sind als eine Zwischenstation gerade in der Corporate University, um die nächste Position wieder im Business wahrzunehmen.

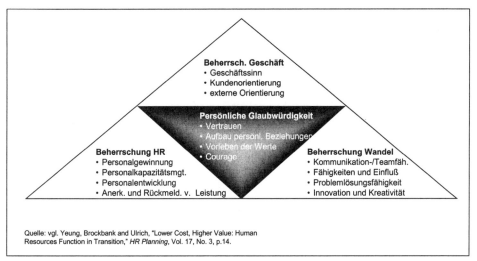

Abbildung 10: Das Informationszeitalter erfordert ein neues Kompetenz-Profil von Führungskräften und Mitarbeiter(inne)n der Corporate University

Umgekehrt bedeutet dies jedoch, dass auch die Manager bzw. Führungskräfte im Business über neue Fähigkeiten verfügen müssen (s. auch Kapitel „2.7. Individual-Ebene"). Wollen Sie in ihrem Geschäft erfolgreich **diskontinuierliche Veränderungen** vorantreiben und erfolgreich implementieren, müssen sie ebenfalls über obiges fachliches Skill-Profil verfügen. Daneben sind Führungskräfte im Informationszeitalter gefordert, auch eine Exzellenz in ihrer Team- und Kommunikations- als auch Leadership-Fähigkeit zu entwickeln (s. Abbildung 11), wenn sie eine **„Transforming Leadership"** [36] wahrnehmen wollen.

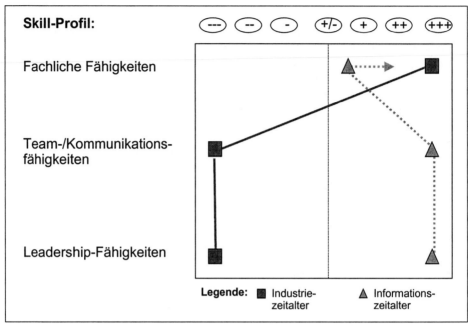

Abbildung 11: Steigende Veränderungsgeschwindigkeiten erfordern ein neues Kompetenz-Modell von Führungskräften im Informationszeitalter

3.2 Brand Identity und Strategie der Corporate Universities

Häufig ist an Corporate Universities die Situation anzutreffen, dass ein „Bauchladen" an Produkten angeboten wird, der keinen richtigen Fokus aufweist und auch nicht sauber von dem Angebot des Human Resource Department (HRD) abgegrenzt ist. Die Ursache liegt in der Regel darin, dass Corporate Universities nach ihrer Gründung zuerst ihr Produktangebot (service offering) definieren, ohne vorher ihre Identität und Strategie entwickelt zu haben.

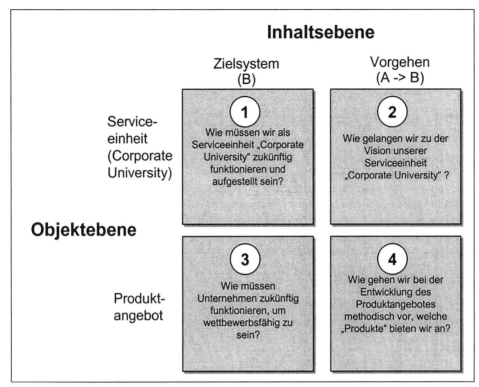

Abbildung 12: Die vier Themenfelder im Umfeld „Corporate University"

Wenn eine Corporate University erfolgreich sein möchte, muss sie zunächst selbst tun, was sie den Führungskräften lehrt („walk the talk" und nicht nur „talk the talk"), nämlich in einem ersten Schritt die Brand Identity der Corporate University entwickeln und darauf aufbauend die Strategie und Ziele festlegen (Modul 1 in Abbildung 12). Anschließend muss sie ihr Team zunächst (von einer Arbeitsgruppe oder einem Pseudo-Team) zu einem High-Performance Team [37] entwickeln (Modul 2 in Abbildung 12). Das heißt, zunächst muss eine Corporate University selbst die eigene Transformation beschleunigen und auch selbst erlebt haben, um anschließend in der Lage sein zu können, die Transformation (diskontinuierliche Veränderung) des eigenen Unternehmens zu unterstützen.

Erst wenn diese ersten beiden Module erfolgreich umgesetzt wurden, kann sich eine Corporate University an die Arbeit machen, die nächsten beiden Fragen zu bearbeiten: „Wie müssen Unternehmen zukünftig funktionieren, um wettbewerbsfähig zu sein?" (Modul 3 in Abbildung 12) und „Wie gehen wir bei der Entwicklung des Produktangebotes methodisch vor, welche *Produkte* bieten wir an?" (Modul 4 in Abbildung 12). Fast noch wichtiger ist bei Modul 4 die Frage: „Welche *Produkte* bieten wir *nicht* an?"

Erst wenn eine Corporate University diese Fragen konsequent beantwortet hat, kann sie ihrer herausragenden Stellung im Informationszeitalter gerecht werden. Erfolgreiche Unternehmen investieren ca. den Faktor vier in Weiterbildung und Executive Education gegenüber dem Industriezeitalter, da der Erfolg der Implementierung von diskontinuierlichen Wachstumsprojekten von den Fähigkeiten der Menschen abhängt. Amerikanische Unternehmen scheinen diesen Wandel schon viel stärker realisiert zu haben. Befragt man Mitarbeiter(innen) in deutschen Unternehmen, welches die drei wichtigsten Personen im Unternehmen sind, wird man wahrscheinlich als Antwort erhalten: (1.) CEO (Chief Executive Officer), (2.) CFO (Chief Financial Officer) und (3.) je nach Industrie: Head Forschung & Entwicklung, Head Einkauf oder Head Sales, etc. Jedenfalls käme garantiert nicht Head HR. Diese(r) würde aller Voraussicht nach ziemlich am Ende der Aufzählung genannt werden. Schaut man im Internet unter www.bigcharts.com, einem amerikanischen Aktienanalyseprogramm, kommt bei „Company Information" bei der Auflistung der drei wichtigsten Personen eines Unternehmens: (1.) CEO, (2.) CFO und (3.) Head HR. Wichtig ist hierbei, dass HR nicht mehr für Human Ressources (Industriezeitalter), sondern für Human Relations steht, um die neue Herausforderung der Corporate Universities im Informationszeitalter deutlich zu machen. Als neue Berufsbezeichnung taucht in amerikanischen Unternehmen (beginnend im Silicon Valley) zunehmend der CTO (Chief Talent Officer) auf.

3.3 Corporate Universities als „Transformationsriemen" zur Implementierung von diskontinuierlichen (Wachstums-) Strategien

Manager beschäftigen sich zu 40% ihrer Zeit mit der Aussenwelt. Von diesen 40% werden 30% auf die Zukunft verwandt. Von diesen 30% wiederum beschäftigen sie sich nur 20% mit einer umfassenden Vorstellung von der Zukunft. **Fazit:** Damit opfert der Spitzenmanager weniger als 3% seiner Arbeitszeit (40% * 30% * 20% = 2,4%) mit einer für die Entwicklung einer für das Gesamtunternehmen relevanten Zukunftsperspektive. In der Regel benötigt man aber für eine umfassende Erarbeitung der Zukunftsperspektive über mehrere Monate 20%-50% der verfügbaren Zeit [38].

Wenn Corporate Universities ihre Rolle richtig wahrnehmen wollen, müssen sie in der Lage sein, die Plattform zu bieten, auf der die Zukunft des Unternehmens entwickelt wird, um „Transformationsriemen" für die erfolgreiche Implementierung von diskontinuierlichen (Wachstums-)Strategien zu sein.

Ob Corporate Universities dies wirklich tun, kann man als ersten Indikator durch die Beantwortung von zwei Fragen herausfinden. (1.) Ist der (die) Leiter(in) der Corporate University bei der Einstellung persönlich von dem CEO interviewed worden und (2.) Wie oft ist der CEO und die oberste Führungsmannschaft persönlich auf dem Campus der Corporate University?

Zu (1.): Wenn der CEO die Corporate University als „Transformationsriemen" für die Implementierung seiner Strategie betrachtet, ist es essentiell, als CEO bereits in den Einstellungsprozess des Head Corporate University involviert zu sein. So hat zum Beispiel Jack Welch (der scheidende CEO von GE General Electric) 1985 den designierten Leiter der GE-eigenen Corporate University in „Crotonville" Noel M. Tichy (heute Professor an der University of Michigan) zweimal höchstpersönlich interviewt, um sicherzustellen, ob er der „Richtige" ist, d.h. ob er seine Vision versteht und in der Lage ist, diese wichtige Rolle wahrzunehmen.

Zu (2): Die nächste Frage, die es zu beantworten gilt, ist, wieviel Zeit der CEO und das Top-Management an der Corporate University verbringen. Hierbei sollte der CEO und das Top-Management nicht nur Vorträge halten (d.h. selbst reden), sondern sie sollten vor allem auch zuhören. Denn es gibt kaum einen besseren Ort, um den Puls der Organisation zu fühlen. An dieser Stelle sei noch einmal Jack Welch als Vorbild erwähnt. Er sagte dem Head von Crotonville: „I want Crotonville to be part of the glue that holds GE together" [39] und sorgte höchstpersönlich dafür, dass dieser Aussage auch Taten folgten, indem er viel Zeit an der Corporate University verbrachte, um mit den Managern von GE persönlich zu diskutieren und Crotonville zu unterstützen, diese Manager zu Leadern weiterzuentwickeln (vgl. Abb. 13 und 14).

September 26, 1996

EDC --
I am looking forward to an exiting time with you tomorrow. I´ve included here a few thoughts for you to think about prior to our session.
As a group (perhaps 3 people):
Situation - Tomorrow you are appointed CEO of GE.
- What would you do within the first 30 days?
- Do you have a current "vision" of what you do?
- How would you go about developing one?
- Present your best shot at a vision.
- How would you go about "selling" the vision?
- What foundations would you build?
- What current practices would you jettison?

Abbildung 13:   A Letter of Jack Welch to EDC (Executive Development Center) - Team

> **Individually --**
>
> I. Please be prepared to describe a leadership dilemma that you have faced in the last six months, i.e. a plant closing, work transfer, HR, buy or sell a business, etc.
> II. Think about what you would recommend to accelerate the Quality drive across the company
> IIIa. I´ll be talking about "A, B & C" players. What are your thoughts on just what makes up such a player?
> IIIb. I´ll also be talking about energy / energizing / edge as key characteristics of today´s leaders. Do you agree? Would you broaden this? How?
>
> I´m looking forward to a fun time, and know I´ll leave a lot smarter than when I arrived.
>
> Quelle: Vgl. Prof. Tichy 1997
>
> Jack

Abbildung 14: A Letter of Jack Welch to EDC (Executive Development Center) - Individually

Dies ist auch das wirkliche Vermächtnis von Jack Welch: 500 Transformation Leader, die er in seinen 18 Jahren als CEO in GE aufgebaut hat, die in der Lage sind, sowohl menschliche Emotionen und Werte (Soft Factors), als auch die traditionellen Hard Factors, Marktanteil und finanzielle Performance, zu adressieren.

Jeder, der ein Unternehmen transformieren möchte, muss vorher an sich selbst persönlich Change erfahren haben (s. Kapitel „2.6. Team-Ebene"). Um Manager zu Leadern und Change Agents zu entwickeln, liegt der Schlüssel dafür darin, dass man sie in Risikosituationen bringt (intellektuell, emotional und physisch), damit sie ihre persönlichen Breakthrough-Erfahrungen machen können, die sie dazu in die Lage versetzen, sich selbst zu verändern. Dies geht nur durch eigene Erfahrung (und nicht rein kognitiv). Erwachsene lernen am Besten unter Bedingungen von moderatem Stress, wobei Konflikt und Unbehagen (discomfort) integraler Bestandteil sind. Als Methode eignet sich daher „Action Learning" [40] am Besten, um zu experimentieren und Erfahrungen zu sammeln (s.a. Abb. 8), da Konflikt und Unbehagen essentielle Bestandteile dieses Prozesses sind. Man muss sich diesbezüglich klar machen, dass Menschen, die etwas nur kognitiv erfahren (d.h. hören), dies auch *glauben* müssen. Wir leben heute in einer Wissensgesellschaft und *wissen* tut man es dadurch, dass man es (im „Action Learning") selbst erfahren hat.

Insbesondere ist die Authenzität bei Führungskräften wichtig. Wenn man die Mitarbeiter(innen) eines Unternehmens zu grossen Veränderungen veranlassen möchte bzw. diese aus Ihrer Komfortzone bringen möchte, muss man als Führungskraft vorher selbst über seine eigene persönliche „rote Linie" gegangen sein.

3.4 Von der (individuellen) Corporate University zum European Corporate University Network

Führt man den bereits in Kapitel 2.1.1 „Neuer strategischer Fokus (Kapitalmarkt) UND intangible Faktoren" - Gedanken – (dass sich im Informationszeitalter „das Spiel von Unternehmen gegen Unternehmen zu Netzwerk gegen Netzwerk (bzw. Community gegen Community)" weiterentwickelt) mit dem in den beiden vorangegangenen Abschnitten beschriebenen Szenarien konsequent weiter, so müssen sich die (individuellen) Corporate Universities in einer nächsten Stufe miteinander vernetzen, um den Herausforderungen des Business gerecht werden zu können. Ein Schritt in diese Richtung ist das „Intercompany Seminar" (ICS), das DaimlerChrysler, Deutsche Bank, Shell und Siemens bereits seit mehreren Jahren sehr erfolgreich etabliert haben. Um weiteren hochkarätigen Unternehmen eine solche Plattform bieten zu können, wurde das European Corporate University Network (www.ecu.net) ins Leben gerufen. Diese Initiative kann ein erster kleiner Schritt sein, dass - nach Japan und den USA - Europa die neue „Inspirations-Lokomotive" für einen neuen Management- und Leadership-Ansatz wird. Dieser „Peel-the-Onion"-Ansatz muss auf den Werten von Europa aufbauen, d.h. zuerst „Werte (Sinn)" UND dann „finanzieller Wert". Hierbei ist jedoch eine neue Denkweise notwendig. Während im Industriezeitalter der zentrale Masstab die Wrtschaft war (zum Beispiel wurde in der Regel Kunst, Musik, Kultur, Philosophie etc.) immer daran gemessen, ob es „sich rechnet" bzw. „wirtschaftlich" war. Im Informationszeitalter muss die Frage umgekehrt werden zu der „Neuen Wirtschaft für die Gesellschaft", d.h. was kann die Wirtschaft für die Kunst, Musik, Kultur, Philosophie etc. tun. Erste Initiativen in dieser Richtung sind ein „Studium Fundamentale Board" an dem Institute for Growth and Innovation in München (www.igi-munich.com) und dem European Corporate University Network (www.ecu.net). Denn nur so kann in Netzwerken Nachhaltigkeit erzeugt werden [41]. Somit können die europäischen Corporate Universities „Transformational Leader" im Sinn von Antoine De Saint-Exupéry werden: "Wenn Du ein gutes Schiff bauen willst, so beauftrage nicht Männer, Holz zu sägen, Segel zu nähen, Werkzeuge vorzubereiten und die Arbeit einzuleiten, sondern wecke in ihnen die Sehnsucht, in See zu stechen und in ein fernes Land zu reisen."

Literaturverzeichnis

[1] Vgl. LÉVY, P., Die Kollektive Intelligenz (L'intelligence collective), Bollmann, Mannheim 1997.

[2] Vgl. CHRISTENSEN, C. M., The Innovator's Dilemma – When New Technologies Cause Great Firms to Fail, Harvard Business Press, Boston, Mass. 1997.

[3] Vgl. DRUCKER, P. F., Die postkapitalistische Gesellschaft, Econ, Düsseldorf etc. 1993.

[4] Vgl. NONAKA, I./TAKEUCHI, H., Die Organisation des Wissens, Campus, Frankfurt etc. 1997.

[5] Vgl. DRUCKER, P. F., Die postkapitalistische Gesellschaft, Econ, Düsseldorf etc. 1993.

[6] Vgl. BAECKER, D., Postheroisches Management – Ein Vademecum, Merve, Berlin, 1994.

[7] Vgl. LUHMANN, N., Sthenographie, in: Luhmann, N./Maturana, H./Namiki, M/Redder, V./Varela, F. (Hrsg.), Beobachter, 2. Aufl., Wilhelm Fink, München 1992, S. 119-137; LUHMANN, N., Soziale Systeme, Suhrkamp, Frankfurt 1987.

[8] Vgl. RAYPORT, J.F./SVIOKLA, J. J., Exploiting the Virtual Value Chain, Harvard Business Review, Nov./Dec. 1995, P. 75-85.

[9] Vgl. ÖSTERLE, H./FLEISCH, E./ALT, R., Business Networking, Shaping Enterprise Relationships on the Internet, Springer, Berlin etc. 2000.

[10] Vgl. KIM, W. C./MAUBORGNE, R., Value Innovation, The Strategic Logic of High Growth, Harvard Business Review, Jan./Feb. 1997.

[11] RAPPAPORT, A., Creating Shareholder Value, Free Press, New York etc. 1986.

[12] s. a. PRIDDAT, B. P., Präferenz und Semantik: Kommunikation als Interpretation ökonomischer Kontexte: Das Beispiel Kultur und Ökonomie, Universität Witten/Herdecke, Fakultät für Wirtschaftswissenschaften, Heft Nr. 47, Oktober 1999.

[13] z.B.: BAECKER, D., Organisation als System, Suhrkamp, Frankfurt 1999.

[14] Vgl. AAKER, D. A./JOACHIMSTHALER, E., Brand Leadership, Free Press, New York 2000.

[15] EBENDA.

[16] MALIK, F., Business Mission, Malik on Management – Newsletter, Sept. 2000.

[17] Vgl. HAMEL, G./PRAHALAD, C. K., Competing for the Future, Harvard Business School Press, Boston, Mass. 1994.

[18] Vgl. UNIVERSITÄT WITTEN/HERDECKE UND MERCURI INTERNATIONAL, Fusionsmanagement in Deutschland – eine empirische Analyse März 2000.

[19] KOZA, M./LEWIN, A.Y., Wie Allinanzen stabiler und erfolgreicher werden, in: Mastering Strategie, Teil 6, Financial Times Deutschland (Hrsg.), 30.10.2000, S. 14-15.

[20] Vgl. CSC INDEX, Umfrage zum Stand des Business Reengineering, Boston, Mass. 1994; ILOI (Internationales Institut für lernende Organisation und Innovation): Umfrage zum Management of Change: Erfolgsfaktoren und Barrieren organisatorischer Veränderungsprozesse, 1997.

[21] ULRICH, D./JICK, T./KERR, S., The Bounderyless Organization – Breaking the Chains of Organizational Structure, San Francisco 1995.

[22] Vgl. SIMON, F. B., Radikale Marktwirtschaft - Grundlagen des systemischen Managements, 3. überarb. und erw. Aufl., Carl-Auer-Systeme Verlag, Heidelberg 1998.

[23] Vgl. MOORE, G. A., The Gorilla Game, Harper Business, New York 1998.

[24] Vgl. FOERSTER, H. VON, Wissen und Gewissen, Suhrkamp, Frankfurt/M. 1993.

[25] Vgl. SIMON, F. B., Radikale Marktwirtschaft - Grundlagen des systemischen Managements, 3. überarb. und erw. Aufl., Carl-Auer-Systeme Verlag, Heidelberg 1998.

[26] Vgl. CAREY, D. (moderated), Lessons from Master Acquirers: A CEO Roundtable on Making Mergers Succeed; in: Harvard Business Review, May/June 2000, P. 145-154.

[27] Vgl. PASCALE, R. T., Managen auf Messers Schneide, Haufe, Freiburg, 1991.

[28] s. DEMING, W.E., Out of the Crisis, Cambridge, Mass. 1986.

[29] Vgl. CSC INDEX, Umfrage zum Stand des Business Reengineering; Boston, Mass. 1994.

[30] Vgl. KATZENBACH, J.R./SMITH, D.K., Teams, Ueberreuter, Wien 1993.

[31] Vgl. CSC INDEX, Organisatorische Agilität, München 1996.

[32] Vgl. KROY, W., Die Innovationsgesellschaft ; erscheint 2001.

[33] Vgl. SIMON, F. B., Radikale Marktwirtschaft - Grundlagen des systemischen Managements; 3. überarb. und erw. Aufl., Carl-Auer-Systeme Verlag, Heidelberg 1998.

[34] s. a. BAHRAMI, H./EVANS, S., Flexible Recycling and High-Technology Entrepreneurship; in: Understanding Silicon Valley; ed. by Martin Kenney, Stanford University Press, Stanford, CA 2000, P. 165-189.

[35] Vgl. DRUCKER

[36] MACGREGOR BURNS, J., Leadership, New York 1978.

[37] Vgl. KATZENBACH, J. R./SMITH, D. K., Teams, Ueberreuter, Wien 1993.

[38] Vgl. HAMEL, G./PRAHALAD, C. K., Competing for the Future, Harvard Business School, Boston, Mass. 1994.

[39] Vgl. TICHY, N. M./SHERMAN, S., Control your Destiny or Someone Else Will, Harper Business, New York 1993.

[40] Vgl. ARGYRIS, C., Wissen in Aktion, Klett-Cotta, Stuttgart 1997.

[41] Vgl. a. HARBIG, A. J., Authentisch, demütig, klar. Führungskräfte in Netzwerkorganisationen, VIII. Wirtschaftskongress in Köln, April 2000.

2. **Lernallianzen zwischen Hochschulen, Business Schools, Consultancies und Corporate Universities**

Prof. Dr. Christian Scholz, Dr. Volker Stein
Universität des Saarlandes, Saarbrücken

Lehrinhalte von Corporate Universities: Zur Dynamik der curricularen Entwicklung

Bei der Entwicklung von sinnvollen Lehrinhalten von Corporate Universities stellen sich im Regelfall zwei zentrale Fragen: Lehrinhalte leiten sich aus den konkreten Anforderungen der Unternehmen ab, reflektieren aber gleichzeitig den aktuellen Stand des Managementwissens. Dies führt zur ersten Frage: *Wie definieren sich die Lehrpläne der Corporate Universities im Hinblick auf die zu vermittelnden Lehrinhalte?* Darüber hinaus wird immer deutlicher, dass Corporate Universities keine singulären Institutionen darstellen, sondern alternative Bildungsträger für Unternehmen in einer vielgestaltigen Bildungslandschaft sind. Dies ergibt die zweite Frage: *Wie verbreiten sich die allgemein existenten curricularen Inhalte durch die unternehmensbezogene Bildungslandschaft, bis sie Niederschlag in Corporate Universities finden?* Diese Frage bezieht sich damit auf den dynamischen Prozess der Wissensdiffusion und die daran ansetzenden Interaktionsmuster zum Lerntransfer.

1. Inhaltliche Struktur des Curriculums von Corporate Universities

Eine Corporate University [1] hinsichtlich ihrer Inhalte einzurichten bedeutet, über die curriculare Struktur zu entscheiden und sie dann entsprechend mit Inhalten auszufüllen. Diese sollten zur Vision und zur Strategie des Unternehmens passen – eine scheinbar triviale Forderung, die aber angesichts der fast schon pathologischen Fixierung vieler Unternehmen auf rein technische Aspekte (Wahl der Lernplattform vor der Erstellung der Lernstrategie) oft verletzt wird. Ferner sollten – und hierauf wird etwas häufiger geachtet – die Inhalte den Qualifikationserfordernissen von Führungskräften und Mitarbeitern entsprechen [2], also eben jene Kerninhalte berücksichtigen, die als unverzichtbar wahrgenommen werden. Was genau jedoch meint „unverzichtbar"?

Im Regelfall ist die Beantwortung dieser Frage mit einem konkreten Problemdruck im „Mutterunternehmen" der Corporate University verbunden: Zwar wird eine Corporate University teilweise auch gegründet, weil es „chic und trendy" ist, oder aber man hängt an eine bestehende Institution lediglich das neue Etikett. Im Normalfall sollten aber ganz konkret die in der Gegenwart bestehenden wertschöpfungsorientierten Kernkompetenzen unterstützt und neue aufgebaut werden – sowohl mit mitarbeiterindividuellem als auch mit organisationskollektivem Fokus. Somit geht es bei einer Corporate University hauptsächlich um die Vermittlung gegenwartsorientierter Wertschöpfungskompetenz, was sich auch relativ gut konkretisieren lässt.

Die *gegenwartsorientierte Wertschöpfungskompetenz* als Lernziel bedeutet Schaffung eines klaren, maßgeschneiderten Branchen- und Unternehmensbezuges im Curriculum einer Corporate University [3]. Nur so lässt sich der organisatorische und strategische Wandel auf den beiden zuvor erwähnten Ebenen (Mitarbeiter, Unternehmen) bewältigen. Ein Unternehmen, das eine Corporate University einrichtet, ist Teil einer Branche und sieht sich darin einem spezifischen Markt gegenüber. Die Anforderungen finden ihre Entsprechung auf verschiedenen Ebenen:

- Marktschwerpunkt: Die Mitarbeiter müssen die grundlegenden Charakteristika dieses Marktes verstehen, deren bestimmenden Akteure sowie die Produkte.
- Marktzugang: Die Mitarbeiter müssen die Anforderungen der Marktbearbeitung verstehen, einerseits extern (beispielsweise Investitionen zur Überwindung von Eintrittsbarrieren), andererseits intern (beispielsweise Führung, Unternehmenskultur, Organisation).
- Marktregeln: Die Mitarbeiter müssen die expliziten und impliziten Spielregeln des Marktes verstehen, um im Wettbewerb bestehen zu können.
- Expertise: In der Regel existiert spezielles Know-How, das zur Leistungserstellung in diesem Markt notwendig ist.
- Dienstleistung: Die Mitarbeiter müssen die Rolle und Funktion von Kundenorientierung in diesem Markt verstehen.
- Kultur: Die Mitarbeiter müssen die Integrations- und Profilierungswirkungen der Unternehmenskultur verstehen.
- Technologie: Die Mitarbeiter müssen die Technologien verstehen, mit deren Hilfe sie Wertschöpfung erzielen.

Nötig ist damit zum einen eine entsprechende Breite der Themen.

Zum anderen gehört aber gerade zu einer Corporate University ein *multiperspektivischer Zugang* [4], der immer dann verloren geht, wenn sich die Entwickler einer Corporate University einseitig einem einzigen Paradigma verschreiben – also beispielsweise eine implizite „school of organizational mechanics" kreieren, aber strategische, organische, kulturelle oder virtuelle Aspekte ausblenden. Natürlich sind Grundorientierungen der Corporate University sinnvoll und nötig: Liegt der Fokus der Corporate University eher auf der Vermittlung technischer Fähigkeiten, so wird sich ein anderes Profil herausbilden als bei einer Corporate University mit Fokus auf kulturellen Fragestellungen. Trotzdem bleibt festzuhalten, dass gerade die multiperspektivische Sicht essentiell für eine „University" ist.

Wesentlich schwieriger als der Umgang mit den aktuellen Herausforderungen ist die Konzeptionierung curricularer Inhalte im Hinblick auf den graduellen Übergang zu den *zukunftsorientientierten Innovationspotentialen*. „Zukunftsfähigkeit" ergibt sich einerseits intern aus den visionären Vorstellungen des Unternehmens selbst, andererseits aber auch extern aus den aktuellsten Themen der Forschung, die erst in der Zukunft eine Relevanz für das Unternehmen erlangen können. Die Entscheidung, solche Themen in das Curriculum aufzunehmen, ist abhängig vom Ausmaß der proaktiven Orientierung des Unternehmens und seiner Corporate University. Zudem ist sie abhängig von der angestrebten Spezialisierung, also der anvisierten Marktnische: Generell ist hier eine sich weiter auffächernde Positionierung von Corporate Universities im Bildungsmarkt denkbar, etwa hinsichtlich von Branchenuniversitäten („Auto-University"), Werteuniversitäten („Service-University") oder Funktionaluniversitäten („Accounting-University").

2. Evolutionäre Dynamik des Designs eines Curriculums für Corporate Universities

Gegenwärtig lässt sich hinsichtlich der Entwicklung von Corporate Universities und ihrer Curricula ein spannender Prozess beobachten: Es findet im Zeitraffertempo eine evolutionäre Entwicklung statt, in der sich Corporate Universities und ihre Inhalte als ein Typ eines unternehmensbezogenen Bildungsangebots herausbilden. Auch wenn die Gestalter derartiger Universities es nicht bewusst wahrnehmen: Sie durchlaufen mit ihren Institutionen genauso wie alle anderen Organisationen Evolutionszyklen.

Schaut man die Publikationen zu Corporate Universities durch, werden allerdings bereits das generelle Thema der Generierung von Inhalten für Corporate Universities weitgehend ignoriert und die zugrundeliegende Entwicklungslogik ganz ausgespart. Denn wie bei allen sich schlagartig öffnenden Märkten glauben Anbieter, nicht genügend Zeit für logische Reflexionen zu haben, und starten sofort mit (finanziell) gewinnbringendem Aktionismus. Diesem Trend soll hier argumentativ nicht gefolgt werden. Denn wie bei allen anderen Organisationen – egal ob Unternehmen oder Wohlfahrtsverein – steigt die Erfolgswahrscheinlichkeit, wenn man sich mit dem impliziten Entwicklungsprozess bewusst auseinandersetzt.

Aus diesem Grund sollen nachfolgend der auf die Corporate Universities zutreffende Entwicklungsansatz kurz dargestellt und dann daraus in den anschließenden Abschnitten entsprechende Schlüsse gezogen werden.

Im Sinne der organisationalen Evolutionstheorie [5] enthalten Corporate Universities „Gene", die ihr Entstehen und Überleben als eine mögliche Art innovativer Bildungsanbieter sichern sollen. Diese „Gene" beinhalten als „Erbinformation" die typbildenden Merkmale von Corporate Universities und manifestieren sich beispielsweise in Form bestimmter Routinen zur Identifizierung des relevanten Lehrwissens. Sie werden sogar an andere Corporate Universities weitergegeben, allerdings unter Wettbewerbsbedingungen: Mit diesem Erbgut soll der Kampf um das Überleben in der Umwelt von Wissensanbietern aller Art bestanden werden. Die „Gene" dienen also dazu, dass Corporate Universities eine Nische im Bildungsmarkt erfolgreich besetzen können, sofern sie die Umwelt – also vor allem die Unternehmen, welche sich Corporate Universities einrichten – positiv beurteilt.

Dieser Bestehenskampf artikuliert sich gegenwärtig in immer neuen Variationen und in immer schneller werdenden Reproduktionen. Aufgrund des Tempos dieser Entwicklungssprünge wird sich bereits in wenigen Jahren zeigen, ob sich „Corporate Universities" durchsetzen (und damit dauerhaft etablieren) oder ob sie – und auch das ist nicht völlig unwahrscheinlich – als historisch interessante, aber lebensuntaugliche Variation von der Umwelt ausselektiert werden.

Folgt man diesem evolutorischen Prozess [6], so lässt sich der Bildungsmarkt im Hinblick auf die Corporate Universities durch die drei charakteristischen Schritte beschreiben, nämlich Variation, Selektion und Retention.

Im ersten Schritt, der *Variation*, generieren Forschungseinrichtungen wie etwa die Universitäten aus einem Forschungsinteresse heraus innovatives Wissen, das in einem Verwertungszusammenhang letztlich für Unternehmen relevant werden kann. Dieses noch generalisierte Expertenwissen wird gleichzeitig in technologisch innovativen Lehrformen vermittelt. Es kommt auf diese Weise direkt über informationstechnologisch unterstützte Kanäle, die einer Corporate University strukturell nicht unähnlich sind, in die Unternehmen hinein, dazu indirekt auch beispielsweise über die Absolventen dieser Forschungseinrichtungen.

Im zweiten Schritt, der *Selektion*, wird für einige der konzeptionierten innovativen Inhalte ein Gewinnpotential erkennbar. Dies nutzen Dritte aus, etwa Anbieter von Wissensportalen, die auch bereits weitgehend Strukturen von Corporate Universities vorwegnehmen, jedoch noch nicht auf ein einzelnes Unternehmen ausgerichtet sind. Diese Intermediäre verdienen damit Geld, dass sie für Unternehmen wertvolle Inhalte zur Verfügung stellen und Wissensvorsprünge vermitteln. Sie lösen gleichzeitig sogenannte „Kopiervorgänge" aus, die dazu beitragen, dass Unternehmen die für erfolgreich gehaltenen Inhalte bei sich reproduzieren wollen.

Im dritten Schritt, der *Retention*, entdeckt ein Unternehmen für sich, dass die bereits vorselektierten Inhalte bei Verzahnung mit den eigenen Visionen, Philosophien und Strategien eine Steigerung der Wertschöpfung ermöglichen. Bei Erreichen einer kritischen Masse an Teilnehmern lässt sich eine Corporate University etablieren, die dann solche ausgewählten Inhalte anbietet: Es werden hierdurch die evolutionstheoretisch erfolgreichen „Gene" institutionalisiert und organisationalen Routinen zugänglich gemacht. Beispielsweise werden dann systematisch Informationen über tragfähige Inhalte im Unternehmen und im Markt der Wissensangebote gesucht.

3. Illustration der evolutionären Dynamik

Der evolutionäre Prozess der Generierung von Inhalten für Corporate Universities stellt sich konkret als ein dynamisches Gleichgewicht zwischen zwei strategischen Initiativen dar: Auf der einen Seite steht eine Push-Strategie von Experten aus der Wissenschaft, auf der anderen Seite eine Pull-Strategie seitens der Unternehmen.

Variation wird zumeist als Push von Expertenwissen ausgelöst. Er zielt darauf ab, immer neue, unterschiedliche Inhalte und deren Präsentation in Corporate Universities hineinzubringen. Diese Wissensgenerierung zeichnet sich durch den zeitlichen Vorsprung vor der flächendeckenden Umsetzung in Corporate Universities aus, wie die Forschungspraxis belegt. Ein Beispiel ist die 1997 zum ersten Mal angebotene Lehrveranstaltung „zeitgemäßes Personalmanagement" (zPMG) des Lehrstuhls für Betriebswirtschaftslehre, insbesondere Organisation, Personal- und Informationsmanagement an der Universität des Saarlandes [7]. Sie zeigt – basierend auf Erfahrungen eines „virtuellen" Lehrstuhls an der Universität Wien (*www.orga.uni-sb.de/virtpers.htm*) – eine Variante für computerbasierte Kommunikation und Weiterbildung, noch bevor sich mit der DaimlerChrysler University 1998 Corporate Universities in Deutschland zu verbreiten begannen. Beim zPMG diskutierten in einem begrenzten Kreis interessierte Praktiker und Studenten aktuelle Themen eines innovativen und zeitgemäßen Personalmanagements. Die Veranstaltung fand komplett im Internet statt. Hier stand das „zPMG-Haus", eine Internet-Oberfläche, die vielfältige Interaktionen zuließ und durch ihre Strukturierung eine Orientierung in der komplexen Materie ermöglichte. Die Teilnehmer fanden hier wöchentlich thematisch in sich abgeschlossene „Personalmanagement-Letter" im Internet vor. Ergänzt wurden diese durch Diskussionsforen und Chat-Konferenzen, in denen die Teilnehmer ihre Fragen und Anregungen online diskutieren konnten. In virtuellen Arbeitsgruppen wurden Fallstudien bearbeitet. Die Teilnehmer konnten sich auf diesem Wege aus dem Büro oder von zu Hause aus über den aktuellsten Stand der Forschung informieren und einen regen Gedankenaustausch mit Dozenten, Gastreferenten, Tutoren und „Mitstudenten" praktizieren.

Der Vorteil dieser und ähnlicher Vorgehensweisen besteht darin, dass die Betreuung durch Experten aus der Forschung bereits frühzeitig die Abschätzung ermöglicht, welche der inhaltlichen Themenvorschläge bei den Diskussionspartnern aus der Praxis ankommen und welche nicht. Zudem können adäquate Formen der Vermittlung gefunden werden. Im Ergebnis fließen die während solcher Veranstaltungen gewonnenen inhaltlichen Erkenntnisse in die Konzeptionierung von Curricula von Corporate Universities ein. So geartete Push-Konzepte realisieren damit einen zeitlichen Vorlauf nicht nur, was Vermittlungsformen betrifft, sondern auch hinsichtlich der Inhalte.

Ein Beispiel für die Selektion im Sinne einer Intermediation zwischen Push und Pull von Inhalten sind Portale wie *www.competence-site.de*, die vielfältiges Managementwissen zusammenführen und gleichzeitig als Mehrwert garantieren, dass es sich bei den Inhalten um „Best Practices" handelt – was insbesondere für Corporate Universites wichtig ist [8]. Wissensbroker bieten hier bereits vorselektierte Push-Inhalte von Forschungsexperten an. Diese Inhalte werden dann durch die individuellen und institutionellen Kunden anhand ihres Nutzungsverhaltens selektiert. So entsteht ein Markt an inhaltlichen Standards, Trends und Modethemen, der es ermöglicht, die zukunftsfähigen Inhalte unter Realbedingungen einer unternehmensseitigen Nachfrage abzuschätzen. Gerade bei diesen Personalmanagementportalen, die primär auf Entscheidungsträger und Akteure (auch) für Weiterbildung zielen, laufen gegenwärtig massive Prozesse in Richtung auf Variation und Selektion, da scheinbar geringe Eintrittsbarrieren einem schier unerschöpflichen Markt gegenüberstehen, der durch den unmittelbaren Bezug zu Personalentwicklung und Personalbeschaffung entsteht. Dieser Prozess gilt nicht nur für die Struktur der Plattform, sondern vor allem für die Inhalte. Analoges ist auch bei den Corporate Universities im engeren Sinne zu erwarten.

Für die Retention geht von Unternehmen ein Pull in Form eines Wissensbedarfes aus, der an die Wertschöpfungsorientierung angelehnt ist. Die als im Unternehmen unmittelbar wertschöpfungsorientiert identifizierten Inhalte werden von diesen für ihre eigene Corporate University ausgewählt. Dies kann als ein intendiert geplanter Prozess ablaufen, allerdings auch als ein emergenter Prozess [9], der sich gemeinsam mit dem Größenwachstum des Mutterunternehmens und den damit zusammenhängenden größenabhängigen Aufgabenclustern vollzieht. *„Corporate Universities"* sind hiervon in zweifacher Weise betroffen: zum einen als generelle Weiterbildungsform, zum anderen als unternehmensspezifische Manifestation.

4. Entwicklungsmethoden zur Generierung von Inhalten eines Curriculums für Corporate Universities

In der Literatur lässt sich zum Transfer von theoretischem Wissen in die Praxis generell eine ganze Reihe von Ansätzen finden [10], die auf Sozialisations-, Externalisations-, Kombinations- und Internalisationsprozessen basieren. Diese geben Auskunft über die abstrakten Prinzipien, mit deren Hilfe solche Transferprozesse verstanden werden können, wie also letztlich bestimmte Inhalte zum Beispiel Eingang in Curricula von Corporate Universities finden. Anknüpfend an die evolutorische Perspektive gibt es drei Ansätze zur Inhaltsgenerierung, die sich durch ihren Schwerpunkt (also prozedural, personenorientiert, portfoliotechnisch) charakterisieren lassen.

Sieht man die Entwicklung rein *prozedural*, so erfolgt sie in einem dreistufigen Muster:

- Corporate Universities fokussieren zunächst auf das Training individueller Fertigkeiten und Qualifikationen, um innerhalb des Unternehmens eine gewisse Standardisierung des Wissens zu erreichen.
- In einem zweiten Schritt unterstützen Corporate Universities bereits die Organisationsentwicklung und richten ihre Kursinhalte an den Anforderungen des unternehmerischen Change-Managements aus.
- In einem dritten Schritt konzentrieren sich Corporate Universities zusätzlich auf die Unterstützung des strategischen, strukturellen und kulturellen Wandels, wobei interne und externe Netzwerke von Wertschöpfungspartnern in die inhaltliche Projektarbeit eingebunden und mit der realen Unternehmensführung verzahnt werden.

Steigende unternehmerische Anforderungen führen so zu neuen Inhalten und Vermittlungskonzepten von Corporate Universities.

Sieht man die Entwicklung für die Inhalte einer Corporate University *personenorientiert*, werden „Trendscouts" ausgesendet. Sie haben die Aufgabe, neue Managementmoden und Trendthemen mit Relevanz für das Unternehmen möglichst frühzeitig zu entdecken und sie als Innovation in das Curriculum zu integrieren. Suchfelder sind Hochschulen, Fachkongresse oder themenbezogene Messen. Auch das, was Unternehmensberatungen als Best Practice für die betreffende Branche des Unternehmens verkaufen, wird häufig als Minimalanforderung für die curriculare Gestaltung der Corporate University angesetzt. Die nationale und internationale Diffusion solcher Trends von der Praxis in Corporate Universities und auch zwischen den Corporate Universities im Sinne eines Benchmarkings kann dann mit „Bandwagon-Effekten" [11] erklärt werden: Dies sind Prozesse der Verbreitung von Innovationen, bei denen Organisationen eine Innovation nicht aufgrund des erwarteten Nutzens bei sich einführen, sondern im wesentlichen aufgrund des (psychologischen) Drucks, der durch die Anzahl der Organisationen entsteht, die diese Innovation ebenfalls bereits eingeführt haben. Insgesamt entsteht ein sich selbst verstärkender Prozess des Hintereinander-Herlaufens – ähnlich einem an einer Schnur hinter sich hergezogenen Spielzeugwagen. Solche Innovationen, die sich aufgrund eines Bandwagon-Drucks verbreiten, haben bei Corporate Universities verschiedene Ursprünge: Es sind einerseits Lösungen von tatsächlich existierenden Managementproblemen, andererseits Instrumentarien, die eine Bewältigung von Ängsten und Bedrohungen von Managern versprechen. Teilweise sind es jedoch auch Wissensinhalte, die aufgrund der Notwendigkeit einer Selbstlegitimation von Corporate Universities bestehen: Um ihren Bestand zu bewahren, schaffen diese teilweise ihre eigene Nachfrage, beispielsweise in Form neuer Problembereiche mit noch ungewisser Zukunftsrelevanz oder sogar durch relativ unkritisches Aufgreifen neuer Managementmoden.

Die *portfoliotechnische* Entwicklungsstrategie von Inhalten für Corporate Universities zielt ab auf die Bildung eines Portfolios an Inhalten, die sich an ihrem Deckungsbeitrag sowie an ihrer strategischen Relevanz für das Unternehmen orientieren. In diesem Sinne sind Cash Cows solche Inhalte, die sowohl eine hohe strategische Relevanz als auch einen relevanten Deckungsbeitrag versprechen. Stars und Question Marks dagegen bergen Entwicklungspotentiale für die Curriculum-Entwicklung. Ziel der Corporate University kann es dann sein, ein in etwa ausgewogenes Portfolio zusammenzustellen. Insbesondere die Orientierung an Deckungsbeiträgen setzt hier eine Transparenz des wirklichen Bedarfs inhaltlicher Komponenten im Unternehmen voraus. Der Indikator für den Bedarf an einem knappen Gut ist der Preis: Wenn das Ausmaß an benötigtem Managementwissen ansteigt, die Corporate Universities dieses jedoch nicht ausreichend zur Verfügung stellen, wird die Zahlungsbereitschaft für diese Inhalte steigen und letztlich zur Ausweitung der entsprechenden Kapazitäten führen. Dies geschieht nicht nur auf der Mikroebene der einzelnen Inhalte, sondern setzt sich dann auf der Makroebene, sichtbar anhand der Anzahl von Business Schools und Corporate Universities, fort. Die Zahlungsbereitschaft der Abnehmer und der sich ergebende Preis für spezifisches Managementwissen zeigen damit, was der aktuelle Wert dieser Inhalte ist. Wenn eine Corporate University sich als Profit Center eines Unternehmens organisiert und die Mitarbeiter ihr Weiterbildungsprogramm mitbestimmen und mit auswählen können, dann setzen sie mit ihren Preisgeboten gleichzeitig auch Signale zur Auswahl der Inhalte. Im Ergebnis ergibt sich eine bedarfsorientierte Inhaltsdefinition: Ist der Bedarf für ein bestimmtes Thema hoch, steigt der Preis für dieses vermittelte Wissen. Besteht nur ein geringer Bedarf, muss aber der Inhalt gleichzeitig zur Verfügung gestellt werden, um die definierten Ziele der Corporate University für das Unternehmen zu erreichen, so muss der Preis kostendeckend kalkuliert und die Mitarbeiter müssen in diese Kurse gebracht werden.

5. Fazit

Die Diffusion von Inhalten für eine Corporate University und die Integration dieser Inhalte in curriculare Strukturen ist mehr als ein Komplexitätsphänomen. In dieser Hinsicht sind Corporate Universities Agenten mit der Funktion, Managementkomplexität für die Unternehmen zu reduzieren. Diese Managementkomplexität wird verursacht durch die allgemeine Ausweitung von Managementwissen, die für den einzelnen Entscheidungsträger nicht mehr durchschaubar ist. Obwohl es zur Durchdringung dieser Komplexität bereits Anbieter wie die Business Schools gibt, die als funktionale Spezialisten Economies of scale und scope der theorie- und praxisorientierten Bildung realisieren, etablieren Unternehmen ihre eigenen Corporate Universities, um letztlich eine singuläre Spezifizität des Bildungsangebotes zu erreichen. Selbst wenn aus einer übergreifenden Gesamtperspektive heraus hierdurch die Komplexität durch die wachsende Anzahl von Corporate Universities wieder steigt, vermehren sich doch auch die Bemühungen in Richtung auf Organisationsmuster zur Reduktion von Komplexität.

Die Integration von Inhalten in curriculare Strukturen von Corporate Universities orientiert sich mit verschiedenen Entwicklungsansätzen an der Vermeidung von Unsicherheit, zum Beispiel durch eine schrittweise und in losen Netzwerken kollektiv verteilte Informationsbeschaffung im Sinne eines Wissensscreenings. Diese Unsicherheitsvermeidung ergibt sich daraus, dass Corporate Universities und ihre Inhalte einem evolutionären Selektionsdruck ausgesetzt sind. Sie werden überleben, wenn sie mit ihren Inhalten angepasster sind an die Unternehmenssituation als konkurrierende Bildungsanbieter. Zur Generierung dieser Inhalte stehen verschiedene Entwicklungsmodelle zur Verfügung, die sowohl für Corporate Universities, jedoch gleichermaßen für vorgelagerte Content-Lieferanten einsetzbar sind. Im Ergebnis diffundieren innovative und für erfolgreich gehaltene Inhalte hin zu den einzelnen Corporate Universities, und die wettbewerbsentscheidende Frage wird sein: Welche Corporate University ist hierbei der first mover mit den zukunftsrelevanten Inhalten?

Bei der Generierung von Inhalten ist eine Rollendifferenzierung beobachtbar. Der wichtige Impulsgeber für die Entwicklung von Inhalten ist die wissenschaftliche Forschung: Sie verursacht permanent durch innovative inhaltliche Ansätze frühzeitig inhaltsbezogene Variation in den Bildungssystemen. Corporate Universities bewahren aus der Breite der entstehenden Varianten die für sie wertschöpfungsrelevanten Inhalte. In der Vermittlung beider Rollen gibt es Institutionen, die insbesondere die inhaltlichen Cash Cows melken: Sie vermarkten im wesentlichen das Wissen, an das sie sich mit zeitlichen Vorsprüngen erschließen, im Sinne von Wissensbrokern an Unternehmen und ihre Corporate Universities.

Literaturverzeichnis

[1] vgl. z. B. MEISTER, J. C., Corporate Universities, Lessons in Building a World-Class Work Force, McGrow-Hill, 2. Auflage, New York 1998; SCHOLZ, C./STEIN, V., Aktuelles Stichwort „Corporate Universities", in: WiSt Wirtschaftswissenschaftliches Studium 30(2001).

[2] EGGERS, B./AHLERS, F., „Corporate Universities". Ein Ansatz zur Entwicklung lernender Organisationen, in: Steinle, C./Eggers, B./Thiem, H./Vogel, B. (Hrsg.), Vitalisierung. Das Management der neuen Lebendigkeit, Allgemeines Buch, Frankfurt am Main 2000, S. 261-276.

[3] vgl. DEISER, R., Corporate Universities – Modeerscheinung oder Strategischer Erfolgsfaktor?, in: Organisationsentwicklung, 5(1998)1, S. 37-49.

[4] vgl. SCHOLZ, C., Strategische Organisation. Multiperspektivität und Virtualität, 2. Auflage, moderne industrie, 2000.

[5] vlg. MCKELVEY, B./ALDRICH, H. E., Populations, natural selection, and applied organizational science, in: Administrative Science Quarterly, 28(1983), S. 101-128.

[6] vgl. KIESER, A., Evolutionstheoretische Ansätze, in: Kieser, A. (Hrsg.), Organisationstheorien, Kohlhammer, 2. Auflage, Stuttgart-Berlin-Köln 1995, S. 237-268.

[7] vgl. SCHOLZ, C./HÖCKER, G./SCHOLZ, S., Ein interaktives Seminar im Internet. Zukunftsorientiertes Personalmanagement, in: CoPers (1998)2, S. 18-20.

[8] vgl. AUBREY, B., Best Practice in Corporate Universities, in: Neumann, R./Vollath, J. (Hrsg.), Corporate Universities. Strategische Unternehmensentwicklung durch maßgeschneidertes Lernen, A&O des Wissens, Hamburg etc. 1999, S. 33-55.

[9] vgl. MINTZBERGER, H., Patterns in Strategy Fromation, in: Management Sience, 24(1978), S. 934-948; STEIN, V., Emergentes Organisationswachstum: Eine systemtheoretische „Rationalisierung", Hampp, München – Mering 2000.

[10] vgl. RYNES, S. L./BARTUNEK, J./DAFT, R. L., Across the Great Divide: Knowledge Creation and Transfer Between Practitioners and Academics, in: Academy of Management Journal, 44(2001), S. 344-350.

[11] vgl. ABRAHASON, E./ROSENKOPF, L., Institutional and competitive bandwagons: Using mathematical modeling as a tool to explore innovation diffusion, in: Academy of Management Review, 18(1993), S. 487-517.

Tilman Küchler
CHE Centrum für Hochschulentwicklung, Gütersloh

Gespenst oder Realität? – Die hochschulpolitische Wirklichkeit der Corporate University

1. Ein Gespenst geht um ...

Ein Gespenst geht um in unserer Hochschullandschaft, das Gespenst der Corporate University. Gesehen wurde es bislang zwar noch wenig; doch Unruhe verbreitet es allemal – bei Hochschulpolitikern und auch manchen Hochschullehrern. Und so wundert es nicht, dass beim Blick auf jenes Fremde und Unheimliche recht schnell und einmal mehr die längst vertrauten Abwehrstellungen bezogen werden.

Denn wie schon so häufig sind auch diesmal wieder Humboldts Universität und ihre Ideale in Gefahr; und einmal mehr erscheint das Zerrbild einer „Amerikanisierung" oder schlimmer: einer Aldi-isierung der altehrwürdigen Alma mater, in der die Freiheit von Forschung und Lehre einer umfassenden Discountierung von „Bildungsprodukten" zum Opfer fällt. Von „Hamburger Universities" [1] ist daher schnell die Rede, wo Bildung auf dem Grill verbraten, in Massen und den Massen verabreicht wird – in mehr oder weniger gut verdaulicher Form.

Doch es gibt auch andere, die mit dieser Erscheinung frischen Wind verspüren, den Geist der Neuerung erahnen, der angeblich längst die alte Universität verlassen hat. Und weil das Paradigma des Privaten auch im Hochschulbereich ganz hoch gehalten wird, erscheint die Corporate University als neuer Weggefährte und Verbündeter all jener Einrichtungen, die als private (Neu-)Gründungen [2] die Funktion des Leuchtturms übernehmen und als solche auch die Richtung weisen, in die die gesamte Hochschulentwicklung gehen soll.

So realistisch oder unrealistisch diese beiden Positionen auch sind, sie machen eines deutlich: Der Druck auf staatliche Hochschulen scheint zuzunehmen, der Druck des Wettbewerbs um Studenten, denen neue (Aus-)Bildungswege offen stehen, wie auch der Druck des Wettbewerbs um „Marktanteile", der weltweit und unter einer Vielzahl von Wettbewerbern, einschließlich der Corporate Universities, geführt werden wird. Denn dann, so jenes Szenario der Universität im Jahre 2005, das die Optionen des fiktiven Studienanfängers Thomas S. skizziert, bilden auch weltweit „zahlreiche Unternehmen ihre Nachwuchskräfte in firmeneigenen Corporate Universities aus. Diese Bildungsinstitute vermitteln den Mitarbeitern nicht nur das notwendige Fachwissen, sondern auch die Kultur und Philosophie des Unternehmens. Durch ihr unternehmensspezifisches Angebot für die Aus- und Weiterbildung machen sie den Universitäten große Konkurrenz. Bildungsinhalte werden den Mitarbeitern vielfach direkt über den PC zugänglich gemacht. Sollte Thomas S. Interesse an einer Laufbahn in einem speziellen Unternehmen haben, wird er sich direkt dort bewerben und in der Corporate University ausbilden lassen."[3]

Humboldts Universität oder Corporate University – so also könnte eine der künftigen Alternativen heißen, zumal wir hierzulande erst am Beginn einer Entwicklung stehen, die in den USA bereits viel früher eingesetzt hat und allein seit Ende der 80er Jahre zur Gründung von über 1 000 Corporate Universities geführt hat. [4]

Vor diesem Hintergrund ergibt sich die Notwendigkeit, sich mit den bildungs- und hochschulpolitischen Implikationen, die mit der Entstehung von Corporate Universities auch hierzulande verbunden sind, näher zu beschäftigen. Und eine der zentralen Fragen dabei ist: In welchem Maße werden Wettbewerb oder Partnerschaft von Corporate Universities und staatlichen Hochschulen ihr künftiges Verhältnis und die weitere Hochschulentwicklung prägen? Um diese Frage annähernd beantworten zu können, ist zunächst eine Funktions- und Aufgabenbestimmung von Universitäten einerseits und Corporate Universities andererseits erforderlich.

2. Was sind und zu welchem Ende betreibt man Corporate Universities?

Vergegenwärtigt man sich einige der **Gründe und Motive**, die Unternehmen hierzulande zum Betrieb einer eigenen Corporate University bewegt haben, [5] so ergibt sich ein durchaus heterogenes Bild. Um hier nur einige Beispiele zu nennen: Die DaimlerChrysler Corporate University soll auch zum Erfolg der Post-Merging-Integration beitragen;

bei Bertelsmann ist die Corporate University Teil einer „Kultur-Evolution"; sie dient der globalen Vernetzung der über 300 Bertelsmann-Profitcenter und zeichnet sich durch eine enge Verbindung zur Unternehmensstrategie aus. [6] Und in der Lufthansa School of Business sollen Führungskräfte auf Veränderungsprozesse vorbereitet und die Entwicklung einer besonderen firmeninternen Kultur gefördert werden.

Corporate Universities werden also nicht gegründet, „weil die staatlichen, die traditionellen Unis bei der Heranbildung von Unternehmer-Eliten (vermeintlich oder wirklich) versagen."[7] Vielmehr formulieren sie Antworten auf jeweils unternehmensspezifische und unternehmensweite Anforderungen und Bedürfnisse. Naturgemäß sind diese sehr unterschiedlich, so dass sich in einer systematisierenden Betrachtung denn auch verschiedene Ausprägungen oder **strategische Ausrichtungen** erkennen lassen, [8] nämlich Corporate Universities, die fokussiert sind auf:

- unternehmensweite Veränderungen, Initiativen, Projekte von strategischer Bedeutung – etwa die Erschließung neuer Märkte, die Bewältigung von Mergers, die Optimierung von Geschäftsprozessen, die Implementierung von Qualitätssicherungsprogrammen u.a.m. –, deren Umsetzung unterstützt werden muss; [9]
- Aspekte des Change Managements und der Unterstützung von unternehmensweiten Turn-arounds bei Strategieveränderungen und strategischen Neuausrichtungen etc.;
- den unternehmensinternen Führungskräftenachwuchs, auf die Entwicklung von besonderen Managementkompetenzen oder die Integration neuer Führungskräfte in die Unternehmenskultur;
- die Förderung von Kenntnissen und Fähigkeiten, die für die allgemeine Unternehmensentwicklung von Bedeutung sind und die Umsetzung der Unternehmensstrategie unterstützen, einschließlich des Managements von Wissen innerhalb eines Unternehmens;
- Strukturierung und Organisation unternehmensinterner Karrierewege und Aufstiegsperspektiven als Instrument der Personalrekrutierung bzw. zur Bindung von Mitarbeitern an das Unternehmen.

Ungeachtet dieser unterschiedlichen Akzentsetzungen in der möglichen strategischen Ausrichtung von Corporate Universities haben sie doch eines gemein: die Fokussierung auf die Weiterentwicklung und Verbesserung der Performance des gesamten Unternehmens. Dabei richten sie sich in erster Linie auf die erste und zweite Führungsebene, eine Zielgruppe, die bei DaimlerChrysler weltweit etwa 7100 Personen umfasst. [10]

So unterschiedlich wie die strategischen Zielsetzungen von Corporate Universities sind auch ihre möglichen **Organisationsformen**, also die organisatorischen Lösungen zur Durchführung der internen Trainings-Programme. So verfügt die Motorola University über 400 ständige, 700 freie Mitarbeiter und unterhält 99 Standorte in 21 Ländern. [11] Als eine von fünf konzerninternen Dienstleistungseinheiten entwickelt sie Trainings- und Weiterbildungsprogramme selbst oder in Zusammenarbeit mit anderen Anbietern und implementiert sie auf allen Ebenen des Unternehmens.

Diese Dimensionen und eine derart umfangreiche Aufgabenstellung, verbunden mit entsprechenden Investitionen in eine real existierende Infrastruktur – so verfügt die „Hamburger University" von McDonald's oder die Disney University über einen Campus im traditionellen Sinn – sind jedoch nicht durchgehend zu beobachten. In der Regel scheint die Wahl auf ein „schlankeres" Modell einer Corporate University zu fallen, die als vernetzte und (in weiten Teilen) virtuelle Organisation vor allem mit externen Partnern kooperiert.

Insbesondere Neugründungen scheinen sich bevorzugt an diesem Modell zu orientieren. So finden sich unter den **Kooperationspartnern** von Bertelsmann und DaimlerChrysler die Harvard Business School, das Massachusetts Institute of Technology (MIT), das INSEAD in Fontainebleau und das International Institute für Management Development (IMD) in Lausanne. Diese arbeiten als „content provider" mit den jeweiligen Unternehmen zusammen, entwickeln also die auf spezifische Anforderungen ausgerichteten Inhalte und Module, wobei ein Schwerpunkt auf der Entwicklung virtueller Angebote und entsprechender Infrastrukturen liegt.

Corporate Universities arbeiten somit in beträchtlichem Umfang auf virtueller Basis, d.h. auf der virtuellen Plattform eines firmeninternen Intranets mit geregelten Zugangsberechtigungen und Zugriffsmöglichkeiten. Selbstverständlich sind „face to face"-Trainingsmodule dabei nicht ausgeschlossen, aber Corporate Universities sind vielfach und in einem hohen Maße virtuelle Universitäten, die „an kein Schulgebäude und keine Stadt gebunden" sind, sondern eine Vielzahl von Orten – realen wie virtuellen – kennen, an denen „University stattfindet." [12]

Betrachtet man nun aber die Kooperationspartner von Corporate Universities, so fällt eines sofort ins Auge: Unter den externen „content provider" von Corporate Universities – hierzulande wie auch anderswo – finden sich einige renommierte Hochschulen oder hochschulähnliche Einrichtungen, allerdings keine Hochschulen aus Deutschland. Diese scheinen als Partner (noch?) nicht in Frage zu kommen. Und vor diesem Hintergrund ist denn auch danach zu fragen, welche Anforderungen und Erwartungen an potentielle Hochschulpartner seitens der Corporate Universities herangetragen werden – und warum sie von deutschen Hochschulen, zumindest bislang, nicht erfüllt werden können.

Erstes Zwischenfazit

Als erstes Zwischenfazit wäre bis hierher festzuhalten: Corporate Universities betonen das *organisationelle* Lernen; sie basieren auf dem Verständnis des Unternehmens als lernende und strategisch orientierte Organisation, und in dieser besonderen Fokussierung gehen sie über die traditionellen Maßnahmen der auf individuelle Fähigkeiten ausgerichteten betrieblichen Weiterbildung und Personalentwicklung hinaus. Dabei orientieren sie sich an spezifischen unternehmensinternen Bedürfnissen und unternehmensweiten (strategischen) Zielen, wobei die Wirkung auf das Ergebnis der unternehmerischen Tätigkeit im Vordergrund steht. Adressat der zumeist in Kooperation mit externen Anbietern (content provider) maßgeschneiderten Programme sind in erster Linie Führungskräfte – also eine Zielgruppe mit einschlägigem beruflichen Werdegang und mit Verantwortung für die Realisierung strategischer Unternehmensziele.

3. Humboldts Universität: Aufgaben, Ziele, Selbstverständnis

Im Zuge einer Annäherung an die möglichen Wettbewerbs- und Konfliktlinien zwischen Corporate Universities und Universitäten wäre nunmehr nach den Aufgaben von Universitäten in der Tradition Humboldts zu fragen. Im Hochschulrahmengesetz (§ 1) heißt es dazu:

„(1) Die Hochschulen dienen (...) der Pflege und der Entwicklung der Wissenschaften und der Künste durch Forschung, Lehre und Studium. Sie bereiten auf berufliche Tätigkeiten vor, die die Anwendung wissenschaftlicher Erkenntnisse und wissenschaftlicher Methoden (...) erfordern.

(...)

(3) Die Hochschulen fördern (...) den wissenschaftlichen und künstlerischen Nachwuchs.

(4) die Hochschulen dienen dem weiterbildenden Studium und beteiligen sich an Veranstaltungen der Weiterbildung. (...)"

Forschung, Lehre und Nachwuchsförderung – diese Aufgaben umschreiben das akademisches „Kerngeschäft" von Hochschulen. Dabei ist unter Forschung an Universitäten in erster Linie Grundlagenforschung, an Fachhochschulen anwendungsorientierte Forschung zu verstehen – wenngleich in der Forschungspraxis diese Unterscheidung zunehmend verschwimmt [13] –; und die Lehre folgt dem Ziel einer berufsqualifizierenden, nicht aber berufs- oder berufsfeldspezifischen „Erstausbildung." Derzeit befinden sich etwa 1,8 Millionen Studierende in dieser ersten wissenschaftlichen Qualifizierungsphase; davon sind knapp 140 000 im Studiengang „Betriebswirtschaftslehre" eingeschrieben, dem insgesamt am stärksten besetzten Studienfach. [14]

Als weiteres Merkmal ist zu nennen: Forschung wie Lehre stehen unter dem idealtypischen Leitbild der Gemeinschaft aller Disziplinen, was ein breites Fächerspektrum impliziert.

Wesentlich, wenngleich in der hochschulpolitischen Diskussion nicht immer hinreichend gewürdigt, sind die Aufgaben von Universitäten in der Qualifizierung des **wissenschaftlichen Nachwuchses** – also der vertieften forschungsorientierten Weiterqualifizierung. Diese ist nicht mit Hochschullehrerqualifizierung gleichbedeutend; sie bringt vielmehr in erster Linie Wissenschaftler hervor, deren späteres Tätigkeitsfeld in der überwiegenden Mehrzahl in wissenschafts- bzw. forschungsnahen Einsatzgebieten *außerhalb* des Hochschulsystems liegt. Vor diesem Hintergrund spricht denn auch der Wissenschaftsrat von den Universitäten als dem „Fundament des gesamten Forschungssystems;" [15] denn sie bilden den wissenschaftlichen Nachwuchs heran, ohne den die Kontinuität von Wissensgenerierung und Wissenstransfer in allen Sektoren – in der öffentlich geförderten außeruniversitären Forschung wie auch in der industriellen oder industrienahen Forschung und Entwicklung – nicht aufrechterhalten werden könnte. Dabei stellt die Qualifizierung von Personen die wichtigste und auch in quantitativer Hinsicht – 1997 gab es 22 000 Promotionen (ohne Medizin: 12 000) an deutschen Hochschulen [16] – bedeutendste Form des Wissenstransfers von den Universitäten in den außeruniversitären (Forschungs-)Bereich dar.

Eine noch eher randständige Rolle im Aufgabenportfolio von Hochschulen nehmen dagegen ihre Aktivitäten in der berufsbezogenen **wissenschaftlichen Weiterbildung** ein, letztere verstanden als Qualifizierungsphase, die auf beruflichen Erfahrungen aufbaut und eine vorausgehende berufliche Tätigkeit erfordert. Zwar verweist der Wissenschaftsrat auf deren wachsende Bedeutung, insbesondere im Zusammenhang mit dem Paradigma des "lebenslangen Lernens"; auch weist er den Hochschulen eine nicht nur reagierende, sondern sogar eine proaktive Rolle zu; doch verkennt er nicht, daß berufsbezogene wissenschaftliche Weiterbildung noch immer unterentwickelt ist [17] – und diese Diagnose kann denn auch als ein erster Hinweis auf die Ursachen gewertet werden, die bislang zumindest einer möglichen Kooperation zwischen Hochschulen und Corporate Universities entgegenstanden.

Zweites Zwischenfazit

An dieser Stelle und nach einem eher kursorischen Blick auf die – zumindest aus Sicht der Wissenschaft zentralen – Aufgaben von Hochschulen [18] ein zweites Zwischenfazit: Das Aufgabenspektrum von Hochschulen orientiert sich in erster Linie an wissenschaftlichen Zielen, Leitlinien und Fragestellung. Dabei steht in den Bereichen Studium und Lehre die *individuelle* Qualifizierung – auf der Ebene der berufsvorbereitenden Erstausbildung und der der forschungsorientierten Nachwuchsqualifizierung – im Vordergrund. Sie ist die wichtigste Form des Wissenstransfers, und hierin liegt auch die grundlegende Bedeutung der Hochschulen für Wirtschaft und Gesellschaft. Ähnliches gilt für die Hochschulforschung, die aufgrund ihrer Verknüpfung mit der Lehre und aufgrund ihrer quantiativen Dimensionen wie ihrer qualitativen Ausrichtung eine zentrale Stellung im arbeitsteilig angelegten deutschen Wissenschafts- und Forschungssystem einnimmt.

4. Zwischen Wettbewerb und Partnerschaft: Zwei Thesen

Wie also steht es mit dem Wettbewerb zwischen Universitäten und Corporate Universities? So die eingangs aufgeworfene Frage, und nach dem bisher Ausgeführten kann eine erste These formuliert werden.

Erste These

Ein signifikanter Wettbewerbsdruck oder ein harter Verdrängungskampf zwischen Hochschulen und Corporate Universities *im akademischen Kernbereich* erscheint als eher unwahrscheinlich – und zwar aus quantitativen wie auch aus qualitativen Gründen. Zu unterschiedlich sind die Aufgabenstellungen in Studium und Lehre (wissenschaftsorientierte Grundausbildung versus berufliche und unternehmensinterne Weiterqualifizierung; individuelles Lernen versus organisationales Lernen); zu ungleichgewichtig sind die Kapazitäten, die an Hochschulen und Corporate Universities für Ausbildungszwecke vorhanden und verfügbar sind und dies auch in Zukunft sein werden; und zu eindeutig ist die Abhängigkeit von Unternehmen von der Leistungsfähigkeit von (staatlichen) Hochschulen – in der Forschung und in der Ausbildung qualifizierter Kräfte auf unterschiedlichen Niveaus.

Nicht Substitution, sondern Subsidiarität, nicht Wettbewerb, sondern Komplementarität – dies sind wohl die Merkmale, die das Verhältnis von Hochschulen und Corporate Universities auch in Zukunft prägen werden. Dieses Fazit kann mit einiger Sicherheit gezogen werden: Denn in der Forschung wie in der Nachwuchsqualifizierung bieten Corporate Universities keinen Ersatz für das, was an Hochschulen geleistet wird – und sie wollen es auch gar nicht; und auch in Zukunft werden Unternehmen von der Leistungsfähigkeit der Hochschulen in der Lehre – der grundständigen Lehre und der akademischen Grundausbildung – leben.

Und so kommt denn gerne mit einiger Erleichterung die Feststellung: Hinter diesen „Universities" steckt kein Humboldt! Das sind gar keine Universitäten! Und damit scheint sich das eingangs erwähnte Gespenst verflüchtigt zu haben; sein Spuk scheint beendet und die gute Ordnung der Dinge wiederhergestellt.

Doch weit gefehlt: Vom Fortbestand einer „prästabilierten Harmonie" kann nicht die Rede sein. Denn was das Gespenst, oder besser: das Phänomen der Corporate Universities ganz deutlich in Erscheinung treten lässt, sind einmal mehr die nicht unerheblichen Struktur- und Organisationsdefizite, die im deutschen Hochschulsystem und an seinen Hochschulen bestehen – und die ganz wesentlich dazu beitragen, dass diese im internationalen Wettbewerb ganz offensichtlich als Unternehmenspartner nicht nachgefragt werden.

Zweite These

Vor diesem Hintergrund denn auch eine zweite These: Nicht zwischen Hochschulen und Corporate Universities entwickelt sich ein Wettbewerb – ein Wettbewerb um Studierende oder um qualifiziertes Personal; der Wettbewerb wird stattfinden *zwischen* Hochschulen, und zwar weltweit und um die (lukrativen) Kooperationsbeziehungen mit großen Unternehmen und ihren firmeninternen Universities. Derartige Kooperationsbeziehungen eröffnen Hochschulen neue Möglichkeiten zur Diversifizierung ihrer Finanzierungsbasis durch unternehmerisches Handeln. Aber für diesen Wettbewerb sind die deutschen Hochschulen denkbar schlecht gerüstet.

Dass dem so ist, zeigen die Anforderungen und Erwartungen, die seitens der Wirtschaft an mögliche Kooperationspartner für den Betrieb einer Corporate University gestellt werden.

5. Unternehmerische Partnerschaften: Anforderungen und Voraussetzungen

Zum einen muss ein universitärer Kooperationspartner über eine hohe internationale Kompetenz verfügen. Denn der Markt ist ein globaler Markt, und die Nachfrager sind global agierende Unternehmen. Angebote müssen demnach in englischer Sprache entwickelt werden, und die internationale Vernetzung eines möglichen Kooperationspartners ist eine wichtige Voraussetzung.

Zum anderen ist die Fähigkeit zur engen Zusammenarbeit mit den Unternehmenspartnern gefragt, und zwar auf inhaltlicher wie auf organisatorischer Ebene: [19] Inhaltlich muss nicht nur eine Verbindung zwischen Bildungsangeboten und den spezifischen Herausforderungen bestehen, vor denen ein Unternehmen steht; der Zusatznutzen für das Unternehmen muss klar erkennbar sein, und das heißt auch: nicht die individuelle Kompetenzentwicklung, sondern das organisationelle Lernen muss im Vordergrund stehen. Und in organisatorischer Hinsicht ist ein enges Kooperationsverhältnis erforderlich, da mit internen Experten kooperiert und kommuniziert wird, was hohe Anforderungen an die Flexibilität, die Reagibilität und die Sensitivität von Anbietern stellt.

Aufgrund der internationalen Vernetzung in global agierenden Unternehmen sind darüber hinaus Erfahrungen und Kompetenzen im Fernunterricht („distance learning) und aufgrund des damit geforderten hohen Virtualisierungsgrades der Angebote Kompetenzen in der Entwicklung und Implementierung multimedialer Lehr- und Lerneinheiten gefragt.

Und schließlich – last, but (definitely) not least – spielt die Reputation des Kooperationspartners eine wesentliche Rolle. Denn die Nachfrage orientiert sich auch am Namen, und „eingekauft" wird nach Marke, was eine entsprechende Profilierung des Anbieters erforderlich macht.

Dies sind in der Tat recht hohe Anforderungen, und es ist müßig, sich darüber zu streiten, ob die genannten Kooperationspartner tatsächlich und in jedem Punkt die einzig möglichen Kandidaten sind – oder ob nicht auch andere Anbieter in Frage kommen könnten. Tatsache jedenfalls ist, daß deutsche Hochschulen in den Augen der Unternehmen dafür nicht geeignet sind.

Nun sollte diese Fazit keineswegs in einen Generalvorwurf gegenüber deutschen Hochschulen münden, denen ja in der öffentlichen Diskussion und zumeist von eher uniformierter Seite so gerne und in verschiedenerlei Hinsicht Unfähigkeit attestiert wird. Dieses Argument wird hier nicht aufgegriffen. Statt dessen soll der Blick auf einige Leitlinien der Hochschulentwicklung gerichtet werden, die ihrerseits zeigen, wo Handlungs- und Veränderungsbedarf besteht – und zwar auch mit Blick auf die Fragen nach den Möglichkeiten oder Grenzen für ein Engagement deutscher Hochschulen als Unternehmenspartner im internationalen "Geschäft" mit Corporate Universities.

6. "Unternehmerische Hochschulen": Leitlinien der Hochschulentwicklung

Worum es in der Hochschulentwicklung in Deutschland seit einiger Zeit geht, läßt sich mit einigen Stichworten kurz umschreiben: [20]

- *Autonomie und Eigenverantwortlichkeit*: Hier ist zum einen die staatliche Deregulierung angesprochen, die Hochschulen erweiterte Spielräume für eigenverantwortliches Handeln eröffnen soll; zum anderen ist damit eine Stärkung ihrer korporativen Handlungsfähigkeit gemeint, eine Akzentuierung des institutionellen Gesamtinteresses gegenüber den Interessen einzelner – oder gegenüber einem überbetonten akademischen Individualismus auf Kosten der institutionellen Handlungs- und Entscheidungsfähigkeit. Dieser Aspekt berührt insbesondere die Frage der Gestaltung hochschulinterner Organisations- und Leitungsstrukturen als Grundlage für das, was sich als modernes Hochschulmanagement entwickeln und partiell an die Stelle der traditionellen und in vielfacher Hinsicht disfunktionalen "akademischen Selbstabstimmung" treten soll.

- *Profilbildung und Wettbewerbsorientierung*: Auf der Grundlage einer derart gestärkten Autonomie sollen sich Hochschulen stärker als bislang der Profilbildung widmen, also der Definition von institutionellen Zielen und Strategien, aufbauend auf besonderern Stärken und (unverwechselbaren) Erfolgspotentialen. Eine ziel- und qualitätsorientierte Profilentwicklung wird als Voraussetzung für eine erfoglreiche Positionierung im Wettbewerb gehandelt, der auch im Hochschulbereich ein wichtiges Regulativ für die institutionelle Qualität und *wissenschaftliche* Leistungsfähigket darstellen soll.

- *Wirtschaftlichkeit*: Auch Hochschulen sollen sich dem Problem der Wirtschaftlichkeit in särkerem Maße widmen, wobei die Optimierung der Zweck-Mittel-Relation nicht als primäres institutionelles Ziel, wohl aber als einer der Faktoren für eine erfolgreiche Umsetzung institutioneller Ziele gelten kann. In diesem Zusammenhang spielt auch die Frage einer Diversifizierung von Einnahmequellen eine Rolle, welche die institutionelle Abhängigkeit vom Übergewicht der staatlichen Finanzierung – und damit auch von deren Restriktionen – reduzieren soll.

- *Internationalisierung und Virtualisierung*: Auch diese beiden Aspekte umreißen institutionelle Aufgabenstellungen, also die Frage, wie Hochschulen international, auf dem globalen Markt und im weltweiten Wettbewerb *als Institutionen* mit erkennbaren Profilen, wettbewerbsfähigen Stärken und erfolgreichen Angeboten in Erscheinung treten können. Und hierzu gehört auch und besonders die Entwicklung von Strategien zur Internationalisierung von (Studien-)Angeboten und (Forschungs- und Transfer-)Aktivitäten sowie von Strategien, unter deren Einfluß sich Medienentwicklung und Medieneinsatz zu wesentlichen institutionellen Profilelementen weiterentwickeln lassen.

Zu einem Etikett verdichtet, fügen sich diese Elemente zum Bild einer "unternehmerischen Hochschule" [21] zusammen, zu einem "Unternehmen Hochschule", das sich nicht der Gewinnmaximierung verschreibt – für wissenschaftliche Hochschulen kann dies keinesfalls das primäre Anliegen sein –, das aber sehr wohl und bewußt seine institutionellen Ziele definiert und zudem versucht, mit resourcenschonendem Einsatz von Mitteln diese Ziele – bei denen es sich nur um wissenschaftliche Ziele handeln kann – möglichst umfassend zu erreichen.

Ohne Autonomie und Eigenverantwortlichkeit, ohne eine Bestimmung von Prioritäten und Posterioritäten und ohne die Möglichkeit, derartige Entscheidungen in wirksame institutionelle Strategien umzusetzen, wird es unternehmerische Hochschulen nicht geben – und damit wohl auch keine Hochschulen, die als Partner von Unternehmen bei der Einrichtung und als "content provider" beim Betrieb und der inhaltlichen

Unterfütterung von Corporate Universities zur Verfügung stünden. Denn darauf verweisen ja die oben genannten Anforderungen an mögliche universitäre Kooperationspartner für Corporate Universities ganz deutlich: Gefragt ist unternehmerisches Handeln und Entscheiden, und zwar auf institutioneller, nicht nur auf individueller Ebene, d.h. auf der Ebene einzelner Lehrstühle oder Institute.

Genau darin liegt aber eines der Grundprobleme in deutschen Hochschulsystem – und damit eines der wesentlichen Hemmnisse für Hochschulen, sich auch als Partner von Unternehmen zu profilieren und als Leistungsanbieter für Corporate Universities zu positionieren. Denn was der Wissenschaftsrat mit Blick auf den Status der beruflichen Weiterbildung an deutschen Hochschulen feststellte, ist noch immer von hinreichender Aktualität: Weiterbildung beruht in erster Linie auf "dem Engagement einzelner Professoren;" [22] für ihre Institutionalisierung, für ihre strukturierte Organisation und für ihre zielgruppenorientierte Vermarktung fehlt es dagegen weitgehend an funktionierenden Anreizen und organisatorischen Voraussetzungen. [23]

Diese Feststellung kann auch auf den Aspekt der Medienentwicklung übertragen werden: Auch hier dominieren punktuell ansetzende Entwicklungen; institutionell getragene Medienstrategien, und das heißt auch: top down-verantwortete Veränderungs- und Weiterentwicklungsprozesse auf der Grundlage von Prioritäten- und Posterioritätensetzungen und in Verbindung mit entsprechenden Entscheidungen zur Ressourcenallokation – derartige Strategien sind bislang noch kaum oder wenn, dann nur in ersten Ansätzen erkennbar.

Es gibt also im deutschen Hochschulsystem und unter den Hochschulen hierzulande nur recht beschränkte Anknüpfungs- und Berührungspunkte für Unternehmen auf der Suche nach möglichen universitären Partnern. Zu wenig profiliert erscheinen deutsche Hochschulen, und institutionell getragene Strategien sind noch viel zu schwach entwickelt; zu wenig noch gelingt die Fokussierung auf Kernkompetenzen und Entwicklungspotentiale; und zu schwach ist jener "unternehmerische" Geist, der aus dem Ganzen mehr macht als die Summe seiner Teile.

7. Ausblick

Nicht in der Qualität ihrer Leistungen, so das hieraus zu ziehende Fazit, liegt also das Problem von deutschen Hochschulen, sondern in den organisatorischen und strukturellen Voraussetzungen, unter denen sie operieren und operieren müssen (für manche gilt aber auch: operieren *wollen*). Hierin, also in schwach ausgebildeten Grad ihrer Organisation liegt das eigentliche Hemmnis für ein höheres Maß an unternehmerischem Handeln. Wer aber als Gelehrtenrepublik verfasst ist und sich als nachgeordnete Behörde organisiert – organisieren muss –, ist als unternehmerischer Partner nicht gefragt.

Nun sind wir in Deutschland in den letzten Jahren bereits ein gutes Stück vorangekommen bei der Umsetzung der Hochschulreform und ihrer Kernelemente. Es gibt bereits Hochschulen, die für sich das Etikett einer "unternehmerischen Hochschule" in Anspruch nehmen und mit ihrem unternehmerischen Ansatz als "best practice-Hochschulen" gehandelt werden. [24] Und der Übergang zu einem neuen Steuerungsmodell im Hochschulbereich mit weniger Staat und weniger Regulierung, dafür aber mit mehr Autonomie und Eigenverantwortung für die Hochschulen ist durchaus eingeleitet. Dennoch: Der Abstand zu Hochschulen in anderen Ländern ist noch immer beträchtlich, und solange sich auf Systemebene der Spielraum und auf institutioneller Ebene das Bewusstsein für autonomes, eigenverantwortliches, und das heisst: *unternehmerisches* Handeln nicht erheblich weiterentwickelt, werden auch in naher Zukunft keine deutschen Hochschulen unter den Partnern von Unternehmern zu finden sein.

Und damit wird als Fazit deutlich: Der eigentliche Wettbewerb im Umfeld der Corporate Universities findet zwischen den Hochschulen in verschiedenen Ländern statt. Gewiss: Es ist dies ein Wettbewerb um die besten Angebote und um die besseren Partner; aber es ist dies auch ein Wettbewerb um die besseren organisatorischen Lösungen, ein Wettbewerb im unternehmerischen Denken und Handeln. Und diesen Wettbewerb dürfen deutsche Hochschulen nicht verlieren.

Literaturverzeichnis

[1] Die Anschrift des realen Gegenstücks: Hamburger University, McDonald's Corporation, Oak Brook, Il 60521.

[2] STIFTERVERBAND FÜR DE DEUTSCHE WISSENSCHAFT, Private internationale Hochschulen. Profile und Gesichtspunkte zur Bewertung von Gründungsinitiativen, Essen 1998.

[3] EXPERTENKREIS „HOCHSCHULENTWICKLUNG DURCH NEUE MEDIEN", Die Universität im Jahre 2005. Ein Szenario, in: Forschung und Lehre, (1999)8, S. 409-10.

[4] Das 1955 gegründete General Electric's Management Development Institute gilt als erste Corporate University. Eine (kleine) Auswahl an Corporate Universities US-amerikanischer Firmen ist zu finden unter: http://www.glresources.com/-corp_ed/culist.htm - Siehe auch MH (Daleen) van Niekerk, WA (At) van Schoor, The Corporate University. An Overview, 1997 (http://www.workinfo.com/-wptfree/HRDdirectory/cuprop.html).

[5] Prominente deutsche Beispiele sind DaimlerChrysler, Bertelsmann, Lufthansa, Deutsche Bank, Metallgesellschaft, Merck.

[6] http://www.innovation-aktuell.com/a99-02-25-5.htm

[7] MIDDELHOFF, T., In voller Fahrt, Bertelsmann Geschäftsbericht 1998/1999, S. 8.

[8] Im folgenden „The Uses and Misuses of the Term ‚Corporate University'", http://glresources.com/corp_ed/whatcu.htm

[9] Beispiel: Motorola University; dazu: Lynn E. Densford, „Motorola University: The Next 20 Years" (http://www.traininguniversity.com/magazine/jan_feb99/-feature1.html) sowie http://mu.motorola.com/AboutMU.html

[10] Corporate Universities sind also nicht gleichzusetzen mit jenen von einigen Unternehmen v.a. aus der IT-Branche angebotenen und von ihnen selbst zertifizierten Aus-, Weiterbildungs- oder Zusatzausbildungsangeboten. Cisco beispielsweise bietet die Ausbildung zum Cisco Certified Internet Expert an – für 50.000 DM, aber mit angeblich glänzenden Karriereaussichten für erfolgreiche Absolventen, von denen es derzeit weltweit (lediglich) 5.000 gibt. Dazu SCHMIDT, H., Goldgräberstimmung auf dem Arbeitsmarkt für Internet-Fachleute, in: Frankfurter Allgemeine Zeitung, 19.2.2000, S. 65.

[11] Das Budget der Motorola University lag 1997 bei $87 Mio. Dazu: DENSFORD, a.a.O. (http://www.traininguniversity.com/magazine/jan_feb99/feature1.html)

[12] MIDDELHOFF, a.a.O., S. 8.

[13] GIBBONS, M./Limoges, C./Nowotny, H./Schwartzmann, S./Scott, P./Trow, M.,The New Production of Knowledge. The Dynamics of Science and Research in Contemporary Societies, London, 1994.

[14] STATISTISCHES BUNDESAMT, Studierende an Hochschulen – Wintersemester 1998/99, Fachserie 11, Reihe 4.1, Oktober 1999.

[15] WISSENSCHAFTSRAT, Empfehlungen des Wissenschaftsrates zu den Perspektiven der Hochschulen in den 90er Jahren, Köln 1988, S. 29.

[16] STATISTISCHES BUNDESAMT, Prüfungen an Hochschulen 1997, Fachserie 11, Reihe 4.2, November 1998.

[17] WISSENSCHAFTSRAT, Empfehlungen zur Hochschulentwicklung durch Teilzeitstudium, Multimedia und wissenschaftliche Weiterbildung, Köln 1998, S.121.

[18] Aufgaben wie Förderung des Sports und der Gleichstellung von Mann und Frau sind in der Hochschulpraxis – aber auch für die hier behandelte Fragestellung – von eher nachrangiger Bedeutung.

[19] Dazu als Beispiel die Ankündigung der Kooperation zwischen der Johns Hopkins University und Booz-Allen sowie AEGON: http://www.jhu.edu/~gazette/1999/-jun2199/21scs.html

[20] Dazu ausführlich: MÜLLER-BÖLING, D., Die entfesselte Hochschule, Gütersloh 2000.

[21] Dazu die Fallbeispiele und ihre Systematisierung in CLARK, B. R., Creating Entrepreneurial Universities. Pathways of Transformation, 1998.

[22] WISSENSCHAFTSRAT, a.a.O., S.121.

[23] Stellvertretend für die strukturellen Hemmnisse sei hier die Kapazitätsverordnung (KapVO) genannt, die eine aktive Angebotsentwicklung und Schwerpunktsetzung im Weiterbildungsbereich behindert.

[24] „best practice-Hochschule 2000", Wissenschaftsmanagement – Zeitschrift für Innovation, Special 1/2000.

Dr. Heiko Hilse
Universität Witten/Herdecke, Witten

The Schools of Business – the Business of Schools. Corporate Universities und traditionelle Universitäten in einem sich verändernden Bildungsmarkt

In einer Wissensgesellschaft wird Wissen zur zentralen knappen Ressource, d.h. zu einem Kernbereich der gesamten new economy: Aber Universitäten werden nicht mehr die einzigen agencies der Herstellung und Allokation dieses knappen Gutes sein. Sie bekommen Konkurrenz in den Unternehmen – in den F&E-Bereichen wie in den corporate universities. [1]

Die sich verändernden wirtschaftlichen und technologischen Rahmenbedingungen, denen sich Unternehmen in den letzten Jahren gegenübersehen, beginnen nun verstärkt auf das Bildungssystem durchzuschlagen. Die Einrichtung von Corporate Universities in Großunternehmen sind ein Zeichen dieser Entwicklung. Der vorliegende Beitrag versucht die Konturen des sich verändernden Bildungsmarktes aufzuzeigen und die Rolle von Corporate Universities auf der einen und von traditionellen Universitäten auf der anderen Seite zu untersuchen. Basierend auf einer Auswertung von Falldokumentationen wird ein Modell präsentiert, das den innovativen Kern der Corporate University-Idee herausstellt. Schließlich wird auch der Frage nachgegangen, wie im Hinblick auf die Managementqualifizierung und -entwicklung zukünftige Kooperationsbeziehungen zwischen Unternehmen und Universitäten aussehen können.

1. Bildung in der Wissensökonomie

Zu Beginn eine kurze Fallepisode aus einem Buch zum wissensbasierten Unternehmen:

> A university professor and a corporate trainer sat next to each other on a commuter train. The professor had just given several lectures to students of art history; the corporate trainer had just completed a grueling day of leadership training for corporate executives. The professor was curious about his seatmate's profession and was somewhat taken aback when she told him that she was an educator in a „university" larger than his. He wore a tweed jacket and carried a briefcase bulging with papers; she was in jeans and carried a notebook computer. He was tenured and earned a comfortable living; she had survived the last company reorganization and was paid double his salary. „What do you teach?" he asked. „I don't teach," she replied. „I organize learning". Put off his guard, he asked, „What subjects?" „Managerial values and behaviors for the next decade", she said. „And you?" „Modern art of the past century." Raising her computer, she asked, „Do you use these things?" „No," he said, „I'm in the humanities department." „Me too," she said. „But they call it the human resource department. [2]

Diese Szene führt unmittelbar in die Themen des vorliegenden Beitrags hinein. Im Mittelpunkt steht unser Bildungssystem, in dem sich momentan auf der einen Seite so viel verändert – Unternehmen gründen eigene „Universities", setzen auf multimedial unterstütztes Lernen und organisieren sich im Hinblick auf ihre Wissens- und Lernprozesse grundlegend neu –, und in dem die traditionellen Bildungsinstitutionen, allen voran die Universitäten, noch in weitgehend unveränderter Form als „Bildungsdinosaurier" anzutreffen sind. Unwillkürlich ergibt sich die Frage: Können beide Systeme nebeneinander her existieren, stellen sie eine Bedrohung füreinander dar, oder sind sie möglicherweise auf wechselseitige Kooperationen angewiesen? Welche Chancen, aber auch welche Risiken bringen die sich abzeichnenden Entwicklungen mit sich? Und wie kann man ihnen in Unternehmen und an Universitäten sinnvoll begegnen?

Ausgangsthese ist, dass dem, was wir derzeit im Bildungsbereich, insbesondere im Segment der sogenannten „Higher Education" (Hochschulstudium und Postgraduierten-Weiterbildung) beobachten können, breitere ökonomische und technologische Entwicklungen zugrundeliegen. Gemeint sind die sich wechselseitig verstärkenden Kräfte der

Internetrevolution („New Economy"), der Globalisierung und der Öffnung der Kapitalmärkte. Diese haben sich im Laufe der 90er Jahre bereits in massiver Form in Wirtschaftsunternehmen bemerkbar gemacht und dort zu großflächigen Veränderungsvorhaben geführt [3]. Sie haben insbesondere die zentrale Bedeutung von Wissen und intellektuellem Kapital im globalen Wettbewerb um Geschäftsideen, Kunden und optimierte Umsetzungsprozesse deutlich werden lassen. Wir leben im Zeitalter der „Wissensökonomie" [4] und des „intelligenten Unternehmens" [5]. In diesem Zusammenhang ist auch die Gründung von Corporate Universities zu sehen (siehe unten). Nun erreichen diese Veränderungen mehr und mehr das Bildungssystem insgesamt, das sich neben dem innerbetrieblichen in einen öffentlichen und in einen firmenexternen privaten Sektor aufteilt. Technologische Neuerungen auf der einen Seite und veränderte unternehmerische Anforderungen auf der anderen betreiben somit eine Transformation des gesamten Bildungsmarktes, die sich im einzelnen wie folgt kennzeichnen lässt: [6]

1.1 Neukonfiguration von Bildungslebensläufen

Die steigende Wissensintensität von Arbeitstätigkeiten und Geschäftsprozessen macht es für die Beschäftigten notwendig, ihr Wissen und ihre Kompetenzen ständig aufzufrischen und weiterzuentwickeln. Das bereits seit Jahren diskutierte Modell des „lebenslangen Lernens" [7] scheint zunehmend zur Realität zu werden. Dies bedeutet, dass sich die klassische Zweiteilung des Lebenslaufes in Ausbildung und nachfolgend Beruf zugunsten eines Modells verändert, nach dem sich kurze Phasen des Lernens und der Wissensaufnahme mit Phasen des Arbeitens abwechseln. Die größer werdende Gruppe der „Wissensarbeiter" [8], deren Produkte das pure Wissen und die Expertise selbst sind (z.B. Finanzdienstleister, Unternehmensberater, Industrieforscher), können gar nicht mehr zwischen Arbeit und Lernen differenzieren. Beide Aktivitäten verschmelzen vollkommen miteinander und müssen möglichst „just-in-time" vom eigenen Arbeitsplatz aus bzw. während eines laufenden Projektes erledigt werden können.

1.2 Virtualisierung von Lernprozessen

Die neuen Informations- und Kommunikationstechnologien, insbesondere das Internet, ermöglichen vollkommen veränderte Formen des medienunterstützten Lernens und Kommunizierens. Über sie kann jederzeit auf weltweite Datenpools und Archive zugegriffen werden, es können multimedial aufbereitete Lernmodule abgerufen werden und es kann mit Experten oder Partnern – zum Beispiel in Projektgruppen, Netzwerken oder virtuellen Communities – online kommuniziert werden [9]. Die Entstehung solch virtueller Lernprozesse und -produkte hat neben den traditionellen Bildungsanbietern, d.h. denjenigen, die Wissen entwickeln (Forschern, Experten) oder face-to-face vermitteln

(Dozenten, Trainern), vollkommen neue Akteure hervorgebracht, die im Bildungsbereich bislang kaum eine Rolle gespielt haben: Internationale Bildungskonsortien – häufig unter Beteiligung von großen IT- oder Telekommunikationsunternehmen, Medien- und Verlagshäusern sowie Spieleherstellern –, Anbieter von Bildungsportalen und spezialisierten Suchmaschinen, Entwickler von Lernsoftware, Multimedia-Didaktiker und Betreiber von Online-Akademien und virtuellen Universitäten [10].

1.3 Dekonstruktion der Wissenswertschöpfung

In engem Zusammenhang damit steht die Tatsache, dass die neuen IT-Technologien mit der Möglichkeit zur Abtrennung der reinen Informationsprozesse von physischen Prozessen die Dekonstruktion ganzer Branchen und Wertketten forcieren [11]. Dies trifft auch und in besonderer Weise für den Bildungsbereich zu (vgl. Abbildung 1): Während bislang der gesamte Prozess der Wissenswertschöpfung, d.h. die Entwicklung, Aufbereitung, Speicherung und Vermittlung von Wissen, in den Händen einzelner Bildungsinstitutionen lag, zum Beispiel in den Händen von Schulen oder Universitäten, beginnen sich nun die einzelnen Wertschöpfungsstufen voneinander abzulösen. Sie werden mehr und mehr von Spezialisten betrieben, die mit ihren jeweiligen Kompetenzen den resultierenden Wissens- und Lernangeboten einen zusätzlichen Nutzen hinzufügen (z.B. durch Herstellung globaler Verfügbarkeit, mediendidaktische Aufbereitung, Verknüpfung mit begleitenden Services usw.). Tatsächlich besagen manche Einschätzungen, dass der Bildungsbereich zu einem der größten Anwendungsbereiche des E-Business werden wird [12].

Damit geht die globale Desaggregation von Bildungsangeboten einher [13]: Bildungsinteressenten können sich mit zunehmender internationaler Angleichung der Bildungssysteme ihre Lern- und Wissensmodule weltweit nach dem Cafeteria-Prinzip zusammenstellen (Modell des „Bildungssupermarktes").

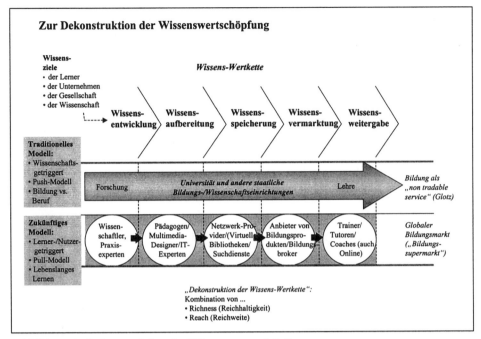

Abbildung 1: Dekonstruktion der Wissenswertschöpfung

1.4 Kommerzialisierung von Wissen und Lernen

Bislang gehörte Bildung zu den „non tradable services" [14]. Das heißt Bildung, verstanden als Grundausbildung und Eintrittstor ins Berufsleben, war eine Selbstverständlichkeit, die man zumindest in den westeuropäischen Gesellschaften staatlich zugesichert bekam. Dieser Zustand beginnt sich in der heraufziehenden Wissensökonomie und mit den Anforderungen an lebenslanges Lernen zu ändern. Wissen selbst wird zum ökonomischen Wert und damit kommerzialisierbar. Statt staatlicher Subvention treten Investitionen von Unternehmen und Individuen in Bildung in den Vordergrund. Umgekehrt können diese, insofern sie eine spezielle Expertise besitzen, auch zu Anbietern auf dem Bildungsmarkt werden und Schulen und Universitäten dadurch Konkurrenz machen (vgl. etwa die Abwanderung bestimmter Bildungsleistungen in innerbetriebliche Bildungsangebote oder Angebote externer Trainer und Berater).

Aus historischer Sicht kann die derzeitige Entwicklung des Bildungssystems in erster Annäherung als Wendepunkt interpretiert werden, zu dem Bildung in den Einflussbereich eines neuen Leitsystems gerät [15]: Während das Bildungssystem in früherer Zeit von Religion und Kirche dominiert wurde, dann mit der Trennung von Kirche und Staat in den Bereich der öffentlichen Hand überging, stehen wir nun an der Schwelle zu einer stärkeren Einflussnahme des Wirtschaftssystems.

> Business, more than government, is instituting the changes in education that are required for the emerging knowledge-based economy. School systems, public or private, are lagging behind the transformation in learning that is evolving outside of schools, in the private sector at both work and play, for people of all ages. ... Over the next few decades the private sector will eclipse the public sector and become the major institution responsible for learning. [16]

1.5 Internationalisierung des Bildungsmarktes

Ein weiterer Trend auf dem Bildungsmarkt betrifft den Prozess der Internationalisierung, zumindest was das Segment der Higher Education angeht [17]. Dieser wird sowohl durch die Möglichkeiten der neuen Technologien (Distance Learning) als auch durch den Bedarf der Firmen nach internationalem Managementnachwuchs gefördert. Zunehmend werden internationale Studien- und Weiterbildungsgänge angeboten, häufig in Form von Online-Kursen oder mit Online-Anteilen. Ihre Inanspruchnahme wird von den global agierenden Firmen besonders honoriert.

Die skizzierten Bewegungen auf dem Bildungsmarkt fordern die bisherigen Akteure – ganz gleich ob sie in Unternehmen, auf dem freien Markt oder im Hochschulsystem angesiedelt sind – in zuvor nicht bekannter Art und Weise heraus. Die Erzeugung und Vermittlung von Wissen hat sich zu einem globalen Markt entwickelt und ist „durchkommerzialisiert" worden. Dieser Markt unterliegt rasanten ökonomischen und technologischen Entwicklungen, welche neue Wettbewerber und neuartige Wettbewerbsarenen aufkommen lassen. In den nächsten beiden Abschnitten wird untersucht, wie sich Unternehmen und Universitäten auf die neue Dynamik des Bildungsmarktes eingestellt haben bzw. wie sie dies zukünftig tun können. Wir fokussieren hierbei auf den Bereich der Managementqualifizierung und -entwicklung (Management Education und Leadership Development).

2. The Schools of Business – mehr als eine Managementmode

Die Gründung unternehmensinterner Universities, Schools of Business, Management Academies usw. kann als Antwort von (Groß-)Unternehmen auf die soeben dargestellten Veränderungen betrachtet werden. Gleichzeitig beschleunigen Corporate Universities die Transformation des Bildungsmarktes zusätzlich. Sie sind Getriebene und Treiber zugleich. Mögen auch einzelne Unternehmen mit dem Begriff der Corporate University „alten Wein in neuen Schläuchen" [18] verkaufen, so wird hinter vielen dieser Institutionen doch die Idee einer neuen Form von strategischer Lernarchitektur erkennbar. An dieser Stelle soll der Versuch unternommen werden, den eigentlichen Kern der Corporate University-Idee anhand von fünf Spannungsfeldern aufzuzeigen, in denen sich die meisten Firmenuniversitäten bewegen und die ihren innovativen Charakter widerspiegeln (siehe Abbildung 2): Lernen versus Geschäft (Prozessachse), Strategie versus Operatives (Inhaltsachse), Individuum versus Organisation (Systemachse), virtuelle Kommunikation versus Face-to-Face-Kommunikation (Mediale Achse) und Unternehmen versus Universität (Institutionelle Achse). Grundlage für dieses Modell war die Analyse verschiedener publizierter und nicht-publizierter Fallberichte von Corporate Universities und die Suche nach deren Unterschieden bzw. Gemeinsamkeiten [19].[1]

Die Spannungsfelder ergeben sich entweder aus relativ neuen Fragen, mit denen Unternehmen konfrontiert wurden (z.B. Virtuelle versus Face-to-Face-Kommunikation), oder aber es handelt sich um altbekannte Dilemmata, die sich jedoch unter den veränderten Rahmenbedingungen weiter verschärft haben (z.B. Lernen versus Geschäft). Wesentliche Aufgabe der Corporate University als Institution ist es, die Pole jeder einzelnen Dimension in ein neues Verhältnis zueinander zu setzen und die Achsen damit als Ganzes zu integrieren. Genau aus diesem Grunde fällt die Corporate University auch zwischen die Grenzen klassischer Unternehmensfunktionen wie Personal- und Führungskräfteentwicklung, Strategie- und Unternehmensentwicklung, Unternehmenskommunikation und IT-Management sowie Forschung und Entwicklung.

---

[1] In diesem Zusammenhang gilt mein besonderer Dank allen Teilnehmern des an der Privaten Universität Witten/Herdecke angesiedelten „Corporate University and Learning Network", die mir Einblick in ihre Arbeit an Corporate Universities und ähnlichen Einrichtungen im deutschsprachigen Raum gewährt haben.

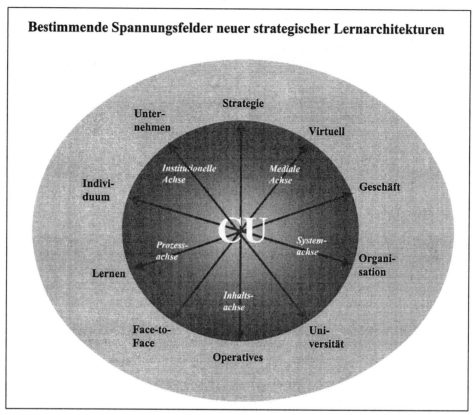

Abbildung 2: Fünf-Achsen-Modell zu neuen strategischen Lernarchitekturen

2.1 Prozessachse: Lernen versus Geschäft

Eine der zentralen Herausforderungen für die heutigen „intelligenten" Unternehmen besteht darin, jene Zeiten und Räume, in denen Lernen stattfindet, und jene, in denen das Geschäft betrieben wird, näher zusammenzuführen. Klassischerweise hatten Bildungs- und Personalentwicklungsmaßnahmen ihren Platz in Schonräumen fernab des betrieblichen Geschehens (z.B. in Seminaren, auf Konferenzen oder in speziellen Aus- und Weiterbildungsgängen). Während eine bewusste, auch raum-zeitliche Distanzierung vom Alltagsbetrieb zuweilen sinnvoll sein kann, etwa um in Ruhe über seine Arbeit nachzudenken und zu reflektieren, bringt die konsequente Entkoppelung von Lernen und Geschäft charakteristische Nachteile mit sich: Der Bezug zwischen Gelerntem und Anwendungskontext ist häufig nicht natürlich gegeben; es wird „auf Halde" gelernt (vgl.

das bekannte Transferproblem). Das in Aus- und Weiterbildungsmaßnahmen vermittelte Wissen ist nicht aktuell; es hinkt den Fragen und Problemen, die zu einem gegebenen Zeitpunkt in der Praxis anstehen, permanent hinterher. Infolge der in Frage stehenden Aktualität und Umsetzbarkeit des Wissens ist die Lernmotivation der Teilnehmer begrenzt. Darüber hinaus wird die Verantwortung für Lernen und Entwicklung nach diesem Modell ausschließlich an Personen delegiert; es fördert die Veränderungsresistenz organisationaler Strukturen und verhindert, dass individuell erworbenes Wissen organisational verfügbar und wirksam wird (vgl. hier den Querbezug zur Systemachse).

Demgegenüber setzen die neuen betrieblichen Lernarchitekturen wie etwa Corporate Universities auf Methoden, die eine Engführung von Lern- und Geschäftsprozessen begünstigen. Pädagogen sprechen von „Problemorientiertem Lernen" [20] oder „Entdeckungslernen" [21]: Gelernt wird am aktuellen Praxisproblem (inhaltlich), häufig sogar direkt am Arbeitsplatz bzw. während der Projektarbeit (raum-zeitlich). Wissen soll genau dann beschafft und Lernprozesse sollen dann vollzogen werden, wenn sie im Sinne einer optimalen Aufgabenerledigung und Projektbearbeitung benötigt werden („auf Abruf"). Dreh- und Angelpunkte des Lernens sind im betrieblichen Alltag auftauchende Probleme oder Fragen von unternehmensstrategischer Relevanz, die es über eine gezielte Beschaffung von Informationen, das Hinzuziehen fremder Expertise und den Aufbau eigener Kompetenzen zu bewältigen gilt. So findet neu erworbenes Wissen direkten Eingang in die betrieblichen Abläufe. Die Lernmotivation der Mitarbeiter ist hoch. Und die Lernerfolge lassen sich am Geschäftserfolg mit nachvollziehen.[2] Methoden, die einen solchen Lernansatz unterstützen, sind beispielsweise Action Learning-Projekte, Change Workshops sowie besondere Spielarten des Wissensmanagements (Yellow Pages, Best Practice-Datenbanken, Communities of Practice etc.).

2.2 Inhaltsachse: Strategie versus Operatives

Im Zuge der Abkehr vom Paradigma der strategischen Planung und der Hinwendung zu lern- und prozessorientierten Strategieansätzen ist der wichtige Zusammenhang von Strategie und Wissen bzw. Lernen in Organisationen thematisiert worden [22]: Organisationales Wissen und Expertise gehen einerseits als zentrale Planungsgröße in den Strategieprozess ein (vgl. den ressourcenorientierten Ansatz); zum anderen werden Wissen und Expertise auch während des Strategieprozesses, d.h. zur Strategieentwicklung, -umsetzung und -weiterentwicklung, gebraucht („Strategic Intelligence"; Strategie als kollektiver Referenzrahmen). Die Corporate University ist ein sichtbares

---

[2] Aus wissenschaftlicher Perspektive muss freilich davor gewarnt werden, Lernerfolg und Geschäftserfolg automatisch gleichzusetzen. Beides kann in gewissen Grenzen unabhängig voneinander variieren. So hängt Geschäftserfolg nicht ausschließlich von Lernerfolg ab (kaum beeinflussbare Faktoren wie Macht, Mode oder auch Zufall spielen eine nicht unwesentliche Rolle). Umgekehrt muss auch Geschäftserfolg nicht zwingend bedeuten, dass jemand etwas gelernt hat.

Resultat und Instrumentarium, mit Hilfe dessen diese Erkenntnisse in die Praxis umgesetzt werden können.

Im klassischen Strategiemodell waren Strategieprozess und operative Prozesse voneinander abgetrennt [23]: Die Hierarchen fällten strategische Entscheidungen, die Mitarbeiter setzten sie um (oder auch nicht), ohne dass zwischen beiden Gruppen in zentralen Fragen der Geschäftspolitik Berührungspunkte bestanden hätten. Dies führte einerseits zu Problemen der Strategieimplementierung, die auf ein mangelndes Verständnis und mangelnde Motivation der unbeteiligten Mitarbeiter zurückzuführen waren. Weiterhin führte es zu einer systematischen Überforderung der Hierarchiespitze, konnte sie doch niemals alle verfügbaren Informationen auswerten oder selbst über all die Expertise verfügen, die für eine angemessene Bearbeitung der strategischen Schlüsselfragen notwendig gewesen wäre. Demgegenüber stand die breite, verteilte Wissens- und Kompetenzbasis der Organisation, die für strategische Fragen jedoch weitestgehend ungenutzt blieb.

Corporate Universities versuchen an dieser Stelle eine institutionalisierte Verbindung zwischen Strategieprozess auf der einen Seite und der in den operativen Prozessen und Mitarbeitern verborgenen Intelligenz auf der anderen Seite herzustellen [24]. Als „Hort des organisationalen Wissens" zeichnen sie sich auf der Ressourcenebene für das intellektuelle Kapital des Unternehmens verantwortlich. Dieses geht als Größe in Überlegungen des strategischen Managements ein (ressourcenorientierte Strategieentwicklung [25]) und muss entsprechend strategischer Zielsetzungen und Rahmenbedingungen wieterentwickelt werden (strategieorientierte Management- und Personalentwicklung [26]). Zum andern greifen Corporate Universities selbst verändernd in den Strategieprozess ein: Sie richten Dialogplattformen aus, auf der sich Führungskräfte und Mitarbeiter verschiedener Hierarchieebenen begegnen und auf der strategische Entscheidungsfindungsprozesse auf eine breitere Basis gestellt werden können. Neben klassischer Strategiekommunikation kann hier potenziell auch strategisches Lernen stattfinden. Darüber hinaus organisiert und betreut sie strategisch relevante Business- und Change-Projekte, die ihrerseits strategische Neuorientierungen notwendig machen können. Unternehmen, die eine eigene Corporate University gründen, holen sich in diesem Zuge einen neuen strategischen Player ins Haus und werten das intellektuelle Kapital zur strategischen Schlüsselgröße auf.

2.3 Systemachse: Individuum versus Organisation

Das Verhältnis von Person und Organisation ist in Organisationstheorie und -praxis schon immer Gegenstand von Kontroversen und wechselnden Strömungen gewesen. Während klassische Managementansätze Personen gleichsam als Zahnräder einer großen Organisationsmaschine betrachteten, hatten humanistisch orientierte Zugänge Personen mit ihren Bedürfnissen nach Selbstbestimmung und -entfaltung thematisiert [27]. Mit

Bezug zu den Herausforderungen des Organisationswandels und des Organisationslernens haben jüngere Gestaltungsansätze wieder eher den Pol der Organisation in den Vordergrund gerückt. Corporate Universities und ähnlichen neuen Lernarchitekturen fällt nun die Aufgabe zu, Person und Organisation in ein Verhältnis zueinander zu setzen, welches den heutigen Anforderungen an „intelligente" Unternehmen gerecht wird.

Intelligente Unternehmen können nicht allein darauf vertrauen, Lern- und Entwicklungsaktivitäten auf der Ebene von Personen zu initiieren [28]. Ein solcher Fokus, gleich ob als Maßnahme der persönlichen Weiterentwicklung oder als stellvertretendes Lernen der Person für die Organisation gedacht, reduziert die Möglichkeit einer wechselseitigen Befruchtung von individuellen und organisationalen Lernprozessen: Individuell erworbenes Wissen findet so nur schwer Zugang zu organisationalen Prozessen und umgekehrt. Für die Organisation bedeutet dies, dass sie eine Menge an Wissen, Expertise und Veränderungsimpulsen nicht nutzen kann bzw. nicht verfügbar hat außer über den Umweg der Person (vgl. die damit verbundenen Probleme der Motivation, des Vergessens, der Fluktuation usw.). Für den einzelnen Mitarbeiter führt es dazu, dass er nicht systematisch vom Wissen anderer bzw. vom Wissen der Gesamtorganisation profitieren kann und auch sein neues Wissen nur schwer einbringen und wirksam werden lassen kann. Individuelles Lernen stößt hingegen dann auf fruchtbaren Boden, wenn es die organisationale Weiterentwicklung unterstützt oder konstruktiv „stört". Dies ist am ehesten dort gegeben, wo Lernen und Geschäfts- bzw. Strategieentwicklung Bestandteile ein- und desselben Prozesses sind. Hierbei wird deutlich, wie eng die Systemachse mit den anderen im Modell skizzierten Achsen verquickt ist. Der Systembezug neuer betrieblicher Lernarchitekturen geht an dieser Stelle jedoch über die klassische Dichotomie von Person und Organisation hinaus: Sobald die Weiterentwicklung von Produkten, Märkten, Strategien und Prozessen im Mittelpunkt stehen sind auch organisationsexterne Akteure wie beispielsweise Kunden, Zulieferer oder Kooperationspartner wichtige Teilnehmer in kollektiven Lernprozessen (vgl. die Begriffe des „interorganisationalen Lernens" oder des „Lernens entlang der Wertkette").

Auch wenn Lernarchitekturen wie Corporate Universities heute verstärkt den gezielten Wissens- und Kompetenzaufbau von Organisationen und den Beitrag von Entwicklungs- und Qualifizierungsmaßnahmen zum Unternehmenswert im Blick haben, so geht es nicht um eine einseitige Instrumentalisierung der Person für die Organisation. Vielmehr geht es um eine neue Form des Kontraktes zwischen der Organisation und den für sie arbeitenden Personen. Führungskräften und Mitarbeitern wird heute abverlangt, dass sie ihr Wissen kollektiv einbringen und zur Verfügung stellen und dass sie bereit sind, kontinuierlich fremdes Wissen in ihr Handeln zu integrieren. Deshalb bleibt es aber trotzdem immer auch ihr eigenes Wissen, welches sie für den Arbeitsmarkt und ihre weitere berufliche Zukunft qualifiziert („Employability").

2.4 Mediale Achse: Face-to-Face-Kommunikation versus virtuelle Kommunikation

Weiter oben ist der große Einfluss, den die neuen I&K-Technologien, insbesondere das Internet, auf die Wirtschaftswelt und den Bildungsmarkt ausüben, bereits angeführt worden. Corporate Universities sind organisationale Lerneinrichtungen, die den neuen Medien in besonderer Weise Beachtung schenken und versuchen, sie gewinnbringend in ihre Arbeit zu integrieren. Die Ansatzpunkte hierzu liegen auf der Hand: Die Firmenuniversitäten tragen Verantwortung dafür, unternehmensweite – und dies heißt zumeist globale – strategische Lern- und Kommunikationsprozesse zu stimulieren und zu unterstützen. Je größer die Anforderungen an globale Verbreitung, an Kosteneffizienz, an Schnelligkeit, Flexibilität und Aktualität dabei sind, desto weniger wird man ausschließlich auf direkte Kommunikation, klassische Trainingmaßnahmen und Face-to-Face-Veranstaltungen zurückgreifen können. Die neuen Technologien eröffnen diesbezüglich ganz neue Möglichkeiten [29]: Daten können schnell, aktuell und unabhängig von Ort und Zeit abgerufen und übermittelt werden. Kombiniert um ein strukturiertes Speicher- und Ablagesystem und intelligente Push- und Pullfunktionen wird daraus eine organisationsweite Wissensmanagement-Plattform. Moderne E-Learning-Angebote vermitteln Lerninhalte in multimedialer Aufbereitung bzw. als interaktive Denk- und Lern-Tools, die sich den individuellen Gepflogenheiten der Lerner (Vorwissen, Lernpräferenzen, Lernzeiten etc.) anpassen. Spezielle internetbasierte Kommunikations- und Konferenzmethoden unterstützen darüber hinaus die Alltagskommunikation mit Kollegen, in virtuellen Projektteams oder verteilten Seminargruppen.

In einzelnen Fällen besteht die Corporate University sogar ausschließlich im Angebot einer solchen virtuellen Wissens- und Lernplattform. Häufiger werden virtuelle Formen des Lernens und des Wissensaustausches jedoch in Kombination mit Formen des Präsenzlernens eingesetzt. Zum Beispiel scheint sich eine Form der Seminarorganisation – gerade im Bereich der Managementqualifizierung – durchzusetzen, wonach sich mehrere Präsenz-Seminarblöcke mit intermittierenden virtuellen Lern- und Projektphasen abwechseln. Auf diese Weise können die Präsenz-Lernphasen auch von der reinen Inhaltsvermittlung entrümpelt und für andere Formen des vertiefenden Lernens geöffnet werden (z.B. Diskurs, Kritik, Reflexion, Simulation, Anwendung usw.).

Die Corporate University tut im Sinne des globalen Zeit-, Kosten- und Kompetenzwettbewerbs gut daran, Formen der virtuellen Kommunikation und des virtuellen Lernens ernstzunehmen und mit ihnen gezielt zu experimentieren. Auf der anderen Seite erscheint es auch hier zentral, den Spannungsbogen zur Face-to-Face-Kommunikation aufrechtzuerhalten. Bestimmte Kompetenzen und bestimmte Formen des Wissens können nach wie vor nur im direkten Sozialkontakt erworben werden (man denke an persönlichkeits- und verhaltensorientierte Kompetenzen). Und auch der gelungene digitale „Wissenstransfer" ist auf bestimmte kognitive und motivationale Vorbedingungen angewiesen, die leichter face-to-face hergestellt werden können. Darauf haben gerade jüngste Forschungsergebnisse deutlich hingewiesen[30].

2.5 Institutionelle Achse: Unternehmen versus Universität

Bis vor kurzer Zeit waren Unternehmen und Universitäten relativ klar abgrenzbare institutionelle Bereiche:[3] Hier Einrichtungen des Wirtschaftssystems, die nach den Gesetzen von Geld und Markt funktionieren („Nutzenorientierung" [31]); dort Einrichtungen des Bildungs- und Wissenschaftssystems, deren primäres Ziel es ist, nach „Wahrheit" zu streben, Wissen und Erkenntnis zu entwickeln und sie an die nächsten Generationen weiterzugeben [32]. Diese deutliche Abgrenzung – auch hierfür ist die Einrichtung der Corporate University ein gutes Beispiel – befindet sich wie oben angedeutet in der heraufziehenden Wissensgesellschaft und -ökonomie in einem Auflösungsprozess. Unternehmerische Logik und Wissenslogik geraten in unmittelbare Berührung zueinander und vermengen sich: Wirtschaftlicher Erfolg basiert auf Wissen und dessen permanenter Weiterentwicklung. Umgekehrt wird Wissen kommerziell, es entsteht ein globaler Markt für Wissen und Bildung. Dieser Wissensmarkt schließt potenziell alle Akteure mit ein, die Wissen in irgendeiner Form produzieren, veredeln, vermarkten oder konsumieren. Er geht quer zu den traditionellen Systemgrenzen von Wirtschaft, Wissenschaft und Bildung und damit auch von Unternehmen und Universitäten. Er erfordert auf allen Seiten ein neues Denken und eine Neupositionierung der eigenen Aktivitäten.

Corporate Universities sind ein Ergebnis dieser Neupositionierung, die auch institutionelle Veränderungen umfasst, auf Seiten der Unternehmen. (Groß-)Unternehmen wollen ihre Kompetenzen und die ihrer Mitarbeiter heute in Eigenregie und in enger Anlehnung an die Unternehmensziele und -strategien weiterentwickeln [33]. Sie wollen dabei weltweit unter den besten Anbietern von Wissen und Wissensdienstleistungen auswählen können, den Zuschnitt der Angebote – bis hin zu akademischen Abschlüssen [34] – aktiv mitbestimmen und alle Möglichkeiten, die die neuen Medien für globale Wissens- und Lernprozesse bieten, nutzen. Den Modellen des Just-in-Time-Learning und des lebenslangen Lernens folgend suchen sie nach modulartigen Wissens- und Lernangeboten, die nicht nur in einem bestimmten Lebensabschnitt oder zu lange im voraus festgelegten Terminen in Anspruch genommen werden können. Ferner wehren sie sich gegen ein Verhältnis der Wissenschaft zur Praxis, das der Theorie den Primat vor der Praxis gibt. Der Glaube an wissenschaftliche „Wahrheiten" ist gedämpft; man weiß, was man von

---

[3] Dies gilt strenggenommen nicht für alle Bereiche von Wissenschaft. So gibt es beispielsweise im technischen und naturwissenschaftlichen Bereich schon seit langem enge Verbindungen zwischen Wirtschaft und Wissenschaft. Dabei sind – insbesondere aus Gründen der Finanzierung und der Vermarktung – ganze Forschungsbereiche in den privatwirtschaftlichen Sektor übergegangen (vgl. als jüngstes Beispiel etwa die Genforschung und die Biotechnologie). Im vorliegenden Zusammenhang stehen eher die wirtschafts- und sozialwissenschaftlichen Disziplinen im Vordergrund.

der Wissenschaft zu erwarten hat und wie man sie in Unternehmen gezielt einsetzen kann (z.B. als Anstoßgeber, Lieferant geistiger Landkarten, Reflexionspartner usw.). Man weiß auch, dass Wissensentwicklung und -vermittlung längst keine Sache der universitären Wissenschaft mehr allein ist: So wird in Unternehmen nicht nur praxisorientiert gelehrt und gelernt, sondern auch eine eigene Form der Praxisforschung betrieben. Letzteres versucht Jarvis [35] mit dem Begriff des „Practitioner-Reseacher" zu fassen:

> Practitioner-researchers are practitioners and frequently undertaking work-based research. Yet the image of researchers has been one of outsiders, usually university-based, coming into the world of practice, seeking to understand it, and disseminating the discovered facts to other interested people both within and outside practice. It is almost as if the universities were implying that the world of practice was a foreign domain to them; they need to study it so they can tell others what it is all about. But that image is disappearing, and with it the idea that we can discover empirical facts that can be reported as „truths" to the outside world. Now the ephemeral events of practice are studied from within, and the interpretative reports are recognized as interpretations of a transient reality. (p. 181)

Die Frage, wie sich (deutsche) Universitäten und Business Schools diesen neuen Anforderungen stellen können und welche neuen Kooperationsformen zwischen Unternehmen und Universitäten denkbar sind, soll in den nun folgenden Abschnitten genauer beleuchtet werden.

3. The Business of Schools – traditionelle Universitäten im Wandel

Natürlicherweise bleiben Universitäten und andere Institutionen des öffentlichen Bildungssektors von den soeben skizzierten Veränderungen nicht unberührt: In einer Gesellschaft, innerhalb derer sich die verschiedenen gesellschaftlichen Funktionssysteme, allen voran das Wirtschaftssystem, aber auch Einzelpersonen ihr Wissen zunehmend selbst organisieren und bereitstellen (vgl. Corporate Universities, E-Learning), geraten die klassischen Institutionen des Bildungs- und Wissenschaftssystems unter Druck. Sie können kein Monopol mehr auf die Erzeugung, Speicherung und Vermittlung von Wissen erheben; ihre ureigenste Funktion scheint in Frage gestellt [36]. Dementsprechend ist die Reformdebatte an den Hochschulen und in der Hochschulpolitik wieder voll entbrannt, allerdings mit einem deutlich anderen Akzent als während der vergangenen zwanzig, dreißig Jahre: Es geht nicht mehr um gutgemeinte Reformen von innen, sondern es geht um das eigene Überleben auf einem radikal veränderten Bildungsmarkt und damit um ein grundsätzliches Überdenken der eigenen Geschäftsgrundlage [37].

Es wäre nun angesichts eines solchen Bedrohungsszenarios ein Leichtes, pauschal den Abgesang auf die (deutsche) Universität anzustimmen. Auf der anderen Seite verweist die Tatsache, dass Corporate Universities auf breiter Ebene mit Business Schools und Universitäten aus dem internationalen Raum kooperieren, darauf, dass Hochschulen offenbar einen nicht unwesentlichen Anteil am Erfolg der neuen betrieblichen Lernarchitekturen haben (können). Ähnliches lässt sich auch für die privaten Bildungskonsortien und virtuellen Universitäten berichten, die ebenfalls in großem Umfang auf Dienstleistungen internationaler Business Schools zurückgreifen. Die Frage ist, nach welchen Spielregeln solche Kooperationen funktionieren bzw. was die Basis für den Erfolg derartig neuer Geschäftsmodelle von Universitäten ist. Mit dem besonderen Blick auf den Bereich der Managementqualifizierung und -entwicklung wird es deshalb abschließend darum gehen zu untersuchen, welche Anforderungen heute an die Aus- und Weiterbildung von General Managern bestehen, wie der Markt für Corporate Management Education beschaffen ist, was Universitäten diesbezüglich leisten und einbringen können und wo sie sich weiterentwickeln müssen, um sich erfolgreich zu positionieren. Während sich in den Unternehmen mittlerweile deutlicher herauskristallisiert hat, wie sie sich auf die neuen Erfordernisse der Wissensökonomie einstellen (vgl. das oben aufgezeigte Modell), sind die Entwicklungen im Hochschulbereich – insbesondere in Deutschland – hier noch offener.

3.1 Anforderungen an Wissen und Kompetenzen eines Managers

Stellt man die Frage nach dem Mehrwert, den Universitäten in der Aus- und Weiterbildung von Managern stiften können, so ist es sinnvoll, in einem ersten Schritt zu klären, welches Wissen und welche Kompetenzen ein Manager heutzutage benötigt, um seinen Beruf ausüben zu können. In Anlehnung und Erweiterung der Ausführungen von Watson [38] können diesbezüglich mindestens vier verschiedene Arten managerialen Wissens bzw. managerialer Kompetenzen unterschieden werden: (1) Allgemeine intellektuelle und soziale Fähigkeiten, inklusive kultureller Kenntnisse und Techniken (Lesen, Schreiben, Kommunizieren usw.), (2) Allgemeines General Management-Wissen (z.B. über das Wirtschaftssystem, die Funktionsweise von Unternehmen, bekannte Methoden der Unternehmenssteuerung usw.), (3) Management Skills (Führung, Teamarbeit, Entscheidungsfindung, Konfliktmanagement etc.) und (4) Unternehmensspezifisches Wissen (Branche, Produkte, Märkte, Kernkompetenzen, Unternehmenskultur und -strategie).

Schulen und Universitäten decken üblicherweise die ersten beiden Kompetenzbereiche ab: Allgemeine Grundfertigkeiten und kulturelles Wissen werden an Schulen vermittelt,[39] während grundlegendes Management-Knowhow in spezialisierten Studiengängen an Universitäten bzw. Business Schools erworben werden kann. Die Schulung von

Management Skills – darauf hat insbesondere Mintzberg mehrfach hingewiesen [40] – wird an Business Schools tendenziell vernachlässigt: Business Schools legen zwar großen Wert auf Sachverstand, analytische Fähigkeiten und die Anwendung von Tools, weniger jedoch auf die Entwicklung der Managerpersönlichkeit und auf Sozialkompetenz. Letzteres bildet sich entweder learning-by-doing in der Unternehmenspraxis heraus oder wird berufsbegleitend in Trainings und Seminaren geschult. Das unternehmensspezifische Wissen erwirbt der Manager ebenfalls im Laufe der firmeninternen Sozialisation und über firmeneigene Veranstaltungen und Qualifizierungen wie sie auch von Corporate Universities angeboten werden.

Diese Aufschlüsselung macht zweierlei deutlich: Zum einen existiert ein eigenständiger Bereich, in dem Universitäten und Business Schools wesentlich zur Aus- und Weiterbildung von Managern beitragen: Der Bereich des grundlegenden General Management-Wissens (eventuell ergänzt um Management Skills, falls Universitäten fähig und willens sind, diesen Bereich zukünftig professionell mitabzudecken [41]). Den Kompetenzbereich des managerialen Grundlagenwissens will, so ist regelmäßigen Beteuerungen zu entnehmen [42], die Corporate University der traditionellen Universität auch gar nicht streitig machen; im Gegenteil: Sie will hierzu Universitäten in ihr Angebot miteinbinden.

Dies heißt zweitens, dass potenziell – was Inhalte und Knowhow betrifft – auch deutsche Universitäten dazu fähig wären, mit Corporate Universities zu kooperieren. Stauss merkt hierzu an:

> Die Qualität der betriebswirtschaftlichen Forschung und Lehre hält internationalem Vergleich stand. ... In Deutschland redet man so, als sei das Konzept der Corporate University strukturell mit einer Harvard-Allianz verknüpft. ... Faktisch werden deutsche Universitäten die jeweiligen Beiträge aber nur leisten können, wenn sie selbst zu erheblichen Veränderungen bereit und in der Lage sind. [43]

Der letzte Satz verweist bereits darauf, dass es auf dem Markt für Corporate Management Education jedoch möglicherweise nicht nur auf Inhalte und Kompetenzen ankommt.

3.2 Der Markt für Corporate Management Education

In einer Studie von Segev, Raveh & Farjoun [44] sind die 25 führenden Business Schools der USA auf die inhaltliche Ausgestaltung ihrer MBA-Studiengänge hin untersucht worden. Von besonderem Interesse war die Frage, ob sich bestimmte Inhalte bzw. Inhaltskonstellationen in der Position der Business School im Hochschulranking (Business Week) niederschlagen würden. Das Ergebnis zeigte deutlich, dass die Inhalte der

Curricula für sich genommen kein ausschlaggebender Faktor für ein bestimmte Position im Ranking waren. Innerhalb der fünf deduzierten strategischen Gruppen befand sich jeweils eine herausragende Business School, die einen der ersten fünf Ränge belegte. Diese und andere Evidenzen legen die Schlussfolgerung nahe, dass es auf dem Markt für Corporate Management Education andere, wichtigere wettbewerbskritische Faktoren gibt, die es für eine Neupositionierung deutscher Universitäten zu beachten gilt.

Hinweise dazu liefern jüngste Erfahrungsberichte von Wissenschaftlern, die mit Corporate Universities gearbeitet haben [45] sowie empirische Untersuchungen zur Rolle von Business Schools im Bereich Corporate Management Education [46]. Moore [47] nennt sechs Faktoren, die den zukünftigen Wettbewerb in der Managementqualifizierung bestimmen werden: Die Reputation der Institution, ihre Reaktionsschnelligkeit im Hinblick auf neue Themen und Methoden, die Praxisrelevanz der vermittelten Inhalte, die Frage der globalen Reichweite (Lernallianzen, Distance Learning usw.), die verfügbaren Ressourcen und die Kosten-Nutzen-Relation der angebotenen Produkte. Prince & Stewart [48] unterteilen den Markt in unterschiedliche Teilsegmente und machen deutlich, dass die Spielregeln in jedem Segment unterschiedlich gelagert sind (siehe auch Abbildung 3): Im obersten Segment, den Maßnahmen für das Top Management (Executive Education), spielt die internationale Reputation der durchführenden Institution oder Person eine herausragende Rolle. Prince und Stewart haben herausgefunden, dass die Wahrnehmung von Reputation in diesem Zusammenhang äußerst veränderungsresistent ist. Die Markteintrittsbarrieren in das Top-Segment sind sehr hoch, und nur Schulen mit langer Tradition und von bestem Ruf (z.B. Harvard, MIT, Wharton) bekommen Zutritt. Das mittlere Segment, die General-Management-Trainings für das höhere Management bzw. für High Potentials, ist größtenteils von MBA-Programmen und ähnlichen Angeboten geprägt. Hier ist solide Vermittlung von Managementwissen gefragt und man orientiert sich an Hochschulrankings, die Aussagen über die Reputation der Hochschule bei Dozenten und Personalverantwortlichen sowie den „Marktwert" der Absolventen (Anzahl der Jobangebote, Einstiegsgehalt etc.) treffen. Im untersten Segment, den Weiterbildungsangeboten für das untere bis mittlere Management, sind die Anforderungen andere: Bevorzugt werden Maßnahmen mit einem vorteilhaften Kosten-Nutzen-Verhältnis, die durchaus auch von lokalen oder regionalen Universitäten erbracht werden können.

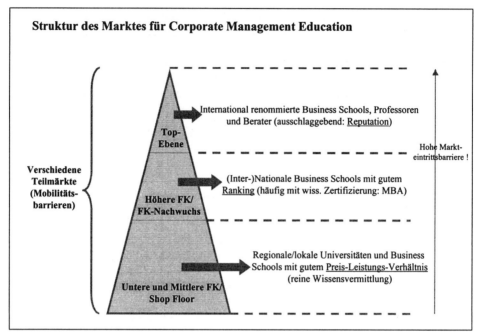

Abbildung 3: Der Markt für Corporate Management Education

Die hier nur kurz skizzierte Struktur des Marktes für Corporate Management Education wirft für alle deutschen Universitäten und Business Schools strategisch relevante Fragen auf: Welches Teilsegment und welche Zielgruppe soll bedient werden? Worauf soll sich der eigene Wettbewerbsvorteil gründen? Wie kann man sich im Profil von anderen Anbietern unterscheiden?

> Traditional business schools need now to face some hard questions. How will you compete? Will you become the most effective distance learning provider? Will you develop truly sustainable advantage by being the best supplier to of a particular type of industry? Will your pedagogy be so leading-edge that students will identify you as the most innovative? Will you be the leading entrepreneurship school ...? [49]

Dies gilt im übrigen ebenso für die US-amerikanischen Business Schools. Auch wenn sie bereits seit längerem Weiterbildungsangebote für Manager im Programm haben, so sind diese zum Teil inhaltlich und didaktisch überholt [50] und sie unterscheiden sich nicht wesentlich zwischen den verschiedenen Anbietern. Die amerikanischen Business Schools haben Differenzierungsprobleme. Und sie kämpfen momentan auch mit der

Frage, wie sie den Herausforderungen der Virtualisierung des Lehrens und Lernens begegnen sollen [51],[52].

3.3 Strategische Herausforderungen und Kooperationsmöglichkeiten

Greift man einige der strategischen Schlüsselfaktoren des Marktes für Management Education heraus und fragt nach dem jeweiligen Entwicklungsstand, den die deutschen Hochschulen diesbezüglich erreicht haben, so ergibt sich folgendes Bild:

1. *Internationale Reputation*: Kaum eine deutsche Universität kann sich derzeit rühmen, in Forschung und Lehre einen erstklassigen internationalen Ruf zu genießen, erst recht nicht im Bereich der Management-Weiterbildung [53]. Sprachliche und kulturelle Barrieren, aber insbesondere auch die besondere Situation nach dem Zweiten Weltkrieg haben zu dieser „Inselsituation" geführt. Erst allmählich suchen und bekommen deutsche Forscher und Universitäten wieder Anschluss an die internationale Community. Dies bedeutet jedoch auch, dass es für deutsche Hochschulen kurz- bis mittelfristig sehr schwer sein wird, den Eintritt in das Top Segment der Executive Education zu schaffen, vorausgesetzt die Anspruchslage von Managern und Unternehmen in diesem Feld bleibt konstant. Da der Aufbau einer entsprechenden universitären Marke kein Prozess ist, der sich von heute auf morgen bewältigen lässt, deutet vieles darauf hin, dass deutsche Universitäten auf dem globalen Markt für Management Education am ehesten über das untere und mittlere Segment Fuß fassen können.

2. *Kunden-/Serviceorientierung*: Um die kundengerechte Entwicklung und Erbringung universitärer Leistungen scheint es in Deutschland – etwa im Vergleich zu den USA – ebenfalls eher schlecht bestellt zu sein [54]: Bildungsprodukte werden nicht konsequent auf die Bedürfnisse des Kunden hin zugeschnitten, sondern orientieren sich an Kompetenzen, Interessen und raum-zeitlichen Restriktionen des vorhandenen Lehrkörpers (Angebotsorientierung). Sie werden nicht ausreichend strategisch fokussiert und kaum aktiv vermarktet (Kompetenz-Portfolio, Hochschulmarketing, Produktvertrieb). Und es werden nur wenig begleitende Serviceleistungen angeboten, wie zum Beispiel Lernförderung, Berufs- und Karriereberatung, Coaching und Tutoring, Alumnibetreuung und ähnliches mehr. Die deutsche Universität, ursprünglich als persönlichkeitsbildende Institution gedacht, funktioniert seit den 70er Jahren nur noch als Massenuniversität [55]. Die besonderen Anforderungen, die Corporate Universities und ähnliche Einrichtungen an ihre universitären Partner stellen (z.B. maßgeschneiderte Angebote mit Strategie- und Handlungsbezug, Wissen auf Abruf, Interdisziplinarität, Internationalität, Methodenvielfalt), können deutsche Universitäten bislang nicht ausreichend erfüllen. All diese Kritikpunkte treffen direkt ins Mark

der spezifischen Organisations- und Steuerungsform, die für die meisten deutschen Universitäten immer noch geltende Realität ist: die Regulierung durch Staat und Politik. Sie wirkt einer Orientierung am Markt prinzipiell entgegen.[4] Ohne deutlichere Marktorientierung und managementgerechte Strukturen werden deutsche Hochschulen in internationalen Bildungsarenen und im Zusammenspiel mit Unternehmen als Auftraggebern jedoch nur sehr schwer Fuß fassen können.

3. *Virtualisierung*: Studien zur Virtualisierung an deutschen Hochschulen [56] kommen zu dem Ergebnis, dass einerseits schon an vielen Universitäten mit Formen des Distance Learning experimentiert wird, hauptsächlich auf Initiative und im Rahmen einzelner Disziplinen (Informatiker, Wirtschafts- und Naturwissenschaftler). Die entsprechende Projektlandschaft scheint jedoch sehr zersplittert und unübersichtlich zu sein. Standardisierte Systeme, die für den universitätsweiten und -übergreifenden Gebrauch geeignet wären, breite Erfahrungen oder gar Geschäftsmodelle, die auf eine gezielte Vermarktung und den regulären Geschäftsbetrieb abzielen, sind nur selten anzutreffen. Hier dürfte sich die Situation jedoch binnen der kommenden Jahre ändern: Universitäten sind im Begriff, entweder eigene virtuelle Plattformen zu eröffnen, sich zusammenzuschließen (z.B. innerhalb der Bundesländer) oder ihre Inhalte an private Bildungskonsortien und virtuelle Universitäten zu verkaufen. Für deutsche Hochschulen könnte die Virtualisierung auch deshalb eine interessante Option darstellen, weil sie eine Eintrittstür in den globalen Bildungsmarkt und bestimmte Bereiche der Management Education sein kann, die selbst von renommierten amerikanischen Business Schools so (noch) nicht abgedeckt werden [57].

Eine solche fokussierte Bestandsaufnahme zeigt, dass für deutsche Universitäten ein nicht unerheblicher strategischer und struktureller Entwicklungsbedarf besteht: Die Fragen der Internationalisierung, des Aufbaus von internationaler Reputation, der stärkeren Kunden- und Marktorientierung, des Einstiegs in die Postgraduierten-Weiterbildung und der Virtualisierung haben mittlerweile die gesamte Hochschullandschaft erfasst und erfordern ein radikales Überdenken bisheriger Geschäftsmodelle. Dies gilt insbesondere dann, wenn die Annahme zutrifft, dass in der globalen Wissensökonomie bzw. einem zunehmend kommerzialisierten Bildungsmarkt Bindungen zu Unternehmen und privaten (zum Teil rein virtuellen) Bildungsanbietern für Universitäten unerlässlich sein werden. Diese besitzen viel modernere und kundengerechtere Vertriebskanäle für Wissen und Bildungsleistungen; die Universität ist nurmehr wegen der Expertise ihrer Forscher und als unabhängige Reibungs- und Reflexionsfläche interessant. Je nach dem, wie sich Universitäten im einzelnen strategisch positionieren werden, können Kooperationen mit Corporate Universities und internationalen Bildungskonsortien sehr unterschiedlich aussehen [58]: Das Spektrum reicht von der Rolle des reinen Zulieferers von Wissen (z.B.

---

[4] Gleichzeitig gilt auch, dass die staatliche Regulierung von Universitäten (solange sie noch finanzierbar ist) eine schützende und bewahrende Funktion hinsichtlich der eigenen institutionellen Unabhängigkeit, des Überlebens einzelner Fächer und der gleichen Zutrittschancen unabhängig von Geld und Status einnimmt.

„Content"-Lieferant für Distance Learning) und vom Anbieter standardisierter Trainings- und Seminarprodukte bis hin zu engen Lernpartnerschaften zwischen Unternehmen und Universität, in der die Prozesse der Wissensentwicklung und -vermittlung wechselseitig eng miteinander verwoben sind. Die Grundlagen für die Teilnahme am Wettbewerb – Economies of Scale auf der einen, Customizing auf der anderen Seite – sind je nach gewähltem Geschäftsmodell sehr verschieden und unterschiedliche Entwicklungswege scheinen vorgezeichnet. Letztlich drängt sich die Frage auf, ob es Universitäten darüber noch verhindern können, selbst zu Unternehmen zu werden [59].

Literaturverzeichnis

[1] PRIDDAT, B. P., Universities on Markets - Zwölf Thesen, in: Forschung & Lehre, (2000)10, S. 519-521.

[2] DAVIS, S./BOTKIN, J., The Monster Under The Bed, Simon & Schuster, New York 1994, S. 84-85.

[3] WIMMER, R., Wider den Veränderungsoptimismus. Zu den Möglichkeiten und Grenzen einer radikalen Transformation von Organisationen, in: Soziale Systeme, 5(1999)1, S. 159.

[4] STEWART, T. A., Intellectual Capital: The New Wealth of Organizations, Doubleday, New York 1997.

[5] QUINN, J. B., Intelligent Enterprise: A Knowledge and Service Based Paradigm for Industry, Free Press, New York 1992.

[6] Der vorliegende Beitrag erhebt zunächst nur den Anspruch, einige relevante Trends im Bildungsbereich, speziell in der Postgraduierten-Weiterbildung, zu skizzieren und auf tatsächliche bzw. potenzielle Konsequenzen für Unternehmen und Universitäten hin zu befragen. Eine eingehendere theoretische Analyse der komplexen Zusammenhänge im Bildungssystem – etwa aus dem Blickwinkel der Soziologie (Erziehung als gesellschaftliches Funktionssystem, siehe LUHMANN, N./SCHORR, K.E., Zwischen System und Umwelt. Fragen an die Pädagogik, Suhrkamp, Frankfurt 1996.) oder der Ökonomie (Bildung als öffentliches Gut, Markt- vs. Staatsversagen, vgl. KERBER, W., Bildung, Forschung und Entwicklung: Grenzen staatlicher Politik aus der Perspektive des internationalen Wettbewerbs, in: D. Cassel (Hrsg.), 50 Jahre Soziale Marktwirtschaft. Schriften zu Ordnungsfragen der Wirtschaft, Bd. 57 (S. 321-365), Poeschel, Stuttgart 1998.) – kann an dieser Stelle nicht geleistet werden.

[7] JARVIS, P., Public Recognition of Lifetime Learning, in: Lifelong Education in Europe, 1(1996)1, S. 10-17.

[8] WILLKE, H., Wissensarbeit, in: Zeitschrift für Organisationsentwicklung, (1997)3, S. 4-18.

[9] WILLIAMS, R.L./COTHREL, J., Four Smart Ways to Run Online Communities, in: Sloan Management Review, Summer 2000, S. 81-91.

[10] Vgl. hierzu BERTELSMANN STIFTUNG/HEINZ NIXDORF STIFTUNG (Hrsg.), Studium online. Hochschulentwicklung durch neue Medien, Verlag Bertelsmann Stiftung, Gütersloh 2000; IVES, B./JARVENPAA, S. L., Will the Internet Revolutionize Busi-

ness Education and Research?, in: Sloan Management Review, Spring 1996, S. 33-41.

[11] EVANS, P.B./WURSTER, T.S., Strategy and the New Economics of Information, in: Harvard Business Review, September – October 1997, S. 71-82.

[12] HÄMÄLÄINEN/WHINSTON/VISHIK, zitiert in: Kraemer, W., Education Brokerage – Wissensallianzen zwischen Hochschulen und Unternehmen, in: Information Management & Consulting, 14(1999)1, S. 23.

[13] IVES, B./JARVENPAA, S. L., Will the Internet Revolutionize Business Education and Research?, in: Sloan Management Review, Spring 1996, S. 35.

[14] GLOTZ, P., Einleitung, in: Bertelsmann Stiftung & Heinz Nixdorf Stiftung (Hrsg.), Studium online. Hochschulentwicklung durch neue Medien (S. 9-12), Verlag Bertelsmann Stiftung, Gütersloh 2000, S. 10.

[15] vgl. DAVIS, S./BOTKIN, J., The Monster Under The Bed, Simon & Schuster, New York 1994, S. 23 ff.

[16] EBENDA, S. 15.

[17] PRINCE, C./STEWART, J., The Dynamics of the Corporate Education Market and the Role of Business Schools, in: Journal of Management Development, 19(2000)3, S. 212

[18] TÖPFER, A., Corporate Universities als Intellectual Capital, in: Personalwirtschaft, (1999)7, S. 35

[19] Vgl. die dokumentierten Beispiele in: HILSE, H., Kognitive Wende in Management und Beratung, Wissensmanagement aus sozialwissenschaftlicher Perspektive, Deutscher Universitäts-Verlag, Wiesbaden 2000; KRAEMER, W., Corporate Universities – Ein Lösungsansatz für die Unterstützung des organisatorischen und individuellen Lernens, in: Zeitschrift für Betriebswirtschaft, Ergänzungsheft 3/2000, S. 107-129; MÜLLER, M., Virtual Corporate University – DaimlerChrysler geht neue Wege in Executive Education und Knowledge Management, in: Information Management & Consulting, 14 (3), 1999, S. 94-96; NEUMANN, R./VOLLATH, J. (HRSG.), Corporate Universities, Strategische Unternehmensentwicklung durch maßgeschneidertes Lernen, A&O des Wissens, Zürich; TÖPFER, A., Corporate Universities als Intellectual Capital, in: Personalwirtschaft, 7, S. 32-37; DEISER, R., Corporate Universities – Modeerscheinung oder strategischer Erfolgsfaktor?, in: Organisationsentwicklung, 17(1998)1 S. 36-49; DAVIS, S./BOTKIN, J., The Monster Under The Bed, Simon & Schuster, New York 1994; TICHY, N. M./SHERMAN, S., Control Your Destiny Or Someone Else Will, Doubleday, New York 1993; WIGGENHORN, W., The Motorola University – mit Bildung wettbewerbsfähig bleiben, in: Harvard Manager, (1992)1, S. 56-67.

[20] GRÄSEL, C./MANDL, H., Problemorientiertes Lernen: Anwendbares Wissen fördern, in: Personalführung, 32(1999)6, S. 54-62.

[21] JARVIS, P., The Practitioner-Researcher - Developing Theory from Practice, Jossey-Bass, San Francisco 1998, S. 18.

[22] Vgl. DEISER, R., Strategisches Management im Wandel: Vom Planungsparadigma zum "Organizational Learning", in: Hoffmann, M./Al-Ani, A. (Hrsg.), Management Forum: Neue Entwicklungen im Management, Physica, Heidelberg 1994; HILSE, H., Wissen, Sinn und Strategie: Skizze zu einem prozessorientierten Wissensmanagement, in: K. Götz (Hrsg.), Wissensmanagement – zwischen Wissen und Nichtwissen, Rainer Hampp, München 1999, S. 157-176.

[23] siehe hierzu SCHREYÖGG, G., Strategische Diskurse: Strategieentwicklung im organisatorischen Prozess, in: Organisationsentwicklung, 17(1998)4, S. 34 ff.

[24] HILSE, H., Kognitive Wende in Management und Beratung. Wissensmanagement aus sozialwissenschaftlicher Perspektive, Deutscher Universitäts-Verlag, Wiesbaden 2000, S. 332 ff; HILSE, H., „Ein Himmelszelt in der Online-Welt": Der Beitrag von Corporate Universities zum unternehmensweiten Wissensmanagement, Arbeitspapier (zur Veröffentlichung eingereicht), Private Universität Witten/Herdecke, 2000.

[25] Vgl. HAMEL, G./PRAHALAD, C. K., Competing for the Future, Harvard Business School Press, Boston 1994.

[26] siehe STIEFEL, R. TH., Strategieumsetzende Führungskräfteentwicklung im lernenden Unternehmen, in: Zeitschrift Führung + Organisation, (1997)5, S. 260-263.

[27] ARGYRIS, C., Integrating the Individual and the Organization, Wiley, New York 1964.

[28] WILLKE, H., Systemisches Wissensmanagement, Lucius & Lucius UTB, Stuttgart 1998, S. 6.

[29] Vgl. z.B. KRAEMER, W./MÜLLER, M., Virtuelle Corporate University – Executive Education Architecture und Knowledge Management, in: A.W. Scheer (Hrsg.), Electronic Business und Knowledge Management – Neue Dimensionen für den Unternehmenserfolg, Heidelberg 1999, S. 491-525.

[30] Vgl. BROWN, J. S./DUGUID, P., The Social Life of Information, Harvard Business School Press, Boston 2000; HILSE, H., Kognitive Wende in Management und Beratung, Wissensmanagement aus sozialwissenschaftlicher Perspektive, Deutscher Universitäts-Verlag, Wiesbaden 2000; HILSE, H., „Ein Himmelszelt in der Online-Welt": Der Beitrag von Corporate Universities zum unternehmensweiten Wissens-

management, Arbeitspapier (zur Veröffentlichung eingereicht), Private Universität Witten/Herdecke 2000.

[31] Vgl. BAECKER, D., Die Form des Unternehmens, Suhrkamp, Frankfurt 1993.

[32] STICHWEH, R., Wissenschaft, Universität, Professionen, Soziologische Analysen, Suhrkamp, Frankfurt 1994.

[33] MOORE, T. E., The Corporate University: Transforming Management Education, in: Accounting Horizons, 11(1997)1, S. 78.

[34] vgl. KEITHLEY, D./REDMAN, T., University-industry partnerships in management development, A case study of a „world-class" company, in: Journal of Management Development, 16(1997)3, S. 154-166.

[35] JARVIS, P., The Practitioner-Researcher - Developing Theory from Practice, Jossey-Bass, San Francisco 1998.

[36] DAVIS, S./BOTKIN, J., The Monster Under The Bed, Simon & Schuster, New York 1994, S. 15; Ives, B. & Jarvenpaa, S.L., Will the Internet Revolutionize Business Education and Research?, in: Sloan Management Review, Spring 1996, S. 33.

[37] Vgl. zu dieser Debatte MÜLLER-BÖLING, D., Die entfesselte Hochschule, Verlag Bertelsmann Stiftung, Gütersloh 2000; LASKE, S./SCHEYTT, T./MEISTER-SCHEYTT, C./SCHARMER, C.O., Universität im 21. Jahrhundert, Zur Interdependenz von Begriff und Organisation der Wissenschaft, Rainer Hampp, München 2000; BERTELSMANN STIFTUNG/HEINZ NIXDORF STIFTUNG (HRSG.), Studium online - Hochschulentwicklung durch neue Medien, Verlag Bertelsmann Stiftung, Gütersloh 2000; PRIDDAT, B. P., Universities on Markets - Zwölf Thesen, in: Forschung & Lehre, (2000)10.

[38] WATSON, S. R., The Place for Universities in Management Education, in: Journal of General Management, 19(1993)2, S. 14-42.

[39] Dass hier große Kulturunterschiede z.B. zwischen Deutschland und den USA zu berücksichtigen sind, zeigt das Beispiel der Morotola University (vgl. WIGGENHORN, W., The Motorola University – mit Bildung wettbewerbsfähig bleiben, in: Harvard Manager, (1992)1,S. 56-67.): Eine große Aufgabe für die Motorola University bestand in den Anfangsjahren erst einmal darin, den vielen ungelernten Mitarbeitern mit Hilfe örtlicher Colleges Lesen und Schreiben beizubringen.

[40] z.B. MINTZBERG, H., Mintzberg on Management, Free Press, New York 1998, S. 84.

[41] vgl. hierzu auch WALGER, G., Die Universität in der Wissensgesellschaft, Wittener Diskussionspapier Nr. 61, Fakultät für Wirtschaftswissenschaft, Private Universität Witten/Herdecke, 2000.

[42] MÜLLER, M., Virtual Corporate University – DaimlerChrysler geht neue Wege in Executive Education und Knowledge Management, in: Information Management & Consulting, 14(1999)3, S. 96; MOORE, T. E., The Corporate University: Transforming Management Education, in: Accounting Horizons, 11(1997)1, S. 82

[43] STAUSS, B., Die Rolle deutscher Universitäten im Rahmen einer Corporate University, in: Neumann, R./Vollath, J. (Hrsg.), Corporate Universities - Strategische Unternehmensentwicklung durch maßgeschneidertes Lernen, A&O des Wissens, Zürich 1999, S. 141 ff

[44] SEGEV, E./RAVEH, A./FARJOUN, M., Conceptual Maps in the Leading MBA Programs in the United States: Core Courses, Concentration Areas, and the Ranking of the School, in: Strategic Management Journal, (1999)20, S. 549-565.

[45] vgl. MOORE, T. E., The Corporate University: Transforming Management Education, in: Accounting Horizons, 11(1997)1.

[46] z.B. PRINCE, C./STEWART, J., The Dynamics of the Corporate Education Market and the Role of Business Schools, in: Journal of Management Development, 19(2000)3.

[47] MOORE, T. E., The Corporate University: Transforming Management Education, in: Accounting Horizons, 11(1997)1.

[48] PRINCE, C./STEWART, J., The Dynamics of the Corporate Education Market and the Role of Business Schools, in: Journal of Management Development, 19(2000)3, S. 217.

[49] MOORE, T. E., The Corporate University: Transforming Management Education, in: Accounting Horizons, 11(1997)1, S. 84.

[50] DAVIS, S./BOTKIN, J., The Monster Under The Bed, Simon & Schuster, New York 1994, S. 15; IVES, B. & JARVENPAA, S.L., Will the Internet Revolutionize Business Education and Research?, in: Sloan Management Review, Spring 1996, S. 90 ff.

[51] Vgl. URDAN, T.A./WEGGEN, C.C., E-Learning: MBA.COM? – Strategies for Success in Online Education, WR Hambrecht & Co., Newsletter June 20, 2000; BRADSHAW, D., Deans Take On Dot-Com Interests, in: Financial Times, January 10th, 2000, S. 10.

[52] Aus dieser Perspektive erscheint es manchmal geradezu paradox, wenn sich deutsche und europäische Unternehmen fast ausschließlich amerikanische Business Schools als Partner für ihre Lern- und Entwicklungsmaßnahmen aussuchen (siehe hierzu kritisch PRINCE, C./STEWART, J., The Dynamics of the Corporate Education Market and the Role of Business Schools, in: Journal of Management Development, 19(2000)3, S. 218; STAUSS, B., Die Rolle deutscher Universitäten im Rah-

men einer Corporate University, in: Neumann, R./Vollath, J. (Hrsg.), Corporate Universities. Strategische Unternehmensentwicklung durch massgeschneidertes Lernen, A&O des Wissens, Zürich 1999, S. 144; PRIDDAT, B. P., Universities on Markets. Zwölf Thesen, in: Forschung & Lehre, (2000)10, S. 521) bzw. die deutschen Hochschulen den Drang entwickeln, das amerikanische Modell einfach zu imitieren.

[53] SATTELBERGER, T./HEUSER, M., Corporate University: Nukleus für individuelle und organisationale Wissensprozesse, in: Sattelberger, T. (Hrsg.), Wissenskapitalisten oder Söldner? Personalarbeit in Unternehmensnetzwerken des 21. Jahrhunderts, Gabler, Wiesbaden 1999, S. 231.

[54] STAUSS, B., Die Rolle deutscher Universitäten im Rahmen einer Corporate University, in: Neumann, R./Vollath, J. (Hrsg.), Corporate Universities. Strategische Unternehmensentwicklung durch maßgeschneidertes Lernen (S. 121-156), A&O des Wissens, Zürich, S. 145 ff; KRAEMER, W., Education Brokerage – Wissensallianzen zwischen Hochschulen und Unternehmen, in: Information Management & Consulting, 14(1999)1, S. 18.

[55] PRIDDAT, B. P., Universities on Markets - Zwölf Thesen, in: Forschung & Lehre, (2000)10, S. 520.

[56] LEHNER, F., Chancen und Grenzen der Virtualisierung an Hochschulen - Bestandsaufnahme und Bewertung der Situation in Deutschland, in: Zeitschrift für Betriebswirtschaft, Ergänzungsheft 3/2000, S. 57-72; KRAEMER, W., Education Brokerage – Wissensallianzen zwischen Hochschulen und Unternehmen, in: Information Management & Consulting, 14(1999)1.

[57] Vgl. die verschiedenen Nutzungsszenarien in KRAEMER, W., Education Brokerage – Wissensallianzen zwischen Hochschulen und Unternehmen, in: Information Management & Consulting, 14(1999)1, S. 20 ff.

[58] KEITHLEY, D./REDMAN, T., University-industry partnerships in management development - A case study of a „world-class" company, in: Journal of Management Development, 16(1997)3, 1997, S. 154 ff.

[59] Vgl. hierzu PRIDDAT, B. P., Universities on Markets - Zwölf Thesen, in: Forschung & Lehre, (2000)10, S. 519.

Prof. Dr. Martin K. Welge
Universität Dortmund, Dortmund
Boris Wernig
Universitätsseminar der Wirtschaft, Schloss Gracht, Erftstadt

Die Rolle von Business Schools in den Evolutionsphasen eines Corporate University Netzwerkes

1. Ausgangssituation

Die Verbreitung firmeneigener Universitäten, die so genannten Corporate Universities, findet weltweit in rasantem Tempo statt. Laut Expertenschätzungen werden die Corporate Universities die traditionellen Universitäten im Jahre 2010 zahlenmäßig überholt haben [1]. Nachdem in den USA bereits 1 600 Corporate Universities (CUs) etabliert sind, setzt sich dieser Trend auch in Deutschland fort. Obwohl hierzulande die Anzahl derartiger Institutionen noch überschaubar ist, kann man das Konzept Corporate University dennoch als das am schnellsten wachsende Segment höherer Bildung einschätzen [2].

Dem gegenüber weist auch der Markt der Business Schools eine hohe Wachstumsdynamik auf. Neben den etablierten Instituten gibt es zahlreiche Neugründungen von Business Schools, die entweder an eine Universität angeschlossen sind oder unabhängig und privatwirtschaftlich betrieben werden. In der Vergangenheit haben die Business Schools erheblich vom betrieblichen Weiterbildungsmarkt profitiert. Geht man davon aus, dass dieser Markt, der weltweit auf rund 70-100 Mrd. Dollar geschätzt wird, nicht im selben Maße wächst, stellt sich die Frage nach der zukünftigen Verteilung des Kuchens.

Ziel dieses Beitrages ist es, die zukünftigen Aufgaben von Business Schools vor dem Hintergrund der wachsenden Zahl an Corporate Universities zu diskutieren. Gemäß dem inhaltlichen Aufgabenspektrum einer CU und den Aufgaben im Zusammenhang mit dem Management von CU Netzwerken wird analysiert, ob sich diese beiden Konzepte eher konfliktär oder komplementär verhalten. Festzustehen scheint jedoch, dass das Geschäft der Business Schools einem grundlegenden Wandel unterliegt und die traditionellen (Präsenz-) Seminarveranstaltungen zunehmend in den Hintergrund rücken. Fraglich ist somit, wohin sich die zukünftigen Aufgaben und Kompetenzen einer Business School entwickeln sollten.

2. Inhaltliche Aufgaben und Funktionen von Corporate Universities

Die im Folgenden diskutierten Aufgaben und Funktionen gelten für sämtliche Erscheinungsformen von Corporate Universities. In Abhängigkeit von den verfolgten Zielen des Gründerunternehmens bekommen einige Aufgaben mehr Gewicht, andere wiederum werden nicht weiter verfolgt. Grundsätzlich charakterisieren diese Aufgaben und Funktionen jedoch die Institution einer Corporate University und werden von einigen Autoren als Abgrenzungsmerkmal gegenüber herkömmlichen Weiterbildungsabteilungen oder outgesourcten Trainingsabteilungen gewählt. Unter Gründerunternehmen wird im weiteren das Unternehmen verstanden, das die Implementierung einer CU plant oder bereits realisiert hat.

Die **Qualifikation von Mitarbeitern** ist eine basale Funktion der CU und wird in Form der Vermittlung geschäftsrelevanten Wissens erreicht. Die Performanceverbesserung und die Ausbildung werden dementsprechend auch als häufigstes Ziel der Corporate University Praxis genannt [3].Werden die Qualifikationsmaßnahmen nicht nur fachspezifisch sondern auch funktionsübergreifend (z.B. General Management Programme) durchgeführt, verbreitert sich das Einsetzbarkeitsspektrum der Mitarbeiter.

Die **Kulturbildung und die Vermittlung von Handlungsrahmen** stellen weitere wichtige Aufgaben einer CU dar. Beispielsweise fördern gemeinsame Veranstaltungen über Funktionsgrenzen hinweg das Gefühl der Zusammengehörigkeit und erhöhen die Transparenz über und das Verständnis für die Ziele der Organisation. Für das Top-Management bieten derartige Veranstaltungen eine gute Plattform, um einerseits die Handlungsrahmen zu vermitteln, andererseits aber auch ein Gefühl für die Stimmung der Mitarbeiter untereinander zu erleben.

Die **Implementierung strategischer Alternativen** stellt einen zentralen Vorteil der CU gegenüber den herkömmlichen Konzepten der Personalentwicklung dar. Die Implementierung gelingt zum einen über die Verbindung von Personal- und Organisationsentwicklung, zum anderen über die inhaltliche Nähe zum Top-Management. Die Nähe des Top-Managements wird über die Einbindung in die Entwicklungsmaßnahmen hergestellt. In einer Untersuchung von Meister [4] wurde die durchschnittliche Mitarbeit des Chief Executive Officers (CEO) auf einen Tag pro Monat beziffert, in 15% der untersuchten Unternehmungen verbrachten die obersten Chefs sogar drei bis vier Tage pro Monat in der CU. Bekannte Beispiele zur Strategieimplementierung bieten Motorola mit der weltweiten Umsetzung der Six-Sigma Strategie [5] sowie General Electric, die durch eine Kombination von Vermittlungstechniken und Einbindung des Top-Managements die Entbürokratisierung des Konzerns bewältigt haben [6]. Durch die Institutionalisierung von Gesprächskreisen (z.B. Kaminabende) bietet sich die Möglichkeit, nicht nur top-down zu planen, sondern durch Diskussionen zwischen Top-Management und Mitarbeitern ein gemeinsames Führungsverständnis zu erarbeiten [7] und das strategische Management zu einem unternehmensweiten kreativ-evolutionären Prozess zu entwickeln [8].

Die Realisierung **bereichsübergreifender Synergien**, verbunden mit dem **Abbau von Organisationsbarrieren** stellt angesichts der strategischen Bedeutung bereichsübergreifender Prozesse eine wesentliche Aufgabe zur Erhaltung oder Erlangung von Wettbewerbsvorteilen dar. Das Kennen lernen von Bedürfnissen und Perspektiven anderer Abteilungen wird gefördert. Außerdem werden über das Erlernen unterschiedlicher Denkweisen bei Mitarbeitern verschiedenster Disziplinen eigene Wahrnehmungs- und Deutungsmuster in Frage gestellt und das Wissen über Problemlösungsansätze und Vorgehensweisen erweitert. Noch weiter geht in diesem Zusammenhang wiederum General Electric, die die Idee der „boundaryless organization" nicht nur intra-, sondern interorganisatorisch interpretieren. Durch die Integration von Kunden und Lieferanten in Veranstaltungen des General Electric Management Development Institute werden organisationsübergreifende Prozesse definiert und optimiert.

Die **Standardisierung von Kernaktivitäten** selbst in stark dezentralen Organisationen kann durch einheitliche unternehmensweite Vermittlungsformen erzielt werden. Als Resultat bieten sich für die Unternehmung die Möglichkeiten des einheitlichen Auftritts (z.B. Disney), der Sicherung der Qualität (z.B. Unternehmensberatungen) oder auch der Realisierung von Skaleneffekten bei einheitlichen Beschaffungsprozessen (z.B. McDonalds) an.

Der Transfer von Wissen im Rahmen der Qualifizierung, der Standardisierung und der Kulturvermittlung stellt einen wesentlichen Teil der **Wissensmanagementaktivitäten** einer Corporate University dar. Darüber hinaus können CUs im Rahmen des Wissensmanagements des Gründerunternehmens weiter gehende Aufgaben wahrnehmen. Die SAP erhofft sich über die SAP University beispielsweise den Zugang zu existierenden unternehmensinternen Know-how Quellen zu erschließen [9].In Crotonville wurde im

Rahmen von Forschungen in Kooperation mit der Harvard Business School neues Wissen in Form von Managementinstrumenten wie „Management by objectives" und der „SWOT Analysis" generiert. Dieses Wissen wurde schließlich in den acht Ausgaben der so genannten „Blue Books" niedergeschrieben, die noch über Jahre hinaus ein wichtiges Element des Curriculums der bedeutendsten US-amerikanischen Business Schools bildeten.

Die Aufgabe der **Erhöhung der Effizienz der Bildungsausgaben** und **Flexibilisierung der Lernmaßnahmen** steht insbesondere bei stark **technikunterstützten CUs** im Vordergrund. Durch das Angebot von Computer-based Training, Web-based Training, Online Bibliotheken etc. finden insbesondere die individuellen Weiterbildungsmaßnahmen am Arbeitsplatz oder zu Hause statt. Effizienzgewinne werden in diesem Zusammenhang hauptsächlich durch verkürzte Reisezeiten und niedrigere Kosten erzielt. Darüber hinaus gelten derartige Lernmethoden als überaus flexibel, da Zeitpunkt des Lernens sowie die Lerngeschwindigkeit und der Ort des Lernens individuell bestimmt werden können.

Schließlich kann die **Unterstützung des Personalmarketing** in Form von **Rekrutierung** neuer Mitarbeiter und **Bindung** bestehender Mitarbeiter genannt werden. Die Merck KGaA nennt als eine zentrale Zielsetzung der Merck University die Steigerung der Attraktivität für besonders qualifizierte Hochschulabsolventen und Abiturienten [10]. Neben der Entwicklung persönlicher (Sozial-) Kompetenz können beispielsweise auch diejenigen Aktivitäten von CUs zu den Personalbindungsmaßnahmen gezählt werden, die keinen Bezug zum eigentlichen Geschäft aufweisen, wie z.B. die Employability Initiative der Lufthansa AG.

Zusammengefasst zeigen die diskutierten Aufgaben und Funktionen einer Corporate University eine hohe Komplexität und Heterogenität. Um diese Herausforderungen zu bewältigen, suchen die betroffenen Unternehmungen nach Architekturen, die institutionalisierte Lern- und Veränderungsprozesse des Systems qua design begünstigen [11] und die Integration von Partnern ermöglichen. Abbildung 1 fasst die Aufgaben und Funktionen zusammen.

Aufgaben und Funktionen von Corporate Universities

- Strategiekonforme Aus- und Weiterbildung
- Aus- und Weiterbildung angelehnt an den Geschäftsspezifika
- Kulturbildung und Vermittlug von Handlungsrahmen
- Synergierealisierung
- Abbau von Organisationsbarrieren
- Standardisierung von Kernaktivitäten
- Generierung neuen Wissens
- Zugang zu bestehendem Wissen und Wissensträgern
- Erhöhung der Bildungseffizienz
- Flexibilisierung der Bildungsmaßnahmen
- Personalrekrutierung und Bindung

Abbildung 1: Aufgaben und Funktionen von Corporate Universities

3. Organisation, Management und Evolution von Corporate Universities

Die Architektur von Corporate Universities umfasst die vier Dimensionen der Organisationsform („Structure"), den organisatorischen Geltungsbereich („Scope"), die Regelungsstrukturen („Governance structures") und die Finanzierung („Funding"). Die jeweilige Ausgestaltung der Dimensionen ist von CU zu CU sehr unterschiedlich und ist jeweils durch ein Kontinuum an Ausprägungsformen zu beschreiben. An dieser Stelle erfolgt die Konzentration auf die Dimension der Organisationsform, da die anderen Dimensionen in der Literatur bereits ausführlicher diskutiert worden sind [12].

3.1 Strukturelle Ausprägungen von CUs

Das Spektrum möglicher Organisationsformen von CUs erstreckt sich auf einem Kontinuum mit den Endpunkten zentrales Modell und virtuelle Organisation. Das der Strukturentscheidung zugrunde liegende Paradigma kann als „Form follows Function" beschrieben werden und besagt, dass die Struktur die strategische Ausrichtung und Zielsetzung der CU reflektieren sollte. **Zentrale Modelle** bieten den Verantwortlichen eine hohe Kontrollierbarkeit der Aktivitäten der CU und sichern somit ein hohes Maß an Einheitlichkeit und Konsistenz sowie ein relativ hohes Synergiepotenzial. Dadurch bedingt fließen die Erlöse der Teilnehmer einer Zentrale zu, die Ressourcenallokation ist unproblematisch und kann damit u.U. zu Kosteneinsparungen führen [13]. Demgegenüber führt diese Form zur Beschneidung der Verantwortungsbereiche („Disempowering") und zu einer hohen Distanz zur Unternehmensrealität und zum Kunden. Darüber hinaus besteht die Gefahr, durch einen (zu) hohen „Corporate flavor" die Ablehnung der konzerndominierten Programme durch die Zielgruppe zu provozieren. Ferner bedingt die zentrale Form das Zusammenbringen aller Teilnehmer an einem zentralen Ort, was sich insbesondere bei stark internationalisierten Unternehmungen als kosten- und zeitaufwendig erweisen kann. Beim **dezentralen Modell**, wie es beispielsweise Motorola mit seinen weltweit verteilten Campi verfolgt, stellen sich die Vor- und Nachteile in etwa entgegengesetzt zum zentralen Modell dar. Die Erweiterung der divisionalen Gestaltungsfreiheit und der größeren Marktnähe wird durch schnellere Umsetzungsfähigkeit von Entscheidungen ergänzt. Demgegenüber besteht die Gefahr von Redundanzen, der Verlust konsistenter Karriereplanungen aus Sicht der Mitarbeiter und tendenziell mehr operativ ausgerichteten Leistungsspektrum [14].

Die Form, die sich ständig mehr Beliebtheit bei der Implementierung von Corporate Universities erfreut, ist die **Netzwerkorganisation.** Die Stärken von Netzwerken liegen insbesondere in der Flexibilität, der Förderung von Entrepreneurship, hoher Kundennähe, schneller Umsetzbarkeit von Entscheidungen und unter Umständen geringerem Ressourceneinsatz. Demgegenüber kann ein permanenter Wechsel der Netzwerkteilnehmer zu Diskontinuitäten führen, die wiederum mit höheren Such- und Integrationskosten verbunden sind. Als Sonderform der Netzwerkorganisation etablieren sich in der CU Praxis die virtuellen oder elektronischen Netze, nicht zuletzt bedingt durch die wachsenden technischen Möglichkeiten.

Aufgrund der hohen Relevanz von Netzwerkorganisationen werden im folgenden Abschnitt mögliche Aufgaben des Netzwerkmanagements und die daraus resultierenden Implikationen für akademische Partner einer CU diskutiert.

3.2 Die Corporate University als Netzwerkorganisation

Neben den o.a. Vorteilen einer Netzwerkorganisation sprechen noch andere Gründe für die Integration von Partnern im Rahmen einer kooperativen Zusammenarbeit:

1. Die betroffenen Unternehmungen sehen sich häufig nicht in der Lage, den Aufbau des relevanten Wissens aus eigenen Ressourcen zu bestreiten und greifen deshalb auf Institutionen zurück, deren Kompetenz in der Vermittlung und der Generierung von Wissen besteht oder die in den relevanten Gebieten bereits Erfahrung und Ergebnisse erzielt haben.

2. Es bedarf der Zusammenarbeit mit entsprechenden Partnern, wenn es um das Angebot spezieller akademischer Abschlüsse (z.B. MBA) im Rahmen der CU geht.

3. Eine starke Integration von marktrelevanten Fragen verlangt die Integration von Kunden, da diese einen Teil des Angebotes der CU mitbestimmen. Darüber hinaus bleibt ein Teil des Programmangebotes im Sinne strategischer Zielsetzungen zentral vorgegeben.

4. Der vollständig eigene Aufbau sämtlicher notwendiger Ressourcen würde für die CU enorme Investitionen finanzieller und zeitlicher Art in Anspruch nehmen. Diese Entscheidung würde auch in krassem Missverhältnis zur allgemeinen Tendenz im Management stehen, so genannte Sekundäraktivitäten auszugliedern („Outsourcing"). Durch die Bildung entsprechender Netzwerkorganisationen wird der unternehmungsinterne Part auf die Erfüllung der Aufgaben der fokalen Unternehmung begrenzt, während die anderen Aufgaben weiterhin zugekauft werden.

3.3 Strategische und operative Aufgaben des Netzwerkmanagements

In einem Netzwerk sind analog zu anderen Organisationsformen eine Vielzahl von strategischen und operativen Aufgaben zu erfüllen, woraus sich die Frage nach der Institutionalisierung einer Managementfunktion im Netzwerk ableiten lässt. Das CU Netzwerk ist entgegen einer systemtheoretischen Sichtweise kein autopoietisches System, sondern zeichnet sich durch das Vorhandensein eines fokalen Punktes aus, der eine Vielzahl von Managementfunktionen bündelt. Neben den klassischen allgemeinen Führungsaufgaben der Planung, Steuerung, Kontrolle und Organisation fallen speziell im Netzwerk noch Aufgaben der Partnerselektion, der Regulation der Aktivitäten [15] sowie Maßnahmen zur Qualitätssicherung an. Unter diese Aufgaben sind die strategischen Marketingentscheidungen der Zusammensetzung des Angebotsportfolios und der Gestaltung der Angebotspreise zu subsumieren. Traditionelle Führungsaufgaben entfallen dagegen weitestgehend, da zwischen den Partnern keine aufbauorganisatorische Verzahnung vorliegt. Analog zur Aufgabenvielfalt der inhaltlichen Aufgaben einer CU zeichnen sich auch die Managementaufgaben im Rahmen eines Lernnetzwerkes durch Komplexität und Heterogenität aus.

Durch die Dynamik und Flexibilität eines Netzwerkes ist die **Partnerselektion** ein permanenter Prozess. Neben einigen strategischen Partnern, die zur Kontinuität der Zusammenarbeit beitragen, werden projektbezogen Akteure mit jeweils erforderlichen Kompetenzen integriert. Als strategische Partner eignen sich in aller Regel die akademischen Partner wie Universitäten und Business Schools als „Content Owner", sowie die Lieferanten von Lerninfrastrukturen als „Platform Provider". Als weitere Partner eines Lernnetzwerkes sind ferner Kunden und Lieferanten sowie Allianzpartner des Gründerunternehmens denkbar. Die Zusammenarbeit mit dieser Art von Partnern fördert die langfristige Zusammenarbeit und die Entwicklung gemeinsamer Lösungen mit dem Ziel der Steigerung des Kundennutzens. Entgegen der früheren Zusammenarbeit in einer „Value Chain" entwickelt sich die Partnerschaft zunehmend mehr in Form einer „Knowledge und Learning Chain" [16]. Schließlich werden im Rahmen eines Netzwerks noch Kooperationen mit anderen Corporate Universities eingegangen, um die „Lernsynergien" zu realisieren und gegenseitigen Wissensaustausch zu fördern [17].

Die Regulation der Aktivitäten im Lernnetzwerk umfasst die Gestaltung der Netzwerkbeziehungen, die Festlegung von Prozeduren der Abstimmung und Konfliktlösung sowie die Implementierung organisationsweiter IuK Systeme. Insbesondere die strukturelle Kopplung der Akteure hat enormen Einfluss auf das Gelingen der Allianz und kann sogar einen existierenden Struktur-„Misfit" der Partner kompensieren.

Die Aufgabe der **Qualitätssicherung** erweist sich in einem Netzwerk als besonders schwierig. Da das Management der Corporate University den überwiegenden Anteil der Programme an die Partner vergibt, hat es keinen unmittelbaren Einfluss auf die Qualität der Leistung. Lediglich über die Auswahl geeigneter Netzwerkpartner kann mittelbarer Einfluss auf die Gesamtqualität genommen werden, so dass die Sicherung der Leistungsqualität strategisch anzugehen ist.

Analog gilt dies für die **Definition des Leistungsspektrums**, der angesprochen **Zielgruppen**, der **Lernphilosophie** und der **Bepreisung** des Angebotes. Diese (Marketing) strategischen Fragestellungen sind zentrale Aufgaben des Managements der Corporate University. Um Aussagen über den Erfolg der strategischen Entscheidungen zu treffen, sollte daher als weitere Aufgabe die Kontrolle aller durchgeführten Maßnahmen erfolgen. Obwohl bislang in Theorie und Praxis noch keine Lösung zur Evaluierung eines Return on Bildung gelungen ist, zeigen praktikable Näherungslösungen zumindest Hinweise zur Beurteilung des Erfolges oder Misserfolges der Maßnahmen [18]. Im Rahmen der Steuerungsaufgabe sind bei Abweichungen vom angestrebten Erfolg entsprechende

Maßnahmen wie z.B. Modifikation des Curriculums, Partneraustausch usw. vom Management zu ergreifen.

3.4 Phasen in der Evolution von Lernnetzwerken

Die oben diskutierten Aufgaben im Rahmen eines CU Netzwerkes lassen sich nunmehr in eine chronologische Reihenfolge bringen, die wiederum die Evolution des Netzwerkes beschreibt. Grundsätzlich lassen sich fünf Entwicklungsstufen unterscheiden.

In der **Planungsphase** legt das Gründerunternehmen die Ziele fest, die mit der Implementierung einer Corporate University verfolgt werden. Diese richten sich neben unternehmensexternen Faktoren (z.B. Branchenzugehörigkeit, Arbeitsmarktsituation, Wettbewerbssituation) auch an unternehmensinternen Spezifika (z.B. Unternehmensgröße, Ertragssituation, frühere Personalentwicklungsmaßnahmen) aus. Die Konkretisierung der Planung umfasst ferner die Bestimmung von Zuständigkeiten und die Erarbeitung von Projektplänen des Implementierungsprozesses. Da ein Gesamtcurriculum in dieser Phase vermutlich noch nicht entwickelt werden kann, sollten zunächst die Kernthemen definiert und Kommunikationsmaßnahmen ergriffen werden, um zur Akzeptanzschaffung eines CU Konzeptes im Gründerunternehmen beizutragen.

In der **Gründungsphase** erfolgt dann die Auswahl der strategischen Partner des CU Netzwerkes. Besondere Aufmerksamkeit verlangt die Suche der akademischen Partner wie Business Schools und Universitäten. Als Kriterien werden dabei neben der Reputation auch Kenntnis der lokalen Besonderheiten, Zugang zu Star-Professoren [19], Kundenorientierung und Erfahrung mit anderen Corporate University Netzwerken gewählt. Mit der Auswahl der Partner erfolgt die Definition eines Qualitätsmaßstabs für die Leistungen der CU.

In der **Startphase** erfolgt dann das Angebot erster Maßnahmen. Diese Phase ist für den weiteren Verlauf der CU eminent wichtig, da Abweichungen vom kommunizierten Inhalt bei den Bedenkenträgern unmittelbaren Widerstand erwecken. In aller Regel ist die frühe Einleitung der Startphase wichtiger als eine grundlegende Planung. Im Sinne von „early wins" sollten daher zunächst diejenigen Themen angesprochen werden, die im Unternehmen ohnehin hohe Priorität besitzen. Ferner sollten Promotoren in das Projekt integriert werden, die eine positive Kommunikation erster Maßnahmen im Unternehmen unterstützen können.

In der **Erweiterungsphase** wird das Leistungsspektrum der CU sukzessive ausgebaut. Die Ausweitung des Angebotes ist in aller Regel mit dem Gewinn zusätzlicher Netzwerkpartner verbunden. Grundsätzlich sollte jedoch auf die Komplementarität des Produktmixes und der Partner geachtet werden, anstatt auf kurzlebige Themen und die Wahl einzelner Top Referenten zurückzugreifen. Daher ist zu diesem Zeitpunkt mit der Implementierung von Leistungsüberprüfungen zu beginnen. Dies gilt weniger für einzelne

Programminhalte als vielmehr für die Kontrolle des Lerntransfers in den Job und die Hinterfragung der Relevanz des Gelernten für die jeweilige Aufgabenstellung.

Die **Konsolidierungsphase** schließlich umfasst den Großteil der oben diskutierten Netzwerk- und originären Managementaufgaben. Das Leistungsspektrum der CU besteht aus einem soliden Basisangebot, das in Abhängigkeit unternehmensexterner und – interner Einflüsse bedarfsspezifisch ergänzt wird. In dieser Phase ist vor allem der Beitrag der CU zu den in Kapitel 2 diskutierten inhaltlichen Aufgaben (insbesondere Beitrag zur strategischen Zielerreichung und organisatorischem Wandel) zu hinterfragen. In der Praxis erfolgt in dieser Phase ferner die Entscheidung, ob das Angebot auf weitere Zielgruppen (z.B. Gang an den externen Markt) erweitert wird und damit alternative Finanzierungsquellen erschlossen werden sollen.

Abbildung 2 fasst die verschiedenen Phasen in der Evolution einer CU zusammen.

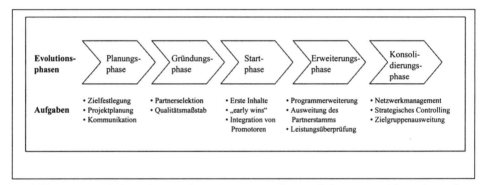

Abbildung 2: Evolutionsphasen eines CU Netzwerkes und daraus resultierende Aufgaben

4. Aufgaben akademischer Partner in einem CU-Netzwerk

Betrachtet man nun zum einen die Aufgaben, die an eine Corporate University gestellt werden, zum anderen die Aufgaben, die im Rahmen des Managements einer CU Struktur (in diesem Fall Netzwerkstruktur) anfallen, stellt sich die Frage nach dem Problemlösungsbeitrag einzelner Partner. In der Praxis der CUs werden in aller Regel als Erstes die inhaltlichen Aufgaben der **Mitarbeiterqualifikation** an Universitäten und Business

Schools vergeben. In Abbildung 3 ist der prozentuale Anteil einzelner Programminhalte angeben, die von Unternehmen an akademische Partner übertragen werden.

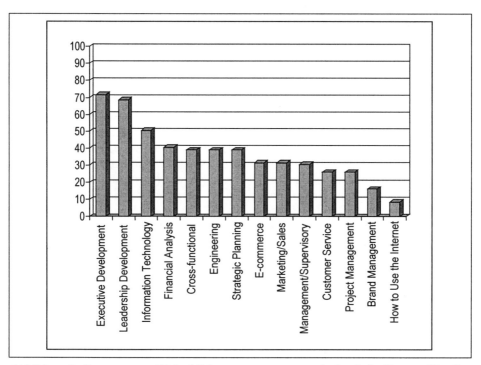

Abbildung 3: Outgesourcte Weiterbildungsprogramme an akademische Partner (Quelle: Corporate University Exchange)

Es ist zu erkennen, dass insbesondere die zentralen Themen der Unternehmensführung von akademischen Partnern vermittelt werden. Besonders häufig werden Maßnahmen zur Vermittlung höherer Managementqualifikationen („Executive Development" und „Leadership Development") an Universitäten und Business Schools vergeben.

Da die Rolle von Universitäten in einem CU Netzwerk bereits ausführlich in der Literatur diskutiert sind [20], erfolgt an dieser Stelle eine Konzentration auf die Aufgaben einer Business School.

4.1 Inhaltliche Aufgaben einer Business School in einem CU Netzwerk

Business Schools sind akademische Einrichtungen, die neben der Erstausbildung vor allem Weiterbildungsmaßnahmen für Studenten, sowie für Unternehmen und deren Mitarbeiter offerieren und in aller Regel wie Unternehmen am Markt geführt werden. Das Angebot richtet sich auf sämtliche Themen der Unternehmensführung und wird auf akademischem Niveau gehalten. Dabei ist die Wahrung einer Balance zwischen Theorie und Praxis eine schwierige Aufgabe für die Business Schools. Ist das Angebot zu theoretisch, schadet dies dem Ruf als Kaderschmiede für die Unternehmen. Überwiegt der praktische Bezug, besteht die Gefahr, dass berühmte Professoren um die eigene akademische Reputation besorgt sind und daher nicht für die Business School arbeiten [21].Aus diesem Grund bietet die Mehrzahl der Business Schools neben offenen (Open-Enrollment Programs) auch firmenspezifische Programme (Customized-Programs) und Programme mit akademischen Abschlüssen (Degree-Programs) an. Obwohl insbesondere in den USA die Business Schools Teil einer Universität sind, ist das Vorhandensein einer eigenen Fakultät kein konstituierendes Merkmal. Insbesondere in Europa existieren einige Business Schools, die ohne eigene Fakultät ein ähnlich breites Leistungsspektrum anbieten wie die traditionellen Business Schools.

Im Rahmen der **Qualifikationsaufgabe** besteht die Aufgabe der Business Schools in einem CU Netzwerk vor allem darin, Curriculae zu entwerfen und durch Mitglieder der eigenen Fakultät die Inhalte anzubieten. Dazu werden die Inhalte bzw. Themen didaktisch aufbereitet und den Kursteilnehmern vermittelt. Neben den Präsenzveranstaltungen werden in zunehmendem Maße „Distance-learning"-Aktivitäten angeboten, die durch die entsprechenden akademischen Partner erstellt werden. Abhängig von den vermittelten Inhalten lässt sich das Aufgabenspektrum einer Business School um folgende Funktionen erweitern:

- die Standardisierung von Kernaktivitäten, indem unternehmensweit einheitlich vermittelt wird
- die Übernahme von Wissensmanagementaktivitäten durch die Vermittlung neuer Wissensinhalte
- Erhöhung der Effizienz der Bildungsausgaben und Flexibilisierung der Lernmaßnahmen durch Angebot von technikunterstützten Lernmethoden
- die Bindung bestehender und die Gewinnung neuer Mitarbeiter durch die Vergabe hoch qualifizierter Abschlüsse im Rahmen der Corporate University.

Kritisch zeigt sich die Rolle der Business School, wenn es um den Transfer des Gelernten in die Berufspraxis geht. Zum einen sehen die Business Schools ihren Aktionsradius auf den eigentlichen Klassenraum beschränkt [22]. Erforderliche vorbereitende (z.B. zur Herstellung eines homogenen Wissensstandes) und nachbereitende (z.B. langfristige

Erfolgskontrolle) Maßnahmen stehen nicht zur Verfügung. Zum anderen ist die Durchsetzungsmacht der Business School im Gründerunternehmen in aller Regel sehr limitiert. Um den Lerntransfer herzustellen, mangelt es häufig an Wegen, den Teilnehmern z.B. über „Job-Rotation" oder Projektmitarbeit die Anwendung des Gelernten zu ermöglichen. Demnach spielen Business Schools bei der Implementierung von Strategiealternativen, der Kulturbildung, der Realisierung bereichsübergreifender Synergien und dem Abbau von Organisationsbarrieren eine eher untergeordnete bis überhaupt keine Rolle.

4.2 Aufgaben einer Corporate University im Management des Lernnetzwerks

Die oben beschriebenen Aufgaben einer Business School sind unabhängig von der gewählten Struktur der Corporate University erfüllbar. Jedoch nimmt die Business School in diesem Spektrum mehr die Rolle eines (Inhalts-) Lieferanten als die eines strategischen Partners ein. Aus diesem Grund ist der zusätzliche Beitrag zu hinterfragen, der die Partner in etwa gleichberechtigt erscheinen lässt und keine einseitige Abhängigkeit schafft.

Zum einen erlaubt die Partnerschaft mit einer Business School der Corporate University den Zugang zu spezifischen Einrichtungen wie Bibliotheken, Gebäuden, Forschungsaktivitäten [23]. Im Gegenzug bietet die Mitarbeit in einem CU Netzwerk für eine Business School die Möglichkeit, neue Finanzierungsquellen zu erschließen und den „Link" zur Unternehmenspraxis herzustellen. Neben den Chancen erwachsen dem Netzwerkpartner jedoch auch Risiken. Diese zeigen sich dergestalt, dass zur Teilnahme an Corporate Universities zunächst Vorabinvestitionen wie z.B. Lerninfrastruktur, Konzeptionen o.ä. geleistet werden müssen. Ferner ist die Gefahr nicht zu unterschätzen, dass durch die Mitarbeit in Corporate Universities die akademische Freiheit zugunsten des kommerziellen Erfolgs aufgegeben wird. Diese Art der Abhängigkeit sollte jedoch in Lernnetzwerken, in denen die Akteure als Partner auftreten, nicht existieren.

Zum anderen bietet sich die Möglichkeit, die Business School in die Managementaufgaben eines CU Netzwerkes einzubringen. Dabei verbleibt die strategische Führung des Netzwerkes bei der CU, der Business School werden jedoch ihren Fähigkeiten entsprechende Aufgaben übertragen, die über die eines anderen Netzwerkpartners hinausgehen.

Die Aufgaben in der **Planungsphase** werden vornehmlich durch das Gründerunternehmen übernommen. Dies hängt auf der einen Seite mit der strategischen Relevanz des CU Projektes zusammen, zum anderen sollen in einer frühen Phase zunächst keine potenziellen Netzwerkpartner mit kommerziellem Interesse integriert werden. Aus diesem Grund wird in dieser Phase eher auf die Unterstützung durch Unternehmensberatungen oder andere Corporate Universities zurückgegriffen, die bereits Erfahrungen in der Implementierung besitzen.

In der **Gründungsphase** erfolgt die Auswahl der strategischen Partner des Netzwerkes. An dieser Stelle bietet sich die Zusammenarbeit mit einer Institution an, die über gute Kenntnisse des akademischen Weiterbildungsmarktes verfügt. Vorausgesetzt, die Business School überschätzt ihre eigenen Fähigkeiten nicht, kann das Wissen über die Stärken der Wettbewerber zur Selektion weiterer Partner eingesetzt werden. Darüber hinaus verfügen Business Schools ähnlich wie Universitäten über Partnerschaften mit Wettbewerbern, die aus z.B. aus anderen CU-Projekten resultieren, so dass letztendlich für das CU Management Zeit und Suchkostenersparnisse zu erwarten sind.

In der **Startphase** können die Business Schools dann die spezifischen Kenntnisse und Erfahrungen im Umgang mit Firmenkunden einbringen. Diese Erfahrung aus dem Design von „Customized Programs" betrifft vor allem

- die Identifikation von Kernthemen
- die Integration von unternehmensinternen Promotoren
- die Mobilisierung von Star-Referenten, um das Top Management zu involvieren
- die Kommunikation der geplanten Maßnahmen für unterschiedliche Interessengruppen im Unternehmen (Entwurf von Programmfoldern, Zeitrahmen der Maßnahmen, etc.)

Analog zur Startphase bietet sich auch in der **Erweiterungsphase** eine Integration der Business Schools an. Obwohl das Angebot der CU in dieser Phase auf speziellere Bedürfnisse weiter heruntergebrochen wird und der akademische Bezug zunehmend an Bedeutung verliert, können die Business Schools zumindest die Komplementarität der zukünftigen Leistungen im Voraus überprüfen. Somit ist gewährleistet, dass die einzelnen Angebote aufeinander aufbauen und der strategische Fokus des Programmangebotes der CU nicht aus dem Auge verloren wird.

Die **Konsolidierungsphase** schließlich sollte nicht durch Stagnation der Aktivitäten gekennzeichnet werden. Um die Aktualität des Angebotes zu wahren, sollten die Business Schools in die Entwicklung neuer Weiterbildungsmaßnahmen integriert werden. Durch die Nähe zu Wissenschaft und Praxis sehen sich die Business Schools in der Lage, zukünftige Themen zu erkennen und zu bewerten. Kritisch wird die Rolle der Business School als strategischer Partner zu dem Zeitpunkt, wenn eine Corporate University über die Ausweitung des Angebotes am freien Markt nachdenkt. In diesem Fall kann eine Wettbewerbssituation zwischen ehemaligen Partnern auftreten, die durch die enge strategische Verzahnung im Vorfeld besonders kritisch gesehen werden kann. In aller Regel ziehen sich die Business Schools dann aus dem Netzwerk zurück, was die Möglichkeiten des Programmangebotes der CU beschneidet. Aus diesem Grund wird häufig lediglich ein Teil der Aktivitäten der CUs ausgegliedert, auf die der Partner ohnehin geringen Einfluss ausübt.

Um nun die Fähigkeiten der Business Schools optimal zu integrieren, bedarf es, wie oben gezeigt, eines herausragenden Netzwerkmanagements. Dazu gehört die Entscheidung über die Strukturen zwischen den Partnern. Im Zusammenhang mit obiger Diskussion ist daher die Gestaltung der Partnerschaft zwischen fokalem Punkt (CU Management) und den Business Schools von Interesse. Abbildung 4 gibt einen Überblick über die potenziellen Aufgaben einer Business School in einem CU Netzwerk.

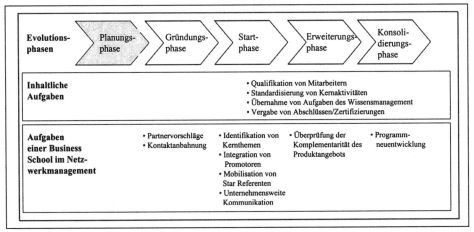

Abbildung 4: Aufgaben einer Business School in einem CU Netzwerk

4.3 Strukturelle Ausgestaltung der Zusammenarbeit mit Business Schools in einem CU Netzwerk

Für das Management der Corporate University stellt sich bei der Auswahl der Business Schools die Frage nach der optimalen Netzwerkkonfiguration. In diesem Zusammenhang ist besonders auf den Konflikt zwischen wenigen strategischen Partnern und der Ausweitung auf eine Vielzahl von Partnern mit unterschiedlichen Kompetenzen hinzuweisen. Die Begrenzung auf wenige Partner verspricht eine enge Zusammenarbeit, hohe gegenseitige Kenntnis bei hoher Konstanz und geringe Koordinationskosten im Netzwerk. Auf der anderen Seite sind eine höhere Flexibilität, der Zugang zu ständig neuem Wissen und die Heterogenität des Angebots bei mehreren Partnern zu bewerten.

Als potenzielle Lösung für diesen Konflikt bietet sich zum einen die Integration einer Institution an, die keiner eigenen Fakultät verpflichtet ist, sondern selbst auf ein Netzwerk an strategischen Partnern zurückgreift und daher auch bereits Kompetenz im Management von Netzwerken vorweisen kann. Diese Institution stellt neben dem Corporate University Management einen weiteren Knotenpunkt im Netzwerk dar.

Zum anderen empfiehlt sich zur Lösung des Konflikts die Institutionalisierung von „boundary spanners", die mit der Gestaltung der interorganisatorischen Verknüpfungen betraut sind. Diese Funktion wird entweder von Führungskräften der CU (Projektleiter, Seminarmanager, Key Account Manager o.ä.) oder von organisationsübergreifenden Teams übernommen. Zu den Aufgaben der „boundary spanners" gehört in besonderer Weise der Aufbau und die Reproduktion von Vertrauen als wesentliches Strukturmerkmal der Netzwerkbeziehungen [24]. Je mehr „boundary spanners" demnach zur Verfügung stehen, desto mehr Komplexität verträgt letztendlich das CU Netzwerk und desto eher kann oben beschriebener Konflikt gelöst werden.

5. Fazit und Ausblick

Corporate Universities haben sich als Konzept des strategischen Lernens in Unternehmen etabliert. Die Komplexität und Heterogenität der an die CU gestellten Aufgaben verlangt jedoch nach intelligenten Architekturen, da sich das CU Management nicht in der Lage sieht, im Alleingang die Aufgaben zu bewältigen. Als besonders geeignet, um hohe Dynamik und Flexibilität bei akzeptabler Stabilität und Steuerbarkeit bei erwünschter Autonomie zu gewährleisten, zeigt sich die Organisationsform eines CU Netzwerks. Die in diesem Zusammenhang auftretenden Schwierigkeiten des Managements eines Netzwerks in unterschiedlichen Evolutionsphasen der Corporate University können durch strategische Partnerschaften mit geeigneten Business Schools gelöst werden. Die Business Schools übernehmen neben den ihnen ohnehin zugedachten inhaltlichen Aufgaben auch Aufgaben des Netzwerkmanagements. Durch die vorhandene Erfahrung im Design und der projektspezifischen Steuerung von Partnerschaften eignen sich Business Schools im Besonderen für diese Aufgaben.

Dieser Argumentation folgend ist die anfangs gestellte Frage der Überlebensfähigkeit von Business Schools zu bejahen. Das Überleben hängt jedoch von der Fähigkeit ab, die oben formulierten Aufgaben erfüllen zu können. Diejenigen Business Schools, die in diesem Zusammenhang gute Performance beweisen, haben auch in der Zukunft mit guten Geschäftsaussichten zu rechnen. Solche Institute jedoch, die an den traditionellen Strukturen, Inhalten und Aufgaben festhalten, sehen sich großen Problemen ausgesetzt. Die rasante Verbreitung des Corporate University Konzeptes scheint gesichert und in diesem Zusammenhang scheint sich Kotler's Einschätzung zu relativieren: „Business schools have managed to create an aura of respectability to cover up what is otherwise a bloody brawl. They have given intellectual attire to what otherwise would pass as folk wisdom. And they have created countless jobs not only for professors but for publishers. Business schools will exist as long as there is business-which is forever" [25].

Literaturverzeichnis

[1] o.V., Executive Summary: Survey of Corporate University Future Directions, in: http://www.corpu.com/newsletter/survey.htm, 1999, S. 1.

[2] Vgl. TRAUB, J., Drive-Thru U. Higher Education for People Who Mean Business, in: The New Yorker, Jg.27, 27.10.1997, S. 117.

[3] Vgl. o.V., Executive Summary: Survey of Corporate University Future Directions, in: http://www.corpu.com/newsletter/survey.htm, 1999, S. 1.

[4] MEISTER, J. C., Corporate Quality Universities – Lessons in Building a World-Class Work Force; Revised and updated Edition, 1998, S. 29.

[5] Vgl. WIGGENHORN, W., Motorola U: When Training Becomes an Education; in: Harvard Business Review, 68(1990)4, S. 58.

[6] Vgl. NEUMANN, R., Corporate University – Buzz Word oder sinnvolles Konzept?, in: Neumann, R./Vollath, J. (Hrsg.), Corporate Universities: Strategische Unternehmensentwicklung durch maßgeschneidertes Lernen, Zürich, Hamburg 1999, S. 25.

[7] Vgl. MOHR, J., Lernen für die Rendite, in: Der Spiegel, (1999)28, S. 56.

[8] Vgl. HAMEL, G., Strategy as Revolution, in: Harvard Business Review, 74(1996)4, S. 69-71.

[9] Vgl. DESER, F./DEITERING, F./GILBERT, H., Weltweit erfolgreich durch Knowledge Management; in: Personalwirtschaft, (1999)7, S. 24.

[10] WEICHT, H. P., Merck – Ein Unternehmen auf dem Weg zur Internationalisierung, Präsentation anlässlich des Kongresses Corporate University, IQPC, Frankfurt 1999, S. 1.

[11] Vgl. NADLER, D. A./TUSHMAN, M. L., Competing by design. The Power of Organizational Architecture, New York 1997.

[12] vgl. z. B. MEISTER, J. C., Corporate Quality Universities – Lessons in Building a World-Class Work Force; Revised and updated Edition, 1998; WHEELER, K., Establishing a Corporate University: Seven Steps to Success, in: http://www.glresources.com/corp_ed/establishing/index.htm, 1998.

[13] Vgl. GUPTARA, P., Lessons learned: Corporate Universities, Organisational Learning and all that jazz, Vortrag und Unterlagen anlässlich des Kongresses Corporate University, IQPC, Frankfurt 1999, S. 3.

[14] Vgl. WHEELER, K., Establishing a Corporate University: Seven Steps to Success, in: http://www.glresources.com/corp_ed/establishing/index.htm, 1998, S. 11.

[15] Vgl. KRYSTEK W./REDEL, W./REPPEGATHER, S., Grundzüge virtueller Organisationen: Elemente und Erfolgsfaktoren, Chancen und Risiken, Wiesbaden 1997, S. 310.

[16] NEUMANN, R., Corporate University – Buzz Word oder sinnvolles Konzept?, 1999, in: Neumann, R./Vollath, J. (Hrsg.), Corporate Universities: Strategische Unternehmensentwicklung durch massgeschneidertes Lernen, Zürich, Hamburg 1999, S. 30.

[17] o.V., A Sea Change for Corporate Universities: Interview With Seth Kerker, Director of Hrevents and Publisher of the Corporate University Review, in: http://www.traininguniversity.com/ interview.htm, 1999.

[18] Vgl. STAUSS, B., Die Rolle deutscher Universitäten im Rahmen einer Corporate University, in: Neumann, R./Vollath. J. (Hrsg.), Corporate Universities. Strategische Unternehmensentwicklung durch massgeschneidertes Lernen, Zürich und Hamburg 1999, S. 121-156.

[19] MOORE, T. E., The Shifting Landscape of Executive Education, in: efmd Forum (2000)1, S. 4.

[20] Vgl. z.B. STAUSS, B., Die Rolle deutscher Universitäten im Rahmen einer Corporate University, in: Neumann, R./Vollath. J. (Hrsg.), Corporate Universities. Strategische Unternehmensentwicklung durch massgeschneidertes Lernen, Zürich und Hamburg 1999, S. 139ff.

[21] o.V., Business Schools: Zwischen Profit und Lehre, in: WISU, 6/99, 1999, S. 805.

[22] CRAINER, S./DEARLOVE, D., Gravy Training: Inside the Business of Business Schools, San Francisco 1999, S. 268.

[23] Vgl. o.V., Corporate and Campus-Based B-Schools Take Strategic Approach to Alliances, in: Newsline newsletter, http://www.aacsb.edu/publications/Newsline, 1997, S. 1ff.

[24] LOOSE, A./SYDOW, J., Vertrauen und Ökonomie in Netzwerkbeziehungen - Strukturationstheoretische Betrachtung, in: Sydow, W.; Windeler, A. (Hrsg.), Management interorganisationaler Beziehungen, Opladen 1994, S. 183.

[25] CRAINER, S./DEARLOVE, D., Gravy Training: Inside the Business of Business Schools, San Francisco 1999, S. 1.

Prof. Piero Morosini, Prof. Ulrich Steger
IMD International, Lausanne

Learning from Best Practice in Corporate Universities: Developing Effective Distance Learning Capabilities in your Organization

1. Introduction

In the eve of the next millennium, continuous change has become the only certainty. The astonishing pace and complexity of change in the global economy poses substantially new demands for managers and entrepreneurs. These individuals need to learn at an ever faster rate and broaden their perspectives if they are going to perform successfully in this interconnected and rapidly transforming world.

Learning has presently become a critical undertaking for companies looking to obtain competitive advantages in the global marketplace. However, in order for this learning to be effective, it has to follow a clear strategy and be based on efficient cognitive patterns as well as state-of-the-art tools that are both dynamic and open to continuous growth.

The internet is increasingly becoming a central part of any company's learning strategy. Not only the Web allows to overcome traditional barriers to conventional educational methods, such as geographic distance and physical limitations. It also presents opportunities to customize and to broaden learning applications in ways that were unimaginable only a few years. Companies and institutions that are not in a position to understand and take advantage of this new paradigm, seriously hamper their chances to compete in the global economy of the new millennium.

2. What is Distance Learning?

Distance Learning can be defined as any educational and/or learning approach predominantly involving a personal interaction based on multimedia, web technology or other forms of information technology (IT). As such, it should be viewed as an important element within an institution's *integral* learning strategy. Any effective Distance Learning approach is based on a critical interplay between groups or individuals through:

- High quality learning units (educational content)
- Efficient cognitive patterns, also referred to as the "Learning Technology" (LT)
- An appropriate learning software platform (LP)
- Adequate learning multimedia/ IT tools and equipment

It is the increasing convergence between educational content (LUs) vis-à-vis learning technology, software and tools, which creates the growing portfolio of Distance Learning options available today. However, in order for companies to find Distance Learning solutions that best suit their particular requirements, it is important to keep in mind 5 core values:

1. Quality Content

The first key factor for any Distance Learning approach to be successful, concerns the quality of the LUs and in general the characteristics of the business knowledge embedded in those units. In any given Distance Learning approach, these are commonly regarded as "content", vis-à-vis the *process* of learning represented by the supporting LT, LP and IT tools and equipment.

In the business and management arena, high quality LUs are usually designed by world-class specialists such as: leading international schools, renowned experts, executives or practitioners. These are commonly referred to as "content providers". To include their latent or explicit knowledge in a Distance Learning setup, content-providers are usually required to work co-operatively with LT specialists, IT experts and other software professionals. This interaction is critical but far from trivial: most failed Distance Learning approaches – even in cases where world-class content providers were available – can trace back its shortcomings to inadequate interdisciplinary team-work in the first place. Indeed, in the case of Distance Learning, "content" can hardly be viewed as strictly separate from the *process* of attaining knowledge, and even the best LUs can loose effectiveness if embedded in inadequate learning technologies, interfaces or platforms.

2. Proactive Learning

Some researchers suggest that groups or individuals that acquire knowledge based on proactive interaction, tend to be more creative than groups or individuals whom adopt more passive approaches to learning.

Proactive experience facilitates in-depth learning. The feeling of a situation usually gives us more exciting and effective experiences than a third-party explanation. Effective Distance Learning approaches are those which create "safe" and controlled environments that facilitate vivid learning experiences amongst the participants, continuously challenging them to try and experiment new learning possibilities.

3. Entertaining Learning

Educational experiences are also most effective when they are entertaining. For example, games provide an inherently appealing way to experiment new situations and solutions that are embedded in the play. Role Playing Games, where players interact within dynamic scenarios utilizing flexible rules, are commonly utilized to familiarize participants with new business situations. Typically, some participants take the role of facilitators and guide other players in building new group-knowledge.

4. Customized Learning

An effective Distance Learning approach must be flexible to accommodate the diverse skills and backgrounds of all the potential participants or users. Indeed, it is very seldom that learning approaches that work well in one company can be successfully transfer to another one, even when a number of similarities may exist between specific organizations. Some state-of-the-art approaches in fact include assessment tools that can be tailored to the situational experiences of each individual participant.

A customized Distance Learning approach can help each participant build his/her knowledge and professional growth in a way which best suits his/ her personal preferences. As each participant interacts in a customized Distance Learning set up, he/she should be able to continuously experiment new learning paths in a controlled environment. Such freedom to interact, coupled with the ability to obtain feedback from a Distance Learning set up, opens new possibilities for real learning and builds confidence on the part of the participant.

5. Intelligent Learning

An effective Distance Learning approach must reflect the fact that building knowledge primarily is a dynamic process involving exploration, trial and error. As such, the Learning Technology (LT) should itself be based on dynamic cognitive paths, that allow participants to reflect critically from their own learning experiences over time. In other words, the LT should continuously allow participants to "learn how to learn" more effectively from their own experiences as well as from their interaction with other individuals. Some state-of-the-art approaches achieve this by integrating multiple data bases in the learning platform, e.g.:

1. A database of each participant's cognitive patterns and behavior
2. A database of cognitive patterns that are regarded as especially effective or creative in building learning and new knowledge

An effective Distance Learning technology typically allows for these kinds of multiple data bases to shift constantly, reflecting the participants continuous improvements in building knowledge. The LT can be designed to update each learning session so that new challenging situations are continuously created, tailored to each participant's skills and learning patterns. In order to do this efficiently, advanced Distance Learning approaches utilize "Intelligent Agents" as a central part of their LT. **Intelligent Agents** are software entities that recognize efficient patterns of behavior to attain a given knowledge base, and spread it to individual participants of a Distance Learning setup, in a customized fashion.

An appropriate IT/ Internet platform allows participants to create and link all these pieces together, from learning interfaces to business simulations as well as their own individual cognitive paths and learning behavior.

3. What are Common Pitfalls and How to Avoid Them?

Although companies around the world are increasingly devoting significant resources to developing Distance Learning capabilities, the results have been rather mixed so far. As already hinted, there are common pitfalls in this area which prevent these companies from taking full advantage of the remarkable opportunities open in this field. Amongst the most common pitfalls, we could mention:

1. Lack of a Learning Strategy

Corporate organizations are often attracted to Distance Learning as part of a trend, or even worse, they move to develop capabilities in this field as a reaction to early inroads by their competitors or by other companies. In either case, lack of a proper understanding of how can Distance Learning capabilities best support an organization's business goals – in other words, the absence of an adequate learning strategy – can be usually detected.

In this area, any organization is well advised to start off by defining a proper learning strategy, specifying business goals and the kinds of skills and demands that will be required for people to achieve them. Within this framework, a company can identify the specific areas, target audiences and business purposes where building Distance Learning capabilities can add greater value relative to more conventional approaches.

2. Non-existent Learning Technology (LT)

One of the most common drawbacks of today's Distance Learning approaches, is the lack of an appropriate LT, either in a conceptual fashion,

or actually embedded in the learning software platform. As a result, participants find themselves navigating in a nearly random or non-structured fashion, without appropriate guidance from the screen design or from the software implemented. By contrast, effective Distance Learning approaches utilize software with embedded cognitive patterns that help participants build knowledge as they navigate and interact with the learning tools. To be effective, LT needs to include a number of the following characteristics:

- Efficient screen design, allowing to both easily apprehend the navigation logic, and be consistent with the structure of the content and the learning process. Some innovative approaches include "neural designs", which create screen frameworks reflecting the neural patterns of the human brain.
- Structured cognitive patterns, allowing Distance Learning participants to learn efficiently and proactively, as they navigate and interact with *ad-hoc* software and IT tools.
- Intelligent Agents, which induce Distance Learning participants to build new knowledge, experiment and learn from their own interactions, as well as from other participants.

3. Defective Content

Even the most sophisticated LT can hardly lead to effective learning, if the LUs, namely the "content" of a Distance Learning setup is not of high quality. Common shortcomings of defective LUs are:

- Descriptive – Some LUs contain static information which can be retrieved by participants in a one-way fashion. While this might be useful in certain specific cases, this kind of content seldom facilitates proactive, entertaining or interactive learning.

- First-order learning - Related to the above, some LUs are designed as closed, one-dimensional entities, that is the participants' learning cannot be feedback onto the systems LUs in order to continuously create new knowledge.

- Generic – Within a Distance Learning setup, even the most widespread managerial topics require LUs with some degree of customization vis-à-vis an organization *specific* learning strategy and target audiences. Instead, companies often end up implementing rather generic LUs which are available in the marketplace, which promise theoretical investment and time efficiencies.

- Outdated - A common problem of inadequate Distance Learning approaches concerns the quality of the knowledge itself, which does not reflect latest or leading-edge managerial thinking. In a rapidly changing world, companies often find that LUs need to be constantly updated and enriched, reflecting the current changes in the marketplace.

A common recipe to failure is to transfer "paper content" (such as case studies or articles) straight into a Distant Learning set-up. The vital content of a conceptual article, approach or idea, often becomes trivial when transferred into a set of "power point slides".

In this sense, the logic of Distance Learning completely differs from that of recorded written knowledge. An appropriate cognitive structure often requires hundreds of modules and thousands of screens, interconnected by learning technology and software across several levels. For example, the user can first see a content summary. Then, if he/ she wants to learn more, he/ she will have to access a second level, which provides more detailed content, perhaps regarding the relevance of the subject matter which the user wants to examine. A third level can contain functional knowledge, such as benchmarks or best practice examples (from inside or outside the company), while a fourth level could suggest back-up material (e.g. further readings, and additional internal or external sources of knowledge). If the Learning Technology is "intelligent" enough, company executives can provide the amount of time available for the learning session and their areas of main interest, and the software will guide him/ her through the various modules in a way that optimizes time, but leaving the user free to choose eventual navigation detours.

Another feature which increases the users' level of entertainment and avoids trivializing the learning content, lies in appropriately using the full range of available multi-media options. Videos, interactive animations, advanced graphics etc. make the learning attractive and keeps up the user's attention. The aboundant multimedia options have to be fitted to the specific content that is designed. This explains why the content provider and the system designer have to work very closely throughout the development of a Distance Learning set-up.

All of the above makes the choice of "content providers" a key success factor of any company which plans to address the challenge of developing effective Distance Learning capabilities. The "content providers" not only must be recognized world-class thought leaders in their field, but should have substantial experience in transforming knowledge into effective Distance Learning Units.

4. Lack of adequate IT support

Finally, another common drawback concerns lack of adequate multimedia, IT and other hardware and software tools and support amongst the participants of a given Distance Learning approach. Not less importantly, many company managers still show significant lack of computer literacy, which inhibits them from utilizing Distance Learning approaches effectively.

In order to minimize these drawbacks, companies can work with assessment tools and pilot tests, in order to develop Distance Learning capabilities which stretch the current skills of their key managers, but without inhibiting them against experimenting with these relatively new approaches.

Distance Learning is often effective in signalling all sorts of difficulties in the corporate IT infrastructure. Technology and telecommunication gaps, differing technical standards and incompatibilities in the IT network are easily discovered, whenever a common learning platform needs to be implemented.

5. Obstacles at the individual level

At the level of the individual user, the following obstacles can be observed:

- Contrary to conventional learning approaches (i.e. formal degree programs), there are no obvious "sticks" to induce an executive to "log on" regularly on a Distance Learning set-up - only "carrots" can be offered. First of all, he/ she must feel the need to extend his/ her learning on the job through Distance Learning, despite all other pressures on his/ her time. This can be a particularly difficult initial hurdle in companies where a lack of a learning culture can be detected.

- The incentives, to "log on" into a Distance learning set-up usually stem from three sources: relevance, feedback and time efficiency. Content can be tailored to highly relevant and visible issues, which are especially relevant to a company's executives (e.g. a major acquisition or merger, the launch of a major product line or distribution channel). Secondly, an effective Distance Learning set-up could allow these executives to obtain personalized feedback to specific questions they might have, either through their peers or a tutor. In any case this requires a monitoring of the ongoing discussion on the Distance Learning set-up and an efficient handling of all inquiries. Thirdly, the Distance Learning set-up must be more time effective - and timely - than other options. This can be ensured through an appropriate mix of multi-media tools, a well-structured content, and efficient cognitive paths allowing the user to constantly choose the breadth and type of learning.

Even if all of the above issues are addressed properly, executives might still hesitate to communicate to an "unknown" or "anonymous" Distance Learning audience. Therefore, continuous Distance Learning interaction can only be guaranteed by a mix of face-to-face and electronic contacts. Virtual discussion rooms along regional or professional criteria, or in combination with "physical" training courses or conferences, usually provide this kind of mix.

4. How Can YOU Create Effective Distance Learning Capabilities in your Organization?

In our experience, building effective Distance Learning capabilities is a complex undertaking, which can be roughly schematized in four development phases (see Figure 1):

1. Definition of a Learning Strategy (LS)

Distance Learning capabilities should primarily support the business goals of an organization. Only after these goals have been clearly set, can a company identify the strategic role of Distance Learning and other complementary approaches.

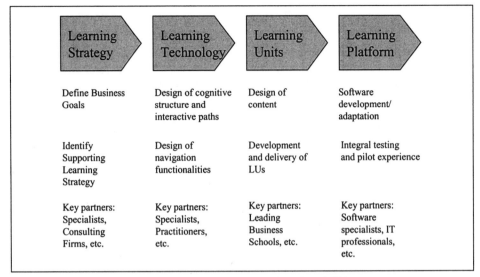

Figure 1:   Developing Effective Distance Learning Capabilities

2. Design of Learning Technology (LT)

The LUs must be embedded in an ad-hoc framework of cognitive and navigation patterns, which maximize learning and knowledge creation on the part of the participants. In designing this cognitive structure, the specialists must also decide on the kinds of interactions and feedback loops that are more appropriate to implement, e.g. via intelligent agents or other kinds of learning entities.

3. Creation of Learning Units (LU)

Once the strategic objectives of a Distance Learning setup are clear, the next step is to create its "content". In order to do this effectively, appropriate "content providers" must be identified, who must design and deliver high-quality LUs within the company's strategic guidelines.

4. Development of Learning Platform (LP)

The next phase concern the development of the software platform itself, which will support the Distance Learning setup which has been designed. This phase also involves the identification of the hardware elements and other multimedia/ IT equipment which will be an integral part of the complete Distance Learning setup. Is also during this phase that all appropriate tests and pilot experiences must be carried out, prior to the final launch date of the Distance Learning setup.

Different specialists and third-party providers will typically assist a company throughout the development of critical Distance Learning capabilities. Although most of these must work together during most of the development phases, their role will vary along these developmental stages. For example, companies have worked together with leading international business schools in the creation of high-quality LUs, whereas state-of-the-art cognitive structure developments are often carried out by specialized consultancies. Learning platform development usually is the responsibility of specialized software houses, working together with other IT vendors and providers.

To conclude, although Distance Learning can potentially provide companies with new competitive opportunities in a changing global environment, it requires complex and concerted efforts on the part of a company. As such, developing effective Distance Learning capabilities should not be a peripheral effort for a company, but rather a highly strategic undertaking enjoying all the adequate management attention, resources, and specialist support. Indeed, if properly developed, a company's Distance Learning capabilities are a central success factor in a global milieu where superior knowledge increasingly constitutes the only source of long-term competitive advantage.

Prof. Dr. Rolf-Dieter Reineke
Fachhochschule Ludwigshafen, Ludwigshafen

Corporate University und Unternehmensberatung

1. Der Aufstieg interner Beratungseinheiten

Dem Bedürfnis vieler Unternehmen, der zunehmenden Veränderungsdynamik mit dem Aufbau eigener Analyse- und Beratungsaktivitäten sowie einem veränderten Weiterbildungskonzept zu begegnen, ist mit mehreren, oft parallel verlaufenden Initiativen Rechnung getragen worden. Hier ist insbesondere die boomartige Entwicklung interner Beratungseinheiten zu nennen. Aber auch Corporate Universities sind inzwischen ein fester Bestandteil auch der deutschen Unternehmenslandschaft geworden. Der strategische Wertbeitrag für die Unternehmensentwicklung ist allerdings unterschiedlich zu bewerten. Die Konsequenz, mit der Jack Welch die inzwischen legendäre Corporate University (CU) in Crotonville als Dreh- und Angelpunkt für nachhaltige Veränderungen bei General Electric ausgebaut hatte,[1] ist bei deutschen Unternehmen bislang nicht zu erkennen. In diesem Beitrag werden das Verhältnis von Unternehmensberatung und Corporate Universities sowie Voraussetzungen und Prinzipien für deren Integration untersucht.

Das Zusammenwirken mehrerer Trends und Überlegungen hat das Interesse am Aufbau unternehmenseigener Beratungskapazitäten in den neunziger Jahren schnell wachsen lassen:

- Die zunehmende Umweltdynamik begünstigt das Entstehen interner Beratungseinheiten, die sich (im Gegensatz zu externen Beratern) nicht erst in die spezifischen Gegebenheiten eines Unternehmens und gegebenenfalls auch der Branche einarbeiten müssen. Die Identifikation mit den erarbeiteten Lösungskonzepten ist im Unternehmen höher, wovon man sich eine höhere Realisierungsquote verspricht.

- Der hohe Veränderungsdruck erfordert eine schnelle Reaktion. Viele Unternehmen halten deshalb eigene Beratungskapazitäten vor. Die organisatorische Einbindung ermöglicht zudem bei wahrgenommenen Fehlentwicklungen eines Beratungsprojekts ein schnelles Gegensteuern, auch über die Hierarchie. Zudem muss sensibles unternehmensspezifisches Wissen nicht an Externe weitergegeben werden. Der Stellenwert der Unabhängigkeit externer Berater wird insofern neu bewertet.

- Der Qualitätsanspruch interner Beratungseinheiten muss hoch sein, da bei fehlgeschlagenen Projekten nicht auf alternative Auftraggeber ausgewichen werden kann. Der Projekterfolg trägt schließlich auch zur Zukunftssicherung des eigenen Unternehmens bei.

- Die klassische Personal- und Weiterbildungsarbeit steht auf dem Prüfstand. Es hat sich gezeigt, dass die Lücke zwischen Theorie und Praxis bei Off-the-job – Trainings kaum zu schließen ist. Diese sogenannte Transferlücke ist bei einem On-the-job – Training, das mit der konkreten Mitarbeit an internen Beratungsprojekten verknüpft ist, weit geringer ausgeprägt.

Aus diesen Überlegungen heraus sind in den vergangenen Jahren zahlreiche interne Beratungseinheiten entstanden. Im Folgenden soll nun der Frage nachgegangen werden, ob mit einer direkten Verknüpfung der Aktivitäten von Corporate University und firmenintern organisierten Beratungsleistungen ein Mehrwert geschaffen werden kann.

2. Nutzen einer Verknüpfung von Corporate University und Unternehmensberatung

Als Reaktion auf die dynamischen Entwicklungen im Unternehmensumfeld sind in deutschen Großunternehmen mehrere Initiativen gestartet worden, die aber kaum integriert worden sind. Vielmehr existieren und arbeiten mehrere der folgenden Unternehmenseinheiten parallel (so z.B. bei Deutsche Bank, Dresdner Bank, Siemens):

- Corporate University oder Academy,
- Abteilung für Konzern- bzw. Unternehmensentwicklung,
- interne Managementberatung,
- funktional oder bereichsspezifisch orientierte interne Beratungseinheiten, angesiedelt auf unterschiedlichen Hierarchieebenen,
- Aus- und Weiterbildungsabteilungen.

Während die Corporate University meistens eine echte Neugründung ist, gehen interne Beratungsgesellschaften oft aus vorhandenen Organisationseinheiten hervor (Organisationsabteilung, Personalabteilung, IT-Bereich). Eine integrierte und effektive Wissensgenerierung und -anwendung entsteht aus diesem Nebeneinander eher nicht. Vielmehr ist die ungesunde Tendenz zur internen und externen Abgrenzung festzustellen. Der interne Wettbewerb um die Auftraggeber im Hause führt nicht selten zu Situationen, in denen sich der Außenstehende fragt, ob allen Beteiligten klar ist, wo „der Feind" steht: draußen im Markt oder innerhalb des eigenen Hauses?

Damit stellt sich die Frage, wie und unter welchen Bedingungen die genannten Analyse-, Beratungs- und Veränderungskapazitäten gebündelt werden können, um so eine Wertschöpfung für die strategische Unternehmensentwicklung erbringen zu können und welch ein Rollenverständnis einer solchen Einheit zugrunde liegen muss. Die Corporate University erscheint als Kristallisationspunkt dieser Einheiten aus folgenden Gründen besonders geeignet:

- Eine Corporate University kann als relativ junge oder neu zu gründende Einheit ihre Geschichte neu schreiben. Interne Beratungseinheiten entstehen hingegen häufig aus bestehenden Funktionseinheiten (z.B. Organisations- oder Personalabteilung) und sind methodisch, funktional und personell zu vorbelastet, um glaubwürdig eine ganzheitliche Projektsicht gegenüber den internen Auftraggebern wahrnehmen zu können.

- Corporate Universities, die dem Anspruch gerecht werden, eine Plattform für strategische Unternehmensentwicklung zu sein, sind in der Regel hierarchisch hoch in der Organisation aufgehängt. Der zielgerechte Beratereinsatz kann so von der Unternehmensleitung direkt gesteuert werden. Damit wird gleichzeitig einer Fehlentwicklung vorgebeugt, über die Mitarbeiter von einigen internen Beratungseinheiten klagen. Dies ist fast nie die Auslastungsproblematik, sondern der mehr oder weniger in Projektform versteckte Beratereinsatz in Linienaufgaben, um so nach dem Konzept des „Body Leasing" Personalengpässe abzufedern. Die interne Beratungseinheit verkümmert dann zu einer Personalreserve.

- Corporate Universities dienen auch als Lern- und Begegnungsstätte mit allen gesellschaftlichen Gruppen und Stakeholdern, mit denen das Unternehmen in Beziehung steht. Sie organisieren zudem den Zugang zu aktuellem Wissen, das dann für Beratungsaufgaben zur Verfügung steht. Dies umfasst auch die Inputs von Externen, die „just in time" eingespeist werden können. Umgekehrt kann die Erfahrung aus der Projektarbeit direkt in den Wissenspool des eigenen Unternehmens und gegebenenfalls auch im Rahmen der Pflege externer Beziehungen an die Unternehmensumwelt abgegeben werden.

- Die „Employability" der Mitarbeiter auch bei anderen Arbeitgebern wird zu einem wichtigen Imagefaktor beim Wettbewerb um die besten Nachwuchskräfte. Renommierte Corporate Universities, die auch durch praktische Projektarbeit zur Unternehmensentwicklung beitragen, leisten dazu einen wichtigen Beitrag.

- Die negativen Aspekte der ausgeprägten Dezentralisierung von Organisations- und Führungsstrukturen werden deutlich. Die Vermittlung einer gemeinsamen Wertebasis und Identifikation im Sinne eines „Corporate Citizenships" bedarf eines Forums. [2] Auf der Suche nach verbindenden Elementen sind Corporate Universities ein Lösungsansatz.

- Durch die Möglichkeit zur Verknüpfung von Wissensvermittlung, die auch den Erwerb akademischer Grade umfassen kann, [3] mit praktischer Beratungsarbeit, wird ein attraktives Personalentwicklungskonzept angeboten, mit dem ein Beitrag zur Mitarbeiterbindung von Führungs- und Führungsnachwuchskräften geleistet werden kann.

- Die Bündelung der Kapazitäten verschiedener Analyse- und Beratungseinheiten ermöglicht die Bearbeitung von Projektaufgaben und die Realisierung entsprechender Konzepte auch in einem globalen Maßstab.

Auch bei offensichtlichen Vorteilen einer Verknüpfung von Corporate University und Unternehmensberatung müssen Erfolgsfaktoren gegeben sein, um ein solches Konzept mit der gewünschten Wirkung zu realisieren. Insbesondere relevant erscheinen dabei das

Verhältnis zur obersten Unternehmensführung, die organisatorische Einbindung, das Personalkonzept und das Kooperationskonzept für die Zusammenarbeit mit externen Dienstleistern und Anspruchsgruppen.

3. Erfolgsfaktoren und mögliche Fehlentwicklungen bei der Integration von Corporate University und Unternehmensberatung

Ein unbedingtes, auch emotionales Commitment der obersten Führungsebene ist, wie bei allen Großprojekten, eine Grundvoraussetzung, auf die keinesfalls verzichtet werden kann. Eine Corporate University, die als Plattform für strategische Unternehmensentwicklung positioniert wird, ist in dieser Rolle nicht glaubwürdig, wenn das Top-Management diese nicht häufig und aktiv mitgestaltet. Von Jack Welsh wird in dem Zusammenhang berichtet, dass er durchschnittlich wenigstens einen Tag pro Woche an der firmeneigenen Corporate University verbracht hat.

Um zu erreichen, dass der "Prophet im eigenen Lande" etwas gilt, bedarf die Corporate University einer weitgehenden Unabhängigkeit. Die Strukturierung nach Prioritäten, die von der Philosophie der „Plattform des strategischen Wandels" bestimmt ist, bedingt eine hohe Einbindung in die Unternehmensorganisation. Rechtlich ist die Corporate University meist eine eigene Einheit. Eine direkte Anbindung des Leiters an den Geschäftsführer oder Vorstandsvorsitzenden, zumindest aber an ein Mitglied des obersten Führungskreises, trägt der Bedeutung der Institution Rechnung. Die Wahrnehmung der Corporate University in den Unternehmenseinheiten als Macht- und Beeinflussungsinstrument der Unternehmenszentrale ist hingegen fatal. Sobald die internen Consultants als "Spione" der Unternehmensleitung erlebt werden, ist ein Wertbeitrag dieser Einheit nicht mehr zu erwarten.

Der CU-Leiter wird von wenigen Mitarbeitern unterstützt, die als Fachkonzeptionisten in den Feldern Beratung, Training, Wissensmanagement und Public Relations Vollzeit zur Verfügung stehen. Delegierte Führungsnachwuchskräfte arbeiten als interne Berater und Change Agents idealerweise ebenfalls auf Vollzeitbasis für einen bestimmten Zeitraum oder im Rahmen eines bestimmten Projekts. Um dafür die entsprechenden Anreize zu schaffen, muss die CU-Mitarbeit als Auszeichnung verstanden werden und ein zentrales Element der Nachwuchsförderung bzw. der Führungskräfteentwicklung im Unternehmen sein. 50 % Freistellungen für Projektaufgaben können ergänzend zum Tragen kommen, sind aber problematisch. Da die Aufgaben innerhalb der Linienfunktion meistens nicht entsprechend reduziert werden, wird der entstehende Zeit- und Zielkonflikt in der Regel zu Gunsten der Linienfunktion entschieden. Die Projektarbeit wird dementsprechend hinsichtlich Termintreue und Qualität gefährdet, der Lernerfolg für den eingesetzten Berater ist fraglich.

Eine Führung der Corporate University nach dem Profit Center Konzept erscheint wenig sinnvoll. Damit würde einer kurzfristig orientierten Gewinnorientierung Vorschub geleistet, die den Fokus auf gängige, gut zu vermarktende Dienstleistungen richten würde, die in vielen Fällen wahrscheinlich wenigstens in gleicher Qualität auf dem externen Markt eingekauft werden könnten. Das Cost Center Prinzip wird in vielen Fällen dem strategischen Charakter der Aufgabenstellung angemessener sein. Damit verbunden ist die Definition von Deckungsbeiträgen der Corporate University, die durch eine Bepreisung und die innerbetriebliche Leistungsverrechnung interner Beratungs- und Trainingsdienstleistungen erbracht werden.

Bei international tätigen Unternehmen stellt sich ferner die Frage nach der Einbeziehung der Auslandstochtergesellschaften. Ergebnisse einer vom Autor durchgeführten Studie zum internationalen Change Management zeigen, dass Veränderungsinitiativen auch bei Unternehmen mit einem hohem Internationalisierungsgrad die Grenzen des Stammlandes oft nicht überschreiten. Konzepte, die in der Zentrale heftig diskutiert werden, werden im Ausland nicht zur Kenntnis genommen, geschweige denn in interkulturell angepasster Form adaptiert. [4] Auch zur internationalen Entwicklung und Realisierung von Veränderungsinitiativen kann eine Corporate University einen Beitrag leisten, sie kann sogar zum Katalysator der Internationalisierungsstrategie werden. Ausgangspunkt entsprechender Aktivitäten ist der Sitz der Corporate University, der sich in aller Regel im Stammland befindet. Lose Formen der Koordination über lokale Ansprechpartner, virtuelle Organisationsformen mit internationalen Projektteams und schließlich der sukzessive Ausbau eigener CU-Ableger im Ausland sind mögliche Formen.

Der Netzwerkgedanke bietet sich als das vorherrschende Kooperationsprinzip an: keine festen und langfristig bindenden Allianzen mit externen Universitäten und Dienstleistern, statt dessen werden zeitnah und projektspezifisch die jeweils besten externen und internen Inputs zusammengeführt. Partner sind alle Individuen oder Gruppen, die auf Basis der Win-Win-Philosophie etwas zur Weiterentwicklung des Unternehmens beitragen können. Im Rahmen der Weiterbildungsfunktion einer Corporate University dienen Kooperationen mit anderen Unternehmen u.a. dem Kapazitätsausgleich, sind aber auch ein bewusstes Element von Seminarprogrammen, um einen Ideenaustausch zu ermöglichen. Die gleiche Grundidee kann auch auf eine Zusammenarbeit und einen Austausch interner Berater übertragen werden, die aus der Corporate University heraus operieren. Dies gilt für externe Berater genauso wie für interne Berater aus befreundeten Unternehmen.

In eine dem Netzwerkgedanken verpflichtete Corporate University werden sich diejenigen Beratungseinheiten schwer integrieren lassen, die sich firmenintern explizit als Alternative zu externen Beratungsunternehmen anbieten. Solche Einheiten haben bei Großunternehmen inzwischen manchmal mehrere hundert Mitarbeiter. Hier muss man sich fragen, ob dies in Zeiten, in denen das Produktspektrum und die Geschäftsprozesse auf die Kernkompetenzen ausgerichtet werden, wirklich zielführend ist. Zudem wird der Erfahrungshintergrund externer Berater aus einer Vielzahl anderer Projekte und Branchen ausgeblendet. Auch eine gelegentliche Mitarbeit interner Berater an Projekten anderer Unternehmen kann dies nicht kompensieren.

Einem verbreiteten Kritikpunkt am CU-Konzept, nämlich der Tendenz zur Nabelschau, [5] wird jedenfalls am ehesten durch eine offene, netzwerkbasierte Corporate University wirksam begegnet. Die potentiellen Konflikte zwischen internen und externen Beratern aufgrund von unterschiedlichen Unternehmenskulturen, Anreizsystemen und einer latent vorhandenen Wettbewerbssituation sind dabei das kleinere Übel. Zudem können einige Beraterrollen, wie z.B. die des „Überbringers schlechter Nachrichten" im Rahmen von Kostensenkungsprogrammen, besser von externen Beratern überbracht werden. Bei einer intelligenten Rollenaufteilung zwischen internen und externen Beratern kann eine größere Beratungseffektivität erzielt werden, als wenn interne oder externe Unternehmensberatung jeweils alleine auftreten würden. Gegenseitige Abhängigkeiten, die beispielsweise entstehen, wenn eine große externe Unternehmensberatung die komplette Ausbildung einer internen Beratungseinheit übernimmt, sind allerdings zu vermeiden.

Es entsteht ein komplexes Rollengefüge, das sorgfältig gemanagt werden muss (s. auch Abbildung 1). Dies ist jedoch eine gute Vorbereitung für Führungskräfte in einer Zeit, in der „Coopetition" zu den Realitäten des Wirtschaftslebens gehört. Die klienten- und teamorientierten Beraterrollen sind im Folgenden noch näher zu betrachten.

4. Beraterrollen in einer Corporate University

Die Beraterrollen, die in einer Corporate University wahrgenommen werden, können ein breites Spektrum von nachfrageorientierten und angebotsorientierten Elementen umfassen. Ausgangspunkt sind dabei meistens die von der Führungsspitze angestoßenen strategischen Initiativen. Diese im Sinne eines Multi-Projekt- oder Programm-Managements nachzuhalten, ist gleichzeitig eine potentielle Rolle für die Berater innerhalb einer CU. Bei einer phasenorientierten Betrachtung steht die Wahrnehmung dieser Aufgabe zusammen mit der des Zielfinders und des Projektdesigners am Anfang des Spektrums klientenorientierter Beraterrollen (s. Abbildung 2).

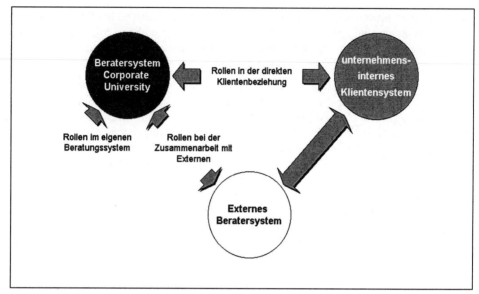

Abbildung 1: Beraterrollen-Kategorien aus Sicht der Corporate University

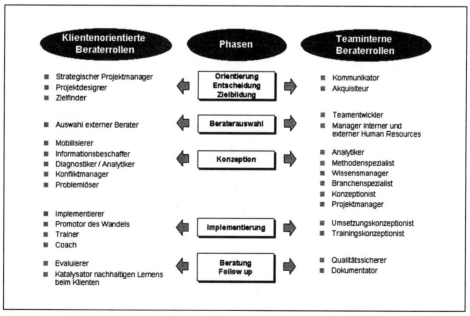

Abbildung 2: Klienten- und teamorientierte Beraterrollen in der Corporate University

Um die Realisierung der erarbeiteten Konzepte zu gewährleisten, erscheint ein Engagement der CU-Berater in allen Projektphasen erforderlich. Dem Trend in der Consulting-Industrie, analytische, Hard Facts – orientierte Beratung mit Ansätzen des Change Managements zu verknüpfen, sollte dabei gefolgt werden. [6] Die dafür erforderliche Rollenflexibilität der Berater ist dem Personalentwicklungsgedanken von Corporate Universities förderlich. Der Bedarf nach begleitenden Ausbildungs- und Coachingmaßnahmen ist daher offensichtlich.

Der Bedeutung dieser Einheit und der zu bearbeitenden Projekttypen entsprechend, ist die professionelle und qualitativ hochwertige Abarbeitung der Projekte erfolgskritisch. Da die CU-Berater nach dem hier vorgestellten Konzept entweder auf Zeit in die Corporate University entsandt wurden oder lediglich Teilzeit zur Verfügung stehen, wird ein Kern von erfahrenen Beratern benötigt, der gegebenenfalls extern rekrutiert werden muss und schwerpunktmäßig die in Abbildung 2 aufgeführten teaminternen Beraterrollen übernimmt. Diese können dann sukzessive auf die befristet entsandten CU-Berater übertragen werden. Eine personelle Kontinuität bei diesem Kern erfahrener Berater erscheint zur Stabilisierung einer ansonsten „fluiden" Organisation wichtig und ermöglicht die schnelle Reaktion durch eine Infrastruktur, die sich zum Beispiel in eingespielten Projektmanagementstrukturen und -abläufen widerspiegelt.

5. Fazit

Nach dem hier vorgeschlagenen Konzept ist die Corporate University eine nationale sowie internationale Plattform für organisatorischen, kulturellen und strategischen Wandel im Unternehmen. Beratungsdienstleistungen sind wesentlicher Teil des Leistungsangebots der Corporate University, um aus dem eigenen Unternehmen heraus operative, vor allem aber strategische Veränderungsinitiativen zu gestalten und umzusetzen. Unternehmens- und Personalentwicklung werden dabei im Sinne eines „Learning by Earning" verknüpft. Die Corporate University ist ein Kerninstrument der Unternehmensführung zur wechselseitigen Nutzung internen und externen Know hows mit dem Ziel, strategische Wertbeiträge zu leisten. Dies geschieht in Form einer intensiven Partnerschaft mit allen Stakeholdern.

Die wahrgenommenen Beraterrollen sind vielfältig. Damit diese dem jeweiligen Beratungsanlass entsprechend ausgestaltet werden können, ist eine erhebliche Rollenflexibilität erforderlich, die professionell entwickelt werden muss. Die Zukunft der internen Beratung liegt nicht in der Abgrenzung, sondern in der intelligenten Kooperation mit externen Beratern. Die Corporate University kann dafür eine geeignete Plattform sein.

Literaturverzeichnis

[1] Vgl. TICHY, N. M./SHERMAN, S., Control your Destiny or Someone Else Will – How Jack Welch is Making General Electric the World's Most Competitive Corporation, Doubleday, New York 1993.

[2] Vgl. MEISTER, J. C., Corporate Universities, Irwin Professional Pub, New York 1998, S. 10.

[3] Ein Beispiel ist die Lufthansa School of Business, vgl. REX, B.F., Organisation der Wissensgenerierung, unveröff. Diplomarbeit, Rosenheim 1998, S. 79.

[4] Vgl. hierzu näher REINEKE, R. D., Business Driven Intercultural Management^{TM}, in: Reineke, R. D./Fußinger, C. (Hrsg.), Interkulturelles Management – Konzeption, Beratung, Training, Gabler, Wiesbaden 2001.

[5] Vgl. GLOGER, A., Schulen des Geschäfts – Corporate Universities, in: managerSeminare, (2000)43, S. 94 – 101.

[6] Vgl. REINEKE, R. D., Consulting im Wandel, in: Berater und Dienstleister, Verlagsbeilage zur Frankfurter Allgemeinen Zeitung, Nr. 233 vom 08.10.97, S. 1 f.

Ralf Landmann, Tatjana Brönner
Arthur D. Little, Wiesbaden

Lernallianzen zwischen Top-Management-Consultancies, Business Schools und Corporate Universities

Hintergründe, Erfahrungen und Empfehlungen von der Planung bis zum „Knowledge Nugget"

Wenn Sie die zwei stärksten und folgenreichsten Trends der nahen Zukunft benennen müssten – welche würden Sie nennen?

Im November 2000 trafen sich Peter F. Drucker und Peter M. Senge und versuchten, genau diese und andere Fragen zu beantworten. Der „Vater modernen Managements" (Drucker) und der „Vater organisationalen Lernens" (Senge) waren sich schnell einig:

1. Ein Großteil, wenn nicht die Mehrheit der Führungskräfte wird bis zu ihrer Pensionierung weder bei ihrem jetzigen Arbeitgeber noch in ihrer heutigen Funktion tätig sein. Sie werden eher den Job wechseln, kürzer eine neue Tätigkeit ausüben und früher die angestellte Tätigkeit ganz aufgeben. Sie werden länger beruflich tätig sein – bis zu ihrem 70. oder 80. Lebensjahr, als Unternehmer, Freelancer, Berater, Coaches oder Interims-Manager.

2. Solange diese Menschen beruflich tätig sind, werden sie sich permanent weiterbilden (müssen). Gelegentliche Seminarbesuche oder die Lektüre eines Fachbuches werden nicht ausreichen, sie werden wahrscheinlich mindestens alle drei Jahre wieder die „Schulbank drücken" – in welcher Form auch immer.

Diese Trends zeichnen sich aufgrund zum Teil massiver soziodemographischer Verschiebungen und der Veränderungen der Arbeit an sich (Inhalte, Prozesse, Organisation, Technologie usw.) deutlich ab. Heute sprechen zwar viele Unternehmen von einer Renaissance des Personalmanagements und diskutieren über die steigende Bedeutung intellektuellen Kapitals, doch nur die wenigsten sind auf diese massiven Veränderungen und ihre Auswirkungen tatsächlich vorbereitet.

Erfolgreiche Unternehmen haben mit Partnern bereits die Kernkompetenz aufgebaut, diese Trends nicht nur aktiv aufzugreifen, sondern auch zu Wettbewerbsvorteilen aufzubauen. Abseits potentiell „Elfenbeinturm"-gefährdeter Diskussionen haben es Unternehmen wie Dell, Cisco oder DaimlerChrysler geschafft, global mehr Mitarbeiter der unterschiedlichsten Kulturkreise und Tätigkeitsbereiche in kürzerer Zeit effizienter „auf Speed" zu bringen und zu halten. Diese Kernkompetenz basiert im wesentlichen auf zwei Eckpfeilern, der Einrichtung von „Corporate Universities" und dem Eingehen aktiver „Lernallianzen" mit ausgewählten Partnern – um den Anforderungen der Stakeholder besser gerecht werden zu können.

1. Größere Herausforderungen für die Unternehmen

Vor dem Hintergrund der skizzierten Entwicklungen ergeben sich eine Vielzahl strategischer Herausforderungen an die Personalentwicklungsarbeit, da die relative Bedeutung von Humankapital gegenüber dem Geldkapital deutlich zunimmt:

Mehr Mitarbeiter schneller an Top-Leistung heranführen

Bei steigendem Zeitaufwand, qualifizierte Mitarbeiter überhaupt für ein Unternehmen zu gewinnen, abnehmenden durchschnittlichen Verweilzeiten in einer Tätigkeit und generell gestiegenen Fluktuationsquoten kommt dem Wettbewerbsfaktor Zeit eine noch stärkere Bedeutung zu. Es gilt, Mitarbeiter möglichst effizient zu integrieren und das erforderliche unternehmensinterne wie –externe Wissen möglichst schnell verfügbar zu machen. Lernen ist ein Just-in-Time-Thema, der Lernbedarf muss im Augenblick des Entstehens befriedigt werden, Inhalte müssen sofort verfügbar sein, Wartezeiten werden immer weniger akzeptiert. Unternehmen müssen eine effiziente Infrastruktur schaffen, die es Mitarbeitern ermöglicht, schneller als heute zu finden, was sie brauchen, um ihre Aufgaben besser erfüllen zu können.

Höhere Vielfalt besser bewältigen

Soziodemographischen Verschiebungen, technologische Innovationen und die Globalisierung führen zu deutlich mehr Vielfalt und Komplexität, die durch das Personalmanagement bewältigt werden müssen. Höhere Vielfalt ergibt sich aus der Explosion (verfügbaren) Wissens - Experten schätzen, dass sich Wissen inzwischen im Durchschnitt alle fünf bis sieben Jahre verdoppelt. Was die Schule lehrt, ist im Studium schon wieder veraltet und kann den beruflichen Anforderungen nicht genügen. Höhere Vielfalt ergibt sich aus der Globalisierung – nicht nur Konzerne, auch Mittelständler stehen vor der Herausforderung, Mitarbeiter verschiedenster Kulturkreise, Religionen, Sprachen und Altersgruppen zu integrieren. Konkret heißt das, die Managementausbildung in dezentralen Unternehmen auf weltweit einheitliche, hohe und transparente Standards zu bringen. Das bedeutet auch, Führungskräften akquirierter Unternehmen die Integration zu erleichtern und unterschiedliche Unternehmenskulturen zusammenzuführen.

Höhergesteckte Unternehmensziele und komplexere Personalentwicklung besser miteinander verzahnen

Inkrementale Wachstumsschritte reichen weder aus, ein Unternehmen langfristig wettbewerbsfähig zu halten, noch genügen sie den Anforderungen der Kapitalmärkte. Unternehmensziel muss es daher sein, neue Bereiche zu erschließen, die nachhaltiges Wachstum und hohe Effizienzsteigerungen ermöglichen, durch die der Unternehmenswert dramatisch gesteigert werden kann. Abbildung 1 zeigt, wie die Wachstumslücke durch strategische Innovation geschlossen werden kann – und hier genau ist die konsequente Verzahnung von Unternehmenszielen und der Personalentwicklung von entscheidender Bedeutung: Denn Innovation entsteht nicht von selbst und Prozesse können nicht lernen. Menschen schaffen Innovationen, Menschen lernen und Menschen bringen Prozesse in Gang.

Insofern müssen Stoßrichtungen und Inhalte eng mit der Strategie des Unternehmens verzahnt werden und sich genauso schnell verändern, wie sich die strategischen Zielsetzungen des Unternehmens weiterentwickeln. Dazu muss eine Infrastruktur bereitgestellt werden, die einen permanenten, offenen Austausch von Wissen, die Bearbeitung strategischer Fragen sowie den Aufbau internationaler Netzwerke ermöglicht. Oder einfacher: Ein Umfeld schaffen, an dem die Menschen die Freiheit haben, kreativ zu sein.

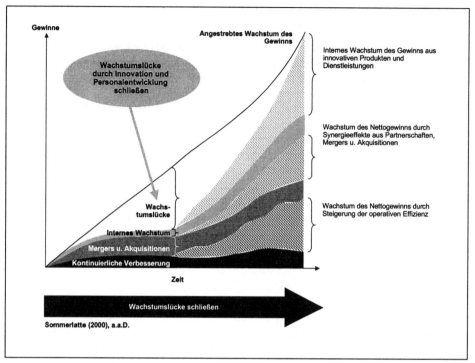

Abbildung 1: Die Wachstumslücke durch strategische Innovation und abgestimmte Personalentwicklung schließen

Steigende Anforderungen der Mitarbeiter

In einem Marktumfeld, in dem hochqualifizierte, kreative und international vernetzte Mitarbeiter die Bedingungen diktieren können, zu denen sie arbeiten und sich gut ausgebildete Fachleute ihren Arbeitgeber aussuchen können, muss sich die Personalentwicklung auf die Bedürfnisse dieser Zielgruppe besonders gut einstellen. Verschärft wird dieser Druck noch durch die Tatsache, dass etwa 70 % der deutschen Unternehmen den Mangel an qualifizierten Fachkräften als Haupthemmnis zu mehr Wachstum nennen.

Unabhängig von ihrer Tätigkeit, hierarchischen Stellung im Unternehmen oder dem Grad der unternehmerischen Selbständigkeit ist lebenslange wirtschaftliche Sicherheit für sich und ihre Familien einer der wesentlichen Bedürfnisse von Mitarbeitern. Dazu müssen in erster Linie die Voraussetzungen für lebenslanges Lernen geschaffen werden, denn Mitarbeiter fragen heute zu Recht immer öfter danach, was ein Unternehmen tut, um ihren persönlichen Marktwert zu erhalten bzw. zu steigern. Dabei ist die heute noch gängige Praxis größerer Unternehmen wenig zielführend, Tausende von Mitarbeitern mehrmals jährlich aus ihrer Arbeit und von ihren Kunden wegzureißen, mit dem Flugzeug irgendwohin zu verfrachten und tagelang in Seminarräume einzusperren – bei mäßigen Lernerfolgen, zum Teil praxisfremden Inhalten und hohen Aufwendungen.

Das Denken in „Blöcken" oder „Silos" für Lerninhalte und –abschnitte muss dem Ansatz einer „Pipeline" für lebenslanges Lernen weichen.

Veränderte Anforderungen der Kunden

Kunden erwarten kompetente, motivierte Mitarbeiter, die spezifische, individuelle Lösungen zusammenstellen können – auf Weltklasseniveau und unter konsequenter Nutzung allen unternehmensinternen und –externen Wissens. Diese an sich banale Erkenntnis gewinnt jedoch dadurch dramatisch an Bedeutung, dass der Service- und Dienstleistungsanteil an der Wertschöpfung kontinuierlich zunimmt – und somit der Mitarbeiter und seine individuelle Leistung(sfähigkeit) öfter, länger und intensiver im Rampenlicht als früher steht – mit erheblichen Auswirkungen auf den Akquisitionserfolg und die Kundenzufriedenheit.

Aus den skizzierten Anforderungen der wesentlichen Stakeholder an die Personalentwicklung ergibt sich der in Abbildung 2 angedeutete Pfad vom Lernen zum Leisten:

Heute	Morgen
Abteilung/ Organisationseinheit	Projektteam
Themen-basiert	Projekt-basiert
Re-aktiv	Pro-aktiv
Methodentraining	Leistungssteigerung
Klassenzimmer/ Gruppe	Arbeitsplatz/ Hotel/ Wohnung/ individuell
Trainer-zentriert	Lerner-zentriert
Lesen/ hören/ sehen	Learning by doing
Information und Fähigkeiten (was?)	Erforschen, Entdecken, Verstehen, Wissen (warum?)

Abbildung 2: Vom Lernen zum Leisten

2. Auf dem Weg zu einer internationalen lernenden Organisation

Personalentwicklung und Lernen sind Mittel zum Zweck. Wenn Unternehmen so umgestaltet werden sollen, dass sie ihre eigene Entwicklung schneller, überlegter und profitabler auf laufende, zu erwartende aber auch überraschende Umfeldentwicklungen ausrichten können, dann müssen im Sinne einer Vision fünf Kerneigenschaften einer lernenden Organisation aufgebaut werden, die gleichzeitig auch die dargestellten Stakeholder-Anforderungen aufgreifen und weiterführen:

- Verstehen, weshalb es worauf ankommt: Unternehmensweit haben alle Mitarbeiter ein gemeinsames Verständnis der wesentlichen Erfolgsfaktoren und ihrer internen wie externen Wechselbeziehungen.
- Veränderungen aktiv herbeiführen: Mitarbeiter werden wirklich ermuntert und finden tatsächlich Bestätigung, wenn sie traditionelle Muster hinterfragen und positiv durchbrechen.
- Meine Ziele sind unsere Ziele und umgekehrt: Mitarbeiter haben ein klares Verständnis ihrer Ziele und Einflussmöglichkeiten und sind am Zielfindungs- und erreichungsprozess tatsächlich aktiv beteiligt.
- Echte Teams für das gemeinsame Ziel: Mitarbeiter arbeiten in echten Teams, die in der Lage und bereit sind, „echte" Dialoge miteinander zu führen, das heißt gemeinsam und offen zu denken, ohne sich im taktischen Machtgeplänkel zu verlieren.
- Aggressiv gemeinsam mehr Wert schaffen: Mitarbeiter entwickeln ihr Marktgespür aktiv weiter, sensibilisieren es gemeinsam, teilen ihre Erkenntnisse und begeistern sich wirklich für echte Innovation.

3. Lernallianzen am besten geeignet, um Geschäft und Lernen miteinander zu verbinden

Eine solche Vision und ihre daraus abgeleiteten ambitionierten Ziele lassen sich nicht dadurch ereichen, einfach die bisherige Trainingsabteilung in „Corporate University" umzubenennen. Vielmehr müssen Weiterbildung und Strategieplanung wirksam miteinander verknüpft werden. Deshalb reicht es auch nicht aus, den abgeleiteten Qualifizierungsbedarf einfach an renommierte Weiterbildungsanbieter auszulagern, also die eigenen Führungskräfte durch bekannte Business Schools aus- und weiterbilden zu lassen. Ohne die geforderte Integration in die Unternehmensstrategie sind die Streuverluste dieser Option zu hoch.

Zur Bewältigung dieser globalen und interdisziplinären Aufgaben haben sich Lernallianzen zwischen Unternehmen, Business Schools und Top-Management Beratern besonders bewährt. Die gebündelten Kernkompetenzen dieser drei Gruppen ermöglichen es, effektiver und effizienter maßgeschneiderte Qualifizierungskonzepte und –maßnahmen bereitzustellen und konsequent umzusetzen. Denn beispielsweise ein Automobilhersteller vermarktet primär Autos, Universitäten forschen und bilden aus und Consultants führen Markt-, Unternehmenspraxis und wissenschaftliche Erkenntnisse zu Lösungen. Erst die Kombination aus Praxis, Lehre und lösungsgetriebenem „Thought Leadership" schafft messbaren Mehrwert und erschließt konkrete Innovationspotentiale. Dabei ist entscheidend, nicht nur die wesentlichen Wissensinhalte (Abbildung 3) mit der Unternehmensstrategie zu verzahnen, sondern auch ganzheitlich die betroffenen Leistungsprozesse im Unternehmen zu integrieren (Abbildung 4).

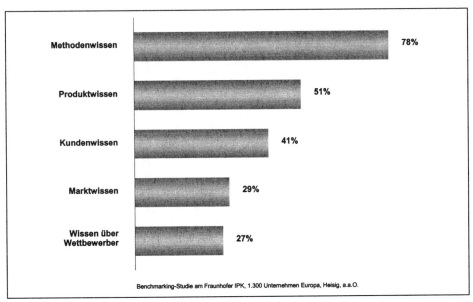

Abbildung 3: Bedeutung unterschiedlicher Wissensinhalte

Häufig wird die Praxisferne herkömmlicher Qualifizierungsprogramme bemängelt. Inhalte werden von den Teilnehmer zwar als „grundsätzlich richtig" beurteilt, nach einem Training fühlen sich jedoch viele „wie vom anderen Stern" – das Gelernte ist möglicherweise zu abstrakt und nicht unmittelbar anwendbar. Gerade hier zeigt sich bereits ein wesentlicher Vorteil von Lernallianzen, nämlich die wichtigsten Wissensinhalte zu integrieren und für die gemeinsame Lösungsfindung aufzubereiten: Die Methodenentwicklung – traditionell eine Domäne der Universitäten – wird zusammengeführt mit dem originären Produktwissen des Unternehmens und der externen Sicht des Beraters zu Markt, Wettbewerb und Methodenanwendung. Dadurch gewinnen Qualifizierungsmaßnahmen deutlich an Relevanz für ihre Adressaten und verlagern sinngemäß die Personalentwicklung aus der Unternehmenszentrale und dem Seminarraum mitten in das aktuelle Marktgeschehen – mit Ansätzen, die konkrete Lösungen schaffen.

Darüber hinaus ermöglichen Lernallianzen die Konzeption und Umsetzung zielführender Qualifizierungsprogramme – schneller, kompetenter und umfassender als das ein traditioneller Personalbereich allein könnte. Es gilt, die erforderlichen Kompetenzen als hochqualifizierte Berater, kompetente Dienstleister, erfahrene Trainer, vernetzte Organisationsentwickler und versierte Technologieexperten zusammenzuführen, um ein bestmögliches didaktisches und technologisches Gesamtentwicklungssystem aufbauen und betreiben zu können – unter kombinativer Nutzung aller zielführenden Ansätze wie Distance Learning, individuellem Coaching, Video-on-Demand usw.

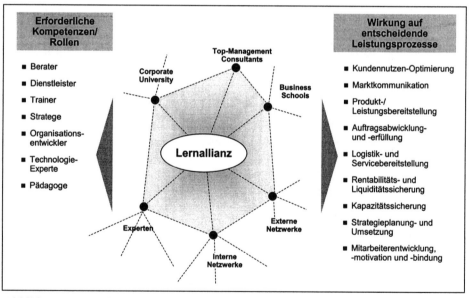

Abbildung 4: Lernallianzen adressieren die entscheidenden Leistungsprozesse des Unternehmens

4. Vorteile und Erfolgsfaktoren von Lernallianzen

Die Kooperation von Unternehmen mit herausragenden Partnern bei Business-Schools und Top-Management-Beratern ist ein wesentlicher Erfolgsfaktor für Corporate Universities, eine Bindung an nur einen Anbieter ist nicht zielführend – weder für das Unternehmen, noch für die Mitarbeiter. Deshalb arbeiten fast alle Corporate Universities mit verschiedenen Business Schools und Beratern zusammen. Arthur D. Little ist dabei bei einigen Unternehmen aktiver Netzwerkpartner – beispielsweise als Ausbilder für den Management-Nachwuchs eines internationalen Technologiekonzerns oder als Lieferant aufbereiteter Management-Informationen zu aktuellen Themen und Herausforderungen für die Top-Führungskräfte des DaimlerChrysler-Konzerns. Als einzige Top-Management-Beratung mit eigener, akkreditierter Business School führt Arthur D. Little auch große Business School Konsortien mit bis zu 20 angeschlossenen, renommierten Universitäten weltweit, um für globale Unternehmen kundenspezifische, passgenaue, globale Personalentwicklungs- und Qualifizierungsprogramme auf Weltklasseniveau bereitzustellen und weiterzuentwickeln. Dadurch kann eine Mischung aus eigenem, im Unternehmen entwickeltem Wissen und den neuesten Erkenntnissen aus der Beratungspraxis und der Wissenschaft zu praxisrelevanten Lösungen zusammengeführt werden.

Ein weiterer wesentlicher Vorteil von Lernallianzen begründet sich in der oben skizzierten Anforderung von Mitarbeitern, durch lebenslanges Lernen ihren persönlichen Marktwert zu erhalten bzw. zu steigern. Ein Unternehmen allein wird sich in den meisten Fällen auf die Vermittlung unternehmensspezifischer Themen konzentrieren – erst die Allianz in einem Netzwerk von Business Schools und Top-Management-Beratern schafft die echten Voraussetzungen, Mitarbeiter so aus- und weiterzubilden, dass sie die erworbenen Fähigkeiten für ihre weitere Karriere auch außerhalb des Unternehmens wirksam einsetzen können. Und damit kann sich eine Lernallianz vermeintlich paradoxerweise positiv auf die Mitarbeitergewinnung auswirken. Damit sind Corporate Universities für Unternehmen und Studenten gleichermaßen interessant, da sie wissenschaftliche Abschlüsse mit einem attraktiven Arbeitsplatz verbinden und lebenslanges Lernen ermöglichen.

Wesentlicher Erfolgsfaktor für Lernallianzen ist die schnelle und nachhaltige Abstimmung der strategischen Ziele aller involvierten Partner, ein hohes Wertsteigerungspotential in bezug auf Qualität und Ergebnisse der Personalentwicklungs- und Qualifizierungsmaßnahmen sowie eine konsequente Realisierung der beschriebenen Vorteile. Das heißt konkret, die Weiterbildung im Unternehmen mit der Unternehmensstrategie zusammenführen und zugleich eine Zusammenarbeit mit Business Schools und Top-Management-Beratern voranzutreiben. Dazu gehört auch, eine geeignete Umgebung für kontinuierliches Lernen zu schaffen, geeignete Technologien einzusetzen und innovative Verfahren konsequent weiterzuentwickeln und einzuführen. Entscheidend für den

Erfolg ist es auch, den Wert der Aufwendungen des Unternehmens für die Bildung zu messen.

5. Die ersten Allianzen haben sich etabliert

Die Mehrzahl der Corporate Universities arbeitet mit verschiedenen Business Schools zusammen. Lufthansa kooperiert beispielsweise mit zwölf Partnern – von der kanadischen McGill University über Cranfield bis zum Indian Institute of Management in Bangalore. Berufsbegleitend können Lufthanseaten einen MBA am Ashridge Management College erwerben. Ähnlich können ausgewählte Führungskräfte der mg technologies ein MBA Studium an der Duke University absolvieren. Die Deutsche Bank beabsichtigt, ab 2001 mit einer oder zwei Business Schools ein MBA-Programm anzubieten, für das die Mitarbeiter heute schon Leistungsnachweise sammeln können. Als eine der wenigen Corporate Universities wird das 1999 gegründete Allianz Management Institute über einen eigenen Campus verfügen.

Ein ständig steigendes Innovationstempo bei Produkten und Leistungen, zunehmende Komplexität der Produktion und Organisation durch unternehmensübergreifende Vernetzung, Erschließung neuer Märkte und Konfrontation mit neuen Wettbewerbern sind einige Gründe für den steigenden Beratungsbedarf in den letzte Jahren. Der steigende Weiterbildungsbedarf basiert auf den gleichen Gründen – denn der erforderliche Wandel muss durch die Mitarbeiter praktisch vollzogen werden – schneller und nachhaltiger als früher. So liegt es nahe, dass Beratungsunternehmen ihr Leistungsangebot entsprechend ausweiten. Heute generieren etwa ein Drittel der 25 führenden klassischen Managementberater substantielle Umsatzvolumina über Coaching, Training, Schulung und begleitende Kommunikation, bei den 50 größten IT-Beratern und Systemintegratoren sind es etwa die Hälfte.

6. Bedarfsgerechte Bereitstellung von Executive Information am Beispiel der „Knowledge Nuggets" für die DaimlerChrysler Corporate University

Die DaimlerChrysler Corporate University (DCU) offeriert den etwa 4 000 Führungskräften des Gesamtkonzerns (von Mercedes-Benz über debis bis zu Chrysler oder Freigthliner) Leistungen in den Bereichen Führungskräfteentwicklung, Executive Education, Strategischer Dialog und Knowledge Management. In Zusammenarbeit mit DCU-online stellt Arthur D. Little den DaimlerChrysler Führungskräften sogenannte „Knowledge Nuggets" zusammen (vgl. Abbildung 5), die es dieser Zielgruppe ermöglichen, webbasiert innerhalb von fünf Minuten die wesentlichen Aspekte, Hintergründe und Handlungsfelder zu relevanten Themen aufzunehmen: Was ist „B2B", was bedeutet es für mein Kerngeschäft, wer sind die Hauptanbieter, worauf kommt es an und was sollte ich „Montag morgen" tun? Andere Knowledge Nuggets behandeln unter anderen Themen wie „B2C", „Mobile Commerce" usw. – jeweils mit einer dem individuellen Informationsbedürfnis angepassten Nutzungsmöglichkeit. Die Führungskraft kann sich per Menüsteuerung auf die für sie persönlich wichtigsten Aspekte konzentrieren – ohne den Gesamtüberblick über das Themenspektrum zu verlieren. Tiefergehende Informationen sind sowohl durch einen weiteren Mausklick als auch das Öffnen neuer Menüpunkte zugänglich. Die graphische Animation erleichtert die Informationsaufnahme und die Erinnerungswirkung. Darüber hinaus beinhalten diese „Knowledge Nuggets" themenbasierte, persönliche Aktionslisten, die die vermittelten Inhalte mit dem Führungs- und Anreizsystem verknüpft. Dadurch wird dem „So What"-Syndrom entgegenwirkt, indem ein konkreter Bezug zu den Anforderungen an Führungskräfte geschaffen wird. Das heißt praktisch, dass die „Knowledge Nuggets" eine Führungskraft wirksam unterstützen, besser strategisch zu denken, schneller Veränderungen zu initiieren, besser Mitarbeiter zu motivieren, mehr Erfahrungen zu teilen und nachhaltiger Wert zu schaffen. Besonders dadurch gewinnt dieses Instrument an Relevanz und damit auch an Akzeptanz für diese anspruchsvolle Zielgruppe.

Knowledge Nugget Startseite (vgl. Abbildung 6): Die Startseite schafft in Form einer Management-Zusammenfassung ein allgemeines Verständnis zum Thema und zeigt eine Liste aller relevanten Aspekte und ermöglicht den adressierten Führungskräften einen Themenüberblick in kürzester Zeit. Ziel ist es, dem Lernenden das Grundverständnis für ein Thema zu geben und ihn mit relevanten Fakten, Daten und Kommentaren wie Begriffsdefinitionen, Marktdaten, Trends, Chancen und Risiken mit einem „Klick" zu versorgen. Werden weiterführende Informationen gewünscht, so erlaubt der menüartige Aufbau eine schnelles Durchdringen des Themas.

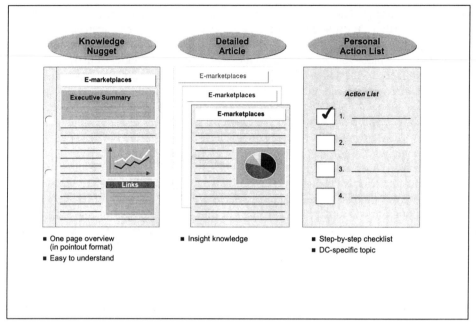

Abbildung 5: Struktur und Aufbau eines Knowledge Nugget

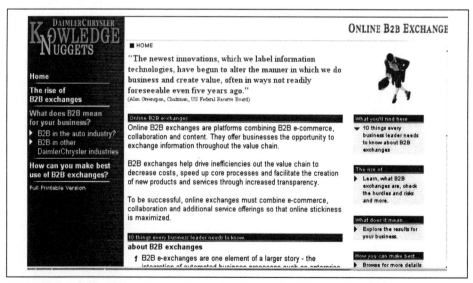

Abbildung 6: Knowledge-Nugget Startseite (Screenshot B2B-exchanges)

Detaillierter Beitrag: Der weitergehend interessierte Lernende erhält umfassende Beiträge mit weiterführenden Aspekten und Kommentaren zum Thema:

- Fakten und Graphiken zur allgemeinen Marktsituation, Trends und Entwicklungen, Playern, relevanten Technologien
- Detaillierte Beschreibung von Markt, Zielgruppe, Wettbewerbern, Technologien, Chancen und Risiken sowie Erfolgsfaktoren in den DaimlerChrysler spezifischen Industrien

Neben der Vermittlung detaillierter Fachinformation wird insbesondere auch auf regionale bzw. branchenspezifische Unterschiede und deren Auswirkungen auf Marktentwicklung und Produkt-/Preisgestaltung eingegangen. Ergänzt werden diese Informationen um Linklisten, Events und Veranstaltungen zum Thema sowie internen Kontaktlisten mit Ansprechpartnern.

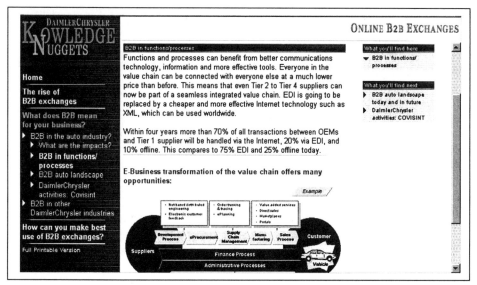

Abbildung 7: Knowledge-Nugget Detailbeitrag (Screenshot B2B-exchanges)

7. Erfolgsfaktoren in der Umsetzung

Abdeckung – Knowledge Nuggets müssen sämtliche Dimensionen eines global agierenden Unternehmens abdecken – Märkte, Regionen, Funktionen und Prozesse – auf einem Anspruchsniveau, das den Laien nicht „verliert" und den Experten nicht „langweilt". Darüber hinaus müssen die Knowledge Nuggets – wie andere Elemente der Executive Education auch - skalierbar und flexibel sein, um neue Inhalte zeit- und strategiegerecht integrieren zu können. Regionale und kulturspezifische Unterschiede müssen antizipiert sowie Inhalte und Didaktik entsprechend adaptiert werden.

Contentbeschaffung aus unterschiedlichen Quellen - Die „best-practice" Organisation schöpft ihre Lerninhalte im wesentlichen aus vier qualifizierten Quellen: Von Kunden, aus der Unternehmensstrategie, aus den Unternehmensbereichen selbst und von externen Partnern. Auf Basis eines klaren Anforderungsprofils wird festgelegt, welche Inhalte fremdbeschafft und welche intern oder durch Partnerschaften erstellt werden. Erfolgreiche Ansätze sind Contentsyndication, Teilnahme an Content-Sharing Konsortien und die Zusammenarbeit mit externen Partnern wie eben Beratungen und Business Schools

Einsatz von Templates - Kostenkontrolle und eine einfachere, schnellere Vermittlung kritischen Fachwissens sind Kernziele vieler Unternehmen beim Einsatz von Online-Lernprogrammen. Templates erlauben eine Wiederverwendung von Inhalten in verschiedenen Modulen.

„Knowledge Nuggets" sind nicht nur ein sinnvoller Weg, Mitarbeiter schnell und kompetent „auf Geschwindigkeit" bei aktuellen Herausforderungen zu bringen, sondern auch ein geeignetes Beispiel, um die Vorteile von Lernallianzen an einem Praxisbeispiel zu dokumentieren.

Sie zeigen, wie durch die Zusammenarbeit mit externen Partnern Methoden-, Markt- und Anwendungs-Know-how strukturiert und zielgruppengerecht zusammengeführt werden kann. Komplexe Sachverhalte werden wirksam vermittelt - am Arbeitsplatz, oder unterwegs mit geringem Zeitaufwand und konkreten Empfehlungen für die persönliche Aufgabenliste jedes einzelnen Adressaten.

Ist Ihr Unternehmen vorbereitet auf die stärksten und folgenreichsten Trends der nahen Zukunft? Wie agieren Sie in einem Umfeld steigender Bedeutung intellektuellen Kapitals? Lernallianzen mit ausgewählten Partnern versetzen Sie und Ihr Unternehmen in die Lage, besser und schneller den Anforderungen Ihrer Stakeholder besser gerecht zu werden.

Literaturverzeichnis

[1] ANTONI, C.H. /SOMMERLATTE, T., Report Wissensmanagement, Düsseldorf 1999.

[2] ARTHUR D. LITTLE (HRSG.), Management der Lernprozesse im Unternehmen, Wiesbaden 1995.

[3] DELHAES, D., Bildung - Megamarkt der Zukunft, in: Wirtschaftswoche, (2000)26, S. 38.

[4] DILLICH, S., Corporate Universities - More companies are creating their own corporate universities in order to train employees, in: Computing Canada, 04.08.2000, S. 25.

[5] GLOGER, A., Tele-Learning: Prof. Scheer sieht für staatliche Unis einen Markt in der beruflichen Weiterbildung, in: VDI Nachrichten, (2000)25, S. 36.

[6] HEISIG, P., Die ersten Schritte zu professionellem Wissensmanagement, in: Antoni, C.H. u. Sommerlatte, T., Report Wissensmanagement, Düsseldorf 1999, S. 44.

[7] HENSE-FERCH, S., Zehn-Tages-Semester für hoch bezahlte Studenten, in: Süddeutsche Zeitung, 26.08.2000, S. 60 (Region Deutschland).

[8] HODGINS, H. W., Into the Future – A Vision Paper (Report for the American Society for Training & Development and the National Governors' Association – Commission on Technology & Adult Learning), Washington, D.C. 2000.

[9] HOUSEMAN, S. N., Temporary, Part-time, and Contract Employment in the United States – A Report on the W.E. Upjohn Institute's Employer Survey on Flexible Staffing Policies (Report to the U.S. Department of Labor), Nov. 1996, rev. June 1997, S. 12.

[10] KIENBAUM, J., Personalmanagement am Scheideweg, in: Management Berater, (2000)7, S. 3.

[11] LANDMANN, R., Mitten in einer Revolution, in: Wolters, H., Landmann, R. et al., Die Zukunft der Automobilindustrie, Wiesbaden 1999.

[12] MUOIO, A., Lautloses Lernen im Web, in: Wirtschaftswoche, (2000)41, S. 171.

[13] o.V., Meeting of the Minds – Peter Drucker and Peter Senge discuss the future, in: Across the Board – The Conference Board Magazine, Vol. XXXVII No. 10, Nov./Dec. 2000, S. 16ff.

[14] SCHAAF, H., Neue Personalvision der Telekom, in: Personalwirtschaft, (2000)7, S. 34.

[15] SCHUBERT, H., Berater und Trainer, in Management Berater, (2000)4.

[16] SCHWERTFEGER, B., Campus im Hof, in: Wirtschaftswoche, (2000)49, S. 160.

[17] SOMMERLATTE, T./JONASH, R., Innovation – Der Weg der Sieger, Landsberg/Lech 2000.

[18] UNITED STATES DEPARTMENT OF LABOR, Futurework – Trends and Challenges for Work in the 21st Century, Washington, D.C. 1999.

[19] WINKLER, N., Merlox AG - Kein Einzelfall in Sachen Corporate University, in: Computerwoche, 24. Nov. 2000, S. 12.

3. Dimensionen, Szenarien und Perspektiven von E-Learning in Corporate Universities

Dr. Frank Habermann, Dr. Wolfgang Kraemer
imc information multimedia communication GmbH, Berlin/Saarbrücken

Envision E-Learning - Von der Strategie zum detaillierten Projektplan

1. Übersicht

Zunehmend beschließen große und mittelgroße Unternehmen umfassende E-Learning Projekte zu starten. Diesem Beschluss geht nicht selten ein über mehrere Monate andauernder Entscheidungsprozess voraus. Im Laufe dieses Prozesses werden z. B. unternehmensinterne Workshops mit Entscheidungsträgern durchgeführt, E-Learning Strategien des Unternehmens diskutiert sowie Marktstudien für mögliche Lösungsanbieter erarbeitet. Das Ergebnis ist typischerweise eine Aufforderung an potenzielle Lieferanten, ein Angebot für die Realisierung einer E-Learning Lösung zu erstellen. Letztlich erhält ein ausgewählter Anbieter den Auftrag und das E-Learning Projekt beginnt.

Dieser Beitrag diskutiert, inwiefern Unternehmen zum Zeitpunkt der Auftragserteilung ausreichend vorbereitet sind, ein E-Learning Projekt erfolgreich durchzuführen. Es wird beschrieben, welche Probleme bei der Definition einer E-Learning Strategie bestehen und welche Fragen im Vorfeld eines E-Learning Projektes zwingend beantwortet werden müssen. Anhand eines strukturierten Prozesses – des so genannten „Envisioning" – wird gezeigt, wie die Beantwortung der notwendigen Fragen sicher gestellt werden kann. Das Ergebnis des Envisioning ist ein verbindlicher Projektplan, der die detaillierten Arbeitsschritte zur Erreichung der Projektziele in ihrem zeitlich-logischen Zusammenhang beschreibt.

2. E-Learning: Spannungsverhältnis zwischen Theorie und Praxis

E-Learning besitzt im Wesentlichen zwei Wurzeln: Humanorientierung und Informationstechnik-Orientierung. Humanorientierung meint die (Wieder)Entdeckung der Kreativität und des Erfahrungswissens der Mitarbeiter als Quelle von Flexibilität und Wettbewerbsfähigkeit eines Unternehmens. Die Konzentration auf derart „weiche" Faktoren kann als Reaktion auf die eher technokratische Reengineering-Bewegung der 90er Jahre verstanden werden, oder um es mit Michael Hammer zu sagen: „Business Engineering forgot the people".

Der Gedanke der Humanorientierung ist jedoch bei weitem nicht neu und wurde schon gar nicht durch E-Learning begründet. Bereits frühe Ansätze zur Innovationsforschung, Organisationsentwicklung und lernenden Organisation untersuchten kognitive Prozesse und versuchten, menschliches und organisationales Lernen im Zusammenhang zu erklären. Konzepte zur Systematisierung dieser zahlreichen Ansätze finden sich z. B. bei Shrivastava [1], Müller-Stewens/Pautzke [2], Dodgson [3], Blackler [4] und Klimecki/Thomae [5].

Ebenso wie Wissensmanagement baut E-Learning als relativ junge Disziplin auf diesen umfassenden Arbeiten auf. Es fokussiert die wettbewerbsrelevante Rolle von Wissen und Lernen in einem Unternehmen und behandelt die Frage: „Wie sind die organisationalen Wissens- und Lernprozesse zu planen, zu organisieren und zu steuern, um die Leistungsfähigkeit eines Unternehmens auf Dauer zu sichern" [6]. Die Beantwortung dieser Frage umfasst die Gestaltung geeigneter Informations- und Kommunikationstechnik (IT) zur Unterstützung dieses Managementprozesses [7]. Erst durch die Gestaltungspotenziale neuer Technologien ist es möglich, die theoretischen Anforderungen an das Management von Lernen in die Praxis umzusetzen [8]. Durch die Kombination von Humanorientierung und IT-Orientierung erhalten Knowledge und Learning Management (KLM) ihren originären Charakter.

Heute erfährt KLM eine große Verbreitung in der Unternehmenspraxis. Unternehmen aus nahezu allen Branchen starten umfassende KLM-Projekte, etablieren „Wissensmanager" sowie „Chief Learning Officer" in ihrer Organisation und arbeiten insbesondere an der Einführung von computergestützten Knowledge und Learning Management Systemen (KLMS) [9]. Eine Analyse der Projekte zeigt allerdings, dass sich die Umsetzung der theoretischen Konzepte in der Unternehmenspraxis als schwierig herausgestellt [10]. Im wesentlichen werden folgende Probleme genannt:

- *Simplifizierung:* Aufgrund von Zeitmangel oder anderen Restriktionen werden beim Systementwurf Wissenstypen und Lernprozesse so stark vereinfacht, dass das resultierende KLMS nicht zur Lösung des zugrunde liegenden Problems dient. Ein Beispiel hierfür ist der Einsatz grober Phasenmodelle bzw. so genannter „Use Cases" für die Steuerung von Wissens- und Lernprozessen. Die Simplifizierung ist das häufigste in der Praxis beobachtete Problem.

- *Theoriedefizit:* Aus der Theorie logisch abgeleitete Schlussfolgerungen und Empfehlungen werden zwar richtig in die Praxis umgesetzt, führen dort jedoch nicht zum erwarteten Effekt. Als Beispiel dient die theoretisch begründete Aussage, „das richtige Wissen müsse zum richtigen Zeitpunkt am richtigen Ort verfügbar sein, um den gewünschten Effekt zu erbringen" [11]. In der Praxis wurde beobachtet, dass sogar das Gegenteil der Fall sein kann. Als eine Ursache dafür werden nicht bekannte Wechselwirkungen und bisher unerforschte kognitive und soziale Prozesse angenommen.

- *Theorievielfalt:* Die zum Teil stark uneinheitlichen theoretischen Ansätze können dazu führen, dass Unternehmen versuchen, eine eigene, „beste" Konzeption zu finden, die dann als Grundlage für die Systementwicklung dienen soll. In solchen Fällen besteht die Gefahr, dass entweder die Projekte bereits in der Konzeptionsphase stagnieren oder eine verabschiedete Konzeption im Rahmen der Implementierung wieder verworfen werden muss. Aufgrund der in der Regel dominierenden Zeitknappheit ist dies allerdings das am geringsten in der Praxis vertretene Problem.

Das beschriebene Spannungsverhältnis zwischen Theorie und Praxis betrifft prinzipiell alle Phasen eines E-Learning Projektes. In diesem Beitrag werden im Folgenden primär solche Probleme behandelt, die für ein Unternehmen bereits im Vorfeld eines Projektes bestehen. Dabei handelt es sich speziell um Probleme bei der Definition einer E-Learning Strategie und der Erstellung eines genauen und verlässlichen Projektplans.

3. Probleme bei der strategischen Planung

3.1 Das Komplexitätsproblem

Bei der betrieblichen Einführung von E-Learning geht es – vereinfacht gesprochen – darum, die Wissens- und Lernprozesse im Unternehmen durch den Einsatz von Informationstechnik effektiver und effizienter zu gestalten. Die Wissens- und Lernprozesse im

Unternehmen können als spezielle Klasse von Geschäftsprozessen betrachtet werden. Allgemein ist ein Geschäftsprozess eine zusammen gehörende Abfolge von Unternehmensverrichtungen zum Zweck einer Leistungserstellung [12]. Bei betrieblichen Lernprozessen besteht die zu erstellende Leistung in der Erhaltung bzw. der Erweiterung des Qualifikationsniveaus der Mitarbeiter.

Bei der Gestaltung von Wissens- und Lernprozessen sind vielfältige Aspekte wie Aufbauorganisation, Arbeitsabläufe, gesetzliche Regelungen und bestehende Qualifikationsstrukturen zu berücksichtigen. Dies wird an dem in Abbildung 1 dargestellten 7-S-Modell deutlich. Es veranschaulicht die sieben Gestaltungsfaktoren Systems, Shared Values, Style, Structure, Strategy, Staff und Skills sowie deren Wechselbeziehungen, die das komplexe System beschreiben, das bei der Realisierung von E-Learning Lösungen zu berücksichtigen ist. Jede der dargestellten Komponenten und jede Beziehung zwischen den Komponenten kann Gegenstand einer notwendigen Gestaltungsmaßnahme sein [13].

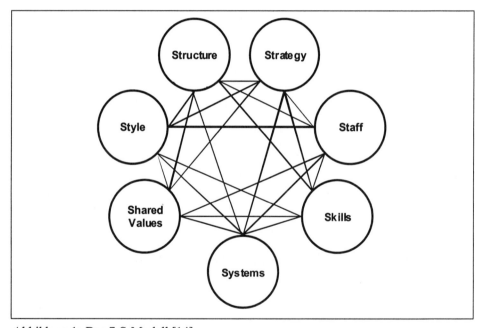

Abbildung 1: Das 7-S-Modell [14]

Seit Beginn der 90er Jahre wurden nun mehrere Rahmenwerke für die Gestaltung von Geschäftsprozessen erarbeitet [15]. Zur Reduktion des Komplexitätsproblems haben sich insbesondere grafische Geschäftsprozessmodelle als nützlich erwiesen [16]. Dennoch zeigen Umfragen unter Geschäftsführern, Prozess- und IT-Managern, dass die Komplexität der Geschäftsprozesse bzw. der Anwendungssysteme zu ihrer Unterstützung nach wie vor eines der zentralen Probleme bei der Durchführung erfolgreicher Geschäftsstrategien ist [17].

Im Fall von E-Business Anwendungen, wie einem KLMS wird dieses Problem besonders deutlich. Auf Seiten der Unternehmen wächst zunehmend die Einsicht, dass E-Learning mehr bedeutet als ein paar Seiten in das Intranet einzustellen, die Mitarbeitern Auskunft über das aktuelle Seminarangebot geben. Vielmehr erscheint es erforderlich, die Ressourcen und Abläufe im Backoffice konsequent an den Erfordernissen des elektronischen Geschäftsverkehrs auszurichten. Kommunikations- und Kooperationsschnittstellen zwischen Mitarbeitern der Personalabteilung müssen reorganisiert und neue Rollen wie Teletutoren oder Online-Redakteure müssen definiert werden.

Diese mit E-Learning einhergehenden Gestaltungsaufgaben reichen von der klassischen Prozessverbesserung über die technische Integration bis hin zu der Entwicklung von veränderten Stellen- und Gehaltsmodellen. Die Realisierung einer E-Learning Lösung betrifft somit alle in Abbildung 1 dargestellten Aspekte. Die Beherrschung dieses Komplexitätsproblems, z. B. durch die Kenntnis geeigneter Modellierungsmethoden, ist eine wesentliche Herausforderung an die mit der Einführung von E-Learning betrauten Personen [18].

3.2 Das Informationsproblem

Im Vorfeld eines E-Learning Vorhabens sehen sich viele Unternehmen einem elementaren Problem gegenüber: Im eigenen Haus gibt es kaum Personen, die fundiertes Wissen über E-Learning besitzen. Sicher, der eine oder andere Mitarbeiter hat bereits Erfahrungen mit einem Computer-based Training gemacht, da ist der Neue, der über die Fernuniversität studiert hat, und schließlich gibt es auch noch eine Praktikantin, die derzeit eine Diplomarbeit über E-Learning schreibt. Doch sind dies die geeigneten Informationsquellen, wenn es darum geht, eine grundlegende Richtungsentscheidung für die Aus- und Fortbildung eines Unternehmens zu treffen – wohl kaum.

Die Anforderungen an geeignete Wissensträger sind so einfach formuliert wie schwierig zu erfüllen. Es muss sich um Personen handeln, die einerseits dem Unternehmen gegenüber loyal sind und andererseits über die erforderlichen Kenntnisse verfügen, eine solch schwerwiegende betriebswirtschaftliche Entscheidung vorzubereiten. In den meisten Unternehmen ist die Beschäftigung mit E-Learning allerdings noch nicht organisatorisch institutionalisiert. Deshalb existieren in der Regel keine unternehmensinternen Experten für dieses komplexe Themengebiet, das zudem äußerst kurzen Innovationszyklen unterliegt (s. auch Abschnitt 3.4).

Dies führt zu einem Dilemma: Sollen Unternehmen vor der Entscheidung für ein E-Learning Projekt zuerst unternehmensinterne Experten aufbauen oder sich bereits in der Projektvorphase auf externe Wissensträger verlassen?

Die erste Option bedeutet zumindest einen erheblichen Zeitverlust und ist – insbesondere vor dem Hintergrund der aktuelle Arbeitsmarktsituation – hinsichtlich ihre Erfolgsaussichten unsicher. Selbst wenn es gelingt, einen geeigneten Experten auszubilden, so besteht doch die Gefahr, dass dieser das Unternehmen anschließend in Richtung eines großen Softwareherstellers oder eines Beratungsunternehmens verlässt. In diesem Fall hätte man nicht nur Zeit verloren, sondern auch Geld und stünde wieder am Anfang der Überlegungen.

Die zweite Möglichkeit ist indessen ebenfalls mit Risiken behaftet. Bei der Beauftragung externer Wissensträger besteht die generelle Schwierigkeit, einen kompetenten – und fast noch wichtiger – objektiven Berater zu finden. Zahlreiche Unternehmen scheuen sich davor, in der Projektvorphase eine professionelle Beratungsfirma zu beauftragen und sich damit bereits in dieser sehr frühen Phase der Gefahr von Abhängigkeit und unerwünschter Lenkung auszusetzen.

Als Reaktion auf dieses Dilemma reduzieren Unternehmen E-Learning nicht selten auf solche Fragen, die durch unternehmensinterne Experten oder bereits bestehende Partner beantwortet bzw. bewertet werden können. Dabei ist sehr häufig eine Betonung technischer Themen zu beobachten. Dies äußert sich z. B. in der Versendung eines „Request for Information", der potenziellen Lösungsanbietern 100 Fragen zu den technischen Eigenschaften ihres KLMS stellt, Einführungsprobleme, didaktische Aspekte und ein Betreiberkonzept hingegen nahezu völlig vernachlässigt.

Die kritischen Informationen bei der Einführung von E-Learning sind jedoch nicht, ob das gekaufte Anwendungssystem über einen Chat, persönliche Homepages sowie Pull- und Push-Dienste verfügt. In dieser Hinsicht unterscheiden sich die führenden, auf dem Markt befindlichen Systeme kaum. Entscheidend ist vielmehr die Definition einer E-Learning-Strategie, die mit der Unternehmenskultur einhergeht und die Kenntnis, wie bestimmte LMS-Funktionalitäten in Unternehmensabläufe, Organisationsstrukturen und IT-Infrastrukturen eingepasst werden können [19].

Ein Unternehmen, das sich heute mit dem Gedanken trägt, ein E-Learning Projekt zu starten, sollte deshalb unbedingt einen Anbieter wählen, der E-Learning Produkte und Dienstleistungen aus einer Hand anbietet. Für die Auswahl eines solchen „Full Solution Providers" darf sich ein Unternehmen auch vor der Einholung und Bewertung „weicher" Informationen nicht scheuen.

3.3 Das Ressourcenproblem

Empirische Untersuchungen zu Business Engineering, Total Quality Management und Wissensmanagement belegen nahezu einhellig, dass „Zeitknappheit" das primäre Problem bei der Verbesserung der Unternehmensstrukturen und -abläufe ist [20]. Dies gilt auch für E-Learning.

Eine wesentliche Ursache dafür besteht darin, dass durch organisatorische Konzepte wie Outsourcing oder Lean Management das Innovationspotenzial von Unternehmen erheblich reduziert wurde. Heutzutage sind nahezu alle Ressourcen durch das operative Tagesgeschäft gebunden. Dies trifft besonders auf die Ebene des mittleren Managements zu. So glaubte man noch bis Mitte der 90er Jahre, auf erhebliche Management-Ressourcen verzichten zu können. Nur wenige Jahre später – im Zuge des Wissensmanagement-Booms – entstand dann allerdings das Problem, dass zur Umsetzung von Innovationen erforderliche Schlüsselpositionen wie „Projektmanager" und „Promotoren" nicht durch geeignete Personen besetzt werden konnten. Organisatorisches Gestaltungswissen und vor allem die notwendigen Freiräume zu dessen kreativer Nutzung sind in vielen Unternehmen bis heute noch nicht vollständig aufgebaut (s. auch Abschnitt 3.2).

So ist es gängige Praxis, dass der Großteil der Innovationsprojekt nicht durch unternehmensinterne Wissensträger, sondern durch externe Berater bestritten wird. Die stetig steigenden Umsatzzahlen der Beratungsunternehmen belegen diese Entwicklung [21]. Da die beauftragten Berater in der Regel nach dem Abschluss eines Projektes aus dem Unternehmen ausscheiden, besteht die Gefahr, dass damit das notwendige Wissen ebenfalls wieder verloren geht.

„Eine E-Learning Lösung einführen ist nicht schwer, sie zu betreiben aber sehr!" Getreu diesem Motto muss ein Unternehmen darauf bedacht sein, ein laufendes E-Learning Projekt zu nutzen, um das nötige Know-how für den laufenden Betrieb der implementierten Lösung zu erwerben. Dies betrifft alle Aspekte, z. B. die kontinuierliche Pflege der angebotenen Inhalte, die Struktur der Kataloge, die Verwaltung der Benutzer usw.

Bereits im Vorfeld eines Projektes sollte sich ein Unternehmen darüber klar werden, ob es die spätere Lösung selbst betreiben möchte oder ob es favorisiert, bestimmte Dienstleistungen einem externen Anbieter zu übertragen. Beispiele für derartige Aufgaben, die durch einen externen Dienstleister übernommen werden können, sind die Content-Redaktion und das Teletutoring.

Bei der Auswahl des für die Realisierung der E-Learning Lösung beauftragten Beratungsunternehmens sollte das Unternehmen unbedingt darauf achten, dass im Angebotsumfang der Aufwand für die Entwicklung eines entsprechenden Betreibermodells enthalten ist. Im Idealfall sollte der Lösungsanbieter neben den für eine erfolgreiche *Systemeinführung* notwendigen Dienstleistungen ebenfalls solche Dienstleistungen anbieten, die einen erfolgreichen *Systembetrieb* gewährleisten. In diesem Fall kann sich ein Unternehmen auch noch zu einem späteren Projektzeitpunkt für ein „Learning Service

Providing" entscheiden, falls erst dann deutlich wird, dass die notwendigen unternehmensinternen Ressourcen nicht bestehen.

3.4 Das Entscheidungsproblem

In Lehrbüchern sind Ausführungen der folgenden Art zu finden: „Die Entscheidung für oder gegen den Start einer E-Learning Initiative ist ein umfassender, wissensintensiver Prozess". Doch sowohl ein Blick in die Unternehmenspraxis als auch empirische Untersuchungen zum Entscheidungsverhalten von Managern belehren eines anderen. Nicht selten erscheint ein E-Learning Projekt als purer Reflex des gegenwärtigen E-Business Hype oder ein Learning Management System wie das Statussymbol des Personalvorstands. Eine Aussage wie „Das Unternehmen X hat E-Learning eingeführt, deshalb sollten wir es auch tun" ist typischer Beleg für die oftmals erstaunlich emotionalen und vereinfachenden Entscheidungsprozesse [22].

Ein erster Grund für diese Form der Entscheidungsfindung mag die Tatsache sein, dass die betriebswirtschaftlichen Effekte von E-Learning nur schwer quantifizierbar sind. Lassen sich bestimmte Kosteneinsparungen, z. B. für Seminarräume und Trainer, noch relativ leicht bestimmen, so ist die monetäre Bewertung des E-Learning Nutzens außerordentlich schwierig. Dieses Bewusstsein verleitet Entscheidungsträger offensichtlich zu der Anwendung einfachster Heuristiken anstelle von komplizierten Kosten-Nutzen-Analysen. Ein Mittelweg zwischen diesen beiden Extremen wird selten beschritten.

Ein zweites Argument für simple Entscheidungsprozesse kann direkt aus dem oben beschriebenen Informationsproblem abgeleitet werden. Aufgrund der Neuartigkeit und der Komplexität des E-Learning Anwendungsfeldes konnte oft kein Erfahrungswissen im Sinne „zeitgetesteter Prinzipien" gesammelt werden, an dem sich Entscheidungen orientieren könnten. Auf der anderen Seite sind bestimmte traditionelle Entscheidungsprinzipien der „Old Economy" auf die Gegebenheiten des Internet Business nicht oder nur bedingt anwendbar.

So würde zum einen die vor zwanzig Jahren wertvolle Regel „Sammele alle erhältlichen Informationen, bevor Du eine Entscheidung triffst", heute angewendet unvermeidlich zu einem „Information-Overload" führen. Dies kann jeder nachvollziehen, der jemals eine Suchmaschine im Internet benutzt hat. Zum anderen sind E-Business Anbieter stark durch die Entwicklung neuer Technologien getrieben, wodurch Informationen über diese Unternehmen schneller veralten und sich Bewertungskriterien häufiger verändern. Des weiteren sind selbst am Markt führende E-Learning Anbieter junge Unternehmen, wodurch Langzeitbeobachtungen als Entscheidungsgrundlage für potenzielle Kunden weitgehend ausfallen.

Für Unternehmen, die vor dem Problem stehen, einen E-Learning Lösungsanbieter auszuwählen, bleibt somit vor allem der Blick auf dessen Referenzliste. Die Dauerhaftigkeit der Beziehungen zu Referenzkunden, das (Branchen-)Profil der Referenzunternehmen, die persönliche Rücksprache mit den Referenzkunden und ein erstes Arbeitstreffen, bei dem der Anbieter seine Kompetenz beweisen kann, sind die wohl wichtigsten fachlichen Entscheidungsgrundlagen.

3.5 Das Koordinationsproblem

In den vorangegangenen Beschreibungen wurde bereits mehrfach deutlich, dass es sich bei der Einführung einer E-Learning Lösung um ein interdisziplinäres Projekt handelt. Die Notwendigkeit, alle beteiligten Personenkreise eines Unternehmens in dieses Projekt einzubinden, ist zentraler Aspekt aktueller Management-Konzepte. Nach heutigem Verständnis werden organisatorische Gestaltungsentscheidungen nicht durch die Geschäftsführung getroffen und dann stur von „oben" durchgesetzt, sondern in interdisziplinären Projektteams geplant und gesteuert [23].

Somit sind die bei der Durchführung eines E-Learning Projektes beteiligten Personen über mehrere operative, taktische und strategische Ebenen verteilt. Sie reichen von Geschäftsführung, Betriebsrat, Interner Kommunikation, über die Systembetreiber der Personal- und IT-Abteilung bis hin zu den Lernenden aus allen operativen Geschäftseinheiten. Alle diese Akteure, ihre unterschiedlichen Kompetenzen, Interessen, Ziele und Verantwortlichkeiten sind im Sinne einer integrierten Lösung zu koordinieren.

Nun ist diese theoretische Feststellung nicht neu und schon seit langem auch in der Unternehmenspraxis bekannt. Obwohl es heute wohl kaum mehr einen Praktiker geben wird, der die Notwendigkeit interdisziplinärer Kooperation leugnet, so besteht doch die paradoxe Situation, dass permanent und systematisch gegen diese Erkenntnis verstoßen wird.

Offensichtlich kennen Menschen die Probleme der interdisziplinären Zusammenarbeit mindestens genauso gut wie ihre Notwendigkeit. Die Dauer von bürokratischen Entscheidungswegen im Unternehmen, die Animositäten zwischen Abteilungen und die intellektuelle Unbequemlichkeit eines persönlichen Dialogs führen nicht selten dazu, dass im Projektverlauf wider besseres Wissen zu wenige oder nicht die richtigen Personenkreise einbezogen werden.

Ein solches Vorgehen wird jedoch in der Realisierungsphase, spätestens beim Systembetrieb, zu einem erheblichen Problem. In diesen Phasen melden sich nicht gehörte Interessengruppen in jedem Fall zu Wort. Oft ist dann nur noch ein schmaler Grat zwischen begründetem Zweifel und konstruktiver Kritik an einem Projekt, das schlecht geplant ist, und der beleidigten, egoistischen Verweigerungshaltung, die bis zur Sabotage eines als notwendig erkannten Vorhabens reichen kann.

Der Gefahr eines derartigen organisatorischen Stillstandes, in dem keinerlei Innovationen mehr durchsetzbar sind, gilt es vorzubeugen. Hierzu ist es unerlässlich, dass seitens der Geschäftsführung eine Projektleitung installiert wird, die mit den entsprechenden Kompetenzen zur Koordination aller beteiligten Personenkreise ausgestattet ist. Darüber hinaus muss diese Projektleitung von allen Seiten als kompetent und neutral akzeptiert werden. Eine solche Rolle können in zahlreichen Unternehmen, aufgrund der bereits gemachten schlechten Erfahrungen, nur externe Berater wahrnehmen.

4. Envisioning: Der Weg zum Projektplan

In den voran gegangenen Abschnitten wurden kritische Punkte erörtert, die ein Unternehmen beachten muss, das sich mit dem Gedanken trägt, eine umfassende E-Learning Initiative zu starten. Obwohl für die Bewältigung der beschriebenen Zusammenhänge keine generellen Rezepte angegeben werden können, so wurden doch spezielle Lösungsalternativen skizziert. Für die strategische Planung eines E-Learning Projekts ist entscheidend, dass sich ein Unternehmen bewusst mit den beschriebenen Problemen auseinander setzt, die eigenen E-Learning Kompetenzen ehrlich analysiert und bereit ist, die entsprechend Lösungsalternativen konsequent umzusetzen.

Ist dies erfolgt, so sind die wesentlichen Voraussetzungen geschaffen, ein E-Learning Projekt zu starten. Das Unternehmen ist so zu sagen „Ready for E-Learning".

Aufbauend auf einem „Readiness Statement", das als Ergebnis strategischer Überlegungen die Bereitschaft zum Start eines E-Learning Projekts bekundet, folgt die Phase der Planausarbeitung. Diese Phase wird in Abbildung 2 als „Envisioning" bezeichnet.

Abbildung 2 veranschaulicht das Envisioning als die zweite Phase innerhalb des imc Learnway. Der imc Learnway ist ein Best-Practice Vorgehensmodell, das alle technischen und fachlichen Gestaltungsentscheidungen für die Einführung einer Intranet basierten Lernwelt in einem integrierten Gesamtkonzept berücksichtigt. In Abbildung 2 ist die grobe Phasenstruktur des Learnway skizziert. Jede grobe Phase ist mit einem detaillierten Projektplan verbunden, der in insgesamt über 150 Projektschritten verdeutlicht, wie bei der Einführung einer Virtual Corporate University, einer Virtuellen Akademie, einem Intranet-Marktplatz des Lernens usw. vorgegangen werden kann.

Im Folgenden wird die Projektphase des Envisioning näher erläutert. Im Envisioning wird der gesamte Projektverlauf einmal komplett gedanklich durchlaufen. Die zum geplanten Projektstart bestehende Zeit-, Finanz- und Personalsituation wird analysiert, Ansprechpartner für den weiteren Projektverlauf werden definiert, unternehmensinterne und -externe Trends im Projektumfeld identifiziert, notwendige Vorlaufzeiten benannt sowie potenzielle Schwierigkeiten für die Realisierung antizipiert und die geeigneten Projektschritte bestimmt.

Bei der Definition der Projektschritte kann auf die detaillierte Version des imc Learnway zurück gegriffen werden. Er dient als Referenzplan, der aus zahlreichen E-Learning Projekten gewonnene Erkenntnisse zusammen fasst. Im Rahmen des Envisioning wird er daraufhin untersucht, inwiefern er die unternehmensindividuellen Erfordernisse des zu planenden Projektes berücksichtigt. Nach der Durchführung der entsprechenden Modifikationen resultiert daraus ein kundenspezifischer Projektplan. Dieser ist so gestaltet, dass er als Grundlage für eine qualitätsgerechte Durchführung des Projekts dient. Gleichzeitig gewährleistet er sowohl für den Kunden als auch für den Lösungsanbieter die notwendige Planungssicherheit hinsichtlich Zeiten, Kosten und einzusetzendem Personal.

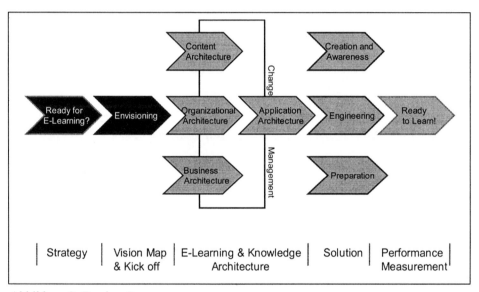

Abbildung 2: Der imc Learnway

In den folgenden Abschnitten werden die im Laufe des Envisioning zu bewältigenden Aufgaben näher beschrieben. Es handelt sich um:

- Das Review der E-Learning Strategie, bei dem die bisherigen Überlegungen auf Aktualität und Vollständigkeit überprüft werden
- Die Definition der konkreten Projektziele, bei der die bestehenden fachlichen Ziele in der Aus- und Fortbildung analysiert und die E-Learning Strategie entsprechend operationalisiert wird
- Die Analyse der organisatorischen Rahmenbedingungen, wobei die bestehenden aufbau- und ablauforganisatorischen Strukturen im Backoffice ermittelt und die für den Betrieb der E-Learning Lösung notwendigen Rollen bestimmt werden
- Die Analyse der technischen Rahmenbedingungen, inklusive der bestehenden Netz-, Client- und Server-Anforderungen
- Die Definition des detaillierten Projektplans, der die Ergebnisse des Envisioning zusammenfasst und als Modifikation des Referenzprojektplans beschreibt

Abbildung 3 stellt diese Hauptaufgaben des Envisioning als Teil des generischen imc Learnway Projektplans dar.

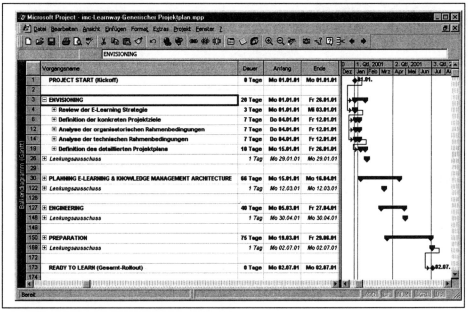

Abbildung 3: Hauptaufgaben des Envisioning

4.1 Review der E-Learning Strategie

Aufgrund der in Abschnitt 3 beschriebenen Probleme ist es eher die Ausnahme als die Regel, dass zu Beginn eines Projektes auf eine aktuelle, ganzheitliche und konsistente E-Learning Strategie zurück gegriffen werden kann. Existieren bereits unternehmensinterne Strategie-Papiere oder Vision-Scope-Dokumente, so liegen nicht selten zwischen der Dokumenterstellung und dem Projektstart mehrere Monate. Aufgrund in der Zwischenzeit realisierter anderer Projekte im Unternehmen, geänderten organisatorischen Zuständigkeiten oder technologischen Innovationen sind die beschriebenen Konzepte häufig veraltet, unvollständig oder nicht mehr schlüssig..

Die erste Aufgabe des Envisioning besteht deshalb darin, die bestehende E-Learning Strategie zu überprüfen und gegebenenfalls zu überarbeiten. Dabei sind die folgenden Aspekte zu berücksichtigen:

1   Verzahnung von Organisationsstrategie und E-Learning Strategie:

   E-Learning ist kein Selbstzweck, sondern dient letztlich der Realisierung der Unternehmensziele. Deshalb muss ein „Fit" zwischen Gesamtstrategie und E-Learning Strategie hergestellt werden. An dieser Stelle wird z. B. definiert, welche E-Learning Ausprägung angestrebt wird, z. B. Marktplatz, Community, University.

2   Verknüpfung von Knowledge Management und Learning Management:

   Bereits zu Beginn dieses Beitrags wurde erwähnt, dass Knowledge Management und Learning Management zahlreiche Berührungspunkte besitzen. In der Praxis ist Wissensmanagement das ältere Konzept, das in zahlreichen Unternehmen in der einen oder anderen Form bereits institutionalisiert wurde. So gibt es in den meisten Unternehmen ein Intranet oder eine Abteilung „Interne Kommunikation", die mit Wissensmanagement assoziiert werden. Es ist zu klären, wie Learning Management in die bestehenden Strukturen integriert werden soll.

3   Strukturwandel durch E-Learning: Lernen online und in Präsenzveranstaltungen:

   E-Learning bedeutet keine vollständige Abschaffung von Präsenzveranstaltungen. In der Praxis wird es immer zu einer Koexistenz von Online-Lernen, z. B. via Web-based Training, und Präsenzlernen, z. B. via Local Office Training oder Seminar, kommen. Komplementäre und substituierende Effekte von elektronischen Formen des Lernens müssen strategisch geplant werden.

4   Selbststeuerung und Fremdsteuerung der Lerner:

Mit E-Learning soll in der Regel die Verzahnung von Lern- und Arbeitsprozessen erhöht werden. Mitarbeiter sollen in die Lage versetzt werden, Lerninhalte und Lerntempo in gewissen Grenzen selbst zu steuern. Diese Grenzen, das Verhältnis von Ad-hoc-Lernen und geplantem Lernen sowie Push- und Pull-Mechanismen beim Lernen sind zu bestimmen.

5   Beschaffungsstrategie für E-Learning Inhalte:

Eine E-Learning Lösung lebt nicht zuletzt von den Inhalten, die den Mitarbeitern online zum Lernen angeboten werden. Häufig sind die Inhalte entscheidend für die Akzeptanz des gesamten E-Learning Systems. Ein Unternehmen muss sich über die Art, den Umfang und die Qualität dieser Inhalte detaillierte Gedanken machen und eine entsprechende Beschaffungsstrategie definieren. Insbesondere muss die Frage beantwortet werden, welche Inhalte unternehmensintern erstellt und welche durch externe Lieferanten bezogen werden sollen.

6   Betreiberstrategie für E-Learning Services:

Make-or-Buy Entscheidungen sind nicht nur hinsichtlich der Inhalte, sondern auch bezüglich der E-Learning Dienstleistungen zu treffen. So ist die Frage, ob eine implementierte E-Learning Lösung selbst betrieben oder der Betrieb vollständig oder teilweise einem externen Dienstleister übertragen werden soll, eine strategische Entscheidung. Im Fall einer internen Lösung muss strategisch geplant werden, welche Personalressourcen hierfür notwendig sind und bis zum Realisierungszeitpunkt der technischen Lösung aufgebaut werden müssen.

Das aktualisierte Strategiekonzept wägt für alle genannten Aspekte die Argumente hinsichtlich Risiken und Nutzenpotenzialen ab. Integrationsnotwendigkeiten und eventuelle -schwierigkeiten werden identifiziert. Alle strategischen Zieldimensionen – Kosten, Zeit und Qualität – werden berücksichtigt.

Die Erarbeitung der Projektergebnisse des Envisioning erfolgt in der Regel in Workshops. An diesen Workshops nehmen jeweils verschiedene Wissensträger seitens der Unternehmung teil. Der erste Workshop erhält in der Regel einen organisatorischen Teil. Hier erfolgt die einvernehmliche Festlegung der weiteren Vorgehensweise innerhalb des Envisioning. Die Grundstruktur der Ergebnisdokumente wird vereinbart und alle notwendigen Personen, die zu zukünftigen Workshops einzuladen sind, werden identifiziert. Darüber hinaus werden alle Ressourcen geplant und reserviert, die für das weitere Vorgehen notwendig sind. Anschließend werden die Aufgaben und Rollen der beteiligten Personenkreise verabschiedet und dokumentiert.

Diese Ausführungen verdeutlichen, dass das Envisioning, die Erstellung des Projektplans also, ein eigenständiges Projekt ist. Bereits die Planerstellung erfordert ein erhebliches Maß an Know-how, wobei Projektmanagement-Kenntnisse, E-Learning Kompetenzen und Wissen über unternehmensindividuelle Strukturen und Regeln kombiniert werden müssen. Dies gehört zu den wohl meist unterschätzten Aufgaben innerhalb eines E-Learning Projektes.

4.2 Definition der konkreten Projektziele

Die entworfene E-Learning Strategie ist in der Regel zu allgemein gefasst, als dass auf dieser Grundlage ein konkretes Projekt gesteuert werden könnte. Deshalb gilt es zunächst, die strategischen Ziele in operative Projektziele zu überführen.

Bei ihren ersten Überlegungen assoziieren zahlreiche Unternehmen vor allem Computerbased Trainings oder Web-based Trainings mit E-Learning. Doch E-Learning ist wesentlich mehr, als die Bereitstellung von z. B. Web-based Trainings über das Intranet. Maßgeblich für die Zielerreichung von E-Learning Projekten ist nicht allein die Art und Anzahl der angebotenen digitalen *Lerninhalte*, sondern insbesondere deren intelligente Einbindung in Curricula, die Bereitstellung komfortabler Zugangsmöglichkeiten für die Benutzer sowie das Controlling der Lernprozesse. Letztlich gilt der vielzitierte Ausspruch „Content is King – but Infrastructure is God".

Werkzeuge, die diese *technische Infrastruktur* für den effizienten Betrieb von E-Learning Prozessen liefern, sind Learning Management Systeme (LMS). LMS sind Computer basierte betriebswirtschaftliche Informationssysteme zur Unterstützung von Personalentwicklungsprozessen über das Internet oder das Intranet einer Unternehmung. Unter technischen Gesichtspunkten handelt es sich bei LMS um Browser/Webserver-Architekturen, die auf der Basis von Internetstandards wie HTML Hersteller unabhängig eingesetzt werden können.

Bei der Definition von konkreten Projektzielen muss ein Unternehmen folglich unterscheiden, welche Ziele durch die Lerninhalte und welche durch die Funktionalität des LMS erreicht werden sollen.

Abbildung 4 gibt ein Beispiel für das Ergebnis einer solchen Zieldiskussion. Im Folgenden werden die einzelnen Zielarten beschrieben.

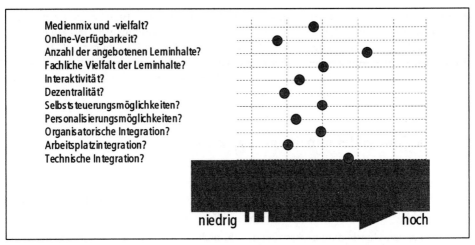

Abbildung 4: Beispiel für ein Ergebnis aus der Diskussion von Projektzielen

- Medienmix und -vielfalt: Dieses Ziel bezieht sich auf die Art und Anzahl der eingesetzten Medientypen, die über das LMS verwaltet werden sollen. In dem in Abbildung angegebenen Beispiel wird von einem mittleren Wert ausgegangen, d. h. dass bestimmte Medientypen wie Videos und andere Streaming-Formate ausgeschlossen werden. Aus dieser Zieldefinition ergeben sich sowohl Anforderungen an die Beschaffungsprozesse für Inhalte als auch an die Funktionalität des LMS. Zum Beispiel ist in der späteren Konzeptionsphase dann kein Aufwand für die Gestaltung von LMS-Funktionalitäten zum Verwalten der ausgeschlossenen Medientypen einzuplanen.

- Online-Verfügbarkeit: Dieses Ziel bezieht sich darauf, ob Lerninhalte über das LMS 24 Stunden am Tag, 7 Tage die Woche für alle E-Learning Teilnehmer angeboten werden oder ob von bestimmten Einschränkungen in der Verfügbarkeit auszugehen ist. Bestehende organisatorische und technische Restriktionen führen in der Regel dazu, dass bestimmte Einschränkungen in der Verfügbarkeit eingeplant werden müssen.

- Anzahl der angebotenen Lerninhalte: Dieses Ziel bezieht sich auf die Anzahl von Lerninhalten, die für ein bestimmtes Thema angeboten werden. Es definiert die „Tiefe" der Unterstützung durch Online-Lerninhalte.

- Fachliche Vielfalt der Lerninhalte: Hier wird das fachliche Spektrum der Aus- und Fortbildungsthemen bestimmt, die durch E-Learning unterstützt werden sollen. Dieses Ziel definiert die fachliche „Breite" von E-Learning. Es beschreibt zum Beispiel das Verhältnis von Stndardschulungen (IT-Training o. ä.) und unternehmensindividuellen Lerninhalten.

- Interaktivität: Dieses Kriterium beschreibt, in welchem Maße Lernende Einflussmöglichkeiten bei der Abarbeitung von Lernthemen haben sollen. Dies betrifft z. B. die Frage, in welchem Maße der Lernende Lerntempo und -pfade selbst bestimmen und verwalten kann.

- Dezentralität: Hier werden die Ziele hinsichtlich des Betreibermodells festgelegt. In diesem Zusammenhang wird z. B. diskutiert, ob Online-Redakteure und Teletutoren einer zentralen Abteilung zugeordnet werden sollen oder dezentral auf die Fachabteilungen verteilt sind. In der Regel werden hierbei hybride Modelle entwickelt.

- Selbststeuerungsmöglichkeiten: Während das Kriterium der Interaktivität die Einflussmöglichkeiten der Lernenden beim Abarbeiten konkreter Themen fokussiert, wird im Rahmen der Selbststeuerungsmöglichkeiten diskutiert, wie Mitarbeiter Zugang zu bestimmten Themen bzw. Kursen erhalten. Hier wird geplant, ob sich Mitarbeiter selbst anmelden können, ob es einer Genehmigung bedarf oder ob sie direkt durch z. B. Vorgesetzt zu bestimmten Kursen angemeldet werden (Pull- und Push-Verfahren).

- Personalisierungsmöglichkeiten: Es wird bestimmt, ob Mitarbeiter im Rahmen des E-Learning Systems über eine persönliche Homepage verfügen sollen und welche persönlichen Dienste ihnen darüber zur Verfügung stehen. Mögliche persönliche Dienste eines LMS sind z. B. persönliches Lernkonto, persönlicher Bildungskalender, persönliche Nachrichten.

- Organisatorische Integration: Dieses Ziel beschreibt den Aspekt des geplanten organisatorischen Wandels, insbesondere im Personalwesen, der durch den Betrieb des E-Learning Systems ausgelöst wird. Neben harten betriebswirtschaftlichen Fakten wie etwa den bestehenden Personalressourcen, ist hierbei nicht zuletzt die Unternehmenskultur zu berücksichtigen.

- Arbeitsplatzintegration: Bei diesem Punkt ist nicht allein zu klären, wie das zukünftige Desktop eines Mitarbeiters gestaltet sein soll oder wie Außendienstmitarbeiter E-Learning technisch nutzen können. Es sind auch arbeitsrechtliche Aspekte zu klären, die durch den Einsatz von E-Learning berührt werden. Dies ist z. B. die Frage, wie Lernen am Arbeitsplatz im Alltagsgeschäft aussehen kann oder wie verhindert wird, dass Lernen zunehmend in die Freizeit verlegt werden muss.

- Technische Integration: Hier wird bestimmt, wie ein LMS in die bestehende IT-Infrastruktur eingepasst werden soll. Gewünschte Schnittstellen zu bestehenden Systemen, z. B. dem Personalstammdatensystem oder einem Kostenrechnungssystem werden identifiziert.

Die definierten Ziele sind vor dem Hintergrund der bestehenden organisatorischen und technischen Rahmenbedingungen auf ihre Realisierbarkeit zu überprüfen und gegebenenfalls zu modifizieren. Die Analyse der organisatorischen und technischen Rahmenbedingungen wird in den folgenden Abschnitten behandelt.

An dieser Stelle sei noch eine Bemerkung erlaubt. Auch wenn in diesem Beitrag die Arbeitsschritte im Rahmen des Envisioning hintereinander beschrieben werden, so soll damit keineswegs ausgedrückt werden, dass sie im Projektverlauf einer strikt linearen Struktur folgen. Die einzelnen Arbeitsschritte sind vielmehr untereinander vernetzt und durchlaufen mehrere Zyklen.

4.3 Analyse der organisatorischen Rahmenbedingungen

In der Regel erfordern mit E-Learning einhergehende Ziele wie eine erhöhte Selbststeuerung der Lerner oder eine verbesserte Verknüpfung von Arbeiten und Lernen Veränderungen in den bestehenden organisatorischen Strukturen. Stellenprofile von Lernern aber auch von Mitarbeitern im Personalwesen, welche eine E-Learning Lösung betreiben, müssen an die neuen Arbeitssituationen angepasst, Arbeitsprozesse und Lernprozesse miteinander integriert werden.

In diesem Projektschritt werden die bestehenden organisatorischen Rahmenbedingungen erhoben und daraufhin untersucht, in welchem Maße sie zur Realisierung der definierten Ziele verändert werden müssen bzw. können. Dabei sind nicht nur organisatorische Strukturen im engeren Sinne, wie die Ablauflogik der Geschäftsprozesse oder aufbauorganisatorische Verantwortlichkeiten, Gegenstand der Betrachtung. Diskutiert werden ebenfalls erweiterte Aspekte, z. B. arbeitsrechtliche Zusammenhänge, die „Computer Literacy" der Mitarbeiter und die Innovations- und Projektkultur der Unternehmung. Die Analyse der organisatorischen Rahmenbedingungen im weiteren Sinne betrifft somit die fünf Gestaltungsfaktoren *Structure, Staff, Skills, Style* sowie *Shared Values* einer Unternehmung (vgl. Abbildung 1). Im Folgenden werden die einzelnen Analyseschritte näher erörtert.

- Analyse aufbauorganisatorischer Strukturen (Structure): Die aktuelle Stellenstruktur im Personalwesen ist daraufhin zu untersuchen, ob sie für den Betrieb einer E-Learning Lösung gerüstet ist. Es ist zu ermitteln, welche Aufgabenverteilung und Verantwortungsbereiche derzeit im Personalwesen existieren. Im Regelfall bleiben diese Strukturen nicht unberührt. Neue Aufgabenprofile, wie etwa das eines Teletutors oder eines Online-Redakteurs, bedingen zumeist eine Reorganisation der bestehenden Aufbauorganisation. Nur in den seltensten Fällen werden komplett neue Stellen definiert und dafür entsprechende Personen eingestellt. Ein weiterer wichtiger aufbauorganisatorischer Aspekt ist der aktuelle Dezentralisierungsgrad im Personalwesen und die Veränderungen, die z. B. durch ein stark verteiltes Online-Autorenkonzept nötig werden. So ist z. B. zu bestimmen, ob die zentralen Autoren Inhalte direkt online stellen dürfen oder ob eine bestimmte Form zentraler Kontrolle weiterhin dem Personalwesen unterliegen soll.

- Analyse ablauforganisatorischer Strukturen (Structure): Der zuletzt genannte aufbauorganisatorische Aspektes verdeutlicht die enge Verzahnung mit ablauforganisatorischen Strukturen. Für das genannte Beispiel ist der gesamte Publikationsablauf zeitlich und logisch zu planen. Es ist zu konzipieren, wer wann was publizieren darf, welche Antwortzeiten die dezentralen Autoren von einer zentralen (Kontroll)Instanz erwarten dürfen, was passiert, wenn von den dezentralen Autoren vorgeschlagene Inhalte nicht oder nur in veränderter Form übernommen werden sollen usw. Weitere ablauforganisatorische Prozesse, die für den Erfolg einer E-Learning Lösung von zentraler Bedeutung sind, sind die Buchung und Genehmigung von Veranstaltungen sowie die dazugehörenden Abrechnungsprozesse. In diesem Zusammenhang sind die aktuellen Rahmenbedingungen zu erheben und zu klären, ob eventuell bestehende Vorschriften, z. B. zur internen Leistungsverrechnung, geändert werden sollen bzw. können.

- Analyse der Mitarbeiter (Staff): Für den Erfolg der E-Learning Lösung ist nicht nur die aufbauorganisatorische Struktur im Backoffice entscheidend, sondern auch die Bereitschaft der Mitarbeiter bei der Umsetzung einer solchen Lösung mitzuwirken. So ist im Rahmen der Analyse beispielsweise zu untersuchen, ob die Mitarbeiter in einer Arbeitnehmervertretung organisiert sind und es zentrale Ansprechpartner gibt. Doch nicht nur fest geschriebene Regeln wie arbeitsrechtliche Normen sind zu erheben. Auch informelle Zusammenhänge, wie das Aufspüren von Mitarbeitern, die als Multiplikatoren wirken können, sind wichtig. Dieser Analyseaspekt betrifft sowohl das Erkennen von potenziellen „Saboteuren" als auch von „Promotoren".

- Analyse der Qualifikationsstruktur (Skills): Ferner ist die Zielgruppe der E-Learning Lösung hinsichtlich ihrer Qualifikationsstruktur zu untersuchen. Es ist z. B. entscheidend, ob die Mitarbeitergruppe diesbezüglich homogen oder heterogen ist. Dies hat nicht zuletzt Auswirkungen auf das Marketing- und Rollout-Konzept. Eine E-Learning Lösung, die sich nur an z. B. Top-Manager richtet, erfordert eine andere Einführungsbetreuung als eine Lösung, die Lerner vom Vorstand über Verwaltungsmitarbeiter bis hin zu technischem Personal abdecken muss. Ein weiterer wichtiger Punkt, ist die Erfahrung, die Mitarbeiter bereits mit E-Learning oder ähnlichen Projekten gemacht haben. Grundsätzlich ist zu bestimmen, ob die Mitarbeiter Kenntnisse im Umgang mit informationstechnischen Hilfsmitteln aufweisen oder ob sie erst im Umgang mit Computern geschult werden müssen. Die „Computer Literacy" der Mitarbeiter hat weiterhin Auswirkungen auf die zu planende Usability des E-Learning Systems.

- Analyse der Unternehmenskultur (Style / Shared Values): Für die Gestaltung einer E-Learning Lösung ist weiterhin die Unternehmens- und Lernkultur von zentraler Bedeutung. Auch wenn kulturelle Aspekte bei der Projektplanung häufig nicht direkt erkennbar sind, so manifestieren sie sich doch in konkreten Konzeptionsvorgaben. Ein Unternehmen, das eine offene Informationspolitik besitzt, ein Bild des mündigen und motivierten Mitarbeiters pflegt und in dem ein Klima des Vertrauens herrscht, benötigt E-Learning Geschäftsprozesse und Systemfunktionalitäten, die erheblich von denen eines Unternehmens abweichen, das eine Misstrauens-Kultur besitzt. Deshalb ist die Erhebung unternehmenskultureller Restriktionen von nicht zu unterschätzender Bedeutung. Solche Regeln für die virtuelle (Lern)Gemeinschaft werden häufig auch als „Netikette" bezeichnet.

4.4 Analyse der technischen Rahmenbedingungen

Das Pendant zu den organisatorischen Rahmenbedingungen bilden die technischen Zusammenhänge, die eine E-Learning Lösung berücksichtigen muss. Ein E-Learning Vorhaben ist schließlich immer beides, ein Projekt des organisatorischen sowie des technischen Wandels.

Die unmittelbaren Schnittstelle zwischen beiden Aspekten wird an der Definition des technischen Betreiberkonzepts deutlich. So ist nicht nur wie oben beschrieben die aufbauorganisatorische Struktur für den *fachlichen Betrieb* der E-Learning Lösung zu klären. Es ist ferner zu untersuchen, welche Aufbau- und Ablauforganisation für den *technischen Betrieb* der Lösung geschaffen werden muss. Dies ist sowohl abhängig von der Organisation der IT-Abteilung als auch von der technischen Gestaltung des E-

Learning Systems selbst. Im Folgenden werden Gesichtspunkte genannt, die bei der Analyse der technischen Rahmenbedingungen zu untersuchen sind.

- Analyse der Serverbedingungen: Typischerweise wird eine E-Learning Lösung einer Client/Server Architektur, genauer einer Browser/Webserver Architektur, folgen. Es ist deshalb zunächst zu untersuchen, welche Vorgaben bzw. Vorstellungen seitens des Unternehmens für die Gestaltung der Server bestehen. Beispielsweise sind die Alternativen denkbar, dass einerseits Applikation, Datenbank und E-Learning Inhalte physisch auf dem gleichen Computer installiert werden oder andererseits eine Verteilung auf mehrere Computer vorgenommen wird. Es ist zu klären, ob es Präferenzen bezüglich des Hardwarelieferanten für die Server gibt und welche Vorlaufzeiten bei einer eventuellen Beschaffung neuer Hardware berücksichtigt werden müssen. Des weiteren sind Konfigurationsaspekte des Betriebssystems und systemnaher Software zu beachten. Dies umfasst Gestaltungsentscheidungen von der Auswahl des Datenbanksystems bis hin zu der Frage, welche Sprachversion des Betriebssystems bei welchem Release installiert werden soll. Nicht zuletzt ist zu erheben, ob Veränderungen dieser Maßgaben geplant sind bzw. bestimmte IT-Projekte anstehen, die diese Vorgaben beeinflussen könnten.

- Analyse der Clientbedingungen: Ebenso wie die Serverseite, so ist auch die Clientseite zu untersuchen. Es ist zu hinterfragen, ob eine unternehmensweite Standardkonfiguration für die Clients besteht, welche z. B. Version und Konfiguration von Betriebssystem und Internet-Browser festlegt. Wichtige Einstellungen in diesem Zusammenhang sind die Sicherheitseinstellungen des Internet-Browsers. Ist keine Standardkonfiguration bestimmt, muss erhoben werden, welche Betriebssysteme und Browser im Einsatz sind. Auch hier sind unterschiedliche Sprachversionen zu berücksichtigen. Darüber hinaus ist die eingesetzte Hardware zu analysieren. So ist beispielsweise zu klären, welche Monitore beziehungsweise Bildschirmauflösungen im Einsatz sind und ob die verfügbaren PCs über eine geeignete Performance verfügen.

- Analyse der Netzwerkbedingungen: Der multimediale Charakter ist einer der zentralen Nutzenfaktoren von E-Learning. Deshalb gehört zu der Analyse der technischen Rahmenbedingungen selbstverständlich die Frage der verfügbaren Netzbandbreiten und die Klärung ob bestimmte datenintensive Formate genutzt werden können. Die Analyse betrifft sowohl die LAN- als auch die WAN-Bedingungen. Insbesondere bei einer stark verteilten Lösung, die z. B. auch kleine Filialen eines Unternehmens anbinden soll, ist zu diskutieren, ob diese über eine geeignete Netzanbindung verfügen. Weiterhin muss beachtet werden, ob Zugriffe per RAS auf die E-Learning Lösung geplant sind und unter welchen Umständen dies erfolgen soll. Weitere wichtige Analyseaufgaben sind der Zugang zur Plattform, z. B. via Directory Services für ein Single-Login, eventuell bestehende Firewalls sowie Sicherheitsbestimmungen und die Authentifizierungsvorschriften für die Benutzer des Unternehmens-Netzwerks.

4.5 Definition des detaillierten Projektplans

Die beschriebenen Aufgaben der Zieldefinition und Analyse münden schließlich in der Definition eines detaillierten Projektplans. Wie bereits erörtert, kann zur Ausarbeitung dieses Plans der generische Projektplan des imc Learnway herangezogen werden. Dabei wird Schritt für Schritt untersucht, wie die einzelnen Arbeitsgänge des generischen Projektplans auf das spezielle, zu planende Projekt übertragbar sind. Überflüssige Projektschritte werden gestrichen, fehlende Projektschritte werden ergänzt. Auf diese Art und Weise wird sehr schnell eine erste Struktur des Projektplans deutlich.

Diese Struktur wird anschließend überarbeitet. In einem zweiten Schritt wird der definierte logische Projektablauf zeitlich, insbesondere vor dem Hintergrund der verfügbaren Personalressourcen, geplant. In diesem Zusammenhang werden externe Berater und Mitarbeiter seitens des Unternehmens gleichermaßen in die Verantwortung genommen. Des weiteren werden Vorlaufzeiten und Abhängigkeiten zwischen z. B. speziellen Informationsflüssen des Unternehmens identifiziert und in die Projektplanung mit einbezogen. So können bestimmte Projektschritte parallelisiert und damit beschleunigt werden, andere sind hingegen müssen streng nacheinander ablaufen. Auf diese Art und Weise entsteht im Dialog zwischen allen Projektbeteiligten ein Plan, der so konkret und abgestimmt ist, dass er als verlässliche Grundlage für die Realisierung eines erfolgreichen E-Learning Vorhabens dient.

Literaturverzeichnis

[1] SHRIVASTAVA, P., A Typology of Organizational Learning Systems, Journal of Management Studies, 20(1983)1, S. 7-28.

[2] MÜLLER-STEWENS, G./PAUTZKE, G., Führungskräfteentwicklung und organisatorisches Lernen, in: Sattelberger, T. (Hrsg.), Die lernende Organisation, Wiesbaden 1991, S. 183-205.

[3] DODGSON, M., Organizational Learning: A Review of Some Literatures, Organization Studies, 14(1993)3, S. 375-394.

[4] BLACKLER, F., Knowledge, Knowledge Work and Organizations: An Overview and Interpretation, Organization Studies, 16(1995)6, S. 1021-1046.

[5] KLIMECKI, R./THOMAE, M., Organisationales Lernen: Eine Bestandsaufnahme der Forschung, in: Klimecki, R. (Hrsg.), Management Forschung und Praxis, Nr. 18, Konstanz, 1997.

[6] QUINN, J., Intelligent enterprise: A knowledge and service based paradigm for industry, New York et al. 1992, S. 71; ALLEE, V., The knowledge evolution: expanding organizational intelligence, Oxford 1997, S. 29; DAVENPORT, T./DE LONG, D./BEERS, M., Successful Knowledge Management Projects, Sloan Management Review, 39(1998)2, S. 44.

[7] DAVENPORT, T./PRUSAK, K., Working Knowledge: How Organizations Manage What They Know, Boston MA 1998; PROBST, G./RAUB, S./ROMHARDT, K., Wissen managen: Wie Unternehmen ihre wertvollste Ressource optimal nutzen, Frankfurt am Main 1997.

[8] PROBST, G./RAUB, S./ROMHARDT, K., Wissen managen: Wie Unternehmen ihre wertvollste Ressource optimal nutzen, Frankfurt am Main 1997; LEHNER, F., Organisational Memory-Systeme – Eine Dimension der Informationssystem- und Organisationsentwicklung, in: Hummeltnberg, W. (Hrsg.), Information Management for Business and Competitive Intelligence and Excellence, Proceedings der Frühjahrstagung Wirtschaftsinformatik'98, Braunschweig-Wiesbaden 1998, S. 48.

[9] PROBST, G./RAUB, S./ROMHARDT, K., Wissen managen: Wie Unternehmen ihre wertvollste Ressource optimal nutzen, Frankfurt am Main 1997; DAVENPORT, T./DE LONG, D./BEERS, M., Successful Knowledge Management Projects, Sloan Management Review, 39(1998)2, S. 43-57; DAVENPORT, T./PRUSAK, K., Working Knowledge: How Organizations Manage What They Know, Boston MA 1998; MÜHLECK, K.; DÖRNER, A., Nutzung der Informationstechnologie für die Gestal-

tung eines ganzheitlichen Wissensmanagements, in: Scheer, A.-W. (Hrsg.), Electronic Business und Knowledge Management – Neue Dimensionen für den Unternehmungserfolg, Heidelberg, 1999, S. 133-142; BACH, V.; VOGLER, P.; ÖSTERLE, H. (Hrsg.), Business Knowledge Management: Praxiserfahrungen mit Intranetbasierten Lösungen, Berlin et al. 1999; ALAVI, M.; LEIDNER, D., Knowledge Management Systems: Emerging Views and Practices from the Field, in: Sprague, R. (Hrsg.), Proceedings of the 32nd Annual Hawaii International Conference on Systems Sciences, Los Alamitos CA 1999, o. S.; LAI, H.; CHU, T., Knowledge Management: A Review of Theoretical Frameworks and Industrial Cases, in: Sprague, R. (Hrsg.), Proceedings of the 33rd Annual Hawaii International Conference on Systems Sciences, Los Alamitos CA 2000.

[10] LAI, H./CHU, T., Knowledge Management: A Review of Theoretical Frameworks and Industrial Cases, in: Sprague, R. (Hrsg.), Proceedings of the 33rd Annual Hawaii International Conference on Systems Sciences, Los Alamitos CA 2000; PANEL DISCUSSION, Aligning Knowledge Management Research and Practice und anschließendes Interview mit David Smith (IBM Institute for Knowledge Mangement), 20th International Conference on Information Systems, Charlotte NC 12.12.1999.

[11] REHÄUSER, J./KRCMAR, H., Wissensmanagement im Unternehmen, in: Schreyögg, G., Conrad, P. (Hrsg.), Managementforschung, 6. Wissensmanagement, Berlin-New York 1996, S. 1-40.

[12] Vgl. SCHEER, A.-W., ARIS – Vom Geschäftsprozeß zum Anwendungssystem, 3. Auflage, Berlin et al. 1998, S. 3.

[13] HABERMANN, F., Organisational-Memory-Systeme für das Management von Geschäftsprozesswissen, Wiesbaden 2001, S. 23.

[14] PASCALE, R./ATHOS, A., The Art of Japanese management, Harmondsworth 1981, S. 93.

[15] Vgl. z. B. KRCMAR, H., Bedeutung und Ziele von Informationssystem-Architekturen, Wirtschaftsinformatik, 32(1990)5, S. 395-402; SCHEER, A.-W., Architektur integrierter Informationssysteme, Grundlagen der Unternehmensmodellierung, 2. Auflage, Berlin et al. 1991; OLLE, T. et al., Information System Methodologies: A Framework for Understanding, 2. Auflage, Wokingham et al. 1991; SOWA, F.; ZACHMAN, J., Extending and Formalizing the Framework for Information Systems Architecture, IBM System Journal o.J. (1992)31, S. 590-619.

[16] Vgl. z. B. ROSEMANN, M., Komplexitätsmanagement in Prozeßmodellen – Methodenspezifische Gestaltungsempfehlungen für die Informationstechnologie, Wiesbaden 1996; REMME, M., Konstruktion von Geschäftsprozessen, Wiesbaden 1997;

KELLER, G.; Teufel, T., SAP R/3 prozeßorientiert anwenden: Iteratives Prozeß-Prototyping, Bonn et al. 1997.

[17] CAMBRIDGE INFORMATION NETWORK (Hrsg.), Question of the week, URL www.cin.ctp.com, 4.10.1999.

[18] SCHEER, A.-W./HABERMANN, F., Making ERP a Success, Using business process models to achieve positive results, Communications of the ACM, 43(2000)4, S. 57-61.

[19] HABERMANN, F./KRAEMER, W., Gut gedacht ist halb gemacht, E-Learning Check hilft bei der Auswahl von Lernplattformen, Computerwoche 22/2001, S. 62-63.

[20] EUROPEAN FOUNDATION FOR QUALITY MANAGEMENT, American Productivity & Quality Center, Knowledge Management Network (Hrsg.), Knowledge Management and the learning organization, Best Practice Report, Brüssel et al. 1997; BULLINGER, H.-J. et al., Mit Wissensmanagement neue Potentiale erschließen, in: Scheer, A.-W. (Hrsg.), Electronic Business und Knowledge Management – Neue Dimensionen für den Unternehmungserfolg, Heidelberg 1999, S. 53-67; HUYSMAN, M. et al., A critical evaluation of the practice of knowledge management, in: Ackerman, M. et al. (Hrsg.), Beyond Knowledge Management: Managing Expertise, European Conference on Computer Supported Cooperative Work (E-CSCW) Workshop, Kopenhagen 1999, URL http://www. informatik.uni-bonn.de/~prosec/ECSCW-XMWS/FullPapers/Huysman.pdf, 4.8.1999, o. S.

[21] BUNDESVERBAND DEUTSCHER UNTERNEHMENSBERATER E. V. (Hrsg.), Facts & Figures zum Beratermarkt 1999, Bonn 1999.

[22] Vgl. KEEN, P., Information Systems and Organizational Change, Communications of the ACM, 24(1981)1, S. 24-33; SCHEER, A.-W./HABERMANN, F., Electronic Business: Vom ‚Why now?' zum ‚Let's Go!', IM Information Management & Consulting, 14(1999), Sonderausgabe zum Thema E-Commerce, S. 7-14.

[23] FRESE, E.; V. WERDER, A., Organisation als strategischer Wettbewerbsfaktor – Organisationstheoretische Analyse gegenwärtiger Umstrukturierungen, in: Frese, E./Maly, W. (Hrsg.), Organisationsstrategien zur Sicherung der Wettbewerbsfähigkeit: Lösungen deutscher Unternehmungen, Düsseldorf 1994, S. 1-28; GAITANIDES, M., Business Reengineering / Prozeßmanagement – von der Managementtechnik zur Theorie der Unternehmung?, DBW Die Betriebswirtschaft, 58(1998)3, S. 369-381; DREXL, A./KOLISCH, R./SPRECHER, A., Koordination und Integration im Projektmanagement, Zeitschrift für Betriebswirtschaft, 68(1998)3, S. 275-295.

Christine Gallenstein
imc information multimedia communication GmbH, Saarbrücken

From Brick to Click: Blended learning für die Integration von E-Learning und Classroom Training

1. Zielsetzung

Präsenzveranstaltungen besitzen eine zentrale Bedeutung in der Führungskräfteentwicklung. Neben dem eigentlichen fachlich orientierten Lernen spielen noch weitere Faktoren wie der Aufbau von Netzwerken eine große Rolle. Die nachfolgenden Ausführungen gehen aus diesem Grund davon aus, dass Präsenzveranstaltungen nicht ersetzt werden sollen. Aus den klassischen Aufgaben präsenzbasierten Lernens werden Anforderungen abgeleitet, die durch den Einsatz von E-Learning in deutlicher besserer Weise zu bewältigen sind.

Ausgehend vom klassischen Aus- und Weiterbildungsangebot in Präsenzveranstaltungen werden mögliche Ansätze und Schritte aufgezeigt, wo und auf welche Weise Potentiale E-learning basierter Angebote effektiv genutzt werden können. Daraus ergeben sich gewandelte Aufgabenspektren für die beteiligten Akteure, beginnend von der Corporate Universtity, über die einzelnen Referenten und Trainer bis hin zu den Lernenden selbst – weg von einem singulären Angebot hin zu einer integrierten Betreuung des gesamten Lernprozesses.

Mögliche E-Learning Szenarien und die dabei entstehenden Synergieeffekte sprechen deutlich für eine zukünftige alternative Gestaltung von Weiterbildungsangeboten. Darauf weisen auch die bisherigen Erfahrungen hin, die anhand eines konkreten Fallbeispiels aufgezeigt werden.

Letztendlich sollte das "E" bei E-Learning für "Experience" stehen: eine lebendige und nachhaltige Vermittlung von Lerninhalten, die innerhalb der eigenen täglichen Arbeit gewinnbringend eingesetzt werden.

2. Aufgaben des Classroom Trainings einer Corporate University in der Führungskräfteentwicklung

Die Organisation von Präsenzveranstaltungen stellt eine klassische Aufgabe einer Corporate University dar. Als eine Institution mit dem Auftrag, Unternehmensstrategien in den Konzern zu tragen und in diesem zu etablieren, bündeln sie gerade auch die Schulungsangebote, die an das Management gerichtet sind.

Neben dem Vermitteln von Methoden und fachlichen Inhalten stellt das Training sog. weicher Faktoren, die für den Erfolg eines Unternehmens ebenso bedeutsam sind [1], einen wichtigen Faktor dar. Corporate Learning sichert die strategische Ausrichtung der Lerninhalte an den definierten Unternehmenszielen.

Präsenzveranstaltungen dienen damit nicht nur der reinen Schulung, sie sind vielmehr Ort der Netzwerkbildung, des Erlernens von sozialer Kompetenz und unterstützen den Einzelnen dabei, seinen Platz im Management des Konzerns zu finden. Damit ist auch die Frage beantwortet, ob Präsenzveranstaltungen innerhalb einer Virtual Corporate University (VCU) durch wie auch immer geartete Trainings abgelöst werden können: nein. Eine Sicht, die auch von Seiten der Betreiber einer Corporate University in dieser Weise getragen wird [2].

Die reale Situation des Lernens in Präsenzveranstaltungen gestaltet sich in der Weise, dass zur Präsenzzeit Führungskräfte zusammentreffen, die u.a. durch die Problemstellung in ihrem Tagesgeschäft oder durch den Aufstieg in die nächste Führungsebene miteinander verbunden sind und damit nicht nur den Diskurs und ein Lernen zu einem festen Zeitpunkt und an einem bestimmten Ort benötigen. Nicht weniger bedeutsam ist die Überführung des Gelernten in das Tagesgeschäft und die Weitergabe an die eigenen Mitarbeiter. Wissensnetzwerke und deren Aufbau sind dabei von elementarer Bedeutung, sichern sie doch den informellen und direkten Kontakt zu den Wissensträgern.

Ein solcher Transfer findet auch statt, es kann aber nicht geleugnet werden, dass dieser an der ein oder anderen Stelle effektiviert und erleichtert werden kann. Die konkrete Unterstützung und die Rückkopplung zu einem Tutor/Experten ist eine nicht unwesentliche Hilfestellung, die sich telefonisch bzw. per Mail etabliert hat und Nachbetreuung der Teilnehmer ermöglicht. Ein solches Angebot basiert aber zumeist auf dem freiwilligen

Engagement der Trainer und ist auch nur bei Gruppen bis zu einer gewissen Größe zu leisten.

Daraus ergeben sich allerdings auch Anforderungen an Weiterbildungsangebote, die durch reine Präsenzbasierung nicht bzw. nicht im vollem Umfang geleistet werden können. Dies ist zunächst die Nachbereitung bzw. kontinuierliche Diskussion von Themen, die im Rahmen einer Präsenzveranstaltung nicht endgültig geklärt werden konnten. Sobald die Lerninhalte in die tägliche Arbeit zu integrieren sind, fehlt es an geeigneten Mittel, den Transfer zu leisten. Die Unterlagen in den Veranstaltungsordnern geben zwar theoretische Unterstützung, allerdings wenig Hilfestellung zum individuellen Transfer.

Da die Veranstaltungsunterlagen während des Präsenzteils und genau zu diesem speziellen Trainingszweck ausgehändigt wurden, in den meisten Fällen in umfassenden Ordnern, bilden diese fachliche Inhalte zu einem bestimmten Zeitpunkt ab. Eine Aktualisierung findet dementsprechend nicht statt bzw. nur auf Nachfrage des einzelnen Veranstaltungsteilnehmers.

Als zunehmend schwierig für längeres Präsenzlernen erweist sich die globale Zusammensetzung von Teams. Zwar wird ein bewusster Abstand zum Arbeitsort für ein ungestörtes Lernen gefordert, erweist sich für eine längere Zeit, verbunden mit sonstigen beruflichen Reiseerfordernissen, teilweise unvereinbar. In einer global agierenden Welt führen Präsenzveranstaltungen allerdings dazu, den persönlichen Kontakt zu etablieren und zu pflegen – an dieser Stelle ist sicherlich ein Kompromiss gefordert.

3. Einführung von E-Learning basierten Präsenzveranstaltungen

"You can't create a leader in a classroom" [3].

Diese These von Minztberg impliziert, dass eine Präsenzveranstaltung nur bedingt auf die tatsächlichen Aufgaben im Tagesgeschäft vorbereitet. In Verbindung von Lernen in präsenzbasierter Form und dem "E" wie "Experience" ergeben sich aus dieser Aussage eine Fülle von Möglichkeiten, Executive Education in Verbindung mit alternativen Konzepten zu schlagkräftigen, problem- und aufgabenorientierten Lernszenarien zu entwickeln.

Das "E" in vielen Begriffen hat sich mittlerweile als Standard etabliert. E-Business verdeutlicht, dass Unternehmen, die global agieren, auf den effektiven Einsatz neuer Medien setzen müssen, um konkurrenzfähig zu bleiben, ihren Marktanteil und weltweiten Einfluss zu festigen und auszudehnen.

Die Akteure auf diesem globalen Markt sind nicht zuletzt die Führungskräfte, die sich zunächst damit konfrontiert sehen, in verteilten Teams unterschiedlicher kultureller Hintergründe erfolgreiche Arbeit zu leisten. Da dies größtenteils nicht in permanenter Präsenz zu lösen ist, haben sich Methoden wie Video- oder Telefonkonferenzen etabliert, die schon lange nicht mehr als "Neuerung" angesehen werden, sondern fester Bestandteil in der Zusammenarbeit von verteilt arbeitenden Teams sind.

3.1 Entscheidung für E-Learning – mögliche Gründe

Die Auswahl der Methoden des E-Learnings, die gerade bei Führungskräfte eingesetzt werden, hängt eng mit der Form zusammen, wie Führungskräfte lernen bzw. welchen Informationsbedarf diese haben. Die Vorteile von E-Learning, unabhängig von lokaler Präsenz und zeitlichen Restriktionen zu lernen, trägt der aktuellen Arbeitssituation Rechnung. Die Flexibilisierung der Zugänge zu Wissen, das Schaffen einer umfassenden und möglichst tagesaktuellen Wissensbasis, die auf die strategische Ausrichtung eines Unternehmens hin zusammengestellt wird, ist mittels präsenzbasierter Schulungen nur bedingt zu bewältigen.

Auf die einzelnen Vorteile von E-Learning soll an dieser Stelle nicht näher eingegangen werden, diese wurden in der Fachliteratur bereits ausführlich dargelegt und diskutiert.

Die Forderung nach Life-long Learning lässt sich mit konventionellen Mitteln alleine kaum bewältigen. Für den Einzelnen ist der Aufwand zur Recherche, aber auch das notwendige Fachwissen, um elementare Informationen von ergänzenden zu unterscheiden, nicht zu leisten. In einem sich schnell wandelnden Umfeld ist der zeitnahe Zugriff auf fachlich selektierte, unternehmensbezogene Information von elementarer Bedeutung, um Aufgaben erfolgreich zu bewältigen.

Qualitativ hochwertige Inhalte, die bestenfalls tagesaktuell zur Verfügung gestellt werden, können somit nicht allein durch traditionelle Präsenzveranstaltungen an die Hand gegeben werden bzw. in einem unternehmensweiten Intranet angeboten sein.

Strategien, die für ein erfolgreiches Agieren im E-Business erforderlich sind, werden in erster Linie von den Führungskräften umzusetzen und in die Teams zu tragen sein. "Fit for E-Business" impliziert, mit den notwendigen Tools und Einsatzszenarien vertraut zu sein, jedoch zumindest um ihre Mächtigkeit zu wissen. Diese Tools können beim "E-Learning" quasi spielerisch eingeübt werden und eine entsprechende Medienkompetenz aufbauen.

3.1.1 E-Learning Unterstützung von Präsenzveranstaltungen

Wie bereits hingewiesen, ist die einhellige Aussage verantwortlicher Manager, dass der Sinn einer virtuellen Corporate University und der damit verbundenen Einführung von E-Learning nicht darin besteht, die Präsenzveranstaltungen zu ersetzen [4].

Die menschliche Komponente und eine direkte Kommunikation kann durch kein wie auch immer geartetes Medium ersetzt werden. Ziel ist es demzufolge, Veranstaltungen so effektiv wie möglich zu unterstützen und alternative Wege einer umfassenden Betreuung der Teilnehmer zu identifizieren. Nicht zuletzt ergeben sich gerade daraus verblüffende Synergieeffekte, die es durch die Organisatoren "nur" noch zu nutzen gilt.

Die Unterstützungsmöglichkeiten, die mit der Einführung von E-Learning einher gehen, sind vielfältig. Diese können vom Angebot elektronischer Medien bis hin zu komplexen Szenarien gehen, in denen sich Präsenzteile zu einem Element neben Angeboten wie Online-Kursen, betreuten Chats und geschlossenen Arbeitsbereichen entwickeln.

Auch das schrittweise Heranführen an ein neues Medium (Internet/Intranet), in dem zunächst die alte Ankündigungsmodalität der konventionellen Broschüre abgelöst wird, ist ein möglicher Ansatz, Berührungsängsten mit neuen Technologien entgegenzutreten.

Eine zeitnahe Integration des Gelernten in das Tagesgeschäft und damit unmittelbarer Nutzen für die Führungskraft sowie Auswirkung auf zu bewältigende Aufgabenstellungen ist ein wichtiger Indikator, ob Lerninhalte problemorientiert vermittelt und in der Praxis angewendet werden können. Dies verspricht man sich von tutoriellen Konzepten, die sich verschiedener Medien und Methoden bedienen.

Der Einsatz von E-Learning Methoden in Kombination mit Präsenzveranstaltungen ermöglicht einen erheblichen Mehrwert durch deutlich höheren Umsetzungsgrad des Gelernten (und diesen letztendlich nicht nur für die eigentlichen Veranstaltungsteilnehmer) und bedeutende Synergieeffekte, die sich die Betreiber einer Virtual Corporate University zu nutzen machen können.

An dieser Stelle ist auch die Sichtweise der Corporate University von Bedeutung, denn die Entscheidung für ein wie auch immer ausgeprägtes "E-Learning" basiert letztendlich auf der Erkenntnis, dass bisherige Prozesse überarbeitungswürdig sind und der Einsatz neuer Methoden benötigt wird. Ziel ist an dieser Stelle die (interne) Prozessoptimierung, verbesserte Kundendienstleistungen und Orientierung an veränderten Rahmenbedingungen.

Insgesamt kann die Schlussfolgerung gezogen werden, dass sich die traditionelle Präsenzveranstaltung in insgesamt drei Lernschwerpunkte auflöst (vgl. hierzu Abbildung 1):

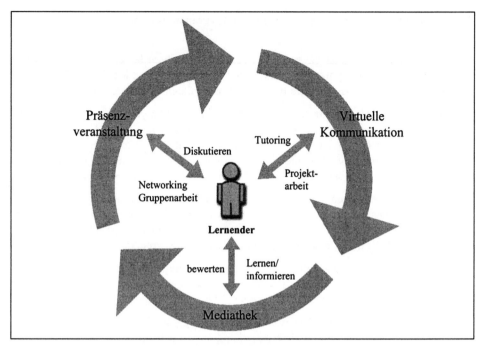

Abbildung 1: Auflösung der traditionellen Präsenzveranstaltung

Die Präsenzveranstaltung stellt nach wie vor den Platz der persönlichen Kommunikation dar. In ihr werden Kontakte geknüpft, Case studies gemeinsam gelöst und die Referenten bzw. Trainer vermitteln die fachlich-inhaltlichen Kompetenzen.

Ändern werden bzw. müssen sich sicherlich die didaktischen Konzepte der Weiterbildungsangebote sowie die Gestaltung der Präsenzveranstaltungen an sich, darauf wird noch näher einzugehen sein.

In einer Präsenzveranstaltung erfolgt auch die Bildung der späteren virtuellen Teams, die durch ein gezieltes Tutoring in der Lage sind, im Zwischenraum zweier Präsenzveranstaltungen (bzw. zwischen den Präsenzveranstaltungen einer ganzen Veranstaltungsreihe) an einer gemeinsamen Aufgabenstellung zu arbeiten, die Ergebnisse zusammenzustellen und diese in der folgenden Präsenzphase als Leistungsnachweis der gesamten Gruppe vorzustellen. Zur Bewältigung von Aufgabenstellungen dient eine Mediathek als Wissens- und Inhaltsbasis, die verschiedenste Unterlagen in unterschiedlichen Medien und Detaillierungsgraden zur Verfügung stellt.

Damit ist eine unabdingbare Voraussetzung für ein lebendiges E-Learning Szenario eine Lernplattform, die in der Lage ist, die oben genannten drei Schwerpunkte zu unterstützen.

3.1.2 Ausbaustufen der Einführung

Ab einer gewissen Phase gewünschter E-Learning Unterstützung ist dies nicht ohne die Einführung eines Learning Management Systems (*LMS*) denkbar, das in der Form einer Virtuellen Corporate University (im Folgenden nur *VCU* genannt) die traditionellen Aufgaben mit den neuen Dienstleistungsangeboten der Institution "Corporate University" verbindet. Im Idealfall existiert eine solche Lernplattform bereits von der ersten Phase an und bietet damit die Chance, die inhaltlichen Angebote kontinuierlich umzugestalten, eine umfangreiche Mediathek (Anmerkung: Der Begriff der "Mediathek" wird anstelle des Begriffs "Library" verwendet, um zu demonstrieren, dass es sich hierbei um deutlich mehr als nur die Zusammenstellung von Artikeln oder digitalen Printmedien handelt) aufzubauen und die Lernprozesse alternativ zu gestalten. Unabhängig von den eingesetzten Medien und Funktionalitäten sollte immer darauf geachtet werden, dass die einzelnen Angebote lernprozessorientiert aufbereitet sind und ein inhaltlicher Zugang zu den benötigten Lerninhalte so komfortabel wie möglich gestaltet wird.

Aus dieser Kombination ergeben sich eine Reihe von Synergieeffekten, auf die im nachfolgenden Kapitel 3.2 noch näher eingegangen werden wird.

Für eine Migration eines präsenzbasierten Angebots hin zu einem integrierten, multimedialen Lernszenario sind die nachfolgend vorgeschlagenen Schritte denkbar. Es wird davon ausgegangen, dass ein qualitativ hochwertiges Angebot schrittweise aufgebaut werden wird und somit auch immer einen gewissen zeitlichen Vorlauf benötigt:

1. Ausbaustufe: Ankündigung von Veranstaltungsangeboten und Online-Registrierung

Eine erste Unterstützung ist primär in der Anmeldephase sowie der Vorbereitungs- und in der Nachbereitungsphase einer Präsenzveranstaltung denkbar. Dabei werden Printbroschüren sukzessive online angeboten. Interessenten können aus dem Veranstaltungsangebot auswählen und sich zum gewünschtem Datum in einem LMS registrieren.

Bei Veranstaltungen, zu denen eine Eigenregistrierung nicht möglich ist, können mehr marketingorientierte Informationen aufgenommen werden.

Ein solches Angebot der Online Registrierung existiert bereits in den meisten Intranetpräsentationen von Corporate Universities. Angebote an Führungskräfte, die zudem mit einem hohem qualitativen Anspruch verbunden sind, erfordern aber erheblich weitergehende Schritte. Aus diesem Grund wird es auch erforderlich sein, auf ein LMS zurückzugreifen, dass einen deutlich größeren Funktionsumfang und mehr Ansätze für Vernetzung ermöglicht als eine reine Intranetpräsentation.

2. Ausbaustufe: Angebot von Veranstaltungsunterlagen

Eine inhaltliche Arbeit an einer Veranstaltung beginnt nicht zwangsläufig erst zum Präsenztermin selbst. Anstelle von konventionellen Ordnern, die üblicherweise zu Beginn einer Veranstaltung ausgehändigt werden, können in der Vorbereitungsphase einer Veranstaltung einführende Unterlagen (Fallstudien, organisatorische Hinweise usw.) in elektronischer Form den registrierten Teilnehmern zugänglich gemacht werden. Denkbar ist auch, auf einen Ordner zu verzichten und eine veranstaltungsbezogene CD-ROM zu produzieren (auf Inhalt und Konzept einer solchen CD-ROM wird in Kapitel 4.2 noch verwiesen).

Während der eigentlichen Präsenzveranstaltung werden u.a. in Gruppenworkshops aufgabenspezifische Problemlösungen erarbeitet, die dafür geeignet sind, Teilnehmern nachfolgender Veranstaltungen oder Führungskräften mit ähnlichen Aufgabenstellungen zugänglich gemacht zu werden. Neben diesen Unterlagen sind eingesetzte Präsentationen der Referenten, Lessons Learned usw. in der Nachbereitungsphase einer Veranstaltung für die Teilnehmer von Interesse. Dies umso mehr, wenn Unterlagen an einer zentralen Stelle in nach inhaltlichen und formalen Aspekten überarbeiteter Form (einheitlicher formaler Aufbau, Verschlagwortung usw.) zugänglich sind. Eine solche Aufbereitung stellt einen nicht unerheblichen Mehrwert für den Lernerfolg nach einer Veranstaltung dar. Zudem können diese Unterlagen durch eine erheblich größere Anzahl Lernender genutzt werden.

Auf diese Weise werden die Lernenden langsam an ein neues Medium herangeführt und das bisherige inhaltliche Angebot Schritt für Schritt in elektronische bzw. multimediale Form überführt.

Bereits in diesem Einsatzszenario sind die weiteren Phasen vorzubereiten:

- Entwicklung einheitlicher Formatvorlagen, die zukünftig von den Inhaltslieferanten (Trainern, Referenten usw.) verbindlich genutzt werden, um die Wiederverwendbarkeit von Unterlagen zu gewährleisten;
- Standardisierung von Lieferantenbeziehung und Erweiterung der Bestellung der Dokumente mit Verschlagwortung (nach vorgegebenem Thesaurus) und Kurzbeschreibung (Inhaltsangabe, Autor, thematische Einordnung usw.);
- Konzeption zur Integration in eine Mediathek, in der die gesamte Zielgruppe auf diese Unterlagen zugreifen kann;
- Aufbau einer Redaktion, Definition von Redaktionsprozessen und Redaktionsverantwortlichen.

Nur Unterstützung in diesen Phasen würde aber das gesamte Spektrum, dass sich durch die Implementierung einer VCU eröffnet, nicht ausschöpfen. Zudem wäre es eine sehr lineare Betrachtungsweise, die keinesfalls mögliche Synergieeffekte ausschöpfen würde.

3. Ausbaustufe: Didaktische Neukonzeption von Präsenzveranstaltungen und Ergänzung um multimediale Elemente

Präsenzveranstaltungen sind nicht nur mit Reisekosten, Kosten für Unterkunft usw. verbunden. Die Abwesenheit vom Arbeitsort führt ebenfalls zu finanziellem Auswirkungen. Eine Kürzung von Präsenzanteilen eines Weiterbildungsangebots hat aber nicht zuletzt auch didaktische Gründe und kann im Idealfall zu einer effektiven Umsetzung der gelernten Inhalte führen.

Eine Präsenzveranstaltung folgt in ihrem Aufbau immer auch einer lernzielorientierten Ausrichtung. Neben Einheiten, die sich mit Grundlagen beschäftigen und solchen, die mehr der Vertiefung des Gelernten dienen, ist die Arbeit in der Gruppe ein wichtiger Bestandteil, sich mit den Inhalten intensiv und in der Diskussion auseinander zu setzen. Dabei ist der Anteil der Betreuung durch einen Trainer oder Tutor unterschiedlich groß.

Ein alternatives Veranstaltungsangebot könnte demnach vorsehen, Einheiten zur Vermittlung von Grundlagenwissen aus der Präsenzzeit herauszunehmen und diese in einer multimedialen Einheit (entwickelt als Computer Based Training bzw. Web Based Training) aufzubereiten. Eine solche thematische Einheit kann den Teilnehmern vor der eigentlichen Präsenzveranstaltung ausgehändigt werden.

Denkbar ist ebenfalls, mit einer Präsenzveranstaltung zu starten (die nicht zuletzt dem Kennenlernen der Veranstaltungsteilnehmer und deren Trainern dient) und die weiteren thematischen Schwerpunkte in Online Veranstaltungen (simultan) anzubieten. Die Teilnehmer sollten aber in der Veranstaltung selbst an die Handhabung der benutzten Technologien heran geführt worden sein.

Die Integration von sonstigen Tools zur Veranstaltungsvor- und -nachbereitung, wie Chats, virtuelle Projekträumen usw. ermöglicht weiterhin die Kommunikation zwischen den Teilnehmern auch außerhalb der eigentlichen Präsenzzeit und ergänzt diese Tools als festen Bestandteil des Lernszenarios selbst.

Die Entscheidung, eine Präsenzveranstaltung in dieser Weise anzubieten, hängt dabei stark von den jeweiligen Lernzielen und Lerninhalten ab: Zur Vermittlung fachlicher Themen ist ein solches Vorgehen sicherlich besser geeignet als für Kommunikations- und Verhaltenstraining [5]. Dies impliziert auch, dass sich der didaktische Aufbau der Veranstaltung ändert, während der Präsenzzeit also eher Gruppenarbeit durchgeführt wird und ggf. Aufgabenstellungen erarbeitet werden, die dann als virtuelle Aufgabenstellung durch verschiedene Teams weiter zu bearbeiten sind.

4. Ausbaustufe: Online-Tutoring und gruppenspezifische Betreuung

Innerhalb einer VCU ist es denkbar, nach einer Veranstaltung die individuelle Betreuung einer Gruppe (entweder durch den Trainer, einen Referenten einer Business School oder durch Tutoren) anzubieten. Der Transfer des Gelernten in das Tagesgeschäft und damit zur Bewältigung konkreter Aufgabenstellungen ist ein Indiz für den Lernerfolg, der durch ein Weiterbildungsangebot erzielt wurde. Stehen den Veranstaltungsteilnehmern nach der Veranstaltung die Trainer weiterhin als Ansprechpartner zur Verfügung und können diese in der Form von Tutoren auch bei konkreten Fragestellungen erreicht werden, ist der Lernende gerade in der Transfersituation fachlich begleitet und kann eventuelle Rückfragen gemeinsam mit dem Tutor diskutieren und klären.

So können auch Fragestellungen, die während einer Veranstaltung in der Gruppe nicht abschließend geklärt wurden, auch weiterhin unter Führung eines Experten diskutiert werden, z.B. innerhalb eines Chats oder eines Forums.

Noch zu prüfen wäre an dieser Stelle, ob sich eine Gruppendynamik ähnlich einer Community of Practice entwickeln könnte und die Veranstaltungsteilnehmer eine problemorientierte Zusammenarbeit auch über die Präsenzveranstaltung hinaus etablieren werden.

5. Ausbaustufe: Integration in HR-Prozesse

Im Rahmen einer VCU ist ebenfalls ein Thema, ob neben Präsenzveranstaltungen, die im Rahmen eines Karriereplans oder einer Regelqualifizierung zu absolvieren sind, auch weitere Qualifizierungsmaßnahmen zur Vervollständigung vorgegebener Wissensprofile nachzuweisen sind. Entsprechende fachliche Nachweise, die beispielsweise über Tests, dem Absolvieren verschiedener Lerninhalte usw. erfolgen, können innerhalb einer VCU erbracht werden, die damit ihr Angebot eng mit dem Bereich HR abstimmen wird (Verzahnung und strategische Ausrichtung an den Kriterien der Führungskräfteentwicklung).

In Abhängigkeit der jeweiligen Lernziele

- Qualifizierung im Rahmen der Karriereentwicklung,
- Erwerb von Zertifikaten,
- Schulung und klassisches Lernen,
- Vorbereitung auf anstehende Aufgabe (z. B. "Working and Living in Japan"),

kann für die einzelnen Führungskräfte ein individuelles Angebot, beispielsweise aufgebaut als verbindlich zu absolvierendes Curriculum, erstellt werden.

E-Learning Szenarien sind deutlich mehr als nur Online Kurse, da auch solche Kurse singulär ausgerichtet sind und neben technischem Möglichkeiten nicht deutlich mehr bieten als Präsenzveranstaltungen. E-Learning lebt von einem durchgehenden Ansatz, der sich durch alle Phasen des Wissenserwerbs zieht und sich im Idealfall im Sinne eines "kontinuierlichen Lebenszyklus" einer Veranstaltung wieder schließt. Im folgenden wird darauf eingegangen werden, wie ein solches Szenario beispielhaft gestaltet sein könnte.

3.1.3 Unterstützung multimedialer Lernszenarien

Für das Angebot von multimedialen Lernszenarien wird wie bereits erwähnt davon ausgegangen, dass hierzu ein LMS bzw. eine Virtuelle Corporate University eingesetzt wird. Hierdurch ergeben sich neben den schon als klassisch zu bezeichnenden Tools wie Chats, Foren, Mediathek usw. weitere Ansatzpunkte, Präsenzlernen so effektiv wie möglich zu gestalten.

Dies kann zunächst die Schaffung eines öffentlichen und eines geschlossenen Veranstaltungsbereichs für verschiedene Veranstaltungstypen sein.

Durch das Angebot differenzierter Veranstaltungsinformationen werden zwei Benutzergruppen angesprochen:

- Interessenten an einer Veranstaltungsteilnahme,
- Registrierte Teilnehmer von bisherigen Veranstaltungen.

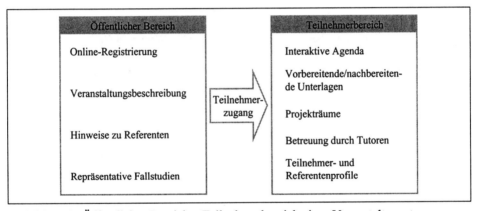

Abbildung 2: Öffentlicher Bereich – Teilnehmerbereich eines Veranstaltungstyps

Interessenten bzw. auch die Teilnehmer einer Veranstaltung gelangen über den Veranstaltungskatalog (der in der VCU angeboten wird) zunächst auf die Veranstaltungsseite des öffentlichen Bereichs. Hier finden sich eher allgemeine Informationen wie

- Beschreibung der Veranstaltung (marketingorientiert),
- Hinweise zu Agenda und Trainern,
- Anmeldemodalität bzw. direkt online Anmeldung.

Informationen, die üblicherweise in Broschüren zu Veranstaltungen angeboten werden, sind so in die Lernplattform integriert. Damit einher geht das Angebot, sich über die Lernplattform zu konkreten Veranstaltungen anzumelden. Der Betreiber einer VCU setzt auf diese Weise deutliche Zeichen auf dem Weg hin zu einem E-Learning Angebot, das alle Phasen des Veranstaltungszyklus umfasst. Im Idealfall ersetzt diese die herkömmliche Printbroschüre und das konventionelle Anmeldeverfahren.

Die registrierten Teilnehmer einer Veranstaltung erhalten neben diesen Informationen noch zusätzlich einen Link, der sie auf die Startseite des Teilnehmerbereichs führt. Dieser kann damit u.a. eingesetzt werden, um

- vorbereitende bzw. nachbereitende Unterlagen zur Verfügung zu stellen,
- tutorielle Betreuung dieser Gruppe zu sichern,
- Austausch und Kommunikation der Teilnehmer untereinander zu fördern.

Ein solcher geschützter Bereich für die Veranstaltungsteilnehmer ist nicht nur aus fachlichen Gründen von Bedeutung (Angebot von nachbereitendem Material usw.), sondern auch aus gruppendynamischen Aspekten, wie sie z.B. eine Rubrik "Impressions of the event" mit Fotos einzelner Veranstaltungen und der Veranstaltungsteilnehmer vermittelt.

Insgesamt ist auf diese Weise die gezielte Ansprache und Betreuung eines in sich geschlossenen Teilnehmerkreis durch den Veranstalter, d.h. die Corporate University oder den Trainer, ganz gleich, ob intern oder extern, möglich.

Zur Vor- bzw. Nachbereitung von Veranstaltungen eignet sich auch der Einsatz von CD-ROMs, die die konventionellen Schulungsordner ersetzten. Die Unterlagen, die auf einer solchen CD-ROM angeboten werden können, reichen von einführenden WBTs, Artikeln, Case Studies bis hin zu Links, die auf inhaltlich verwandte Themen in Intranet und Internet verweisen und eher ergänzenden Charakter haben. Wie sich gerade eine solche Form der Distribution von Unterlagen sinnvoll nutzen lässt, wird in Kapitel 4.2 noch näher erläutert werden.

Neben Themen, die sich nur schwer dazu eignen, in ein multimediales Lernszenario aufgeteilt zu werden, lässt sich eine Reihe von Themen identifizieren, die sich für eine Reduktion der Präsenzzeit eignen. Es ist durchaus denkbar, dass durch eine solche Reduktion der Präsenzzeit bzw. Ersatz von Präsenzlernen eine Steigerung der Lerneffizienz erreicht werden kann: Einheiten, die im Selbststudium angeeignet werden, können in der Präsenzveranstaltung diskutiert und vertieft werden. Damit entfällt die Notwendigkeit, sich das gesamte Wissen innerhalb der Präsenzzeit aneignen zu müssen und der Zeitraum für Diskussionen und Vertiefung des Gelernten kann erheblich intensiver genutzt werden.

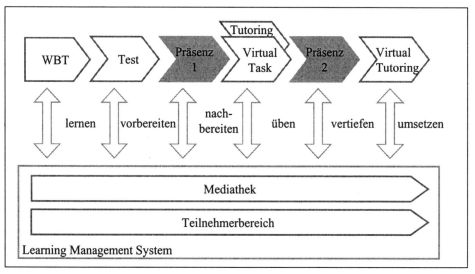

Abbildung 3: Beispiel eines multimedialen Lernszenarios

Ein beispielhafter Aufbau eines multimedialen Lernszenarios zeigt Abbildung 3. Vor Beginn der Veranstaltung erhalten die Teilnehmer

- Eine CD-ROM mit dem Vorbereitungsmaterial (Web Based Training mit Grundlageninformationen) bzw.
- haben auf einer Lernplattform Zugriff auf einen Teilnehmerbereich und das vorbereitende Material.

Gleichzeitig erhalten die Teilnehmer auch Zugang zu der Mediathek, in der sie auf verschiedenste Unterlagen während des gesamten Lernzyklus zugreifen können.

An das WBT schließt sich ein so genannter Selbsttest an, in dem der Teilnehmer prüft, ob er sich bereits die erforderlichen Grundlagen angeeignet hat. Alternativ hierzu wäre es auch denkbar, einen solchen Test (im Anschluss oder im Rahmen eines Web Based Trainings nach dem AICC Standard) direkt auf der Lernplattform durchzuführen und in das Lernkonto des Veranstaltungsteilnehmers zu übernehmen. Darauf soll an dieser Stelle nicht näher eingegangen werden.

Findet die eigentliche Präsenzveranstaltung statt, trifft der Trainer auf eine fachlich recht homogene Gruppe und kann im Idealfall die Zeit der eigentlichen Schulung effektiv nutzen und auf konkrete Fragestellungen eingehen. Zudem ist auch ein alternativer Aufbau der Veranstaltung möglich, bei dem eher die Arbeit in Workshops oder in Teilnehmergruppen im Vordergrund steht.

Handelt es sich, wie hier angenommen, um eine Veranstaltungsreihe, die eine weitere Präsenzveranstaltung beinhaltet, so sollte auch die Zeitspanne zwischen den Präsenzzeiten durch die Gruppe sinnvoll genutzt werden können. Eine solche Nutzung besteht beispielsweise darin, eine gemeinsame Aufgabenstellung zu erhalten und diese in einem virtuellen Projektraum zu bearbeiten. Kommt zu dieser gewissermaßen asynchronen Zusammenarbeit noch die tutorielle Begleitung in der Phase der virtuellen Projektarbeit hinzu, so kann davon ausgegangen werden, dass die Teilnehmer ein Höchstmaß an Unterstützung finden, um den gewünschten Lernerfolg zu erzielen.

In der sich anschließenden Präsenzveranstaltung stellen die einzelnen Gruppen ihre Ergebnisse vor und diskutieren diese. Die Lessons Learned werden aufbereitet und sind im Idealfall dazu geeignet, in den geschlossenen Teilnehmerbereich bzw. die Mediathek integriert oder zumindest in Nachfolgeveranstaltungen des gleichen Typs eingesetzt zu werden.

Auch nach dieser Veranstaltung haben die Teilnehmer Zugang zu „ihrem" Teilnehmerbereich, den Kontaktdaten der anderen Teilnehmer, einem virtuellen Projektraum und ggf. tutorielle Betreuung, die bei der Einführung der gelernten Inhalte in die tägliche Arbeit Unterstützung bietet.

Gerade bei dem Ansatz, Präsenzveranstaltungen den gewandelten Anforderungen an ein effektives, problemorientiertes Lernen anzupassen, spielt die Schaffung von Lebendigkeit durch gezielten Methodenmix eine wichtige Rolle. Die Akzeptanz der Lernenden wird nur zu erreichen sein, wenn diese unterschiedliche Zugänge zu Wissen nutzen können, die für den Einzelnen ein komfortables Umgehen mit den unterschiedlichen Medien erlaubt.

Die aufgezeigten Entwicklungen gehen hin zu Lernszenarien, die sich durch eine gewandelte zeitliche Ausrichtung sowie dem Einsatz verschiedener Medien (in unterschiedlichen multimedialen Graden) auszeichnen.

Im Zeitalter von Globalisierung und verteilt arbeitender Teams ist geradezu ein Bedürfnis nach persönlicher Kommunikation und Lernen im Diskurs auch im Bereich der Führungskräfteentwicklung festzustellen. Nach Befragung von Veranstaltungsteilnehmern, inwieweit es für sie zukünftig denkbar wäre, auf ein gemeinsames Lernen in Präsenzveranstaltungen ganz oder teilweise zu verzichten, ist die Quintessenz, dass für ein erfolgreiches Networking sowie Training von Führungsqualifikation ein persönliches Kennenlernen und darüber hinaus gesellschaftliche Ereignisse (man denke nur an selbstorganisierte Abschlussabende, Team Building Activities usw.) als notwendige, ja unabdingbare Voraussetzung nicht wegzudenken sind.

In den aufgezeigten E-Learning Szenarien geht es aus diesem Grund darum, Präsenzveranstaltungen sinnvoll zu ergänzen und Lerneinheiten herauszunehmen, die einerseits die Präsenzzeit reduzieren und andererseits diese so effektiv wie möglich machen, indem z.B. Grundlagenwissen bereits vor der eigentlichen Präsenzzeit in multimedialer Form an die Teilnehmer verschickt oder über eine Lernplattform ausgehändigt werden.

Bei sorgfältiger didaktischer Planung werden den Teilnehmern die hiermit verbundenen Vorteile deutlich und die Akzeptanz von Seiten des Lernenden und Lehrenden unabdingbar folgen.

3.1.4 Akteure und deren Aufgaben

Durch die Veränderung von didaktischen Konzepten und der begleitenden Betreuung von Weiterbildungsangeboten ergeben sich für die einzelnen Akteure veränderte Aufgabenstellungen. Damit wirkt sich die Entscheidung für E-Learning nicht nur auf die Veranstaltung selbst aus, sondern auch auf den Arbeitsablauf und die zu erarbeitenden Materialien der beteiligten Akteure.

Corporate University/Verantwortliche Veranstaltungsmanager

Mit der Unterstützung von Präsenzveranstaltungen durch E-Learning Szenarien ergeben sich auch organisatorische Veränderungen, ja müssen sich zwangsläufig ergeben. Die Arbeitsweise verändert sich, zwar nicht der Arbeitsaufwand, aber doch einige Prozesse, wie das Veranstaltungsangebot didaktisch aufbereitet und mittels welcher Medien die einzelnen Inhalte vermittelt werden. Bereits im Vorfeld sind eine Reihe von Entscheidungen (auch formaler Art) zu treffen, z.B. welche Medien eingesetzt werden, erfolgt eine parallele Ankündigung per Broschüre, werden die Business Schools bereits im Vorfeld angesprochen und um Unterlagen geben usw.

Aus der Entscheidung, Präsenzveranstaltungen in Kombination mit E-Learning anzubieten, ergibt sich die Forderung an die VCU und deren Mitarbeiter, den Zugang zu dem veranstaltungsbezogenen Wissen so komfortabel wie möglich zu gestaltet. Die Bereitstellung der technischen Infrastruktur (primär eines Learning Management Systems), welches den optimalen Funktionsumfang für die jeweiligen Bedürfnisse bietet bzw. dem gewünschten Einsatzszenario entspricht, sorgt für unterschiedliche Zugänge zu Lerninhalten, Betreuung durch Tutoren, Kommunikationsmöglichkeiten und geschützte Bereiche für Veranstaltungsgruppen.

Für den Einsatz tutorieller Betreuung sind ebenfalls technische Voraussetzungen zur Verfügung zu stellen, damit interne und externe Tutoren mit der betreuten Gruppe kommunizieren können. Dies kann beispielsweise im Aufbau eines Extranets bestehen. Natürlich sind die personellen Ressourcen für eine solche Betreuung bereitzustellen.

Der Aufbau und die Pflege einer aktuellen, differenzierten Wissensbasis gehört eher zu den fachlich orientierten Aufgaben. Eine solche Mediathek ermöglicht den Führungskräften, bei spezifischen Fragestellungen Unterlagen zur Bewältigung des Problems zu finden (problemorientierte Suche), sich einen Überblick über die aktuelle Diskussion zu verschaffen (Magazincharakter) oder einfach zu stöbern (ungerichtete Suche).

Im Rahmen der laufenden redaktionellen Aufgaben entwickeln die Themenverantwortlichen einer Corporate University gruppenspezifische inhaltliche Angebote und distribuieren diese gezielt an die einzelnen Zielgruppen.

Von erheblicher Bedeutung ist auch, für die Etablierung einer Lernkultur zu sorgen, die Akzeptanz schafft für eine geänderte Form des Wissenserwerbs.

Nicht zuletzt muss durch die VCU selbst eine sorgfältige Planung des Wandels stattfinden, die sowohl organisatorische als auch inhaltliche Aspekte berücksichtigt und auf die Optimierung des Lernangebots ausgerichtet ist.

Business Schools und weitere Contentlieferanten

Renommierte Business Schools, die meist bereits über mehrere Jahre hinweg mit den Coporate Universities zusammengearbeitet haben, bauen zur Zeit ein Angebot an E-Contents und multimedialen Inhalten auf und erweitern dieses nach Anforderung ihrer Kunden.

Die Entwicklung von didaktischen Konzepten und deren Beratung, Einführung und Unterstützung in den konkreten Lernsituationen (wie Online Tutoring, Durchführung von virtuellen Lehrveranstaltungen) baut auf der vorhandenen fachlichen Kompetenz auf, erfordert aber auch die intensive Auseinandersetzung mit den unterschiedlichen Ansätzen des E-Learning.

Neben dem Angebot von Veranstaltungsunterlagen in elektronischer Form (was bereits Standard ist) sollten diese durch die Business Schools in erweiterter Form geliefert werden, z.B. mit einem einheitlichen Aufbau (wie es bei dem „OnPoint Article" von HBS der Fall ist) Abstract, Keywords und weiteren Informationen, die die direkte Integration in ein LMS ermöglicht.

Da es sich um einen großen Markt mit vielfältigen Angeboten handelt, ist es auch Aufgabe der Business School, den Überblick über (eigene) multimediale Angebote bzw. Angebote weiterer Anbieter zu haben, um den Kunden bei der individuellen Gestaltung seines Veranstaltungsangebots optimal zu beraten. Die Qualität der angebotenen Lerninhalte ist dabei ein wichtiger Erfolgsfaktor, da die Teilnehmer nur ein entsprechend hochwertiges Angebot akzeptieren werden.

Die Bereitstellung von "Wissensupdates" zu den jeweils behandelten Inhalten einer Veranstaltung als begleitender Service an die Veranstaltungsteilnehmer kann ein erweitertes Angebot optimal abrunden.

Referenten und Trainer

Bei der Organisation und Durchführung von Präsenzveranstaltungen durch den Referenten sind ebenfalls gewandelte Anforderungen zu berücksichtigen bzw. rechtzeitig in die Planung aufzunehmen. Ein geändertes didaktisches Konzept erfordert auch eine geänderte Betreuung der Teilnehmer.

Neben der Entscheidung, wann und in welcher Form die Veranstaltungsunterlagen ausgehändigt werden sollten, ist die Auswahl weiterer Medien von Bedeutung für den gewünschten Lernerfolg. Der Trainer als fachlicher Experte trifft die Entscheidung, ob der Einsatz von Standard-Software (Standard WBTs) der Erreichung der Lernziele dienlich ist. Individuell entwickelte, veranstaltungsbezogene WBTs, die dann in dieser Veranstaltungsreihe eingesetzt werden können, erzielen in Teilen einen besseren Lernerfolg und können auch in einer Mediathek angeboten werden.

Die tutorielle Betreuung besteht nicht alleine darin, in Chats oder Foren der Gruppe als Ansprechpartner zu dienen. Ein Tutor ist beispielsweise für kontinuierliche Wissensupdates verantwortlich (Angebot an themenbezogenen Unterlagen für eine Gruppe, die sich beispielsweise aus Teilnehmern einer Präsenzveranstaltung zusammensetzen kann), erhält Zugriff auf Testergebnisse und leitet daraus den individuellen Bedarf an Unterstützung bzw. an Coaching ab. Letztendlich steht er dem Teilnehmer direkt als Coach zur Verfügung wenn es darum geht, die Lerninhalte in das Tagesgeschäft zu überführen.

Veranstaltungsteilnehmer

An die Führungskräfte werden in heterogenen Lernangeboten Anforderungen gestellt, die über das eigentliche Lernen zunächst hinauszugehen scheinen.

Dies ist zunächst der Umgang mit Internet- und Intranetanwendungen. Diese Medienkompetenz [6] kann allerdings bei den meisten Führungskräften als zumindest in Teilen vorhanden betrachtet werden. Zumindest wenn es um Formen wie Online Registrierung zu Veranstaltungen, CD-ROM Handhabung mit vorbereitenden Unterlagen usw. sind die bisherigen Erfahrungen durchweg als positiv zu betrachten.

Um diese Tendenz zu verstärken und in der Lernkultur eines Unternehmens zu etablieren sollten alternative Lernszenarien verstärkt in Veranstaltungen im Bereich der Nachwuchsentwicklung eingesetzt und somit Schritt für Schritt als Standard etabliert werden.

Die Aneignung der Werkzeuge, die bei global agierenden Unternehmen für eine erfolgreiche Zusammenarbeit von virtuellen bzw. verteilt arbeitenden Teams notwendig sind, werden damit zunächst im Rahmen von Lernangeboten genutzt. Denn der Teilnehmer einer Veranstaltung wird auch in seiner täglichen Arbeit mit dem Einsatz von Computern und den damit verbundenen Möglichkeiten konfrontiert und sollte diese auch optimal einzusetzen wissen.

Die Eigenverantwortung des Lernenden steigt, aber gerade diese Initiative zeichnet eine Führungskraft aus und kennzeichnet ein gewünschtes Problemlöseverhalten. Dazu gehört ebenfalls die soziale Kompetenz im virtuellen Raum [7], die in gewisser Weise die Fortsetzung der sozialen Kompetenz in der persönlichen Zusammenarbeit darstellt.

Externe Dienstleister

Da es sich bei multimedialen Lernszenarien um meist komplexe inhaltliche Zusammenhänge handelt, muss das Zusammenspiel der einzelnen Medien optimal aufeinander ausgerichtet sein.

An dieser Stelle bietet es sich an, einen externen Dienstleister bei Konzeption und Durchführung hinzuzuziehen. Dieser übernimmt bei der Beschaffung von Unterlagen sowie deren Integration in eine VCU die Koordinationsfunktion, produziert veranstaltungsbegleitende CD-ROMs, bereitet Inhalte für Business Schools und Corporate University auf und sorgt für ein schnelles "Time to market".

Die hierbei eingebrachte Erfahrung, welche Lerninhalte mit welchen Instrumenten vermittelt werden, ist von erheblicher Bedeutung für den insgesamt erzielten Lernerfolg.

3.1.5 Kritische Erfolgsfaktoren

In den vorausgegangen Ausführungen wurde bereits auf einige Vorbedingungen eingegangen, die für die erfolgreiche Einführung von E-Learning Ansätzen erforderlich sind.

Elementar dabei ist nicht in erster Linie die technische Realisierung, sondern vielmehr das Angebot von qualitativ hochwertigen und aktuellen Inhalten, die den Lernenden entsprechend aufbereitet und einfach zugänglich zur Verfügung gestellt werden. Der gezielte Zugang zu den benötigten Informationen muss für die Lernenden intuitiv möglich sein.

Nur ein Umdenken der Inhaltslieferanten und Ausrichten an E-Learning Ansätzen hin zu veränderten didaktischen Konzepten und damit verbunden anderen Formen der Wissensvermittlung wird letztendlich dazu führen, dass entsprechend aufbereitete Inhalte für multimediale Veranstaltungsangebote in entsprechender Qualität vorhanden sind.

Neben den Inhalten sind noch eine Reihe weiterer Faktoren zu beachten, deren erfolgreiche Bewältigung den Erfolg mittel- und langfristig sichern wird.

Die rein technische Möglichkeiten und Restriktionen, die nicht nur am Arbeitsplatz des Lernenden selbst zu beachten sind, müssen bereits von Anfang an erhoben und beachtet werden. Eventuelle Restriktionen wie Zugang zu Intranet und Internet sind ebenfalls zu berücksichtigen wie beispielsweise, ob die Verwendung von Plugins möglich ist bzw.

über eine Soundkarte verfügt wird. Nach diesen Einschränkungen ist auch das Content Angebot entsprechend auszuwählen.

Immer wieder diskutiert wird die nicht vorhandene Vertrautheit von Führungskräften im Umgang mit neuen Medien (wobei dies kein rein altersspezifisches Merkmal ist). Eine Möglichkeit, dem entgegenzutreten ist, im Rahmen einer Präsenzveranstaltung auf das Medium konkret hinzuweisen, ev. sogar eine kleine Demonstration zu geben. Diese wird sich weniger mit dem "Wie" der Technologie beschäftigen, sondern Benutzerszenarien aufzeigen und zum Erkunden ermuntern. Die Technologie an sich stellt lediglich ein Mittel dar, um an strategisch wichtige Inhalte zu gelangen, die dann nur innerhalb eines LMS erhältlich sein werden.

Dies führt zu der Bedingung, dass Online Lernen eine offiziell anerkannte Form des Lernens sein sollte und als ebenbürtig zu Präsenzlernen offiziell proklamiert wird [8]. Insgesamt muss sich eine Lernkultur etablieren, die ein Lernen am Arbeitsplatz für den Einzelnen ermöglicht. Dies könnte beispielsweise durch die Einführung von „Virtuellem Lernen" als anerkannte Lernform sein.

Sind die technischen und organisatorischen Rahmenbedingungen geklärt, ist die Akzeptanz des Einzelnen von erheblicher Bedeutung. Seine Eigenverantwortung muss durch positive Anreize gestärkt werden, indem beispielsweise nur über ein virtuelles Angebot bzw. in einem geschlossenen Teilnehmerbereich gewisse Unterlagen zugänglich gemacht werden.

Die Veranstaltungsteilnehmer, die in einem virtuellen Team zusammenarbeiten, sollten sich zumindest einmal in Präsenz gesehen haben, damit eine Zusammenarbeit im virtuellen Team funktioniert und entsprechende Ergebnisse während den Präsenzzeiten erzielt werden.

In einem Unternehmen, welches sich "E-Business" auf die Fahnen geschrieben hat, ist es gerade für das (obere) Management von Bedeutung, die darin liegenden Chancen zu erkennen und die notwendigen Kompetenzen einerseits selbst zu beherrschen und andererseits die eigenen Mitarbeiter zu ermuntern, sich die erforderlichen Werkzeuge und die benötigte Medienkompetenz anzueignen.

3.2 Chancen und Synergieeffekte

Zielsetzung bei der Einführung von E-Learning ist eine umfassende und qualitativ hochwertige Betreuung des Managements bzw. der Zielgruppe. Dies gilt aber nicht nur für die Zielgruppe der jeweiligen Teilnehmer einer Veranstaltung, sondern wirkt sich auch auf die nachfolgenden Teilnehmer aus. Diese können sich gezielter vorbereiten, informieren, Netzwerke bilden und von den Erfahrungen ihrer "Vorgänger" profitieren, sei es durch gezielteres Material im Teilnehmerbereich, sei es durch "Lessons Learned" der vorherigen Teilnehmer eines Veranstaltungstyps.

Damit wird zusätzlicher Mehrwert geschaffen, indem speziell darauf hin gewirkt wird, dass Networking nicht nur innerhalb der Teilnehmer einer bestimmten (terminierten) Veranstaltung stattfindet, sondern darüber hinaus zwischen den Teilnehmern einer Veranstaltungsreihe.

Insgesamt ergibt sich eine Reihe von Synergieeffekte, die vor allem auch aus der Tatsache resultieren, dass Teilnehmer einer Präsenzveranstaltung wissen, was sie an Fachwissen und begleitenden Informationen noch wünschen. Da Referenten von Business Schools meist nicht nur einen einzelnen Artikel geschrieben haben, der sich mit einem aktuellen Thema beschäftigt, sondern weitere Unterlagen zur Verfügung stellen können, ist auch die Basis an fachlich vorbereitenden Unterlagen erheblich ausführlicher als es sich bisher in begleitenden Ordnern zeigte. Zudem haben diese Referenten das Expertenwissen, zusätzliche begleitende Unterlagen zu empfehlen.

Im Idealfall führt ein entsprechendes Konzept nicht nur dazu, dass zukünftig in Präsenzveranstaltungen lediglich die kleine Gruppe der Veranstaltungsteilnehmer selbst mit Wissen versorgt wird, sondern ist vielmehr als ein Baustein auf dem Weg hin zu einer lebendigen VCU zu begreifen.

Diese Wechselwirkungen beruhen zum großen Teil darauf, dass der Veranstaltungsteilnehmer als Kunde im Mittelpunkt steht, auf den sich die weiteren Akteure mit ihren Angeboten ausrichten. Eine neue Form der Dienstleistung, die eine VCU ihren Management Kunden bietet, kann sich auf diese Weise etablieren und z.B. im Aufbau einer umfassenden Mediathek münden, die nicht zuletzt auch strategisch bedeutende Inhalte umfasst.

E-Learning Konzepte zur Unterstützung von Präsenzveranstaltungen

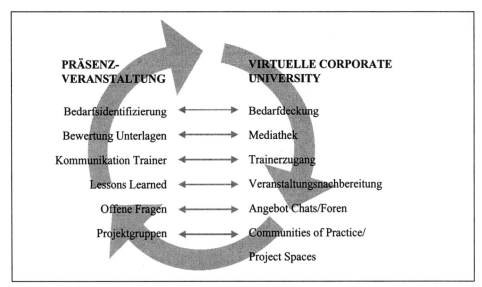

Abbildung 4: Wechselwirkung Präsenzveranstaltung – Virtuelle Corporate University

In einem solchen Ansatz gewinnt jedoch nicht nur der Veranstaltungsteilnehmer an sich. Der Veranstaltungsanbieter, die Corporate University, nutzt vielmehr die Erfahrungen und Anregungen der Teilnehmer während der Veranstaltung dazu, ihr inhaltliches Angebot zu überprüfen. Nach der Evaluation durch die Teilnehmer werden zusätzliche Inhalte in die VCU aufgenommen (Mediathek) bzw. dafür gesorgt, spezifische Fragestellungen durch unterschiedliche Inhalte (möglichst im Medienmix) nicht nur der Zielgruppe der Veranstaltungsteilnehmer zur Verfügung zu stellen. In den Veranstaltungen selbst können diese Inhalte dann wieder gezielt eingesetzt bzw. auf ihre Gültigkeit hin evaluiert werden.

Die VCU gewinnt auch in dem Sinn, dass interne Experten während spezifischer, auf aktuelle Managementthemen des Konzerns ausgerichteten Veranstaltungen leichter zu identifizieren sind. Diese können damit gezielt angesprochen werden, ihre Unterlagen zur Verfügung zu stellen oder selbst Inhalte für die VCU zu liefern.

Für die Erstellung einer CD-ROM für eine Veranstaltung kann eine so aufgebaute Mediathek als ein riesiges Repository genutzt werden: Material, das zusätzlich zu den vorbereitenden Unterlagen der Business Schools zur Verfügung gestellt wird, kann je nach inhaltlichem Bezug der Veranstaltung (nach den einzelnen inhaltlichen Bausteinen, den eingeladenen Referenten usw.) zusammengestellt sein. Neben Web Based Trainings können dies auch Artikel der einzelnen Referenten sein oder Hinweise auf Intranetadressen mit verwanden Themenstellungen.

Mittels dieser Vorgehensweise, das inhaltliche Angebot für Präsenzveranstaltungen entsprechend aufbereitet einer größeren Nutzergruppe über eine Mediathek zur Verfügung zu stellen, kann der starke Veranstaltungsfokus allmählich in einen integrierten Kreislauf der Materialerstellung und -evaluierung bzw. in einen umfassenden redaktionellen Betrieb überführt werden. Die Tendenz ist hierbei, sich weg von der konventionellen Planung eines rein präsenzbasierten Veranstaltungskatalogs hin zu einem integrierten Ansatz einer permanenten Betreuung der Teilnehmer und Evaluierung der Lerninhalte zu entwickeln.

Insgesamt lernt ein Team von Veranstaltungsteilnehmern so, auch als virtuelles Team problemorientiert zusammenzuarbeiten. Dies ist eine wichtige Kompetenz, was auch die Angebote, die sich mit „Working with a virtual team" beschäftigen (an dieser Stelle sei auf den Harvard ManageMentor [9] hingewiesen, der sich in explizit damit beschäftigt) verdeutlichen. Es geht also bei alternativen Ansätzen von Präsenzveranstaltungen darum, die realen Bedingungen des Arbeitens in globalen Teams spielerisch nachzubilden, sich die erforderlichen Werkzeuge und Kompetenzen anzueignen und diese erfolgreich im eigenen Team einzusetzen.

4. Case study – DaimlerChrysler Corporate University – DaimlerChrysler Seminar "The Role of an Executive"

4.1 Ausgangssituation

Das DaimlerChrysler Seminar „The Role of an Executive" bereitet zukünftige Manager auf ihre neuen Führungsaufgaben vor. Die Einladung zur Teilnahme an dieser mehrtägigen Veranstaltung erfolgt nach der Ernennung zum Manager der Führungsebene E3.

Die Aufgabenstellung bei dieser Veranstaltung bestand darin, den Teilnehmern so komfortabel wie möglich einen umfassenden Zugriff sowohl auf die Veranstaltungsunterlagen als auch auf begleitende Information zu geben. Nicht zuletzt war es von Bedeutung, die Erfahrungen, die in einer Veranstaltung gesammelt wurden, den nachfolgenden Gruppen zugänglich zu machen.

4.2 Herangehensweise

Für den Veranstaltungsverantwortlichen der DaimlerChrysler Corporate University erwies es sich als überholt, Papierunterlagen (mit erforderlicher Versionskontrolle, usw.) im Austausch mit den Business Schools zeitgerecht zur eigentlichen Präsenzveranstaltung in Veranstaltungsordnern zusammenzustellen.

Ebenfalls erwies es sich als nachteilig (da es sich um eine Veranstaltungsreihe handelt, die ca. 10 Mal im Jahr stattfindet), dass Unterlagen und Erfahrungen einer Gruppe nicht der Nachfolgegruppe zur Verfügung standen. Ein aktiver Wissensaustausch war damit nur erschwert möglich.

Zunächst wurden die bereits vorhandenen Unterlagen geprüft und gegebenenfalls inhaltlich und formal überarbeitet. Da ein begleitendes inhaltliches Angebot über aller Phasen der Veranstaltung aufgebaut werden sollte, fiel die Entscheidung, zur Vorbereitung eine CD-ROM mit allen Veranstaltungsunterlagen zu entwickeln und diese dann den Teilnehmern zur Verfügung zu stellen. Die Nachbereitung sollte dann in der VCU, der DCU Online, erfolgen.

Die Konzeption wurde durch die Consultants der Anbieterfirma (imc GmbH) im gemeinsamen Dialog mit dem Veranstaltungsverantwortlichen der DaimlerChrysler Corporate University sowie den beiden Business Schools MZSG und DDI entwickelt. Auf diese Weise konnte ein Modell entwickelt werden, dass den Teilnehmern einen zeitnahen Zugang zu den erforderlichen inhaltlichen Unterlagen gewährleistet und Raum für Netzwerkaktivitäten schuf.

Die Vorbedingungen zu diesem Szenario bestanden darin, dass die Präsenzveranstaltung selbst nicht zeitlich verkürzt werden sollte. Der primäre Anspruch war, einen erweiterten Service für die Teilnehmer zu bieten, die Vorbereitungsphase zu optimieren und damit die Veranstaltung in der Gruppe effektiv beginnen zu können.

Aus diesem Anspruch heraus wurde sich in enger Zusammenarbeit der beteiligten Partner entschieden, auf den konventionellen Ordner mit den Vorbereitungsunterlagen zu verzichten. In Rücksprache mit den vorherigen Teilnehmer hatte sich der Wunsch ergeben, auf Unterlagen komfortabler zugreifen zu können. Dieser Anspruch bezog sich sowohl auf die Tatsache, dass das Material auch unterwegs (auf Dienstreisen) zugänglich ist als auch darauf, dieses in elektronischer Form zu nutzen.

In der Zusammenarbeit mit den Business Schools wurden die Veranstaltungsunterlagen in einem einheitlichen Format elektronisch erstellt, auf einem zentralen ftp-Server abgelegt und von den betreuenden Multimedia-Experten der Partnerfirma imc GmbH kontinuierlich zusammengestellt. Dabei folgte der Aufbau der CD-ROM sehr deutlich dem Gedanken, diese bzw. die Unterlagen auch nach der Veranstaltung noch nutzen zu können:

- Agenda: Interaktiver Zeitplan, der neben Unterlagen zu einzelnen thematischen Sessions auch Biographien der jeweiligen Referenten anbietet,
- Faculty&Speaker: Zusammenstellung der Referenten mit Lebenslauf und fachlichem Hintergrund,
- Download Collection: Die thematische Gliederung bietet die Möglichkeit, Unterlagen nach der Veranstaltung zentral aufzufinden bzw. problemorientiert darauf zuzugreifen.

Auch hier im Kleinen wurde darauf geachtet, unterschiedliche Zugänge zu den Informationen anzubieten (also entweder über die Agenda, die Download Collection usw.).

Nach der Veranstaltung selbst erfolgte die weitere Betreuung und die Nachbereitung auf dem LMS, der DCU Online:

Im geschlossenen Teilnehmerbereich (vgl. hierzu Kapitel 3.1.3) erhielten die Teilnehmer nachbereitende Unterlagen. Dieser Bereich folgte dem Aufbau der CD-ROM, neues Material wurde entsprechend gekennzeichnet und stand den Teilnehmern damit direkt als zusätzliche Information zu identifizieren.

Neben den oben genannten Unterlagen der CD-ROM fanden sich noch die sog. „Impressions of the event". Dies waren beispielsweise ein Gruppenphoto und Aufnahmen während der gesamten Veranstaltung, die eher einen informellen Charakter hatten und als „Album" für die Veranstaltungsteilnehmer dienten.

Neben dem Teilnehmerbereich wurden ausgewählte Unterlagen (bzw. multimediale Elemente wie WBTs, die im Rahmen der Veranstaltung eingesetzt wurden) durch die Trainer bzw. den betreuenden Manager in die Mediathek der DCU Online aufgenommen und standen somit einer deutlich größeren Nutzergruppe zur Verfügung. Unabdingbare Voraussetzung für einen sinnvollen Einsatz war hier, diese Unterlagen entsprechend zu verschlagworten und den zugehörigen Themenbereichen der Mediathek zuzuordnen. Bei Bedarf wurden die Inhalte neutral, d.h. veranstaltungsunabhängig, nachbereitet.

Gerade der Schritt, Inhalte nicht nur den Veranstaltungsteilnehmern zur Verfügung zu stellen, mag zunächst wie eine nicht zu bewältigende Zusatzarbeit erscheinen, die durch den Veranstalter selbst nicht zu leisten ist. Tatsächlich ist an dieser Stelle die Virtuelle Corporate University in ihrer Gesamtheit zu betrachten, die sich als Dienstleister versteht und vor allem daran interessiert ist, die vorhandene Wissensbasis um bewährte Inhalte zu ergänzen und erweitern.

Insgesamt werden mit dem DC Seminar die Synergieeffekte für die Lernplattform selbst genutzt. An der kontinuierlichen Weiterentwicklung wird im gemeinsamen Dialog mit allen beteiligten Akteuren gearbeitet. Aktuell in der Diskussion ist die tutorielle Betreuung nach der eigentlichen Präsenzveranstaltung bis hin zur gemeinsamen Abschlussveranstaltung aller DaimlerChrysler Seminare eines Jahres.

4.3 Lessons Learned

Die Entscheidung, Schulungsunterlagen künftig nur noch per CD-ROM zu distributieren bzw. in einer Lernplattform zur Verfügung zu stellen, kann durchaus als ein mutiger Schritt gesehen werden. Doch er hat sich insgesamt mehr als gelohnt und zwar für alle Beteiligten:

- den Veranstalter sowie die thematisch verantwortlichen Mitarbeiter der DCU Online,
- die Veranstaltungsteilnehmer,
- die Business Schools.

Nach einer durchgeführten Teilnehmerumfrage wird die CD-ROM als effektives und komfortables Medium bewertet. Ein noch zu planendes Tutoring durch die Business Schools wird von Seiten der Teilnehmer ebenfalls gewünscht.

Die Akzeptanz dieser Form des Lernens zeigte sich nicht zuletzt durch die jeweils nach einer Veranstaltung angestiegenen Benutzerzahlen und Zugriffe auf die Lernplattform, die DCU Online, selbst.

Nach wie vor ist die kontinuierliche Teilnehmerbetreuung erforderlich, sei es, die CD-ROMs in der Präsenzveranstaltung selbst zu erläutern, die abgeschlossene Integration der nachbereitenden Unterlagen in die DCU Online per Mail anzukündigen oder bei Rückfragen zur Verfügung zu stehen. Die Form der Betreuung hat sich geändert und dies muss sich erst etablieren, auch in den organisatorischen Strukturen.

Auf der Basis der gewonnenen Erfahrungen und der kontinuierlichen Weiterentwicklungen des Konzepts (Aufbau der CD-ROMs, Ansprache der Teilnehmer, Betreuung nach der Veranstaltung und Hinführung auf die Alumni-Veranstaltung) werden demnächst weitere Veranstaltungen der DaimlerChrysler Corporate University nach diesem Aufbau betreut.

Es zeichnet sich ebenso ab, dass die verantwortlichen Manager einen Prozess des Umdenkens aktiv begleiten. Die bisherigen Präsenzveranstaltungen werden hinterfragt und durchaus auch befürwortet, gewisse Grundlagenteile aus den Präsenzveranstaltungen herauszunehmen und diese in multimedialer Form (hier: WBT) aufzubereiten. Ein nicht unwichtiges Argument hierbei ist, auf diese Weise Fachwissen nicht nur den Veranstaltungsteilnehmern zur Verfügung zu stellen, sondern der gesamten Zielgruppe zur Verfügung zu stellen.

Die Bedeutung der Corporate University als Vorreiter im Konzern baut sich kontinuierlich aus. Ein Umdenken hin zu lebendigen alternativen Schulungskonzepten ist an dieser Stelle deutlich zu spüren.

5. Zusammenfassung und Ausblick

Zur erfolgreichen Einführung von E-Learning Angeboten ist ein integrierter Ansatz über alle Phasen einer Veranstaltung hinweg eine unabdingbare Voraussetzung. Der eigentliche Lernprozess und der Lernende selbst stehen im Mittelpunkt, die fachlich-inhaltlichen Angebote sind nach diesem ausgerichtet.

Wenn Präsenzveranstaltungen in der beschriebenen Weise durchgeführt werden und die Teilnehmer sich zu einem aktiven Part entwickeln, wird auch gewährleistet sein, dass zukünftig eine VCU ein Repository an qualitativ hochwertigen Inhalten sein wird.

Schon heute ist es der Wunsch von Veranstaltern, ihren Teilnehmern einen komfortablen Zugang zu Wissen zu bieten und darüber hinaus etabliert sich ein Denken, das die Impulse des Wissensmanagements schon verinnerlicht hat: Qualitativ hochwertige Unterlagen sollten nicht alleine den Teilnehmer einer Veranstaltung zur Verfügung stehen, sondern durch Mitglieder einer Lernplattform genutzt werden.

Ein Verzicht auf Präsenzveranstaltungen gerade im Rahmen von Führungskräfteentwicklung ist jedoch nicht denkbar und wird auch nicht gewünscht. Angestrebt wird aber, das Potential in den Köpfen bestmöglich zu verstärken und auch für die weiteren Mitarbeiter des Unternehmens zu nutzen: Damit werden Impulse weitergegeben und aktiv in das Unternehmen hineingetragen.

Elementar ist die Nutzung von Synergieeffekten im Zusammenhang mit einer Virtuellen Corporate University, in der die verschiedenen Teilprozesse zusammengeführt und die sich als zentrales Element des Lernens in der täglichen Arbeit manifestiert (sowohl für die Mitarbeiter einer Corporate University als auch für die Lerner). Das Spektrum an möglichen Weiterentwicklungen ist hierbei groß und die Vielfalt der sich ergebenden didaktischen Konzepte lässt ahnen, welches Potential E-Learning gerade zur Unterstützung von Präsenzveranstaltungen noch in sich birgt.

Literaturverzeichnis

[1] NEUMANN, R., Corporate University – Buzz Word oder sinnvolles Konzept?; in: Neumann, R./Vollath, J. (Hrsg.), Corporate Universities Strategische Unternehmensentwicklung durch maßgeschneidertes Lernen, A&O des Wissens, Hamburg und Zürich 1999.

[2] MÜLLER, M., Die E-Dimension of Executive Development bei DaimlerChrysler, 2000.

[3] MINTZBERG, H./REINGOLD, J., You can't create a leader in a classroom (URL: http://www.pf.fastcompany.com/online/40/wf_mintzberg.html), 2001.

[4] MÜLLER, M., Die E-Dimension of Executive Development bei DaimlerChrysler, 2000.

[5] MEYER, K., Management Entwicklung in virtuellen Welten: Flexibilisierung durch Distance Learning; in: Welge, M.K./Härting, K./Voss, A., Management Development, Praxis, Trends und Perspektiven, USW-Schriftenreihe für Führungskräfte Band 32, Schäffer-Poeschel, Stuttgart 2000.

[6] EBENDA.

[7] EBENDA.

[8] NEUMANN, R., Corporate University – Buzz Word oder sinnvolles Konzept?; in: Neumann, R./Vollath, J. (Hrsg.), Corporate Universities Strategische Unternehmensentwicklung durch maßgeschneidertes Lernen, A&O des Wissens, Hamburg und Zürich 1999.

[9] HARVARD BUSINESS SCHOOL, Harvard ManageMentor – An online resource for managers in a hurry, Harvard Business School Publishing, Harvard 2000.

Peter Sprenger
imc information multimedia communication GmbH, Saarbrücken

Zur Bedeutung von web-basierten Inhalten in virtuellen Lernarchitekturen

1. Einführung

Das Thema eLearning wird von Schlagworten und methodischen Konzepten beherrscht, die den Blick auf eine erfolgskritische Problematik oft verstellen: den Mangel an geeigneten Contents für virtuelle Lernarchitekturen.

Dieses Grundproblem hat mehrere Facetten:

1. Es gibt noch keinen stabilen und vor allem keinen vielfältigen Markt für eLearning-Contents; ein Blick auf die bekannten Online-Lernportale zeigt schnell, wie austauschbar, wenig vielseitig und qualitativ unterschiedlich die verfügbaren Inhalte sind.

2. Es gibt unterschiedliche Auffassungen darüber, was eLearning-Contents sind; in vielen Handbüchern und Artikeln zu diesem Thema scheinen damit ausschließlich die multimedialen web-based Trainings gemeint zu sein.

3. Die Bergung der im Unternehmen vorhandenen Wissensschätze ist organisatorisch und finanziell aufwendig. Contents zu produzieren ist (scheinbar) nicht das Kerngeschäft der eLearning nutzenden Unternehmen. Dementsprechend schwierig ist es auch, Organisationen dahingehend zu verändern. Die wenigsten Unternehmen sind bisher wirklich in der Lage, durch die Bergung des internen Wissens in kollektiv verfügbare Contents von sich selber zu lernen.

4. So wie die Unternehmen selbst, so sind sich auch viele potentielle Lieferanten bisher nicht bewusst, dass sie eLearning-Contents anbieten können.

5. Selbst die mögliche Nutzung der auf Präsenzveranstaltungen erarbeiteten oder präsentierten Materialien wird oft nicht wahrgenommen, ebenso wenig, dass Präsenzveranstaltungen – vor dem Hintergrund der möglichen Unterstützung durch webbasierte Lernplattformen – in ihren Zielsetzungen und der Durchführung überarbeitet werden müssen.

6. Die für eLearning vorhandenen Metastandards (LOM, AICC, SCORM), die wesentlich die Nutzbarkeit der Contents in eLearning-Szenarien ermöglichen und die ihren Mehrwert für Lernplattformen ausmachen, sind im Lieferantenmarkt für Lerninhalte noch nicht überall umgesetzt, zum Teil nicht einmal bekannt.

Es handelt sich dabei um ein nicht nur in Online-Lernumgebungen auftretendes Problem. Gegenwärtig entwickeln sich die Contentmärkte auf der Grundlage früher scharf unterscheidbarer Medienanbieter. Die frühere Trennung wird zwar allmählich aufgehoben, ist aber in Form unterschiedlicher Geschäftsmodelle, inkompatibler Contentorganisation und nicht erkannter Verwertungsmöglichkeiten noch immer präsent. Die grundlegenden kaufmännischen, technischen und organisatorischen Standards für einen Contentmarkt müssen sich erst noch entwickeln, ja mehr noch: so etwas wie ein Contentmarkt muss erst noch entstehen..

Der folgende Beitrag wird zeigen:

- was der Begriff „web-basierte Contents" bedeutet,
- welche Bedeutung sowohl unternehmensinterne als auch externe Contents für web-basierte Lernarchitekturen haben,
- welche Besonderheiten bei der Beschaffung und Organisation dieser Contents zu beachten sind,
- wie man diese Lerninhalte zur Erreichung von Bildungszielen in virtuellen Lernarchitekturen einsetzt,
- welche zusätzlichen Möglichkeiten web-basierte Contents für die Unternehmenskommunikation aus Forschungssicht bieten, z.B. in Knowledge Management Konzepten und Learning Communities.

2. Funktionen und Konzepte web-basierter Lerninhalte

Nachdem vor über 500 Jahren Gutenberg den Buchdruck erfand, gab es – speziell in der deutschen Geistesgeschichte – einen Aufschwung des wissenschaftlichen Diskurses und der wissenschaftlichen (und schulischen) Ausbildung, der die Macht des Medienwandels eindrucksvoll belegt: den Humanismus. Durch das gedruckte Buch hat sich die Methode der wissenschaftlichen Ausbildung an den Universitäten nachhaltig gewandelt – so nachhaltig, dass sie in Deutschland noch heute bei aller historischen Weiterentwicklung als Standard und als Leitbild für die universitäre Ausbildung dient.

So wie vor 500 Jahren das gedruckte Buch einen Wandel in der universitären Ausbildung und in der Distribution von Wissen generell einleitete, so haben web-gestützte Technologien heute das Potential, das gedruckte Buch in seiner Rolle für Ausbildung und Informationsdistribution zu verändern. Im Gegensatz zur Frühdruckzeit sind jedoch die treibenden Kräfte dieses Wandels die Unternehmen mit ihrem Bedarf an gut ausgebildeten und umfassend informierten Mitarbeitern. Das Hochschulsystem wird sich zunächst an diesem Bedarf orientieren, die ursprünglich zeitlich begrenzte Ausbildung wird zur lebenslangen Weiterbildung „on-the-job" und „off-the-job". Letztlich wird dies in einer neuen Definition des institutionalisierten Wissenstransfers münden und die wissenschaftliche und berufliche Ausbildung nachhaltig verändern.

Web-basierte Inhalte sind in diesem Zusammenhang diejenigen Elemente, an denen sich der Wandel manifestiert: sie werden in andere Zusammenhänge als bisher üblich gestellt, sie werden in anderen Formen und in andern Kanälen distribuiert und sie werden aus vollkommen neuen Quellen generiert.

2.1 Neue Content-Formen

Das augenfälligste Merkmal web-basierter Contents sind die neuen medialen Formen dieser Contents. Dabei ist nicht **Multimedialität** an sich das entscheidend neue Merkmal, sondern die Verschmelzung aller medialen Formen innerhalb eines einzigen Distributionskanals und für eine Nutzungsumgebung: Text, Bild, Ton, Film, Animation. Durch diese Verschmelzung erhöht sich die Bandbreite der Information für die einzelnen Contents, und dies ermöglicht, Inhalte an Lernsituationen weitaus vielfältiger anzupassen, als dies vorher möglich war. Diese Anpassungsmöglichkeiten – wenn sie außerdem noch dynamisch innerhalb eines Nutzungskontextes geschehen – werden gemeinhin mit dem Schlagwort **Interaktivität** bezeichnet.

Zusätzlich zur Multimedialität und Interaktivität der Inhalte gibt es noch eine weitere Eigenschaft elektronischer Dokumente, ihre **Hypermedialität**. Das bedeutet, das es zwischen Inhalten unterschiedlichster medialer Form vernetzte Strukturen gibt, die wahlweise Wissen oder Lernwege abbilden. Diese Eigenschaft ist allerdings derzeit noch eher eine theoretische Eigenschaft für Lerninhalte. Wenn überhaupt, dann wird Hypermedialität zur Zeit nur *innerhalb* konkreter Lerninhalte, also innerhalb eines Dokuments, umgesetzt. Eine dokumentenübergreifende Hypermedialität mit definierten Schnittstellen ist noch nicht realisierbar. Hypermedialität bedeutet für die Lerninhalte Vorteile ebenso wie Nachteile. Der wichtigste Vorteil ist die theoretisch vollkommene Individualisierung des Lernwegs sowohl auf medialer wie auch auf informationaler Ebene. Der wichtigste Nachteil: Hypermedia-Strukturen sind außerordentlich aufwendig zu erstellen und bedürfen umfangreicher redaktioneller Maßnahmen, einen inhaltlich und technologisch lückenlosen Produktionsprozess vom Autor bis zur Online-Veröffentlichung sowie elaborierte Metastandards. Dennoch liegt gerade in der hypermedialen Präsentation von Lerninhalten die Zukunft des Lernens, der Wissensrepräsentation und des Wissensmanagements (vgl. dazu Kapitel 4).

2.1.1 Veränderungen der Lernelemente

Der wichtigste Unterschied der neuen web-basierten Lerninhalte zu früheren Lernmedien ist sicherlich ihr geringerer Umfang bzw. der geringere Zeitaufwand für den Lernenden. Die klassischen, schul- und universitätsgestützten Ausbildungssysteme sehen ein extensives Studium von Lerninhalten vor – der blockweise bzw. täglich stattfindende Präsenzunterricht ist die wichtigste Unterrichtsform und das Lehrbuch das bevorzugte Medium. Mit web-basierten Contents ändern sich diese Parameter des Lernens nachhaltig:

- Extensive Präsenzphasen werden verkürzt und auf Themen oder Lernabschnitte beschränkt, bei denen Präsenz erforderlich und nicht ersetzbar ist (z.B. Schulung sozialer Kompetenzen),

- Umfangreiche Lehrbücher mit Referenzcharakter und ausführliches Quellenmaterial werden abgelöst durch kürzere, schnell zu verarbeitende, eigenständige Informationseinheiten,

- Unterschiedliche Lernszenarien werden durch unterschiedliche Contenttypen und Medien sowie durch einen jeweils unterschiedlichen Grad an Multimedialität, Interaktivität und Hypermedialität abgebildet,

- Contents werden intelligenter auf Lernsituationen reagieren – und dies mit Hilfe von Learning Management Systemen sowohl auf Angebotsseite (*welche Inhalte werden mir für meinen Lernprozess anhand meines Wissens- / Skillprofils überhaupt angeboten*) als auch innerhalb abgeschlossener Lerneinheiten (*welcher Weg wird mir auf-*

grund meines Verhaltens, meiner Kenntnisse und meiner eventuell absolvierten Tests innerhalb eines web-based Trainings vorgeschlagen),

- Die Anzahl interaktiver Lerninhalte wird insgesamt steigen; echte Interaktivität wird aufgrund intelligenterer Webapplikationen und konsequent eingesetzter Metastandards eine wichtige Rolle nicht nur in der Wissensvermittlung, sondern auch in der Ausbildung von „Skills" (Handlungskompetenzen) spielen,

- Es wird eine stärkere mediale Mischung der Lerninhalte umgesetzt werden; die jetzt noch bestehende scharfe Trennung von statischen Lerninhalten einerseits und multimedialen und interaktiven Lerninhalten andererseits wird sich auflösen zugunsten *eines* umfassenderen, dynamischen, konfigurierbaren und editierbaren Präsentationssystems aller Inhaltsformen, in dem umfangreiche Artikel und Lehrbücher mit Animationen, interaktive Tests und Videosequenzen gemischt werden können (interaktives Lehrbuch), so wie dies in Offline-Lernapplikationen auch jetzt schon realisiert wird (vgl. hierzu insbesondere den großen Markt der Enzyklopädien und Lernsoftware auf CD-ROM),

- Die Lerninhalte müssen schnell veränderbar sein, um einerseits den wechselnden Anforderungen und fachlichen Fortschritten standzuhalten und um andererseits den inhaltlichen Bestand, der sich nicht verändert, bewahren zu können. Auch aus diesem Grund wird es zu einer weitgehenden Granularisierung von Lerninhalten kommen, die ihrerseits wiederum einen zunehmend höheren Grad der Hypermedialität ermöglicht,

- Auf stilistischer Ebene werden sich auch die Inhalte selbst unter dem Druck effizienter Lernorganisation verändern; Texte werden kürzer werden und weniger Argumentationsketten nachzeichnen, sondern eher Ergebnisse präsentieren. Die Lernenden werden innerhalb einzelner Lernabschnitte (oder Informationsressourcen) die Möglichkeit haben, auf unterschiedlich ausführliche Versionen des Stoffes – und auch auf visualisierte und abstrahierte Modelle des Stoffes – zurückzugreifen.

Viele scheinbare Veränderungen, die heute als Kernelement von eLearning Strategien angesehen werden, sind dagegen im Kern nichts konzeptionell neues, sondern nur die Adaption bestehender Unterrichtsformen auf elektronischer Basis: tutorielle Betreuung beispielsweise, virtuelle Gruppenarbeit, elektronische Tests, selbst multimediale Lernangebote.

Die dargestellten Veränderungen allerdings haben erhebliche Auswirkungen auf den Produktionsprozess von Inhalten, wie Kapitel 2.3 ausführen wird. Auch die Formen und Ausprägungen der individuellen Kompetenzen und die Verständigung darüber, was „Wissen" ist, werden sich erheblich ändern und dadurch auch auf Arbeits- und Organisationsprozesse und letztlich auf die Gesellschaft zurückwirken.

2.1.2 eLearning-Content aus Nutzersicht

Für die Nutzer einer eLearning-Plattform ist es wichtig, jederzeit anhand der verfügbaren Inhalte einschätzen zu können, welchen Zeitaufwand die Angebote jeweils bedeuten und welche Informationen bzw. welche Lerninhalte im Einzelnen erwartet werden können. Zu diesem Zweck ist es notwendig, den Lernenden ein entsprechend detailliertes und zugleich selbsterklärendes System unterschiedlicher Contenttypen anzubieten. Dies ist notwendig, weil vertraute Strukturinformationen über die Inhalte, die beim Buch beispielsweise selbstverständlich sind, im Web fehlen.

Klassische Informationsmedien wie Bücher oder Zeitschriften kann man anhand von Strukturinformationen jederzeit und schnell beurteilen: die Dicke bzw. Seitenzahl eines Buches, die auf jeder Seite vorhandene Textmenge, den Raum, den Abbildungen einnehmen, ein Inhaltsverzeichnis mit wichtigen Informationen über den Stoff und nicht zuletzt auch marketingorientierte Informationen wie optische Aufmachung, Reihenzugehörigkeit oder Markenzeichen fließen bei den meisten Lesern eines Lehrbuches bewusst oder unbewusst in ihre Beurteilung und Entscheidung ein, ob sie dieses Angebot wahrnehmen. In virtuellen Lernarchitekturen muss ein – auf das Lernszenario abgestimmtes – System von Metainformationen angeboten werden, das den Nachteil fehlender haptischer und optischer Informationen aufhebt. Herkunftsbezeichnungen durch Icons, die das Markenzeichen visualisieren (Harvard Content, Corporate Content) sind ein wichtiges Element. Auch eine möglichst genaue Aufschlüsselung des Contenttyps ist hilfreich. Unter der folgenden Liste möglicher Typen können sich die meisten Nutzer sicherlich mehr vorstellen als unter einer Differenzierung, die nur zwischen Text, web-based-Training und Präsentationen unterscheidet:

- Artikel,
- Case Study,
- Chart,
- Präsentation,
- FAQ (Frequently Asked Questions), Problem Database
- Glossar,
- Tabelle,
- Linkliste,
- Literaturverzeichnis / Bibliographie,
- Nachricht / News,
- Essay,
- Tipp / Tool
- Studie,
- Interview,
- Feature / Meinung / Kommentar
- Idee,

- Standardwerk[1],
- Homepage / Site,
- Animation,
- Vortrag / Referat / Rede,
- Success Story (Projektreport),
- Lessons Learned (Projektreport).

Zusätzlich zu diesen Typen sind Medieninformationen notwendig, da es bei einigen Bezeichnungen Überscheidungen geben kann, andere wiederum ganz eindeutig auch einem Medium zugeordnet werden können: ein Interview kann als Text, als Audiodatei oder als Video vorliegen; ein Artikel dagegen ist vom Medientyp her eindeutig ein Text. Informationen über den Medientyp eines Lernobjektes sind daher für den Lernenden ebenfalls notwendig:

- Video,
- Audio,
- Business TV.

Nicht immer sind Maximallösungen mit allen Contenttypen notwendig. Manchmal werden auch zusätzliche Contenttypen notwendig, die im Unternehmen bereits auf Basis der bestehenden (papiernen) Quellen eingeführt sind. Entscheidend ist, dass der Nutzer einer virtuellen Lernplattform sich anhand zusätzlicher Informationen orientieren kann.

Neben der reinen Bezeichnung von Contenttypen ist es außerdem sehr hilfreich, wenn man sich für die einzelnen Typen auf – zumindest teilweise – standardisierte Formen einigt, z.B.:

- Maximaler Umfang,
- Inhaltliche Struktur,
- Optische Aufmachung,
- Anzahl und Funktion von Abbildungen
- Testelemente.

Mit diesen Informationen ist es dem Lernenden jederzeit möglich, individuell zu entscheiden, welche Lerninhalte für ihn in der gegebenen Lernsituation (zur Verfügung stehende Zeit, Zielsetzung) optimal sind. Aufgabe der Redaktionen virtueller Lernplattformen ist es, die Lerninhalte für die Nutzer serviceorientiert dementsprechend aufzubereiten.

---

[1] Bei diesem Typ wird der Unterschied zwischen etabliertem Inhaltemarkt auf Basis des Buches gegenüber dem elektronischen Inhalteangeboten deutlich: es gibt (fast) keine elektronischen Standardwerke

2.2 Contentorganisation aus Anbietersicht

2.2.1 Ausgangslage

Aus Sicht der Betreiber einer virtuellen Lernplattform ist insbesondere zu beachten, dass die Formen und Funktionen von Inhalten, die bisher für die präsenzbasierte Mitarbeiter- und Führungskräfteentwicklung benötigt wurden, sich durch elektronische Lernplattformen verändern. Die Vielzahl unterschiedlicher Content-Lieferanten stellt die Betreiber dieser Lernplattformen insbesondere vor das Problem, sehr unterschiedliche Lizenzmodelle für die Inhalte verwalten zu müssen. Hinzu kommt das für jede Website – und dies gilt analog für eLearning-Plattformen – die Inhalte aktuell sein müssen; es muss also ein ständiger Austauschprozess für die online verfügbaren Inhalte realisiert werden.

Neben diesen eher allgemeinen Problemen müssen die betrieblichen Weiterbildungsinstitutionen beim Management der Lerninhalte erstmals vor allem didaktische Kriterien berücksichtigen. Bisher wurde das Design der Trainingseinheiten zumeist den fachlich verantwortlichen Trainern übergeben, z.B. Business Schools in der Management-Ausbildung. Aufgabe der Weiterbildungsabteilungen war nicht das fachliche *Design*, sondern die fachliche *Definition* der für das Unternehmen notwendigen Trainingseinheiten. Die elektronische Bereitstellung von Lernmaterial bedeutet für die Betreiber einer virtuellen Lernarchitektur, dass die Inhalte nach unterschiedlichen Kriterien arrangiert werden müssen. Fundamentale Voraussetzung ist dabei, dass im Vorfeld die Lernzielsetzungen und Zielgruppen genau bestimmt werden müssen.

Die Bestimmung der Lernzielsetzungen wird von einer didaktischen Dichotomie bestimmt:

- Die Mitarbeiter sollen auf einen gemeinsamen, zentral definierten Wissenstand gebracht werden (aufgabenbezogenes Wissen);

Dieses Ziel steht der Alternative gegenüber:

- Die Mitarbeiter sollen individuelle Lernziele – im Hinblick auf individuelle geschäftliche Aufgaben und Herausforderungen – realisieren können (projekt- und problemlösungsbezogenes Wissen)

Obwohl Unternehmen im Prinzip natürlich um die Vorteile vielfältig qualifizierter Mitarbeiter wissen, wird dennoch als Zielsetzung betrieblicher Fortbildungsmaßnahmen häufig eher ein gemeinsamer, zentral definierter Wissenstand angestrebt: man möchte die Ergebnisse messbar, das Wissen der Mitarbeiter standardisierbar und quantifizierbar machen – wie die Produktionsanlagen oder Geschäftsprozesse[2]. [1] Lernziele und Inhalte werden daher meist zu global formuliert und spiegeln weniger das Informationsbedürfnis der Mitarbeiter als vielmehr die Informierungsabsicht des Unternehmens und die bei den Mitarbeitern vermutete Informationslücke wider. Auch wenn dies zwar *eine* Zielsetzung betrieblicher Bildungseinrichtungen ist, so darf doch nicht vergessen werden, dass es sich mit wachsender Mitarbeiterzahl zumeist um sehr heterogene Zielgruppen in Bezug auf Vorbildung und Aufgabenbereiche handelt, bei der für bestimmte Themen Experten ebenso vertreten sind wie Laien. Im Gegensatz zu gezielter Information kann Wissen nur mittelbar, als Angebot an die Mitarbeiter, ihr Wissen zu teilen, ein organisationales Instrument sein. Ein Zugriff auf das Wissen der Mitarbeiter ist letztlich nicht direkt durch das Unternehmen steuerbar. Das bedeutet, dass es nicht *ein* Wissen gibt, das das strategische oder organisationale Lösungsszenario für die Lernziele des Unternehmens liefert, sondern das es nur ein Angebot von Informationen und Lernobjekten geben kann, das bei den Mitarbeitern Problemlösungskompetenz, also Wissen, generiert. Die **generelle Zielsetzung** der Weiterbildungsbemühungen eines Unternehmens sollte daher nicht sein, alle Mitarbeiter mit dem gleichen Wissen auszustatten, das auf zentraler Ebene für wichtig gehalten wird, sondern umgekehrt das Wissen bzw. die Ressourcen zur Verfügung zu stellen, die von den Mitarbeitern für notwendig gehalten werden, um ihre Aufgaben zu erfüllen.

Für die o.g. Dichotomie bedeutet das: es kann für bestimmte Informationen und Trainings durchaus sinnvoll sein, sie in stark standardisierter Form anzubieten und individuelle Zugänge zu verhindern: typische Beispiele sind z.B. Sicherheitstrainings, juristische Trainings (z.B. Unterweisung für Einkäufer über erlaubte und unerlaubte Kontakte oder Rabatte mit den Lieferanten), (Berufs-)Einsteiger-Trainings, zentrale Marketinganweisungen (z.B. Dekorationen, Kundenverkehr), Trainings für Vorschriften aller Art (Hygiene, Sicherheit etc.) und so weiter. Für andere Themen wiederum muss eine E-Learning Applikation eher eine Informationsressource („need-to-know-base") darstellen oder auch eine intensiv genutzte Kommunikationsplattform („learning community"). Die Entscheidung für eine solche standardisierte Vorgehensweise auf Grundlage der Lernzielvorgaben ist zugleich auch oft eine Grundlage für die Entscheidung animierter, multimedialer Trainings: je stärker die Führung des Lernenden, desto sinnvoller sind Web-based-Trainings.

Vor der Entscheidung für die virtuelle Trainingsstrategie ist daher vom Betreiber einer virtuellen Lernplattform unbedingt zu prüfen, ob sich das Trainingsziel und die Trainingsmethode gemäß o.g. Dichotomie decken. Für allgemeine, betrieblich nicht schon

---

2   Die Philosophie der Messbarkeit des Mitarbeiterwissens wird bereits in der Form diskutiert, dass man eine Reform der Bilanzierung des Unternehmenswertes anstrebt, die als wesentlichen Bestandteil das Wissen und die Qualifikationen der Mitarbeiter einbezieht (intellectual asset management). Damit würden, so die Argumentation, die hohen Aktienwerte von Unternehmen wie Microsoft, die über keinerlei klassische Unternehmens-Vermögenswerte (Anlagen, Immobilien etc.) in nennenswerter Form verfügen, sondern deren Wert sich ausschließlich aus der bewiesenen oder vermuteten Wertschöpfungskraft der Mitarbeiter bemisst.

von vornherein standardisierte Themen bietet sich in jedem Fall ein individualisiertes Angebot an, das sowohl Einsteiger- wie Expertenzugänge anbietet, das thematisch breit genug gefächert ist und das inhaltlich tatsächlich neue, für die Unternehmensziele relevante und für die Mitarbeiter brauchbare Informationen bereithält. Gerade die Komplexität der gewählten Themen und die typischen Attribute der Zielgruppe verbieten eine eindimensionale und zu stark verkürzte Darstellung der Themen. Komplexe Themen für heterogene Zielgruppen können natürlich stattdessen auch durch vielfältig abgestufte Zugänge und Lernpfade oder Curricula je nach Vorkenntnissen der Lernenden angeboten werden. Dafür ist dann allerdings eine Evaluation und stufenweise Einordnung des heterogenen Wissens der Mitarbeiter notwendig.

Die Lernplattform soll jedoch andererseits keine wissenschaftliche Komplexität anbieten, die für Mitarbeiter und Führungskräfte mit knappem Zeitbudget nicht zu überblicken ist. Aus diesem Grund ist die durchdachte Themenentwicklung unverzichtbar. Auch die Inhalte auf der Plattform selbst haben einerseits das Zeitbudget zu beachten, andererseits die Forderung nach ausreichend komplexer Unterweisung und Information zu erfüllen. Diese scheinbar widersprüchlichen Anforderungen werden durch das grafische Konzept der Inhalte, das Content- und Themendesign sowie durch eine durchdachte Verschlagwortung und Beschreibung der Inhalte erfüllt.

Auf der Grundlage der so gewählten Anforderungen an Design, Komplexität und Thematik entscheidet die Redaktion der Lernplattform, in welcher Granularität Inhalte veröffentlicht werden:

- Alle Mitarbeiter (innerhalb der Zielgruppe) sollen gemeinsame, standardisierte Trainingseinheiten in individueller zeitlicher Einteilung erhalten (Diese Granularität eignet sich nur für zentral definierte Lernziele)
- Die Mitarbeiter sollen individualisierte Trainingseinheiten oder Informationseinheiten erhalten, die sie sich nach eigenem Bedarf zusammenstellen und organisieren können (dies ist einfacher zu realisieren bei ebenfalls individualisierten Lernzielen, eignet sich jedoch bei den entsprechend konzipierten Trainingseinheiten in einem abgegrenzten Lernbereich prinzipiell auch für zentrale Lernzieldefinitionen)
- Die Mitarbeiter erhalten gemeinsam synchron standardisierte Lerninhalte. Individuelle Lernanforderungen werden in der synchronen Schulung durch direkte Ansprache der Tutoren / Instruktoren realisiert.

Die o.g. Dichotomien und Voraussetzungen für die Themenentwicklung und Inhaltsauswahl führen zu einem grundlegenden Fragebogen, der über die Gestaltung und Struktur einer Lernplattform oder virtuellen Corporate University Auskunft geben kann:

- Welchen Einfluss bzw. welche Bedeutung hat die globale Lernzieldefinition für die Themenstruktur? Wird durch das Lernziel eine eher enzyklopädische Struktur vorgegeben oder muss das Thema möglichst zielgerichtet als Training in der Form „Drill-and-practice" präsentiert werden?

- Kann man Kenntnisse bei der Zielgruppe voraussetzen und ist dadurch die Navigation durch das Thema selbsterklärend oder bedarf es einer stärkeren Führung und damit einer anderen Inhaltsrepräsentation durch das Thema?

- Wird ein Lernpfad benötigt? Dies bedeutet vor allem, dass eine sinnvolle Reihenfolge der Lerninhalte für alle oder einen Großteil der Lernenden für sinnvoll gehalten wird. Der Lernpfad ist auch ein Resultat der oben angeführten Überlegung, welches Wissen bei den Mitarbeitern vorausgesetzt werden kann. Dementsprechend können ggf. auch individuelle Lernpfade und Curricula für unterschiedliche Wissensstände sinnvoll sein.

- Soll eine starke Steuerung der Lernenden realisiert werden oder handelt es sich eher um eine Informations- und Materialsammlung? Neben der eher linearen Steuerung der Lernenden durch einen vorgegebenen Lernpfad kann man auch die Steuerung der Lernenden anstreben, indem man z.B. in bestimmten Lernsituationen Inhalte aktiv anbietet oder indem man – z.B. mit Hilfe des AICC – Lernstrategien und -erfolge der Klienten protokolliert und die Lernenden ggf. zur Wiederholung von ungenügend absolvierten Übungen auffordert etc. Andererseits kann den Lernenden natürlich auch völlig freie Wahl über Inhalte, Lerngeschwindigkeit und Erfolgskontrollen geben, auf eine Messung oder Steuerung sogar zur Selbstkontrolle verzichten.

- Welche Medien eignen sich für die Grob- und Feinziele dieses Themas besonders gut? Bei stark geführten, eher linearen Lernpfaden sind entsprechend gestaltete WBT's eine bessere Lösung; bei einer eher als Repository dienenden, personalisierbaren oder zumindest individuell navigierbaren Lernplattform dagegen eignen sich kleinere, unterschiedlich spezialisierte Contenteinheiten besser. Generell ist natürlich auch für stark eingegrenzte Themen die Produktion animierter Trainings möglich: sogenannte Knowledge Nuggets sind Trainings, die in kleinen Einheiten produziert und so für sehr konkrete Aufgabenstellungen eingesetzt werden können.

- Wie schnell müssen die Inhalte zugänglich gemacht werden?

- Soll eine Evaluation einzelner Teilnehmer oder einer Gruppe realisiert werden (qualifizierte Tests, Zertifikate, Feedback)?

- Wie soll diese Evaluation im Unternehmen genutzt werden? Soll es auf der Grundlage der Mitgliederevaluation eine Sichtung von High-Potentials geben oder sollen die Lernenden die Evaluation eher zur Selbstkontrolle nutzen? Sollen die Teilnehmer ihre Ergebnisse selbst überprüfen und abspeichern können oder soll dies zentral (ggf. anonym), z.B. über VCU oder HRM oder Tutor erfolgen (Frage nach personalisierten Zugängen von Teilnehmern und Tutor / Personalabteilung)? Lerninhalte und Lernplattform können in diesem Zusammenhang als Instrument der Personalentwicklung eingesetzt werden.

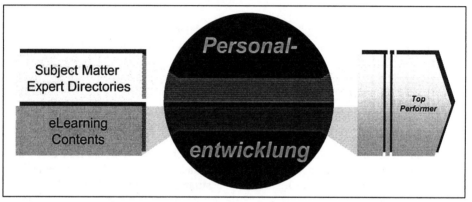

Abbildung 1: „Top Performer" mit Methoden der Personalentwicklung durch eContents und Knowledge Management entwickeln

- Sollen interaktive Inhalte angeboten werden? Diese Entscheidung ist z.B. von der generellen Dichotomie der Lernzieldefinition abhängig. Interaktive Inhalte sind insbesondere dann von großem Wert, wenn es einen definierbaren Wissensstand gibt, den die Teilnehmer erreichen sollen. Aber auch individuelle Trainings können durch interaktive WBTs unterstützt werden, allerdings muss hier die Zielgruppe recht groß sein, damit sich die Entwicklungskosten für das WBT lohnen, oder aber es muss ein nicht speziell auf die Bedürfnisse des Unternehmens zugeschnittenes WBT eingekauft werden. Diese Fragestellung führt zur Definition eines für die Lernziele sinnvollen Medienmixes, dessen grundlegende Einflüsse in diesem Kapitel bereits beschrieben wurden (Zielgruppen, Lernziel-Dichotomie etc.)

- Welche technischen Vorgaben beschränken die Contents und multimedialen Elemente in welcher Form (policy, plug-ins, Rechnerkonfigurationen)?

Lernzieldefinition und Methodendichotomie spiegeln oft die generelle strategische Ausrichtung virtueller Corporate Universities wider und müssen daher nicht immer unbedingt für einzelne Themengebiete neu definiert werden. Prinzipiell sollten am Beginn einer neuen Themendefinition dennoch die o.g. Fragen geklärt werden.

2.2.2 Themen- und Kursentwicklung

Die Aufgabe der Kurs- und Themenentwicklung kann in Zusammenarbeit mit fachlichen Beratern erfolgen, etwa in der Form wie in der klassischen Präsenzschulung Trainingspartner für das fachliche Design verpflichtet werden. Da das Wissen der Mitarbeiter – wenn nicht schon vorhanden – aus individuell vorhandenem Wissen konstruiert werden wird, bedarf es dafür multipler und flexibler Zugänge und „Konzeptrepräsentationen" [2]. Der Pull-Charakter der Inhalte auf der Plattform – im Gegensatz zu den üblichen Push-Lernprogramme, die meist Gegenstand der pädagogischen Theorie sind – variiert dabei das pädagogische Flexibilitätskonzept auf Themen-/Topicebene: der Fachberater hat die Aufgabe, die „Induzierung multipler Perspektiven und damit flexibler Repräsentationen" zu gestalten. [3]

Grundsätzlich kann die Themenstruktur nach verschiedenen Kriterien festgelegt werden:

- **Enzyklopädisch:** Das Thema wird in fachlicher Hinsicht hierarchisch nach allgemeinen (fachlich / wissenschaftlichen) Ordnungskriterien strukturiert. Die enzyklopädische Themenaufbereitung bildet eine globale Themen- und Wissensstruktur ab. Enzyklopädische Strukturen sollten möglichst komplett angeboten werden, sei es global auf horizontaler Ebene über die gesamte thematische Breite, sei es differenziert auf vertikaler Ebene innerhalb eines spezifischen Themenbereiches. Die Entscheidung über die hierarchisch-enzyklopädische Tiefe des Themas kann anhand der Kenntnis der für das Unternehmen relevanten Lernziele oder der Kenntnisse der Mitarbeiter getroffen werden, d.h. es muss eben nur so weit verfeinert werden, wie dies das Lernziel erfordert. Enzyklopädische Strukturen eignen sich insbesondere für

    1. Themenangebote, bei denen die Teilnehmer sich wie in einer Materialsammlung bedienen können sollen (Informationsressource, „need-to-know-base", „knowledge base")
    2. Themen, die den Teilnehmern vertraut sind, bei denen insbesondere auch die Kenntnis der Themenstruktur bei den Teilnehmern (durch gemeinsames Studium oder Allgemeinbildung) vorausgesetzt werden kann (also insbesondere bei deutlich umgrenzten Themen und bei einer aus fachlicher Sicht sehr homogenen Zielgruppe). Die (intuitive oder wissenschaftlich erlernte) Kenntnis der Themenstruktur ist eine zentrale Voraussetzung für die kundige Navigation und Recherche der Teilnehmer.

3. Selbsterklärende Themenstrukturen mit dem Ziel, ein Thema vollständig abzubilden. (Die Themenstruktur kann natürlich auch auf der Plattform erklärt werden, z.B. durch ein einführendes WBT, dass alle Lernenden auf den gleichen Wissensstand bringt).

Enzyklopädische Strukturen sollten zumindest im Hintergrund realisiert werden, da sie eine eventuelle Umstrukturierung des Themas wesentlich erleichtern, sowie die Beschaffung von standardisierten Inhalten bei solchen Lieferanten über Keywords und Themenbereiche ermöglichen, die weniger Lerninhalte als vielmehr Dokumente und Informationssammlungen bereitstellen. Die enzyklopädische Struktur kann dann als ein weiterer möglicher Zugang zu den Inhalten angeboten werden oder aber auch versteckt nur der redaktionellen Verwaltung der Inhalte dienen. Zu diesem Zweck können die Inhalte mit fachlich strukturierten Thesauri auf Metaebene codiert werden, z.B. gemäß LOM. Generell eignet sich die enzyklopädische Struktur vor allem für individualisierbare Lernziele.

- **Didaktisch:** Das Thema wird in der Absicht strukturiert, den Teilnehmern damit einen Lernpfad anzubieten. Die hierarchische Struktur des Themas spiegelt zugleich die sinnvolle Reihenfolge des besten Lernweges wider. Didaktische Themenstrukturen können – da sie einen Lernpfad anbieten – auch sukzessive publiziert werden, d.h. das Thema startet mit dem einfachsten Thema auf höchster Hierarchieebene und steigert sich dann in einem dem Umfang der Inhalte angemessenen Rhythmus. Didaktische Themenangebote sind nur dann sinnvoll, wenn von einem – zumindest ungefähr – gemeinsamen Wissenstand der Mitarbeiter ausgegangen werden kann oder wenn es eine sehr starke Unterweisungsnotwendigkeit nach vorgegebenen Regeln gibt.

- **Methodisch/Prozess-/Praxisorientiert:** Methodische, prozess- oder praxisorientierte Themenstrukturen eignen sich dann, wenn die Inhalte auf der Plattform z.B. in Form einer Projektsimulation veröffentlicht werden. Methodische Strukturen eignen sich besonders gut für Inhalte, die Prozesse abbilden sollen bzw. die Prozesse – z.B. auf einer interaktiven Plattform oder in WBTs – simulieren oder Geschäftsprozesse und Geschäftsbereiche abbilden sollen. Als Beispiel einer möglichen praxisorientierten Struktur könnten z.B. die unterschiedlichen Geschäftsbereiche bzw. Produktsegmente (TK-Kost, Milchprodukte, Fleisch und Fisch, Käse, Süßwaren, Spirituosen usw.) einer Trainingsumgebung für Mitarbeiter und Marktleiter einer Supermarktkette dienen.

- **Individuell / auktorial / explorativ:** In Einzelfällen können auch sehr individuelle Themenstrukturen aufgebaut werden, die sich einem Thema unter einer bestimmten, von vornherein festgelegten Fragestellung nähern. Diese Art der Themenstruktur findet man häufig bei eher essayistischen Themen, wie z.B. eher zukünftigen Trends zugewandten Fragestellungen oder Trainings, die einen Unternehmensstil oder eine auch in der Lerneinheit widergespiegelte Corporate Identitiy bevorzugen. Bei diesen Trainings handelt es sich um auktoriale Trainings, in denen zwar unterschiedliche Zugänge zum Thema realisiert werden können, die aber letztlich doch auffordern, sich auf ein Gedankenexperiment des Autors der spezifischen Lerneinheit unter dessen deutlicher Führung einzulassen. Sinnvolle Anwendungen solcher Trainings- oder Themenstrukturen sind z.B. alle Bereiche des Unternehmens, die zu den weichen Wissenselementen zählen – also Marketing, Vision-Mission, Unternehmensphilosophie, Politik, Gesellschaft, Human Resources... – oder Bereiche, in denen das sog. „träge" Wissen, also das von den Lernenden in praktischer Anwendung nicht unmittelbar abrufbare Wissen, durch die Person des Lehrers und die von ihm angebotenen „narrativen" Elemente aktiviert werden soll („Anchored Instruction"). [4] Dies bietet sich insbesondere für sehr komplexe, interdisziplinäre oder interdependente Problemfelder an, die durch andere Strukturen nur unvollständig oder für den Lernenden verwirrend abgebildet werden können. Oft handelt es sich bei solchen Trainings um Inhalte, bei denen die Eigenschaft und die Persönlichkeit des „Lehrers" (z.B. der Firmengründer oder ein namhafter Experte) von großer Bedeutung für den Lernenden ist, und diese Eigenschaften, die unerwartete Wissensrepräsentation und die im Training immer wieder auftauchenden Überraschungen und „Geistesblitze" für einen hohen Instruktionserfolg sorgen können. Die besten Lehrer sind jene, die zur Entdeckung anleiten. Die beste Methode, etwas zu lernen und zu erinnern, ist, von einer neuen Sache überrascht zu sein. Die beste Methode, sich zu einer Sache eine eigene Meinung zu bilden, ist, von einer anderen Ansicht überrascht oder womöglich sogar provoziert zu werden! Diese Form der Themenaufbereitung ist explorativ, bei ausreichender Redundanz sorgt sie für den höchst-möglichen Lernerfolg. Auch zwar attraktive, doch zunächst verwirrend scheinende Strukturen können zu produktivem Lernverhalten und guten Lernerfolgen führen: die Forschung bezeichnet diese konstruktive Verwirrung in Hypertexten mit dem Begriff SERENDIPITY: zielloses Umherschweifen in den Inhalten führt tatsächlich zu einer guten Abdeckung des Lernstoffes. Die dabei entstehenden Überraschungen erzeugen neue Assoziationen und gedankliche Querverbindungen, provozieren Nachdenken und demzufolge Meinungsbildung und fördern außerdem den Memoriereffekt. Die durch Vernetzung der Hypermedia-Dokumente entstehende Redundanz durch häufigere Links auf Themenschwerpunkte führt zu ebenfalls zu hoher Memorierbarkeit des Inhalts und zur geförderten Erkenntnis der wesentlichen Aspekte des Themas. Generell werden individuell-auktorial-explorative Lernformen in betrieblichen Lernanwendungen eher selten vorkommen, da sie meist dem Ziel widersprechen, kurze, prägnante „nuggets" anzubieten (in der gegenwärtigen eLearning Diskussion wird eine optimale Lerndauer für einzelne learning/knowledge nuggets von fünf Minuten genannt). Dennoch sind sie für die Redaktion insofern von Interesse, als das Design von WBT-Anwendungen in dieser Form in bestimmten Situationen sinnvoll sein kann. Insbesondere betrifft diese Form explorativer Strukturen auch die interne Dokumentstruktur innerhalb der Themen: sie kann quasi einen zweiten, parallelen Zugang zu den hierarchisch aufbereiteten Inhalten bieten.

- **Veranstaltungsbezogen:** In den meisten Firmenuniversitäten bzw. in den meisten Firmen sind Trainings als Face-to-face-Veranstaltungen bereits realisiert. Die Inhalte können – je nach Konzept der Face-to-face-Veranstaltungen und der Einbindung von virtuellen und realen, synchronen und asynchronen Trainings in dieses Konzept – selbstverständlich auch innerhalb der Veranstaltungssystematik eingebunden werden. Inhalte existieren in diesem Konzept vor allem als Vorbereitungsmaterial, Nachbereitungsmaterial, ergänzendes Material, Materialien, die während der Veranstaltung präsentiert oder erarbeitet wurden etc. Innerhalb der Lernplattform sind die Inhalte dann in der Veranstaltungssystematik organisiert, innerhalb der Veranstaltungen schematisch oder individuell je nach Veranstaltungskonzept. Veranstaltungsbezogene Wissensrepräsentation bietet sich für virtuelle Corporate Universities an, bei denen Veranstaltungen eine zentrale Rolle in der Mitarbeiterentwicklung spielen. Sie sollten eher als zusätzlicher Zugang zu (weiteren, anderen, exklusiven) Inhalten neben thematischen Zugängen angeboten werden. Andererseits sind face-to-face-Veranstaltungen auch für reine Online-Lernplattformen sinnvoll, insbesondere, wenn virtuelle Lerngruppen auf der Lernplattform zusammenarbeiten sollen. [5]

- **Gruppen- oder personenbezogen:** Gruppen- oder personenbezogene Präsentation von Inhalten ist für Learning Management Systeme wie CLIX™ (Corporate Learning and Information eXchange, imc information multimedia communication GmbH) in jedem Szenario möglich. Zur Realisierung optimaler Lerneffekte sollten die Inhalte immer zielgruppenspezifisch aufbereitet und präsentiert werden. Neben dieser globalen Zielgruppenorientierung ist aber z.B. eine Dokumentorganisation denkbar, die sich auf die Struktur und der Existenz von realen oder virtuellen Communities of Practices, Gesprächskreisen, Knowledge Circles oder auch Projektgruppen gründet. Diese Gruppen können Dokumente nicht nur nachfragen, sondern auch selber produzieren und somit anderen den Content für die Lernumgebung liefern.

2.2.3 Didaktische und distributive Konzepte

Die oben beschriebenen unterschiedlichen Präsentationsformen für Lerneinheiten werden auf der Grundlage einer Entscheidung für das fachliche Design der Lernplattform mit folgenden Parametern ausgewählt:

- **Curriculum Design und Lernpfad:** die Inhalte müssen auf der Grundlage eines Curriculums in einem für die Zielgruppen geeigneten Lernpfad angeordnet werden. Je genauer dieser Lernpfad für einzelne Zielgruppen differenziert wird, desto eher werden die Vorteile des eLearnings für die Lernenden realisiert: Effizienz, Zeit- und Kostenersparnis, Lernerzentrierung. Das Angebot ist umso besser, je individueller es von den Lernenden genutzt werden kann.

- **Push and Pull:** Die Lernangebote werden in Form von Kurseinheiten und Themenkatalogen für die Lernenden aufbereitet. Die Lernenden besuchen die Lernplattform und treffen auf ein Angebot, das vom Betreiber der Lernplattform vorbereitet worden ist (*Push*). Dieses Angebot ist lernzielorientiert aus Unternehmenssicht aufgebaut. Im Mittelpunkt steht zunächst nicht der Lernende, sondern der vom Unternehmen beabsichtigte Effekt. Eine problemlösungsorientierte Aufbereitung ist – aufgrund der notwendigen Generalisierung der Zielgruppe – nur bedingt möglich. Aus diesem Grund werden die Lerninhalte zusätzlich so aufbereitet, dass sie sich für die individuelle Nachfrage der Lernenden eignen. Über eine Indexierung und ein entsprechendes Contentdesign ist es den Lernenden möglich, gezielt und an der jeweiligen Lernsituation und Problemstellung orientiert Lerninhalte nachzufragen (*Pull*). Auf diese Weise wird das Lernangebot in virtuellen Lernplattformen selbst dann zu einem individuellen Angebot, wenn es sich um Standard-Lerninhalte handelt.

- **„Self-paced" and „collaborative" eLearning:** Die Unterscheidung zwischen den isolierten Lernaktivitäten des Einzelnen und dem Lernen in einer Gruppe – z.B. in Learning Communities – hat auch Auswirkungen auf das Design und die Anordnung der Lerninhalte. Die Contents erfüllen in den verschiedenen Zusammenhängen unterschiedliche Funktionen, z.B. Information, Synchronisation, Unterstützung, Nachbereitung. Das Angebot und die Distribution der Inhalte muss diese Lernsituationen berücksichtigen.

- **Sychonron und asynchron:** Lerninhalte in Lernplattformen werden normalerweise ausschließlich für den asynchronen Unterricht entworfen und eingesetzt. Tutorielle Unterstützung findet dagegen sowohl asynchron als auch in synchronen Lernabschnitten statt. Für den Tutor ist daher wichtig, dass ihm zusätzliche Materialien für den synchronen Unterricht zur Verfügung stehen, um auf die Fragestellung der Lernenden reagieren zu können. Diese Lernobjekte können selbstverständlich auch asynchron zur Verfügung gestellt werden, als nachbereitendes oder weiter vertiefendes Material. Für dieses Angebot müssen dem Betreiber einer Lernplattform Möglichkeiten der Präsentation zur Verfügung stehen, die es erlauben, den Lerninhalt in beiden Szenarien jeweils passend anzubieten.

- **"Event-driven" und "learner-centered":** Das Angebot von Lernobjekten zur Unterstützung von Präsenz-Lehrveranstaltungen unterscheidet sich in der Zielsetzung von einem lernerzentrierten Angebot. Dabei handelt es sich im Prinzip um die gleiche Kategorisierung wie für „self-paced - " vs. „collaborative learning".

- **"Drill-and-practice" vs. "open learning space":** Für unterschiedliche Zielgruppen und Schulungsziele sind sehr unterschiedliche didaktische Modelle notwendig. Dies spiegelt sich auch im Content-Design und in der Präsentation und dem Arrangement der Contents in einem Learning Management System wider.

Die hier genannten Unterschiede in der Zielsetzung bzw. in der Umsetzung von Lerninhalten werden ihrerseits grundlegend durch die zentralen medialen Eigenschaften der Contents bestimmt: Medientyp, Umfang, Grad der Interaktivität und Multimedialität, didaktische Methodik. Jedes dieser Elemente eignet sich unterschiedlich für die in Kapitel 2.2.1, Kapitel 2.2.2 und Kapitel 2.2.3 dargelegten Konzepte: ein umfangreiches, detailliertes Textdokument eignet sich nicht als Einstieg in ein neues Thema; stattdessen wird empfohlen, die Lernbereitschaft der Lernenden in einer virtuellen Lernumgebung durch überraschende, multimediale und/oder interaktive Elemente zu wecken.

Die hier überblicksartig und noch unvollständig zusammengefassten Parameter sind zum Teil interdependent: einige Elemente und Konzepte bedingen einander, andere nicht. Für dieses komplexe Geflecht aus Didaktik, Medialität, Unternehmenszielen, Personalentwicklungskonzepten, fachlichen Aufgaben und dem neuem Medium „eLearning" gibt es bisher in der tatsächlichen Durchführung noch kaum Experten – hier schließt sich der Kreis zu der eingangs angesprochenen Problematik der fehlenden eLearning Contents. Um diese Inhalte zu produzieren, um das vorhandene Wissen in den Unternehmen für organisationale Lernprozesses verfügbar zu machen, bedarf es im eLearning neben der Einführung des „Betriebssystems" – der Learning Management Software, zweier Schritte:

1. **Train the trainer:** Klassische Bildungsanbieter sowie alle Personen oder Institutionen, die (intern im Unternehmen oder extern in Hochschulen, Unternehmensberatungen oder Printverlagen) über Wissen verfügen, müssen in die Lage versetzt werden, Inhalte als Potential für eLearning-Anwendungen zu erkennen und ggf. auch selbst aufzubereiten.

2. **Train the learner:** Ebenso wichtig wie die Ausbildung der Autoren von eLearning-Contents ist auch die Ausbildung der Lernenden an dem neuen Medium. Den Mitarbeitern fehlt das notwendige Wissen, wie sie Angebote der Lernplattformen optimal nutzen können. Ihnen fehlt der kommunikative Code, der ihnen nicht nur verständlich macht, wie sie mit dem einzelnen Inhalt umgehen sollen, sondern auch, wie sie ihr so gewonnenes Wissen anderen mitteilen sollen – ein Problem, das im seit jeher gewohnten präsenzbasierten Lernen aufgrund vorhandener Kommunikationsstandards nicht auftaucht.

2.3 Neue Distributionsformen

Weiterbildung mit Hilfe der neuen eLearning Instrumente bedeutet für die Personalabteilungen in den Unternehmen, dass die Inhalte für die elektronisch gestützte Fortbildung auf vollkommen anderen und teilweise neuen Märkten beschafft werden müssen.

In der Praxis der präsenzgestützten Mitarbeiterweiterbildung konzentrierten sich die Weiterbildungsabteilungen auf wenige, spezialisierte Trainingsanbieter. In der Führungskräfteentwicklung sind dies z.B. Business Schools, mit denen Partnerschaften für bestimmte Trainingsangebote geschlossen werden.

Dieser übersichtliche Beschaffungsmarkt verändert sich radikal, wenn man eLearning-Contents für virtuelle Lernarchitekturen beschaffen muss. Eine sehr unterschiedliche Vielzahl möglicher Lieferanten, möglicher Geschäftsmodelle, möglicher technischer Standards, unterschiedlicher Qualitäten, unterschiedlicher medialer Komplexität, unterschiedlicher didaktischer Realisierung und auch unterschiedlicher Bereitwilligkeit, Inhalte für eLearning-Anwendungen überhaupt anzubieten.

Zugleich erhöht sich der Beschaffungsaufwand für Lerninhalte auch deshalb dramatisch, weil die Inhalte von den Lernenden vollkommen anders genutzt werden. Die Personalisierung und damit zusammenhängend größere Individualisierung des Lernangebotes bedeutet auch, *mehr* Inhalte als früher verfügbar machen zu müssen.

Drittens handelt es sich bei eLearning-Contents zu einem erheblichen Teil um standardisierte Lerninhalte. Der hohe Wissens- und Lernbedarf der Unternehmen kann ausschließlich durch Individualentwicklungen nicht gestillt werden; standardisierte Lerninhalte sind in eLearning-Szenarien notwendig und erfüllen ebenso wie Individualentwicklungen eine wichtige Funktion.

Dieser Mehraufwand an Beschaffung in einem ohnehin schon komplexeren Beschaffungsmarkt überfordert die Weiterbildungsabteilungen organisatorisch und meist auch fachlich. Hinzu kommt, dass sich für die Beschaffung standardisierter Inhalte ohnehin anbietet, die Aufgabe an externe Dienstleister zu vergeben. [6]

3. Content für das Unternehmens-Lernportal

3.1 Unternehmensinterne Content-Ressourcen

Die grundlegende Aufgabe von Corporate Universities und eLearning-Plattformen im Unternehmen ist die Weiterbildung von Mitarbeitern in enger Ausrichtung an die Zielsetzungen, Strategien und Prozesse des Unternehmens. Diese enge Ausrichtung kann letztlich nur erreicht werden, wenn das Wissen des Unternehmens in die Herstellung oder Beschaffung von Inhalten sehr gezielt einfließt. Viele Abteilungen in den Unternehmen produzieren im Vorfeld und als Ergebnis von Entscheidungen Unterlagen, die als Quelle für Lerninhalte dienen können.

Im Zusammenhang mit dem Einsatz einer virtuellen Lernarchitektur zur Etablierung unternehmensinterner Lern- und Wissensprozesse müssen Unternehmen daher lernen, wie sie Daten, Informationen und Wissen, die im Unternehmen kontinuierlich erarbeitet werden, für ihre Weiterbildung und den Einsatz auf der Lernplattform nutzen können. Die Unternehmen müssen sich als „Contentproduzenten" verstehen lernen, und die Weiterbildungsabteilungen und Lernplattform-Redaktionen müssen sich organisatorisch auf die interne Erhebung und Beschaffung von Contents zur Etablierung organisatorischer Lernprozesse umstellen.

Wie die Erfahrungen mit Knowledge Management Systemen gezeigt haben, kann allerdings auf die Initiative der Mitarbeiter im Unternehmen nur sehr eingeschränkt gezählt werden. eLearning hat die Aufgabe, nicht nur das Wissen in Form von Dokumenten zu erheben, sondern es darüber hinaus in lernorientierte Formen zu übertragen.

Hier können interne Fachabteilungen oder externe Dienstleister dien Aufgabe erfüllen, das Wissen zu beschaffen und aufzubereiten. In einem gewissermaßen journalistischen Prozess – vergleichbar mit dem Business TV in manchen Unternehmen - recherchieren sie im Unternehmen nach Projekten und bereits dokumentiertem Wissen, indem sie z.B. „Success stories" oder „Lessons learned" recherchieren und als Lerninhalt aufbereiten. Auf diese Weise wird zumindest ein ausgewählter und zentraler Teil des Unternehmenswissens aktiviert. Weiteres Unternehmenswissen kann in Projektgruppen auf der Lernplattform erarbeitet werden. Über die gespeicherten Wissensprofile von Mitarbeitern kann eine Lernplattform-Redaktion beispielsweise auf Experten zugreifen und diese zur Mitarbeit oder zum Interview bewegen.

3.2 Zur Bedeutung von Standardinhalten

Unternehmen haben in ihren Trainings immer schon auf Standardinhalte zurückgegriffen. Der von ihnen engagierte Trainer passt zwar den Verlauf und die Schwerpunkte des jeweiligen Trainings auf die mit dem Unternehmen vereinbarten Lernziele ab; letztlich bestehen jedoch auch solche Trainingseinheiten zumindest zu einem Großteil aus standardisierten, immer wieder benutzten Instrumenten und Methoden.

Dennoch haben viele Unternehmen bei dem Gedanken an eLearning-Standardinhalte die Befürchtung, mit ihnen die Vorteile virtueller Lernarchitekturen nicht zu nutzen. Die jeweiligen Formen der Mitarbeiterweiterbildung durch eLearning werden als strategischer Vorteil des Unternehmens vor Mitbewerbern verstanden. Dementsprechend wird die gewünschte enge Ausrichtung der eLearning-Plattform an die unternehmenseigenen (strategischen/operationalen) Ziele mit dementsprechend speziell darauf abgestimmten Inhalten gleichgesetzt.

Diese Gleichsetzung ist jedoch nicht richtig: der Vorteil des eLearning besteht nicht in der genauso engen Definition von Kurseinheiten, wie dies für Präsenzveranstaltungen notwendig ist. Im Gegenteil: eLearning bedeutet, Mitarbeiterweiterbildung zu öffnen, indem individuelle Zielsetzungen der Mitarbeiter auf der Plattform realisierbar werden.

ELearning ohne Standardinhalte ist daher für die Unternehmen nicht realisierbar oder würde eine nur sehr eingeschränkte Trainingsfunktion erfüllen. Die Standardinhalte erfüllen genau den Zweck, eine Informationsbasis zur Verfügung zu stellen, die so umfassend wie möglich und so unternehmensspezifisch wie nötig ist. Dabei sind die einzelnen Informationen und eLearning-Contents nicht einfach nur Angebote in einer unstrukturierten Datenbank, sondern jederzeit in didaktische, thematische oder diskursive Strukturen eingebunden. Über unterschiedliche Sichten auf die Inhalte der Plattform – zielgruppenspezifische, didaktische, thematische, Marketing-getriebene – wird gewährleistet, dass die Inhalte in den von der Lernplattform-Redaktion gewünschten Nutzungszusammenhängen (Lernszenarien) genutzt werden.

3.3 Intercompany-Contents

Eine noch stärkere Ablehnung als Standardinhalte – deren Notwendigkeit letztlich von den Unternehmen eingesehen wird – erfahren Inhalte, die durch Partnerschaften zwischen vergleichbaren Unternehmen entstehen. Solche „Intercompany-Partnerschaften" im Big Business sind auch in SME's über Verbandszugehörigkeit mit „Erfa-Gruppen" und Arbeitsgemeinschaften gängige Praxis.

Intercompany-Contentpartnerschaften sind auf mehrere Arten möglich:

- Auf **vertikaler Ebene** innerhalb der Wertschöpfungskette eines dominierenden Unternehmens; die Lerninhalte werden zwischen den beteiligten Unternehmen dieser Wertschöpfungskette ausgetauscht, also Lieferanten, Dienstleistern, Vertriebspartnern. Diese Praxis hat ihrerseits erhebliche Auswirkungen auf eine unternehmensweite eLearning-Strategie: die Partnerunternehmen wollen selbstverständlich von ihrer Mitarbeit ebenfalls profitieren, zugleich liegt diese Mitarbeit auch im Interesse des diese Wertschöpfungskette dominierenden Unternehmens: je besser ausgebildet die Partner sind desto effizienter und kostengünstiger lassen sich die unternehmensübergreifenden Prozesse gestalten.

- Auf **horizontaler Ebene** zwischen Unternehmen einer Branche; hier sind die Befürchtungen der Unternehmen vor zuviel Preisgabe interner Informationen natürlich gerechtfertigt und ebenso die Befürchtung, die Abstimmung von Trainingselementen könnte zu einer zu großen Ähnlichkeit zwischen dem Unternehmen und seinen Konkurrenten in der Mitarbeiterausbildung führen und damit den potentiellen Wettbewerbsvorteil zunichte machen. Dennoch gibt es Arbeitsbereiche, in denen eine Zusammenarbeit Sinn machen kann, nämlich dann, wenn es sich um branchenweit weitgehend zu standardisierende Prozesse und Aufgaben handelt, wie z.B. die Lehrlingsausbildung oder die bereits laufende Zusammenarbeit in Projekten.[3]

- **Diagonale Partnerschaften**, z.B. zwischen Unternehmen vergleichbarer Größe oder organisatorischer Struktur. So ist es u.U. sinnvoll, einen Informations- und Wissensaustausch zwischen einer Großbank, einem Automobilkonzern und einem Versicherungskonzern zu schließen. Da die Unternehmen in keinem Konkurrenz-, sondern – im besten Fall – sogar in einem Zugewinnverhältnis stehen, sind Bedenken gegen eine solche Partnerschaft auch dementsprechend geringer.

Intercompany-Partnerschaften haben den großen Vorzug, dass Unternehmen voneinander lernen können und dass es ein attraktives, interaktives Element in den Wissensaustausch bringt. Die Bereitschaft und die Neugierde der Mitarbeiter darauf, wie die Angestellten anderer Firmen ihre Aufgaben lösen, ist ein guter Motor für die Etablierung von Wissensaustauschprozessen nicht nur zwischen den beteiligten Firmen, sondern auch innerhalb der Firmen.

4. Dynamische eLearning-Contents – die Zukunft des Lernens

Learning Management Systeme sind mit spezialisierten Content Management Systemen vergleichbar. Die Lerninhalte werden auf der Plattform z.B. in Form von Word- oder Acrobat-Dokumenten oder Web-based-Trainings verwaltet und präsentiert. Bei all diesen Dokumenten handelt es sich um abgeschlossene, elektronisch nicht mit anderen Elementen verknüpfte Einheiten. Eine Verbindung zwischen diesen Elementen wird nur durch ihre Anordnung in Kursstrukturen und Themenkatalogen durch das Learning Management System erreicht. Gegenwärtig kann man also noch nicht von hypermedialen Lernsystemen sprechen. Hypermedialität wird bis dato nur *innerhalb* konkreter Lerninhalte, also innerhalb eines Dokuments, eines WBT's, realisiert.

Bei der voranschreitenden Entwicklung werden die einzelnen Lerninhalte jedoch immer kürzer; ein Zeitaufwand von ca. 5 Minuten für ein einzelnes Lernelement wird derzeit als optimal für das gegebene Lernszenario „on-the-job" angesehen. Dies klingt zunächst nach einer sehr positiven Entwicklung: die Lerneinheiten werden schneller benutzbar,

---

[3] Beispiel: COVISINT – hier würde es wenig Sinn machen, wenn die Unternehmen den Einkäufern unternehmensspezifische Trainings für den übergreifenden B2B-Marktplatz der Automobilindustrie einrichten, obwohl ein erheblicher Teil der Prozesse branchenweit von den Partnern definiert wurde.

fassen die Information in leicht zu merkenden Einheiten, lassen sich optimal in den Arbeits- und Problemlösungsprozess integrieren..

Andererseits wird damit ein anderes Problem evident: kürzere Lerneinheiten bedeuten auch mehr Lerneinheiten: die Verwaltung – sowohl aus Betreibersicht als auch aus Nutzersicht – vieler kleiner „Knowledge Nuggets" wird schnell unübersichtlich. Hinzu kommt, dass diese kurzen Lerneinheiten nicht mehr miteinander vernetzt sind, wie dies in umfangreicheren Elementen möglich ist. Lernen und Wissen entstehen jedoch auch aus der Vernetzung des Gelernten mit früher Gelerntem. Bei der beständigen Verkürzung der Lernelemente handelt es sich um eine Atomisierung komplexer Probleme und Wissenstatsachen, also letztlich um eine Zerstörung.

Der Lehrer oder Autor der Komponente gibt damit letztlich ein Instrument aus der Hand, dass bisher unverzichtbar war: seine Kompetenz und seine Führung durch ein Geflecht von Wissen, dass sich der Schüler/Leser durch seine umsichtige Führung aneignet. Die Reduzierung der Lerneinheiten auf 5-Minuten-Häppchen ist vergleichbar mit dem Lernen aus einer Enzyklopädie: zwar kann man einzelne Begriffe nachschlagen und sich so erklären. Aber ein neues Wissensgebiet kann man sich mit einer Enzyklopädie nicht erschließen. Ein Arzt wird man nicht, indem man den Pschyrembel liest.

Um die fünfminütigen „Knowledge Nuggets" zu einer echten Hilfestellung und Lernerfahrung zu machen, ist ihre Vernetzung miteinander unverzichtbar. Mit dieser Forderung kommen wir in die Zukunft des eLearning: echten, hypermedialen Lernsystemen!

Die drei Schlagworte Multimedialität, Interaktivität und Hypermedialität sind deswegen schon heute bedeutsam für virtuelle Lernumgebungen, weil sie als Schlagwort und auch technologisch bereits genutzt werden. Das methodische, rhetorische und hermeneutische Instrumentarium für ein solches inhaltliches Angebot ist jedoch noch nicht ausreichend bei den Produzenten und Nutzern vorhanden – von den geeigneten Technologien zu schweigen..

In klassischen Lernmedium – im Buch oder in instruktionsorientierten multimedialen Trainings – „zwingt" ein Autor den Leser in eine vorgegebene Bahn. In der wissenschaftlichen Kommunikation muss ein Autor dafür z.B. eine Argumentationskette schmieden, eine eindeutige und logische und deshalb nachvollziehbare Reihenfolge von Wissenstatsachen und Erkenntnissen präsentieren. In Lerninhalten muss der Stoff für die gesamte Zielgruppe didaktisch aufbereitet werden. Der Leser hat nur geringe individuelle Navigationsmöglichkeiten – Inhaltsverzeichnis, Stichwortverzeichnis, Kolumnentitel, Paginierung oder Navigation – und auch diese sind abhängig von der Textsorte, die jeweils entweder größere Freiheit der individuellen Navigation erlauben (Enzyklopädie) oder geringere (Lehrbuch). Die Leistung eines Autors besteht in der Aufbereitung, der Moderation, der Übermittlung des Wissenswerten über die Wissenstatsachen hinaus. Seine Leistung ist die Darstellung der Vernetzung und Komplexität des Wissens. Diese Darstellung ist daher immer auch eine Deutung.

Eine solche Darstellung in einem klassischen, gering vernetzten Medium ist ein Konstrukt des Autors. Der Autor der Lerneinheit ist Herr über die Struktur, er ist für die *Montage*[4] verantwortlich. Der Autor ist nicht nur Verfasser, sondern auch derjenige, der die Argumentation entwickelt, den Leser aktiv zu überzeugen oder zu unterhalten versucht

In hypermedialen Strukturen dagegen gibt es eine Fülle mehr oder weniger lose miteinander verbundener Dokumente[5]. Hypertext ist zunächst „nur" angehäufte Information; der Autor des Hypertextes sammelt, was ihm wichtig erscheint und bereitet es in kurzen Einheiten (*Granularität*) auf (*Knowledge Nuggets*). Die Verbindung von Informationen zu einem Ganzen schafft Wissen, und dies ist die gemeinsame Aufgabe des Autors und des Lesers: der Autor muss über geeignete Metainformationen für eine grundlegende Vernetzung aller Elemente miteinander sorgen. Diese Vernetzung bedeutet, dass es mehr als eine lineare Abfolge von Dokumenten gibt. Vielmehr gibt es unterschiedliche Anker, an denen zu einem Sprung auf andere Elemente angesetzt werden kann. Aufgabe des Lesers ist die *Konstruktion*: er stellt sich seine Lerneinheit erst zu einem Ganzen, zu einer sinnvollen, linearen Abfolge. Indem sich der Lernende dabei nicht mehr blind auf den Autor verlassen kann, wird seine Aktivität im Lernprozess in besonderem Maße gefordert – und dementsprechend auch seine Aufnahmebereitschaft. Die atomisierte Information des Hypertextes in z.B. 5-minütige Elemente[6] ist nur im Zusammenhang ihrer Nachbarglieder relevant. Das in einer Information kristallisierte Wissen muss im Strom anderer Informationen fließen, um wieder zu Wissen zu werden. Die Qualität des Informationsstromes wird aktuell zur Laufzeit definiert: erstens durch den Informationsgewinn im Zusammenhang des benachbarten, vorher oder nachher jeweils aufgerufenen Dokuments und zweitens durch das vom Leser bereits Gewusste und damit seine individuell selektierten Dokumente.

Die gelockerte Verbindung von früher einmalig linear angeordneten Elementen erfordert von den Autoren neue rhetorische Instrumente: eine Argumentationskette z.B. könnte vom Leser ggf. unterbrochen werden, eine Beweisführung abgekürzt etc. Dies kann durchaus im Interesse des Autors *und* des Lesers liegen. Dennoch muss ein Autor die

---

[4] Ein Ausdruck aus der Filmwissenschaft, der die Kombination unterschiedlicher Elemente wie Ton, Licht, Bild usw. in einer zeitlichen Strukturierung beschreibt.

[5] Dokument verstanden als Einheit, in der Wissen in einer konkreten Granularität präsentiert wird. Dokument kann hier sowohl ein Textabschnitt sein oder eine multimediale Sequenz oder eine Testaufgabe. Die Granularität richtet sich letztlich nach der Konzeption des Hypertexts.
P.S.: Der Begriff Hypertext wird hier synonym für alle hypermedialen Systeme benutzt und bedeutet nicht, dass sich in ihm nur Texte befinden. Jedes webbasierte Dokument kann in einem Hypertext enthalten sein: Audio, Video, Animation, Grafik, Text usw.

[6] In echten hypermedialen Systemen wird es allerdings sehr unterschiedliche Granularitäten geben, die sich nicht in der Standardformel „5 Minuten" fassen lassen. Ein einzelner *Knoten* (die kleinste Einheit eines Objektes im Hypertext) in diesem Netz kann aus einer einzelnen Testaufgabe bestehen, aus einer Grafik oder aus einer kurzen Animation. Die Knotengröße richtet sich weniger nach einer Standardformel, sondern eher nach inhaltlichen Kriterien, nämlich wie weit sich diese Einheit sinnvoll aufspalten lässt.

möglichen Wege des Lesers in gewissem Umfang vorausplanen. So wie für unterschiedliche Textformen rhetorische Strukturen geschaffen wurden – wie z.B. die Gerichtsrede als Instrument einer Zielsetzung und als spezielle Ausformung des Sprechens in einem definierten Umfeld spezielle rhetorische Muster ausbildete – so müssen Hypertexte ein Muster haben, das sich als rhetorische Struktur in einer Sitemap abbilden lässt.

Eine Rhetorik des Hypertextes könnte z.B. die Form sokratischer Ironie annehmen: das nach Dingen fragen, das Themen nachspüren, das Umkreisen und in Frage stellen des examinierten Gegenstandes, bei dem der Autor provozierend dem Leser die Fragen stellt, deren Antworten er im Dokument nachspüren soll. Für eine solche Methode ist es nicht notwendig, ein Pensum abzuarbeiten: es genügt, irgendwann verstanden zu haben. Man kann als Leser also ohne Erkenntnisverlust entscheiden, wann weiteres Lesen nicht mehr notwendig ist.

Die Zukunft des Lernens, das „echte" eLearning, das voll dynamisch und individuell erfolgt, kann nur mit dynamischen Hypertexten realisiert werden. Betriebliche Lernumgebungen werden zu Lern- und Informationswelten, das Intranet wird zu einem unternehmensinternen „Docuverse" – mit Übergängen in andere Netze außerhalb. Bis dahin allerdings sind noch einige sehr erhebliche Hindernisse zu überwinden. Die größte Herausforderung ist dabei organisatorischer Art: die Metastandards für Dokumente aller Art müssen für diese Aufgabe definiert werden – zum Teil sind sie auch schon ausreichend vorhanden – und vor allem als Standard für die gesamte Contentindustrie akzeptiert werden. Autoren und Trainer müssen mit der Anwendung dieser Standards vertraut sein und die Produktion der Metaebene eines Lernelements muss ebenso wichtig sein wie die Produktion des Lernelements selber.

Wissen von Mitarbeitern – erst recht das bereitwillige Teilen dieses Wissens - lässt sich nicht erzwingen, es lässt sich nur fördern: es darf also auch keine übermäßige Kontrolle des Wissenserwerbs und Erfahrungsaustausch geben: "Jazz statt Sinfonie"[7] – die nicht abgesprochene, aber harmonische Vielstimmigkeit statt des erzwungenen Gleichklangs, der Widersprüche zu überdecken droht und der die Organisation zwar „trainiert", aber nicht intelligent macht! Die Herausforderungen und Aufgaben, die eLearning in den Unternehmen noch zu realisieren hat, können mit dirigierten 5-Minuten-Trainings nicht erfüllt werden.

---

[7] Boston Consulting Group

Literaturverzeichnis

[1] "We have structured organisations in line with the belief that with better reductionist scientific knowledge, better technology, better specialisation, better hierarchical control, better engineers, we could engineer organisations in which to achieve precise results with human beings being made to behave as cogs and wheels in the process and often ending up on the scrap heap of re-engineering efforts.": Brown, M., Surviving organisations, in: Directions – The Ashridge journal,. 1999; http://www.ashridge.com/directions/1999-3/03.asp.

[2] STRITTMATTER, P./NIEGEMANN, H., Lehren und Lernen mit Medien. Eine Einführung. Wissenschaftliche Buchgesellschaft, Darmstadt 2000.

[3] „Dasselbe Konzept wird zu verschiedenen Zeitpunkten unter veränderten Zielsetzungen und aus verschiedenen Blickwinkeln dargestellt, um das erworbene Wissen facettenreicher zu machen und einen höheren Abstrahierungsgrad zu erreichen": STRITTMATTER, P./NIEGEMANN, H., Lehren und Lernen mit neuen Medien. Eine Einführung, Wissenschaftliche Buchgesellschaft, Darmstadt 2000, S. 30. Im Gegensatz zu den bei Strittmatter/Niegemann gemeinten Lernanwendungen wählt auf der VCU-Plattform der Lernende die Zeitpunkte und Zielsetzungen selber. Der spezifische Medienmix und die Kombination von E-Learning-Inhalten mit face-to-face-Lernevents stellen dabei die für konstruktivistische Lern-Modelle wichtige Verknüpfung von explorativem und instruiertem Lernen dar: Artikel und Informationen dienen dem explorativen Lernen, WBTs stellen ein Bindeglied zwischen Exploration und Instruktion dar (und können je nach WBT-Design darin auch Abstufungen enthalten) und die Verbindung von Inhalten zu Veranstaltungen wie auch die Veranstaltungen selber stellen den weiterhin notwendigen, instruierenden Zusammenhang der Lerninhalte her.

[4] „... zentrales Merkmal [ist] ein narrativer Anker [...], der Interesse wecken und die Aufmerksamkeit auf das Wahrnehmen und Verstehen der gestellten Probleme lenken soll (vgl. Mandl/Gruber/Renkl 1995, S. 172). Die gegebenen Problemsituationen stellen dabei komplexe, aber nachvollziehbare Kontexte in narrativer Form dar, die unterschiedliche Fachbereiche tangieren und variable Perspektiven bieten (vgl. Gerstenmaier/Mandl 1994, S. 30)": STRITTMATTER, P/NIEGEMANN, H., Lehren und Lernen mit neuen Medien. Eine Einführung, Wissenschaftliche Buchgesellschaft, Darmstadt 2000, S. 28.

[5] Details zur Verknüpfung von eLearning und Präsenzschulung werden im Beitrag von Christine Gallenstein in diesem Buch ausgearbeitet.

[6] Vgl. dazu das Kapitel SPRENGER P./KRAEMER, W./MILIUS, F., „Learning Service Providing" in diesem Buch.

Dr. Dirk Thißen
imc information multimedia communication GmbH, Saarbrücken
Dr. Hartmut Steuber
Heinrich-Heine-Universität, Düsseldorf

Didaktische Anforderungen an die internetbasierte Wissensvermittlung

Bei der Betrachtung internetbasierten Lernens wird oft die technische Dimension in den Mittelpunkt gestellt. Die Vernachlässigung der didaktischen Komponente ist jedoch problematisch, weil der zukünftige Stellenwert internetbasierten Lernens davon abhängt, inwieweit es gelingt, schon verfügbare Medientechnik in didaktisch-methodisch überzeugende Konzeptionen zu integrieren. Vor diesem Hintergrund werden in diesem Beitrag didaktische Anforderungen an die internetbasierte Wissensvermittlung behandelt.

Mit dem Kognitivismus und dem Konstruktivismus werden die den Stand der Forschung repräsentierenden Lernparadigmen vorgestellt Diese liefern keine allgemeingültigen Handlungsanweisungen, sondern Kriterien, die bei didaktischen Entscheidungen handlungsleitend sein können. Anschließend werden diese abstrakten Kriterien konkretisiert, indem die aus didaktischer Sicht erforderlichen Aktivitäten bei der Gestaltung internetbasierter Lernsysteme dargestellt werden. Im Hinblick auf einen systematischen Entwicklungsprozess wird zwischen didaktischen Anforderungen an die Analyse-, Planungs- und Durchführungsphase einer internetbasierten Wissensvermittlung differenziert.

1. Lerntheorien

Eine Lerntheorie ist nach Baumgartner „eine Sichtweise, wie Lernen zu verstehen ist, nach welchen Gesetzmäßigkeiten es funktioniert, wie es stattfindet und unterstützt werden kann" [1]. Lernprozesse sind bis heute nicht vollständig wissenschaftlich geklärt, weswegen verschiedene Ansätze die wissenschaftliche Diskussion prägen. Nach Kerres unterscheiden sich diese Lerntheorien weniger paradigmatisch, sondern legen lediglich einen unterschiedlichen Analysefokus an [2].

1.1 Kognitivismus

Mit der sogenannten „kognitiven Wende" in den 60er Jahren wurde die bis dahin vorherrschende Auffassung des Behaviorismus, der den Menschen als ein nach Reiz-Reaktionsschemata handelndes Wesen analysierte und damit Didaktik und Lerntechnologie stark beeinflusste, nach und nach aufgegeben bzw. weitgehend relativiert. An die Stelle der behavioristischen Auffassung tritt das Menschenbild eines aktiven und selbstgesteuerten Wesens, das einer Lernsituation mit einem individuellen Umfang an Wissen, Kenntnissen und Fertigkeiten gegenübertritt [3].

Lernen wird als ein selektiver Prozess der Informationsverarbeitung verstanden. Bei diesem werden Sachverhalte aus der Objekt- und Subjektwelt mittels kognitiver Operationen in mentale Modelle überführt und damit Wissen verändert bzw. neues Wissen erworben [4] (Abbildung 1).

Unter einem mentalen Modell wird dabei die innere subjektive Sichtweise des Individuums verstanden, die in Struktur- und Funktionsanalogie zu dem repräsentierten Sachverhalt steht [5]. Aus kognitivistischer Sicht kann nur das gelernt werden, was der Vorrat an Erfahrungen und vorgeformtem Wissen ermöglicht. Dieser – als gespeichert betrachtete Vorrat – kann zu jedem Zeitpunkt aus dem Gedächtnis abgerufen bzw. rekonstruiert werden [6].

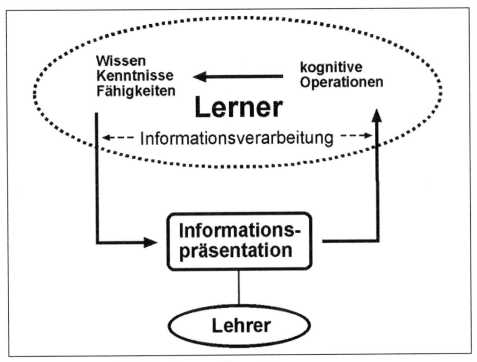

Abbildung 1: Kognitivistisches Lernparadigma [7]

Diesem Lernverständnis entsprechend fordert der Kognitivismus, dass die internetbasierte Wissensaufbereitung und -darbietung (externes Modell) kognitive Operationen zur Bildung der internen Repräsentation (mentales Modell) unterstützt [8]. Dementsprechend werden im Rahmen der wissenspsychologischen Aufbereitung die Lehrinhalte Wissenstypen zugeordnet, deren Aneignung mit spezifischen kognitiven Operationen verbunden ist. Allerdings haben die Ergebnisse kognitionspsychologischer Forschung gezeigt, dass sich Folgerungen für die Gestaltung der Lernangeboten nur schwer aus wissenspsychologischen Analysen ableiten lassen [9]. Gleichwohl kann die Zuordnung von Lehrinhalten zu Wissenstypen (siehe 2.1) auf strukturelle Eigenarten des Wissens und deren Aneignung verweisen [10] und sollte demnach grundsätzlich bei der Planung internetbasierten Lernens berücksichtigt werden.

1.2 Konstruktivismus

Der Konstruktivismus[1] lehnt das – zuvor dargelegte – Verständnis menschlichen Lernens als Prozess kognitiver Informationsverarbeitung nicht grundsätzlich ab, hält es jedoch wegen der Vernachlässigung nichtkognitiver Komponenten, wie z. B. Emotionalität und Situiertheit, für unzureichend [11]. Gemäß der konstruktivistischen Auffassung ist Lernen nicht nur ein aktiver kognitiver, sondern auch ein aktiver sozialer und situativer Prozess. Wissen ist nach Auffassung des Konstruktivismus nicht in der Person „gespeichert" und dort jederzeit „abrufbar", sondern wird vielmehr dynamisch und selbstgesteuert vom Lernenden in jeder neuen Situation neu konstruiert [12]. Es kann nach Mandl/Gruber nicht „von einer Person an eine andere Person weitergereicht werden" [13], weswegen der Lehrer die Rolle eines Lernbegleiters einnimmt (Abbildung 2).

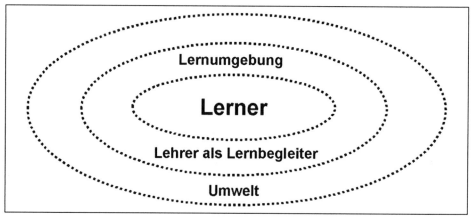

Abbildung 2: Konstruktivistisches Lernparadigma [14]

Schulmeister bezeichnet deshalb den Konstruktivismus auch als eine Theorie der Genese [15]. Die unterschiedlichen Auffassungen vom menschlichen Lernen aus kognitivistischer und konstruktivistischer Sicht resümiert Cooper sehr treffend: „... to cognitivist, the internal processing is only of importance to the extent to which it explains how external reality is understood. In contrast, the constructivist views the mind as a builder of symbols – the tools used to represent the knower's reality. External phenoma are meaningless except as the mind perceives them" [16].

---

[1] Anm. d. Verf.: Für die Zwecke dieser Arbeit reicht die Darstellung der grundlegenden Annahmen des Konstruktivismus, auf die Varianten der konstruktivistischen Position wird deshalb nicht eingegangen.

Aus dem Konstruktivismus leiten sich die folgenden Forderungen an die Gestaltung der internetbasierte Wissensvermittlung ab [17]:

- Komplexe Ausgangsprobleme
Die Probleme sollen in ihrer ganzen Komplexität dargestellt werden, interessant sein und damit eine intrinsisch motivierte Wissensaneignung bewirken.

- Authentizität und Situiertheit
Dem Lernenden soll ermöglicht werden, mit realistischen Problemen und authentischen Situationen umzugehen, wodurch der Anwendungskontext des Wissens transparent wird.

- Multiple Perspektiven
Damit Wissen flexibel angewendet werden kann, soll die Lernumgebung „dem Lernenden multiple Kontexte anbieten" und ihm die Möglichkeit geben, „Probleme aus multiplen Perspektiven zu betrachten" [18].

- Artikulation und Reflexion
Der Lernende soll motiviert werden, Problemlöseprozesse zu artikulieren und zu reflektieren, um die Abstrahierung des Wissens zu fördern.

- Lernen im sozialen Austausch
Erforderlich ist schließlich auch die Zusammenarbeit und der Austausch der Lernenden untereinander sowie die individuelle Betreuung durch einen Lehrenden.

Lerntheorien lassen sich nicht umstandslos in didaktische Konzeptionen umsetzen. Sie sind aber bei der Analyse, Planung und Durchführung einer internetbasierten Wissensvermittlung, deren wichtigste Aspekte im Folgenden dargestellt werden sollen, zu berücksichtigen.

2. Didaktische Anforderungen an die Analyse der Voraussetzungen internetbasierten Lernens

Die Aktivitäten der Analysephase sind Voraussetzung für den didaktischen Erfolg des internetbasierten Lernsystems. Sie umfassen die Zielgruppenanalyse und die Analyse des Lehrstoffs zum Zwecke der Lehrzieldefinition.

2.1 Analyse der Zielgruppe

Aus didaktischer Sicht unabdingbar ist es, das Lernangebot streng auf die Zielgruppe hin zu planen [19]. Das ist besonders deshalb wichtig, weil im Vergleich zu einer Präsenzveranstaltung bei einer medienbasierten Lernumgebung keine tiefergehende Umgestaltung des Lernangebots im Blick auf die je aktuelle Adressatengruppe erfolgen kann.

Allerdings ist bei der internetbasierten Wissensvermittlung die Zielgruppe häufig unbekannt oder inhomogen. Für diesen Fall sind hypothetisch homogene Teilgruppen festzulegen und Idealtypen zu definieren, von denen erwartet werden kann, dass diese typische Merkmale der Teilgruppe aufweisen. Wenn möglich, sind die getroffenen Annahmen durch empirische Untersuchungen zu überprüfen und zu belegen. Für die Planung internetbasierter Lernumgebungen sind insbesondere die folgenden Merkmale relevant:

- Vorwissen

Lehrstrategie und -inhalte sind offensichtlich von den Vorkenntnissen der Lernenden abhängig und deshalb auf sie auszurichten; ist mit unterschiedlichen Vorkenntnissen zu rechnen, müssen im Lernsystem Instrumente („Tests") bereitgestellt werden, um die Vorkenntnisse zu diagnostizieren; entsprechend ist das Lernangebot zu diversifizieren und die Zielgruppe durch die Bereitstellung spezieller Lernangebote („Stützkurse") zu homogenisieren.

- Motivation

Beim Faktor Lernmotivation wird zwischen *intrinsischer Motivation* und *extrinsischer Motivation* unterschieden. Intrinsische Motive sind diejenigen, die in der Lerntätigkeit selbst liegen. Beispiele sind die Freude an der Arbeit und das „Lösen-Wollen" eines Problems [20]. Demgegenüber sind extrinsische Motive außerhalb der Lerntätigkeit angesiedelte Beweggründe, wie z. B. der Erwerb eines Leistungsnachweises, finanzielle Anreize oder die Anerkennung durch Mitmenschen [21]. Die Motivation der Zielgruppe beeinflusst insbesondere die Strukturierung der Lernangebote (siehe 3.3).

- Lerngewohnheiten

In der Zielgruppe können Lerngewohnheiten vorliegen, die sich über Jahre entwickelt haben und zu berücksichtigen sind [22]. Beispielsweise zeigte eine Untersuchung mit Ingenieurstudierenden drei typische Lernstile (wie wird gelernt), die durch die Lernumgebung nachgebildet wurden [23].

- Einstellungen und Erfahrungen

Bei internetbasiertem Lernen sind auch mögliche Hemmschwellen, die auf mangelnder Kompetenz im Umgang mit einem Computer beruhen, zu eruieren. Bisherige Erfahrungen (Einsteiger, Fortgeschrittener, Experte) bestimmen die Medienkompetenz und Selbstlernkompetenz in der Zielgruppe und damit zentrale Faktoren für eine effizientes internetbasiertes Lernen.

■ Subjektiver Nutzwert
Voraussetzung dafür, dass die Zielgruppe das internetbasierte Lernangebot akzeptiert, ist natürlich, dass aus ihrer Sicht die internetbasierte Wissensvermittlung einen potentiellen Mehrwert gegenüber einer traditionellen Weiterbildungsmaßnahme besitzt; deshalb ist es wichtig, die entsprechenden Relevanzkriterien der Zielgruppe zu kennen und das Lernangebot darauf abzustimmen.

■ Infrastruktur
Die Rezeptionsumgebung, zu der die Hardware und Software des Computers zählen, bestimmt und begrenzt möglicherweise die technische Nutzung der Lernangebote.

2.2 Lehrinhaltsanalyse und Lehrzieldefinition

Unter Lehrzielen werden die Ziele verstanden, die Bildungsmanager, Dozenten, Instruktionsdesigner mit der internetbasierten Lernumgebung zu erreichen versuchen. Diese Ziele können jedoch nicht unabhängig von Lehrinhalten definiert werden. Deshalb sind Lehrzieldefinitionen immer mit Lehrinhaltsanalysen zu verknüpfen. Kerres differenziert dementsprechend im Blick auf multimediale und telemediale Lernumgebungen zwischen einer Inhalts- und einer Ergebniskomponente (Abbildung 3) [24].

Die Inhaltskomponente bezieht sich auf den thematischen Gegenstandsbereich des internetbasierten Lernsystems und wird von Kerres im Anschluss an Merill in ein vier Kategorien umfassendes Ordnungsschema *(Fakten, Konzepte, Prozeduren* und *Prinzipien)* [25] gegliedert. Unter *Fakten* werden „beliebig angeordnete Informationsbestandteile" zusammengefasst, während als *Konzepte* „Gruppen von Objekten, die eine gemeinsame Eigenschaft oder Bezeichnung tragen" [26] gelten. Demgegenüber stellt eine *Prozedur* eine zu einer Zielerreichung erforderliche Sequenz von Einzelschritten dar. Aussagen über „kausale und korrelative Zusammenhänge von Ereignissen oder Bedingungen" werden von Kerres im Anschluss an Merill – etwas abweichend vom üblichen Sprachgebrauch – dem Begriff *Prinzipien* zugeordnet.

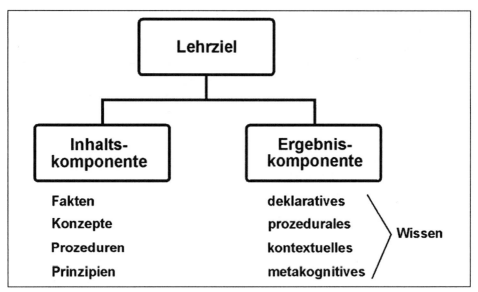

Abbildung 3: Definition eines Lehrziels [27]

Demgegenüber beschreibt die Ergebniskomponente, „welche Kompetenzen die Lernenden als Ergebnis der Lehr-Lernaktivitäten erwerben sollen" [28]. Geläufig ist die Klassifikation in kognitive, affektive und psychomotorische Lehrziele; die Spezifikation der Lehrziele erfolgt durch Angabe des angestrebten Leistungsniveaus. Während kognitive Lehrziele sich auf Wissen beziehen, sind die Gegenstandsbereiche affektiver und psychomotorischer Lehrziele Interessen, Einstellungen und Werte bzw. Bewegungsabläufe. Die Einteilung ist nicht zwingend, letztendlich impliziert auch der Aufbau von Interessen, Einstellungen, Werten und Verhaltensweisen kognitive Aspekte [29]. Aus konstruktivistischer Sicht werden in der Regel vier Arten von Wissen unterschieden: *deklaratives Wissen*, *prozedurales Wissen*, *kontextuelles* (oder *strategisches*) *Wissen* und *metakognitives Wissen* [30]:

■ Deklaratives Wissen
Unter deklarativem Wissen ist Faktenwissen zu verstehen, das sich auf einfache, aber auch sehr komplexe Gegebenheiten beziehen kann. Entscheidend ist, dass es auch ohne die Kenntnis von Hintergründen und Zusammenhängen benannt, erinnert und beschrieben werden kann.

■ Prozedurales Wissen
Prozedurales Wissen ist demgegenüber Kernbestandteil „intellektueller Fertigkeiten". Es besteht aus abstrakten Wenn-Dann-Regeln, die auf der Basis deklarativen Wissens operieren. Prozedurales Wissen wird durch interpretatorische Übung und analytische Erfah-

rung aufgebaut und reguliert das Handlungswissen, das in einer Situation „angewendet" werden kann [31].

■ Kontextuelles Wissen
Kontextuelles Wissen bezeichnet Erinnerungen an konkrete Situationen, Ereignisse oder biographische Erlebnisse. Es bietet auf einen Kontext bezogene Problemlösungsstrategien, deren Grundlage die deklarative und prozedurale Wissensbasis ist [32].

■ Metakognitives Wissen
Unter metakognitivem Wissen wird die Reflexion über das individuelle Wissen und über die eigenen Handlungen verstanden. Zur metakognitiven Wissensbasis gehören z. B. Kenntnisse für ein effektives Lernverhalten.

Diese Hinweise haben nur exemplarischen Charakter. Eine allgemein anerkannte Lehrzieltaxonomie liegt nicht vor. Das entbindet Bildungsmanager, Dozenten, Instruktionsdesigner aber nicht von der Verpflichtung, sich selber und ihren Adressaten größtmögliche Klarheit durch gründliche Lehrinhaltsanalysen und darauf abgestimmte Lehrzieldefinitionen zu verschaffen.

3. Didaktische Erfordernisse bei der Planung internetbasierten Lernens

In der Planungsphase sind unter Einbeziehung der Analyseergebnisse die internetbasierten Lernangebote zu planen. Hierzu gehören aus didaktischer Sicht die Auswahl einer Lehrstrategie, die Planung der didaktische Transformation der Lehrinhalte zu Lernangeboten, die Planung der Strukturierung der Lernangebote und Überlegungen für eine lernförderliche Benutzungsschnittstelle.

3.1 Festlegen der Lehrstrategie

Eine Lehrstrategie legt die „Maßnahmen fest, mit deren Hilfe der Lernende ein bestimmtes Lernziel erreichen soll" [33].

Das Spektrum an Lehrstrategien für die internetbasierte Wissensvermittlung ist nahezu unbegrenzt. Als idealtypische Ausprägungen unterschiedlicher Lehrstrategien, neben denen es allerdings zahlreiche Übergangs- und Mischformen gibt, werden z. Zt. das *Instruktionsparadigma* und das *Problemlöseparadigma* diskutiert [34].

Ein Lernangebot, bei dem die Vermittlung von Wissen auf einem stringenten (vom Lernprogramm vorgegebenen) Lernweg im Vordergrund steht, entspricht dem Instruktionsparadigma [35]. Der Lernende nimmt eine passive Rolle ein, das (rezeptive) Lernen ist systemgesteuert. Bruns/Gajewski weisen darauf hin, dass trotz der Passivität hohe Ansprüche an den Lernenden gestellt werden [36].

Bei Lernangeboten, die dem Problemlöseparadigma folgen, steht die selbstgesteuerte Erarbeitung des Lernstoffs durch den Lernenden im Mittelpunkt. Die Lernangebote sind so gestaltet, dass sie „Engagement herausfordern und [...] zur eigenständigen Wissenskonstruktion provozieren" [37]. Diese Lehrstrategie fordert und fördert handelndes Lernen und wird deshalb von Vertretern der konstruktivistischen Lerntheorie favorisiert [38].

Häufig orientieren sich die Lehrstrategien für internetbasierte Lernumgebungen aber nicht an abstrakten Paradigmen, sondern an konkreten Mustern, z. B. an traditionellen Lehrmethoden wie Vortrag, Lehrfilm, Diskussion, Rollenspiel, usw. [39] Aus didaktischer Sicht ist eine unvermittelte Übertragung auf das neue Bildungsmittel Internet aber fragwürdig. Stattdessen müsste versucht werden, Funktionen der Lehrmethode für computerbasierten Lernen zu adaptieren bzw. weiterzuentwickeln. Für das Lehrmedium Buch finden sich derartige Ansätze im Projekt „Multibook" [40] und bei Thißen [41].

3.2 Planung der Transformation der Lehrinhalte

Häufig wird lediglich das Wissen gesammelt, nach sachlogischen Kriterien strukturiert und in der internetbasierten Lernumgebung bereitgestellt. Aus didaktischer Sicht ist jedoch eine Transformation, d. h. eine dem Medium Internet adäquate Aufbereitung des Wissen in Form spezifischer Lernangebote erforderlich. Die Lehrstrategien bilden hierfür den Rahmen, der unter Berücksichtigung der nachfolgend dargestellten Gesichtspunkte auszuschöpfen ist.

3.2.1 Interaktivität

Im Hinblick auf handelndes Lernen in konstruktivistischen Lernumgebungen sollte die internetbasierte Wissensvermittlung dem Lernenden die Möglichkeit zur Interaktion bieten. Interaktivität beschreibt nach Haack „die Eigenschaft von Software, dem Benutzer eine Reihe von Eingriffs- und Steuerungsmöglichkeiten zu geben" [42]. Dabei lassen sich verschiedene Stufen der Interaktivität unterscheiden [43]:

- Passives Rezipieren von Lernangeboten als implizite Interaktion
- Zugriff auf bestimmte Information durch Umblättern, Auswählen
- Multiple-Choice-Antwortmöglichkeiten – gegebenenfalls mit Verzweigung auf Zusatzinformationen

- Bedien- und Steuerungsfunktionen für Medienelemente
- Freitextfelder mit intelligentem tutoriellem Feedback
- Freier und ungebundener Dialog mit einem Tutor oder mit Lernpartnern

Didaktische Funktionen der Interaktivität sind Individualisierung und Motivierung. Mit steigendem Interaktionsgrad bieten sich dem Lernenden zunehmend Möglichkeiten zur Strukturierung einer „persönlichen und benutzerfreundlichen Lernumgebung, in der sich niemand so gut zurecht findet, wie der Lernende selbst" [44]. Das Gefühl der Verantwortlichkeit für die Lernumgebung und der Freiheit in der Gestaltung der eigenen Lernprozesses steigt – und damit in der Regel auch die Lernmotivation.

3.2.2 Adaption/Adaptierbarkeit

Die Anforderungen der Lernenden an die internetbasierten Lernumgebung können bei einer inhomogen Zielgruppe variieren (vgl. 2.1). Weiterhin kann sich der einzelne Lernende im Laufe seiner Auseinandersetzung mit dem Bereichswissen von einem „Novizen" zu einem „Experten" entwickeln. Im Hinblick auf einen hohen Lernerfolg sollte sich die internetbasierten Lernumgebung demnach nicht starr, sondern aus Sicht des Lernenden als ein flexibles Lernsystem zur Befriedigung unterschiedlicher Lernbedürfnisse präsentieren.

In diesem Zusammenhang spricht die Didaktik von Adaptivität und Adaptierbarkeit. Die internetbasierte Lernumgebung ist dann adaptierbar, wenn sie durch externe Eingriffe des Benutzers an seine individuellen (sich gegebenenfalls mehrfach ändernden) Lernbedingungen angepasst werden kann [45]. Häufig sind die Möglichkeiten allerdings auf die Anpassung der Benutzungsschnittstelle beschränkt (z. B. auf die Änderung von Größe und Aufbau des Browserfensters). Aus didaktischer Sicht ist dies völlig unzureichend; wünschenswert wäre, dass beispielsweise zwischen unterschiedlichen Darstellungsweisen für einen Wissensinhalt (z. B. Text oder Grafik) und verschiedenen Arten von Lernangeboten gewählt werden kann (Aufgaben für ein übendes Lernen, Simulationen für entdeckendes Lernen, Spielszenarien für eine übende Auseinandersetzung [46]).

Adaptiv ist eine internetbasierte Lernumgebung dann, „wenn sie sich selbständig an die veränderten Bedingungen anzupassen vermag" [47]. Hierzu muss aus den Interaktionen Mensch-Lernumgebung auf den Wissensstand, die Eigenschaften oder die aktuellen Interessen des Benutzers geschlossen werden, um beispielsweise die Aufgabenpräsentationszeiten und Antwortzeiten zu begrenzen, den Schwierigkeitsgrad der Aufgaben anzupassen oder die Informationseinheiten automatisch zu präsentieren, die der Interessenlage des Benutzers entsprechen [48]. Allerdings ist es technisch sehr schwierig und didaktisch sehr aufwendig, eine solche adaptive internetbasierte Lernumgebung zu entwickeln. Der erwartete Gewinn an didaktischer Qualität ist gegenüber ökonomischen Gesichtspunkten abzuwägen [49]. Das gilt erst recht für sog. „intelligente tutorielle Systeme" im Internet, in denen der Lernende eine umfassende „Betreuung" durch das Programm erhält (spezifisches Feedback und spezifische Vorschläge für den weiteren Lernweg, die auf die Lernerfahrungen und die jeweilige Lernsituation des Benutzers abgestimmt sind). Realisationen eines ausgereiften tutoriellen Systems werden vermutlich noch lange auf sich warten lassen. Schritte in diese Richtung sollten jedoch unbedingt unternommen werden.

3.2.3 Angabe von Lernhilfen

Das internetbasierte Lernen bietet dem Lernenden Unabhängigkeit im Hinblick auf Raum, Zeit, Lerntempo, Lerngewohnheiten und die Stoffmenge. In einer solchen Lernumgebung muss der Lernende sich selber organisieren, was hohe Anforderungen an die Selbstlernkompetenz stellt. Diese sollte von der „Beherrschung einfacher Selbstlerntechniken bis zur Reflexion, Entscheidung und Planung der individuellen Lernstrategien reichen" [50]. Bei der Konzeption des Lernsystems sind deshalb Zusammenfassungen, Wiederholungen, Lernziele, Glossare didaktisch wünschenswerte Lernhilfen.

3.2.4 Lernerfolgskontrollen

Lernerfolgskontrollen sollen verhindern, dass die Lernenden meinen, etwas verstanden zu haben, mit dem sie sich in Wirklichkeit aber nur sehr oberflächlich auseinandergesetzt haben [51]. Die informationsverarbeitenden Möglichkeiten des Lernmediums Computer setzen zwar z. Zt. noch gewisse Grenzen (vor allem bei der Analyse und Bewertung von Freitexteingaben des Benutzers), prinzipiell bietet dieses Medium aber die Chance, eine Fülle höchst unterschiedlicher und sehr abwechslungsreicher Aufgabentypen bei Lernerfolgskontrollen einzusetzen [52]. Gegenüber herkömmlichen Lernerfolgskontrollen weisen computerbasierte Lernerfolgskontrollen drei unschätzbare Vorteile auf: Unmittelbarkeit der Rückmeldung, (prinzipielle) Anonymität der Bewertung, Möglichkeit zur mehrfachen Wiederholung. Die Lernchancen, die dem Benutzer damit eröffnet werden, werden von den z. Zt. verbreiteten Programmen jedoch nicht annähernd ausgeschöpft. Dies hängt damit zusammen, dass die Realisierung anspruchsvoller Aufgabentypen programmtechnisch schwierig und didaktisch aufwendig ist [53].

Weite Verbreitung finden insbesondere verschiedene Varianten des Multiple-Choice-Aufgabentyps[2], obwohl er von Vertretern konstruktivistischer Lehrstrategien in der Regel strikt abgelehnt wird. Kerres führt jedoch überzeugend aus, dass anspruchsvollere Varianten dieses Grundtyps durchaus eine intensivere, konstruktive Beschäftigung mit Wissen bewirken können und deshalb auch in konstruktivistischen Lernszenarios legitimierbar sind [54]. Dies gilt auch für die meisten anderen, weniger verbreiteten Aufgabentypen, die hier im einzelnen nicht aufgeführt werden können [55].

Didaktisch wichtig ist die Einbindung der Lernerfolgskontrollen in den gesamten Lernprozess. Weitgehend Einigkeit besteht darin, dass Lernerfolgskontrollen nicht wie bei bestimmten Varianten der Programmierten Instruktion dazu genutzt werden sollten, die Freiheitsgrade des Lernenden einzuschränken, indem Wiederholungen („Schleifen") bei Fehlern obligatorisch gemacht werden. Im Gegenteil kann eine Lernerfolgskontrolle auch so gestaltet werden, dass sie lediglich dazu auffordert, den Lernerfolg zu reflektieren. Beispielsweise sollen Ingenieurstudierenden in einem Lernprogramm zur Technischen Mechanik auf einer sechsstufigen Ratingskala ihr Verständnis eines Sachverhalts selbst einstufen – eine Bewertung, die in späteren Lernsitzungen abrufbar ist und zur Auswahl von Lerneinheiten dienen kann [56].

3.3 Planung der Strukturierung der Lernangebote

Zentrale Aufgabe bei der Entwicklung eines Lehrsystems ist die Strukturierung der Lernangebote. Für ein internetbasiertes Lernsystem kommen – idealtypisch vereinfacht – eine expositorische oder explorative Struktur in Frage [57].

Bei einer expositorischen Strukturierung ist die Sequentialisierung der Lernangebote durch die internetbasierte Lernumgebung vorgegeben. Die Freiheitsgrade des Lernenden sind reduziert. Er kann lediglich entscheiden, in welchen Etappen, die auch „Rücksprünge" einschließen können, der Lernweg durchlaufen wird. Die Lernangebote werden häufig auf Grundlage der sachlogischen Struktur des Wissensfelds sequentialisiert (Abbildung 4).

---

[2] Beim Multiple-Choice-Typ sind aus einer vorgegebene Menge von Antwortalternativen die richtige(n) Antwort(en) zu ermitteln.

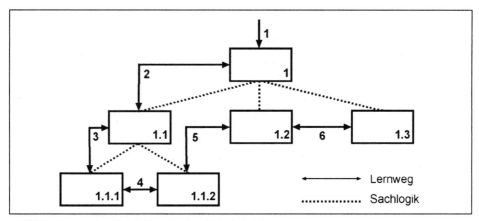

Abbildung 4: Expositorische Strukturierung [58]

Alternativ kann sich die Sequentialisierung u. a. auch an der Chronologie des Erkenntnisgewinns in der Wissensdomäne oder den Erfordernissen zur praktischen Anwendung des Wissens orientieren [59].

Eine homogene und inhaltlich motivierte Zielgruppe, die Ausrichtung der Lehrinhalte auf einen fest umrissenen Prüfungsstoff oder auf klar definierte Anwendungssituationen und eine von der Sachlogik vorgegebene Hierarchie der Lerninhalte sind „typische Voraussetzungen [...], die für eine temporal strukturierte Lernumgebung sprechen" [60].

Bei einem explorativen Ansatz erfolgt ausschließlich eine logische Strukturierung der Lernangebote. Es wird ein Interaktionsraum aufgespannt, in dem der Lernende die Sequentialisierung der Lernangebote individuell bewirkt (Abbildung 5).

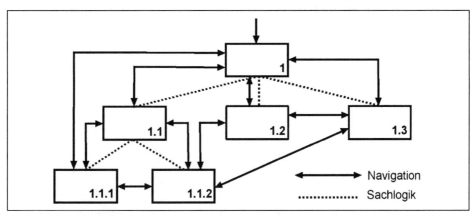

Abbildung 5: Explorative Strukturierung [61]

Der Aufbau des Interaktionsraumes folgt i. d. R. der sachlogischen Struktur. Prinzipiell ist eine Strukturierung – analog zum expositorischen Ansatz – nach unterschiedlichen Kriterien denkbar. Der große Freiheitsgrad des Lernenden erfordert Maßnahmen zur Unterstützung seiner Orientierung [62].

Der explorative Ansatz bietet sich nach Kerres unter den Bedingungen an, „dass die sachlogische Struktur [...] wenige Ordnungskriterien [beinhaltet], dem Lernenden die Ordnungskriterien bekannt, der Aufwand zur Typisierung von Relationen zu groß [ist und] das System inkrementell [...] entwickelt wird" [63].

Idealtypisch realisiert ist der Ansatz in sogenannten *Hypertext/-media-Systemen*, weswegen diese – obwohl sie per se lediglich ein Informationssystem darstellen – häufig zu Lehr- und Lernzwecken eingesetzt werden.

3.4 Planung der lernförderliche Benutzungsschnittstelle

Kennzeichnend für Systeme zur computer- und internetbasierten Wissensvermittlung ist die besondere Bedeutung, die – mehr als bei anderen Medien – den Benutzungsschnittstellen zukommt [64]. Eine optimale Gestaltung der Benutzungsschnittstellen nach software-ergonomischen Gesichtspunkten unter Berücksichtigung ästhetischer Kriterien ist auch aus didaktischer Sicht zu fordern. Vor allem darf bei dem Benutzer nicht das Gefühl entstehen, in einem Geflecht aus verlinkten Informationsseiten verloren zu sein („lost in hyperspace"). Orientierungs- und Navigationshilfen helfen dem Lernenden beim Aufbau kognitiver Landkarten[3] und erleichtern dadurch wesentlich das Verständnis und die Nutzung eines internetbasierten Lernsystems [65]. Sie geben dem Lernenden ein Sicherheitsgefühl, das Lernsystem angemessen zu gebrauchen, und nehmen dadurch indirekt Einfluss auf den Lernerfolg. Insbesondere die Verwendung metaphorischer Oberflächen, der Einsatz von sofort verständlichen, intuitiv zu bedienenden und einheitlichen Navigationselementen sowie die Bereitstellung von (interaktiven) Landkarten und Suchfunktionen unterstützen die Orientierung und Navigation innerhalb eines internetbasierten Lernsystems [66].

---

[3] Eine kognitive Landkarte ist ein subjektiver, individueller Eindruck davon, wie das Lernsystem strukturiert sein könnte.

4. Didaktische Anforderungen an die Durchführung internetbasierter Wissensvermittlung

Didaktische Überlegungen betreffen nicht nur die Planung und Entwicklung interbasierter Wissensvermittlung, sondern mit der Betreuung der Lernenden sowie der Evaluation auch den Einsatz des Lernsystems.

4.1 Betreuung

Durch die technische und organisatorische Integration von Kommunikationsdiensten kann das typische Problem einer durch geringe soziale Kontaktmöglichkeiten geprägten, damit isolierten und wenig lernförderlichen Lernsituation behoben werden. Demnach sollte die internetbasierte Wissensvermittlung dem Lernenden einen Austausch mit anderen Lernenden oder die individuelle Betreuung durch einen Trainer oder Tutor ermöglichen. Bei den heute weit verbreiteten Kommunikationsdiensten E-Mail, Newsgroup und Chat ist zu berücksichtigen, dass im Vergleich zu einer Präsenzsituation weniger Kommunikationskanäle genutzt werden und ein geringeres Ausmaß an sozialer Präsenz empfunden wird. Maßnahmen zur Erhöhung der sozialen Präsenz bestehen in der Bereitstellung von Informationen über andere Lernende und Tutoren. In der Daimler Chrysler Corporate University sind demographische Merkmale (inklusive Portraitfoto) und spezifische Wissensmerkmale der Teilnehmer in Wissenslandkarten (*Yellow Pages*) dokumentiert. Komplementär sind in einem *Who-is-online*-Verzeichnis die aktuell beteiligten Teilnehmer ersichtlich [67]. Um nonverbale Kommunikationsmöglichkeiten zumindest ansatzweise zu verwirklichen, können die Lernenden bei E-Mail, Newsgroup und Chat *Emoticons* benutzen, die dem Kommunikationspartner die aktuelle Stimmung signalisieren..

4.2 Evaluation

Der Begriff Evaluation ist vielschichtig. Will, Winteler und Krapp beschränken sich auf die Benennung vier zentraler Bestimmungselemente. Evaluation ist ziel- und zweckorientiert (1), basiert auf einer systematisch gewonnenen Datenbasis (2), beinhaltet eine bewertende Stellungnahme (3) und ist Bestandteil der Entwicklung, Realisierung und Kontrolle planvoller Bildungsarbeit (4) [68].

Untersuchungen zu internetbasierten Lernsystemen behandeln neben didaktischen Aspekten den finanziellen Aufwand, die Effektivität, der Implementation, die softwaretechnischen Gestaltung u.a. [69]. Aus didaktischer Sicht ist die Evaluation wichtig, da sie Aussagen zu Lernerfolg, Akzeptanz und Lernverhalten in der Zielgruppe ermöglicht.

Sie stützt sich mit der Befragung und der Beobachtung auf zentrale Methoden zur Datenerhebung, unter die eine Vielzahl sozialwissenschaftlicher Bewertungsverfahren fallen [70]. Bei der Evaluation didaktischer Aspekte sind die Inspektionsbeurteilung durch Experten, die Interviewbefragung, Kriterien- und Checklisten, die Verhaltensbeobachtung und der schriftliche Fragebogen weit verbreitet [71]. Bisher noch kaum eingesetzt ist eine sehr aufwendige, aber sehr vielversprechende, speziell auf computerbasierte Lernsysteme abgestimmte Evaluationsmethode: die Analyse von Log-Files.

Die Bewertungsverfahren sollten zu unterschiedlichen Zeitpunkten der Systementwicklung eingesetzt werden. Formative Evaluationsmaßnahmen dienen der schrittweisen Optimierung des Endprodukts und helfen das Risiko eines totalen Misserfolgs zu minimieren [72]. Vorteil dieser Evaluationsform ist, dass während des Entwicklungsprozesses mit relativ geringem zeitlichen und kostenmäßigen Aufwand Defizite zu beheben sind [73]. Beispielsweise können konzeptionelle Überlegungen anhand von „interaktiver" PowerPoint-Präsentationen veranschaulicht und durch Zielgruppenvertreter bewertet werden [74]. Bei der summativen Evaluation wird das internetbasierte Lernsystem unter realen Einsatzbedingungen geprüft.

5. Zusammenfassung

In diesem Beitrag wurde die didaktische Dimension internetbasierter Wissensvermittlung erörtert. Es wurde aufgezeigt, dass sich aus kognitivistischen und konstruktivistischen Theorien menschlichen Lernens wichtige Anregungen und gut begründete Anforderungen an die internetbasierte Wissensvermittlung ableiten lassen. Vor dem Hintergrund dieser Anforderungen wurden aus didaktischer Sicht notwendige Aktivitäten zur Gestaltung internetbasierten Lernens vorgestellt. Im Hinblick auf die systematische Entwicklung eines internetbasierten Lernsystems wurden diese Aktivitäten der Analyse-, Planung- oder Einsatzphase zugeordnet. Die Analysephase hat entscheidenden Einfluss auf Erfolg und Akzeptanz des Lernsystems. Hier sind die Untersuchung der Zielgruppe und die Definition der Lehrziele didaktische Arbeitsfelder. In der Planungsphase muss die Lehrstrategie gewählt werden und ist die Interaktivität, Adaptierbarkeit/Adaptivität sowie die Integration von Lernhilfen und Lernerfolgskontrollen zu planen; außerdem muss eine sachlich und didaktisch angemessene Strukturierung der Lernangebote erreicht und eine lernförderliche Benutzungsschnittstelle geschaffen werden. In der Einsatzphase des internetbasierten Lernsystems ist aus didaktischer Sicht für eine soziale Einbindung der individuellen Lernprozesse in ein Kommunikations- und Betreuungssystem zu sorgen. Außerdem sind Variablen wie Lernerfolg und Akzeptanz des Lernsystems durch die Benutzer zu evaluieren, um Anregungen für die Verbesserung des aktuellen Lernsystems und die Planung künftiger Lernsysteme zu gewinnen.

Literaturverzeichnis

[1] BAUMGARTNER, P., Didaktische Anforderungen an (multimediale) Lernsoftware, in: Issing, L. J., Klimsa, P. (Hrsg.), Information und Lernen mit Multimedia, 2. überarbeitete Aufl., Psychologie Verlags Union, Weinheim 1997, S 241-252.

[2] KERRES, M., Multimediale und telemediale Lernumgebungen: Konzeption und Entwicklung, Oldenbourg, München 1998.

[3] EULER, D., Didaktik des computerunterstützten Lernens: Praktische Gestaltung und theoretische Grundlagen, Nürnberg 1992.

[4] Ebenda.

[5] BARKER, P./VAN SCHAIK, P./HUDSON, S./MENG TAN, C., Mental Models and their Role in Teaching and Learning, in: Proceedings of ED-MEDIA / ED-TELECOM 98, Freiburg 1998.

[6] KERRES, M., Multimediale und telemediale Lernumgebungen: Konzeption und Entwicklung, Oldenbourg, München 1998.

[7] in Orientierung an ISSING, L. J., Instruktionsdesign für Multimedia, in: Issing, L. J./Klimsa, P. (Hrsg.), Information und Lernen mit Multimedia, 2. überarbeitete Aufl., Psychologie Verlags Union, Weinheim 1997, S 195-220.

[8] Ebenda.

[9] Ebenda.

[10] Ebenda.

[11] Ebenda.

[12] FEIL, T./WEIHRACH, T., Computergestütztes Lernen: Methoden, Techniken und Perspektiven, in: Spektrum der Wissenschaft, (1998)3, S 42-45.

[13] MANDL, H./GRUBER, H., Lehren und Lernen mit dem Computer, München, Universität, Institut für Pädagogische Psychologie und Empirische Pädagogik, Forschungsbericht Nr. 30, 1994.

[14] in Orientierung an ISSING, L. J., Instruktionsdesign für Multimedia, in: Issing, L. J./Klimsa, P. (Hrsg.), Information und Lernen mit Multimedia, 2. überarbeitete Aufl., Psychologie Verlags Union, Weinheim 1997, S 195-220.

[15] SCHULMEISTER, R., Grundlagen hypermedialer Lernsysteme: Theorie – Didaktik – Design, 2. Aufl., Oldenbourg, München 1998.

[16] COOPER, P. A., Paradigm Shifts in Designed Instruction: From Behaviorism to Cognitivism to Constructivism, in: Educational Technology, 5(1993), S. 12-19.

[17] MANDL, H./GRUBER, H./RENKL, A., Situiertes Lernen in multimedialen Lernumgebungen, in: Issing, L. J./Klimsa, P. (Hrsg.), Information und Lernen mit Multimedia, 2. überarbeitete Aufl., Psychologie Verlags Union, Weinheim 1997, S 167-192.

[18] Ebenda.

[19] KERRES, M., Multimediale und telemediale Lernumgebungen: Konzeption und Entwicklung, Oldenbourg, München 1998.

[20] LUCZAK, H., Arbeitswissenschaft, 2. Aufl., Springer, Berlin 1998.

[21] Ebenda.

[22] KERRES, M., Multimediale und telemediale Lernumgebungen: Konzeption und Entwicklung, Oldenbourg, München 1998.

[23] THIßEN, D., Systemtechnische Entwicklung und Evaluation eines nutzerorientierten Produktmodells für multimediale Lehr- und Lernsysteme in den Ingenieurwissenschaften, Hagen, Universität, Fachbereich Elektrotechnik, Unveröffentlichte Dissertation, 2000.

[24] KERRES, M., Multimediale und telemediale Lernumgebungen: Konzeption und Entwicklung, Oldenbourg, München 1998.

[25] MERILL, zitiert nach Kerres, M., Multimediale und telemediale Lernumgebungen: Konzeption und Entwicklung, Oldenbourg, München 1998.

[26] KERRES, M., Multimediale und telemediale Lernumgebungen: Konzeption und Entwicklung, Oldenbourg, München 1998.

[27] Ebenda.

[28] Ebenda.

[29] Ebenda.

[30] KERRES, M., Multimediale und telemediale Lernumgebungen: Konzeption und Entwicklung, Oldenbourg, München 1998; MANDL, H./GRUBER, H., Lehren und Lernen mit dem Computer, München, Universität, Institut für Pädagogische Psychologie und Empirische Pädagogik, Forschungsbericht Nr. 30, 1994.

[31] KERRES, M., Multimediale und telemediale Lernumgebungen: Konzeption und Entwicklung, Oldenbourg, München 1998.

[32] Ebenda.

[33] BRUNS, B./GAJEWSKI, P., Multimediales Lernen im Netz: Leitfaden für Entscheider und Planer, 2. Aufl., Springer, Berlin 2000.

[34] Vgl. EULER, D., (Multi)mediales Lernen: Theoretische Fundierung und Forschungsstand, in: Unterrichtswissenschaft, (1994)4, S. 291-311.

[35] ISSING, L. J., Instruktionsdesign für Multimedia, in: Issing, L. J./Klimsa, P. (Hrsg.), Information und Lernen mit Multimedia, 2. überarbeitete Aufl,. Psychologie Verlags Union, Weinheim 1997, S 195-220.

[36] BRUNS, B./GAJEWSKI, P., Multimediales Lernen im Netz: Leitfaden für Entscheider und Planer, 2. Aufl., Springer, Berlin 2000.

[37] Ebenda.

[38] ISSING, L. J., Instruktionsdesign für Multimedia, in: Issing, L. J.; Klimsa, P. (Hrsg.), Information und Lernen mit Multimedia, 2. überarbeitete Aufl,. Psychologie Verlags Union, Weinheim 1997, S 195-220.

[39] Vgl. BRUNS, B./GAJEWSKI, P., Multimediales Lernen im Netz: Leitfaden für Entscheider und Planer, 2. Aufl., Springer, Berlin 2000.

[40] MULTIBOOK-PROJEKT, WWW: http://www.multibook.de (10.08.2000).

[41] THIßEN, D., Systemtechnische Entwicklung und Evaluation eines nutzerorientierten Produktmodells für multimediale Lehr- und Lernsysteme in den Ingenieurwissenschaften, Aachen 2001.

[42] HAACK, J., Interaktivität als Kennzeichen von Multimedia und Hypermedia, in: Issing, L. J./Klimsa, P. (Hrsg.), Information und Lernen mit Multimedia, 2. überarbeitete Aufl., Psychologie Verlags Union, Weinheim 1997, S 151-163.

[43] Ebenda.

[44] Ebenda.

[45] LEUTNER, D., Adaptivität und Adaptierbarkeit multimedialer Lehr- und Lernsysteme, in: Issing, L. J./Klimsa, P. (Hrsg.), Information und Lernen mit Multimedia, 2. überarbeitete Aufl., Psychologie Verlags Union, Weinheim 1997, S 139-150.

[46] Vgl. THIßEN, D./SCHERFF, B., Entwicklung neuer Präsentationsformen zur Gestaltung computerunterstützter Lernangebote für Ingenieure, in: Auer, M.; Resseler, U. (Hrsg.), Interactive Computer Aided Learning Tools and Applications, Proceedings of ICL 99, Villach 1999.

[47] LEUTNER, D., Adaptivität und Adaptierbarkeit multimedialer Lehr- und Lernsysteme, in: Issing, L. J./Klimsa, P. (Hrsg.), Information und Lernen mit Multimedia, 2. überarbeitete Aufl., Psychologie Verlags Union, Weinheim 1997, S 139-150.

[48] Ebenda.

[49] BRUNS, B./GAJEWSKI, P., Multimediales Lernen im Netz: Leitfaden für Entscheider und Planer, 2. Aufl., Springer, Berlin 2000.

[50] ZIMMER, F., Mit Multimedia vom Fernunterricht zum Offenen Fernlernen, in: Issing, L. J./KLIMSA, P. (Hrsg.), Information und Lernen mit Multimedia, 2. überarbeitete Aufl., Psychologie Verlags Union, Weinheim 1997, S 337-352.

[51] KERRES, M., Multimediale und telemediale Lernumgebungen: Konzeption und Entwicklung, Oldenbourg, München 1998.

[52] MEURER, P. F./STEUBER, H., Leistungskontrolle im Computer Based Training, Düsseldorf 1999.

[53] Ebanda.

[54] KERRES, M., Multimediale und telemediale Lernumgebungen: Konzeption und Entwicklung, Oldenbourg, München 1998.

[55] s. dazu MEURER, P. F./STEUBER, H., Leistungskontrolle im Computer Based Training, Düsseldorf 1999.

[56] Vgl. THIßEN, D./SCHERFF, B., A New Concept for Designing Internet Learning Applications for Students of Electrical Engineering, in: Bullinger, H.-J./Ziegler, J. (Hrsg.), Human-Computer Interaction – Ergonomics and User Interfaces, Proceedings of HCI International 99, Lawrencee Erlbaum Associates, München, London 1999, S 590-594.

[57] Vgl. KERRES, M., Multimediale und telemediale Lernumgebungen: Konzeption und Entwicklung, Oldenbourg, München 1998.

[58] THIßEN, D., Systemtechnische Entwicklung und Evaluation eines nutzerorientierten Produktmodells für multimediale Lehr- und Lernsysteme in den Ingenieurwissenschaften, Hagen, Universität, Fachbereich Elektrotechnik, Unveröffentlichte Dissertation, 2000.

[59] KERRES, M., Multimediale und telemediale Lernumgebungen: Konzeption und Entwicklung, Oldenbourg, München 1998.

[60] Ebenda.

[61] THIßEN, D., Systemtechnische Entwicklung und Evaluation eines nutzerorientierten Produktmodells für multimediale Lehr- und Lernsysteme in den Ingenieurwissenschaften, Hagen, Universität, Fachbereich Elektrotechnik, Unveröffentlichte Dissertation, 2000.

[62] KERRES, M., Multimediale und telemediale Lernumgebungen: Konzeption und Entwicklung, München 1998.

[63] Ebenda.

[64] Vgl. BALZERT, H./WEIDAUER, C., Multimedia-Systeme: ein neues Anwendungsgebiet für die Software-Technik, in: GI-Softwaretechnik-Trends, 18(1998)4, S. 4-9.

[65] THISSEN, F., Screen-Design-Handbuch – Effektiv informieren und kommunizieren mit Multimedia, Springer, Berlin 2000.

[66] Vgl. Ebenda.

[67] KRAEMER, W./MÜLLER, M., Virtuelle Corporate University - Executive Education Architecture und Knowledge Management, in: Scheer, A.-W. (Hrsg), Electronic Business and Knowledge Management – Neue Dimensionen für den Unternehmenserfolg, Heidelberg 1999, S. 491-525.

[68] WILL/WINTELER/KRAPP, zitiert nach Fricke, R., Evaluation von Multimedia, in: Issing, L. J./Klimsa, P. (Hrsg.), Information und Lernen mit Multimedia, 2. überarbeitete Aufl., Psychologie Verlags Union, Weinheim 1997, S 401-413.

[69] FRICKE, R., Evaluation von Multimedia, in: Issing, L. J./Klimsa, P. (Hrsg.), Information und Lernen mit Multimedia, 2. überarbeitete Aufl., Psychologie Verlags Union, Weinheim 1997, S. 401-413.

[70] LUCZAK, H., Arbeitswissenschaft, 2. Aufl., Springer, Berlin 1998.

[71] Vgl. ISSING, L. J., Instruktionsdesign für Multimedia, in: Issing, L. J./Klimsa, P. (Hrsg.), Information und Lernen mit Multimedia, 2. überarbeitete Aufl., Psychologie Verlags Union, Weinheim 1997, S. 195-220.

[72] Ebenda.

[73] Ebenda.

[74] SCHERFF, B./THIßEN, D., Evaluation multimedialer Qualifizierungskonzepte für das Fernstudiu, in: Heeg, F. J./Kleine, G., Kommunikation und Kooperation – Arbeitswissenschaftliche Aspekte der Gestaltung von Kommunikations- und Kooperationsbeziehungen und –systemen, Mainz, Aachen 1999, S 265-270.

Jörg Klein-Kretzschmar, Dr. Volker Zimmermann
imc information multimedia communication GmbH, Saarbrücken

Vom Wissensbedarf zum Web-based Training

1. Einleitung

Durch den steigenden Bedarf an dauerhaft qualifizierten Mitarbeitern gewinnen berufsbegleitende Maßnahmen zur Qualifizierung immer mehr an Bedeutung [1]. Eine wichtige Aufgabe übernehmen hierbei Formen des web-basierten multimedialen Lernens, sogenannte Web-based Training (WBT) ein [2]. Web-based Training kann als Transformation von klassischem Computer-based Training (CBT) in einen Distance Learning Ansatz unter Verwendung web-basierter Applikationen verstanden werden [3]. *„Web-based training presents live content, as fresh as the moment and modified at will, in a structure allowing self-directed, self-paced instruction in any topic."* [4]

Vergleicht man die klassischen Schulungsszenarien in Form von Präsenzseminaren mit dem gezielten Einsatz von Web-based Training, spielen die Faktoren Zeit und Kosten eine entscheidende Rolle. Während sich bei der Durchführung von Präsenzveranstaltungen die Trainerkosten, Kosten für Räumlichkeiten und Material, Reisekosten sowie Arbeitsausfallzeiten summieren, entstehen beim Einsatz von WBT hingegen primär die Kosten für die Entwicklung und Bereitstellung. Das Lernen erfolgt auf Abruf, unabhängig von Zeit und Raum. Somit wird Lernen nicht mehr von außen gesteuert, sondern kann flexibel und individuell ablaufen. Dennoch bedeutet Web-basiertes Lernen nicht den vollständigen Verzicht auf Präsenzschulung, sondern vielmehr die gezielte Kombination von WBT und Präsenzveranstaltung unter der Verwendung internet-basierter Lernplattformen, um bspw. synchrone und asynchrone Kommunikation zu ermöglichen. In dieser Kombination spricht man auch von E-Learning [5], [6].

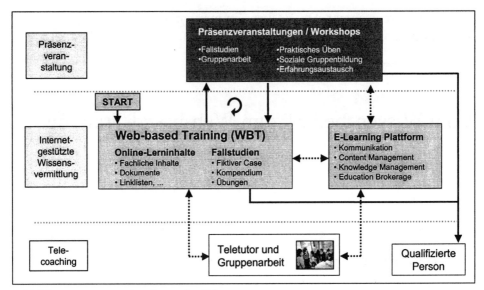

Abbildung 1: E-Learning Szenarien [7]

Ein mögliches Lernszenario besteht darin, über den Einsatz eines WBT auf eine Präsenzveranstaltung hinzuführen, indem zuerst die wesentlichen Grundlagen online gelernt und anschließend im Rahmen des Präsenzlernens in Form von Gruppenarbeit vertieft werden. Das Online-Lernen kann dabei optional von sogenannten Teletutoren gesteuert werden, die ähnlich wie der Trainer in Präsenzveranstaltungen Lernprozesse durch motivierende Aufgabenstellungen ankurbeln bzw. durch Korrekturen von speziellen Einsendeaufgaben den Lernfortschritt überprüfen.

2. Medienpädagogische Aspekte und Einsatzgebiete

2.1 Einflussfaktoren

Ausschlaggebend für die Entwicklung eines WBT ist in der Regel ein identifizierter Weiterbildungsbedarf für ein bestimmtes Thema oder Themengebiet. Um diesen Weiterbildungsbedarf optimal abzudecken, sind bei der Planung einer WBT Entwicklung verschiedene Einflussfaktoren zu berücksichtigen. Diese in Abbildung 2 dargestellten

Faktoren beeinflussen maßgeblich die Art des zu entwickelnden Lernsystems und helfen, die Entwicklungskosten und -zeit im Vorfeld genau zu spezifizieren.

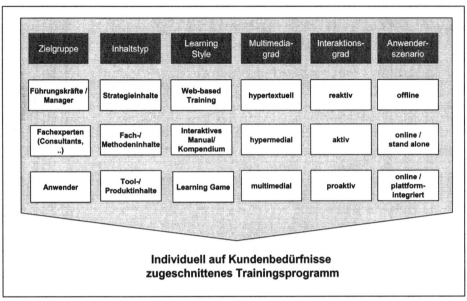

Abbildung 2: Einflussfaktoren für WBT Entwicklung

2.1.1 Zielgruppe

Ein wichtiger Aspekt ist die optimale Ausrichtung des Lernsystems auf die anvisierte Zielgruppe. In Analogie zu Fernsehbeiträgen lassen sich verschiedene Zielgruppen identifizieren. Ein Sachbearbeiter im Controlling lernt z.B. anders als ein Mitglied des Vorstands, das wenig Zeit für diese Aktivität hat. Lernsysteme können dann z.B. in Form von kurzen Nachrichtenbeiträgen konzipiert werden, um schnell über strategisch wichtige Themen zu informieren. Ein Lernsystem kann aber auch mehr in Richtung eines Spielfilms oder Dokumentarfilms mit einem hohen Multimediagrad umgesetzt werden. Soll ein Lernsystem verschiedene Zielgruppen gleichzeitig ansprechen, sind in der Regel verschiedene Lernpfade zur Verfügung zu stellen, um das Lernsystem gemäß persönlicher Präferenzen erkunden zu können.

2.1.2 Inhaltstyp

In einem weiteren Schritt sind die zu vermittelnden Inhalte zu klassifizieren. WBTs werden in Bezug auf ihre Inhalte in die Kategorien Strategieschulung, Fach- und Methodenschulung sowie Produkt- und Toolschulung unterschieden. Die Vermittlung von *Strategieinhalten* für Führungskräfte erfolgt meist über interaktive Case Studies verbunden mit Experten Statements und Faktenwissen. Bei anwendungsspezifischen Inhalten innerhalb von *Fach- und Methodenschulungen* müssen kreative Visualisierungsformen gefunden werden, so dass auch abstrakte Inhalte verständlich und mit Beispielen hinterlegt werden. *Produkt- und Toolschulungen* vermitteln meist neue Funktionalitäten, Handhabungsfragen sowie zielgruppengerechte Informationen, z.B. für Käufer, Nutzer, Händler, Techniker usw. Neben der Handhabung müssen hierbei auch praktische Anwendungsfälle interaktiv geübt werden. WBTs dienen dem Nutzer hierbei als Hilfesystem, Schulungsmaßnahme oder Nachschlagewerk.

2.1.3 Interaktionsgrad

Abhängig von Inhalt und Zielgruppe gilt es, einen geeigneten didaktischen Ansatz abzuleiten und den Interaktionsgrad zu bestimmen. Durch diesen werden die Eingriffs- und Steuerungsmöglichkeiten beschrieben, die sich dem Anwender innerhalb des Lernsystems eröffnen [8]. Die Stufen des Interaktionsgrades eines Lernsystems werden unterschieden in passiv, aktiv und proaktiv [9].

- *Passiv* bedeutet, dass der Anwender ein Lernsystem bzw. –szenario anhand eines vorgegebenen Wegs durchläuft und sich die Interaktionen auf passives Zuhören, Lesen und Anschauen beschränken.
- Bei einem *aktiven* Interaktivitätsgrad kann der Anwender durch die Bereitstellung und Nutzung individueller Lernpfade bzw. den damit einhergehenden Auswahlaktivitäten das Lernsystem nach seinen persönlichen Präferenzen erkunden. Zum Teil existieren hier schon Simulationskomponenten mit individuellen Feedbackmöglichkeiten für die Eingaben des Anwenders.
- *Proaktivität* beschreibt die Fähigkeit eines Systems, auf Nutzereingaben variabel einzugehen, z. B. durch intelligentes tutorielles Feedback (Bots) oder ungebundenen Dialog mit einem Tutor durch Anbindung an eine Lernplattform.

2.1.4 Learningstyle

Bei der Frage nach dem Learning Style wird ermittelt, auf welchem Wege die ausgesuchten Inhalte adäquat umgesetzt werden können. Unter Berücksichtigung der identifizierten Zielgruppe und der klassifizierten Inhalte kann ein Lernsystem neben der reinen Form des **Web-based Trainings** auch als **interaktives Manual bzw. Kompendium** oder in Form von einem **Learning Game** umgesetzt werden. Learning Games ermöglichen ein spielerisches Lernen durch Darstellung realistischer Situationen unter einem hohen Aktivitäts- und Interaktionsgrad, so dass der Anwender aktiv in das Geschehen eingebunden ist und nicht nur auf das Lesen und Zuhören beschränkt ist [10]. Im Vergleich zum reinen Web-bases Training ist die Entwicklung von Learning Games bedeutend aufwendiger.

2.1.5 Multimediagrad

Grundlegende Merkmale von Multimedia-Anwendungen sind die gemeinsame Verwendung verschiedener Medientypen. Der Multimediagrad richtet sich nach der zur Verfügung stehenden Rechnerausstattung und Bandbreite, der anvisierten Zielgruppe und dem Inhaltstyp, aber auch nach dem der Entwicklung zur Verfügung stehendem Budget und unterscheidet sich nach den verwendeten Medien.

Medien werden nach ihrem Zeitbezug unterschieden. Man differenziert zwischen statischen (zeitabhängigen) Medien und dynamischen (zeitunabhängigen) Medien [11], [12]. Reduziert sich der Medienverbund auf die Kombination von statischen Medien wie Grafik und (Hyper-)Text spricht man von **Hypertextuellen Lernsystemen** [13]. Bei der Verwendung von dynamischen Medien unterscheidet man zwischen rein visueller bzw. auditiver und audiovisueller Wahrnehmung [14]. Werden nur dynamische Animationen ohne Audio verwendet handelt es sich um **hypermediale Systeme**. Durch auditive Unterstützung von Sound werden diese zu **multimedialen Lernsystemen**.

2.1.6 Anwendungsszenario

Es ist wichtig, bei der Planung des Lernsystems das gewünschte Anwendungsszenario zu berücksichtigen. Ist z.B. geplant, das zu entwickelnde WBT in ein Gesamt-E-Learningkonzept zu integrieren, können Lernplattformfunktionalitäten genutzt werden und es ergeben sich ganz andere Möglichkeiten für einen Kommunikationsmix als in einem Lernsystem, das als „Stand alone" - Lösung im Netz zur Verfügung gestellt wird. Verfügen Teile der Zielgruppe über keinen Internet/Intranet-Zugang, muss ein Lernsystem auch als CD-Rom zur Verfügung gestellt. Ein Lernsystem kann somit offline, online / stand alone und online / plattformintegriert konzipiert werden. Hierdurch ergeben sich zum Teil sehr unterschiedliche Anforderungen, die sich auch in unterschiedlich hohen Entwicklungskosten ausdrücken. Wird bspw. ein WBT in eine Lernplattform integriert, können viele Komponenten der Plattform (User Tracking, Zertifizierung, Kommunikation) genutzt werden und müssen nicht speziell für das WBT entwickelt werden.

2.2 Architektur

Die Qualität eines Lernsystems wird entscheidend von der Fähigkeit des Anwenders bestimmt, das System und seine Funktionalitäten zu nutzen. *„Ohne die interpretierenden Handlungen des Lernenden ist eine Hypermedia Basis nur ein großes Warenhaus von Texten, Tönen, Bildern, Filmen und Animationen"* [15]. Ein wichtiger Aspekt bei der Konzeption ist damit die Benutzerfreundlichkeit und die intuitive Handhabung des Lernsystems. Erreicht wird dies durch einen klaren und einheitlichen Aufbau, der es verschiedenen Lerntypen ermöglicht, gemäß ihren Neigungen auf das gewünschte Wissen bzw. Lernpfad zuzugreifen. Zusätzlich sollten tutorielle Komponenten Orientierungshilfen bieten. Nachfolgende Abbildung zeigt ein Beispiel, wie diese Anforderungen umgesetzt werden können.

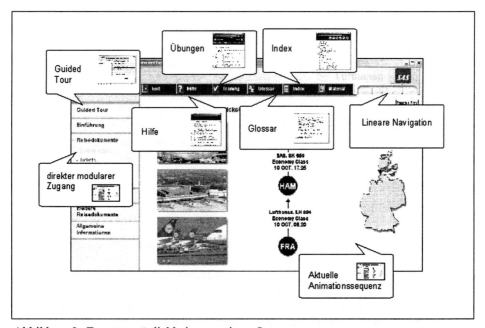

Abbildung 3: Zugangsmöglichkeiten zu einem Lernsystem

Nach dem Zugriff auf die entsprechende Homepage gelangt der Anwender auf eine WBT Startseite, auf der er z.B. durch einen virtuellen Tutor begrüßt wird und anschließend in einer Guided Tour einen Überblick über das gesamte Lernsystem und dessen Funktionalitäten erhält.

Von hier aus gelangt er dann zu den einzelnen Lernmodulen, die aus verschiedenen multimedialen Animationen, dem Kernstück des Lernsystems, bestehen. Zwischen den einzelnen Lerneinheiten hat der Anwender die Möglichkeit durch Selbsttests seinen Wissensstand bzw. Lernfortschritt zu überprüfen.

Zusätzlich werden dem Anwender weitere Funktionalitäten zur Verfügung gestellt. Ein Trainingscenter bietet durch die Bereitstellung einer Vielzahl an Übungsaufgaben die Möglichkeit eines „problemlösungsorientierten" Einstiegs in das Lernsystem, von wo aus bei Wissensdefiziten auf die Lerneinheiten zugegriffen werden kann. Es kann aber auch zur abschließenden Zertifizierung genutzt werden. Hierbei können dann Daten an die Lernplattform weitergegeben werden. Durch die Nutzung eines Glossars und Index besteht z.B. die Möglichkeit „begriffsorientiert" auf die multimedialen Lerneinheiten zuzugreifen bzw. zu recherchieren.

Sollten weiterführende Materialien für eine Schulung notwendig sein, können diese optional in einer Extra Material Sektion in Form von Folien oder Dokumenten zur Verfügung gestellt und zusätzlich durch Links in andere Systeme ergänzt werden. Von Vorteil ist, dass dieser Bereich ohne Programmierkenntnisse einfach aktualisiert werden kann.

2.3 Einsatz von Leitfiguren, virtuellen Agenten, Bots

Ein **virtueller Tutor** als fotorealistische Person oder **Sympathieträger** in Form einer abstrakt gestalteten Figur kann in das Lernprogramm einführen. Die Erfahrung zeigt, dass solche Elemente zu einer Akzeptanzsteigerung und Personalisierung von WBTs führen und ein vom Nutzer geschätztes didaktisches Mittel darstellen.

Darüber hinaus kann dieser Sympathieträger auch als **Virtueller Agent** agieren, der an definierten Stellen aufgerufen werden kann und den User über entsprechende Links zu anderen Stellen oder auch anderen WBTs führen kann. Damit wird die Intelligenz des WBTs erhöht und weiterhin der Lerneffekt gesteigert, weil die Lerneinheiten und Wissensbausteine auf diese Art untereinander stärker verbunden sind und eine Wiederholung und Auffrischung bereits behandelter Themen stattfindet.

Fungiert ein virtueller Agent als dynamischer Ansprechpartner und ermöglicht dieser jederzeit eine relativ freie, personalisierte Kommunikation mit dem System, spricht man von einem **Bot**. Bots dienen dazu, dem Lernsystem einen hohen (proaktiven) Interaktivitätsgrad zu verleihen.

2.4 Lernerdaten

Es ist wichtig, Lernerdaten in einem Lernsystem speichern zu können, um somit den Wiedereinstieg zu einem späteren Zeitpunkt zu erleichtern und dem Anwender einen Überblick über seinen aktuellen Kenntnisstand geben zu können.

Um einen standardisierten Datenaustausch zwischen Lernplattformen (CMI) und WBT herzustellen, wurde der AICC Standard geschaffen [16]. Hierdurch können Funktionalitäten wie User Identifikation, Bookmark und Lernstandskontrolle vereinfacht ermöglicht werden.

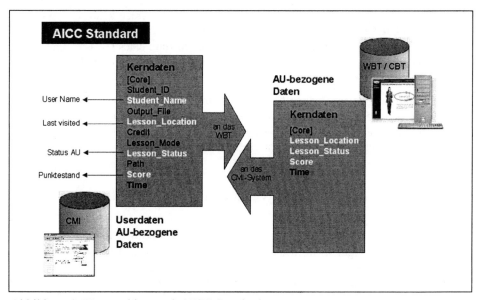

Abbildung 4: Usertracking nach AICC Standard

3. Phasen der WBT Entwicklung

Am Anfang steht grundsätzlich der Wissens- bzw. Weiterbildungsbedarf eines Unternehmens. Dabei gibt es aber eine Vielzahl von Ausgangsszenarien, die jeweils eine spezifische Vorgehensweise erfordern. WBTs werden z.B. genutzt, um vorhandene

Präsenzveranstaltungen zu unterstützen oder zu ersetzen. Hierbei kann auf ein bestehendes Curriculum und bereits vorhandene Kursunterlagen aufgebaut werden. Ganz anders stellt sich die Situation dar, wenn durch Web-based Training neue Schulungen angeboten werden sollen, für die zum Teil noch kein Curriculum definiert worden ist und die Inhalte erst noch entwickelt werden müssen. Hierbei wird dann unter anderem auf externe Experten und Content Lieferanten zurückgegriffen, die innerhalb des Projektes die Lerninhalte entwickeln.

Bei der Erstellung von WBTs sind vier Phasen zu berücksichtigen: Planung, Design, Produktion und Evaluation [17].

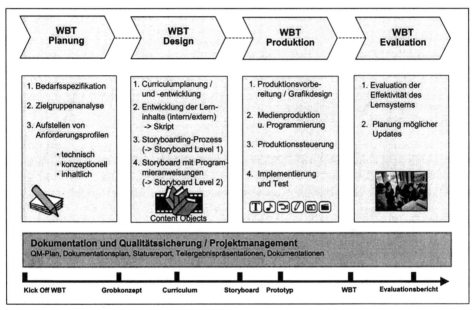

Abbildung 5: Vorgehensmodell WBT Entwicklung

3.1 WBT Planung

Gegenstand der Projektphase **WBT Planung** ist die detaillierte Spezifikation des Lernprogramms in Bezug auf Aufbau und Struktur, dessen inhaltliche Planung sowie die informationstechnische Architektur. Neben der Spezifikation der Zielgruppe und den damit verbundenen Anforderungen an die Systemarchitektur werden bereits die einzelnen Lernmodule des Systems definiert und die verschiedenen Funktionalitäten festgelegt.

3.2 WBT Design

Die Grobstruktur für das Lernsystem als Ergebnis der Phase WBT Planung bildet den Ausgangspunkt für die Feinstruktur und die Drehbucherstellung im Rahmen der Projektphase WBT Design, die sich direkt an die Planungsphase anschließt. Diese Phase besteht aus der Curriculumplanung und -entwicklung und der detaillierten Drehbucherstellung, auf deren Basis die WBT Programmierung erfolgt.

Curriculumplanung und -entwicklung

Ergebnis der Phase WBT Design ist zunächst ein didaktisches Konzept und eine inhaltliche Feinstruktur. Beide ergeben das Curriculum. Dieses umfasst die Beschreibung der Lernziele und der daraus abgeleiteten Methoden. Im Einzelnen sind zur Erstellung des Curriculums folgende Arbeitspakete zu leisten:

- Detaillierte Sichtung und Auswahl der vorhandenen Materialien,
- Festlegung und Definition aller Lerneinheiten (Themenblöcke) und der einzelnen Content Objects (Beschreibung in einem Content-Object-Modell),
- Ausarbeitung des medienpädagogischen Konzepts (Definition der Lernziele, Methoden-Mix),
- Erarbeitung verschiedener Fallbeispiele und Szenarien zu einem Gesamtkonzept,
- Dokumentation des Feinkonzepts.

Aus den im Curriculum beschriebenen Lernzielen kann abgeleitet werden, welche Präsentations-, Test- und Feedbackelemente für das Lernsystem notwendig sind. Somit wird durch die jeweiligen Lernziele und deren entsprechende Operationalisierung bestimmt, wie der Anwender mit dem Programm interagieren kann bzw. wie das Programm auf die Eingaben des Anwenders reagiert.

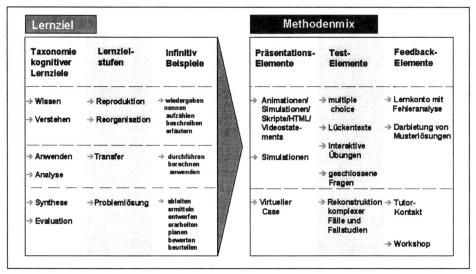

Abbildung 6: Lernzieloperationalisierung

Drehbucherstellung

An die Curriculumentwicklung schließt sich die Erstellung des Drehbuchs (Storyboarding) an [18]. Im Rahmen der Drehbucherstellung kann man drei Stufen unterscheiden:

- Erstellung eines Skripts,
- Erstellung eines groben Storyboards (Storyboard Level 1),
- Erstellung eines Feinstoryboards mit allen Programmieranweisungen (Storyboard Level 2).

Ausgehend von einem Skript bzw. dem Storyboard Level 1 erfolgt die Überführung der Feinstruktur in ein detailliertes Handlungsschema und die Festlegung des Interaktivitätsgrades. Hierzu wird die Feinstruktur in Form eines Drehbuchs dokumentiert.

Das Drehbuch (Level 2) beinhaltet die Strukturbeschreibung der Lerneinheiten, die Beschreibung der einzelnen Seiteninhalte, eine Definition der zu verwendenden Medienbausteine sowie ein Muster-Screendesign. Darüber hinaus wird die Interaktionsstruktur (Navigation) in Verbindung mit Programmieranweisungen festgelegt.

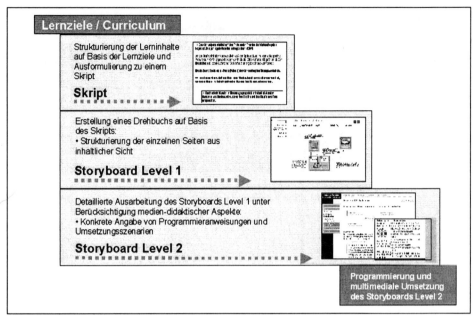

Abbildung 7: Vom Lernziel zum Drehbuch

3.3 WBT Produktion

Die Phase **WBT Produktion** beinhaltet die technische Umsetzung des Drehbuchs (Level 2) in ein lauffähiges Lernprogramm entsprechend bestimmter Standards sowie die abschließende Implementierung inklusive eines ausführlichen Systemtests.

Produktionsvorbereitung

Im Rahmen der Produktionsvorbereitung werden die verschiedenen Templates für die Medienprogrammierung erstellt.

Im einzelnen handelt es sich dabei um folgende Templates, die als Vorlage für die anschließende Medienproduktion dienen:
- Template für das WBT-Layout und die Navigation,
- Templates für Lernmodule,
- Templates für Übungsaufgaben,
- Template für Basisfunktionalitäten,
- Templates für Schnittstellen.

Medienproduktion und Programmierung

Gegenstand der Projektphase Medienproduktion und Programmierung ist die produktionstechnische Umsetzung des Feinkonzepts und des Drehbuchs, d.h. die medientechnische Erstellung der Lerneinheiten auf Basis der vorbereiteten Templates.

Die Realisierung der Lerneinheiten gliedert sich jeweils in Multimedia-Produktionsleistungen (Bild-, Audiobearbeitung, Grafikerstellung, Medienarchivierung etc.) sowie Realisierungs- und Programmierleistungen (Erstellen von Animationen, Montage der einzelnen Bildschirmseiten etc).

Produktionssteuerung

Die Produktionssteuerung erfolgt während der gesamten Medienproduktion. Sie dient somit zum einen der Sicherstellung der multimedialen Umsetzung gemäß des erarbeiteten Drehbuchs und zum anderen der Koordination von Sprach- und Bildaufnahmen sowie aller anfallenden externen Dienstleistungen.

Implementierung und Systemtest

Im Rahmen dieser Projektphase wird eine Beta-Version hinsichtlich ihrer technischen Funktionalität und Erreichbarkeit der definierten Lernziele getestet. Test und Dokumentation erfolgen mit Hilfe eines Dokumentationsplans und eines Qualitätsmanagement-Plans (QM-Plan), die beide integraler Bestandteil des Projektplans sind. Sie definieren Inhalt und Form der Dokumentation sowie Qualitätssicherungsmaßnahmen.

Die WBT Produktion endet mit einer Integration und Anpassung der entwickelten Medienelemente zum lauffähigen System und der Integration in die EDV Systemumgebung.

3.4 WBT Evaluation

Im Rahmen der WBT Evaluation wird die Effektivität und Effizienz eines WBT und Lernprogramms hinsichtlich Softwareergonomie und Usability sowie die inhaltliche Aufbereitung und Struktur geprüft. Es wird ferner evaluiert, inwieweit das vermittelte Wissen in der Praxis umgesetzt worden ist. Darüber hinaus wird die Akzeptanz des Lernprogramms und somit der Erfolg von E-learning Szenarien gemessen. Die Kriterien zur Beurteilung von Lernprogrammen werden unterteilt in: Design, Didaktik, Interaktion und Medien.

Unter *Design* werden Kriterien zur Bedienung des Lernprogramms über Steuerungselemente, zur Raumaufteilung, zur Textgestaltung und zur Gestaltung des Bildschirms zusammengefasst.

Die Dimension *Didaktik* berücksichtigt die Formulierung und Erreichung der Lernziele, motivationale Aspekte, die Art der Rückmeldungen an den Lerner sowie die Hilfefunktionen.

Die *Interaktion* mit dem Lernenden wird im Hinblick auf den Einstieg in das Lernprogramm, die Dialogfähigkeit und dessen Ausgestaltung sowie die Bedienbarkeit bewertet.

Die Dimension *Medien* schließlich beinhaltet Kriterien zur Quantität und Qualität der eingesetzten Grafiken, Bilder und Animationen sowie zur Gestaltung der Multimedialität eines Lernprogramms.

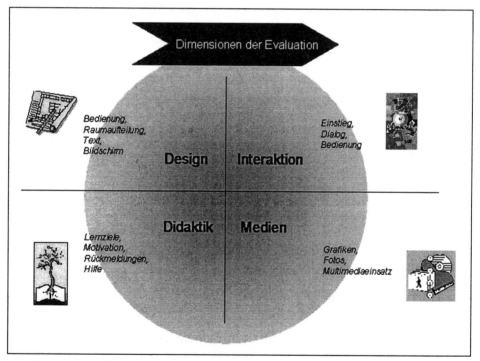

Abbildung 8: WBT Evaluation

Die vier Dimensionen werden in einer Beurteilungsmatrix zusammengefasst und dienen sowohl der Bewertung eines Lernprogramms als auch dem Vergleich verschiedener Lernprogramme miteinander.

Hierzu stehen verschiedene Evaluationstechniken zur Verfügung, wie bspw. die Fragebogentechnik, Interviews, Beobachtungs- oder Vergleichsstudien.

Literaturverzeichnis

[1] Vgl. UNGER, K., Qualifikation ist Zukunft, in: Frankfurter Allgemeine Zeitung Nr. 142, 23.6.1998, S. B 1.

[2] Vgl. RÜTTGERS, J., Auf dem Weg in eine neue Lernkultur, in: Frankfurter Allgemeine Zeitung Nr. 142, 23.6.1998, S. B 1.

[3] Vgl. HORTON, W., Designing Web-based Training, New York 2000, S. 2.

[4] Vgl. KILBY, T., What is Web-based Training <URL: http://www.filename.com/wbt/pages/whatiswbt.htm> online:10.01.2001.

[5] Vgl. KLEIN-KRETZSCHMAR, J., Vom Wissensbedarf zum Web-based Training, in: KnowTech 2000 „Knowledge Engineering, Management, Consulting & Training" Konferenz Reader, Leipzig 2000.

[6] Vgl. KRAEMER, W., Vom Knowledge Management zum Learning Service Providing – Leitfaden zur Einführung von E-Learning, in: Scheer, A.-W. (Hrsg.), E-Business – Wer geht? Wer bleibt? Wer kommt?, 21. Saarbrücker Arbeitstagung, Heidelberg 2000, S. 327-349.

[7] In Anlehnung an MILIUS, F./ZIMMERMANN, V., Neues Wissen – Neue Medien: Internet-basierte Managementkonzepte für Intellectual Capital, in: Scheer, A.-W. (Hrsg.), Electronic Business Engineering – Neue Dimensionen für den Unternehmenserfolg, 20. Saarbrücker Arbeitstagung, Heidelberg 1999, S. 539.

[8] Vgl. HAAK, J., Interaktivität als Kennzeichen von Multimedia und Hypermedia, in: Issing, L. J./Klisma, P., Informationen und Lernen mit Multimedia, 2. Auflage Weinheim 1997, S. 152-153.

[9] LUCAS, L., Interactivity: What it is and how do you use it?. in: Journal of Educational Hypermedia and Multimedia; (1992)1, S. 7-10

[10] Vgl. HORTON, W., Designing Web-based Training, New York 2000, S. 251 und S. 427.

[11] Vgl. FÖRSTER H. P./ZWERNEMANN, M., Multimedia – Die Evolution der Sinne, Neuwied 1993, S. 13.

[12] Vgl. PRABHAKARAN, B., Multimedia Database Management Systems, Boston et al. 1997, S. 3.

[13] Vgl. SCHICKER, T., Informationspräsentation in Multimediasystemen – Grundlagen, Konzepte und Lösungsmöglichkeiten der Informationspräsentation in Hypermediasystemen, Hamburg 1994, S. 11.

[14] Vgl. WEIDEMANN, B., Multikodierung und Multimodalität im Lernprozeß, in: Issing, L. J./Klisma, P., Informationen und Lernen mit Multimedia, 2. Auflage Weinheim 1997, S. 65.

[15] Vgl. HAAK, J., Interaktivität als Kennzeichen von Multimedia und Hypermedia, in: Issing, L. J./Klisma, P., Informationen und Lernen mit Multimedia, 2. Auflage Weinheim 1997, S. 155,

[16] Vgl. http://www.aicc.org

[17] Vgl. MILIUS, F., E-Learning Framework, in IM Information Management Consulting, 14(1999)1, S. 38-40.

[18] Vgl. JARZ, E., Entwicklung multimedialer Systeme - Planung von Lern- und Masseninformationssystemen. Wiesbaden 1997, S. 272-273.

Peter Sprenger, Dr. Wolfgang Kraemer
imc information multimedia communication GmbH, Saarbrücken

Learning Service Providing

1. Einführung

Mit der wachsenden Bedeutung des e-Business für die Unternehmen steigen auch die Anforderungen an die zugrundeliegenden technischen Systeme. Da das Technologie-Management für e-Business-Lösungen meist nicht zu den Kernkompetenzen der e-Enterprises gehört, ist der Bedarf nach Dienstleistern, die eine entsprechende Infrastruktur zur Verfügung stellen, groß. Diese Dienstleister werden Application Service Provider (ASP) genannt. Trotz der nach der ersten Euphorie einkehrenden Katerstimmung im Markt, bescheinigen mehrere Studien ASP das Potential, einer der entscheidenden Wachstumsmärkte der nächsten Jahre zu sein [1].

Application Service Provider übernehmen im Kundenauftrag Dienstleistungen, für die die Auftraggeber eigene Kompetenz aufbauen müssten: die Auswahl und Beschaffung geeigneter Applikationen, die Wartung, den Support, das Hosting auf geeigneter Hardware.

Das Aufgabenspektrum von ASP-Dienstleistungen veranschaulicht Abbildung 1.

Der folgende Beitrag wird daher das Thema ASP speziell für den Inhalts- oder Contentsektor betrachten, noch genauer: inhaltliche Dienstleistungen für e-Learning Umgebungen. Abbildung 1 lässt sich für eLearning-Plattformen leicht modifiziert auch für die Dienstleistungen im Rahmen von redaktionellen Aufgaben anwenden.

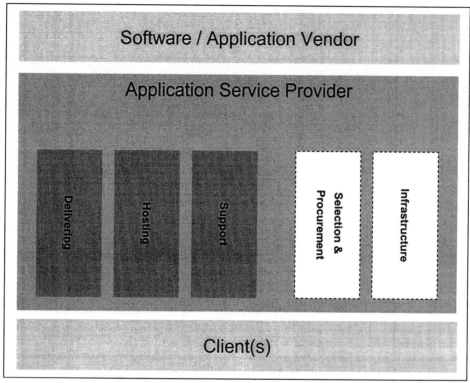

Abbildung 1: Dienstleistungsspektrum von ASP's

2. Content Service Providing

Die Rolle von Inhalten hat sich durch das Internet stark verändert, Content ist zu einem Schlüsselelement für erfolgreiche Internet-Strategien geworden. Dennoch ist es meist nicht möglich, Contents direkt zu vermarkten, sie spielen eher die Rolle eines Katalysators für andere Dienstleistungen, Produkte oder Brands unterschiedlichster Geschäftsmodelle: den Verkauf von Online-Minuten bei Internet-Service-Providern (ISP), dem Verkauf von Werbefläche (Bannern), dem Nachweis von (Beratungs-) Kompetenz, dem Kundenservice, der Marktforschung, der Vermarktung und dem Verkauf der physischen Version der Contents (z.B. Zeitungen und Zeitschriften) oder dem Vertrieb von Produkten, die mit Contents aufgewertet werden (z.B. Fahrzeuge mit Navigationssystemen).

Für die im Endkundenmarkt nur indirekte Vermarktung von Contents ist insbesondere der in den nächsten Jahren sich etablierende m-Commerce Markt beispielhaft: Contents werden nicht mehr in Einheiten verpackt und in dieser Form verkauft (=1 Artikel, 1 Buch, 1 Zeitung), sondern sie werden kostenlos in kleineren, fragmentierten Einheiten abgegeben und über den Zeitraum der Nutzung abgerechnet (=Gesprächseinheiten des Mobiltelefons für Suche, Zugriff und Dauer der Contentnutzung) oder aber – wie eventuell bei UMTS – in größere, kostenpflichtige, abonnementähnliche Dienstleistungspakete (=Jahresabonnement für mobil abrufbare Online-Reiseinformationen) geschnürt.

Die Vielzahl möglicher Vermarktungsformen für Contents ermöglicht und erfordert es, Contents in unterschiedlichen Kanälen zu distribuieren. Das Management dieser Distributionskanäle ist eine anspruchsvolle Aufgabe, da es sich bei den Kanälen um sehr unterschiedliche Branchen, Anforderungen, Kundenstrukturen und auch Geschäftsmodelle handelt. Es ist daher sowohl für die Anbieter wie für die Nutzer sinnvoll, die Bündelungsfunktion eines Content Service Providers in Anspruch zu nehmen. Für eine Reihe von Inhalten ist dies in Form von Content Brokern oder Content Syndication Modellen auch bereits realisiert.

Die kombinierten Services beider Dienstleister – also sowohl die Analyse und Contentstrategische Beratung wie auch die elektronische, in Echtzeit stattfindende Vermittlung und Freischaltung der Contents über eine Content-Plattform – kann man in Anlehnung an das Geschäftsmodell für Application Service Providing als „Content Service Providing" bezeichnen. Ganz wesentlich für die Durchführbarkeit der automatisierten Abwicklung von Content Syndication Services ist das Vorhandensein und der standardisierte Gebrauch von Metabeschreibungsstandards und inhaltlichen Kategorisierungen. Diese Beschreibungsstandards legen auf Metaebene die Schlagworte des Inhalts, Themenbezogenheit, Erstelldatum, urheberrechtlichen Informationen, Titel, Aktualität etc. fest. Auf diese Weise kann Content elektronisch überprüft, eingeordnet und weitervermittelt werden.

> **Content-Geschäftsmodelle**
>
> ☐ **Content Brokerage:** Ein Content Broker ist ein reiner Vermittler von Inhalten zwischen zwei Geschäftspartnern, ein Agent zwischen Inhalte-Anbieter und Inhalte-Nutzer. Seine Dienstleistung besteht in der Analyse der Nutzungsszenarien einer Website, der Kundenstrukturen etc. Anschließend recherchiert und vermittelt er den Kontakt zu geeigneten Anbietern von Inhalten, ggf. selektiert er auch die Inhalte für die angestrebte oder erwartete Nutzung. Ein Content Broker hat jedoch keine eigene Plattform, auf der die Inhalte direkt gebucht, abgerufen oder durchgeleitet werden. Üblicherweise manipuliert er auch die Inhalte nicht für die unterschiedlichen Kanäle.
>
> ☐ **Content Syndication:** Content Syndication Anbieter (z. B. www.tanto.com, www.i-syndicate.com, www.4content.com) vermitteln Contents mit Hilfe einer eigenen Plattform. Für die Abwicklung des Content-Syndication Prozesses wurde ein eigenes Protokoll entwickelt, mit dem die Inhalt automatisiert durchgeleitet und abgerechnet werden können. Content Syndicates bieten die Buchung von Inhalten auf einer Plattform. Sie können Inhalte real-time vermitteln, d.h. der Interessent erhält den Inhalt in dem Moment, in dem er vom Anbieter selbst veröffentlicht oder freigeschaltet wurde (wie beispielsweise Börsenkurse). Auch der Austausch von Inhalten zwischen zwei Anbietern und Website-Betreibern ist möglich. Als Lieferanten für Inhalte kommen nunmehr auch Organisationen in Frage, die vorher als Verleger nicht in Erscheinung getreten sind: für Börsenkurse können Banken Hauptlieferanten sein und Zeitungen nutzen diesen Service zum gleichen Zeitpunkt wie ein Endkonsument oder ein Börsenportal im Internet. Der Publikationszeitpunkt ist deutlich nach vorne verschoben, die Publikationsfrequenz deutlich erhöht, die Partner im Content Syndication Prozess sind zahlreicher und bilden ein interdependentes Netzwerk.

Die Aufgaben eines Content Service Providers unterteilen sich in reine Beratungsleistungen und in technologisch gestützte Serviceleistungen (vgl. Abbildung 2).
- Content-Marktanalyse, Entwurf potentieller Content-Vermarktungsstrategien im Vorfeld von realen Projekten;
- Beratung von Anbietern zur Sicherstellung redaktioneller und technologischer Qualität;
- Analyse des Bedarfs (Zielgruppen, Content-Umfeld, Umfang, Nutzungsszenarien);
- Ausarbeitung einer Contentstrategie (Content-Kooperationen und -kombinationen, inhaltliche Schwerpunkte, Präsentationsformen und Content-Design;
- Vermittlung von Kooperationen und Content-Partnerschaften;
- Verschlagwortung von Inhalten zur automatisierten Manipulation und Distribution;
- Ggf. Aufbereitung von Inhalten für unterschiedliche Distributionskanäle, Vorbereitung der Contents zur Nutzung in Templates.

Ein komplettes Content Service Providing ist allerdings die Ausnahme. Der Dienstleister konzentriert sich auf spezifische Content-Marktsegmente (inhaltliche Schwerpunktbildung, z.B. Reiseinformationen) oder auf einen Kanal (z.B. Content Providing für WAP und UMTS). Die horizontal und vertikal sehr komplexen Wertschöpfungsletten von Contents legen diese Konzentration zumindest in dieser frühen Phase eines neu entstehenden Marktes nahe, da es die technische Komplexität des Content Managements limitiert. Content Service Providing ist aufgrund dieser Komplexität vorrangig eine logistische Herausforderung. Mittelfristig jedoch, wenn die Regeln, Standards und Geschäftsmodelle des Marktes bestimmt und weitgehend einheitlich angewendet werden, wird es zu Konzentrationen auf dem Markt der Content Service Provider kommen und sie werden für unterschiedlichste Kanäle und Themen unter einem Dach arbeiten [2].

Grundsätzlich handelt es sich beim Content Service Providing um ein Lizenzmodell, das auf Nutzungsdauer, Nutzungsfrequenz, Zugriffe, Dokument-Umfang, Nutzungsziel, Zielgruppen, Wertschöpfungsbeitrag angepasst werden muss.

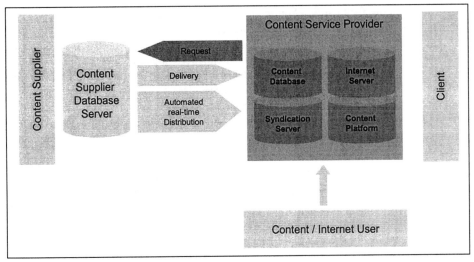

Abbildung 2: Content Service Providing

3. Learning Services

Learning Service Providing ist eine Spezialisierung des Content Service Providing für den Lerninhalte-Sektor. Dennoch gibt es einige grundlegende Unterschiede. Die Aufgaben, Funktionen und Effekte des Learning Service Providing sollen in diesem Beitrag erläutert werden.

Der Markt für Lerninhalte wird auf Lieferantenseite bestimmt durch Hochschulen, Business Schools, Fachverlage, Fachzeitschriften, Schulungsfirmen, freie Trainer und Experten. Das heißt, es gibt einen vergleichsweise eng begrenzten Markt potentieller Anbieter und ein ebenfalls relativ eng einzugrenzendes Spektrum möglicher Inhalte. Bei den Auftraggebern handelt es meist um größere Unternehmen, aber auch um den Mittelstand oder Privatpersonen, die sich aus Interesse oder Notwendigkeit für Lerninhalte interessieren. LSP ist generell offen für unterschiedliche Kundenstrukturen und Nutzungsszenarien, allerdings unterscheiden sich Geschäftsmodell, IT-Modellierung und Serviceumfang je nach Kundensegment erheblich.

Der größte Vorzug für Learning Service Provider und Contentlieferanten – und zugleich der entscheidende Unterschied: das Geschäftsmodell, vor allem aber die Nutzungs-Zusammenhänge sind eindeutig und vergleichsweise einfach. Im Gegensatz zu Contents auf Internetservern mit ihrer Vielzahl unterschiedlicher Umgebungen und Zielsetzungen sind die Inhalte, die als Lerninhalt genutzt werden, in ein einfacheres, direktes Geschäftsmodell und Nutzungsszenario eingebunden. Der vermittelte Content wird ausschließlich zu Weiterbildungszwecken genutzt. Der Learning Service Provider und der Contentlieferant können die Inhalte – ähnlich wie auf den klassischen Inhaltsmärkten – direkt verkaufen bzw. lizenzieren. Dies ist ein großer Vorzug gegenüber anderen Contents, die fast nie an direkt Endkunden verkauft werden können.

In diesem Zusammenhang sind auch die Dienstleistungen eines Learning Service Providers zu sehen. Seine Aufgabe ist es nicht, wie bei Content Service Providern, Nutzungsszenarien auf unterschiedlichen Märkten und Vertriebskanälen zu definieren und dadurch Contents zu vertreiben. Seine Aufgabe ist es vielmehr, innerhalb eines definierten Nutzungsszenarios zielgerichtet möglichst hochwertige Contents zu beschaffen und für die definierten Lernprozesse aufzubereiten.

3.1 Lerninhalte und contentbezogene Dienstleistungen von Learning Service Providern

Letztlich bestimmt nur die Verwendung von Inhalten, ob man sie als Lerninhalt bezeichnen kann. Daher ist es Aufgabe des Learning Service Providers, verschiedenartige Inhalte für Lernsituationen zu optimieren. Beispiele für Inhaltstypen in Lernsituationen sind nicht nur Trainings und Tests, auch Artikel, Case Studies oder Präsentationen können Lerneffekte haben. Dabei kommt es mehr auf ihre Kombination und ihre Einbindung in die formulierten Lernziele an, als darauf, ob sie zu nachprüfbaren Testergebnissen führen. Nicht immer ist ein Zertifikat Maßstab für den Lernerfolg, sondern die Fähigkeit der Lernenden, das neu erworbene Wissen zu verstehen und anzuwenden. Dies ist aber letztlich abhängig von den Zielsetzungen der Auftraggeber, der Zielgruppe und den Trainingsformen.

Die redaktionelle Arbeit für eine eLearning-Plattform erfolgt in mehreren Schritten.

- **Lernzieldefinition:** In der Lernzieldefinition werden die vom Kunden gewünschten Ergebnisse oder Mitarbeiter-Fähigkeiten in ein detailliertes Konzept der Lernziele überführt. Diese werden in Zusammenhang mit der realen (innerbetrieblichen oder externen) Situation gebracht und in Lernschritten oder bestimmten notwendigen Lerneinheiten strukturiert. Dabei wird insbesondere auf spezifische strategische Zielsetzungen oder Methoden abgehoben, wie z.B. eine allgemeine Geschäftsstrategie, eine Personalstrategie etc. Am Ende der Lernzieldefinition steht ein allgemeines Curriculum für das Lernziel.

- **Pädagogisches Konzept und Kommunikationskonzept:** Mit Kenntnis der Lernzieldefinition wird ein für die Zielgruppe optimiertes pädagogisches Konzept formuliert. Hier wird z.B. definiert, wie selbständig sich die Lernenden in der späteren Lernwelt bewegen können, ob sie getestet und zertifiziert werden, ob Vorgesetzte oder Personalabteilungen Zugriff auf diese Tests haben oder ob es sich um Selbsttest handelt, ob es sich um lineare Lektionen handelt oder eher um vernetzte Informationsressourcen. In einem Kommunikationskonzept werden die Richtlinien für die Usability und Visibility der Lerninhalte definiert, ebenso wie die Mischung aus Push- und Pull-Services, z.B. mit Newslettern. Dabei kann eine Aufgabe des Learning Service Providers sein, geeignete Vorlagen für die Darstellung unterschiedlicher Inhalte zu entwerfen. Organisationale Lernerfolge können aber auch durch reine Kommunikationsmaßnahmen Erfolg haben. Im Kommunikationskonzept wird daher auch festgelegt, inwieweit tatsächliche Lerninhalte die Zielsetzungen stützen oder ob ggf. andere Maßnahmen für die Durchsetzung der organisationalen Lernziele sinnvoll sind.

- **Themendefinition:** Die Lernziele und Lerneinheiten werden in Themengebiete unterteilt, die das Thema in Bezug auf das Unternehmen und seine Lernziele optimal widerspiegeln. Innerhalb dieser Themen (Strategic Topics, Lektionen, Kurseinheiten etc.) werden später die Lerninhalte strukturiert und präsentiert. Zusätzlich werden die Weiterbildungsveranstaltungen, die als reale face-to-face-Schulung angeboten werden, durch Contents unterstützt, indem vor- oder nachbereitende Contents passend zur Veranstaltung mit dem Klienten abgestimmt und geplant werden.

- **Content Design:** Aufgrund dieses Wissens können dann die für die Lerninhalte anzustrebenden Eigenschaften näher definiert werden. Je nach pädagogischem Konzept werden z.B. schwerpunktmäßig lineare Web-based-Trainings mit Testmodulen angeboten, der Umfang der Lerneinheiten (i.e. Dauer der Lektion, Seitenumfang der Artikel). Es wird ein Medienmix je Kapitel, Thema oder Lektion bestimmt, der die Lernziele optimal unterstützt. Am Ende des Content Designs sollte der bei der Lernzieldefinition formulierte Lernpfad bzw. das Curriculum mit dem pädagogischen Konzept vereint und mit konkreten Inhalte ausgestaltet werden.

- **Themenbeschreibung:** Auf der Grundlage genau formulierter Ziele und Curricula werden die formulierten Themenstrukturen beschrieben; in virtuellen Lernwelten repräsentieren HTML-Seiten jedes einzelne Thema oder Unterthema. Die Themenbeschreibung kann z.B. eine Darstellung der Lernziele für diesen Abschnitt enthalten oder bereits konkrete Inhalte, z.B. eine Zusammenfassung des Thema, eine Hinführung in das Thema, einen Artikel usw.

- **Content Beschaffung:** Die Contentbeschaffung erfolgt auf der Grundlage der formulierten Lernziele, Themen und Präsentationskonzepte. Der Learning Service Provider recherchiert die Anbieter und stimmt die Anforderungen seines Klienten an die Lerninhalte mit den Contentlieferanten ab. Er organisiert den Zeitplan der Content-Beschaffung bzw. -Produktion. Für die Vermittlung und Nutzung entwirft er geeignete Lizenzmodelle und stimmt Sie mit den Partnern ab. Er prüft die Qualität der Contents bei Lieferung, fordert ggf. Nachbesserungen. Er definiert zusammen mit dem Lieferanten die möglichen Zusatzinformationen zum Lerninhalt, z.B. Abstracts, Indexierung, mehrsprachige Fassungen. Auch interne Inhalte können vom LSP akquiriert werden, indem er die contentproduzierenden Abteilungen oder Personen des Konzerns identifiziert und sie für die Mitarbeit an dem unternehmensweiten Lernprozess durch geeignete Modelle gewinnt.

- **Indexierung:** Effektive Contentbeschaffung und -distribution sollte die Vorteile des elektronischen Mediums voll ausnutzen. Indexierte Contents sind nicht nur für das Syndication Modell des Contentmanagements von Bedeutung, sie spielen auch für den Endnutzer eine große Rolle – zumindest dann, wenn der Lernende die Möglichkeit zum selbständigen Lernen erhalten soll. Wenn ein Lernbedarf oder eine neue Fragestellung auftritt, sollte der Lernende in der Lage sein, auch in Unkenntnis der Aufbereitung der Inhalte die für ihn relevanten Lerneinheiten zu finden. Eine sorgfältige Indexierung ermöglicht ihm dies, indem sie ihm die Stichwortsuche erlaubt. Im e-Learning sind dafür diverse Standards vorhanden, die auf Metaebene Contents beschreiben und eine automatisierte Content-Distribution erlauben. Die Indexierung ist Ergebnis einer kundenorientierten Beratung; mit ihrer Hilfe kann auch die zielgerichtete Beschaffung von Inhalten organisiert werden

- **Content-Beschreibung, Abstracts:** Um die unnötige Nutzung der Contents durch Lernende zu vermeiden, die ihren Lernfortschritt nicht fördern, sollten für jeden Inhalt Kurzbeschreibungen angefertigt werden. Auch hier berät der Learning Service Provider seinen Klienten in Umfang und inhaltlichem Muster eines solchen Abstracts – z.B. ob und in welcher Form für jeden Inhalt ein Lernergebnis formuliert werden sollte. Das Abstract kann entweder der Learning Service Provider in Kenntnis der besonderen Zielsetzungen seines Klienten selbst formulieren oder er kann mit dem Contentlieferanten die Lieferung eines Abstracts vereinbaren, das einem vorgegebenen Template folgt.

- **Content-Aufbereitung:** Die Aufbereitung von Contents durch den Learning Service Provider wird notwendig, wenn die Inhalte nicht in einer webfähigen Version bzw. nicht in einer Version geliefert werden, die für die Plattform definiert ist. Artikel, die als Word-Datei oder Präsentationen, die als ppt-Datei vorliegen, könnten vom LSP z.B. in ein Acrobat-Document konvertiert werden. Generell sollten diese Dienstleistungen nur in engen Grenzen stattfinden, da sie eine effiziente Contentdistribution unterbrechen. Allerdings ist es eine Chance für Learning (und Content) Service Provider, da hier nicht nur auf Kundenseite, sondern auch auf Lieferantenseite Beratungsbedarf entsteht.

- **Assignment und Upload:** Mit Lieferung des Contents erfolgt die Zuordnung des Inhalts und seiner Beschreibung zu den definierten Themenstrukturen sowie der Upload auf den e-Learning Server des Klienten.

- **Freigabe und Freischaltung:** In Abstimmung mit dem Klienten wird der Lerninhalt zur Nutzung durch die Lernenden freigegeben und aktiv geschaltet. Ob bei jedem einzelnen Inhalt eine Freigabe konkret erfolgt ist abhängig von der Vereinbarung mit dem Klienten; generell sollte jedoch – um auch hier einen schnellen und effizienten Contentfluß zu gewährleisten – die Freigabe eher aufgrund vorher definierter klarer Richtlinien und Zielsetzungen erfolgen als durch individuelle Prüfung des Kunden.

- **Marketing:** Die Publizierung der Lerninhalte erfordert eine marketingorientierte Kommunikationsstrategie, um das Interesse der Mitarbeiter an den Inhalten zu wecken. Der Learning Service Provider entwirft die dafür notwendigen contentbezogenen Marketingmaßnahmen, konzipiert und akquiriert besonders werbeträchtige Contentträger (z.B. „Leitartikel" bekannter externer Experten, Chats mit dem Vorstand oder internen Fachleuten etc.). Er konzipiert und verfasst Newsletter, die als Push-Service die Inhalte der e-Learning Plattform streuen und damit sowohl den Inhalt als auch die Plattform selbst bewerben.

- **Evaluation:** Mit der Nutzung der Lerninhalte wird vom Learning Service Provider evaluiert, ob die Inhalte die formulierten Ziele wirklich unterstützen, ob die Contents im Hinblick auf die Lernziele wirklich erfolgreich sind. Die so gewonnen Erkenntnisse über den Erfolg des e-Learnings und der Contents werden in einer Feedback-Schleife aufgenommen und produktiv für den späteren Contentprozess aufgenommen – i.e. Anpassung der Lernzieldefinition, der pädagogischen Konzepte, der Themendefinition, der Contentpartner.

- **Weitere Services:** Die Dienstleistungen eines Learning Service Providers können auch andere contentbezogene Aspekte des Learning Managements umfassen, wie z.B. eine Beratung und Administration urheberrechtlicher Aspekte, Change Management Beratung oder Clearing des Lizenz-Geldflusses.

Abbildung 3 zeigt beispielhaft, wie aufgrund der oben aufgeführten Dienstleistungen und Beratungsleistungen ein Thema grob aufgebaut und auf einer e-Learning Applikation präsentiert werden kann.

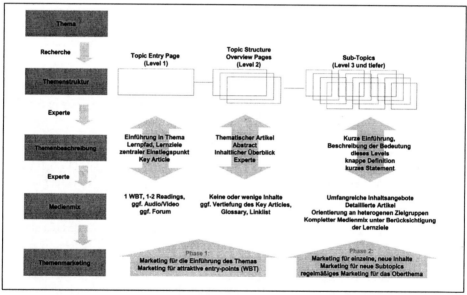

Abbildung 3: Beispiel für einen möglichen Themenaufbau

4. Die imc Content Supply Chain

Den redaktionellen und inhaltlichen Prozess des Learning Service Providing können in einem Vorgehensmodell nach dem Muster der imc Content Supply Chain zusammengefasst werden (vgl. Abbildung 4).

Dabei enthält die imc Content Supply Chain Elemente, die der LSP-Beratung zugerechnet werden können und die – obschon in Feedbackschleifen zyklisch wiederholt – mit einem Ergebnis abschließen, das eine weitgehend autonome redaktionelle Arbeit der LSP-Redaktion ermöglicht. Die redaktionelle Arbeit hingegen ist ein kontinuierlicher Prozess. In Abbildung 5 sind die Consultingelemente dunkel dargestellt.

4.1 Learning Service Providing – Consulting Phase I

4.1.1 Business Alignment

In dieser Phase wird gemeinsam mit den Unternehmen festgelegt, welches strategische oder organisationale Ziel mit der Lernplattform und ihren Inhalten verfolgt wird. Es werden die Bedeutung der angebotenen Themen und Lernziele im Zusammenhang mit den strategischen oder operationalen Zielen des Unternehmens definiert sowie die Implementierung von Online-Schulungskonzepten, z.B. für allgemeine Handlungs-Kompetenzen (Management Soft Skills). Dabei werden die strategischen Zielsetzungen, die für die Einführung einer Lernplattform ausschlaggebend waren, sowie die organisationalen Zielsetzungen des Unternehmens und die HR-Development-Strategie miteinander eng verzahnt. Gegebenenfalls werden vorhandene Schulungskonzepte auch in diesem Schritt grundlegend erweitert.

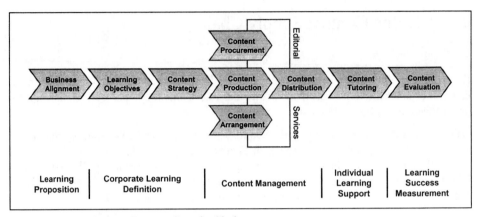

Abbildung 4: Die imc Content Supply Chain

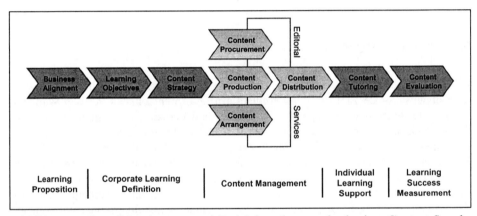

Abbildung 5: Consultingelemente und Redaktionselemente in der imc Content Supply Chain

Abbildung 6 zeigt einen typischen Prozess der Themen- und Lernzieldefinition, wie er für große Unternehmen insbesondere für den Strategietransfer z.B. in Corporate Universities üblich ist:

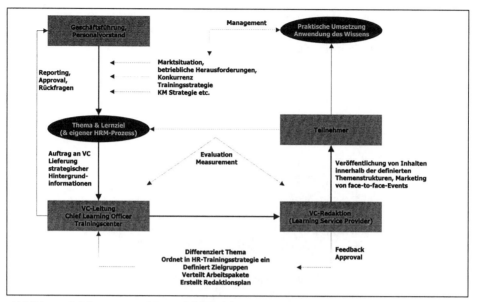

Abbildung 6: Themen- und Lernzieldefinition

1.1.1 Learning Objectives

Aus dem allgemeinen Ziel werden konkrete Lernziele kondensiert. Das Ziel wird dafür in seine einzelnen Aspekte gegliedert, die z.B. aus Zielgruppen, Themenbereichen, Zeitrahmen, didaktischer Methode, vorhandenem organisationalen Wissen, Vorwissen der Mitarbeiter, potentiellen Lieferanten etc. bestehen. Anhand dieser Informationen und Ergebnisse können der Lernbedarf der Zielgruppen genauer definiert werden. Auch die Frage, ob der Learning Service Provider als Trendscout für die Themen der Plattform arbeiten soll und nicht „nur" gesichertes Wissen, sondern auch prognostizierte Entwicklungen oder „Hot Issues" liefern soll, wird geklärt. Die Aufgliederung der allgemeinen in spezielle Lernziele dient zudem als erster Schritt einer thematischen Präsentation der Lernziele auf der Plattform. Aus den Lernzielen werden Themen, die in Themenkatalogen oder Kurskatalogen dem Lernenden verfügbar und verständlich gemacht werden (vgl. auch Abbildung 3).

Die definierten Lernziele werden analysiert und mit den Vorstellungen des Kunden abgestimmt. Daraus kann eine detaillierte Content Strategie und -präsentation herausgearbeitet werden. Innerhalb dieser Contentstrategie wird z.B. miteinander abgestimmt, welche Lieferanten und Partner am ehesten die Umsetzung der Lernziele ermöglichen (extern oder intern/Universitäten oder Schulungsfirmen usw.). Umfang, Medientypen, didaktisches Design, Test und Zertifizierung, Anzahl der Inhalte, Frequenz der Lieferung, Templates für Push-Services, ergänzende Informationsressourcen usw. werden in der Contentstrategie definiert (vgl. auch Abbildung 7).

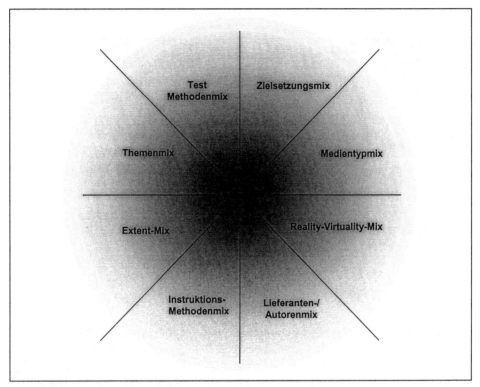

Abbildung 7: Elemente einer Content-Strategie

Ausgehend von den Ergebnissen kann die Redaktion aufgrund der eindeutig definierten Zielsetzungen und Contentanforderungen mit der Beschaffung, Produktion und Publikation der Inhalte selbst beginnen und weitgehend autonom entscheiden, welche Inhalte die vereinbarten Zielsetzungen genau treffen.

1.2 Learning Service Providing – Editorial Services

Die LSP-Redaktion setzt sich idealtypisch zusammen aus Spezialisten für die Recherche, Einordnung und Beschreibung von Inhalten für die jeweiligen Themen sowie aus Trend-

Watchern und Researchern, deren Aufgabe die Beobachtung der Themen im Hinblick darauf ist, welche Entwicklungen oder Prognosen oder Trends zu erkennen und für den Kunden von Bedeutung sind. Die redaktionelle Bearbeitung setzt sich aus vier Arbeitsbereichen zusammen.

4.2.1 Content Procurement

Im Rahmen der definierten Content-Strategie beschafft die LSP-Redaktion Inhalte bei ihren Content-Partnern, wie z.B. Business Schools, Universitäten, Beratungsunternehmen oder Verlagen (vgl. Abbildung 8). Auch das Recherchieren nach potentiellen Lieferanten oder Inhalten, die Trendsuche, die Suche nach freien Internetquellen gehören in dieses Aufgabengebiet.

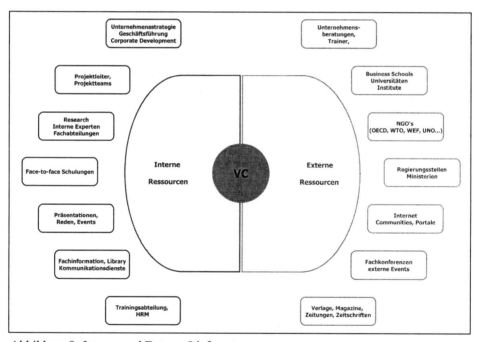

Abbildung 8: Interne und Externe Lieferanten

Die Beschaffung basiert auf einem Modell, das die Fähigkeiten der Lieferanten nach den für die Befüllung des Learning Management Systems relevanten Kriterien überprüft. Dabei sind die Elemente des Kriterienkatalogs:

- **„Content Customization"**: Ist der Lieferant in der Lage, die von ihm angebotenen Contents inhaltlich oder grafisch an die Anforderungen des Kunden anzupassen (Einbindung von Logos oder Corporate Design, inhaltliche Überarbeitung für spezielle Kundenbedürfnisse etc.)?

- **„Time to market"**: Wie schnell ist der Content-Lieferant in der Lage, Inhalte zu liefern? Liegen die Inhalte bereits elektronisch in den erforderlichen Formaten vor? Sind die Inhalte bereits mit den üblichen Metabeschreibungen detailliert beschrieben?

- **„Quality"**: Sind die Inhalte von ausreichend hoher inhaltlicher und didaktischer Qualität für die Anforderungen des LSP-Kunden?

- **„Amount of available contents"**: Wie viele Inhalte kann der Lieferant anbieten? Je mehr potentielle Inhalte ein Lieferant hat, desto eher lassen sich damit auch individuelle Bedürfnisse des Kunden bzw. der Zielgruppe des LMS erfüllen.

- **„Cost"**: Welche Kosten verursachen die Contents? Diese Kosten können z.B. durch die Lizenzgebühren für Inhalte entstehen, aber auch durch notwendige aufwendige Nachbearbeitung, komplizierte Lizenzmodelle usw.

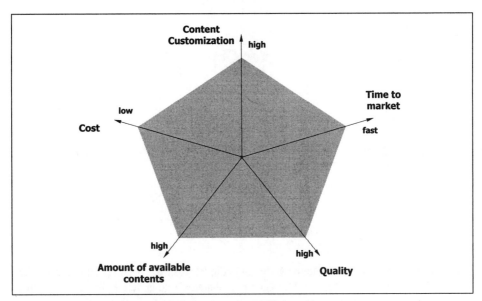

Abbildung 9: Benchmark Modell für Content-Lieferanten

Mit den verschiedenen Lieferanten werden möglichst einfache und einheitliche Lizenzmodelle für den Kunden ausgehandelt. Zusätzlich erfolgt eine technische und inhaltliche Qualitätssicherung durch die Redaktion.

Die folgenden Abbildungen zeigen die durchschnittlichen Vor- und Nachteile unterschiedlicher Lieferanten sowohl für eher textbasierte als auch für komplexere multimediale und interaktive Contents:

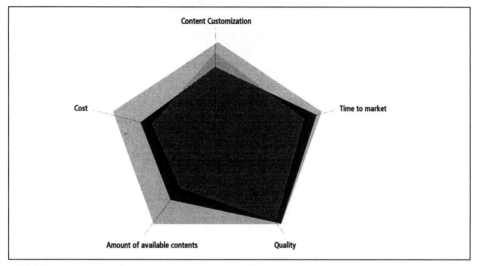

Abbildung 10: Business Schools und Universitäten (mit vorhandener eLearning-Kompetenz)

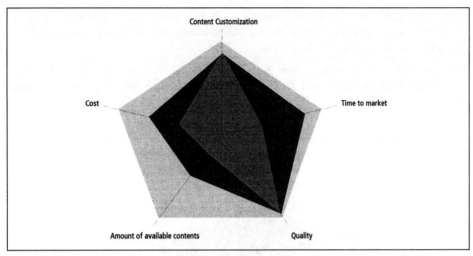

Abbildung 11:   Unternehmensberatungen und Experten

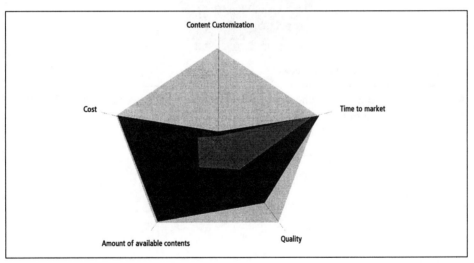

Abbildung 12:   freie Internet-Ressourcen

Learning Service Providing 375

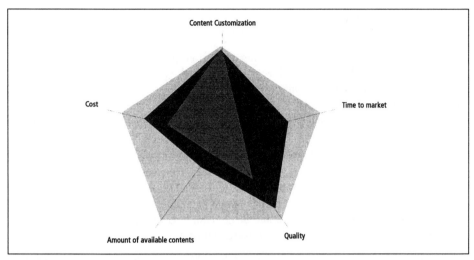

Abbildung 13: Unternehmensinterne Ressourcen

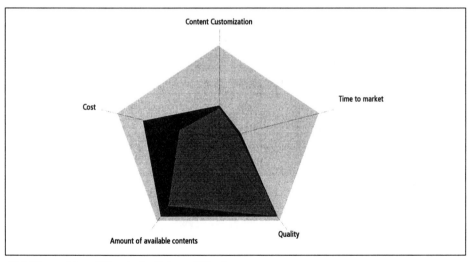

Abbildung 14: Klassische Printpublikationen

4.2.2 Content Production

Im Rahmen der redaktionellen Betreuung einer Lernplattform werden Lerneinheiten auch neu erstellt werden müssen. Gegebenenfalls wird dabei mit externen Experten zusammengearbeitet, die das notwendige Fachwissen für die Produktion interaktiver, multimedialer Contents ermöglichen. Die LSP-Redaktion koordiniert die unterschiedlichen Lieferanten der zu produzierenden Trainings (Content-Lieferanten, technische Dienstleister etc.).

Neben der Produktion von Web-based-Trainings fällt auch die Nachbearbeitung von gelieferten Inhalten an, die z.B. in unpassenden Dateiformaten geliefert und daher umgewandelt werden müssen. Auch die Bearbeitung von Bildmaterial o.ä. wird innerhalb von LSP als für den Plattformbetrieb notwendige Aufgabe erledigt. Gegebenenfalls sind in den Unternehmen schon sehr umfangreiche Trainingsunterlagen vorhanden, die nur noch in web-taugliche Formate überführt werden müssen.

Bestehende Präsenzschulungen werden durch elektronische Inhalte ergänzt, die den Teilnehmern eine Vor- und Nachbereitung ermöglichen (vgl. den Beitrag von C. Gallenstein in diesem Buch). Auch diese Aufgabe kann durch die LSP-Redaktion innerhalb der gesamten eLearning-Wertschöpfungskette inhaltlich koordiniert werden.

4.2.3 Content Arrangement

Die gelieferten und publikationsreifen Lerninhalte werden auf der Plattform den Themen und Kursen zugeordnet und innerhalb der Curricula angeboten. Innerhalb einer mit dem Kunden vereinbarten Vorlage wird für jeden Inhalt außerdem eine Beschreibung angefertigt („Executive Summary"). Die Inhalte werden indexiert und damit für die Suche durch die Nutzer oder die Bearbeitung durch die Redaktion verfügbar gemacht. Im Anschluss an die Beschreibung und Indexierung werden die Inhalte durch Upload bzw. Verlinkung auf die Plattform überspielt und sind vom Moment der Freischaltung für die Nutzer der DCU-Online verfügbar.

4.2.4 Content Distribution

Sobald die Inhalte für die Teilnehmer der Lernplattform verfügbar sind, wird ihre Nutzung durch geeignete Marketingmaßnahmen unterstützt. Dazu gehören z.B. das Marketing durch Push-Services wie Newsletter etc., die durch den Learning Service Provider verfasst werden können. Die Aufstellung eines generellen Kommunikationsplan sorgt für regelmäßige Ansprache der Mitarbeiter. Elemente eines solchen Kommunikationsplanes sind z.B. die Verknüpfung von Inhalten mit terminierten und interaktiven Online-

Veranstaltungen wie Chats oder Foren oder die Bereitstellung von Schwerpunktthemen, die monatlich die Member der Plattform über die inhaltliche Vielfalt und Ausrichtung der Lernumgebung informieren, die Verpflichtung (externer) bekannter Autoren sowie die Verknüpfung von Lerninhalten mit realen Seminarveranstaltungen (Preparation, Wrap-up).

4.3 Learning Service Providing – Consulting Phase 2

4.3.1 Content Tutoring

Im Anschluss an die Veröffentlichung von Inhalten wird im Rahmen der LSP-Beratung mit dem Kunden ein Konzept erarbeitet, das die eventuelle Bereitstellung tutorieller Unterstützung der Lernenden ermöglicht. Der Learning Service Provider unterstützt bei der Organisation und Anleitung der externen und internen Tutoren oder übernimmt bei geeigneten Themen die tutorielle Unterstützung selbst. Auch für die tutorielle Unterstützung werden didaktische eLearning-Konzepte erarbeitet, die sich in die Lernzielsetzungen des Unternehmens einfügen.

4.3.2 Content Evaluation

Das wichtigste Ziel – die Weiterbildung der Mitarbeiter – wird in regelmäßigen Erhebungen überprüft. Mit Hilfe von Feedback-Funktionen der Lernplattform sowie durch direkte Befragungen bei den Betroffenen und die Auswertung von Testergebnissen und Usability-Studien oder den Daten des AICC wird erhoben, ob die Lernziele mit den zur Verfügung gestellten Contents erreicht werden konnten. Auf diese Weise können turnusmäßig die Inhalte überprüft werden. Bei Bedarf – z.B. wenn die Lernziele nicht oder nur unvollständig erreicht werden konnten – liefern die Ergebnisse der Evaluation Hinweise darauf, welche Elemente der Inhalte-Strategie für den Misserfolg verantwortlich sind. In der zyklischen Wiederholung des Vorgehensmodells bzw. der imc Content Supply Chain fließen die Ergebnisse in einen neuen Definitionsprozess ein und führen beispielsweise zu einer neuen, genauere oder erweiterte Definition der Lernziele, einer Umstellung der Themenstrukturen und Kurskataloge oder einer Änderung der Content-Strategie (anderer Lieferantenmix, anderer Medienmix, andere Instruktionsmethoden).

4.4 Unterschiede im Lernbedarf unterschiedlicher Organisationsformen

Der Lernbedarf von Konzernen ist umfangreich und komplex. Die Größe der Organisation und konzerntypischen Entscheidungswege machen Konzerne potentiell schwerfällig. Die Komplexität der Aufgaben erschwert die Ausbildung von Mitarbeitern, vor allem aber von Führungskräften. Die Implementierung organisationaler Lernprozesse ist schwierig.

In diesem Zusammenhang haben Bildungsinhalte eine entscheidende Funktion: sie sollen ohne Streu- und Zeitverlust notwendiges Wissen transportieren und in Entscheidungen und Handlungen umsetzen helfen. Lerninhalte müssen sich dabei eng an die strategischen Vorgaben des Konzerns bzw. der Weiterbildungseinrichtung halten, denn darin besteht der Vorteil.

Der hohe und zahlreiche Bedarf an Lerninhalten, die großen Zielgruppen und die hohen Anforderungen an die Anpassung der Lerninhalte an die strategischen Weiterbildungsziele sowie die notwendige, komplexe Erhebung der Lernziele im Unternehmen bedeuten für den Learning Service Provider einen hohen Beratungsaufwand. Als Contentlieferanten kommen hier insbesondere Top-Business Schools und Top-Beratungsunternehmen in Frage. Der Learning Service Provider schafft durch seine Beratung einen Mehrwert der Lerninhalte, die sie einzeln nicht hätten: durch die kundenorientierte Anpassung der Lerninhalte an Themenstellungen oder durch den „Blick von außen" auf das Unternehmen beispielsweise. Das administrative Management der Contents soll dem Kunden insbesondere zu schnellen und einfachen Beschaffungsprozessen verhelfen.

Die umfangreich vorhandenen IT-Infrastrukturen mit ihren restriktiven Vorgaben erlauben es dem Unternehmen, einen spezialisierten Application Service Provider zu beauftragen bzw. das Application Management der Plattform selbst zu erledigen. Learning Service Providing in Konzernen ist also von der eingesetzten Plattform generell unabhängig, es handelt sich in erster Linie um eine Beratungs- und Content Management Dienstleistung. Das bedeutet auch: der Learning Service Provider ist nicht notwendigerweise Lieferant der e-Learning Plattform – obwohl es durchaus sinnvoll wäre, da die Möglichkeiten des Lernmanagements und die Präsentation der Contents von der Plattform abhängig, zugleich aber auch Teil der Beratungsleistung des LSP sind.

Die Beratungsleistung und die anfallenden Lizenzgebühren für die Vermittlung (LSP) und für die Bereitstellung (Lieferant) der Inhalte werden mit dem Kunden abgerechnet. Die Lizenzierung und Berechnung erfolgt meist auf der Grundlage der Größe der potentiellen Zielgruppe und Anzahl der Contents. Auch die pauschale Nutzung des Angebots eines Lieferanten kann für das Unternehmen sinnvoll sein, der Lieferant erhält dann für die Nutzung ebenfalls eine pauschale Gebühr. Selbstverständlich sind – bei höherem administrativen und/oder technischen Aufwand auch contentbezogene Abrechnungsvarianten (Anzahl der Abrufe eines Inhalts, Belastung der Kostenstelle der Abteilung durch die Trainingsabteilung) möglich.

Abbildung 15 veranschaulicht die typische Organisationsform zwischen LSP und Konzernen.

Im Unterschied dazu stehen mittelständische Unternehmen vor anderen Herausforderungen, die sie mit eLearning bewältigen können. Ihre Organisationsgröße und Spezialisierung befähigt sie zu schnellerem Handeln in ihrem Markt. Angesichts der Nachteile der geringen Organisationsgröße (z.B. fehlende Rationalisierungsspielräume) müssen mittelständische Unternehmen ihre Wettbewerbsfähigkeit vor allem durch ein besonderes Wissen der Mitarbeiter erhalten. Sie können nicht auf ihre organisatorisch gestützte Marktmacht bauen.

Für viele Mittelständler eignen sich jedoch eigene e-Learning Plattformen bisher nur bedingt, meist sind die Anschaffungs- und Betriebskosten zu teurer und ebenso die e-Learning Beratung. Durch den Einsatz von e-Learning Standardsoftware-Lösungen wie z.B. CLIX kann jedoch dieses Problem gelöst werden.

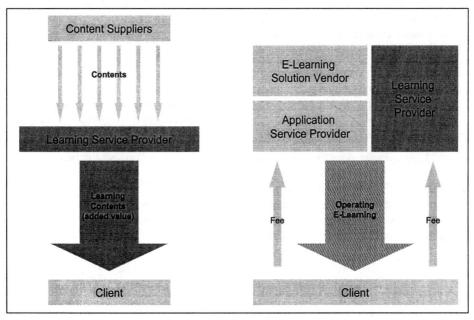

Abbildung 15: Organisation von LSP-Konzern-Beziehungen

Das Problem jedoch bleibt bestehen, dass die Beschaffung von Inhalten auch für Mittelständler eine hohe administrative Belastung und oft nicht zu lösende inhaltliche Herausforderung ist. Im Gegensatz zu großen Konzernen können kleinere Unternehmen nicht auf individuelle best-in-class-Contents zugreifen, die von Top-Business Schools oder Top-Beratungsunternehmen kommen.

Diese Möglichkeit bietet ihnen jedoch ein Learning Service Provider: indem er die Nachfrage nach Contents bündelt, kann er mit den Lieferanten Partnerschaften verhandeln, die die Inhalte für den Mittelstand verfügbar machen. Der Mittelstand erhält durch den LSP erheblichen Mehrwert: indem er in kleinerem Rahmen individuelle Beratungsleistung einkauft, in größerem Rahmen auf standardisiert vorliegendes Beratungswissen über e-Learning zugreift und für die Inhalte die anfallenden Lizenzgebühren zahlt, erhält er eine weitgehend auf seine Bedürfnisse zugeschnittene e-Learning Lösung.

Die effizienteste Organisation der Partnerschaft mit einem LSP wird gewährleistet, wenn der LSP zugleich als Application Service Provider fungiert. Da das mittelständidsche Unternehmen nicht – wie ein Konzern – individuelle Lerninhalte einkaufen oder gar beauftragen kann, hat er den größten Nutzen, wenn er auf Lerninhalte zugreifen und buchen kann, die auf der Lernplattform vorhanden sind. Der LSP hat dabei eine wichtige inhaltliche Funktion, indem er ein Angebot bereithalten muss, das seinen Kunden Mehrwert bietet. Für den LSP ist diese IT-Architektur einfach zu handhaben, für den Kunden ist sie günstiger, da sich die Kosten für die Hardware-Ressourcen unter allen Kunden des Learning Service Providers aufteilen. In diesem Szenario ist es außerdem sinnvoll, wenn der LSP zugleich Lieferant der Lernplattform ist.

Aufgrund der nicht genau planbaren Nutzung der Inhalte ist es für die Unternehmen schwierig, pauschale Lernangebote zu nutzen und zu zahlen. Eine thematische Fragmentierung und pauschale Buchung von Themenkomplexen ist zwar möglich. Aus Sicht der Unternehmen ist allerdings die contentbezogene Buchung über die konkrete Nutzung eines Inhalts das bessere Geschäftsmodell. (Abbildung 16)

Kleine Unternehmen oder Privatleute unterscheiden sich von den anderen beiden Gruppen durch den ad hoc auftretenden Bedarf nach Lerninhalten. Da sie keine Beratungsleistung individuell in Anspruch nehmen (können), unterscheiden sich insbesondere die Nutzungsszenarien der Contents auf der Plattform von den anderen beiden. Die Lerninhalte werden nicht an eine Strategie angebunden und dienen auch nicht dazu, einen einmaligen Wissensvorsprung zu erlangen. Diese Schulungen richten sich eher nach Interessenslagen und konkreter Situation.

Learning Service Providing

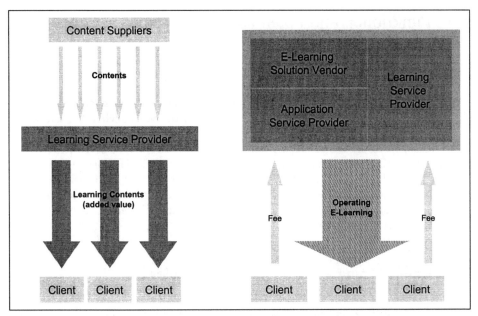

Abbildung 16: Organisation der Beziehung zwischen LSP und mittelständischen Kunden

Das Learning Service Providing ist in diesem Fall ein B2C-Modell. Der Learning Service Provider hat die Funktion eines e-Learning Internetportals und bietet in einem Katalog eine Reihe von Kursen gegen Nutzungsgebühr an. Da die Beratungsleistungen für das e-Learning fehlt, kann man es nicht mehr als Learning Service Providing bezeichnen.

Viele Schulungsanbieter bieten ihre Contents nach diesem Modell an – und zwar sowohl für Corporate Clients wie auch für Privatleute [3]. Das Spektrum der Leistungen eines Learning Service Providers geht jedoch über die reine Buchungsplattform von Inhalten weit hinaus. Sein Schwerpunkt liegt in einer fundierten Beratung und Planung von Lernprozessen auf Content-Ebene.

5. Funktionen und Potentiale des Learning Service Providing

Learning Service Providing ist mehr als nur die Übernahme des redaktionellen Betriebs der Lernplattform – es erfüllt wichtige Kernaufgaben der betrieblichen Weiterbildung und erweitert generell den Bildungsauftrag der Weiterbildungsabteilungen im Unternehmen, indem es die zusätzlichen Potentiale virtueller Lernarchitekturen aktiviert. In den folgenden Kapiteln wird eine Übersicht über einige zentrale Unternehmensprozesse aufgezeigt, für die Learning Service Providing ein entscheidender Erfolgsfaktor werden kann. Dabei ist die kapitelweise Gliederung eher künstlich und dient nur dem Überblick des Lesers – tatsächlich gibt es zwischen den einzelnen Elementen teilweise Überschneidungen, Abhängigkeiten und Synergien

5.1 Unterstützung von Learning Communities [4]

Learning Communities in den Unternehmen sind ein wichtiges Instrument des betrieblichen Wissensmanagements. Die Communities werden in den Unternehmen in den unterschiedlichsten Bezeichnungen geführt – teilweise mit jeweils anderen Schwerpunktsetzungen: Project Space, Communities of Practice, Discussion Groups, Alumni Groups, Course Rooms, Newsgroups etc. Learning Communities haben den Auftrag, in kleinen Zirkeln Wissen zu erarbeiten, sei es für den Lernprozess einer kleinen Gruppe, sei es als konzeptionelle Vorbereitung strategischer Entscheidungen im Unternehmen oder der Definition neuer Prozesse. Communities haben also beide möglichen Ausrichtungen: einerseits dienen sie einer kleinen Gruppe als interner (virtueller) Diskussionsort für individuelle bzw. gruppendynamische Lernprozesse, andererseits haben sie oft auch die Aufgabe, Ergebnisse aus dem Lern- und Diskussionsprozess in das Unternehmen wieder einzubringen.

Das Grundproblem vieler Internetdienste besteht auch hier: viele, insbesondere ungeübte User nutzen das Medium konsumierend, nicht aktiv und mitarbeitend. Viele eLearning-Lösungen stehen daher schnell vor dem Problem, dass die Mitarbeit der Zielgruppen nicht zufriedenstellend ist, sofern nicht frühzeitig geeignete Marketingmaßnahmen getroffen wurden.

Ein gutes Beispiel – bezogen auf Learning Communities – ist eine extensive Studie der Carleton University in Ottawa/Canada. [5] Über einen Zeitraum von knapp 4 Jahren untersuchte die Carleton University das Diskussions- und Studienverhalten in mehr als 2500 Kursräumen unter verschiedenen Gesichtspunkten. Die Ergebnisse dieser Studie sind, was die Bereitschaft selbst jüngerer Generationen zur Mitarbeit in virtuellen Diskussionsgruppen anbelangt, ernüchternd. Als Beispiel mögen dafür einige Zahlen dienen [6]:

- In rund 65%-78% der eingerichteten virtuellen „Course newsgroups" wurde kein einziger Beitrag gepostet. In 15%-20% zwischen einem und 9 Beiträgen, mehr als 40 Beiträge hatten nur 2%-5% der newsgroups.
- Rund 60% aller geposteten Beiträge blieben unbeantwortet.
- Um die Mitarbeit der Studenten anzuregen wurden zwei Testgruppen gebildet. In einer Testgruppe war die Mitarbeit in einer der Newsgroups verpflichtend für das Bestehen des Kurses, in der anderen Testgruppe wurde es freigestellt und ein Schein für die Teilnahme am Seminar ausgestellt, wenn sich die Lernenden an der Newsgroup beteiligten. Dabei wurde die Qualität der Beiträge nicht bewertet. Die Mitarbeit in der Pflichtgruppe war befriedigend, obwohl sich eine Anzahl Studenten trotz des einfachen Scheinerwerbs immer noch nicht beteiligten. In der Gruppe, der die Mitarbeit freigestellt war, war die Mitarbeit schlecht – die meisten Studenten wählten lieber Klausuren für Ihren Scheinerwerb.

Die Ergebnisse der kanadischen Studie sind bezeichnend für die Schwierigkeiten, mit denen auch betriebliche eLearning-Lösungen zu kämpfen haben. Learning Service Providing hat in dieser Situation die Aufgabe, die Lernenden zu aktivieren, für die virtuelle Lernumgebung zu begeistern und zur Diskussion anzuregen. Wie die Studie aus Ottawa zeigt, wird sich die Mitarbeit bei den Lernenden nicht von selbst ergeben; das Angebot der nur softwaretechnischen Instrumente genügt nicht. Wissensaustausch- und Lernprozesse werden nur dann in Gang gesetzt, wenn sie von außen gefördert und gefordert werden.

Abbildung 17 zeigt ein Modell für organisationale Intelligenz. Nach diesem Modell und den Ergebnissen der Studie gibt es nur einen möglichen Weg zur Etablierung betrieblicher Lernprozesse:

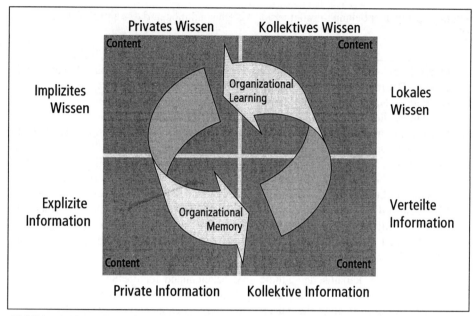

Abbildung 17: Organizational Intelligence [7]

Die Aktivierung der Mitarbeiter, eigenes Wissen zu generieren und dieses Wissen in den Dienst des Unternehmens zu stellen, beginnt bei der Verfügbarkeit verteilter, kollektiver Information. An diesem Punkt setzt auch die redaktionelle Arbeit im Rahmen von Learning Service Providing an: die eLearning-Redaktion stellt attraktive, eventuell überraschende und zur Diskussion oder individuellem Lernen auffordernde Inhalte bereit und fördert bzw. fordert die Mitarbeit durch ein geeignetes Marketing der Contents (vgl. imc Content Supply Chain). Der dadurch in Gang gesetzte Kreislauf ermöglicht in mehreren Schritten kollektive und individuelle Lernprozesse. Die Mitarbeiter bauen Wissen mit Hilfe der eLearning-Umgebung auf und diese Erfahrungen mit dem Instrument „eLearning" führen – bei gezielter Förderung durch die redaktionellen Angebote – auch zu Wissensaustauschprozessen.

Dieses Konzept führt letztlich zu einer Erweiterung des klassischen Community-Gedankens. Als Learning Community kann man nach diesem Modell die Zielgruppen der eLearning-Plattform betrachten, die auf ein gemeinsames Lernangebot zurückgreifen und mittels dieser Lernangebote auf die organisationalen Ziele hingesteuert werden.

5.2 Knowledge Management und eLearning

Diese Auffassung des Begriffes Learning Community umfasst sowohl Lernprozesse als auch Wissensaustauschprozesse. ELearning wird in der Fachdiskussion mittlerweile in einem engen Zusammenhang mit Wissensmanagement-Konzepten gesehen: [8] „What eLearning has done is set a context for Knowledge Management. If you don't have that, the issue becomes how to catalog the knowledge in a company. A huge task, very political, and often very ugly. eLearning ... provides a framework for managing knowledge in an organization." [9]

ELearning erfüllt im betrieblichen Wissensmanagement zwei unterschiedliche Aufgaben: es kann sowohl als gesteuerte „Unterweisung" der Mitarbeiter genutzt werden, aber auch als Diskussionsgrundlage für betriebliche Entscheidungsprozesse im Sinne eines „Organizational Learnings".

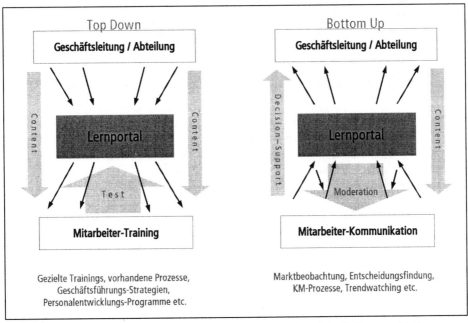

Abbildung 18: Top-Down und Bottom-up Approach für virtuelle Lernarchitekturen

Auch in diesem Zusammenhang hat Learning Service Providing klar definierte Aufgaben für die jeweils gewählten Lernszenarien. Im Rahmen der gezielten Unterweisung der Mitarbeiter („Top-down") hat es die Aufgabe, insbesondere über geeignete didaktische Strukturen (Instruktion, Drill-and-practice, cognitive apprenticeship) und z.B. die Konzeption von Zertifikaten, tutorieller Betreuung etc. für eine sichere und erfolgreiche Teilnahme der Mitarbeiter zu sorgen. Die Mitarbeiter tragen erworbenes Wissen üblicherweise nicht zurück in den betrieblichen Wissenskreislauf, umfangreiche Knowledge Management Konzepte sind daher meist nicht notwendig. Kommunikationsprozesse der Learning Community finden eher auf der Ebene der Trainingseinheit in „Course rooms" statt (gegenseitige Hilfestellung, Gruppenarbeit an Aufgaben und Zertifikaten u.ä.).

Die Aufgabe des Lernangebots im Rahmen organisationaler Wissensaustauschprozesse („Bottom-up") ist dagegen die Förderung einer Diskussion. Grundlage für den organisationalen Lernprozess sind sowohl didaktisch aufbereitete Inhalte, die den Lernenden als Einstiegspunkte in die Thematik dienen und die – z.B. durch kontroverse oder überraschende oder attraktive Contents – zum Austausch anregen. Zugleich muß in diesem Konzept der zum Teil sehr unterschiedliche Wissens- und Informationsbedarf der Mitarbeiter berücksichtigt werden: jeder Mitarbeiter trägt seinen individuellen Teil zur gemeinsamen Diskussion bei und hat einen anderen Ausgangspunkt in diesem Prozess. Dadurch ergibt sich eine wesentlich größere Anzahl notwendiger Lerninhalte. Learning Service Providing hat somit auch wesentlich Knowledge Management-Aufgaben (vgl. wiederum Abbildung 17) zu erfüllen, indem es Wissen für unterschiedliche Zielgruppen in unterschiedlichen Situationen bereitstellen und verwalten muss.

5.3 Einbindung der eLearning-Strategie in die HR-Prozesse

Wie die kanadische Studie (vgl. Kapitel 5.1) zeigte, sind dennoch oftmals weitergehende Instrumente notwendig. Dazu zählen im betrieblichen Umfeld insbesondere Personalentwicklungsinstrumente, die quasi die Aufgabe der Seminararbeit übernehmen. ELearning-Umgebungen müssen daher in irgendeiner Form in diese Personalentwicklungsprozesse als deren integraler Bestandteil eingebunden werden und dürfen nicht, wie vielfach heute noch, als exotisches Instrument und Spielmodell betrachtet werden. Die Möglichkeiten der Messung und des Controllings, die eine eLearning-Plattform zur Verfügung stellt, sind hervorragende Instrumente für die Personalabteilungen, ihre Arbeit durch zusätzliche Maßnahmen quantitativ und qualitativ abzusichern. Die Aktivitäten der Mitarbeiter untereinander, der aktive Wissensaustausch auf der Plattform muss zu einem Personalbeurteilungsinstrument in den Unternehmen werden – ähnlich wie die verpflichtende Teilnahme an den Kursräumen in der Carleton Universität. Indem der aktive Wissensaustausch zu einem Beurteilungskriterium z.B. für Führungskräfte wird, wird auch die Teilnahme der Mitarbeiter zumindest stark gefördert.

Learning Service Providing hat im Rahmen solcher Personalprozesse zunächst die Aufgabe, das inhaltliche Design der eLearning-Umgebung auf die Personalentwicklungskonzepte des Unternehmens hin anzupassen. Darüber hinaus ist es Aufgabe der LSP-Redaktion, durch die Bereitstellung tutorieller Betreuung und durch die Evaluation der Inhalte und der Nutzung, den Personalabteilungen die notwendigen Daten für die Prozesse zu liefern.

Learning Service Providing erfüllt – wie dargestellt – eine Vielzahl inhaltlicher, didaktischer, organisationaler und administrativer Funktionen. Nicht immer sind die Lernkonzepte so komplex und umfangreich, dass alle Schritte, die in der imc Content Supply Chain abgebildet wurden, umgesetzt werden müssen. Manchmal geht es tatsächlich nur um das Management, den technisch-administrativen Betrieb der Plattform, die Aufbereitung, Aufspielung und Freigabe von – im Unternehmen – vorhandenen Lerninhalten. Doch es hat sich gezeigt, dass der Betrieb von Lernportalen im Unternehmen keineswegs eine triviale administrative Aufgabe ist, die sich im bloßen Content-Management erschöpft.

Literaturverzeichnis

[1] Vgl. zusammenfassend „Entwicklung des Application Service Providing"
Quelle: http://www.applicationserviceproviding.de/ASPInformation/Summary.doc; dort auch eine Aufstellung relevanter Studien unter http://www.application-serviceproviding.de/ASPInformation/studien.htm; außerdem „Application Service Providing – Software auf Abruf." – Quelle: Electronic Commerce Infonet http://www.ecin.de/technik/asp.html.

[2] vgl. dazu aktuelle Entwicklungen Computerwoche 24/2001 S. 70ff (Schwerpunkt: Content Commerce)

[3] (http://www.knowledgeplanet.com, http://www.hungryminds.com).

[4] Dieses Konzept wurde von Frank Milius und Peter Sprenger erstmals auf der Learntec 2001 in Karlsruhe vorgestellt: MILIUS, F.; SPRENGER, P., Learning Communities und Knowledge Management. Softwarekonzepte für den Wissensaustausch von Mitarbeitern, Vortrag Learntec 2001, Karlsruhe/Saarbrücken 2001. Eine Streaming-Video-Aufzeichnung des Vortrags ist im Internet unter www.learntec-online.de einzusehen (Rubrik „Virtueller Kongress" – „Knowledge Networks / Net-based Trainings": Beitrag „Learning Communities und Knowledge Management. Softwarekonzepte für den Wissensaustausch von Mitarbeitern.").

[5] FATEMEH B./WARREN T., Horses to Water: Student Use of Course Newsgroups, in: Firstmonday Online unter www.firstmonday.org/issues/issues5_8/thorngate/index.html.

[6] Die hier etwas aus dem Zusammenhang gerissenen, dennoch typischen Zahlen können in der o.a. Quelle detailliert eingesehen werden.

[7] Grafik entlehnt aus: WAGNER, M.P., Groupware und neues Management. Einsatz geeigneter Softwaresysteme für flexiblere Organisationen, (Business Computing), Wiesbaden 1995.

[8] Vgl. dazu auch den Artikel von SPRENGER, P., Zur Bedeutung webbasierter Inhalte in virtuellen Lernarchitekturen, Kap. 3.1.

[9] Clark Aldrich, Senior Research Analyst, Gartner Group.

4. Realisierungsvarianten von Corporate Universities

Michael Müller
DaimlerChrysler AG, Stuttgart

DaimlerChrysler Corporate University – The Path to Top Performance

Die DaimlerChrysler Corporate University ist ein Instrument, um einerseits die leitenden Führungskräfte des DaimlerChrysler Konzerns weltweit in innovativem General Management zu qualifizieren, zugleich unterstützt und beschleunigt die Corporate University aber auch die globale Implementierung konzernrelevanter Schlüsselstrategien. Mit auf die Firmenbedürfnisse maßgeschneiderten Präsenzseminaren und –veranstaltungen und weltweit verfügbaren Online Informations- und Wissensangeboten, bietet die DaimlerChrysler Corporate University den leitenden Führungskräften des Konzerns 24/7 eine umfassende Lern-, Wissens-, Kommunikations- und Diskussionsplattform an.

1. Einleitung

Das globale Geschäft in der Automobilindustrie wird immer schneller und komplexer. Konsolidierung der Industrie, Wettbewerbsdruck, technologische Innovationen, gesellschaftliche Veränderung, Wertewandel und Globalisierung; dies sind zusammenwirkende Faktoren, die unser Geschäft immer dynamischer und komplexer werden lassen. Den Führungskräften des Konzerns begegnen diese Herausforderungen täglich. Um diese herausfordernden Aufgaben zu meistern, bietet die DaimlerChrysler Corporate University (DCU) den leitenden Führungskräften des Konzerns innovative, persönliche Lern- und Entwicklungsmöglichkeiten an, um strategisch relevantes Wissen zu vermitteln, sowie um Führungs- und General Management Know-how kontinuierlich aufzubauen und weiterzuentwickeln. Der folgende Beitrag liefert Ihnen eine Übersicht über die verschiedenen Themenfelder, die durch die DCU heute abgedeckt werden.

2. Die Geschichte der DaimlerChrysler Corporate University

Nach intensiven Diskussionen wurde das Konzept der DCU im März 1998 durch den Vorstand von Daimler-Benz freigegeben und die Corporate University gegründet. Kurz danach, im Mai 1998 wurde der Merger zwischen der Daimler-Benz AG und der Chrysler Corporation öffentlich bekanntgegeben, dadurch wurde die internationale Ausrichtung der DCU nochmals nachhaltig verstärkt. Die Corporate University besitzt heute ständige Standorte in Deutschland und USA, sowie temporäre in Asien.

3. Zielgruppe der DaimlerChrysler Corporate University

Die Zielgruppe der DCU umfasst derzeit die rund 7.000 leitenden Führungskräfte (d.h. Direktoren, Bereichsleiter und Abteilungsleiter) des Konzerns, die in mehr als 200 Ländern weltweit für den Konzern tätig sind. Die Hauptsprache an der DCU ist Englisch. Der Vorstandsvorsitzende, Vorstandsmitglieder und Bereichsvorstände treten als Sponsoren der DCU und als Gastredner auf.

Betriebliche Führungskräfte (Meister und Teamleiter) und Mitarbeiter werden nicht direkt von der DCU betreut. Diese Zielgruppen werden von lokalen und bereichsspezifischen Aus- und Weiterbildungseinrichtungen des Konzerns umfassend versorgt.

4. Ziele, Organisation, Angebote und Partner der DCU

Die DaimlerChrysler Corporate University gliedert sich derzeit in vier Funktionsbereiche: Executive Education, Leadership Development, Strategy Transfer, Knowledge Management und DCU-Online.

4.1 Executive Education

Damit eine Firma im globalen Markt bestehen kann, benötigt sie Führungskräfte mit einem breiten Erfahrungshintergrund, mit einer Topqualifikation in unterschiedlichen Themenfeldern und mit einer offenen flexiblen Geisteshaltung. Dauerndes Hinterfragen und Optimieren von relevanten Geschäftsprozessen, Steigerung von Effizienz und Effektivität, profitables Wachstum durch neue innovative Geschäftsideen sowie unternehmerisches Denken und Handeln sind die Basis für eine sich immer wieder erneuernde erfolgsorientierte Organisation.

Gemeinsam mit einem Netzwerk von internen und externen Experten aus führenden Beratungsunternehmen, Universitäten und Business Schools entwickelt die DCU maßgeschneiderte, auf die Bedürfnisse von DaimlerChrysler zugeschnittene „Executive Education Programs", um sowohl die strategischen Stoßrichtungen des Konzerns, die Bedürfnisse der Business Units als auch die der einzelnen Führungskräfte zu unterstützen. Cross Cultural Education und General Management sind die Hauptelemente dieser Programme. Die neuen Impulse und das vermittelte Wissen befähigen so Führungskräfte ihre Geschäftspläne weiterzuentwickeln und zukünftig noch erfolgreicher umzusetzen.

Die aktuellen Hauptprogramme sind derzeit „Managing Global Opportunities" mit der Harvard Business School in Boston (USA). „Managing Business" mit INSEAD in Fontainebleau (Frankreich). „Leadership in a Cross Cultural Environment" und „Driving Success in a Global Company" mit IMD in Lausanne (Schweiz). „Cost and Value Management", „Change Management", „Strategic Management" und „Management of Structure and Process" mit dem Management Zentrum St. Gallen (Schweiz).

4.2 Leadership Development

Strategische Blickweise, Offenheit für neue Konzepte, internationale interkulturelle Führungserfahrung und ein klares Verständnis von Kunden- und Marktanforderungen, sowie der professionelle Umgang mit Wissen und Informationen kennzeichnen heute eine erfolgreiche Führungskraft.

Die DCU hat in Zusammenarbeit mit internationalen Beratern und Business Schools die „Leadership Development Programs" sorgfältig auf diese Anforderungen ausgerichtet; die Programme bereiten Führungskräfte auf die nächst höhere Management Ebene vor. Die Auswahl der Teilnehmer erfolgt durch die Personalentwicklungsbereiche des Konzerns, eine freie Anmeldung ist nicht möglich. DaimlerChrysler spezifische Notwendigkeiten spiegeln sich in diesen Kursen wieder, obere Führungskräfte nehmen an diesen Veranstaltungen als Sponsoren und Redner teil.

Die aktuellen Programme sind derzeit das sogenannte „DaimlerChrysler Seminar" für Abteilungsleiter mit DDI (USA) und Management Zentrum St. Gallen (Schweiz). Eine E-Business Learning Journey ins Silicon Valley wird in Zusammenarbeit mit dem DaimlerChrysler Research Center in Palo Alto angeboten. Mit dem Online „Harvard Manager Mentor" und „HBS-Onpoint" Artikeln stehen auch zahlreiche ergänzende Leadership Werkzeuge Online zur Verfügung. Weitere Programme für die Leadership Qualifizierung von angehenden Bereichsleitern und Direktoren sind derzeit in einer Neudesign Phase, da sie auf die neuen globalen Rahmenbedingungen angepasst werden; die neuen Programme werden dann ab Mitte 2001 durchgeführt.

4.3 Strategie Transfer

Die Fähigkeit strategische Herausforderungen zu erkennen und zu bewältigen ist notwendig, um die Herausforderungen in der heutigen Geschäftswelt erfolgreich zu meistern. Konzernziele werden erst dann erreicht, wenn alle Mitarbeiter an der Zielerreichung mitwirken. Führungskräfte spielen eine Hauptrolle darin, Konzernstrategien in die jeweiligen Geschäftseinheiten zu transferieren, ihren Mitarbeiter und Mitarbeiterinnen diese Ziele zu verdeutlichen, diese dort zu adaptieren und in die tägliche Arbeit erfolgreich umzusetzen.

Die Corporate University bietet ein breites Curriculum an, um die Führungskräfte zu befähigen ihr Wissen über neue strategische Stoßrichtungen und dadurch ihre Führungsqualitäten kontinuierlich zu verbessern. Hierzu werden Diskussionsplattformen mit Vorstandsmitgliedern und internen Fachexperten über neue Konzernthemen angeboten; externe Best Practice Experten aus Benchmark Firmen, Beratungsunternehmen, Business Schools und Universitäten stellen hierzu ergänzend die neuesten Erkenntnisse in „Lecture Series" vor. Großveranstaltungen wie das „DaimlerChrysler Top Management Meeting" und themenorientierte Diskussionsforen zielen darauf ab, die Implementierung von strategischen Schlüsselinitiativen des DaimlerChrysler Konzerns nachhaltig zu beschleunigen und abzusichern. Broschüren, fokussierte Artikel im DaimlerChrysler Führungskräftemagazin „Headline", Sendungen im Business TV und ergänzende multimediale Informationen und Newsletter auf der DCU-Online ergänzen das Angebot.

Im Vordergrund standen im Jahr 2000 die Strategiethemen:

- Globalization
- E-Business
- Merger & Aquisitions und Management of Strategic Alliances
- Value Based Management

4.4 Knowledge Management

Share to Win! - Heutzutage kommt kein Unternehmen mehr an der Notwendigkeit vorbei, nach Wegen zu suchen, um bereits vorhandenes Wissen bestmöglichst zu nutzen sowie neues Wissen zu generieren, um es schnell in innovative Produkte und Dienstleistungen zu verwandeln. Immer rascher werdende Veränderungsprozesse in globalen Märkten und technologische Innovationen führen dazu, dass Wissen und seine intelligente Vernetzung einen völlig neuen Stellenwert bekommen haben. Die Fähigkeit, die Ressource Wissen zielgerichtet einzusetzen und weiterzuentwickeln, wird somit zu einer erfolgskritischen Kernkompetenz von Führungskräften.

DaimlerChrysler kann sich glücklich schätzen, ein als Best Practice anerkanntes Wissensmanagement Modell im Konzerns zu haben: Communities of Practice wie die „TechClubs" und „EBoKs" (Engineering Books of Knowledge). TechClubs, die in Expertisefeldern wie Karosserie oder Elektrik/Elektronik organisiert sind, bilden ein Paradebeispiel für „Communities of Practice" – Expertengruppen, die Erfahrungs- und Wissenspotentiale in definierten Fachgebieten bereichsübergreifend teilen, pflegen und weiter aufbauen. Durch die Nutzung dieser Expertengruppen kann Know-How über Bereichs- und Projektgrenzen transferiert werden. DaimlerChrysler Führungskräfte lernen, solche Communities bereichsübergreifend zu unterstützen und zu fördern, um in den wissensintensiven Märkten der Zukunft bestehen zu können.

TechClubs demonstrieren die Kraft informeller Gruppen, die Verantwortung für ein Wissensgebiet übernehmen. Ihre Geschichte zeigt auch, wie der Erfolg einer Wissensdatenbank, die „Engineering Books of Knowledge", von der Existenz und der Qualität einer Community abhängt, die die Verantwortung für die Datenbankinhalte übernimmt. Die DaimlerChrysler TechClubs sind bekannt als ein beispielhaftes Modell für effektives Wissensmanagement. Für die DCU ist es ein kritischer Erfolgsfaktor das TechClub Modell schnell als Management Tool flächendeckend im Konzern zu verbreiten. Schulungen, Messen, Foren und Printmedien wie das hierzu erstellte TechClub Booklet und ein Online KM-wbt zeigen auf, wie Knowledge Management praktisch umgesetzt werden kann.

Auch Human Resources DaimlerChrysler hat sich den Kulturwandel zu einem wissensbasierten Unternehmen auf die Fahneß geschrieben. Im neuen „LEAD"-Prozeß (Leadership Evaluation and Development) werden leitende Führungskräfte auch danach beurteilt, wie sie ihr Wissen und ihre Erfahrungen aktiv teilen. Hierdurch wird ein nachhaltiger Beitrag zur Absicherung der Wissensmanagement Initiative geleistet.

Zur Unterstützung der globalen Wissensmanagement Prozesse hat die DCU im Oktober 1999 eine unternehmensweites Forum von engagierten Wissensmanagement Akteuren, das sogenannte „Corporate Knowledge Management Sharing Forum" gegründet. Mitglieder dieses „CKMSF" sind führende Wissensmanager aus allen Konzernbereichen und Funktionalressorts. Die Mission lautet: „The Corporate Knowledge Management

Sharing Forum helps DaimlerChrysler to build, share and apply the best knowledge available to achieve superior business results". Diese Aufgaben werden durch bereichsübergreifendes, interdisziplinäres, überregionales, vernetztes Arbeiten geleistet. Unsere Vision, die beste Automobil Firma der Welt zu sein, erfordert es, die besten Management Praktiken anzuwenden, um world class Innovationen und Best Practice Knowledge Assets zu fördern. Die TechClub Erfahrungen zeigen uns, wie wir wissensbasierte Strukturen - Communities of Practice - entwickeln können, die formale Organisationsstrukturen ergänzen. Wir haben somit eine weitere Option echte nachhaltige Wettbewerbsvorteile zu erschließen - „Share to Win"!

Die koordinierende Rolle der Corporate University im Themenfeld Wissensmanagement gestaltet sich wie folgt: Laufendes Benchmarking und Monitoring externer und interner Wissensmanagement Aktivitäten; Broker für KM Best Practices und Lessons Learned; KM Berater und Management Qualifizierung für Business Units und Management. Organisator des Corporate Knowledge Management Forums und Veranstalter von Wissensmanagement Best-Practice Messen und Trainings. Bereitstellen von aktuellen Online Informationen.

Um den Umgang mit intellektuellen Kapital zu üben bietet die DCU u.a. weltweit die Wissensmanagement Business Simulation „Tango" an. Diese wurde von der schwedischen Firma Celemi entwickelt.

4.5 DCU-Online

„DaimlerChrysler Corporate University Online – The E-Dimension of Executive Development" ist für alle Mitarbeiter des Konzerns im Corporate Intranet unter der Adresse http://intra-dcu.daimlerchrysler.com weltweit erreichbar. Diese neue intranetbasierte Lern- und Wissensplattform steht den Führungskräften des Konzerns als globaler Multimediacampus 24/7 zur Verfügung. Durch die Erweiterung des DCU Präsenzangebotes um die Online Aktivitäten stieg die Kontaktquote zwischen Führungskräften und der Corporate University um den Faktor 50! Ein starker Beweis für die Power des e-learnings. Die DCU-Online bietet unterschiedliche Funktionen und Services an:

- In der Sektion „Event & Programs" werden vertiefende Informationen über alle DCU Präsenz- und Online-Veranstaltungen in den Bereichen Leadership Development, Executive Education, Strategie Transfer und Knowledge Management angeboten. Führungskräfte können sich auch zu Veranstaltungen direkt online anmelden. Nach Prüfung der Anmeldung erhalten die angemeldeten Teilnehmer eine Bestätigungsemail und ergänzende Informationen zur individuellen Vorbereitung der Veranstaltung. Zur Nachbereitung der Veranstaltung kann die DCU-Online zur weiteren Vertiefung des Gelernten dienen. Hierzu steht ein passwortgeschützter Raum für die ehemaligen Teilnehmer zur Verfügung, in dem sie unter Einbeziehung von Online

Tutoren weitere Themen abarbeiten können. Die ehemaligen Teilnehmer werden dann Mitglieder des „Alumni-Space", dort werden Sie mit regelmäßigen Newslettern über neue Trends und Entwicklungen informiert. In Diskussionsforen oder bei Chats werden diese Themen ebenfalls vertieft und diskutiert.

- In der Sektion „Topics" werden die aktuelle Online Informationen und Lernangebote zu den strategischen konzernrelevanten Themen Globalization, Merger & Aquisitions, Management of Strategic Alliances, Leadership, Knowledge Management und Value Based Management angeboten. Hierzu wurden folgende Online Funktionalitäten installiert: Links ins Intranet, Hyperlinks zu ausgewählten Internet www-Seiten, Artikel, Buchempfehlungen, Präsentationen, wbt (web based training), Foren und Communities of Practice. Mit diesem Medienmix kann schnell eine problemorientierte an den Geschäftsproblemen der Führungskräfte orientierte Auswahl von Informationen erfolgen.

- Im „People" Bereich steht den Führungskräften eine aktuelle Übersicht über die eingeschriebenen Mitglieder der DCU-Online zur Verfügung, aktuelle Knowledge Profile und berufliche Interessensfelder ergänzen diese personenorientierte Informationen.

Partner der DCU-Online sind für die Content Generierung interne Fachabteilungen und Experten, Business Schools (Harvard Business School, IMD, Unext u.a.), Berater (Arthur D. Little, Deloitte and Touche, Roland Berger und Partner u.a.); für den Hardware-Betrieb der Server wurde mit dem debis Systemhaus ein zuverlässiger Partner beauftragt. Die imc GmbH zeichnet als Hauptpartner für die Entwicklung der Lernplattformsoftware, für Content Aufbereitung und für Consulting verantwortlich.

5. Lernarchitektur und Schlüsselthemen der DCU

Die Lernarchitektur der DCU geht über die klassischen Ansätze von Universitäten hinaus, da alle Lernprogramme direkt mit konkreten individuellen Lernbedürfnissen der Führungskräfte und mit organisationalen Themen der DaimlerChrysler AG verknüpft sind. Alle Aktivitäten der DCU können in eine Matrix eingeordnet werden, die auf der Abszisse die Leadership Kriterien für Führungskräfte und auf der Ordinaten Seite die aktuellen strategisch relevanten Themen der Firma zeigen. Auf diese Weise verknüpft, können positives Führungsverhalten und Konzernstrategie gemeinsam behandelt und verankert werden. Deshalb befasst sich das DCU Curriculum auch im Schwerpunkt mit den Themen:

- Leadership Behaviour
- Management Skills
- Intercultural Competency
- Strategic Topics
- Knowledge Management

Die Programme, die auf die Bedürfnisse des Konzerns und der leitenden Führungskräfte ausgerichtet sind, werden in der Form von ein- oder zweiwöchigen Seminaren, Workshops, Vorlesungen, Messen, Business Simulationen, Diskussionen oder BestPractice Foren angeboten. Zugleich besteht mit der DCU-Online, einer intranetbasierten Lernplattform die Möglichkeit, Präsenzveranstaltungen vor- und nachzubereiten, sowie eigenständige Online Veranstaltungen wie Foren, Chats, Communities of Practice, wbt (web based trainings) durchzuführen und einen weitergehenden Informationsfluss durch elektronische Newsletter und Abonnements anzubieten.

6. Das virtuelle Netzwerk der DCU

Das internationale Mitarbeiterteam der DCU besitzt eine profunde Kenntnis über den DaimlerChrysler Konzern, ein hohes Maß an planerischen, kommunikativen und organisatorischen Fähigkeiten, Multilingualität und Interdisziplinarität sowie ausgeprägte methodische, didaktische und adragogische Fachkenntnisse. An der DCU direkt sind keine universitären Professoren, Faculties o.ä. beschäftigt. Diese Funktionen werden durch das beauftragte Partnernetzwerk geleistet. Dieses externe Netzwerk besteht aus sorgfältig ausgewählten Best Practice Partnern, die in den jeweiligen Themengebieten eine erstklassige Reputation besitzen. Top Führungskräfte von Benchmark Firmen, World Class Business Schools und Universitäten sowie internationalen Beratungsunternehmen unterstützen die DCU durch „State of the Art Know How". Das firmeninterne Netzwerk bestehend aus Partnern der Bereiche Konzernstrategie, Unternehmenskommunikation, E-Business, Forschung und Technologie, Finanzen und Controlling sowie aus den Business Units bringt die aktuelle konzernrelevante Fachexpertise ein. Aus diesen Bereichen werden interne Fachexperten eingeladen, um bei Präsenz- und Online-Veranstaltungen der DCU mitzuwirken. Der CEO Jürgen Schrempp, Vorstandsmitglieder und Bereichsvorstände treten als „Key Note Speaker", Diskussionspartner und Sponsoren auf. Die DCU besitzt keine eigenen Gebäude oder Hörsäle. Hier wird auf die Infrastruktur von konzerninternen Facilityanbietern, Hotels oder Business Schools zurückgegriffen, dadurch wird ein hohes Maß an globaler Flexibilität erreicht.

7. Nächste Schritte und Trends

Die Globalisierung des Konzerns und der Abschluss von weiteren strategischen Allianzen, z.B. in Asien mit Mitsubishi und Hyundai, fordern auch von der DCU eine weitere internationale Expansion und die laufende Integration neuer Zielgruppen. Hierbei müssen sowohl kulturelle Unterschiede im Lernverhalten unterschiedlicher Nationalitäten als auch unterschiedliche Wissensstände berücksichtigt werden. Das virtuelle Netzwerk der DCU von interkulturellen Experten, internationalen Business Schools, Beratern und Universitäten unterstützt bei dieser komplexen Aufgabe.

Im Rahmen der E-Business Strategie des Konzern werden neben den klassischen E-Business Feldern „Business to Customer" (B2C), „Business to Business" (B2B) im Konzern auch die Themen „Telematik" und „Business to Employee" (B2E) forciert. Die Realisierung des B2E erfolgt über ein Employee Portal auf das alle Mitarbeiter über das Intranet oder das Internet Zugriff haben. Innerhalb des Employee Portals wird ein Lernportal implementiert, die DCU-Online wird ein elementarer Bestandteil davon sein.

Wenn Sie mehr über DaimlerChrysler wissen möchten, besuchen Sie einfach unsere Homepage unter http://www.daimlerchrysler.com oder senden Sie ein E-mail an michael.we.mueller@daimlerchrysler.com, falls Sie weiteren Informationsbedarf über haben.

Michael Müller
DaimlerChrysler AG, Stuttgart
Dr. Wolfgang Kraemer, Christine Gallenstein, Gabriele Fünfrocken
imc information multimedia communication GmbH, Saarbrücken

DaimlerChrysler Corporate University Online – The E-Dimension of Executive Development

Mit der Ausrichtung der DaimlerChrysler AG auf globale Märkte und verstärkter Bedeutung des Themas eBusiness im Konzern hat sich auch Auftrag und Anspruch an die Führungskräfteentwicklung gewandelt. Die DCU hat diese Herausforderung erkannt und ihr präsenzbasiertes Angebot durch den Einsatz einer eLearning Plattform erweitert und umgestaltet: die DCU-Online, die interaktive multimediale Lern- und Informationsplattform im DaimlerChrysler Intranet.

Dabei werden die Grenzen zwischen Offline-Training und Online-Unterstützung immer fließender. Die Erfordernisse des lebenslangen Lernens, die Möglichkeiten der zeit- und ortsunabhängigen Weiterbildung, des Wissensmanagements und der Humankapitalentwicklung fördern den Trend zum Web-basierten Lernen [1]. Analog zu den Anstrengungen der öffentlichen und privaten Universitäten [2], Bildungsprodukte und -dienstleistungen zeit- und ortsunabhängig den Studierenden durch virtuelle Universitäten zur Verfügung zu stellen, ergeben sich auch für Corporate Universities durch den Einsatz von medienbasierten Informations- und Kommunikationstechnologien für ihre Lern- und Wissensarchitekturen sinnvolle Erweiterungsmöglichkeiten.

1. Die DCU-Online – strategisches Instrument moderner Führungskräfteentwicklung

Mit den Präsenzveranstaltungen der DCU werden ca. 30% der potenziellen Zielgruppe pro Jahr erreicht. Zielsetzung der virtuellen DaimlerChrysler Corporate University DCU-

Online ist die Ergänzung der DCU um zukunftsträchtige Lernformen, die den aktuellen Weiterbildungserfordernissen der Führungskräfte entsprechen.

Dieses innovativen Lerninstrument unterstützt als wichtiges zusätzliches Element alle Aktivitäten der Corporate University: mit Informationen über und Anmeldung zu Programmen und Events der DCU, mit deren Vor- und Nachbereitung von sowie Online-Projekträumen für die Mitglieder neuer oder bereits etablierter "Communities of Practice" weltweit. Darüber hinaus stellt die DCU-Online zu strategisch relevanten Themen interaktive Lernmodule zur Verfügung. Weitere Lern- und Informationselemente setzen sich beispielsweise aus Artikeln, Präsentationen oder Link Listen zu aktuellen Themen zusammen. In der DCU-Online finden sich nicht zuletzt ergänzende Funktionalitäten zu Aufbau und Pflege von persönlichen Netzwerken.

Über das DaimlerChrysler-Intranet werden die Nutzer der DCU-Online 24 Stunden am Tag und 7 Tage in der Woche an beliebigen Orten in Ihrem Informations- und Lernprozess unterstützt. Die jeweilige Führungskraft kann sich ihr individuelles Lern- oder Kommunikationsprogramm selbst zusammenstellen und ganz nach persönlichem Zeitplan ausgestalten.

1.1 Zielgruppen und inhaltlicher Aufbau

Durch die DCU-Online hat sich die originäre Zielgruppe der DCU nicht geändert. Durch das Hinzukommen des offenen Bereichs jedoch, der sog. DCU Resources, haben sich unterschiedliche Möglichkeiten ergeben, gelebtes Knowledge Management durch hierarchische Ebenen hindurch zu etablieren. Die mehr operativ ausgerichteten Manager der Führungsebene E4/Band 93 sind vielfach Wissens- und Know-How Träger des Konzerns oder engagieren sich in bereits etablierten Communities of Practice. Hier ist insbesondere das „Corporate Knowledge Management Sharing Forum" zu erwähnen, das seine Aktivitäten eng in die DCU-Online eingegliedert hat.

Der Aufbau von virtuellen Corporate Universities erfordert die Konzeption und Realisierung einer Anwendungsarchitektur, die die Informations-, Kommunikations- Lern-, Wissens-, und Serviceprozesse im Intranet und Internet zwischen den involvierten Akteuren unterstützen, die Abwicklung der Content Supply Chain ermöglicht und unterschiedlichen Benutzerrollen und Anwendungsszenarien gerecht wird.

Die Steuerung des Zugriffs auf Inhalte erfolgt durch die Inhaltsverantwortlichen der DCU-Online. Dabei ist es nicht nur möglich, Inhalte den einzelnen Zielgruppen zuzuordnen, sondern ebenfalls zu steuern, ob diese Inhalte auch in den DCU Resources, und damit dem gesamten Konzern, zugänglich sind. Diese Steuerung sowie die gesamte Verwaltung aller Veranstaltungen und Inhalte wird im sog. „Back Office" geleistet. In verschiedenen aufgabenbezogenen Rollen verfügen die Mitarbeiter der DCU über ein breitgefächertes Steuerungsinstrument der gesamten Plattform. Der Fokus der nachfolgenden Ausführungen liegt jedoch vorrangig auf der Sicht des DCU-Online Members.

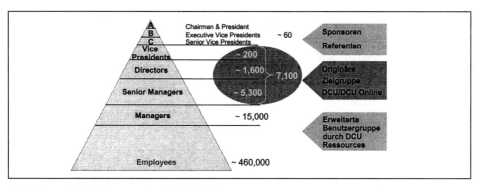

Abbildung 1: Zielgruppe der DCU-Online

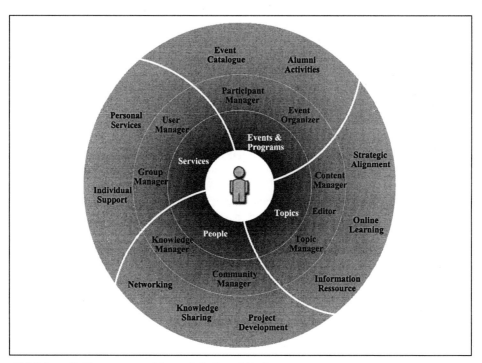

Abbildung 2: Zusammenspiel von Inhalt und Rollen

In Abbildung 2 sind die Wechselwirkungen und Zusammenhänge in der DCU Online insgesamt verdeutlicht. Zielsetzungen wie Knowledge Sharing, Strategic Alignment werden in den administrativen Rollen, z.B. User Manager, Editor oder Participant Manager operationalisiert. Inhalte, die mit Hilfe dieser Rollen verwaltet werden, sind dem Member in der Member Sicht der DCU-Online zugänglich, so beispielsweise im Topic Bereich.

Die DCU-Online bietet in den Hauptbereichen der Membersicht verschiedene Dienstleistungen und unterschiedliche Zugänge zu strategischen Themen des Konzerns und richtet sich eng an den Kernthemen der DaimlerChrysler Corporate University aus:
- Frontpage
- Events&Programs
- Topics
- People
- Services.

Die DCU-Online folgt dem Prinzip, ihren Teilnehmern differenzierte Zugänge zu Inhalten zu ermöglichen und auf verschiedene "Typen" von Benutzern zu reagieren. Ein weiteres wichtiges Kriterium ist, unterschiedliche Formen von Informationsbedarf zu decken:
- Vorbereitung auf eine Präsenzveranstaltung
- Einarbeitung in ein aktuell diskutiertes Thema wie eBusiness
- Überblick über aktuelle Konzernthemen
- Problem- bzw. aufgabenbezogenes Nachschlagen zu individuellen Fragestellungen
- Auffinden von Ansprechpartnern und Wissensträgern zu spezifischen Fragestellungen.

Instrumente, die verschiedene Zugänge bieten sind u.a. die Frontpage, Topic Overview, Spotlight Boxes (News) im Topic Bereich. Da die Inhalte der DCU-Online im regelmäßigem Turnus und nach Aktualität an den dominanten Stellen ausgetauscht werden, kann ein Member beispielsweise nur die Frontpage nutzen, da diese einen komprimierten Zugang zu allen relevanten Informationen bietet bzw. seinem individuellen Profil entspricht. Dies trägt der Tatsache Rechnung, dass gerade Führungskräfte ein solches Angebot in Anspruch nehmen, wenn dies in zeitlich begrenztem Umfang einen qualitativ hochwertigen Überblick bietet.

Der graphische Aufbau der DCU-Online folgt, unabhängig von dem thematischen Bereich, in dem sich der Member befindet, einem einheitlichen Prinzip:
- Navigationsmenü und Keyword Search
- Inhaltsbereich
- Serviceframe (begleitende inhaltliche und funktionale Angebote).

Damit erhält der Member einen hohen Wiedererkennungswert, wenn er sich in den einzelnen Bereichen der DCU-Online bewegt. Gerade bei einer Benutzergruppe, die mit dem Medium Internet weniger vertraut ist, sichert dies eine intuitive Benutzung. Die eigentlichen Inhalte stehen im Mittelpunkt und werden, auch graphisch, von ergänzenden Informationen, komplementiert. So können beispielsweise zu einer Veranstaltung "Related Contents" angelegt werden. Dies sind repräsentative Artikel, die sich mit dem Thema einer Veranstaltung beschäftigen oder Links zu thematisch verwandten Intranet und Internetquellen.

Zur Verdeutlichung der einzelnen Bereiche werden anhand der jeweiligen Einstiegsseiten die verschiedenen Zugangspunkte zu Lern-, Kommunikations- und Informationselementen aufgezeigt.

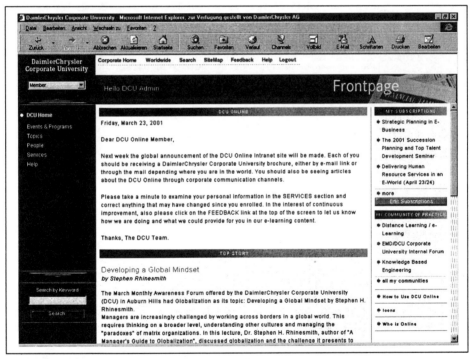

Abbildung 3: Einstiegsseite – personalisierte Frontpage

Die personalisierte **Frontpage** bietet mit tagesaktuellen Informationen und einer besonders hervorgehobenen Topstory zunächst einen Content orientierten Magazincharakter. Der direkte und komfortable Zugang zu personalisierten Angeboten wie beispielsweise den tagesaktuellen Subscriptions sorgt für eine schnelle Übersicht über neue Inhalte.

Virtuelle Gruppenräume, die sog. „Communities of Practice", in denen der Teilnehmer aktiv ist, werden ebenfalls auf der Startseite angeboten. Der direkte Zugang zur Schlagwortsuche über die gesamte Plattform sichert den komfortablen Zugriff und findet sich auf jeder Seite der DCU-Online.

Abbildung 4: Startseite der Events&Programs

Im Bereich der **Events&Programs** finden sich die gesamten Veranstaltungsangebote der DCU. Neben der Möglichkeit, sich zu diesen online anzumelden, werden Inhalte wie Artikel, Case Studies, Präsentationen usw. zu einzelnen Veranstaltungen angeboten. Nach einer Veranstaltung finden die Teilnehmer nachbereitende Unterlagen wie Präsentationen der Trainer, Lessons Learned oder eine Photogalerie. Ist ein Member registrierter Teilnehmer einer Veranstaltung, kann er sich auf eine geschützten Participant Homepage mit umfangreichen Materialien und individuellem Betreuungsangebot zugreifen. Externe Veranstaltungen wie Konferenzen, die von Seiten der DCU empfohlen werden, bieten Orientierung auch über die eigentlichen DCU Veranstaltungen hinaus.

Präsenzveranstaltungen nehmen dabei zwar nach wie vor eine zentrale Bedeutung ein, werden aber in den inhaltlichen Kreislauf eingegliedert und stehen im engen Bezug zu den sog. strategischen Themen, die im Bereich der Topics angeboten sind.

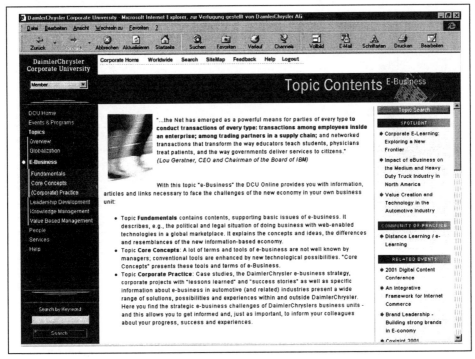

Abbildung 5: Startseite des Topic Bereichs

Unter **Topics** finden sich die strategischen Themen des Konzerns. Durch den redaktionellen Betrieb erfolgt sowohl aus didaktischen als auch aus strategischen Gesichtspunkten der Aufbau jedes einzelnen Themas. Interaktive Lernelemente werden schwerpunktmäßig zur Vermittlung von Grundlagenwissen eingesetzt und ergänzen dabei Artikel, Präsentationen oder Link Listen mit detaillierten Informationen zu Teilgebieten. In Chats und Foren werden Diskussionen themenorientiert und nach Teilnehmerbedarf geführt. Weiterhin finden sich Elemente wie Glossare, FAQs oder Contacts (Kontaktinformationen zu externen Wissensträgern), die je nach inhaltlicher Zielsetzung aufgebaut und angeboten sind.

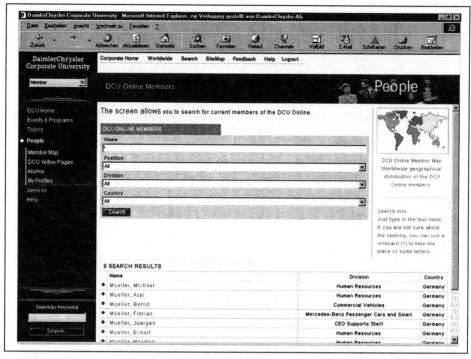

Abbildung 6: Startseite des People Bereichs

Die Teilnehmer der DCU-Online fungieren nicht nur als Wissensnutzer, sondern auch als Wissensträger. Unter **People** sind die Angebote subsumiert, die für ein aktives Wissensmanagement erforderlich sind. Demografische Profile und spezifische Wissensmerkmale der DCU-Online Teilnehmer sind in den Yellow Pages dokumentiert. Diese Profile werden im Rahmen der erstmaligen Einschreibung von den Teilnehmern selbst erstellt. Suchfunktionen nach Name, Position, Abteilung, Land oder Wissensgebiet erleichtern die schnelle Identifikation von geeigneten Wissensträgern. Die Integration von weiteren unternehmensinternen – die aber nicht explizit zur Zielgruppe der DCU zählen - und externen Wissensträgern, wie zum Beispiel Dozenten von Business Schools, Analysten, Trend Scouts, Consultants oder virtuelle Expertennetzwerke komplettiert eine breite Wissenslandschaft. Die Member Map bietet einen Überblick über die globale Verteilung der DCU-Online Member.

DaimlerChrysler Corporate University Online 409

Abbildung 7: Startseite Services / Who is online

Services ermöglichen dem Teilnehmer, die personalisierten Angebote zu editieren und seine Benutzerdaten selbständig zu verwalten. Passwort und Login können ebenfalls an dieser Stelle geändert werden. Bei Bedarf kann das DCU interne Message System genutzt werden, um ohne Medienbruch Nachrichten an andere DCU Teilnehmer zu verschicken. "Who is online" ermöglicht neben der Kontaktaufnahme per E-Mail eine erste Information über die jeweilige Person: Demographic und Knowledge Profile können durch direktes Anklicken des jeweiligen Namens erreicht werden.

Communities of Practice spielen in der DaimlerChrysler AG eine bedeutende Rolle. Bereits etablierte Communities werden sukzessive in der DCU-Online integriert und durch diese unterstützt.

Die Bündelung der Aktivitäten auf einer zentralen Informations- und Kommunikationsplattform war die zwingende Folge, um aus Einzelinitiativen Wissen zu generieren, dass wiederum in eine lebendige Wissenslandschaft einfließt.

Die Notwendigkeit, in lokal und zeitlich voneinander getrennten Teams zu arbeiten, betrifft allerdings nicht nur CoPs. Auch temporäre Arbeits- und Projektgruppen benötigen einen zentralen geschützten Arbeitsbereich, um Dokumente gemeinsam zu bearbeiten, sich auszutauschen oder offene Fragen mit dem betreuenden Moderator zu klären. Der Funktionsumfang jeder CoP der DCU-Online umfasst aus diesem Grund

- Document Archive
- Members
- Forum
- Chat
- Group Mail
- CoP Management (zugänglich für die Moderatoren).

Weiterhin spielen diese eine bedeutende Rolle in der alternativen didaktischen Gestaltung von Weiterbildungsangeboten, insbesondere wenn es sich dabei um Programme mit beispielsweise zwei Modulen handelt. Neben den Teilnehmern haben auch die Tutoren der Business Schools Zugang zu den CoPs und betreuen neben den Foren auch die Document Archives.

Die inhaltlichen Konzepte werden weiterhin von einer Reihe Funktionalitäten flankiert, die die komfortable Benutzung durch die unterschiedlichen Teilnehmer sichern. Im Search Center bieten differenzierte Suchmöglichkeiten sowie die Keyword Search auf jeder Seite direkten Zugang zu den benötigten Informationen. Das Search Center fasst alle verfügbaren Suchen der Plattform (z. B. Event Search, Topic Search) zusammen und kann parallel zur DCU-Online geöffnet werden.

Die interaktive Topic Sitemap dient als Ergänzung zur DCU-Online Navigation und ermöglicht den Überblick über sämtliche Topics sowie deren Subtopics.

Die Help-Funktion bietet ein Online Manual, das die Benutzung der Plattform erläutert und damit dem Member einen ersten Überblick über Funktionalitäten und Einsatzszenarien gibt. Hinweise zu technischen Fragestellungen und Ansprechpartnern sorgen für eine Unterstützung bei allen entstehenden Fragen.

1.2 Veranstaltungs-Lifecycle

Über sogenannte Brokerage- und Provider-Funktionalitäten unterstützt die DCU-Online den gesamten administrativen Veranstaltungs-Lebenszyklus, wie in Abbildung 8 dargestellt:

- Anlegen und Verwalten aller Veranstaltungen durch die verantwortlichen Event Manager; dabei wird u.a. der Anmeldemodus, die Anzahl der möglichen Teilnehmer oder die thematische Zugehörigkeit zu einem Topic festgelegt
- Ankündigung und gewissermaßen Vermarktung der Veranstaltung, inklusive Angebot repräsentativer, thematisch zugehöriger Unterlagen
- Online Anmeldung („Self Registration") durch die Teilnehmer selbst oder deren Einbuchung über den Veranstaltungsservice der DCU. Die Verwaltung der Teilnehmer sowie deren Teilnehmerstati (Registration List, Participant List, Waiting List, Cancellation List) können effizient und ohne Medienbrüche über die DCU-Online abgewickelt werden
- Einrichtung von Gruppen und Erteilung von Zugriffsrechten über das einzelne Benutzerprofil. Durch die Zuordnung zu einer Benutzergruppe können Zugriffsrechte auf Lern- und Wissensinhalte und insbesondere Teilnehmerbereiche von Veranstaltungen definiert werden
- Bereitstellung sowohl vor- als auch nachbereitender Unterlagen, virtuelle Projekträume/Communities of Practice oder Kommunikationstools
- Anlegen und Verwalten von Rollen zum Beispiel für Content und Event Manager etc.
- Anlegen und Verwalten von Zugängen für interne und externe Tutoren
- Statistik-Funktionen zu Auskunft über die Auslastung der angebotenen Veranstaltungen und Programme sowie ein zugehöriges Budgetierungstool zur Planung und Steuerung
- Feedback Funktionen in der DCU Online zur kontinuierlichen Optimierung des gesamten Angebots.

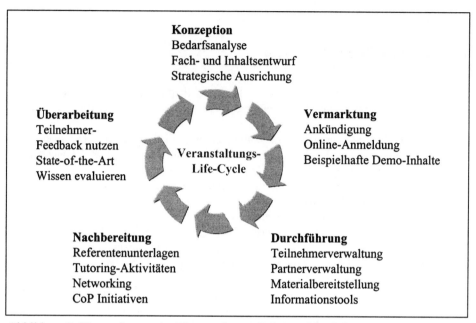

Abbildung 8: Unterstützung des Veranstaltungs-Lebenszyklus [3]

Besonders hervorzuheben ist die inhaltliche Unterstützung einer Veranstaltung (und hier in der ausführlichen Version primär der Executive Education Programs). Diese erstreckt sich über alle Phasen eines Programms bzw. der einzelnen Programmmodule.

Abbildung 9 zeigt dies anhand der einzelnen Phasen der Veranstaltungsunterstützung auf.

Phase	Leistungsangebote der DCU-Online	Verantwortlichkeit
Vorbereitung (vor Veranstaltung)	• Einladung und Online-Anmeldung der Teilnehmer • Content Delivery (Cases, Literatur, Links) zu Programmen • Bereitstellung organisatorischer Hinweise und Unterlagen • Permanente Präsentation und Aktualisierung der Programme mit Public und Participant Homepage	• DCU-Veranstaltungsservice • DCU-Veranstaltungsservice • Business School/DCU-Red. • Business School/DCU-Programm Manager
Durchführung (während Veranstaltung)	• Generierung von DC-spezifischen Lessons Learned und Management Summaries auf Basis der Content Bearbeitung • Festlegung von Communities of Practice Themen (Sounding Board) bzw. der "Virtual Project Groups" • Voting der Teilnehmer und Evaluation von Content und Faculty • Benennung der Community of Practice-Moderatoren aus Teilnehmerkreis • Einführung tutorielle Betreuung in Nachbereitungsphase	• Business School • DCU-Programm Manager/Teilnehmer • Teilnehmer • Teilnehmer • Business School
Nachbetreuung (nach Veranstaltung)	• Aufnahme des Programms unter "Previous Programs" • Bereitstellung von Case-Musterlösungen • Präsentationen d. Speaker • Knowledge Update: Redaktionelle Erarbeitung eines Monthly Newsletters • Tutoring der "Virtual Project Groups"	• DCU-Redaktion • Business School • Business School/DCU-Red. • Business School/DCU-Red. • Alumni Mentoren/Tutoren

Abbildung 9: Unterstützung der DCU-Programmangebote durch die DCU-Online [4]

In allen Phasen der Programmunterstützung wird eine fachlich selektierte Vielfalt an unterschiedlichen Unterlagen benötigt. Deren Erarbeitung und Zusammenstellung erfordert die Interaktion einer Vielzahl verantwortlicher Partner. Hier sind vor allem die inhaltsverantwortlichen Manager, die Referenten der Business Schools sowie die Redaktion der DCU-Online zu nennen. Alternativ kann die Vorbereitung direkt über die DCU-Online oder über das Medium CD-ROM erfolgen. Von Bedeutung ist die individuelle Zusammenstellung der Materialien und die Nutzung der bereits im Bereich der Strategic Topics vorhandenen Informations- und Lernelemente.

Die Teilnehmer selbst haben gerade in der Durchführungsphase die Chance, den weiteren Verlauf in der Nachbereitung zu steuern. Sie selbst identifizieren Themen, die in einer Community of Practice oder über ein Forum unter Unterstützung von Business School Tutoren weiter verfolgt werden. Ebenso kann im Zuge des selbstgesteuerten Lernens auch ein Teilnehmer die Rolle des Moderators übernehmen. Umfasst ein Veranstaltungsangebot beispielsweise zwei zeitlich getrennte Module, bearbeiten die Teilnehmer gemeinsame eine Aufgabenstellung und präsentieren das Ergebnis im nächsten Präsenzteil.

Die Nachbereitungsphase wird sowohl durch das Angebot an entsprechenden Dokumenten wie Lessons Learned, Veröffentlichungen der Referenten zum Veranstaltungsthema sowie durch Alumni Aktivitäten begleitet. Diese werden durch kontinuierliche Wissensupdates zu den geschulten Themen auf den Veranstaltungsseiten auch weiterhin informiert. Bei Wunsch der Teilnehmer steht diesen ein Teletutor zur Verfügung, der Fragen klärt, die für den einzelnen Teilnehmer bei der Umsetzung des Gelernten in die praktische Arbeit entstehen.

2. DCU-Online Editorial Network

Wie in Abbildung 10 dargestellt, können für den Aufbau und Betrieb der DCU-Online verschiedene Stakeholder [5] unterschieden werden. Unter Stakeholder werden hier diejenigen Gruppen verstanden, deren Interessen, Bedürfnisse sowie fachliche, organisatorische, pädagogische und technische Anforderungen die DCU-Online Leistungsangebote indirekt beziehungsweise direkt beeinflussen.

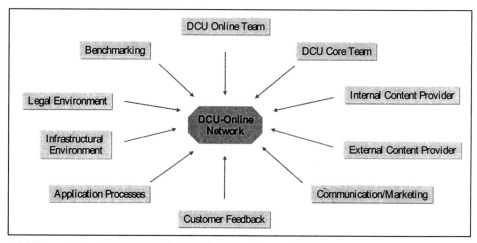

Abbildung 10: Stakeholder im DCU-Online Network [6]

Letztendlich wird eine entsprechende Qualität von Lernelementen und Betreuung nur dann gewährleistet sein, wenn diese Akteure von inhaltlicher und technischer Seite in enger Kooperation zusammenwirken.

Die Leistungsbeziehungen zwischen diesen Gruppen können durch das in Abbildung 11 dargestellte vereinfachte Modell veranschaulicht werden.

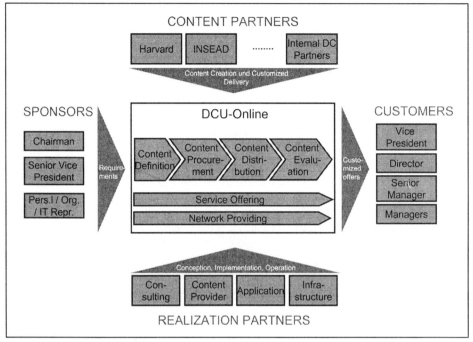

Abbildung 11: Leistungsbeziehungen der DCU-Online [7]

Die Redaktion der DCU-Online, die die zentrale Koordination der unterschiedlichen Content Lieferanten innehat, setzt sich aus Mitarbeitern der DCU und aus Learning Service Providing Spezialisten zusammen. Dies trägt der Anforderung an Qualität und Aufbau der einzelnen strategischen Themen Rechnung: Ausrichtung der Inhalte an den Konzernstrategien, an den individuellen Bedürfnissen der Member sowie aktuellen Entwicklungen des Marktes.

Zur Erfüllung obiger Leistungsbeziehungen lassen sich die nachfolgenden Schritte identifizieren.

1. Content Definition, Customized Delivery und Content Creation

Die Content Partner definieren auf Basis des DCU- und DCU-Online Redaktionsplans (Content Definition) kunden- und zielgruppenspezifische Inhalte, die von den Realisierungspartnern aufbereitet werden. Deren Integration in die DCU-Online erfolgt durch das Editorial Team [8]. Dieser Prozess wird auch als Content Supply Chain bezeichnet. Der Content-Entwicklung liegen redaktionell definierte Content Templates mit entsprechendem formalen und qualitativen Vorgaben zugrunde, die einen Ordnungsrahmen für die Content Lieferanten und die Produktion medienbasierter Inhalte bilden. Zielsetzung der Verwendung von Content Templates ist zum einen die Industrialisierung der Produktionsprozesse und die Content Standardisierung. Zudem ermöglicht dies von systemtechnischer Seite den Einsatz dynamischer Templates, die analog zu einem Content Management System durch den verantwortlichen Redakteur befüllt und editiert werden können. Da verschiedene Content- und Realisierungspartner am Prozess der Content Erstellung mitwirken, kann so vermieden werden, dass die Inhalte eine inhomogene Struktur annehmen.

2. Content Procurement

Obwohl mittlerweile ein vielfältiges Angebot von Business School Programmen und Web-basierten Inhalten existiert, reduziert sich hinsichtlich der strategischen Themen der DCU-Online die Anzahl der möglichen Content Lieferanten mit nachweisbaren Kompetenzen in der Transformation von „Papierinhalten" in Web-basierte Darstellungen und multimediale Vorstellungswelten deutlich [9]. Mit der Auswahl von „Best in Class" Content Lieferanten und den Realisierungspartnern können dann langfristige strategische Bindungen eingegangen werden, die einen kontinuierlichen redaktionellen Betrieb der DCU-Online ermöglichen. Aufgabe der DCU-Online Redaktion ist die Operationalisierung der Auftragsabwicklung und den damit verbundenen Kommunikationsbeziehungen zwischen den Content Lieferanten und der DCU-Online Redaktion („wer macht was mit wem"). Dazu gehört sicherlich auch die Qualitätssicherung in formaler und inhaltlicher Hinsicht.

3. Content/Education- und Knowledge Providing

Attraktive Lern- und Wissensinhalte, die über die DCU-Online von den Teilnehmern genutzt werden können, sind ein wichtiger Erfolgsfaktor. Mit der Bereitstellung dieser Inhalte entsteht ein vielfältiges Sortiment (Produktkatalog) von elektronischen Lern- und Wissensinhalten. Dementsprechend ist es erforderlich, auch die Anwendungsszenarien dieser Inhalte im spezifischen Kontext der Teilnehmer im Rahmen des Betriebs der DCU-Online zu operationalisieren.

4. Content Evaluation

Gegenstand der Content Evaluation ist die Beurteilung der DCU-Online und deren Lern- und Wissensinhalte durch die Teilnehmer. Mit Hilfe von formativen Evaluationsmethoden werden die Lernprozesse begleitend zur Nutzung der Lern- und Wissensinhalte analysiert. Eine summative Evaluation beurteilt den Erfolg und die Effektivität der Lernprozesse nach Abschluss der Nutzung. Auf der Basis der Evaluationsergebnisse können die pädagogischen und didaktischen Konzepte hinsichtlich ihrer Wirkung beurteilt und damit die Qualität der Lern- und Wissensinhalte kontinuierlich verbessert werden. Die Content Creation wird wieder angestoßen. Als Evaluationsform dienen indirekte Analyseinstrumente, zum Beispiel der den Einsatz von Benutzertracking und -monitoring, als auch direkte Analyseverfahren, zum Beispiel der Einsatz von empirischen Erhebungen bei den Teilnehmern. Auf dieser Basis können Entscheidungen über Änderungsanforderungen durch die DCU-Online getroffen werden und sich auf zukünftige Themenkonzeptionen auswirken.

5. Service Providing

Mit den Mechanismen des Austausches von Lern- und Wissensinhalten sowie entsprechenden Dienstleistungen wird ein elektronischer Markt institutionalisiert [10]. In der DCU-Online werden diese Austauschbeziehungen zwischen den Stakeholdern abgebildet und die Interaktionsprozesse durch entsprechende Services unterstützt. Für die DCU-Online ist die Betreuung der Teilnehmer [11] ein wichtiger Faktor, hinsichtlich der Akzeptanz und Nutzung der Leistungsangebote.

6. Network Providing

Der Zugang zu den Lern- und Wissensinhalten der DCU-Online setzt den Aufbau, Betrieb, Wartung und Pflege einer entsprechenden Informations- und Kommunikationsinfrastruktur voraus.

Das Ergebnis der Content Supply Chain, wie oben beschrieben, fließt in den Topic Bereich ein. Dieser dient damit als Mediathek, Nachschlagewerk, tagesaktuelles Magazin – je nach gewähltem Einstiegspunkt zu Inhalten (beispielsweise, ob über eine Veranstaltung oder über die Frontpage).

Der Aufbau eines Topics wird beispielhaft in Abbildung 12 verdeutlicht.

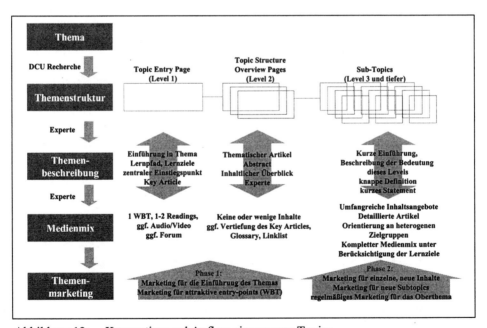

Abbildung 12: Konzeption und Aufbau eines neuen Topics

Bei der Überarbeitung eines bereits bestehenden Topics kann der Prozess dann quasi in verkürzter Form durchlaufen werden.

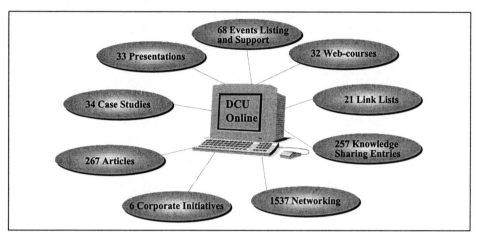

Abbildung 13:   Aktueller Stand des Content Bereichs (Stand 28.03.01)

Das aktuelle Bild der DCU Online in Abbildung 13 spiegelt die bisherigen Aktivitäten wieder. Interaktive Lernelemente, begleitende Unterlagen sowie Netzwerk- und Kommunikationsinstrumente werden durch den Einsatz des interdisziplinären Redaktionsteams zu einer lebendigen Lernumgebung.

In den nachfolgenden praktischen eLearning Szenarien soll ein Eindruck vermittelt werden, wie Funktionalitäten der DCU-Online zusammenspielen, um unterschiedliche Lern- und Informationssituationen bestmöglich zu unterstützen.

3. eLearning Szenarien in der DCU Online

Bei Angeboten der Führungskräfteentwicklung handelt es sich zumeist um Themen, die der intensiven persönlichen Betreuung durch den einzelnen Trainer bedürfen. Der unmittelbare Kontakt zwischen Führungskräften, gerade in einem global agierenden Unternehmen, dient Aufbau und Pflege von Netzwerken und nimmt nach wie vor einen wichtigen Stellenwert ein. Die DCU hat sich aus diesem Grund entschieden, Präsenzveranstaltungen nicht zu ersetzen, sondern durch zusätzliche Dienstleistungsangebote umfassend zu ergänzen. So spielt präsenzbasiertes Lernen nach wie vor eine zentrale Rolle, wird aber in alternative didaktische Szenarien integriert, in denen die intensive Vor- und

Nachbereitung einer Veranstaltung sowie die Nutzung der zentralen Lernplattform letztendlich den Lernerfolg steigert.

3.1 Fallbeispiele praktischer Lernszenarien

Wie in Abbildung 14 beschrieben, ergänzen und unterstützen sich Face-to-Face-Veranstaltungen und eine Intranet-basierte Wissensvermittlung durch die DCU-Online gegenseitig. Dies ermöglicht sowohl für Teilnehmer als auch für die Betreiber der DCU die Nutzung von Synergieeffekten und die kontinuierliche Ausrichtung der Lerninhalte am Bedarf der Member. Die Redaktion der DCU Online sichert dies in entsprechender Qualität und didaktisch ausgereiftem Medienmix.

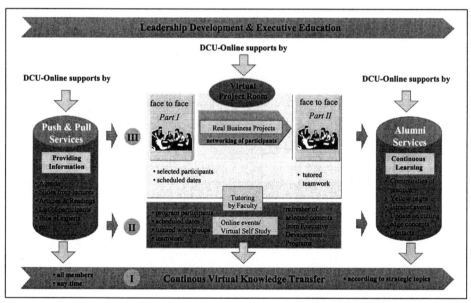

Abbildung 14: eLearning gestützte Anwendungsszenarien in der DCU-Online

Im ersten Anwendungsszenario wird auf der Basis von synchroner und asynchroner Kommunikation (Chat, Diskussionsforen, E-Mail etc.) die Wissensvermittlung zwischen den Teilnehmern der DCU-Online unterstützt. „Who is online" bezeichnet die Möglichkeit, jederzeit einzusehen, welche Teilnehmer ebenfalls auf der Plattform arbeiten. Verschiedene Informationsdienste sorgen dafür, dass die Member kontinuierlich mit aktuellen Informationen versorgt werden. Diese lassen sich in zwei Gruppen unterteilen. Passive Informationsdienste ohne direkten Bezug zu einem konkreten Bildungsangebot stehen allen DCU-Online-Teilnehmern zur Verfügung. Über themenbezogene Glossare werden alphabetische Listen mit relevanten Schlüsselwörter angeboten. Link Lists und Spotlights/News geben Hinweise auf aktuelle Elemente innerhalb des Intranet und auf Quellen außerhalb des Unternehmensnetzwerks.

Die zweite Gruppe umfasst die aktiven Informationsdienste, sogenannte „Subscriptions", die auch als „Knowledge Push Abo"-Services bezeichnet werden können. Jeder Teilnehmer bestimmt beim Abonnieren seiner personalisierten Subscriptions, zu welchen Themen er Informationen erhalten möchte. Zudem kann er individuell festgelegen, in welchem Umfang, mit welcher Frequenz und über welches Medium er die unterschiedlichen Lern- und Wissensinhalte benötigt. In Abhängigkeit von der bevorzugten Form der Wissenspräsentation lassen sich verschiedene Medientypen auswählen, die den individuellen Lernpräferenzen entsprechen.

Im zweiten Anwendungsszenario aus Abbildung 14 wird die zeitlich und räumlich verteilte Bearbeitung konzernrelevanter Themen unterstützt. Multimedial aufbereitete Webbasierte Fallstudien und Best-Practice-Ergebnisse, ergänzt um weitere Lernelemente und zum Download bereitgestellte Dokumente des DCU-Online Topic Bereichs (z.B. Webbased Trainings, Case Studies oder Präsentationen), dienen als Vorbereitung beziehungsweise Ergänzung zum virtuellen Selbststudium, wobei sich die Teilnehmer gegenseitig unterstützen können und von Teletutoren der Business Schools oder inhaltlich verantwortlichen Managern der DCU-Online fallweise betreut werden.

Die Teilnehmer der DCU-Online fungieren nicht nur als Wissensnutzer, sondern auch als Wissensträger. Demografische Profile und spezifische Wissensmerkmale der DCU-Online Teilnehmer sind in den Yellow Pages dokumentiert. Diese Profile werden von den Teilnehmern selbst erstellt und gepflegt. Dabei handelt es sich um eine freiwillige Leistung, d.h., auch Member, die ihr Wissensprofil nicht zur Verfügung stellen, verfügen über den vollen Zugriff auf die Yellow Pages. Suchfunktionen nach Name, Position, Land oder Wissensgebiet erleichtern die schnelle Identifikation von geeigneten Wissensträgern. Die Kontaktaufnahme zu weiteren unternehmensinternen Wissensträgern – die aber nicht explizit zur Zielgruppe der DCU zählen - und externen Experten, wie zum Beispiel Dozenten von Business Schools, Analysten, Trend Scouts oder Consultants, erfolgt über das Inhaltselement der sog. „Contacts". Diese finden sich im Topic Bereich themenbezogen zugeordnet.

Aus der Verbindung der Face-to-Face-Programme der DCU mit der Intranet-basierten Lern- und Wissensplattform der DCU-Online kann das dritte Anwendungsszenario aus Abbildung 14 beschrieben werden.

Bei ausgewählten Veranstaltungen, den sog. Programmen, die im Zuge der Executive Education die Führungskräfte auf ihrem Karrierepfad begleiten, erhalten die Teilnehmer bereits vor dem Präsenzteil des Weiterbildungsangebots vorbereitende Unterlagen. Diese werden in elektronischer Form auf einer CD-ROM ausgehändigt. Die Durchführung des Präsenzteils geschieht in den Lokalitäten der jeweiligen Business Schools. In virtuellen

Lerngruppen wird der Wissenstransfer unter Einbindung von Teletutoren der Business Schools in den zeitlich versetzten, mehrstufigen Programmen fortgesetzt. Mit dem Abschluss der Programme erfolgt eine Überführung der Teilnehmer in den virtuellen Alumni Space der DCU-Online. Dadurch ist eine Weiterführung der Lernaktivitäten der Teilnehmer im Sinne eines Continuous Learning gewährleistet. Die Führungskraft erhält auch bei der Umsetzung des Gelernten in das Tagesgeschäft fachliche Unterstützung. Mit der Schaffung dieses informellen Alumni Netzwerkes wird das Ziel einer kontinuierlichen und dauerhaften Verankerung von strategisch relevanten Themen im Konzern verfolgt.

3.2 DCU Resources – offen für den Gesamtkonzern

Der sogenannte offene Bereich, die DCU Ressources, bildet einen Ausschnitt des geschlossenen Teilnehmerbereichs der DCU Online. Hier können sich alle Mitarbeiter der DaimlerChrysler AG über aktuelle Veranstaltungen informieren, die Inhalte der „Strategic Topics" nutzen oder auf interaktive Lernelemente zugreifen.

Zudem ergeben sich interessante Chancen und Möglichkeiten, das Thema Knowledge Management der DCU auch über die eigentliche Zielgruppe hinaus zu etablieren. An dieser Stelle seien beispielsweise Aktivitäten für Expatriates genannt. Diese benötigen in besonderer Weise eine zentrale Kommunikations- und Unterstützungsplattform, die sowohl bei alltäglichen Fragestellungen als auch fachlichem Informationsbedarf greift. Ob und in welcher Weise eine Erweiterung des Angebots in den DCU Resources stattfindet, werden die globalen Entwicklungen gerade auch im asiatischen Raum zeigen.

DCU Resources stellen in Inhalt und Funktionsumfang eine reduzierte Version der DCU-Online dar. Erreicht werden alle Mitarbeiter des DaimlerChrysler Konzerns, die auf hochwertige Inhalte zugreifen können (z.B. von Business Schools). Gleichzeitig können Experten für die DCU-Online gewonnen werden, die nicht zur originären Zielgruppe gehören, aber beispielsweise in Communities of Practice aktiv sind und damit wertvolle Wissensträger darstellen. Damit dienen die CoPs (als Funktion in der DCU-Online) als Bindeglied zwischen den Führungskräften und den mehr operativ ausgerichteten DC Mitarbeitern in den jeweiligen bereits etablierten Communities of Practice.

Die Publikation von ausgewählten Inhalten der DCU-Online im offenen Bereich sorgt für eine Kommunikation der Unternehmensstrategien in den Gesamtkonzern hinaus. Damit wird ebenfalls vermittelt, dass das Teilen von Wissen kein Privileg der Führungskräfte ist.

Die DCU Ressourcen dienen der DCU nicht zuletzt als Marketinginstrument, in dem für Veranstaltungen geworben werden kann, die zwar von der DCU-Online angeboten sind, aber auch Teilnehmern offen stehen, die nicht der originären Zielgruppe zugehören.

Über Kontaktdaten von Ansprechpartnern und ein elektronisches Anmeldeformular bieten sich auch im offenen Bereich Anmeldemöglichkeiten zu Veranstaltungsangeboten.

4. Ausblick

Die DCU-Online ist in das gesamte Leistungsspektrum der DCU integriert. Virtuelle Zusammenarbeit, interaktive Lernelemente und präsenzbasierte Veranstaltungen unterstützen und ergänzen sich hier gegenseitig. Lernen, Kommunikation und Wissensvermittlung zählen zu den wichtigsten Anwendungsdomänen im E-Business [12]. Mit der Nutzung der DCU-Online durch die Teilnehmer wird als Seiteneffekt nicht nur deren Medienkompetenz, sondern auch das Verständnis und die Bewertung der Anwendungsmöglichkeiten des Internets und Intranets im Konzern gefördert.

Damit ergeben sich weitere Entwicklungsmöglichkeiten, das Thema eLearning in den Konzern zu tragen. Das konzernweite Employee Portal, in das sich die DCU mit ihren hochwertigen Angeboten – sowohl für Führungskräfte als auch für interessierte Mitarbeiter – integriert, wird den Verbreitungsgrad steigern. Damit lassen sich u.a. die Chancen zur Gewinnung von internen Experten erhöhen.

Nahezu alle Online-Plattformen, insbesondere auch Knowledge Management Plattformen, sind der Gefahr ausgesetzt, dass die Bereitschaft der Mitarbeiter zur Teilung des Wissens nicht ausreichend motiviert ist. Eine Lösung stellt die aktive Einbindung der Plattform in die Personalentwicklungsprozesse dar. Ausgehend von der Frage, welche Vorteile sich für die Member ergeben könnten, ihr Wissen freiwillig zu veröffentlichen und zu teilen, sind insbesondere Vorteile für die eigene persönliche und berufliche Entwicklung zu nennen. Dies bedeutet, dass die DCU-Online als ein Bestandteil in die Personalentwicklungsprozesse eingebunden werden könnte. Die DCU-Online ist ein Instrument, um Wissen und Erfahrungen zu teilen und bietet für diesen Zweck mehrere Instrumente für die Führungskräfte an, insbesondere die Mitarbeit in CoP's und die Bereitschaft, sein Wissensprofil anderen Kollegen in den Yellow Pages anzubieten. Indem die DCU-Online Funktionen und Messinstrument für dieses Wissenteilen beinhaltet, können diese Kriterien in den Prozess der Personalbewertung einfließen. Zugleich lässt sich die Bereitschaft der Führungskräfte zur Nutzung der DCU-Online auf diese Weise erheblich steigern.

Die DCU-Online ermöglicht das web-basierte Lernen unabhängig von Zeit und Ort. Notwendig ist allerdings in jedem Fall eine Zugangsmöglichkeit ins DaimlerChrysler Intranet. Für Führungskräfte, die oft unterwegs sind, bietet sich jedoch die Nutzung von ruhigen Phasen, beispielsweise während Geschäftsreisen, zur Weiterbildung an. Für die Realisierung einer solchen Offlineversion gibt es mehrere Varianten. Dies könnte der

Versand einer regelmäßigen (z.B. vierteljährlichen) CD-ROM mit allen aktuell verfügbaren Inhalten sein oder die Möglichkeit zur Synchronisierung ausgewählter Bereiche (Topics, aktuelle Events, besuchte Events, neue Inhalte) auf ein Notebook.

Die kontinuierliche Ausrichtung am Bedarf der Zielgruppe wird insgesamt auch weiterhin der Motor für alle zukünftigen Angebote und Dienstleistungen der DCU-Online sein.

Literaturverzeichnis

[1] KRAEMER, W./ZIMMERMANN, V., Lernen auf Abruf, in: Personalwirtschaft 25, Heft 10 (1998), S. 40-42.

[2] KRAEMER, W./MILIUS, F./SCHEER, A.-W., Virtuelles Lehren und Lernen an deutschen Universitäten - Eine Dokumentation, in: Bertelsmann Stiftung/Heinz Nixdorf Stiftung (Hrsg.), 2. Auflage, Gütersloh 1998.

[3] © DaimlerChrysler Corporate University.

[4] © DaimlerChrysler Corporate University.

[5] Zum Begriff des Stakeholder vgl.: FREEMAN, R. E./REED, D. L., Stockholders and Stakeholders: A new Perspective on Corporate Governance, in: California Management Review 25(1983)3, S. 88-106.

[6] © DaimlerChrysler Corporate University.

[7] Die Ausgangsversion dieser Abbildung ist beschrieben in KRAEMER, W., Education Brokerage – Wissensallianzen zwischen Hochschulen und Unternehmen, in: Information Management & Consulting 14(1999)1, S. 17-26.

[8] Zur Vorgehensweise der Erstellung von medienbasierten Bildungsprodukten vergleiche MILIUS, F./ZIMMERMANN, V., Neues Wissen – Neue Medien: Internetbasierte Managementkonzepte für Intellectual Capital, in: Scheer, A.-W. (Hrsg.), Electronic Business und Knowledge Management – Neue Dimensionen für den Unternehmenserfolg, Heidelberg 1999, S. 527-542.

[9] Vgl. zum Beispiel die Aussage von Larry Cooperman, Manager des Instructional Technology Department der University of California :"Most universities offer courses online today, but do they make the grade? Some say no. Distance learning is like teenage sex. Everyone says they're doing it but aren't, and those that are, do it badly. Many traditional learning institutions fail to build compelling Web-based distance learning programs, because of production problems, poor technical infrastructure, and instructional design flaws. .... Universities aren't reconsidering what education has to be to be online, and many online courses just look like a course syllabus", in: SOLOMON, K., Closing In on Distance Learning, in: Business 2.0 4(1999)7, S. 30.

[10] Zum Begriff der elektronischen Märkte vgl. hierzu SCHMID, B., Elektronische Märkte, in: Wirtschaftsinformatik 35(1993)5, S. 465-480.

[11] Vgl. KOTHA, S., Mass Customization: Implementing the Emerging Paradigm for Competetive Advantage, in: Strategic Management Journal 16(1995)1, S. 21ff; SCHEER, A.-W./KRAEMER, W., Kundenorientierte Geschäftsprozeßgestaltung, in: Wilde, K. (Hrsg.), Computer-Based Marketing, Braunschweig, Wiesbaden 1998, S. 159-166.

[12] Vgl. VESELY, R., Market Gap and Grown, in: Business 2.0 4(1999)7, S. 28-31.

Dr. Wilfried G. Aulbur, Michael Müller
DaimlerChrysler AG, Bangalore/Stuttgart

Knowledge Management at the DaimlerChrysler Corporate University

During the past two years the DaimlerChrysler Corporate University has been responsible for organizing Corporate Knowledge Management initiatives. [1] The present chapter focuses on practical issues regarding the organization, support, and impact of such initiatives. It intends to provide interested readers with implementation ideas that may be easily adapted to their respective business environments. In particular, the chapter tells you why the Corporate University took charge of Knowledge Management initiatives, how it supports them, and what comprises the university's value proposition. The chapter ends with a vision for the university's future role in a business environment that is characterized by the integration of Knowledge Management with E-learning and E-business activities.

1. The Business Case for Knowledge Management and Communities of Practice

The transatlantic integration of two great, knowledge-driven companies such as the former Daimler-Benz AG and the former Chrysler Corporation and the achievement of the explicit goals of DaimlerChrysler – namely, delighted customers, superior profitability, unique portfolio, sustained growth, integrated enterprise and globalization – makes knowledge management imperative. [2] – [5] Harnessing, distributing and reapplying core organizational knowledge throughout the corporation are key enablers that allow among others the creation of synergies and standardization of processes, an increase of the speed of innovation and a decrease of reaction times to change, as well as a reduction of errors and rework. [6] – [10] As Fig. 1 shows, these processes support DaimlerChrysler's mission by reducing time-to-market and cost, improving product and process quality, leveraging global scale and local market expertise, improving customer service, increasing sales and margins and reducing time-to-innovation.

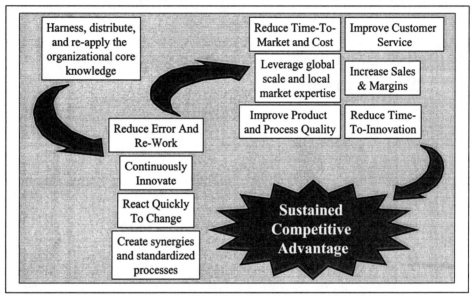

Figure 1: Business case for Knowledge Management

Clearly, in a large, global company, knowledge distribution is a key challenge from a technological and even more so a cultural point of view. As shown in Fig. 2, knowledge transfer, e.g., in the form of Best Practices or Lessons Learned, must occur across regions, business and functional units. While some knowledge transfer can be assured through grass roots initiatives, systematic knowledge transfer requires corporate support and coordination as will be detailed later in this chapter.

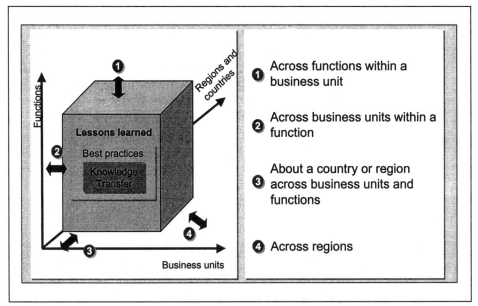

Figure 2: Knowledge transfer (e.g., Best Practices or Lessons Learned) across business units, functions and regions

Knowledge Management processes like the establishment of Communities of Practice (CoPs) ensure that knowledge flows quickly between isolated knowledge islands in the company. Within DaimlerChrysler, Communities of Practice are groups of employees charged with business process improvement within a given knowledge area or domain. [11] Their agenda, scope, and composition is determined by the business processes and underlying knowledge areas. For example, an Engineering CoP – which is known as a Tech Club at DaimlerChrysler – may assemble all brake engineers. Their task is to conduct brake design and supplier reviews across several product development groups. Representatives of Procurement and Supply or Materials Engineering may be included on an on-going or as-needed basis depending on whether or not their contribution is important. An e-learning CoP not only includes training providers, but also information technology and infrastructure experts. Typical topics for such a community include the definition of a common learning management system, agreement on standards for e-learning objects or coordination of a common supplier policy.

Communities provide value to the corporation in several ways. First and foremost, communities optimize business processes and solve business problems within their knowledge or expertise area. For example, switching suppliers can lead to major quality problems once the new part is integrated into the vehicle. Communities/Tech Clubs either take charge of such quality problems themselves or are challenged by management to immediately tackle and solve the quality problems, thereby reducing warranty costs and the likeliness of a recall. In addition, establishment of a common supplier policy, standardization of parts and application of Best Practices/Lessons Learned across vehicle platforms via design reviews leads to significant cost savings/cost avoidance and an overall process and product improvement.

An important role of communities is to document corporate core knowledge in so-called Books of Knowledge (BoKs). This documentation mitigates the effects of losing intellectual capital due to retirement or layoffs. It also provides an avenue to the optimization of routine tasks in areas as diverse as customer relationship management or engineering via expert systems. In addition, documented core knowledge helps cutting the time-to-talent of new employees in half by allowing easy access to "the DaimlerChrysler way of doing things."

Finally, communities in networked organizations are a natural way for new employees to quickly get to know the organization and to have an impact on its daily operations. In this way, communities leverage employee skills and potential effectively throughout the organization, increase job satisfaction and employee retention.

Communities of Practice and Books of Knowledge are an effective and probably the best known example of knowledge sharing activities at DaimlerChrysler. However, they are nothing more than the tip of the iceberg of all the different processes that DaimlerChrysler uses to respond to knowledge challenges in its highly competitive, fast-paced, technology-driven industry. Take DaimlerChrysler Corporation (DCC) as an example. As Fig. 3 shows, all Knowledge Management activities are centered around the three corporate core processes: product creation, volume production and customer acceptance. Some of the KM efforts are adaptations of the Engineering BoKs to other business situations such as the Manufacturing BoK (MBoK), the Chrysler Financial Corporation BoK (CFC BoK), the Stamping and the Powertrain BoK. Other activities are centered, for example, around the CATIA pipeline and focus on integrating the whole design, engineering and manufacturing processes and on optimizing the process using knowledge-based engineering. Some systems such as the Knowledge Management System of Mergers and Acquisitions[4] (KMS M&A) support expertise leveraging across virtual teams. While describing all these initiatives in detail is beyond the scope of this article, we will discuss the Leadership Evaluation And Development (LEAD) process more extensively below.

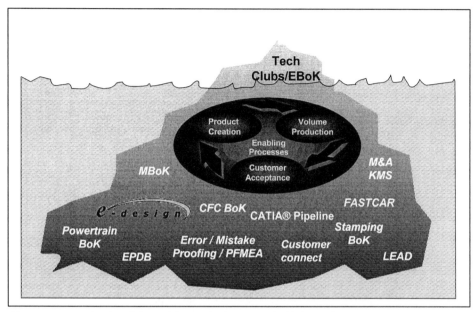

Figure 3: The tip of the DCC KM iceberg: Tech Clubs and EBoKs

The relevance of knowledge sharing for evolutionary and revolutionary business process improvement is clearly recognized by top management within the corporation. A case in point is a recent statement by the DaimlerChrysler Chairman Jürgen Schrempp. During a recent top management meeting Schrempp challenged a group of Senior Vice Presidents and Vice Presidents to devise a coherent strategy to systematically leverage local KM Best Practices throughout the corporation. Also, the leadership behavior of Daimler-Chrysler executives is assessed based on five basic principles. One of these principles is "Shares Knowledge and Experience." Hence, the corporate Leadership Evaluation And Development process includes Knowledge Management principles. Knowledge Management is relevant for the individual's performance appraisal and compensation.

2. Knowledge Management at the DaimlerChrysler Corporate University

The DaimlerChrysler Corporate University is divided into four areas of competence: Executive Development, Leadership Development, Strategic Transfer, and Knowledge

Management. Executive and Leadership Development offer active learning programs and customized programs from top business schools to their customers. The focus of these programs are strategic topics for the corporation such as globalization, e-business, or the extended value chain. The Strategic Transfer group organizes, for example, discussion forums and lectures on strategic topics, round table discussions with world-class experts, and "face-to-face" meetings with board members.

The Knowledge Management group at the DCU is a center of competence for KM issues, i.e., a corporate knowledge broker for information and contacts about Knowledge Management. The mission of the Knowledge Management group is to support and to facilitate the structuring of KM initiatives throughout the corporation. This mission is achieved by providing start-up support for such initiatives, for example, communities of practice, by supporting cross-functional CoPs, for example, on e-learning or e-business, and by building and maintaining a virtual KM infrastructure.

2.1 Motivation for doing KM at the DCU

The DCU is particularly suited for the coordination and support of Knowledge Management initiatives. As mentioned above, Knowledge Management initiatives are business-process-driven. While grass-roots initiatives often identify innovative solutions to local business process improvement challenges, leveraging these solutions across a global enterprise requires coordination. In organizations with strong business units such as DaimlerChrysler, this coordination can only be done by a corporate department that cuts across the divisions between business units, functions and regions. The DCU is such an impartial, truly global facilitator. Its customers are the leading DaimlerChrysler executives within all business and functional units and the university is present in North America, Europe, and Asia.

In addition to being a natural contact and information broker, the DCU is actively involved in other key areas that complement Knowledge Management, namely e-learning and e-business. As a consequence, several initiatives can be efficiently leveraged. A case in point is the construction and maintenance of a corporate KM web site by the DCU. Besides general information about internal and external KM Best Practices and Lessons Learned, contact information, KM templates and frameworks, the DCU provides the additional facility of creating and administering web-enabled collaboration platforms. These platforms are virtual CoPs that support the information exchange between knowledge workers organized around several key topics such as knowledge-based engineering.

2.2 DCU KM Initiatives

Support for DaimlerChrysler KM initiatives by the DCU takes on a variety of forms. One of the major activities is start-up support that is given to business units and functions alike. Currently, the start-up support concentrates on starting CoPs and Books of Knowledge in several business units and functions of DaimlerChrysler. For example, the DCU supported the introduction of the Chrysler CoP or Tech Club process within Adtranz, Airbus, Mercedes-Benz Passenger Car Engineering, and Commercial Vehicles.

The DCU also provides ongoing support for knowledge managers via various work shops and knowledge fairs. For example, a yearly "Share to Win" event highlights the major KM achievements within DC, rewards outstanding knowledge workers within the corporation, and offers several workshops on topics such as measuring the value add of KM initiatives or the integration of knowledge management with e-business. Events such as "Share to Win" not only increase the skill level of knowledge managers but also create a general awareness of knowledge management within the corporation. Clearly, spreading the news about knowledge management is important to realize its full benefit for the corporation.

Besides internal marketing and awareness creation, the DCU is actively involved in external marketing and benchmarking of DaimlerChrysler's knowledge management achievements. A case in point is the fact that DaimlerChrysler's KM initiatives recently received global recognition. Out of more than 100 internationally renowned companies, DaimlerChrysler was chosen as one of ten Best Practice Partners of the American Productivity and Quality Center (APQC). Six out of these ten partners including DaimlerChrysler were chosen for site visits and DaimlerChrysler presented its KM initiatives to representatives from Andersen Consulting, IBM, Siemens, Cevron, SAP, and a whole range of other leading-edge, global companies. The event was organized and sponsored by the DCU in cooperation with the Department of Staffing, Development and Diversity in Auburn Hills.

Finally, a very important part of the DCU's strategy for synergy creation in the area of KM is the Corporate KM CoP that is facilitated by the DCU. Since the Corporate KM CoP is a central tool for aligning KM initiatives within DaimlerChrysler, we will describe its structure and function in detail below.

2.3 The DCU Value Proposition

Knowledge Management initiatives aim to achieve evolutionary or revolutionary business process improvement. As such, Knowledge Management initiatives can be measured on how well they achieve this objective. The goal of the DCU efforts is the coordination of different KM initiatives throughout DaimlerChrysler, the creation of synergies, and the reuse of Best Practices and Lessons Learned. A clear opportunity to live up to the DCU's KM mission is to sponsor and support common KM projects. One of these common projects is the corporate KM CoP which has been mentioned before and which will be discussed in the next section. Other initiatives include workshops for the identification and suggestion of corporate guidelines in areas as diverse as IT standards, measurement tools for the value-add of KM initiatives, and training templates for Executive Tech Clubs, etc. These initiatives spool resources and directly eliminate duplicate work.

Providing concrete start-up support for CoPs and other KM initiatives decreases their time-to-market by helping to eliminate several roadblocks that may stand in the way of a successful KM implementation. For example, providing successful case studies of KM initiatives within DC and outside of DC helps to obtain management buy-in in the early stages of a KM initiative within a business unit. Also, the establishment of a corporate KM framework and a KM roadmap provides individual initiatives within the business units with guidance for their KM projects.

The creation of awareness and increase of the skill level of knowledge managers throughout the corporation contributes to the widespread application of Knowledge Management best practices and their continuous improvement within DaimlerChrysler. In addition, the DCU closely interacts with external companies and academic institutions. This interaction enables the DCU to continuously communicate new ideas and trends to the knowledge workers and managers within DaimlerChrysler.

2.4 The Corporate KM CoP: Creating synergies across DaimlerChrysler AG

In the early days of the merger, it became soon obvious to former Daimler-Benz executives that Chrysler's knowledge sharing processes were a major competitive advantage that could be leveraged across the company as a whole. Knowledge Management processes are particularly attractive for creating synergies because they allow process optimization, cost savings, quality increases, rapid dissemination of innovations, and sharing of customer and market knowledge. These business process are optimized while safeguarding brand separation.

The transfer of knowledge-sharing processes needs organized support and facilitation. To facilitate knowledge and experience transfer across regions and between business and functional units, the DCU founded the Corporate KM CoP in late 1999 based on the model of the Auburn Hills KM Sharing Forum. Fig. 4 shows the structure of the Corporate KM CoP. One to two representatives from each business and functional unit meet about four times a year to discuss KM Best Practices and Lessons Learned as well as to recommend corporate KM guidelines. The DaimlerChrysler Corporate University plays a major role as a coordinator and facilitator of the KM CoP.

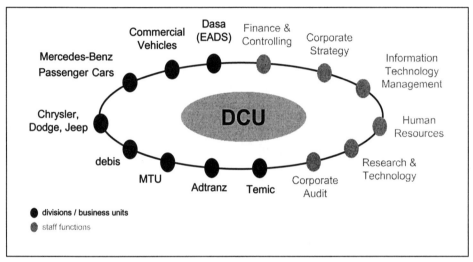

Figure 4: Structure of the Corporate KM CoP. Facilitated by the DCU one to two representatives of each business unit or function meet four times a year.

The mission of the Corporate KM CoP is to help DaimlerChrysler build, share, and apply the best knowledge available to achieve superior business results. To fulfill this mission, the KM CoP started sub-communities centered around important components of the DaimlerChrysler Knowledge Management framework such as IT tools, measurement, culture and marketing. The responsibilities of the Corporate KM CoP include establishing corporate KM guidelines such as metrics for KM benefits or IT tools. Other tasks are the internal and external promotion of KM activities, the leveraging of Best Practices and Lessons Learned, and the provision of start-up support for CoPs at the business and functional unit level.

During the 18 months of its existence, the Corporate KM CoP – in close collaboration with the DCU – has actively supported the start of Tech Club initiatives at Mercedes-Benz Engineering, Commercial Vehicles, Adtranz, Airbus, and other business units.

Mercedes-Benz is an outstanding example regarding the rapid adoption of the Tech Club process. A dedicated team of knowledge workers implemented Tech Clubs – whose structure widely mirrors the Auburn Hills Tech Club structure – in Mercedes-Benz Engineering in less than 18 months. Other business units, such as DaimlerChrysler Corporation Engineering and Commercial Vehicles or Airbus and Adtranz, work closely together and use the same technology.

3. Towards a lean, mean, skill machine

Current trends within the Knowledge Management community include the creation of communities within and beyond the corporate firewall, i.e., with employees, customers, business partners, and suppliers, as well as the tighter integration of KM with ERP implementations, e-business and e-learning. A framework for DaimlerChrysler that addresses these trends is shown in Fig. 5. The vision for an integrated learning environment for the corporation is driven by a centralized knowledge base consisting of reusable knowledge objects. This knowledge base is updated by experts who are members of CoPs/Tech Clubs via a process that is similar to the current process of writing Books of Knowledge. Elements of the knowledge base are used to (i) create training courses for inexperienced employees, (ii) provide job aids on an as-needed basis to experienced employees, and (iii) to eliminate routine work via expert systems. In addition, parts of the knowledge base can be shared, once legal and security problems have been addressed, with customers and suppliers. User communities can be initiated that selectively use part of the DaimlerChrysler knowledge base. First initiatives of user communities are currently being started within DaimlerChrysler.

The role of the DCU in such a networked, community-driven company is very similar to its KM role: The DCU can coordinate some of these activities and act as a knowledge and contact broker to optimize knowledge and experience sharing. In addition, it should play an active role in benchmarking DaimlerChrysler against global standards and in making executives aware of and enabling them to act on new opportunities that result from a constantly changing technological and business environment.

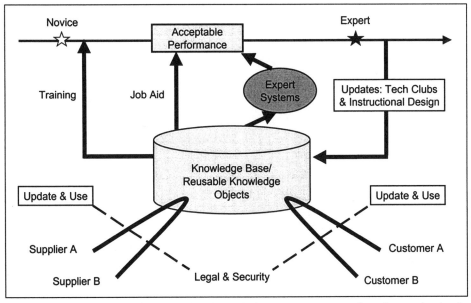

Figure 5: Integrated approach for Knowledge Management, e-learning and e-business at DaimlerChrysler

Literaturverzeichnis

[1] AULBUR, W.G./IRISH, N.C./MÜLLER, M./HAAS, R.E., DaimlerChrysler: Communities of Practice that work, to be published.

[2] KARLENZIG, W., Chrysler's new Know-Mobiles, Knowledge Management, 1999, p. 58-66.

[3] YU, D., Building Fiscal Knowledge at Debis Capital Services, Knowledge Management Review, 3(2000)3, p. 20-23.

[4] VERDUGO, D.G., Knowledge Management for M&A in DaimlerChrysler, in: Peter Rossbach ed., Knowledge Management in Banken, 2000.

[5] JACOBSON, A., Chrysler's Engineering Book of Knowledge, Case Study, The Ernst & Young Center for Business Innovation, April 1997.

[6] AMERICAN PRODUCTIVITY AND QUALITY CENTER BEST PRACTICE REPORT, Building and Sustaining Communities of Practice, URL: http://www.apqc.org, March 2001

[7] WENGER, E.C./SNYDER, W.M., Communities of Practice: The Organizational Frontier, Harvard Business Review, January-February 2000, p. 139-145.

[8] HARVARD BUSINESS REVIEW ON KNOWLEDGE MANAGEMENT, Harvard Business Review Series, Harvard Business Press, Boston 1998.

[9] DAVENPORT, T.H./LAURENCE P., Working Knowledge – How organizations manage what they know, Harvard Business Press, Boston 1997.

[10] O'DELL, C.S./ESSAIDES, N./OSTRO, N./GRAYSON, C., If Only We Knew What We Know : The Transfer of Internal Knowledge and Best Practice, Free Press, 1998.

[11] For a more theoretical definition of CoPs, see Ref. 7.

Stefan Blaschke
SAP AG, Walldorf

SAP University

1. Die Herausforderung

Mitarbeiter A hat gerade sein naturwissenschaftliches Studium beendet. Aufgrund seines guten Abschlusses hat er sofort einen Arbeitsvertrag bei der SAP AG bekommen. Zukünftig wird er im Bereich Financials als ‚installed base developer' arbeiten.

Wichtig für ihn ist es möglichst schnell zu verstehen, wie bei der SAP AG gearbeitet wird, die betriebswirtschaftlichen Grundlagen seines Fachgebietes zu verstehen und die ihm fehlenden Kenntnisse der SAP-Entwicklungsumgebung zu erwerben.

Für seinen Arbeitgeber ist es wichtig, den neuen Mitarbeiter möglichst schnell produktiv zu machen, seine besonderen Fähigkeiten und Neigungen zu erkennen und ihm mittelfristig die Entwicklungsmöglichkeiten anzubieten, die es ihm erlauben, einen optimalen Beitrag zu Firmenerfolg zu leisten.

Mitarbeiter B ist seit vielen Jahren bei der SAP beschäftigt. Er hat in den vergangenen Jahren hauptsächlich Kunden betreut, die noch die SAP-Plattform R/2 benutzen. Sein Spezialgebiet ist die Software-Entwicklung und er möchte sich qualifizieren, um in der neuen Produktreihe wieder als Entwickler tätig werden zu können. Seine guten ABAP-Kenntnisse alleine reichen nicht aus, da in den neuen Entwicklungsbereichen zunehmend andere Sprachen wie zum Beispiel Java benutzt werden.

Für die Firma ist es wichtig, die Erfahrungen des Mitarbeiters C weiter nutzen zu können und so schnell wie möglich zusätzliche Entwicklungskapazität für strategische Kundenprojekte freizubekommen.

C ist Amerikanerin und hat seit einigen Jahren als Spezialistin im regionalen Supportcenter der SAP in Philadelphia gearbeitet. Um sich beruflich weiterzuentwickeln und internationale Erfahrung zu sammeln hat sie sich entschlossen, eine Managementfunktion in der Konzernzentrale in Walldorf anzunehmen.

C sieht eine ganze Reihe von Herausforderungen auf sich zukommen. Sie muss die unterschiedlichen Arbeitsstile in Amerika und Deutschland verstehen, sie muss ihre Deutschkenntnisse deutlich verbessern und sie muss lernen, in welcher Weise Personalführung bei der SAP umgesetzt wird.

Weiter muss sie verstehen, mit welcher Philosophie SAP Kundenprojekte angeht, wie das Zusammenspiel der beteiligten Organisationen funktioniert und welche Formen des Projektmanagements bei der SAP etabliert sind.

Der Arbeitsgeber erhofft sich durch C neue Impulse in der Personalführung und möchte die Kundenerfahrung, die C im amerikanischen Markt gemacht hat umgehend in einem Projekt nutzen.

2. Die Lösung

Alle geschilderten Fälle haben eines gemeinsam. Sie stehen stellvertretend für alle SAP Mitarbeiter in der ganzen Welt und dokumentieren wie wichtig eine proaktive Weiterbildungsorganisation ist. Der Bedarf neue Mitarbeiter zu integrieren und bereits integrierte Mitarbeiter weiter zu entwickeln nimmt ständig zu.

Offensichtlich ist, dass dies nicht mehr spontan und unkoordiniert durch die diversen Abteilungen und Niederlassungen einer Firma geschehen kann. Nur professionelles Management von Lernen kann sicherstellen, dass Ausbildungsbedarfe effizient und schnell gedeckt werden.

Über die reine logistische Abwicklung hinaus (und die ist oft schwieriger als erwartet) ist wichtig, dass strategische Veränderungen im Firmengeschäft so schnell wie möglich Ihren Niederschlag in den entsprechenden Weiterbildungsinhalten finden. Auch dies gelingt nur, wenn notwendige Inhalte durch eine zentrale Institution gemanagt werden.

Ein weiterer Faktor, der Lernen zunehmend beeinflusst, ist die beschleunigte globale Ausrichtung von Unternehmen. Wichtig ist, dass ein Unternehmen eine unverwechselbare Identität entwickelt, die an allen Standorten in gleicher Weise gelebt wird. In diesem Prozess spielt das Management eine besondere Rolle. Als Multiplikatoren sind alle Manager nicht nur gefordert, ihre jeweiligen Geschäftsprozesse professionell zu betreiben. Sie sind auch Botschafter einer firmenspezifischen Kultur, die einen erheblichen

Einfluss auf die Leistungsbereitschaft von Mitarbeitern hat. Auch hier ist eine zentrale Institution, die das Thema Management vorantreibt, die effektivste Methode, um mit rasantem Wachstum schritt zu halten.

All dies kann nur Funktionieren, wenn eine Infrastruktur existiert, die Lernen optimal unterstützt und die dem Mitarbeiter dort entgegenkommt, wo sein spezifischer Weiterbildungsbedarf liegt. Die Bandbreite reicht hier vom Klassenzimmer bis hin zum internet-basierten e-learning. Um erfolgreich zu sein, muss ein Unternehmen alle Methoden der Wissensvermittlung ausschöpfen, die von Mitarbeitern erwartet und genutzt werden. Da diese Infrastruktur beachtliche Kosten verursacht und es nicht sinnvoll ist, dass an verschiedenen Standorten mit verschiedensten Mitteln operiert wird, ist auch hier eine zentrale Zusammenfassung der ‚Produktionsmittel' das probate Vorgehen.

SAP hat all diesen Aspekten Rechnung getragen, indem die bis dahin nach Themen- und Abteilungszugehörigkeiten verstreuten Teams unter dem Dach einer Corporate University zusammengefasst wurden. Wichtig ist, dass unter diesem Dach keine ‚Mission Impossible' in Angriff genommen wird, nämlich der Versuch, Lernen in einer Firma vollständig zu kontrollieren, sondern dass die ‚Corporate University' im Konzert mit anderen Institutionen professionelle Wissensvermittlung betreibt.

3. Die Rahmenbedingungen

Treibender Faktor für die Veränderung von Lernwelt ist der rapide Umbau der Industriegesellschaft. Globalisierung, Time to Market, neue Technologien, Mobilität, Share Holder Value und vieles mehr verursachen, dass Lernen auf Vorrat nach herkömmlichen Muster nicht mehr ausreicht. Ein Unternehmen wie die SAP AG agiert in einem Wettbewerbsumfeld, in dem die Halbwertzeit von Wissen ständig abnimmt und Wissenswertes expotentiell zunimmt. Lernorganisation bedeutet hier nicht Maximierung von Lernangeboten sondern das bedarfsgetriebene Bereitstellen von Wissen ‚just in time'.

Flexibilität ist bei der Bereitstellung von Wissensinhalten das Gebot der Stunde. Keine Firma kann sich länger darauf verlassen, dass die einmal etablierten Inhalte ausreichend sind um wettbewerbsfähig zu bleiben. Weiterbildungsmanagement bedeutet heute, alle verfügbaren Quellen zu nutzen und aus einer Fülle von möglichen Angeboten das am besten geeignete herauszudestillieren. Der Mitarbeiter im Schulungsmanagement wird so immer mehr zum ‚Knowledge Broker' und ‚Instructional Designer', d.h. er analysiert Weiterbildungsbedarfe, gleicht diese ab mit verfügbaren Weiterbildungsangeboten und organisiert auf dieser Basis maßgeschneiderte Weiterbildungsmaßnahmen.

Diesem Trend trägt auch zunehmend der Bildungsmarkt Rechnung. Es entstehen mehr und mehr Anbieter, die, fokussiert auf spezifische Wissensdomänen, Lerninhalte in jeder denkbaren Form aufbereiten und zur Verfügung stellen. Dem Internet als Liefermedium kommt dabei eine herausragende Bedeutung zu. Jeder Lernwillige kann heute selbst bestimmen, wann und wo er lernt.

Eine neue Generation von Mitarbeitern unterstützt diese Tendenz. Ein Universitätsabsolvent will heute wissen, welche Entwicklungspfade er einschlagen kann. Für ihn ist wichtig, welche Fähigkeiten und Kompetenzen er zur Erfüllung eines Anforderungsprofils braucht und er erwartet die Möglichkeit, dieses Wissen bei seinem Arbeitgeber zu erwerben. Für ihn ist es völlig nachrangig, wer der Wissensprovider ist. Ausschlaggebend ist die Qualität und Verfügbarkeit von Weiterbildung.

Gleichzeitig ist zu beobachten, dass die Bereitschaft von Mitarbeitern sinkt, sich in mehrtägigen Seminaren zu vordefinierten Zeitpunkten bestimmte Wissensinhalte anzueignen. Die beruflichen Anforderungen verlangen heute, dass benötigtes Wissen ‚on the job' erworben wird, d.h. nicht das Angebot bestimmt, wann ein Wissensinhalt erworben wird, sondern die Nachfrage.

Dass all diese Tendenzen tiefgreifende Auswirkungen auf betriebliche Aus- und Weiterbildung haben und dass die hierfür etablierten Organisationen sich ständig überprüfen und anpassen müssen ist offensichtlich. Das Konzept Corporate University liefert ein Organisationsmodell, dass solchen Anforderungen gerecht werden kann.

4. Der Plan

Entscheidend für den Aufbau einer Corporate University bei der SAP AG war die Notwendigkeit, aufgrund des immensen Personalwachstums alle personalwirtschaftlichen Prozesse zu überarbeiten. Ziel war es ein Personalmanagement einzuführen, dass auch den Anforderungen der Zukunft gewachsen sein sollte. Unter dem Arbeitstitel ‚Advanced Human Resource Management' wurde die gesamte Prozesskette der Personalarbeit auf den Prüfstand gestellt. Das Ergebnis ist ein hochintegriertes System zum Personalmanagement, in dem Vernetzung und Reichweite der einzelnen Komponenten eindeutig definiert sind.

Ein Element dieser Prozesskette ist die Corporate University mit dem Schwerpunkt Personalentwicklung. Als Personalentwicklungsorganisation hat die SAP University klar definierte Schnittstellen zu Arbeitsbereichen wie Personalbeschaffung, Organisationsentwicklung, Qualifikationen und Kompetenzen, Leistungsbewertung und Nachfolgeplanung.

Eine idealtypische Anwendung einer solchen mitarbeiterzentrierten Prozesskette könnte z.B. aussehen wie folgt: Überzeugt durch das professionelle Angebot der Personalbeschaffung tritt ein neuer Mitarbeiter in die Firma. Dieser Mitarbeiter wird in einer Funktion arbeiten, deren Anforderungsprofil durch die eindeutige Zuordnung von Qualifikationen und Kompetenzen beschrieben ist. Gemeinsam mit dem Vorgesetzen klärt der Mitarbeiter, welche Weiterbildungsmaßnahmen erforderlich sind, um dem Anforderungsprofil zu entsprechen. Da die Weiterbildungsmaßnahmen der SAP University auf der selben Grundlage wie die Anforderungsprofile der verschiednen Funktionen aufsetzen, ist eine effiziente Auswahl von Schulungen sichergestellt. Nach erfolgter Weiterbildung arbeitet sich der Mitarbeiter in sein neues Aufgabengebiet ein. Im Rahmen der Leistungsbewertung am Ende des Jahres stellt sein Vorgesetzter fest, dass dieser Mitarbeiter alle Voraussetzungen mitbringt, um weiterführende Funktionen mit mehr Verantwortung auszuüben. Wieder wird eine mögliche Funktion ins Auge gefasst und der Mitarbeiter kann sich im Rahmen des Systems weiterqualifizieren.

Natürlich sieht dieser Prozess in der Arbeitswirklichkeit anders aus. Die theoretischen Möglichkeiten eines solchen Systems können dazu führen, das die eigentlichen Ziele in der Komplexität der Anwendungen untergehen. Trotzdem ist es von entscheidender Bedeutung eine klar definierte Vorstellung von den gewünschten Prozessen zu entwickeln. Dieses maximale Anforderungsbild kann immer wieder genutzt werden, um die tagtägliche Arbeit zu prüfen und neu auszurichten.

5. Die Durchführung

Getrieben durch die Anforderungen des Vorstandes an das Projekt ‚Advanced Human Resource Management' machte die SAP University schnelle Fortschritte. In manchen Punkten schossen Zielvorstellungen der Arbeitsgruppe weit über das Machbare hinaus. Trotzdem war es dieser anfängliche Schub, der es möglich machte, innerhalb kürzester Zeit mit dem Konzept Corporate University live zu gehen.

5.1 Team

Eine Herausforderung war es, die am Aufbau der SAP University beteiligten Gruppen zu einer homogenen Organisation zusammenzuführen. Auf einmal fanden sich Kollegen in einer gemeinsamen Organisation, die bis dahin in so unterschiedlichen Bereichen wie Personal, Entwicklung, Beratung oder Service gearbeitet hatten. Die Nutzung der verschiedensten Erfahrungen bei gleichzeitiger Entwicklung und Verfolgung gemeinsamer Ziele stellt nach wie vor ein besonderes Potential für die SAP University dar.

Die Dynamik des Projektes bewirkt, dass Aufgaben immer wieder neu zu definieren sind. Es entstehen Anforderungsprofile, die beim Startschuss der SAP University noch gar nicht abzusehen waren. Dies ist nur möglich mit Kolleginnen und Kollegen, die bereit sind, ihren Arbeitsplatz jeden Tag ein wenig neu zu erfinden.

5.2 ‚Single Point of Entry'

Kernziel für die erste Phase der Implementierung war es, einen ‚single point of entry' für Lernen zu schaffen. Die Erstellung individueller Websites mit Trainingsinhalten hatte inflationäre Züge angenommen und als Resultat war es nicht mehr möglich, sich einen vollständigen Überblick zu Trainingsinhalten zu verschaffen.

Schnell stellte sich jedoch heraus, dass das ‚Sammeln und Jagen' von Trainingsinhalten bei weitem nicht ausreicht, um eine funktionierende Corporate University aufzubauen. Das durch Zentralisierung nach und nach erkennbare Volumen von Trainingsmaßnahmen erforderte eine Neukonzeption der gesamten Schulungsverwaltung. Durch die effiziente Nutzung der hierfür geeigneten SAP-Module und dem Aufbau der im Schulungsbereich üblichen Self-Service-Szenarien konnte der Verwaltungsaufwand auf ein beherrschbares Maß reduziert werden.

Entsprechend der Firmenkultur der SAP sollte ein Weiterbildungsportal geschaffen werden, das für alle Mitarbeiter zugänglich ist und einen hohen Grad an individueller Nutzung erlaubt. Design und Inbetriebnahme dieses Portals im Intranet der SAP war eine Grundvoraussetzung für die erfolgreiche Einführung der Corporate University.

5.3 Portfolio

Entgegen dem sonst oft üblichen Vorgehen, ausschließlich Management-Training in den Vordergrund zu stellen, hat SAP University den Anspruch, alle Mitarbeiter mit nötigen Weiterbildungsinhalten zu beliefern. Dieser Zuschnitt resultierte aus dem ‚single point of entry'-Konzept, dass dem Weiterbildungsportal zu Grunde liegt. Dieses sehr weit gefächerte Portfolio birgt Chancen und Risiken.

Die Breite der möglichen Themen erlaubt es, die verschiedensten Projekte in Angriff zu nehmen und neue Wege zu gehen. Gleichzeitig aber besteht die große Gefahr, ohne Fokus zu arbeiten und dadurch ein Gemischtwarenladen für Weiterbildung zu werden.

Die anfänglich gültige, sehr breite Definition unseres Leistungsspektrums wird fortschreitend präzisiert. Dabei haben sich die Themengebiete herauskristallisiert, in denen SAP University einen besonderen Mehrwert für die gesamte Organisation erbringen kann.

Managementausbildung hat mittlerweile, wie auch in anderen Firmen, eine herausragende Bedeutung. Das Spektrum reicht hier von Grundlagenseminaren im Bereich Personalführung bis hin zu Kooperationsvereinbarungen mit renommierten Business Schools, die Weiterbildungsmöglichkeiten bis auf Geschäftsführerebene bieten. Gerade in diesem Bereich ist der internationale Zuschnitt aller Programme wichtig. Die Funktion Management ist in hohem Maße für die praktische Umsetzung der Firmenkultur verantwortlich. Firmenkultur ist zunächst standortunabhängig und Grundlage für erfolgreiches globales Arbeiten.

Die strategischen Ziele der Firma SAP sind mittlerweile ebenfalls ein integraler Bestandteil unseres Weiterbildungsportfolios. Hier fungiert die SAP University als Verstärker und Multiplikator von Wissensinhalten, die für die Wettbewerbsfähigkeit der Firma notwendig sind. Hier ist die eindeutige Beziehung von Firmenzielen und Weiterbildungsinhalten besonders wichtig.

Die Bereitstellung von externen Wissensquellen ist ein weiterer Focus der SAP University. Die zunehmende Vernetzung aller Industrien bedingt, dass jede Firma mehr und mehr auf externe Wissensinhalte zugreifen muss. Dabei kommt den Universitäten eine besondere Rolle zu. Universitäten verfügen über alle notwendigen Voraussetzungen, um sowohl Grundlagenausbildung als auch neueste Erkenntnisse zu vermitteln. Noch sind die Kooperationen zwischen Industrie und Universitäten eher sporadisch, aber es ist absehbar, dass beide Seiten von solchen Kooperationen profitieren können, ohne ihre jeweils eignen Ziele aufzugeben.

Neben diesen drei Themenschwerpunkten bildet der Bereich e-learning einen weiteren Fokus der SAP University. E-learning ist die Methode, mit der in einer Firma wie SAP jeder Mitarbeiter zur gleichen Zeit mit den gleichen Inhalten erreicht werden kann, und das auch noch zu überschaubaren Kosten. SAP University hat sich zum Ziel gesetzt, e-learning für alle geeigneten Wissensinhalte so rasch wie möglich verfügbar zu machen. Bemerkenswert ist z.B. der zunehmende Wunsch von Managern nach ‚self paced learning'. Die Flexibilität, Ort und Zeit des Lernens selbst zu bestimmen kommt deren Zeitplanung besonders entgegen. Die Diskussion um die Vor- und Nachteile des traditionellen Trainings im Vergleich zu e-learning spielt dabei nur eine untergeordnete Rolle. Die dominierenden Faktoren des e-learnings sind rasche Verfügbarkeit und Reichweite. Diese Faktoren gilt es zu nutzen in einer Industrie, in der Schnelligkeit eine Voraussetzung für Wettbewerbsfähigkeit ist.

5.4 Organisatorische Einbindung

SAP begreift die Aus- und Weiterbildung als eine Aufgabe des Personalwesens. Demzufolge ist die SAP University ein Bestandteil des Personalwesens. Das Leitmotiv unserer Arbeit ist die Personalentwicklung. Besonders wichtig für das Funktionieren einer Corporate University sind neben der Einbindung in das Personalwesen die Beziehungen zu den operativen Geschäftsbereichen einer Firma. Nur wenn man diesen operativen Geschäftsbereichen einen Mehrwert generieren kann wird man als Geschäftspartner akzeptiert werden. Die Rolle des Geschäftspartners ist Voraussetzung für den mittelfristigen, erfolgreichen Betrieb einer Corporate University.

SAP University adressiert dieses Problem, indem definierte Ansprechpartner als Betreuer für die operativen Geschäftsbereiche aufgebaut wurden. Diese Ansprechpartner haben ein gutes Verständnis der Geschäftsprozesse ihrer Kunden (und kommen idealerweise aus diesen Bereichen) und sind in der Lage, gemeinsam mit diesen Kunden zielgerichtet Maßnahmen im Weiterbildungssektor aufzubauen. Dabei greifen sie zurück auf das gesamte Portfolio der SAP University und können einen Leistungsumfang zur Verfügung stellen, den ein einzelner Geschäftsbereich so nicht erbringen kann. Tritt diese Konstellation ein entsteht eine win-win-Situation, in der beide Seiten als Geschäftspartner agieren.

Besonders wichtig ist eine solide Verankerung in der Führungsspitze der Firma. Hier ist es sinnvoll, Topmanager als Sponsoren für Themenkreise zu gewinnen. Erst die Unterstützung von oben garantiert langfristigen Erfolg für eine Corporate University.

5.5 Belegschaft

Die SAP University steht im ständigen internen Wettkampf um die Aufmerksamkeit der Mitarbeiter. Alleine die Tatsache, dass man ein zukunftsträchtiges Thema besetzt hat garantiert nicht, dass man den internen Mitarbeiter automatisch als Kunden gewonnen hat.

Ziel muss es sein, das Vertrauen eines jeden Mitarbeiters als kompetente Aus- und Weiterbildungsorganisation zu erwerben. Voraussetzung hierfür ist kontinuierlich gute Qualität und ein Angebotsspektrum, das die wesentlichen Anforderungen der Belegschaft adressiert. Darüber hinaus ist eine zunehmende Personalisierung des Angebotes erforderlich. Der Mitarbeiter erwartet heute, dass er in seiner berufsspezifischen Rolle unterstützt wird. Darüber hinaus will er sich auch persönlich weiterentwickeln. Sein Berufsalltag erfordert ständige Präsenz. Und er wird zunehmend unwillig, längere Weiterbildungsmaßnahmen zu durchlaufen, die ihn aus seinem Arbeitsumfeld herausreißen. Der Mitarbeiter will ‚on the job' lernen. Die herkömmliche Trennung von Lernen und Arbeiten ist immer weniger praktizierbar.

Nur wenn eine Corporate University diesen Trends Rechnung trägt, wird sie mittelfristig die Akzeptanz der Belegschaft gewinnen. Moderne Technologien erlauben es schon heute, viele dieser Anforderungen zu erfüllen. Dieser Trend wird sich weiter verstärken. Wer die Individualisierung des Weiterbildungsmarktes nicht unterstützt wird verdrängt werden von Anbietern, die in der Lage sind, solche Dienstleistungen zu liefern.

5.6 Internationalisierung

Synergien auf internationaler Ebene gehören zu den Standardanforderungen an Corporate Universities. Und tatsächlich liegt hier ein großes Potential an Einspar- und Verbesserungsmöglichkeiten. SAP University hat allerdings gelernt, dass eine sehr sorgfältige Auswahl international erfolgreicher Themen erfolgen muss. Ein großes Risiko für eine Corporate Weiterbildungsorganisation liegt in der Überforderung der lokalen Institutionen. Tritt diese Situation ein sind gescheiterte Projekte, frustrierte Mitarbeiter und verlorene Glaubwürdigkeit die zwingende Folge.

Gerade auf internationaler Ebene ist die frühzeitige Einbindung aller Beteiligten, das Analysieren der unterschiedlichen Bedarfe, die Vereinbarung gemeinsamer Ziele und das ständige Abgleichen von Erwartungen besonders wichtig. Gelingt es jedoch, diese Erfolgsfaktoren internationaler Projekte zu adressieren, wird eine neue Ebene der Zusammenarbeit erreicht, die erhoffte Synergien freimacht.

6. ‚Lessons Learned'

Entscheidend für den Erfolg einer Corporate University ist die Kundenwahrnehmung. Nur wenn die Kunden, d.h. die internen Mitarbeiter, die angebotenen Dienstleistungen positiv bewerten, kann die Ausbildungsorganisation mittelfristig zum Firmenerfolg beitragen. Nur dann ist gewährleistet, dass auch das Top-Management fortlaufende Unterstützung gewährt. Ist dies nicht der Fall, wird die Funktion rasch obsolet.

Die im folgenden geschilderten Faktoren sind besonders wichtig, um eine konstruktive Rolle im Firmenverbund spielen zu können.

6.1 Positionierung

Besonders wichtig ist eine eindeutige Position im Konzert des innerbetrieblichen Knowledge Managements. Für jeden muss klar erkennbar sein, welche Leistungen die Corporate University erbringt und ebenso welche Leistungen sie nicht erbringt. Findet eine eindeutige Positionierung nicht statt, läuft die Weiterbildungsinstitution in Gefahr als Projektionsfläche für die Erwartungen anderer zu dienen. Werden diese Erwartungen dann nicht erfüllt, führt dies automatisch zu einer negativen Einschätzung.

Durch klare Einbindungen in firmeninterne Strukturen, durch klare Kommunikation des Leistungsportfolios und durch klare Darstellung der angestrebten Ziele kann die Corporate University proaktiv auf Erwartungshaltungen einwirken und funktionierende Schnittstellen zu thematisch benachbarten Organisationen aufbauen.

6.2 Inhalte

Die über eine Corporate University vermittelten Inhalte müssen in sinnvoller Weise die Ziele der Firma und dem kommunizierten Leistungsspektrum entsprechen. Fokussierung ist dabei besonders wichtig. Angebotene Leistungen müssen immer als Teil der Gesamtausrichtung verstanden werden. Ist kein nachvollziehbarer Fokus erkennbar, degeneriert die Corporate University zum generischen Bildungsanbieter und wird damit auswechselbar.

Darüber hinaus muss natürlich kontinuierlich gute Qualität und Aktualität gewährleistet sein. Ein Weiterbildungsangebot, dass nicht aktuellste Anforderungen reflektiert wird nicht als hilfreich wahrgenommen und damit beliebig. Schlechte Qualität ist unentschuldbar.

6.3 Kundennähe

Eine Corporate University muss alle Möglichkeiten nutzen, um in ständigem Kontakt mit den internen Kunden zu bleiben. Letztendlich entscheidet der Mitarbeiter, ob er das vorliegende Angebot nutzt oder vielleicht doch andere Anbieter bevorzugt. Den vorhandenen Kundenstamm als gegeben zu betrachten ist ein Fehler. Nur wer sein Dienstleistungsangebot den sich ständig ändernden Kundenbedürfnissen anpasst wird letztlich über ein Angebot verfügen, dass proaktiv und zukunftsgerichtet ist.

Nicht zu unterschätzen ist die Frage nach der Lernmotivation von Mitarbeitern. Der Mitarbeiter lernt nicht nur, um eine bestimmte Aufgabe besser erfüllen zu können. Er hat auch immer den Wunsch, seinen Marktwert zu steigern, dass heißt Kenntnisse zu erwerben, die ihn für weiterführende Positionen in seiner Firma, aber auch für andere Firmen interessant machen. Diesem Trend, der zunehmend an Bedeutung gewinnen wird, muss eine Corporate University Rechnung tragen. Der ‚war for talent' kann nicht durch eine defensive Position gewonnen werden. Das Portfolio einer Corporate University sollte ein Grund sein, warum ein Mitarbeiter sich für einen bestimmten Arbeitgeber einscheidet.

6.4 Technologie

Moderne Technologien sind eine hervorragende Möglichkeit, um neue Wege der Wissensvermittlung zu unterstützen. Die ständige Diskussion um Vor- und Nachteile von technologiegestütztem Lernen verstellt den Blick auf das Potential dieser Methoden. SAP University hat sich entschieden ganz gezielt die Vorteile von e-learning zu nutzen ohne diese permanent gegen herkömmliche Formen der Wissensvermittlung abzugrenzen. Im Vordergrund steht der Lernbedarf der Mitarbeiter auf der einen und das verfügbare Wissen auf der anderen Seite. So gesehen ist e-learning einfach nur ein weiterer Vertriebskanal, dessen Tauglichkeit sich noch beweisen muss.

Aus der Nutzung von e-learning-Angeboten können wir schon heute erkennen, dass Methodendiskussion für den Lernenden nur eine untergeordnete Rolle spielen. Welche Formen sich durchsetzen werden und in welcher Weise ein Verdrängung oder doch nur eine Ergänzung von herkömmlichen Lernmethoden stattfinden wird ist heute noch nicht absehbar und auch nicht wirklich relevant. Offensichtlich ist jedoch, dass computergestütztes Lernen von den Anwendern mehr und mehr als völlig normale Form der Weiterbildung akzeptiert wird.

7. Trends

Die Wissensgesellschaft ist nicht nur einfach ein Schlagwort. Wissen und damit Lernen ist heute wichtiger als jemals zuvor. Nicht umsonst wird heute von lebenslangem Lernen gesprochen. Traditionelle Trennlinien zwischen schulischem, universitärem, betrieblichem und privaten Lernen verlieren immer mehr ihre Gültigkeit. Neue Technologien haben hier eine entscheidende Bedeutung, denn sie verlagern den Lernraum weg von den Institutionen hin zum Individuum.

7.1 Kooperation

Eine praktische Folge des immer größeren Lernbedarfs und der zunehmenden Spezialisierung in allen Bereichen ist die Kooperation von Weiterbildungsorganisationen. Die Zuordnung von Inhalten zu bestimmten Institutionen oder Firmen verliert an Bedeutung. Wichtiger ist, wer welchen Inhalt in bestmöglicher Form vermitteln kann.

Zu bestimmten Themenkreisen ist es schon heute schon schneller und oft günstiger, sich zu einer ‚Einkaufsgenossenschaft' für spezifische Weiterbildungsinhalte zusammenzuschließen anstatt ‚das Rad noch einmal zu erfinden'. Für alle Betriebe gibt es Themenkreise, die nicht wettbewerbsrelevant sind, die aber trotzdem im Lernangebot verfügbar sein müssen.

Durch die kooperative Bereitstellung solcher Lerninhalte über Firmengrenzen hinweg erhöht sich die Qualität des Angebots bei gleichzeitig verbesserter Verfügbarkeit.

7.2 Konzentration

Kooperationstendenzen auf der Nachfrageseite führen zu Konzentrationsprozessen auf der Angebotsseite. Investitionen, die notwendig sind um ein bestimmtes Weiterbildungsangebot in aktueller, qualitativ hochwertiger und technisch adäquater Form bereit zu halten, werden immer höher. Damit einher geht der Bedarf vieler Kunden, diese Angebote auf globaler Basis abrufen zu können was wiederum beachtliche organisatorische Aufwände nach sich zieht.

Deshalb werden sich solche Weiterbildungsanbieter durchsetzen, die in der Lage sind, permanent diesen Anforderungen zu entsprechen.

Dies bedeutet natürlich nicht, dass der hochspezialisierte und eventuell nur lokal agierende Weiterbildungsanbieter obsolet wird. Für Lerninhalte, die von allen in vergleichbarer Weise benötigt werden ist jedoch abzusehen, dass eine zunehmende Konzentration auf der Angebotsseite stattfindet.

In einer idealen Welt werden, gestützt auf modernste Technologien, jeweils die Organisationen zusammenarbeiten, die zu einem bestimmten Thema die höchste Kompetenz und den höchsten Bedarf haben. Bildungsmarktplätze, über die Universitäten, Firmen und Private in immer neuen Rollen zusammenarbeiten sind durchaus vorstellbar.

Bis es jedoch soweit ist gilt es, jeden Tag von neuem den Anforderungen an eine Corporate University gerecht zu werden.

Dr. Herrmann-Peter Weicht
Merck KGaA, Darmstadt

Merck University – Ein Beitrag zur Internationalisierung der Merck KGaA

1. Merck KGaA – ein Unternehmen im Wandel

Der starke Wandel, der die Merck KGaA in den letzten 25 Jahren verändert hat, lässt sich am deutlichsten an einigen Businessindikatoren ablesen:

	1975	**2000**
Umsatz	779 Mio DM	ca. 13 Mrd DM
Anteil Umsatz Deutschland am Gesamtumsatz	58 %	10 %
GL	4 Familienmitglieder	- (ab 7/00)
Mitarbeiter weltweit	8.198	ca. 36.000
Internationalität	In 25 Ländern mit 118 Gesellschaften	In 48 Ländern mit 196 Gesellschaften
Forschungsaufwendungen	68,7 Mio DM	~ 1.100 Mio DM
Umweltschutz	~ 20,4 Mio DM	~ 95 Mio DM

Abbildung 1: Ein Unternehmen im Wandel

Würde man nur die letzten zehn Jahre betrachten, käme dieser dramatische Wandel noch klarer zum Ausdruck. Da es sich aber in diesem Beitrag um einen Aspekt des „Life-long Learning" handelt und diejenigen, die heute die Entwicklung dieser Unternehmen maßgeblich beeinflussen, das Top-Management also, im Durchschnitt 20 bis 25 Jahre in verschiedenen Positionen bei Merck tätig waren, haben nicht nur diese Entwicklung mitgestaltet, sondern sind auch von ihr selbst geprägt worden.

Dieses ist allerdings nur ein Aspekt, welcher die Kultur eines Unternehmens ausmacht. So können z.B. die Produkte eines Unternehmens und diese Produktstruktur einen zusätzlichen Einfluss ausüben. In den drei Geschäftsbereichen Pharma, Labor und Spezialchemie mit ihren 10 Sparten ist Merck mit ca. 30 000 Marken weltweit vertreten.

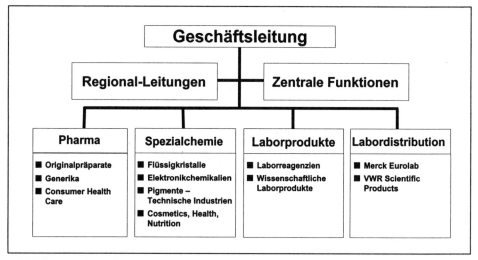

Abbildung 2: Organisation der Merck Gruppe

Als überwiegender Spezialitätenhersteller (highly sophisticated products) benötigt Merck Naturwissenschaftler und Ingenieure außer in der Forschung und Produktion auch in den marktnahen Bereichen (Vertrieb, Marketing, Service). In einer kurzen Übersicht sollen die besonderen Umstände und Bedingungen aufgezeigt werden, denen sich die Merck KGaA auf dem weiteren Wege der Internationalisierung stellen muss:

- Die im Ausland in führenden Positionen tätigen Manager haben in den letzten 25 Jahren überwiegend zum organischen Wachstum beigetragen, d.h. der größere Teil dieser Manager hat zunächst einmal diese Geschäfte aufgebaut. Dadurch war z.B. die operative Kompetenz notwendiger als strategische Überlegungen. Aufgrund des Wachstums haben sich allerdings die Anforderungen an das Management verändert.

- Da in der Vergangenheit die Top Positionen in den Gesellschaften der Merck Gruppe überwiegend von Deutschen besetzt wurden, war es für lokale Mitarbeiter nur in selteneren Fällen möglich, in der Hierarchie aufzusteigen. Aus unterschiedlichen Gründen wird sich dies in Zukunft verändern bzw. verändern müssen. Dazu muss eventuell ein differenzierteres Recruitmentverfahren, bestimmt aber ein International Management Development, etabliert werden.

- Einer weiteren Veränderung müssen sich die Mitarbeiter aller international operierenden Unternehmen stellen. Sie konkurrieren nicht nur gegen ihre bekannten Wettbewerber; sie konkurrieren auch mit den Kollegen in Forschung, Entwicklung und Produktion in allen Erdteilen der Welt. Wenn sich auch ca. 75 % der Aktien in der Hand der Familie Merck befindet und diese eindeutige Stellungnahmen zum Forschungs- und Produktionsstandort Darmstadt abgegeben haben, wird man langfristig sicherlich nur daran festhalten, wenn dieser Standort wettbewerbsfähig bleibt. Dieses heißt wiederum bei den sonst üblichen Bedingungen in Deutschland, dass in die Kompetenz der Mitarbeiter auf allen Ebenen permanent investiert werden muss, um die Produktivität zu halten bzw. zu erhöhen.

- Man wird sogar in Zukunft immer stärker Weiterqualifizierungsprogramme sowohl für die Gewinnung von Hochschulabsolventen als auch für Abiturienten und andere sehr gute Schulabgänger schon in der Personalwerbung anbieten müssen. Ein breitgefächertes Qualifizierungsangebot scheint augenblicklich anstelle der Arbeitsplatzsicherheit getreten zu sein. Dieses wird auch die Greencard-Diskussion sowie der prognostizierte Mangel an Ingenieuren und Naturwissenschaftlern beeinflusst haben. Und Unternehmen, die zwar jetzt in die Premier League aufgestiegen sind (wie Merck z.B.) - um ein Beispiel aus dem Fußball zu nehmen – aber noch nicht in der Champions League spielen (wie z.B. Siemens, Aventis, Lufthansa), müssen sich auch über solche Angebote bei den besseren Wunschkandidaten profilieren.

- Wie man der Abb. 1 entnehmen kann, hat Deutschland schon lange die Führung als umsatzstärkster Markt verloren. Im dritten Quartal 2000 ist diese Position sogar von Europa (37 %) auf Nordamerika (39 %) übergewechselt. Auch in dieser Hinsicht wächst die Internationalisierung der Merck KGaA.

2. Ziele der Merck University

Die erstrangigen Ziele der „Merck University" kann man danach folgendermaßen zusammenfassen:

- Steigerung der Wettbewerbsfähigkeit von Merck durch Investitionen in die Mitarbeiter auf allen Ebenen.
- Steigerung der Attraktivität für besonders qualifizierte Hochschulabsolventen und Abiturienten, bei Merck den Berufseinstieg zu beginnen.
- Den Prozess der Internationalisierung durch Personalentwicklungsmaßnahmen beschleunigen und begleiten.
- Dem Managementnachwuchspotential eine fachlich umfassende und persönlichkeitsbezogene Weiterentwicklung ermöglichen.

Diese Ziele werden sich im Großen und Ganzen von vielen international operierenden Unternehmen nicht unterscheiden. Für die Merck KGaA wurden noch auf die spezielle Unternehmenssituation abgestellte Zielsetzungen entwickelt.

- Verstärkter Aufbau internationaler Netzwerke, mit denen sich die Tagesarbeit effektiver gestalten lässt.
- Wissenschaftlern die Chance geben, sich geschäftsorientiert zu qualifizieren.
- Belastbarkeit und Einsatzwillen der Mitarbeiter stärken.
- Die Chance zur Employability aller beteiligten Mitarbeiter steigern.
- Durch den Einsatz elektronischer Kommunikationsmittel, wie z.B. Internet, die Zeiteffizienz des Lernens erhöhen und zusätzlich den Transfer in die Tagesarbeit erleichtern.

Während die einzelnen Zielsetzungen für sich selbst sprechen, bedarf die Aussage „Die Chance zur Employability aller beteiligten Mitarbeiter steigern" einer zusätzlichen Erläuterung, weil diese Aussage manchmal sogar Widerspruch hervorruft. Für die Ausbildung ist die Chance zur Employability sogar ein prägendes Element und wird durch die Prüfungsordnung besonders hervorgehoben. In der weiteren Qualifizierung scheint dieses Element mit dem Loyalitätsgedanken in Widerspruch zu stehen. Aus folgenden Überlegungen wird man sich diesem scheinbaren Konflikt stellen müssen, und ihn auch aufzulösen versuchen.

Unbestritten ist, dass sich die Mitarbeiter aufgrund der gegebenen Situation weiterqualifizieren müssen, um schon allein die tägliche Arbeit kompetent bewältigen zu können. Auch werden sie eine andere Bereitschaft zeigen müssen, sich den permanent notwendigen Veränderungen zu stellen, um diese zu gestalten. Das wird mit selbstbewussten, da qualifizierteren Mitarbeitern, eher möglich sein, als den in der Routine verhafteten. Außerdem wird den Mitarbeitern verdeutlicht werden müssen, dass Weiterbildung nicht nur eine Voraussetzung für den beruflichen Aufstieg ist, sondern eine Notwendigkeit, um den zukünftigen Anforderungen des gegebenen Arbeitsplatzes gerecht zu werden. Leider sind die Erwartungen nach wie vor mehr auf den Aufstieg ausgerichtet. Selbst in den Fällen, wo diese Möglichkeit gegeben ist, wird man sehr selten zeitgleich den Qualifizierungsabschluss mit einer höherwertigen Stelle in Übereinstimmung bringen können.

Hier werden in Zukunft immer mehr die Vorgesetzten gefordert sein. In Personalentwicklungsgesprächen müssen dem Mitarbeiter mögliche Karrierepfade aufgezeigt werden; andererseits muss der Mitarbeiter auch zeigen, dass das „Neuerlernte" konzeptionell und operativ umgesetzt werden kann. Es ist eine fundamentale Veränderung, dass auch ein langfristiges und aufwendiges Qualifizierungsprogramm nicht - wie in der Vergangenheit - automatisch mit einem hierarchischen Aufstieg verbunden ist, sondern zunächst einmal als Chance für eine erfolgreichere arbeitsplatzbezogene Tätigkeit begriffen werden muss. Erst danach kann sich eine Möglichkeit zum Aufstieg ergeben. Dieser Wandel muss in die Köpfe der Mitarbeiter, aber auch noch in die Vorstellungswelt vieler Vorgesetzter, gelangen. Denn das Spannungsfeld „Life-long Learning" aller Mitarbeiter wegen der notwendigen schnelleren und kompetenteren Prozessgestaltung vor Ort hat unter dem Begriff „Lean Management" Eingang gefunden. Dieser Schritt findet leicht die ungeteilte Akzeptanz der Mitarbeiter. Das damit aber gleichzeitig die Aufstiegsmöglichkeiten eingeschränkt werden, wird nicht in gleichem Umfang aufgenommen und kann leicht zu Frustrationen führen, wenn die Problematik nicht offensiv angegangen wird.

Wie schon erwähnt, werden allerdings qualifiziertere Mitarbeiter aktiver und dynamischer die stetigen Veränderungen aufnehmen und u.U. eher ihre eigene Funktion in Frage stellen, weil sie sich vor neuen Herausforderungen nicht so stark bedrängt fühlen. Andererseits kann es natürlich auch passieren, dass Erwartungsdruck und momentane betriebliche Möglichkeiten nicht in Übereinstimmung zu bringen sind. Der Mitarbeiter kündigt und verlässt das Unternehmen. Bei einem wirklichen Potential, der im guten Einvernehmen ausscheidet, sollte nach wie vor ein lockerer Kontakt bestehen bleiben. Im Bedarfsfall wird er dann wieder mit einer zusätzlichen Erfahrung zurückkommen.

In der betrieblichen Realität gibt es eine Reihe von Fällen, in denen Mitarbeiter nicht in das gegebene Umfeld passen bzw. dieses betriebliche Umfeld außerdem keinen Aufstieg ermöglicht. Man sollte sich grundsätzlich überlegen, ob es für das langfristige Betriebsklima nicht besser ist, einen sich weitergebildeten Mitarbeiter zu verlieren, als Jahre später einen frustrierten Mitarbeiter in der Organisation zu haben, der schon allein aufgrund seines Alters nicht mehr wechseln kann. Oft müssen diese Mitarbeiter dann noch zehn bis fünfzehn Jahre arbeiten.

Wie diese Beispiele zeigen sollten, wird das Konzept einer Corporate University und damit das des „Life-long Learning" nur dann seine volle Wirkung erreichen können, wenn zusätzlich Voraussetzungen, wie z.B. ein nachvollziehbares Belohnungs- und Beförderungssystem, in Kraft gesetzt werden. Wenn dies auch noch nicht in vollem Umfang bei der Merck KGaA gegeben ist, wird das Konzept der Merck University einen wichtigen Beitrag auf dem Wege der Flexibilisierung und Internationalisierung des Unternehmens leisten können.

3. Übersicht über die Merck University bzw. das Management Development System

Bevor die einzelnen Stufen der Merck University im Zusammenhang beschrieben werden, soll eine Begriffsproblematik erklärt werden. Augenblicklich wird das Gesamtsystem der vier Stufen „Management Development System" genannt und die vierte Stufe nennen wir „Merck University". Bei der weiteren Entwicklung dieses Modells wird wir Gesamtkonzept „Merck University" heißen, was auch dem eigentlichen Anliegen eher entspricht, und die vierte Stufe „PRIME" (Program for International Management Executives).

3.1 Die Qualifizierungsangebote der Stufen 1 und 2

Die Stufe 1 wendet sich an Mitarbeiter, die bei Merck oder einem anderen Unternehmen eine Ausbildung absolviert haben. Von der Biotechnik bis zur Wirtschaftsinformatik bereitet Merck fünf unterschiedliche Studiengänge an. Dabei werden BWL-Studiengänge an den Fachhochschulen Frankfurt und Darmstadt angeboten.

Die Stufe 2 bietet besonders Mitarbeitern mit einem naturwissenschaftlichen oder einem Ingenieurstudium die Möglichkeit, unter drei unterschiedlichen Angeboten zu wählen.

Das Diplom-Wirtschaftsingenieurstudium, wobei der fachbezogene Teil durch das Vollstudium anerkannt wird und nur der betriebswirtschaftliche Teil noch an der Fachhochschule Mainz belegt werden muss.

Der Master of Business Marketing (MBM) an der Freien Universität Berlin wendet sich an Mitarbeiter der Sparten Flüssigkristalle, Elektronikchemikalien und Pigmente-Technische Industrien, die das Wissen des Business-to-Business-Marketing benötigen. Außerdem handelt es sich hierbei um einen Fernlehrgang mit nur 15 Präsenztagen.

Das dritte Programm bietet einen gemeinsam mit der Fachhochschule Pforzheim entwickelten MBA-Studiengang für Merck an, der nach dem Pilotprogramm (Start 1. März 2001) in der Region Starkenburg für alle Unternehmen zugänglich gemacht werden soll. Mit der Fachhochschule Pforzheim verbindet uns eine mehrjährige außerordentlich positive Zusammenarbeit. Ungefähr 15 Projektabschlussarbeiten für den Vollzeit-MBA-Studiengang an dieser Fachhochschule sind in Asien erfolgreich durchgeführt und anschließend implementiert worden.

Merck University – Ein Beitrag zur Internationalisierung der Merck KGaA

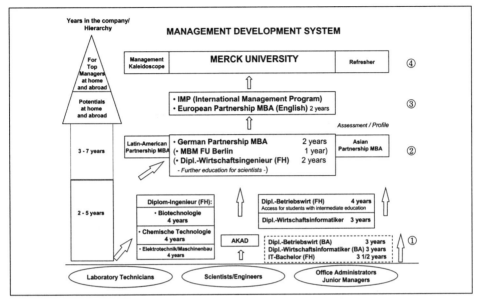

Abbildung 3: Management Development System

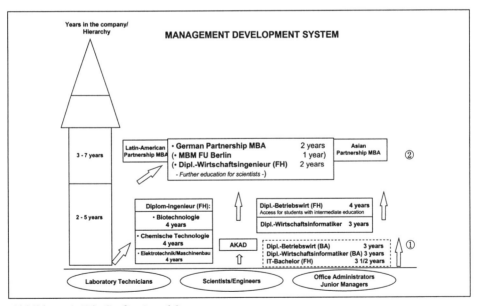

Abbildung 4: Die Stufen 1 und 2

3.2 Das Programm für den Führungsnachwuchs und für die Führungskräfte in den Stufen 3 und 4

Ab Stufe 3 beginnt ein besonderes Förderprogramm für Mitarbeiter, die für eine Führungsposition vorgesehen sind (vgl. Abbildung 5).

Nach der Absolvierung eines erfolgreichen Assessment Centers (Headquarter) oder eines positiven Profilberichtes (Gesellschaften der Merck Gruppe) können sich die Mitarbeiter an einem der beiden Angebote beteiligen. Das Internationale Management Programm wendet sich an den Führungskräftenachwuchs (ca. 15 Teilnehmer pro Kurs) von Merck weltweit und beginnt jeweils Mitte April und endet Anfang November in Darmstadt. Um die Internationalität zu gewährleisten, nehmen nicht mehr als zwei bis drei Mitarbeiter aus Deutschland teil. Der Bedarf für die Führungskräftenachwuchsschulung ist allerdings höher, so dass als Alternative auch der MBA in Ashridge (eine der führenden Business Schools in Europa) angeboten wird. Verknüpfungen zwischen beiden Programmen werden durch gemeinsame Veranstaltungen wie Kamingespräche mit Geschäftsleitungsmitgliedern und Regionalleitern sowie durch Social Events hergestellt.

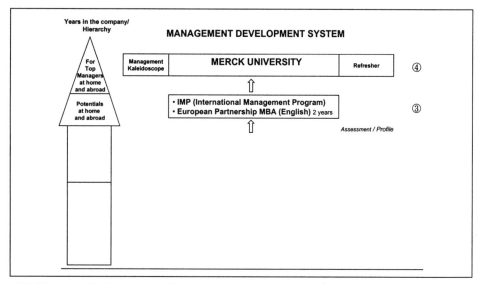

Abbildung 5: Die Stufen 3 und 4

Die Stufe 4 hat augenblicklich das Top Management als Zielgruppe. Das Basisprogramm führen wir gemeinsam mit den vier Business Schools WHU Koblenz, London Business

School, Hong Kong University of Science and Technology und J. L. Kellogg Graduate School of Management at Northwestern University durch. Im Mittelpunkt dieses Programms steht auch ein Veränderungsprojekt, das die Teilnehmer über die zwei Jahre begleiten wird. Die 14tägigen Seminare finden jeweils im Februar und September statt. Das Pilotprogramm begann am 12. September 1999 in Chicago an der Northwestern University (Kellogg), wurde im Februar 2000 an der London Business School (LBS) durchgeführt und im Oktober/November 2000 an der Hong Kong University of Science and Technology (HKUST) fortgesetzt. Das letzte Modul findet im Februar 2001 an der Wissenschaftlichen Hochschule für Unternehmensführung (WHU) in Koblenz statt. Im Oktober 2001 wird das zweite Programm wiederum an der Northwestern University starten.

Beim "Refresher" ist an ein einwöchiges Seminar an einer dieser Business Schools für die Teilnehmer, die an der Merck University teilgenommen hatten, gedacht, um so in einem bestimmten Zeitraum (ca. drei Jahre) immer wieder auf den aktuellen Stand des General Management Wissens gebracht zu werden.

Das Management Kaleidoskop wird schon seit einigen Jahren durchgeführt. Es dient vor allen Dingen der strategischen Diskussion mit der Geschäftsleitung, dem Erfahrungsaustausch der Teilnehmer zu Schwerpunktthemen und soll das Networking und damit die Integration des Management der akquirierten Unternehmen fördern.

4. Detaillierte Darstellung der einzelnen Programme des Systems

Wie schon erwähnt, wenden sich die Stufen 1 und 2 überwiegend an Mitarbeiter, die entweder eine Ausbildung gemacht oder ein Studium abgeschlossen haben. Hierbei geht es vor allen Dingen um Qualifikationen, die für die tägliche Arbeit, aber natürlich auch auf eine berufliche Weiterentwicklung (aufgabenbezogen und hierarchisch) vorbereiten.

4.1 1. Stufe: Berufsbegleitende Studiengänge

4.1.1 Zielsetzung und Maßnahmen

Neben dem allgemeinen Anliegen, qualifizierte Abiturienten für die Ausbildung bei Merck zu gewinnen, wollen wir auch andere Schulabgänger zielgruppenspezifisch werben. Um nur ein Beispiel zu nennen: Abiturientinnen mit starken naturwissenschaftlichen Neigungen, die das langfristige Chemiestudium scheuen, da sie neben dem Studium auch an die Gründung einer Familie denken und damit einen ganz bestimmten Lebensplan haben, finden mit unserem Angebot (und dies bisher erfolgreich) unter beiden Aspekten ihre Vorstellungen eher berücksichtigt.

Darüber hinaus verfolgen wir mit dieser Stufe noch weitere Ziele:

- Das Lebenslange Lernen soll schon möglichst früh im Berufsleben als selbstverständlich dargestellt werden.
- Der modulare Aufbau (Credit System) soll auch ältere Mitarbeiter wieder in den Lernprozess integrieren. Oder auch Mitarbeiter ansprechen, die aus familiären oder anderen privaten Gründen vor einer vierjährigen Bindung zurückschrecken würden, sich aber auf Teilgebieten weiterqualifizieren möchten.
- Auch antizipativ denkende Mitarbeiter mit geringerer Qualifikation, die Chance geben, sich auf den möglichen Wegfall des Arbeitsplatzes besser vorzubereiten.
- Alle Module werden größtenteils in der Freizeit angeboten (An Wochentagen nach 16.00 Uhr und an Samstagen).
- Die anfallenden Kosten über 1 000,- DM werden zu 1/3 von den Teilnehmern und zu 2/3 vom Unternehmen getragen.
- Jedes einzelne Modul wird mit einer Prüfung abgeschlossen.

4.1.2 Dynamische Weiterentwicklung der Studiengänge

- Augenblicklich werden noch zwei Diplom-Betriebsstudiengänge angeboten (Fachhochschule Frankfurt, Fachhochschule Darmstadt). Ab 2002 werden wir uns aber auf das Darmstädter Modell konzentrieren.
- Seit ein bis zwei Jahren bieten wir auch Eingangsstudiengänge der Berufsakademie Mannheim an. Damit soll die Industriekaufmannausbildung langfristig ersetzt werden. Allerdings muss noch überprüft werden, inwieweit die Organisation, die nun qualifizierteren Ausgebildeten annimmt. Deshalb erfolgt dieser Vorgang schrittweise.
- Neben dem erfolgreich begonnenen IT-Bachelor an der Fachhochschule Dieburg bereiten wir einen Bachelor Chemie vor. Hier muss die Auswahl zwischen zwei Partnern noch erfolgen. Es ist möglich, im Anschluss an den Bachelor einen Abschluss als Diplom-Ingenieur (FH) anzuhängen. Die Anfertigung einer Diplomarbeit ist hierzu erforderlich.
- Um den Bedürfnissen und Anforderungen eines Spezialitäten-Unternehmens möglichst gerecht zu werden, beteiligen wir uns an einer Arbeitsgruppe zwischen der Fachhochschule und der Technischen Universität Darmstadt, die es Studenten der Fachhochschule ermöglicht, an Vorlesungen und Seminaren der Technischen Universität teilzunehmen und die Ergebnisse der Prüfungen im Rahmen eines Credit Systems in den Abschluss der Fachhochschule Darmstadt einzubringen.

- Es ist Fernstudium Biologie für Laboranten geplant. Dieses wird vom Spektrum Verlag in Kooperation mit der Universität Mainz angeboten. Nach 4,5 Jahren kann dies zum Abschluss Bachelor Molekulare Biologie führen.
- Einen sechsmonatigen betriebswirtschaftlichen Fernlehrgang von AKAD (Akademikergesellschaft für Erwachsenenbildung) bieten wir weiterhin in Stufe 1 an, an dem sich Naturwissenschaftler und Ingenieure in einer Art „Schnupperkurs" beteiligen, um so umfassender auf die drei Studienmöglichkeiten der Stufe 2 vorbereiten zu können.

4.2   2. Stufe: Programme für Mitarbeiter mit einem Hochschulstudium

4.2.1 Zielsetzung und Maßnahmen

- Diplom-Wirtschaftsingenieur
- Master of Business Marketing (MBM)
- German Partnership MBA

In dieser Stufe werden wir weiterhin Interessierten das Studium zum Diplom-Wirtschaftsingenieur wie das Master of Business Marketing (MBM) anbieten. Allerdings werden wir diese nicht mehr besonders bewerben, da der MBM größtenteils in das neue Programm des MBA der Fachhochschule Pforzheim eingeht und der Diplom-Ingenieur der Fachhochschule Mainz für Praktiker doch zu theorielastig ist. Außerdem haben deutsche Professoren noch keine umfassende Erfahrung mit in verantwortungsvollen Positionen arbeitenden Akademikern, die sich berufsbegleitend weiterqualifizieren möchten.

Der Produktstruktur von Merck entsprechend, zielt das Programm des German Partnership MBA auf Naturwissenschaftler und Ingenieure mit Berufserfahrung ab. Ferner an Betriebswirte, die schon längere Zeit die Hochschule verlassen haben und ihr Managementwissen wieder auffrischen möchten.

Ziele des Programms sind:

- General Management Know-How vermitteln,
- Management Skills erweitern und vertiefen,
- Prozessnahe Umsetzung in den verschiedenen Sparten und Zentralfunktionen gewährleisten,
- Teamgeist und Netzwerke der Nachwuchskräfte fördern.

Daneben werden noch einige sogenannte Sekundärziele verfolgt, wie z.B.:

- Das Erlernen von Time Management. Wer neben seiner Berufstätigkeit und seinem berufsbegleitenden Studium nicht auf jede Freizeitaktivität verzichten will, wird zusätzlich lernen, mit dem begrenzten Faktor Zeit, effizienter umzugehen.
- Übertragung von theoretischem Wissen in die tägliche Praxis und die kritische Beurteilung und Abwägung zwischen beidem.
- Englische Sprachkenntnisse in einer zunächst unbekannten Materie trainieren. Jedes Modul wird zunächst im Deutschen begonnen, damit allen Teilnehmern die Zielsetzung und die Hintergründe und die wichtigsten Termini des Moduls in Englisch bekannt sind. Die folgenden 2/3 des Moduls werden dann in Englisch fortgesetzt. Fallstudien, Klausuren, Assignments, mündliche Prüfungen und die Projektarbeit werden in Englisch behandelt und erarbeitet.
- Das Programm umfasst 650 Stunden à 45 Minuten und ist auf eine Kompaktwoche pro Jahr in Pforzheim sowie in ca. 23 Wochenenden (Freitag/Samstag) pro Jahr in Darmstadt aufgeteilt. Es behandelt in den zwei Jahren neun unterschiedliche Module von Business Policy and Strategy bis zu Aspekten des internationalen Managements.
- Die Kosten des Programms belaufen sich auf ca. 350 bis 400 Tausend DM. Die Honorare werden wiederum zu 1/3 von den Teilnehmern und zu 2/3 vom Unternehmen getragen. Die Verwaltungskosten allerdings übernimmt Merck vollständig.
- Das Pilotprogramm wird 20 MBA-Kandidaten als ein Zweijahresprogramm angeboten. Die Zustimmung des Vorgesetzten ist Voraussetzung.
- Fünf weitere Plätze stehen in jedem Modul für Interessierte offen und werden einzeln ausgeschrieben. Auch die Einzelmodule müssen mit einem Assignment abgeschlossen werden.

4.2.2 Geplante Weiterentwicklungen

Das erste German Partnership MBA startet im März 2001. Es ist das Pilotprogramm, in dem wir zunächst einmal Erfahrung sammeln möchten, inwieweit – wie von uns geplant – die einzelnen Zielsetzungen erreicht werden.

Vor allen Dingen sind wir gespannt, wie ältere Mitarbeiter durch Anmeldung zu einzelnen Modulen diese Möglichkeit nutzen. Natürlich auch, ob Vorgesetzte diese Möglichkeit den Mitarbeitern empfehlen.

Dieses Angebot hat auch einen pragmatischen Grund. Dieser MBA-Studiengang soll jährlich beginnen. Nach dem Abbau des Nachholbedarfes wird Merck allein nicht in der Lage sein, für dieses Programm jedes Jahr 20 bis 25 Teilnehmer zu benennen. Andererseits benötigen wir diesen Jahresrhythmus, da die Inhalte dieser neun Module nicht mehr über andere Seminartypen durchgeführt werden sollen. Wir versprechen uns durch dieses Angebot der Einzelmodule, die alle mit Prüfungen in unterschiedlicher Form abschließen, eine höhere Lerneffizienz, als in den sonst üblichen Standardseminaren.

Ein wichtiges Ziel eines Management Entwicklungssystems sollte das Lernen von unterschiedlichen Kulturen sein. Daher wollen wir nach erfolgreichem Pilotprogramm den German Partnership MBA auch für andere Unternehmen unserer Region öffnen.

4.3 3. Stufe: Nachwuchsförderprogramme

4.3.1 Zielsetzung und Maßnahmen

- International Mangement Program (IMP)
- European Partnership MBA

- International Management Program

Bei den Teilnehmern der Stufe 3 handelt es sich ja durch Assessment oder Profiles identifiziertes Nachwuchspotential der Merck KGaA; es sind also Teilnehmer mit Führungspotential für die erste und/oder zweite Führungsebene (Gruppenleiter/Abteilungsleiter).

- Die Zielsetzung dieser dritten Stufe ist eindeutig dem Aufbau eines internationalen Management gewidmet, verbunden mit einem Veränderungsmanagement zwischen den GMGs (Gesellschaften der Merck Gruppe) und dem Headquarter. Es soll also gleichzeitig die Zusammenarbeit und Kooperation zwischen Zentrale und Peripherie verbessert werden.
- Die Durchführung erfolgt im Headquarter in Darmstadt mit jeweils bis zu 15 Teilnehmern (Drei Asiaten, zwei bis drei Lateinamerikanern, zwei Nordamerikanern, drei bis vier Europäern und zwei Deutschen).
- Start jeweils am Mittwoch nach Ostern.
    1. Phase: Mitte April bis Mitte Juni
    2. Phase: Mitte Juni bis Mitte September (in den entsprechenden Entsenderländern)
    3. Phase: Mitte September bis Ende Oktober wieder in Darmstadt
    4. Phase: Anfang November. Präsentation der Projektarbeiten vor dem zuständigen Spartenleiter und dem entsprechenden Geschäftsleitungsmitglied.
- Die Schwerpunkte des Programms werden methodisch und inhaltlich auf folgende Punkte gelegt:
    1. Auseinandersetzung mit Zielen und Strategien der Sparten und Zentralbereiche,

2. Übersicht und Vertiefung der Managementtheorie,
3. Erlernen von Management Tools (von Projektmanagement bis zu Simulationsmodellen),
4. Individuelle Projekte und Gruppenprojekte,
5. Europäische und deutsche Geschichte in Social Events am Wochenende.

■ Das Programm und die Projekte werden unterstützt von jeweils einem Tutor in der GMG und einem im Headquarter, von den einzelnen Geschäftsleitungsmitgliedern und den Sparten- und Funktionsleitern sowie nationalen und internationalen Referenten. Das Programm wird in englischer Sprache durchgeführt.

■ European Partnership MBA

Gemeinsam mit der Lufthansa, Deutschen Bank und MCI Worldcom (zeitweise) bieten wir dieses Programm an der renommierten Ashridge Business School in Berkhamsted (Nähe London) an. Aufgrund der weltweiten Organisationsstruktur (Forschung und Produktion befinden sich überwiegend in Darmstadt) bieten wir dieses Programm alternativ für Deutsche und Europäer an, da wir nur unterproportional deutsche Teilnehmer zum International Management Program zulassen können, sonst hätten wir ein zu deutschlastiges Programm. Das European Partnership MBA wird in 13 Modulen à fünf Tagen, wobei immer ein Wochenende einbezogen ist, in Ashridge durchgeführt. Neben den Wochenenden bringen die Teilnehmer noch einige Urlaubstage ein. Die Kosten werden ebenfalls zu 2/3 vom Unternehmen getragen. Das Programm startet jährlich im September und befindet sich seit September 2000 im vierten Durchgang. Bisher haben sich ca. 55 Teilnehmer von Merck daran beteiligt.

4.3.2 Weitere Projekte zur Nachwuchsförderung

Im Jahr 2002 wird das International Management Program in USA beginnen. Die erste Phase wird zwei bis drei Wochen dauern und das notwendige Kontingent von Deutschen aus Darmstadt umfassen. Nach dieser ersten Phase werden die internationalen Teilnehmer wie bisher ihr Programm in Darmstadt fortsetzen. Die deutschen Teilnehmer werden verteilt auf die verschiedenen nordamerikanischen Organisationen der Merck-Gruppe dort ihre Projekte bearbeiten. Die letzten beiden Wochen Ende Oktober wird sich wieder die Gesamtgruppe in Darmstadt zur Vorbereitung der Gruppen- und Einzelprojekte vor der Geschäftsleitung und den Sparten-/Funktionsleitern zusammenfinden.

Dann wird auch der European Partnership MBA in die Stufe 2 zurückkehren, da es als notwendige Zusatzqualifikation für die naturwissenschaftlich ausgebildeten Mitarbeiter in einem international tätigen Unternehmen gilt, welches sich immer wieder neuen Herausforderungen und Wettbewerbern stellen muss.

Augenblicklich sind wir mit verschiedenen internationalen Business Schools im Gespräch, um einen Internationalen Partnership MBA zu kreieren, der eventuell gemeinsam in Asien, Lateinamerika, Nordamerika und Europa durchgeführt wird. Der MBA-Titel würde dann von einer europäischen Business School vergeben werden. Obwohl wir erst am Anfang dieser Entwicklung stehen, haben uns schon eine Reihe von internationalen Firmen ihr Interesse an einer Beteiligung signalisiert.

Wenn alle diese Programme erfolgreich und weltweit eine Zeitlang durchgeführt worden sind, könnte auch das International Management Program (IMP) rekonstruiert werden. Aufgrund der momentanen Anforderungen bieten wir im International Management Program auch Inhalte aus MBA-Programmen für eine fundierte Projektbearbeitung an. Dies könnte in Zukunft entfallen und das International Management Program sich intensiver mit Fragen des Corporate Leadership, Change Management und Self Reflection Culture befassen.

4.4   4. Stufe: Top Management Programme

4.4.1 Zielsetzungen und Maßnahmen

- Merck University
- Refresher
- Management Kaleidoskop

- Merck University:

Dieses Programm wird später einmal in „Program for International Management Executives" (PRIME) umbenannt werden.

Als der Entwurf dieser Stufe dem Top Management von Merck vorgestellt wurde, tauchte sofort die Frage nach einer Beteiligung dieser Führungsebene auf, die in der Vergangenheit nicht mit einem solchen Programm auf ihre Top Management Aufgaben vorbereitet wurde. So haben dann 48 Manager, die sich schon in Positionen (z.B. Spartenleiter oder Regionalleiter) befanden, für die ursprünglich dieses Programm vorbereiten sollte, an diesen Modulen teilgenommen. Auch das im Herbst 2001 beginnende zweite Programm wird überwiegend „alte Hasen" aufnehmen, neben einer Reihe von Potentialen (Verhältnis ca. 40% :60%).

Der größte Vorteil dieser Veränderung liegt einmal in der Kenntnis verschiedener Business Schools und deren Programmen, der Einflussnahmemöglichkeit in die endgültige Programmgestaltung sowie natürlich in die eigene Weiterqualifizierung. Dass dies auch von einigen Teilnehmern so gesehen wurde, kann man daran erkennen, dass einzelne Spartenleiter mit Referenten bestimmter Business Schools in ihren Organisationen weitergearbeitet haben. Außerdem können sie aus eigener Anschauung ihre zukünftigen Potentials beraten und besser auf das Programm vorbereiten. Dieses gehört sicherlich auch zu einem neuen Rollenverständnis von Vorgesetzten, indem der Vorgesetzte nicht nur Potentiale für seinen Bereich, sondern für das Gesamtunternehmen entwickeln sollte.

Außerdem darf ein wichtiger Nebeneffekt dieser vier Stufen nicht unterschätzt werden. Wer innerhalb von zwei Jahren vier Mal 14 Tage so intensiv zusammen gewesen ist, bildet ein starkes Networking aus, was sich für die interne Zusammenarbeit und damit für die geschäftliche Entwicklung nur positiv auswirken kann und sicherlich schon ausgewirkt hat.

Zielsetzung der Merck University (später PRIME):
Für diese Stufe wurden gruppenspezifische Ziele entwickelt. Im einzelnen wären das:

1. Lebenslanges Lernen als Notwendigkeit für alle Ebenen des Managements verdeutlichen.
2. Voraussetzungen zum Strategischen Denken schaffen und dann mit den unternehmerischen Bedürfnissen abgleichen.
3. Durch Beteiligung der Geschäftsleitungsmitglieder die Übertragung der Erkenntnisse aus dem Programm in die unternehmerische Realität erleichtern.
4. Das Managementwissen der Merck Teilnehmer auf eine gemeinsame Basis stellen und damit den Kommunikationsprozess bei unternehmerischen Lösungen optimieren.
5. Durch die intensive Bearbeitung von Change Projekten der Teilnehmer soll sich die Veränderungsbereitschaft des Einzelnen, aber auch der Organisation erhöhen.
6. Das Programm muss bei allen Beteiligten zu der Erkenntnis führen, dass "Nichtwissen" erst dann ein Problem wird, wenn man sich diesem nicht stellt.
7. Durch die Kontakte zu internationalen Business Schools, den Zugang zum Knowledge Management erhöhen und Beratungskompetenz für die Bereiche ermöglichen.

Zielgruppe im ersten und zweiten Programm: Top Management (später: s. 4.4.2 Internationale Erweiterungen).

Business Schools und ihre Inhalte:

- J. L. Kellogg Graduate School of Management at Northwestern University: Marketing, Controlling, Teams and Negotiation
- London Business School: Leadership, Change, Entrepreneurship, Self Reflection
- Hong Kong University of Science and Technology: International Finance, Management Accounting, Cross Cultural Management, Management Aspects of Modern Information Systems
- WHU Koblenz: Strategy, Innovation

Die ersten drei Module des Programms sind von den Teilnehmern sehr positiv aufgenommen worden (das vierte Modul findet erst im Februar 2001 statt). Trotzdem gibt es eine Reihe von Verbesserungspotentialen, wie z.B.:

- Die Kommunikation der Teilnehmer zwischen den Modulen über Internet,
- die Bearbeitung von Gruppenprojekten; vor allen Dingen unter Berücksichtigung des Zeitaufwandes,
- die Dauer der einzelnen Module,

- das Moderationsverhalten der Professoren einzelner Business Schools bei ihnen unbekannten Projekten,
- die wohl mangelnde Erfahrung einer Business School mit wirklichen Top Management Seminaren eines Unternehmens.

Neben anderen nicht so gravierenden Punkten wird man diese bei der Vorbereitung des nächsten Durchlaufes der Merck University berücksichtigen müssen.

- Refresher:

Die Teilnehmer dieses Zyklus sollten alle drei Jahre wieder an einem einwöchigen Refresherkurs an einer der beteiligten Business School teilnehmen, um mit den neueren Entwicklungen des General Management vertraut gemacht zu werden.

Bisher hat ein solcher Kurs noch nicht stattgefunden.

- Management Kaleidoskop:

Zielgruppe dieses Kurstyps sind Mitarbeiter der zweiten und dritten Ebene – sowohl der bisherigen Gesellschaften der Merck Gruppe als auch der neu akquirierten Unternehmen der Merck Gruppe. Zielsetzung ist es, diese Führungskräfte mit Merck weltweit, den Sparten- und Funktionsstrategien vertraut zu machen, neue für Merck wichtige – auf den Konzerntagungen begonnene – Themenfelder zu vertiefen und dem Erfahrungsaustausch zu dienen. Da dort alle Geschäftsleitungsmitglieder referieren, haben diese Führungskräfte die Möglichkeit, die Gesamtgeschäftsleitung kennenzulernen und mit ihr auf einer anderen Ebene zu diskutieren als auf den sonst üblichen Regional- oder Fachkonferenzen. Zusätzlich dient es dem weltweiten Networking.

4.4.2 Internationale Erweiterungen

Die später in PRIME umbenannte Merck University wird sich dann an Potentials für das Top Management wenden (zukünftige Bereichsleiter und Hauptabteilungsleiter). D.h., das Klientel wird sich aus den Abteilungsleitern in Darmstadt und vergleichbaren Positionen in den Gesellschaften der Merck Gruppe rekrutieren.

Gedacht ist dieses Programm mit vier bis fünf großen internationalen Firmen aus unterschiedlichen Branchen mit je acht Teilnehmern. Wichtig ist die Kleingruppenarbeit hinsichtlich der individuellen Projektarbeit, wobei jeweils ein Gruppenmitglied eines anderen Unternehmens ein Protokoll über die Ergebnisse der Diskussion mit den restlichen Gruppenmitgliedern und dem entsprechenden Business School Tutor schreibt. Über die vier Stufen "Analyse", "Konzeption", "Implementierung" und "Evaluation" soll das Projekt in seiner Entwicklung gut nachvollziehbar sein. Als fünftes Modul ist dann als Idee der Austausch der Paare (z.B. Merck – anderes internationales Unternehmen) für jeweils eine Woche geplant, um einerseits die Umsetzung des Projektes in die Organisation konkret nachzuvollziehen und den jeweiligen Partner, der anschließend das Unternehmen wieder verlässt, ein offenes Feedback zu geben. Ein weiteres Anliegen ist es, einmal vollständig in eine fremde Kultur einzutauchen.

Aus dieser Überlegung heraus ist es sicher naheliegend, das Gesamtsystem als Merck University zu bezeichnen und die vierte Stufe PRIME zu nennen. Allein aus dem Grund, weil kein renommiertes internationales Unternehmen sich an einer Merck University beteiligen würde.

5. Organisatorische Verankerung

Im Rahmen der Bereichsleitung Personal wird die Merck University von der Hauptabteilung Bildung & Entwicklung betreut und gemeinsam mit den Teilnehmern weiterentwickelt. Während die Stufe 1 (berufsbegleitende Studiengänge) voll in die Abteilung Berufliche Bildung integriert ist, um damit das Anliegen des Lebenslangen Lernens deutlich darzustellen, werden die anderen drei Stufen in der Abteilung IMDP (International Management Development Programs) als organisatorische Einheit zusammengefasst.

6. Ausblick

Wenn das dynamische Konzept der Merck University auch für die weitere erfolgreiche Entwicklung von Merck KGaA von einer nicht zu unterschätzenden Bedeutung sein wird, sollte man nicht vergessen, dass dem Unternehmenszweck der Innovationen in den verschiedenen Bereichen, auch in Zukunft eine zentrale Bedeutung zukommt, wie dies auch in der Unternehmensvision ausgedrückt wird. Zum weiteren Ziel des neuen Vorstandsvorsitzenden, Herrn Prof. Dr. Bernhard Scheuble, „Unternehmerisches Denken" bei allen Mitarbeitern zu fördern und zu fordern, wird durch dieses Konzept Rechnung getragen. Wie schon an anderer Stelle beschrieben, wird sie nur dann die gewünschten Ergebnisse erzielen, wenn alle Systeme einer modernen Personalpolitik darauf abgestimmt sind.

Ein weiterer Effekt dieses Programms soll noch kurz erwähnt werden. Über die vier Stufen hinweg wird es eine Fülle von Diplom-, MBA und Projektarbeiten geben, die sich mit Veränderungsprozessen bei der Merck KGaA befassen. Mit diesen Arbeiten soll ein Knowledge Management System aufgebaut werden, das sehr praxisorientiert und handlungsunterstützend aufgebaut werden soll. Mitarbeiter, die sich irgendwo auf der Welt mit vergleichbaren Fragestellungen auseinanderzusetzen haben, können Zielsetzung, Implementierung und Evaluation in einer Kurzfassung abrufen und „bei Interesse das Gesamtprojekt anfordern und/oder mit dem „Project Owner" direkt in Kontakt treten. So soll nicht nur das Wissen in der Organisation, sondern auch für den Geschäftszweck der Organisation konkret erweitert werden.

Uwe Gottwald
mg technologies AG, Frankfurt

Die mg academy - Die Corporate University der mg technologies ag

Der firmeneigene Campus gilt heute als die modernste und qualitativ hochwertigste Möglichkeit des Management und Leadership Development. In Deutschland gibt es derzeit nur wenige Corporate Universities. Eine der ersten unter ihnen und damit auch Vorreiter hierzulande war die mg academy, die Corporate University der mg technologies ag, wie die Metallgesellschaft seit 2000 heißt.

1. Luxus oder Notwendigkeit

Während in Deutschland die Gründung von unternehmensinternen Universitäten gerade erst begonnen hat, schrieb die Corporate University im Mutterland des Management Development und auch weltweit bereits Erfolgsgeschichte:

- Schon 1988 gab es in den USA 400 Firmenuniversitäten.
- Heute sind es weltweit über 1 600.
- 40 Prozent der weltgrößten Unternehmen haben eine eigene Corporate University.

Das heißt nicht, dass nur Großunternehmen wie die mg technologies ag sich den „Luxus" einer eigenen Universität leisten können oder wollen. Es heißt vielmehr, dass große Unternehmen oft schneller erkennen, dass die herkömmlichen und bislang ausreichenden Maßnahmen der Organisations- und Personalentwicklung heute eben nicht mehr genügen, um die strategischen Ziele der Unternehmensentwicklung zu erreichen. Denn als international agierender Konzern sind die mg technologies hyperdynamischen Märkten, der zunehmenden Prozesskomplexität und der stetig wachsenden internationalen Verflechtung in vielen Belangen stärker ausgesetzt als andere Unternehmen. Eine Corporate

University war in Zeiten stabiler Märkte möglicherweise ein Luxus; heute ist sie für viele große und mittlere Unternehmen reine Notwendigkeit.

2. Stellenwert des Leadership Development

Je ernsthafter ein Unternehmen sein Management Development betreibt, desto größer wird im allgemeinen diese Notwendigkeit einer Corporate University: Leadership-Kompetenz ist zum Engpass geworden. Die Märkte und Möglichkeiten sind vorhanden, doch es fehlt an Leadern, welche die Mitarbeiter mit der nötigen Orientierung und Motivation versorgen, damit diese die Märkte auch erreichen können. Leadership Development wird in dieser Situation zu einer entscheidenden Stellgröße der Unternehmensentwicklung.

Der Einfluss dieser Stellgröße verschärft sich noch, je mehr Veränderungen zu jedem gegebenen Zeitpunkt in einem Unternehmen ablaufen. In einem Konzern von der Größe der mg technologies ag findet ständig eine Vielzahl von Transformationsprozessen statt. Merger, Akquisitionen, Erweiterungen und Restrukturierungen von Geschäftsfeldern und die ständige Anpassung an die großen und kleinen Marktkrisen in aller Welt sorgen für einen „Konzern in Bewegung". Eine Situation, in der Portfolio-Management zur Daueraufgabe wird. Dieser kontinuierliche und stark fluktuierende Veränderungssog kann nicht nach herkömmlicher Art „gemanagt" werden. Dafür ist der Wandel zu weitreichend und zu komplex. Für das Change Management brauchen die mg technologies daher weniger Manager denn Leader. Je professioneller das Leadership Development funktioniert, desto erfolgreicher ist das Change Management des Konzerns.

3. Was kann die CU, was andere nicht können?

Warum sollen nun ausgerechnet aus einer Corporate University (CU) die besseren Leader kommen? Da so viele unterschiedliche Arten von CU existieren wie es Corporate Universities gibt, gelten die folgenden Antworten streng genommen nur für die Corporate University der mg technologies ag, die mg academy (mg academy). Betrachten wir sieben der Gründe, welche eine Corporate University aus unserer Sicht zum Mittel der Wahl beim Leadership Development machen:

- Nicht das Wissen macht den Manager, sondern seine strategische Kompetenz.

- Eine CU ist tragende Komponente des Knowledge Managements.
- Sie bietet die besseren Referenten.
- An der CU werden Vorstände zu Referenten.
- Wo sonst können sich eine einheitliche Konzernkultur und Core Practices bilden?
- Die CU ist Clearingstelle für das Management Development.
- Sie bietet eine kaum zu überbietende Schnelligkeit des Leadership Developments.

Wir beleuchten diese Vorteile einer Corporate University im folgenden näher. Beginnen wir beim ganz trivialen Unterschied zwischen Wissensvermittlung und der Entwicklung von Führungsfähigkeiten.

3.1 Die CU macht die besseren Leader

Die mg academy entwickelt die besseren Leader, weil es an der mg academy im Vergleich zu herkömmlichen Trainings- und Personalentwicklungsmaßnahmen am wenigsten um Wissensvermittlung geht. Für die Wissensvermittlung haben wir Seminare, und gute obendrein. Doch es ist nicht das Wissen, welches den Wirtschaftskapitän ausmacht – sonst wären Bibliothekare die besten Manager – sondern die strategische Kompetenz:

- Wohin steuert der Gesamtkonzern? Was konkret ist unsere Strategie?
- Was kann ich als Führungskraft und mg academy-Teilnehmer in welchem Rahmen innerhalb der Leadership-Aufgaben meines Führungsbereiches dazu beitragen?
- Wie genau kann, soll und muss mein spezifischer strategischer Beitrag aussehen?
- An welchen Stellen meines Führungsalltags werde ich dazu ausdrücklich aufgefordert?
- Was muss ich tun, um diesen Beitrag erfolgreich zu leisten?

3.2 Exkurs: Curriculum Unternehmensführung

Betrachten wir als Beispiel das Curriculum Unternehmensführung an der mg academy. Dort kommen die Führungskräfte aus allen Teilkonzernen nicht unter dem Dach der mg academy zusammen, um zu erfahren, was „Unternehmensführung" ist und wie man sie erfolgreich meistert. Dieses Wissen setzen wir voraus. An der mg academy erfahren sie vielmehr unter anderem:

- Was heißt konkret die von der Konzernleitung eingeforderte werteorientierte Unternehmensführung?
- Wie wird diese im Augenblick bei der mg vorgelebt, gefordert und gefördert?
- Welche direkten Konsequenzen ergeben sich daraus für meinen Führungsalltag?
- Was könnten strategische Weiterentwicklungen sein?

Diese Zielfragen gehen weit über das hinaus, was selbst die besten Standard-Trainings im firmeninternen Trainingsmarkt zu bieten haben. Tatsächlich gehen sie weit über die Ziele der herkömmlichen Personalentwicklung hinaus.

3.3 Knowledge Management

Ein weiterer Vorteil, den im Grunde nur eine Corporate University leisten kann, ist die Einrichtung und Pflege eines konzernübergreifenden, systematischen und permanenten Knowledge Managements. Teilnehmer der mg academy sind gestandene Manager, deren eigenes Wissen bereits verbreitungswürdig ist. In herkömmlichen Trainings und Veranstaltungen besteht für diese Verbreitung selten ein ausreichender Raum – das ist und kann auch nicht Aufgabe eines Trainings sein. An einer Corporate University kann und muss dieser Raum gegeben werden. So ist zum Beispiel das gegenseitige Coaching der Teilnehmer konstituierender Bestandteil vieler Veranstaltungen an der mg academy: Manager coachen Manager.

Die konsequente Weiterentwicklung dieses kollegialen Coaching ist das Wissensmanagement. Jeder academy-Teilnehmer bringt in seine Veranstaltung eine unschätzbare Fülle von mg-spezifischem Problem-, Lösungs-, Erfolgs- und Erfahrungswissen ein, das an anderer Stelle im Konzern nutzbringend angewandt werden kann. Damit nimmt die mg academy typische Funktionen des Wissensmanagements wahr:

- Vorhandenes Wissen bündeln und abrufbereit aufbereiten.
- Neues, internes Know-how generieren.
- Handlungswissen zur rechten Zeit an den rechten Ort leiten.
- mg-spezifisches Know-how für Problemlösungen generieren.
- Clearingstelle und Info-Pool für mg-spezifisches Erfolgswissen bilden.

3.4 Die Qualität der Referenten

Eine Corporate University, sofern sie ihrem Anspruch gerecht wird und nicht einfach eine herkömmliche Personalentwicklungsabteilung unter neuem, modischen Label ist, bietet im Normalfall die besseren Referenten. Die Referentenauswahl an der mg academy vereint das Beste aus beiden Welten: externe Trainer aus der Unternehmensberatung und interne Referenten aus dem Vorstand. Zu beiden kommen in der Form des kollegialen Coachings, der Falldiskussion (s.u.) und des Knowledge Managements die Teilnehmer selbst. Damit ist das 3-Referenten-Modell der mg academy komplett:

- Die externen Trainer werden intensiv und manchmal monatelang auf die mg-spezifischen Besonderheiten gebrieft. Sie wählen mg-Fallbeispiele aus, die sie in der Veranstaltung thematisieren.
- Die internen Vorstandsreferenten geben ihr Wegweiser-Wissen und ihre Erfolgserfahrung an die Teilnehmer weiter.
- Die Teilnehmer bereiten ihre eigenen Praxisfälle im Vorfeld nach einem vorgegebenen mg-Leitfaden auf und diskutieren sie.

Für die Falldiskussionen werden die Teilnehmer schon lange vor Beginn ihrer jeweiligen mg academy-Veranstaltung gebrieft. Sie sollen Fallbeispiele aus ihrem Führungsbereich auswählen, aufbereiten, präsentieren, diskutieren und ihre dabei erworbene Problemlösungskompetenz weitergeben. Ergänzt wird dieser Praxistransfer durch eine fallweise Supervision durch alle anwesenden Kollegen und die Referenten. Ein besserer Erfahrungstransfer ist nach dem derzeitigen Entwicklungsstand der Transferpraxis kaum denkbar.

3.5 Integration strategischer Dialoge auf höchster Ebene

Der Einsatz interner Referenten von höchster Ebene ist in seiner Wirkung kaum zu überschätzen. Es ist eine Sache, von einem Vorstandsbeschluss über die hausinternen Kanäle zu erfahren. Eine ganz andere ist es, zum Beispiel mit Finanzvorstand Karlheinz Hornung live an der mg academy darüber zu diskutieren, weshalb er den Beschluss über das wertorientierte Controlling mit aller Entschiedenheit vorantreibt. Das erzeugt eine ganz andere Akzeptanz und ein ungleich höheres Commitment in der Umsetzung bei den Teilnehmern und in den Führungsbereichen der Teilnehmer.

3.6 Kulturpflege und Core Practices

Es liegt auf der Hand, dass bei derart hochkarätig besetzten Veranstaltungen nicht nur höflicher Wissensaustausch betrieben wird. Die Themen, über die geredet wird, und die Art und Weise, wie man miteinander redet, wirken sich unmittelbar auf die Unternehmenskultur aus. Deshalb ist die Herausbildung einer einheitlichen, gesellschafts- und länderübergreifenden Kommunikations- und Wertekultur – das spezifische Wir-Gefühl – eine typische Funktion einer Corporate University. Die Teilnehmer lernen, wie der Konzern „tickt"; zum Beispiel: Welche Sprache spricht der Konzern? Das ist vor allem bei Präsentationen vor dem Vorstand wichtig.

Daneben vermittelt die mg academy auch ein ganzes Spektrum unentbehrlicher Kernpraktiken. Core Practices, die über alle Teilkonzerne hinweg einheitlich gehandhabt und beherrscht werden müssen. Gerade bei internationalen Konzernen zeigt die leidvolle Erfahrung, dass diese Core Practices sich eben nicht per Hausmitteilung verbreiten, geschweige denn von sämtlichen Managern beherrschen lassen. Dafür ist ein übergreifender, interaktiver und transfersicherer Austausch nötig, wie ihn nur eine Corporate University derzeit bieten kann.

3.7 Die CU als Clearingstelle

Was passiert mit einem potenziellen High Potential, wenn er frisch aus der Alma Mater entlassen, zum ersten Mal durch das Firmentor geht? Wir kennen den Durchlauf: Traineeprogramm, General Management-Trainings, Job Rotation ... Wir kennen auch den überragenden Nachteil dieses Durchlaufs: Es ist ein Hindernis-Parcours. Die einzelnen Stationen des Parcours sind selten aufeinander abgestimmt, geschweige denn, dass sie tatsächlich aufeinander aufbauten.

Eine Corporate University bietet hier eine einmalige Chance – so sie diese wahrnimmt: Sie kann aus den vielen Elementen des Entwicklungsweges ein Ganzes machen, das den Namen Entwicklungspfad tatsächlich verdient. Sie spielt quasi die Clearingstelle, welche die einzelnen Inhalte der Wegstationen aufeinander abstimmt und die individuellen Bedarfe ermittelt: Was braucht der High Potential denn gerade? In welchem Entwicklungsstadium befindet er sich derzeit? Die CU spielt auch, wenn sie gut ist, den Wegbegleiter.

Die mg academy nimmt den High Potential bei der Hand und führt ihn idealerweise vom Traineestuhl bis zum Geschäftsführer- oder gar Vorstandssessel. Er tritt mit *Performance*, dem Trainee-Programm ins Unternehmen ein, besucht irgendwann PEP, das Programm für Nachwuchs-Führungskräfte, wird dann ins Curriculum Unternehmensführung und ins Curriculum Mitarbeiterführung eingeladen, wenn er ausreichend Führungserfahrung gesammelt hat und setzt möglicherweise quasi als krönenden Abschluss seinen MBA an der mg academy oben drauf. Das verstehen wir unter Leadership Development aus einem Guss.

3.8 Die Schnelligkeit der Lernprozesse

Die Corporate University, wenn sie gut geführt ist, bietet eine ungeheure Schnelligkeit der Entwicklungsprozesse an. Anders ausgedrückt: Ein Thema, erst gestern noch im Vorstand diskutiert, ist heute schon in den Köpfen der Führungskräfte. So wurde zum Beispiel die mg Scorecard, eine speziell für den mg-Konzern entwickelte Balanced Scorecard, binnen eines Monats den entsprechenden Führungskräften in allen relevanten Fragen vermittelt.

4. Die Strategieumsetzung an der mg academy

Die Qualität einer Corporate University lässt sich auch relativ einfach an ihrer strategischen Anbindung einschätzen. Die permanente Klage der herkömmlichen Personalentwicklung lautet auf mangelnde strategische Ankopplung. Trifft diese Klage auch auf eine CU zu, darf man berechtigt fragen, warum das Gebilde dann überhaupt Corporate University genannt wird. Diese Frage wird oft im Zusammenhang mit Corporate Universities gestellt. Bleibt sie unbeantwortet, schließen sich die bekannten Vorwürfe der l'art pour l'art an: „Prestigeveranstaltungen" oder „Vorstandsmonument".

Die Entwicklungsarbeit und die Ergebnisse der mg academy hingegen werden permanent an derzeit drei ganz klaren strategischen Koppelungs- und Prüfpunkten gemessen:

1. Die Wachstumsstrategie des Konzerns
2. Die M&A-Strategie
3. Der bestehende Führungskräfte-Entwicklungsprozess

Diese drei Prüfpunkte betrachten wir im folgenden genauer.

4.1 Die Wachstumsstrategie der mg technologies ag

Zu dieser Wachstumsstrategie gehören konkrete Wachstumsvorgaben für jede Konzerngesellschaft für Zielgrößen wie die Ertragskraft oder die Marktposition auf den Teilmärkten. Diese Strategievorgaben geben auch der mg academy vor, was sie tun muss. Deshalb müssen wir uns ständig fragen und werden an den Antworten auf diese Fragen gemessen:

- Was tragen unsere Programme zu den strategischen Zielen bei?
- Wie können wir ein einheitliches Strategieverständnis sichern?
- Sind sie dazu angetan, Markt- und Innovationsführerschaft zu fördern?
- Wie ermöglichen wir es den Leitern der Strategischen Geschäftseinheiten, ihre strategischen Vorgaben zu erfüllen?
- Kennen die mg-Manager ihre konkreten Anforderungen an ihr Soll-Profil?
- Wie tragen wir das Leitbild und die mg-Erfolgsfaktoren in den Konzern?
- Was tun wir für Post-Merger Akquisitionen?
- Wo sind die Engpässe aufgrund von Business-Problemen?

4.2 Die M&A-Strategie

Viele strategische Vorgaben für die mg academy ergeben sich aus den Aktivitäten im Bereich Mergers und Acquisitions. So erwartet der Konzern zum Beispiel, dass nach einem Merger konkrete und genau definierte Ergebnisverbesserungen durch Nutzung von Synergien eintreten. Eine andere Erwartung betrifft oft Einsparungseffekte im Einkauf. So kann der Konzern nach einem Merger erwarten, dass sich z. B. 60 Prozent des gemeinsamen Einkaufsvolumens bündeln und entsprechende Einsparungen erzielen lassen. Für die mg academy heißt das: Was tun wir für diese Erwartungen? Bieten wir zum Beispiel ausreichende Synergie-Workshops ganz konkret für Einkäufer und deren Vorgesetzte? Haben diese Veranstaltungen den gewünschten Transfer? Was können wir flankierend tun? Welches Leadership-Profil fördert diese Ziele am ehesten und wie können wir es modellieren?

Eine Corporate University ist zudem ein ideales Instrument für die firmenkulturelle Integration nach einem Merger. Ohne eine Corporate University wäre zum Beispiel auch die 1999/2000 vollzogene Integration des vormals eigenständigen Teilkonzerns GEA AG in den Gesamtkonzern wohl kaum so schnell und reibungsarm vonstatten gegangen.

4.3 Der bestehende Führungskräfte-Entwicklungsprozess

Ein Ziel der mg-Führungskräfte-Entwicklung (vgl. Abbildung 1) ist es, 70 Prozent aller Vakanzen mit internen Kräften zu besetzen. Ein anspruchsvolles Ziel. Um es zu erreichen, benötigen wir eine sehr hohe Leadership-Kompetenz im Konzern. Für die mg academy heißt das konkret: Sie konkurriert direkt mit dem externen Manager-Markt. Um auf die geforderten 70 Prozent zu kommen, müssen wir ständig und für jeden Vorgesetzten auf Kandidatensuche überdeutlich erkennbar besser sein als alles, was Arbeitsmarkt und Headhunter zu bieten haben. Wir müssen besser qualifizieren als der Markt und wir müssen vor allem unseren Trumpf richtig ausspielen: das mg-spezifische Know-how, das allen unseren Kandidaten einen uneinholbaren Vorsprung vor externen Kandidaten gibt. - Im Geschäftsjahr 99/00 betrug die Besetzungsquote 69,3%. Im Geschäftsjahr 97/98 lag die Quote noch bei 37,8%.

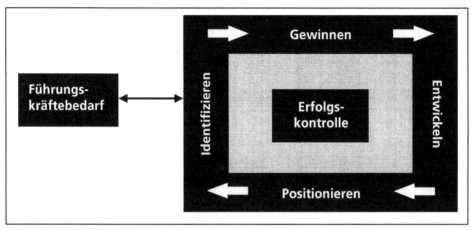

Abbildung 1: Der Führungskräfte-Entwicklungsprozess

4.4 Die Aufgaben der mg academy

Aus diesen drei Rahmenbedingungen ergeben sich ganz konkret die Aufgaben der mg academy und ihr vom Konzern geforderter Beitrag zum Leadership Development. In allem, was wir tun, müssen wir

- erkennbar
- nachweisbar und
- transfergesichert
    1. der Internationalisierung des Konzerns dienen
    2. die Marktführerschaft strategischer Geschäftsfelder flankieren
    3. die Innovationskraft stärken
    4. Synergieeffekte durch Merger steigern
    5. das Leitbild und die mg-Erfolgsfaktoren in den Konzern hineintragen
    6. die mg-spezifische Kultur (z. B. absolute Wert- und Erfolgsorientierung)
    7. Business-Probleme lösen helfen
    8. Organisationsbarrieren abbauen
    9. effektive Leader heranbilden.

5. Die Zielgruppen der mg academy

Die Teilnehmer der mg academy sind ausschließlich Führungskräfte, Nachwuchskräfte und Potenzialträger (vgl. Abbildung 2). Hier unterscheidet sich die mg academy von etlichen anderen Corporate Universities, welche ihre Zielgruppen anders wählen. Die mg academy setzt den Focus auf die strategieumsetzenden Schlüsselpersonen. Sie setzt dafür auch ein Auswahl- und Einladungsprinzip ein: Zur mg academy kann man sich nicht anmelden, man wird eingeladen. Damit sichern wir den Qualitätsanspruch, dass immer die richtigen Leute die richtigen Themen belegen. Wir erreichen damit, dass jene Teilnehmer präsent sind, die nachher auch die Themen im Konzern voran treiben.

Abbildung 2: Die Zielgruppen der mg academy

6. Erfolgsfaktoren und Hindernisse

Eine Corporate University existiert nicht im Vakuum. Es gibt Umfeldfaktoren, die ihren Erfolg begünstigen und Hindernisse, die ihn bremsen. Vier mg-spezifische Faktoren wollen wir diskutieren:

1. Das Commitment der Vorstandsebene
2. Die Netzwerk-Bedingung
3. Erfolgsfaktor interne Referenten
4. Faktor Konzeptionsgüte

6.1 Das Commitment des Topmanagements

Betrachten wir zunächst das Commitment der Unternehmensspitze. Es gibt viele Prozesse und Institutionen in einem Unternehmen, die nicht des ständigen Engagements des Vorstands bedürfen. Dazu zählt eine CU nicht. Eine Corporate University ohne Vorstandscommitment ist nicht mehr als eine herkömmliche Trainingsabteilung. Denn wie oben gesehen arbeitet ein Firmencampus kulturbildend und strategieumsetzend. Und beides kann man beim besten Willen nicht mit einem Vorstands-Bypass erreichen. Gerade deshalb ist die CU der Wunschtraum aller gestandenen Personalentwickler, deren Klage geflügeltes Wort ist: „Wir machen hier Trainings für die Personalabteilung, aber eigentlich sollten wir strategieumsetzende Personalentwicklung für den Vorstand betreiben."

Die Corporate University macht dies von Anfang an. Wer die Unterstützung des Vorstandes will, darf nicht darauf hoffen und warten, sondern muss ihn einbinden, und zwar von Beginn an. So referiert zum Beispiel der Konzernvorstand an der mg academy (s.o. 3-Referenten-Modell). Außerdem übt der Vorstand an der mg academy Beraterfunktion aus. Ist zum Beispiel die Feinkonzeption (s.u.) eines neuen Curriculums erstellt, wird sie dem Vorstand präsentiert und ganz selbstverständlich mit ihm diskutiert. So ist der Vorstand interner Kunde und zugleich konzeptioneller Partner der mg academy.

6.2 Die Netzwerk-Bedingung

Eine Corporate University ist nur dann erfolgreich, wenn sie tatsächlich sämtliche Teile eines Unternehmens unter einem Dach zusammenbringt. Eine Insellösung hat keine ausreichende Akzeptanz und auch nicht die Anziehungskraft, die sie für den Besuch ihrer Veranstaltungen benötigt. Auf einer partiellen Insellösung ist ein konzernweiter Erfahrungsaustausch und ein Knowledge Management im besten Sinne unmöglich. Eine Corporate University ist ein Supernetzwerk innerhalb eines Unternehmens. So achten wir zum Beispiel auch stets darauf, dass in den mg academy-Veranstaltungen der Gesamtkonzern mit allen seinen Gesellschaften durch entsprechende Teilnehmer repräsentativ vertreten ist. Dadurch wird der Seminarraum zum Mikrokosmos des Gesamtkonzerns. Es liegt auf der Hand, dass dies der Bildung einer übergreifenden Konzernkultur sehr förderlich ist.

6.3 Erfolgsfaktor interne Referenten

Was interne Referenten bewirken, kann sich jeder bei einem Auftritt des Vorstandsvorsitzenden Dr. Kajo Neukirchen ausmalen. Das sorgt für Commitment und genügend kritische Masse, um jedwede Realisation voranzutreiben. Vor allem hört man die Vorstandsreferenten nicht nur reden, jeder Teilnehmer kann auch selbst mit ihnen reden. Danach engagieren sich die Teilnehmer viel stärker für die Konzernstrategie, leben die geforderten Werte intensiver.

6.4 Faktor Konzeptionsgüte

Eine Corporate University muss die besseren Konzeptionen haben – sonst wäre sie eine normale Trainingsabteilung. An der mg academy sichern wir die konzeptionelle Überlegenheit über spezifische Gütekriterien und über den konzeptionellen Prozess. Wenden wir uns zunächst den Gütekriterien zu.

1. Konzernspezifität: Die mg academy ist keine Vorlesungsveranstaltung für allgemeine Managementliteratur. Es werden vielmehr konzernspezifische Inhalte und Instrumente vermittelt, wie zum Beispiel MAIC, ein konzerninternes und konzernweit einzusetzendes Instrument zur besseren Bewertung von Mergers und Acquisitions oder den Umgang mit Werttreibern wie ROCE oder ROS.

2. Fallspezifität: An der mg academy werden nicht berühmte und viel zitierte Case Studies mit zweifelhaftem Vorbildcharakter diskutiert, sondern Fallbeispiele und Erfolgsstories mit Vorbildcharakter aus dem eigenen Haus, deren Übertragbarkeit automatisch sehr viel höher ist.

3. Best Practices: Ergänzt wird dieses Lernen an den eigenen Vorbildern durch Best Practices von Unternehmen mit Benchmark-Charakter.

4. Berater als Trainer: Es liegt auf der Hand, dass der Einsatz von Best Practices auch Trainer erfordert, welche diese Best Practices liefern können. In der Regel können das Berater besser als Trainer. Deshalb setzen wir bevorzugt Berater an der mg academy ein.

5. Systemoffenheit: Eine Gefahr, die bei Corporate Universities tendenziell zu beobachten ist, ist das Inzestrisiko. Man konzentriert sich derart auf die Generierung und Verbreitung internen Wissens, dass man tendenziell externe Quellen vernachlässigt – bis der Markt einem auf wenig charmante Art heimleuchtet. Deshalb sind Lernpartnerschaften mit externen Kapazitäten Gütesiegel jeder auf Qualität bedachten CU.

Für das Curriculum Unternehmensführung an der mg academy arbeiteten zum Beispiel die Berater des Management Zentrums St. Gallen zusammen mit den Teilkonzernen und Fachabteilungen des Konzerns an der Konzeption für die einzelnen Module des Curriculums. Eine weitere Lernpartnerschaft besteht mit der Duke University, North Carolina, und mit dem Universitätsseminar der deutschen Wirtschaft (USW).

Gerade die Lernpartnerschaft mit Business Schools eröffnet einen interessanten Aspekt von Corporate Universities: Früher schickten wir unsere Manager nach St. Gallen, heute kommt St. Gallen zu uns. Wieder ein Beispiel für den Vorteil der konzeptionellen Vereinigung von Personalentwicklung (PE) und Business School auf eine Corporate University: War früher ein Besuch an einem externen PE-Zentrum qualitativ hochwertig aber konzernunspezifisch, so vereinigt sich an der CU die Entwicklungskompetenz der externen Kapazität mit der Konzernspezifität der Inhalte.

Es liegt auf der Hand, dass das Anlegen der obigen fünf (und weiterer) Gütekriterien einen sehr viel höheren Aufwand für den konzeptionellen Prozess an einer CU erfordert als in herkömmlichen Organisationsformen des Leadership Developments. Nebenbei gesagt wächst dadurch natürlich auch der zeitliche Aufwand. So arbeiteten die Spezialisten aus St. Gallen zum Beispiel volle neun Monate lang mit uns, den Teilkonzernen und Fachabteilungen an der Konzeptionierung des Curriculums Unternehmensführung. Als Daumenregel hat sich an der mg academy inzwischen ein Konzeptionszeitraum von sechs Monaten etabliert. Diese sechs Monate brauchen wir, um die konzeptionelle Überlegenheit an der mg academy zu gewährleisten. Wie dies konkret geschieht, betrachten wir nun am Beispiel des Curriculums Projektmanagement.

6.5 Konzeptionsbeispiel Curriculum Projektmanagement

1. Zusammen mit der mg academy stellt der Vorstand einen strategischen Bedarf für Projektmanagement fest.

2. Die Bedarfsermittlung für ein Curriculum an der mg academy erfolgt in einem Eintages-Workshop mit potenziellen Teilnehmern, getreu dem Motto: Aus der Praxis für die Praxis. Für das Curriculum Projektmanagement luden wir zum Beispiel 15 Projektleiter, Lead Ingenieure, Projektkaufleute und Inhouse-Consultants ein, um Fragen zu klären wie:
   - Welchen Bedarf sehen die Teilnehmer zum Thema Projektmanagement?
   - Wie sieht ihr Führungsalltag im Projekt aus?
   - Welche großen Themen stellen sich den Teilnehmern?

   Die potenziellen Teilnehmer wurden quasi als interne Berater gewonnen.

3. Nach diesem Workshop zur Bedarfsanalyse stand die Grobkonzeption mit vier Modulen zum Thema Projektmanagement. Wesentlich für die Grobkonzeption war die Gewichtung der Themen aus Sicht der Teilnehmer. So gewichteten diese zum Beispiel Claims Management stärker als Projektcontrolling. Mit unserer zwar qualitativ hochwertigen, aber auch sehr aufwendigen (man denke nur an die Opportunitätskosten am Arbeitsplatz der Teilnehmer) Bedarfsanalyse konnten wir durch die Berücksichtigung auch dieser Gewichtung bereits in dieser frühen Phase Qualitätsgewinne in der Konzeption sichern.

4. Dieser Qualitätsanspruch der mg academy setzt sich auch bei der Partnerwahl fort. Wir wollten nicht den bestmöglichen Partner, wir wollten für jedes der vier Module den jeweils besten Partner. Speziell muss jeder unserer Partner unter anderem folgende Ansprüche erfüllen; er muss

   - aus dem Beratungskontext kommen
   - mg-spezifische Prozesse, Instrumente und das mg-wording exakt kennen
   - an Best Practices orientiert unsere Inhalte vermitteln können
   - international tätig sein
   - Kompetenz im Team-Teaching mitbringen, also immer mindestens „im Doppel" spielen
   - über Branchenkenntnisse im Bereich Engineering verfügen
   - über Analyse-Kompetenz für eine Vor-Ort-Analyse verfügen.

5. Für die Feinanalyse mussten dann die ausgewählten Partner die Tools und Prozesse der künftigen Teilnehmer und der Gesellschaften des Konzerns vor Ort in Erfahrung bringen. Das geschah über teilnehmende Beobachtung, Interviews und Experten-Workshops, in denen sich die Experten des jeweiligen Konzernteils mit den externen Beratern an den runden Tisch setzten.

6. Auf Basis dieser Feinanalyse entwickelten die Berater dann das Feinkonzept mit den Inhalten der Module für das Curriculum und präsentierten es der Leitung der mg academy. Wir wiederum präsentierten nach entsprechenden Änderungsdurchläufen das Konzept dem Vorstand (s.o.).

7. Danach wurde das Feinkonzept quasi für einen ersten Pre-Feldtest der ursprünglichen Gruppe von potenziellen Teilnehmern aus der Phase der Bedarfsanalyse vorgelegt und mit ihnen diskutiert.

8. In der Referenten-Konferenz schließlich stimmten sämtliche Berater ihre Konzepte aufeinander ab, um die Schnittstellen klar zu definieren, Querverbindungen herzu-

stellen und Doppelungen zu eliminieren. Und nebenbei gesagt, um aus den Referenten ein Referenten-Team zu machen.

9. Daraufhin hin konnten die Teilnehmer-Unterlagen entwickelt und erstellt und danach mit internen Experten geprüft werden.

10. Dieser Prozess benötigte sechs Monate, bis der Startschuss zur ersten Veranstaltung des Curriculums Projektmanagement fallen konnte. Wir hätten es natürlich alle gerne schneller und vor allem weniger aufwendig. Doch unsere hohen Qualitätsstandards erfordern auch einen entsprechenden Mitteleinsatz, den man eben nicht mit „schneller und aufwandsarm" definieren kann.

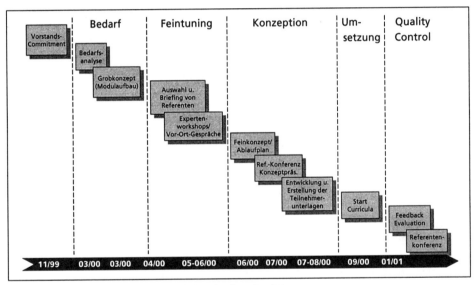

Abbildung 3: Konzeptionsbeispiel Curriculum Projektmanagement

7. Die übergeordneten Ziele der mg academy

Es gibt zwei übergeordnete Ziele, denen die mg academy verpflichtet ist. Erstens, die Flankierung der Wachstumsstrategie (s.o.) des Konzerns durch spezifische mg academy-Programme. Zweitens, die Verbindung der Führungsrealität der Teilnehmer mit der strategischen Realität der Konzernführung und mit den stehenden Praktiken im Konzern. Wenn zum Beispiel der Leiter einer strategischen Geschäftseinheit eine Akquisition tätigen möchte, ist es Aufgabe der mg academy, ihn mit dem dafür im Konzern aus Erfahrungswissen entwickelten Standardinstrument MAIC (Merger Acquisition Investment Committee) besser vertraut zu machen, damit die Akquisition den Risiko-Management-Standards des Konzerns genügt.

Diese Verknüpfung der Entwicklungsinhalte mit den konzerninternen Tools ist ein durchgehendes Motiv an der mg academy. So bieten wir auch für die im Konzern etablierten Instrumente wie das Assessment Center oder das 360°-Feedback Coachings für die entsprechenden Führungskräfte an. Damit stehen die Instrumente – wie oft in der Unternehmenslandschaft anzutreffen – nicht allein und unflankiert im Raum mit ihren Akzeptanz- und Durchführungsproblemen, sondern werden aktiv von der Corporate University unterstützt. Wir verzahnen praktisch diese konzern-spezifischen Instrumente mit unseren Management-Programmen und ermöglichen dadurch, dass sich Führungskräfte kontinuierlich auf Basis der in 360°-Feedback oder AC festgestellten Ist-Werte weiter entwickeln können. Benchmark-Ziel ist das Leitbild des idealen mg-Managers, wie es in den mg-spezifischen Erfolgsfaktoren festgehalten ist.

8. Die Detailziele der mg academy

Innerhalb dieser beiden übergeordneten Ziele existieren ungefähr ein Dutzend Detailziele der mg academy. So soll die mg academy der Entwicklung einer gemeinsamen Konzernkultur dienen, was ein entscheidender Erfolgsfaktor ist, wenn man die Vielfältigkeit des Konzernengagements und die multikulturellen internationalen Aktivitäten betrachtet. Für viele Führungskräfte aus entlegenen Standorten und Teilkonzernen ist die mg academy tatsächlich der einzige Ort, an dem sie „echte Konzernluft" schnuppern können und sich mit dem modus operandi, den stillschweigenden und expliziten Regeln im Konzern vertraut machen und ein Wir-Gefühl entwickeln können.

Der im Zielkatalog geforderten Förderung der Internationalisierung tragen wir unter anderem durch unser MBA-Angebot Rechnung. Daneben bieten wir das bereits mehrfach erwähnte Forum für den konzernweiten Erfahrungsaustausch, den es in dieser Form sonst nirgendwo im Konzern gibt. Eng verwandt mit dieser Funktion ist unsere Integrationsaufgabe. Bei einem so großen Konzern ist die Integration zwischen Teilkonzernen und -kulturen, zwischen erfahrenen und jungen Führungskräften und die kulturelle Integration nach Mergers eine ständige Herausforderung.

Ebenfalls im Zielkatalog enthalten sind das Management des internen Know-hows und Networking. Die mg academy sorgt dafür, dass internes Know-how effektiver und vor allem effizienter genutzt werden kann, dass neues Know-how entsteht und zum richtigen Zeitpunkt am richtigen Ort eintrifft. Ein notwendiges Mittel dafür ist Networking. Die mg academy ist nicht nur ein riesiges Netzwerk, sie regt ihre Teilnehmer auch zur Netzwerkbildung an.

9. Aspekt Personalmarketing

Keine Corporate University dürfte jemals allein für diesen Zweck gegründet worden sein; doch es lässt sich kaum leugnen: Ein Firmencampus ist ein erstaunlich potentes Instrument des internen und externen Personalmarketings. Externe Bewerber melden uns immer wieder die hohe Attraktivität der mg academy zurück. Der Tenor des Feedbacks: „Da hat man sofort das Gefühl, dass der Konzern wirklich alles für die persönliche und fachliche Entwicklung seiner Mitarbeiter tut." Logisch, dass dasselbe Argument auch entscheidend dazu beiträgt, interne High Potentials bei der Stange zu halten. Denn wo sonst finden sie diese Qualität der Förderung?

Auch deshalb gründen vor allem Großunternehmen eigene Firmenuniversitäten: Der Kampf gerade zwischen Großunternehmen um die High Potentials wird immer härter. Und wer eine Firmenuni gegründet hat, muss ständig dafür sorgen, dass er den *besseren* Campus hat.

10. Wissenstransfer Wissenschaft – Wirtschaft

Eine gute Corporate University gibt Wissen nicht nur weiter, sie versorgt das Unternehmen auch ständig mit neuem Wissen. Dafür wurden an der mg academy die Johannisberger Gespräche ins Leben gerufen. Ein Forum für den Austausch zwischen Wissenschaft und Wirtschaft, das quasi den Blick über den Tellerrand des eigenen Markt-Zeit-Kontinuums erlaubt.

Alljährlich referieren und diskutieren auf Schloss Johannisberg im Rheingau ein halbes Dutzend hochkarätiger, international renommierter Wissenschaftler mit hochrangigen Führungskräften, Gästen aus anderen führenden deutschen Unternehmen und ausgewählten Nachwuchskräften der mg technologies zu Themen, welche nicht heute, sondern morgen und übermorgen die betriebswirtschaftliche Realität bestimmen werden. Globale Trends, welche sich als Einflüsse auf die Geschäftsfelder des Konzerns niederschlagen werden. Durchgehendes Leitmotiv ist dabei der Wandel von der Industrie- zur Wissensgesellschaft.

Es geht darum, zukunftsweisendes Know-how nicht nur intern zu generieren, sondern sich auch von außen mit dem nötigen Wissen zur Zukunftsgestaltung von Markt und Gesellschaft zu versorgen. Dieses Wissen verbreitet sich nicht von alleine, sondern muss aktiv ins Unternehmen herein geholt werden, damit die Führungskräfte sich für die Zukunft der gesellschaftlichen und der Marktrealität wappnen können.

11. Wer sollte es sonst tun?

Wenn ein Unternehmen seine Aufgabe des Leadership Development ernst nimmt, wenn es dafür ein hohes Maß an Professionalität, Systemoffenheit, Kultur- und Netzwerkbildung erwartet, dann wird schnell klar, dass eine Corporate University das Mittel der Wahl ist. Wer sollte die Aufgabe sonst erfüllen?

Dr. Daniel Dirks
Allianz AG, München

Das Allianz Management Institute – ein Beitrag zu aktiver Kulturgestaltung im global agierenden Unternehmen

Die Versicherungswirtschaft steht seit einigen Jahren vor der großen Herausforderung in einem sehr bewegten Markt, entstanden durch die Deregulierung, schnell und flexibel zu reagieren. Zu einem Zeitpunkt, wo ein schier unüberschaubares Angebot an Versicherungsleistungen von sämtlichen europäischen Wettbewerbern besteht, kann nur der individuelle und schnelle Service, kompetente Beratung, die Nähe zum Kunden sowie eine sinnvolle Bündelung von Finanzdienstleistungen ausschlaggebend sein für eine Top-Position im Wettbewerb.

Für die Allianz bedeutet dies, vor allem in die Mitarbeiter zu investieren. Das Allianz Lern Forum, kurz ALF – die elektronische Qualifizierungs-Plattform für die Auszubildenden - ist ein erfolgreiches Beispiel für das Bestreben, Personalentwicklung gepaart mit Wissensmanagement im Unternehmen deutlich zu verstärken. Als weiteres großes Vorhaben hat die Allianz die Führungskräfte-Entwicklung in Angriff genommen.

Das Codewort dafür heißt AMI – das Allianz Management Institute.

Nach dem erfolgreichen Beispiel zahlreicher amerikanischer Unternehmen fiel Mitte 1998 der Startschuss für AMI. Ähnlich wie Jeanne C. Meister [1] den Begriff „umbrella" verwendet – den strategischen Schirm für die Entwicklung und Weiterbildung von Mitarbeitern, Kunden und Zulieferern – spricht die Allianz von AMI als einem „Dach" für Veranstaltungen der Führungskräfte-Qualifizierung auf nationaler und internationaler Ebene.

1. Ausgangsposition

Dabei war die Allianz mit einem besonderen Problem konfrontiert. Die Allianz Gruppe ist weltweit, wie auch traditionell in Deutschland, dezentral organisiert. Das bringt einerseits Vorteile wie die Nähe zum Kunden, hat aber andererseits den Nachteil, dass durch die Selbständigkeit der einzelnen Standorte Transparenz und Homogenität gerade im Weiterbildungsbereich schwer möglich bzw. unmöglich sind. Selbst wenn vergleichbare Weiterbildungsmaßnahmen zentral definiert wurden, hatte dies jeder Standort verschieden interpretiert und sah es als seine Aufgabe, das Rad der Ausgestaltung und Umsetzung dieser Maßnahmen jeweils neu zu erfinden. Das System der Führungskräfte-Entwicklung musste daher präziser ausgestaltet werden, um eine flächendeckende Qualifizierung auf vergleichbarem hohen Niveau zu gewährleisten.

2. Zum Selbstverständnis von AMI

Mit AMI sollte nun ein gemeinsamer Punkt für alle Standorte und alle potentiellen Teilnehmer schaffen werden. Österreich und die Schweiz als erste ausländische Gesellschaften waren von Anfang an miteinbezogen.

AMI ist nicht nur ein Qualifizierungsinstrument, sondern ein zentraler Baustein und der Versuch einer Balance in einer dezentral organisierten Kultur. Die Frage und Herausforderung hieß also: wie schafft man im dezentralen System einen zentralen Ansatz? Die Antwort, die der Allianz plausibel erschien, ist: Kräfte bündeln, alle miteinbeziehen. Dazu wurden eine Geschäftsleitung und ein Beirat eingerichtet, wo alle Akteure vertreten sind.

Zum Selbstverständnis von AMI gehört auch, dass die Allianz Wissensmanagement unterstützt und AMI nutzen will, um externes Know How ins Unternehmen zu bringen. AMI versteht sich als Informationsvermittler zwischen der Allianz und den Universitäten – fördert Lehrstühle und gibt Input, wenn es gebraucht wird.

3. Zielsetzungen

Zusammenfassend lassen sich drei Ziele skizzieren:

1. Identität stiften in der dezentralen Allianz Gruppe
2. Die Förderung qualifizierter High Potentials
3. Mit Wissen arbeiten und einen freien Fluss von Ideen und Know How erreichen

Diese Ziele bestätigen letztendlich den Zweck, Ideen besser und schneller zu entwickeln – und die Führungskräfte mobil zu machen, um die besten Leute dort einzusetzen, wo sie am effektivsten wirken können.

Mit den Zielsetzungen ist auch der Nutzen eng verbunden. Die Allianz sichert sich mit AMI einen nicht zu unterschätzenden Vorteil im Wettbewerb um gute Leute auf dem Arbeitsmarkt. Die „Quermobilität" ist ein zunehmend wichtiger Faktor, weil sie den Ausbau der Kenntnisse und Erfahrungen der Führungskräfte unterstützt. Für die Allianz ist der Begriff der Quermobilität gleichbedeutend mit der in der Literatur vielbeschworenen „Employability" [2]. Entscheidend ist, dass der Mitarbeiter seine Qualifikationen soweit verbessert, dass er zwischen Aufgaben, Projekten und Bereichen (sofern dies sinnvoll ist) innerhalb des Unternehmens wechseln kann. Es gibt sicher noch einiges zu tun, um die Quermobilität zu realisieren - doch bieten die AMI-Seminare Gelegenheit, interne Netzwerke aufzubauen und Wissen auszutauschen und so einer „Röhrenkarriere" entgegenzuwirken.

4. Organisatorischer Rahmen für AMI

Verantwortlich ist der Vorstand Personal in Deutschland (Sachgruppe und AZ Lebensversicherung). In der Holding wird AMI durch ein Board Mitglied repräsentiert, welches das Thema Personalentwicklung betreut. Schließlich hat die oberste Konzernleitung das Thema AMI zu einem zentralen, strategisch wichtigen Thema erklärt.

Neben dieser organisatorischen Aufhängung in der Allianz Gruppe insgesamt hat AMI ein Sekretariat mit Sitz in München und eine virtuelle Geschäftsleitung:

Die Geschäftsleitung, bestehend aus sechs Mitgliedern, welche die großen Allianz-Gesellschaften und deren Bildungseinheiten repräsentieren, ist für die Planung und Koordination sämtlicher Aktivitäten von AMI verantwortlich. Der Geschäftsleitung ist auch ein internationaler Programmdirektor beigeordnet. Ein Beirat, der sich aus bis zu neun Mitgliedern der konzernweiten oberen Führungsebenen und externen Vertretern aus Wissenschaft und Praxis zusammensetzt, unterstützt die Geschäftsleitung in strategischen Fragen. Dieser Beirat wird für jeweils zwei Jahre berufen. Den Gründungsvorsitz hat Prof. Dr. Günther Müller-Stewens von der Universität St. Gallen.

Der Vorstand der Allianz Gruppe war von Anfang an offen für AMI. Doch zwischen Planung und Umsetzung sind noch einige Hürden zu bewältigen. Es werden natürlich berechtigte Erwartungen an baldige Erfolge von AMI gesetzt, denn solch ein Projekt kostet viel Geld. Ein zweistelliger Millionenbetrag jährlich für Reisekosten, Infrastruktur (Tagungsfazilitäten), Seminare, Trainer, Technik (E-Learning) ist nicht unbeträchtlich. Die Opportunitätskosten der Abwesenheit vom Arbeitsplatz kommen noch dazu, sind aber schwer zu berechnen.

5. Aufgaben und Leistungen von AMI

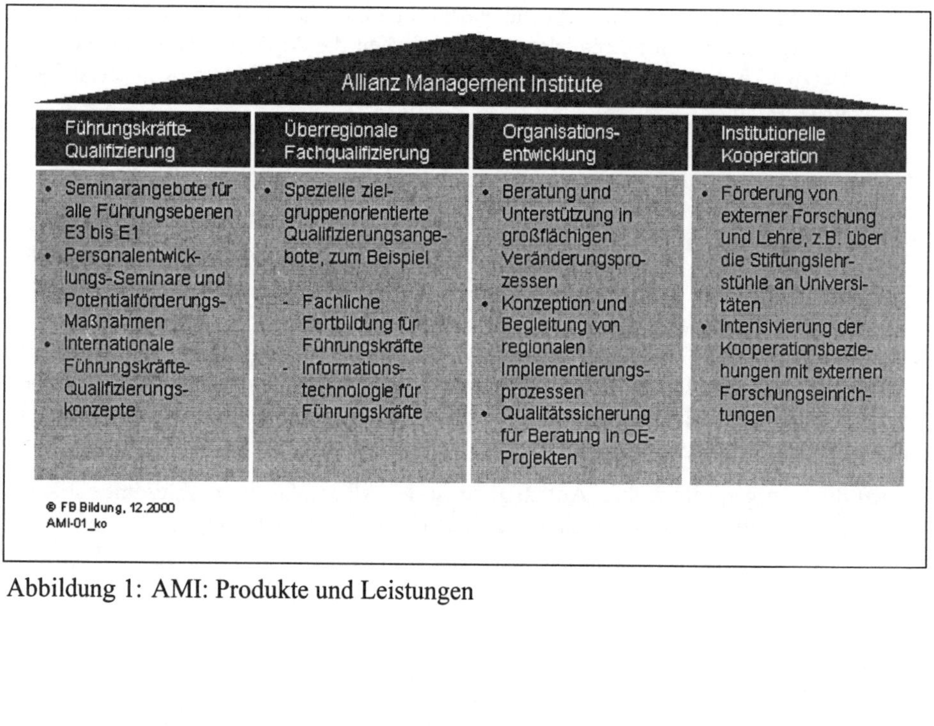

Allianz Management Institute			
Führungskräfte-Qualifizierung	**Überregionale Fachqualifizierung**	**Organisations-entwicklung**	**Institutionelle Kooperation**
• Seminarangebote für alle Führungsebenen E3 bis E1 • Personalentwicklungs-Seminare und Potentialförderungs-Maßnahmen • Internationale Führungskräfte-Qualifizierungs-konzepte	• Spezielle zielgruppenorientierte Qualifizierungsangebote, zum Beispiel - Fachliche Fortbildung für Führungskräfte - Informationstechnologie für Führungskräfte	• Beratung und Unterstützung in großflächigen Veränderungsprozessen • Konzeption und Begleitung von regionalen Implementierungsprozessen • Qualitätssicherung für Beratung in OE-Projekten	• Förderung von externer Forschung und Lehre, z.B. über die Stiftungslehrstühle an Universitäten • Intensivierung der Kooperationsbeziehungen mit externen Forschungseinrichtungen

© FB Bildung, 12.2000
AMI-01_ko

Abbildung 1: AMI: Produkte und Leistungen

Die Produktpalette ist unter dem AMI Dach in vier Säulen aufgegliedert (Abbildung 1):

- ▶ Die Führungskräfte-Qualifizierung mit den Seminarangeboten für alle Führungsebenen E3 bis E1, den Personalentwicklungs-Seminaren (Assesment-Center) und Potentialförderungs-Maßnahmen sowie den internationalen Führungskräfte-Qualifizierungskonzepten.

- ▶ Die überregionale Fachqualifizierung mit speziell zielgruppenorientierten Qualifizierungsangeboten. Mitarbeiter aus den Bereichen Personal und Finanzen haben die Möglichkeit, von AMI zu profitieren. Als Kriterium für ein Fachqualifizierungsangebot in AMI gilt, dass für diese Mitarbeiter ein dezentrales Angebot nicht sinnvoll wäre, weil zum Beispiel die betroffene Mitarbeiterzahl vor Ort zu gering ist. Hierunter fallen auch die Aktivitäten im Bereich E-Learning für Führungskräfte.

- ▶ Die Organisationsentwicklung, welche die Beratung und Unterstützung in Veränderungsprozessen, die Konzeption und Begleitung von regionalen Implementierungsprozessen und die Qualitätssicherung für Beratung in OE-Projekten umfasst.

- ▶ Die institutionelle Kooperation, welche die Förderung von externer Forschung und Lehre z. B. über Stiftungslehrstühle an Universitäten (beispielhaft ist hier der Wolfgang-Schieren-Lehrstuhl für Versicherungswirtschaft an der Humboldt-Universität Berlin) sowie die Intensivierung der Kooperationsbeziehungen mit externen Forschungseinrichtungen bezeichnet.

Für die Arbeit in den AMI-Seminaren ist allerdings zu sagen, dass es dort weniger eine konstante Kooperation mit einzelnen (deutschen) Universitäten gibt als vielmehr mit einzelnen Professoren und Experten zu bestimmten Themen. Im Ausland arbeitet die Allianz allerdings sehr wohl enger mit Universitäten bei der Programmentwicklung zusammen – aktuell sind das INSEAD/Frankreich, St. Gallen/Schweiz und Wharton/USA. Diese Zusammenarbeit wird derzeit sogar noch deutlich auf weitere Partner (renommierte Business Schools) ausgeweitet.

6. Zeitlicher Fahrplan von AMI

Mitte 1998 entstand die Idee einer zentralen Qualifizierung der Allianz- Führungskräfte.

Anfang 1999 wurde die AMI-Geschäftsleitung etabliert. Seit Januar 1999 gab es erste AMI-Pilotveranstaltungen, im Mai 1999 startete dann das Programm für alle Ebenen bundesweit. Im Mai 2000 folgte die Implementierung einer internationalen Geschäftsführung, die alle großen internationalen Gesellschaften der Allianz Gruppe darstellt. Der Sprecher AMI Geschäftsführung Deutschland ist zugleich Vorsitzender des internationalen „AMI Group Board" (Geschäftsführung). Das internationale Programm begann im Januar 2001 - die Einführung der virtuellen Plattform von AMI national ist eingeleitet, international folgt.

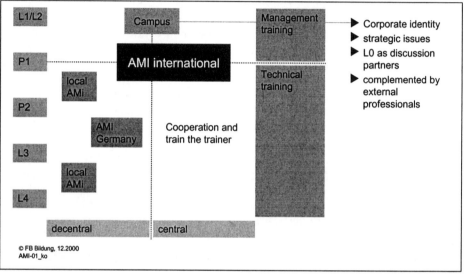

Abbildung 2: A structured education approach through the Allianz Management Institute

Das internationale Programm (Abbildung 2) beinhaltet obligatorische Seminare für das Top-Management, L1, (mit Fokus auf grundlegende Themen wie Strategie, Innovation und Marketing), Führungskräfte-Entwicklung, P1 und P2, spezielle Veranstaltungen zu bestimmten Themen, ein Einführungsprogramm für neu hinzugekommene Allianz-Manager und das Campus Programm. In der Campus-Gemeinschaft werden Fragen von strategischer Ausrichtung erörtert, analysiert und gegebenenfalls für Entscheidungsgremien vor- und aufbereitet.

Zur internationalen Ausrichtung soll gesagt sein, dass die Allianz damit nicht nur diplomatisch im Sinne der Einbindung aller Beteiligten agieren, sondern auch von den europäischen und internationalen Partnern durch die gemeinsamen Veranstaltungen lernen will. Die Umsetzung ist den Führungskräften dann im eigenen Land je nach landestypischer Kultur selbst überlassen.

Das Allianz Management Institute

7. Lernmethoden

E1	Führung	Betriebs- & Versicherungswirtschaft Konzernwissen	Kommunikation & Information
	• Führen von Führungskräften	• Strategieorientiertes Management	• Vom Gespräch zur Rede. Rhetorische Kommunikation
	• Interpersonal Skills • Managing Intercultural Business	• Advanced AIMS	• Medientraining

Abbildung 3: Die Angebote auf Ebene 1

E2		Führung	Betriebs- & Versicherungswirtschaft Konzernwissen	Kommunikation & Information
1. bis 3. Jahr in Funktion		• Aufbauseminar Führung E2 • Führen mit Zielvereinbarung (unternehmensspezifisch) • Organisationsentwicklung	• Unternehmenssteuerung: Integrierte Controllingsysteme wirkungsvoll einsetzen • Strategien ausgestalten und umsetzen	• Verhandlungen erfolgreich führen • Präsentieren vor Entscheidungsgremien
Ab 3. Jahr in Funktion		• Wissen und Innovation als Erfolgsfaktoren • Entwickeln der eigenen Führungspersönlichkeit	• Betriebswirtschaft: Relevantes Wissen und aktuelle Trends • Planen und Entscheiden in komplexen Aufgabenstellungen (Management-Planspiel) • Kennen Sie EVA? Neue Ansätze der wertorientierten Steuerung • Allianz International Management Seminar (AIMS)	• Vom Gespräch zur Rede. Rhetorische Kommunikation • Leiten von Gremien und Tagungen • Neue Informations- und Kommunikationstechnologien für Führungskräfte

Abbildung 4: Die Angebote auf Ebene 2

E3	Führung	Betriebs- & Versicherungswirtschaft Konzernwissen	Kommunikation & Information
1. bis 3. Jahr in Funktion	• Grundlagen der Führung • Zielvereinbarung und Beurteilung (unternehmensspezifisch) • Erkennen und Bearbeiten von Konflikten	• BWL-Praxiswissen • Grundlagen des Arbeitsrechts	• Leiten von Arbeitsbesprechungen und Teamsitzungen • Visualisierung und Präsentation
Ab 3. Jahr in Funktion	• Arbeitskreis Führung • Führen in Veränderungsprozessen	• Allianz Versicherungsplanspiel (Basisseminar) • Versicherungsbilanzen verstehen und analysieren • Aktuelle Herausforderungen im Versicherungsmarketing und -vertrieb • Allianz Young Managers International	• Verhandlungen erfolgreich führen • Präsentieren vor Entscheidungsgremien

Abbildung 5: Die Angebote auf Ebene 3

Die Angebote in den drei Qualifizierungsbereichen (Abbildungen 3-5) sollen gewährleisten, dass neu ernannte Führungskräfte auf die Anforderungen ihrer Ebene vorbereitet werden. Neben den obligatorischen (1.-3. Jahr in Funktion) Seminaren in den Bereichen Führung, Betriebs- und Versicherungswirtschaftslehre/Konzernwissen, Kommunikation und Information können die Führungskräfte auch in fakultativen Veranstaltungen ihr Wissen ausbauen.

Neben den bereits bestehenden Seminar-Angeboten in den drei Qualifizierungsbereichen will die Allianz vor allem das E-Learning national und international ausbauen.

Ähnlich wie mit dem bereits erfolgreichen Allianz Lern Forum ALF für Auszubildende – das den „Ausbildungs-Oskar in Silber" der Wirtschaftsjunioren 2000 gewann - hat die Allianz eine Lernplattform auch für AMI in Planung. Diese beinhaltet zum Beispiel eine Mediathek, die dann Auskunft gibt über die angebotenen Programme weltweit. Oder den Chatroom, wo es um die Dialogpflege zwischen Teilnehmer und Teilnehmer, bzw. Teilnehmer und Experte geht. Dazu gibt es entsprechende Lernmodule - web based training, das auf der langjährigen CBT-Erfahrung der Allianz aufbaut. Individuell können sich dann die Teilnehmer zu den Bereichen Grundlagen der Betriebswirtschaftslehre, Präsentationstechniken oder allgemeines Versicherungs-Know-How weiterbilden. Denkbar wären auch ganze Seminare online. Erfahrungen anderer Unternehmen (externe Benchmarks) und ein sorgfältig ausgearbeiteter „Business Case E-Learning" unterstützen die weitere Planung in dieser Richtung.

Wichtig bei der Thematik E-Learning ist die Frage, wie diese Qualifizierungsform zur Allianz Kultur passt. Denn die Allianz will nicht einfach nur das E-Learning propagieren, weil entsprechende technische Möglichkeiten bestehen. Beispielsweise ist nicht mit Sicherheit zu sagen, wie die Lernplattform von Führungskräften zukünftig genutzt wird. Die Allianz weiß um die Umsetzungsschwierigkeiten - Identifikation mit einem neuen System erreicht man nur, wie auch die Erfahrung mit ALF zeigt, über die Einbindung aller Beteiligten.

Fazit: das direkte Zusammenbringen der Teilnehmer steht in erster Linie im Vordergrund – dann soll die virtuelle Kommunikation unterstützend folgen.

Deshalb auch das Campus-Programm, das zentral auf einem firmeneigenen, im Jahr 2000 eigens erworbenen Trainingsgelände stattfindet. Dieser Seminartyp zielt weniger auf Wissensvermittlung als auf die Mitwirkung bei der Entstehung einer Corporate Identity.

8. Überprüfung der Lerninhalte

Bildungscontrolling ist immer wieder ein kontroverses Thema und ein Dauerbrenner, weil es qualitativ noch kein eindeutig valides Verfahren hierzu gibt. Nach den Seminaren erhalten die Teilnehmer aktuell die üblichen Fragebögen, und es findet zusätzlich eine stichpunktartige Befragung bei den Teilnehmern nach einigen Monaten statt. Auch eine schriftliche Befragung der Vorgesetzten gehört zu den Instrumenten, Gelerntes zu überprüfen. Das Ziel der Allianz ist es, langfristige Entwicklungsmaßnahmen zu installieren. Deren Erfolg jedoch auch systematisch zu überprüfen, gestaltet sich teilweise sehr schwierig, wenn zum Beispiel ein Teilnehmer das Unternehmen verlässt oder versetzt wird.

9. Teilnehmerauswahl

Alle Führungskräfte sind aufgrund ihrer Position Zielgruppe und damit potentielle Teilnehmer. Die Teilnahme am AMI-Programm wird immer nach Rücksprache mit der jeweils übergeordneten Führungskraft entschieden. Zentral ist dabei die obligatorische Teilnahme an den Führungskräfte-Seminaren für E1, E2 und E3, die innerhalb der ersten drei Jahre nach Funktionsübernahme auf dem neuen Level geleistet werden muss (Drei-Jahres-Regel).

Im Detail umfasst die Zielgruppe auf Ebene 3 etwa 4 000 Personen in Deutschland, 6 800 Personen international.

Auf Ebene 2 sind es etwa 1 000 Abteilungsleiter in Deutschland, international etwa 1 700 – und auf Ebene 1 230 Direktoren in Deutschland und international 300.

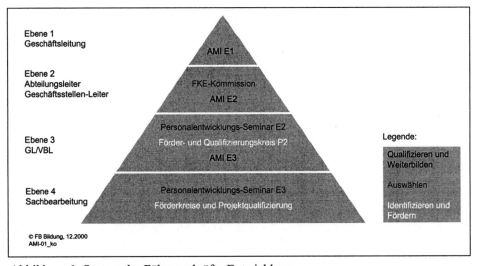

Abbildung 6: System der Führungskräfte-Entwicklung

In Deutschland ist das System der Führungskräfte-Entwicklung (Abbildung 6) eingebettet in das bereits bestehende System, das Assessment-Center (Auswahl) und deren Vorbereitung (Identifizierung und Förderung) sowie AMI (Qualifizierung) umfasst. Im Ausland wird das System zur Führungskräfteentwicklung schrittweise eingeführt unter Beachtung vorhandener lokaler Besonderheiten (z.B. hoher Expatriates-Anteil, d.h. Entsandte im Verhältnis zu lokaler Belegschaft)

10. Akzeptanz und Erfahrungswerte

Die Akzeptanz des noch jungen Programms gerade seitens der Teilnehmer aus den Auslandsgesellschaften ist sehr hoch.

Aussagen wie „wir haben die Anbindung an München, zentrale Angebote und Gemeinsamkeit vermisst" bestärken das Vorhaben der Allianz, das Angebot in 2001 gegenüber dem Vorjahr zu verdreifachen. Das mag auf den ersten Blick überraschen, doch schließlich hat die Allianz Gruppe weltweit 120 000 Mitarbeiter.

Zumindest deren Führungskräfte vor Ort sind die Kandidaten, die in AMI direkt zusammenkommen. Durch deren Informations- und Wissensaustausch entstehen sehr wertvolle Synergieeffekte. Das Ziel der Schaffung einer „Corporate Identity" wird somit schrittweise erreicht.

AMI ist ein aktives Instrument zur Kulturgestaltung geworden. Die Allianz Gruppe besteht aus 70 verschiedenen Firmennamen – damit ist nicht nur oft für den Kunden die Zugehörigkeit zur Allianz nicht erkennbar, auch die Mitarbeiter brauchen Gemeinsamkeiten, um sich mit dem Unternehmen zu identifizieren.

11. Resümee

Aufgrund der verschärften Wettbewerbsbedingungen einerseits, der dezentralen, globalen und ständig wachsenden Organisation der Allianz andererseits, wuchs auch die Notwendigkeit zu einem schnellen, aktuellen und hochqualifizierten Lernprozess. AMI ist dabei ein Instrument, Führungskräfte und High Potentials für diese Herausforderungen zu rüsten.

In der Literatur werden immer wieder drei Typen von Corporate University-Modellen genannt: [3]

1. Individuelle Wissensvermittlung
2. Organisatorischer Wandel
3. Strategischer Wandel

AMI wechselt zwischen diesen Typisierungen je nach Veranstaltung. Oft ist auch ein Mix sinnvoll, etwa von Punkt 2 und 3. AMI ist ein Projekt des organisatorischen Wandels und damit strategische Zielsetzung. (Schaffung einer Corporate Identity, firmenweite Managementqualifizierung nach einheitlichen Standards, Ausrichtung an Best Practices etc.)

Für die Allianz ist AMI etwas völlig Neues. Das zentrale Anliegen war und ist, diejenige Corporate University zu entwickeln, die genau zur Unternehmenskultur passt. Vielleicht kann AMI anderen Unternehmen mit ähnlichen Strukturen und Problemstellungen beispielhaft zeigen, wie der Balanceakt zwischen Zentralismus und Dezentralismus zu schaffen ist. Nämlich nur durch die Einbindung aller Beteiligten, durch den systematischen Aufbau von zielgruppengerechten, maßgeschneiderten und obligatorischen Themenangeboten (mit zeitlichen Vorgaben, z.B. nach der Drei- Jahres-Regel) und die gezielte Suche nach Synergien im Sinne von Wissensmanagement.

Literaturverzeichnis

[1] MEISTER, J.C., Corporate Universities: Lessons in Building a World-Class Work Force, Irwin Prof Publishing, 2. Auflage, o. O. 1998.

[2] NEUMANN, R./VOLLATH, J., Corporate University: Strategische Unternehmensentwicklung durch maßgeschneidertes Lernen, Verlag A&O der Wissenschaft, Zürich/Hamburg 1999.

[3] vgl. TÖPFER, A., in: Frankfurter Allgemeine Zeitung, 17.07.1999, Nr. 163. S. 61.

Udo Sonne, Dr. Bernhard Tenger, Ulrich Klein
Deutsche Lufthansa AG, Frankfurt

Lufthansa startet in die neue Welt des Lernens - von der Lernplattform zum Bildungsportal

Ein erfolgreich am Markt operierendes, globales Unternehmen zeichnet sich nicht nur durch herausragende Produkte, gute interne Prozesse und besten Kundenservice aus, sondern auch durch zukunftsorientiertes Lernen. Um im Markt unter extrem starkem Wettbewerbsdruck zu bestehen, ist es entscheidend, auf veränderte Kundenanforderungen schnell reagieren zu können. Neue Produkte und Services müssen innerhalb kürzester Zeit beherrscht werden. Qualifizierte Mitarbeiter sind somit der zentrale Erfolgsfaktor.

Voraussetzung dieses Wandels ist die Nutzung moderner Lerntechnologie sowie eine Neustrukturierung des Trainingsprozesses. Die neue Form des Lernens in der Lufthansa Passage Airline wird also aus zwei Komponenten bestehen, die sich ideal ergänzen: Präsenzphasen in Form von Seminaren oder Workshops und Selbstlernphasen, in denen die Lerner das Lerntempo selbst regulieren können.

Die Selbstlernmedien berücksichtigen stärker unterschiedliches Lernverhalten – Lernen wird somit individueller.

Mit dem Ziel, optimale Möglichkeiten zur Qualifizierung und Weiterbildung unserer Mitarbeiter zu schaffen, wurde das Projekt Media on Demand ins Leben gerufen. Wir haben gemeinsam mit den Partnern IBM und imc daran gearbeitet, eine neue Lernumgebung zu implementieren – den Lufthansa LearnWay. Durch den Einsatz des LearnWay wird Lernen wesentlich flexibler und unabhängiger von festen Lernzeiten und –orten.

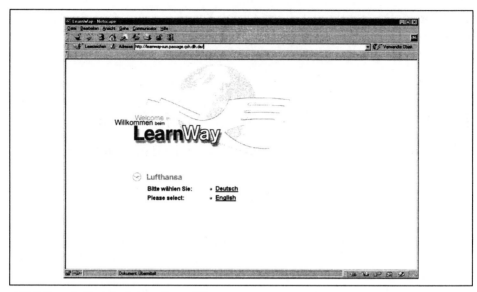

Abbildung 1: Portalseite des LearnWay

Mit der Kombination aus "Nessy", dem neuen Schulungsmanagement-System und dem LearnWay, der neuen Lernplattform, gelingt der Lufthansa Passage ein Quantensprung im Bildungsbereich.

Nessy bietet die Möglichkeit, sich weltweit über das Fach-, Service- und Führungskräftetraining im Bereich "Boden" zu informieren und zu buchen. Auf dem LearnWay erhält jeder Mitarbeiter und Mitarbeiter eine persönliche Homepage, von der aus er seine Trainingsaktivitäten individuell steuern und Fachprobleme mit anderen Nutzern lösen kann. LearnWay und Nessy – ein Beitrag zum konzernweiten Wissensmanagement.

Der Abruf von Trainingsangeboten, Buchungen, Kurse und Austausch von Fachinformationen in Foren können von nun an über das Intranet erfolgen.

1. Historie

1.1 Die strategische Neuausrichtung des Trainingsbereichs der Lufthansa Passage Airline.

Als Teil der Deutschen Lufthansa AG bildet die Lufthansa Passage Airline einen wesentlichen Bestandteil des Kerngeschäfts. Zur Bewältigung ihrer Aufgaben unterhält sie einen weltweiten Stations- und Servicebetrieb. Um hier einen gleich hohen Qualifizierungsstandard in der Ausbildung aller Mitarbeiter zu erreichen, wurde 1973 für die Schulung ein zentrales Trainingscenter in Seeheim-Jugenheim bei Darmstadt aufgebaut, das mit seinen 43 Lehrsälen (davon 8 EDV-Schulungsräume) und einem angeschlossenen Hotel mit 550 Betten noch heute die Zentrale für den Trainingsbereich der Passage bildet.

1.1.1 Training on demand

Die durchgreifenden strukturellen Veränderungen, welche die Deutsche Lufthansa AG seit der Gründung des Trainingscenters in Seeheim durchlaufen hat, und die positive Geschäftsentwicklung stellten den Trainingsbereich in den letzten Jahren vor wachsende Herausforderungen. Um die Dienstleistungen für die Kunden weiter zu verbessern und den Workflow zu optimieren, wurden im Bereich der Stationen und Büros technologische und organisatorische Innovationen durchgeführt, deren Einsatz durch Schulungen mit dem klassischen Instrumentarium – wie Präsenzunterricht - im Bildungsbereich vorbereitet und begleitet wurde. Derartige Unternehmungen waren allerdings mit einem hohen Organisations- und Kostenaufwand verbunden. Durch die Hinzufügung neuer Elemente zu den vorhandenen Weiterbildungsmaßnahmen wie z.B. CBTs wurden erste Schritte in die Wege geleitet, der allgemeinen Zunahme an Schulungsbedarf und den großen Schwankungen in der Nachfrage gerecht zu werden. Der verstärkte Einsatz anderer Lernmedien machte es jedoch erforderlich, eine qualitativ sinnvolle Integration der neuen Medien in der Bildungslandschaft zu erreichen.

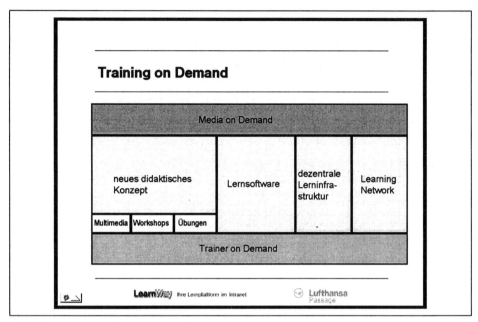

Abbildung 2: Training on Demand

Die Entwicklung verlangte nach einer über ein additives Verfahren hinausgehenden Lösung. Deshalb entschied sich der Vorstand der Lufthansa Passage Airline zu einer strategischen Neuausrichtung des Trainingsbereichs. Er erteilte der Trainingsabteilung den Auftrag, die bisherigen Trainingsprozesse neu zu gestalten, tradierte Strukturen aufzubrechen und auf die wachsenden Herausforderungen hin anzupassen. 1998 wurde deshalb das Projekt "Training on demand" ins Leben gerufen, das den Fokus besonders auf eine zeit- und bedarfsgerechte Versorgung aller dezentralen Einheiten mit Trainingsleistungen sowie ein flächendeckendes und zeitgleiches Vermitteln inhaltlich identischer Produktaussagen legt. Auf diese Weise soll weiterhin eine gleichbleibend hohe Qualität des Ausbildungsstandes aller Mitarbeiter und ein flexibles Reagieren auf kurzfristige Produkteinführungen gewährleistet werden.

Die wesentlichen Projektelemente sind dabei "Trainer on demand" und "Media on demand". Im Teilprojekt "Trainer on demand" werden neben festangestellten Trainern Mitarbeiter aus den Fachbereichen, die in ihrer Tätigkeit verbleiben, zu ca. 30 Prozent ihrer Arbeitszeit im Training eingesetzt. Auf diese Weise wird ein besonders enger Praxisbezug des Trainings erreicht.

Das Projektziel von "Media on demand" war es, das Training für die Mitarbeiter der Lufthansa Passage

- ortsunabhängig
- in gleicher Qualität
- zeit- und bedarfsgerecht und
- flexibel gegenüber Nachfrageschwankungen

anzubieten.

Um diese Ziele zu erreichen, entwickelte das Projektteam die neue Lernplattform "Lufthansa LearnWay" sowie eine Reihe von Computer bzw. Web Based Trainingsprogrammen (CBT / WBT), die über den LearnWay im Training der Passage eingesetzt werden sollen. Ziel ist eine völlige Umgestaltung der Trainings, die bisher fast vollständig aus Präsenzkursen bestanden. Das Training der Zukunft wird aus einem Mix von Präsenzveranstaltungen und "e-Learning" bestehen. Der Anteil der Selbstlernphasen wird verstärkt und durch die Möglichkeit des Online-Lernens erweitert

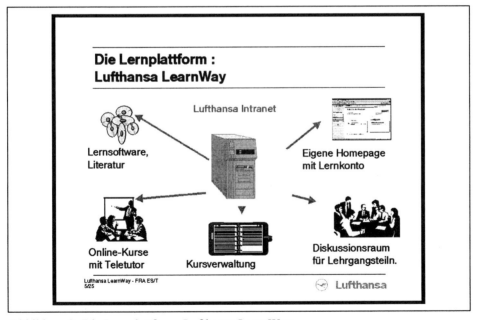

Abbildung 3: Die Lernplattform: Lufthansa LearnWay

1.2 Projektverlauf

Wie oben schon erwähnt, ist das Projekt mit der Installation der Plattform im Intranet der Lufthansa nun in die entscheidende Phase getreten.

Parallel erfolgt die Weiterqualifizierung der Trainer für eine zusätzliche Tätigkeit als Teletutoren und die Fortführung des Content Development. Begleitet wird dies durch Workshops und Seminare zur Veränderung der Lernkultur, Steigerung der Selbstlernkompetenzen der Mitarbeiter und deren Akzeptanz gegenüber den neuen Weiterbildungsmedien.

Alle Mitarbeiter der Passage Airline können weltweit auf den LearnWay zugreifen. Auf diese Weise werden die bestehenden Strukturen und Prozesse im Trainingsbereich sukzessive umgewandelt und neue Systeme aufgebaut. Die Kontinuität wird gewahrt - ein radikaler Bruch findet nicht statt.

Nach dem erfolgreichen Abschluss des Projekts ist eine Ausweitung auch auf andere Bereiche der Deutschen Lufthansa AG und deren Partner aus der Star Alliance möglich.

1.3 Electronic Performance Support System – EPSS

Neben diesen "klassischen" Aufgaben eines virtuellen Trainingscenters ist die Lufthansa Plattform auch Basis für ein **Electronic Performance Support System – EPSS**. Dieses System erlaubt es zukünftig weltweit - 24 Stunden am Tag - auf Anfragen der Mitarbeiter zu Softwareproblemen zu reagieren.

In der vor Ort benutzten Software ist ein Hilfebutton integriert, dessen Betätigung eine Verbindung mit der Lernplattform herstellt. Dort werden automatisch die mit dem aktuell benutzten Tool in Zusammenhang stehenden Anwendungsszenarien aufgerufen. Durch Anklicken erhält der Hilfesuchende eine Animation, in der ihm die Lösung seines Problems erläutert wird. Die Szenarien sind so zugeschnitten, dass das System möglichst individuell auf die Anfragen reagieren kann und Kombinationen möglich sind.

Sollte der Anwender noch weiteren Klärungsbedarf haben oder möchte er eine Lernphase anschließen, so kann er über die Plattform das zugehörige WBT abrufen. Dieses ist ebenfalls modular aufgebaut und ermöglicht somit auch fortgeschrittenen Nutzern einen schnellen Zugriff auf die für sie relevanten Informationen.

Ein derartiges System ist jedoch nur dann realisierbar, wenn ein Trainings-Experte in das Entwicklungsteam der Anwendungs-Software integriert worden ist. Nur auf diese Weise ist sichergestellt, dass das EPSS und das zugehörige WBT gleichzeitig mit dem Echtsystem fertiggestellt und installiert werden können.

Erst die Kombination aus EPSS und WBT bietet eine befriedigende Antwort auf die Forderungen der Mitarbeiter nach umfassender Schulung und Hilfestellung, die besonders in Zusammenhang mit der kurzfristigen Einführung neuer Software immer wieder gestellt werden.

Eine klassische Schulung in Verbindung mit einer Hotline für die weltweiten Anfragen der Mitarbeiter ist nicht in der Lage den Anforderungen, die durch eine gleichzeitige globale Einführung neuer Programme auftauchen, gerecht zu werden. Um möglichen Engpässen und Qualitätsverlusten bei der Qualifizierung der Mitarbeiter entgegenzuwirken, wäre man in diesem Fall zum Aufbau großer, unrentabler Schulungskapazitäten gezwungen.

Der Lufthansa LearnWay leistet deshalb einen entscheidenden Beitrag für die Gewährleistung des hohen Qualifizierungsstandards der Lufthansa-Mitarbeiter unter gleichzeitiger Einsparung von Schulungs- und Entwicklungskosten.

2. Vom Trainingsportal (mit LearnWay und NESSY) der LH-Passage zum Bildungsportal für den LH-Konzern

Abbildung 4: Persönliches Trainingsportal im Passage Intranet.

Von hier aus können die Mitarbeiter online lernen und sich über das Trainingsangebot informieren. Wenn sie Interesse an einem Fach-, Service- oder Führungskräftetraining haben, informieren Sie sich in NESSY (Neues Schulungsmanagement System) über das entsprechende Trainingsprogramm.

Im Rahmen von eHR und eBase als Träger eines konzernweiten Wissensmanagements wird auch eLearning und eBooking (von Trainingsveranstaltungen) ein Teil dieser neuen LH-Kultur sein.

2.1 Der LearnWay im Detail

Abbildung 5: Startseite des LearnWay

Der LearnWay ist das virtuelle Trainings- und Informationscenter der Lufthansa Passage, der im Intranet allen Mitarbeitern zur Verfügung steht.

Jeder Nutzer des LearnWay erhält mit seiner Anmeldung eine persönliche Homepage, von der aus er seine Trainingsaktivitäten und die Kommunikationsmöglichkeiten der Plattform überblicken und steuern kann. Diese Homepage kann er darüber hinaus auch durch eine direkte Registrierung auf dem LearnWay erhalten, unabhängig von einer Kursteilnahme.

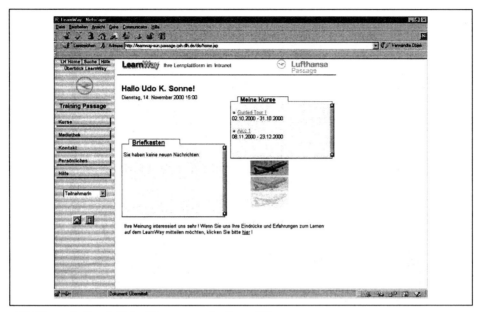

Abbildung 6: Persönliche Homepage des LearnWay

Mit Hilfe einer integrierten E-Mail-Funktion sowie in öffentlichen Diskussionsforen kann er einen Austausch mit anderen gerade "anwesenden" Nutzern der Plattform über trainingsrelevante Themen suchen. Hier werden kursübergreifende Themen behandelt und Fachfragen diskutiert werden, die möglicherweise an einem anderen Standort schon eine Lösung erfahren haben. Auf diese Weise wird – wie die Pilotphase zeigte - das lokale Knowhow der Mitarbeiter weltweit zugänglich gemacht.

In einer Mediathek sind alle verfügbaren Selbstlernmedien sowie weiterführenden Lernmaterialien aufgeführt und kursunabhängig abrufbar:

z.B. WBTs zu Office 97, CAMPUS, Learn the Net, Lernen mit neuen Medien, LH-Geografie, Medienkompetenz für Trainer, Flugphysik.

Ergänzt wird dieser Teil durch Glossare, Linklisten, spezielle Wissensdatenbanken und **F**(requently) **A**(sked) **Q**(uestions)-Listen zu den einzelnen Themen. Dieses Angebot ist weitgehend frei. Es wird nicht durch einen Tutor betreut, der Nutzer erhält keine Zertifizierung.

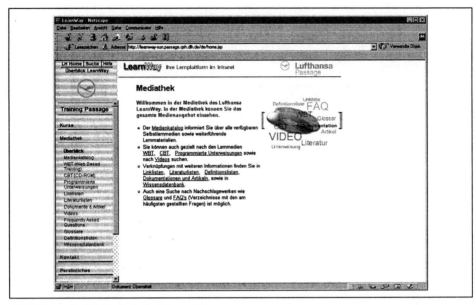

Abbildung 7: Mediathek des LearnWay

Diesem reinen Selbstlernbereich steht ein Kursmodul zur Seite, in dem sich der Mitarbeiter in einem virtuellen Kursraum mit den übrigen Teilnehmern treffen kann. Hier befindet sich ein Chat-Room, ein "Schwarzes Brett" und vom Trainer eingestellte Lernmodule und Dokumente. Ein großer Teil des Kurses wird auf diese Weise vom LearnWay selbst abgedeckt. Er ermöglicht bei der Kursgestaltung den Medienverbund aus einer Kombination von Selbstlernphasen, Online-Sitzungen und Präsenzveranstaltungen.

Die Online-Sitzungen finden im virtuellen Kursraum des LearnWay statt, und die Lernmodule werden über die Kursleitseite aufgerufen. Als angemeldeter Nutzer können sich die Lernenden über ihre persönliche Homepage in ihren Kurs einloggen und am Unterricht teilnehmen.

In dieser Phase werden die Kursteilnehmer von Teletutoren betreut, die sowohl durch Hilfestellungen bei Fragen als auch durch die Verteilung von Testaufgaben und Bildung von virtuellen Kurstreffen den Lernprozess steuern. Insgesamt steht hierbei die asynchrone Kommunikation wie z.B. über Newsgroups und Email im Vordergrund.

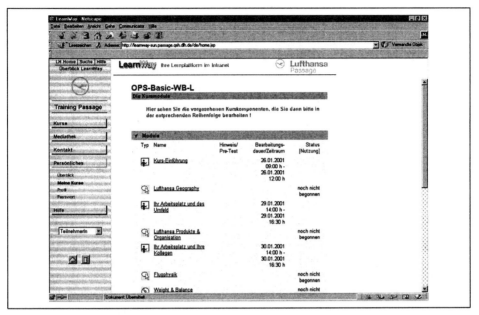

Abbildung 8: Virtueller Kursraum des LearnWay

Grundsätzlich sollen die Teletutoren in den Präsenzphasen auch die klassischen Traineraufgaben übernehmen, so dass auch eine personelle Verknüpfung zwischen den Präsenz- und Online-Elementen der einzelnen Kurse gewährleistet wird. Hierzu wird in Kürze mit der Weiterbildung von Trainern mit dem Schwerpunkt "Medienkompetenz" und "Teletutoring" begonnen.

Die Kombination aus Präsenz- und Online-Teilen mit unterschiedlicher Gewichtung und deren enge Verknüpfung dient nicht zuletzt auch der Überwindung möglicher Akzeptanzhürden.

Zur Überprüfung des Lernerfolges steht den Trainern auf der Lernplattform ein Testerstellungstool zur Verfügung, mit dessen Hilfe individuell auf den jeweiligen Kurs zugeschnittene Abfragen und deren Auswertung generiert werden können.

2.2 Nutzen der Effizienzsteigerung

Die veränderte Trainingsstruktur macht sich letztendlich an drei Faktoren bemerkbar:

- Durch eine geringere Belastung der Trainer, die während der Selbstlernphase nur zeitweise zum Teletutoring benötigt werden und durch kürzere Abwesenheitszeiten der Lernenden vom Arbeitsplatz wird eine Senkung der Kosten erreicht. Zusätzlich werden Übernachtungs- und Reisekosten reduziert.

- Die zusätzliche Aufnahme von wichtigen Themen, die bisher nicht im Kurs behandelt werden konnten, steigert den Umfang des vermittelten Lernstoffs. Das Wissen ist gefestigter und kann deshalb flexibler eingesetzt werden. Ein zentrales Monitoring der Schulungsstandards trägt zu einer weltweit gleichbleibend hohen Ausbildungsqualität bei.

- Nicht zuletzt wird auch eine quantitative Verbesserung ermöglicht. Bei gleicher Kapazität und gleichem Inhalt können mehr Veranstaltungen stattfinden.

2.3 Der Roll-Out

Nachdem der Gesamtbetriebsrat und die Geschäftsleitung Einigkeit über eine Betriebsvereinbarung "Media on Demand" herstellten, war der Weg frei, um den Lufthansa LearnWay abschließend auf seine Praxistauglichkeit zu testen.

Kolleginnen und Kollegen aus den Service Teams in Hannover, Düsseldorf, Zürich, Paris und London unterstützten das LearnWay-Team bei der Suche nach Möglichkeiten, das System weiter zu optimieren.

Die Befragung erfolgte in zwei Stufen – wir wollten die Erwartungen der Kolleginnen und Kollegen vor dem Test des LearnWay und ihre Erfahrung im Umgang mit der neuen Lernplattform kennenlernen. Die Befragung ergab folgende Ergebnisse.

Vor Beginn des Tests:

Etwa die Hälfte der Befragten hatte vorher keine Erfahrung im Umgang mit neuen Lernmedien.

Allgemein wurde erwartet, dass Kollegen und Vorgesetzte das selbstgesteuerte Lernen akzeptieren und unterstützen.

Von allen, die schon mit CBTs gearbeitet haben, hatten zwei Drittel mit diesem Lernmedium positive Erfahrungen gemacht.

Ca. 90% der Befragten hielten CBT für ein geeignetes Lernmittel und wollten nach der ersten Information gern mit dem LearnWay lernen.

Das waren die Ausgangsdaten. Nach dem Test ergab sich folgendes Bild:

Obwohl die Kommunikationsmöglichkeiten des LearnWay mit dem Trainer und anderen Teilnehmern relativ selten genutzt wurden, werden sie als sehr hilfreich für den Lernprozess eingeschätzt.

Gut bis sehr gut wurden die folgenden Aspekte bewertet:

„Unterstützung im Arbeitsalltag"

„Ergänzung zum Training in Seeheim"

„Möglichkeit zur individuellen Zeiteinteilung"

„Vorbereitung auf Präsenzveranstaltungen".

Sehr differenziert wird die Möglichkeit zum Lernen am Arbeitsplatz eingeschätzt. Zum Teil war es arbeitsorganisatorisch nicht möglich; andererseits führte hier eine grundsätzliche Skepsis zu negativen Einschätzungen auch durch Teilnehmer, die das Lernen am Arbeitsplatz von vornherein aus technischen Gründen nicht ausprobieren konnten.

Sehr gut wird der didaktische und grafische Aufbau des LearnWay bewertet.

„Der LearnWay ist eine attraktive Ergänzung zum Angebot des Passage Trainings" so die einhellige Meinung aller Beteiligten, denen wir an dieser Stelle noch mal ganz herzlich Danke sagen möchten.:

Neben der Trainerqualifikation werden wir uns zukünftig intensiv um die Schaffung einer geeigneten Lerninfrastruktur (bzgl. Technik und Lernkultur) kümmern. Dies ist ein wichtiger Erfolgsfaktor für die Einführung von E-Learning und muss jeweils an den örtlichen Gegebenheiten gemessen und sichergestellt werden.

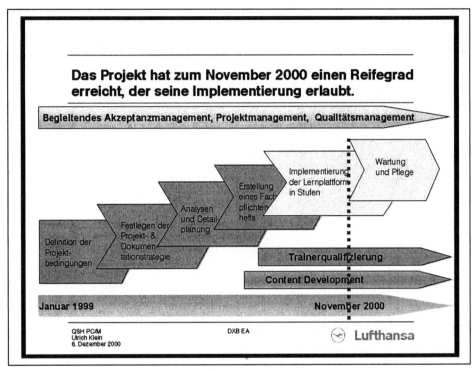

Abbildung 9: Projektplan für die Einführung des LearnWay

Mit der Freischaltung des LearnWay im Lufthansa-Intranet im Dezember 2000 können zunächst nur die freien Selbstlernmedien der "Mediathek" genutzt werden. Ein Kurs mit der neuen Struktur wird erstmals im Frühjahr 2001 auf dem LearnWay durchgeführt. Sukzessive werden dann im Laufe des Jahres weitere Kurse umgestellt.

Bis Mitte 2001 werden ca. 140 Stunden WBT/CBT für den praktischen Einsatz zur Verfügung stehen und mit den übrigen Selbstlernmedien in Kursen eingesetzt. Um die Netze nicht zu überfordern, sind Videos oder aufwendige Animationen keine Bestandteile der WBTs. Bei der didaktischen Aufbereitung der Inhalte und der Navigation wurde darauf geachtet, auch ungeübten Lernenden einen leichten Zugang zu gewährleisten.

2.4 NESSY – Das Neue Schulungsmanagement System der Passage

Nach einem umfangreichen Softwareauswahl- und Weiterentwicklungsprozess und der Zustimmung der Mitbestimmungsgremien konnte an zehn Standorten das **Neue Schu-**

Lufthansa startet in die neue Welt des Lernens

lungsmanagement System (NESSY) eingeführt werden. Erstmalig werden somit alle Trainingscenter im Bereich Servicetrainings (Fluggast-, Flugzeugabfertigung, Ticketing, Sales etc) auf den deutschen Stationen und in Seeheim EDV-unterstützt mit einer einheitlichen Software arbeiten können.

Den Mitarbeitern der Trainingscenter wird durch NESSY ein modernes Arbeitsmittel an die Hand gegeben, mit dessen Hilfe zahlreiche Arbeiten rund um das Trainingsmanagement erheblich erleichtert werden.

Zu diesen Geschäftsprozessen gehört z.B. das Erstellen des Lehrgangsprogramms, die Ressourcenverwaltung (Lehrräume, Trainer), die Teilnehmerverwaltung, das Erstellen von Einladungen und Zertifikaten sowie statistische Auswertungen.

Auch für die weltweiten Schulungskoordinatoren , werden sich die Prozesse durch die Einführung von NESSY wesentlich vereinfachen.

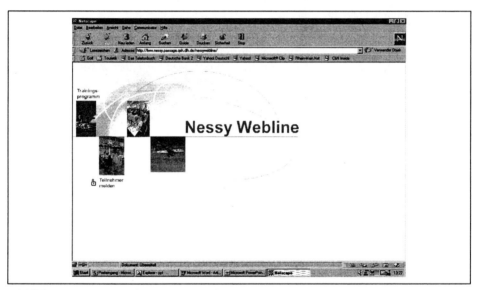

Abbildung 10:   Startseite Nessy Webline

Musste man sich bisher die Informationen über die Fortbildung aus verschiedenen Quellen (Unisys, Printmedien...) mühsam zusammenstellen, wird nun erstmalig das gesamte Trainingsangebot einheitlich im Intranet über die NESSY WebLine dargestellt. Alle Veranstaltungen werden mit Durchführungsterminen und der jeweiligen Buchungssituation abgebildet. Informationen über die genauen Inhalte, Voraussetzungen und Zielgruppen können ebenso eingesehen werden, wie Wegbeschreibungen und Anfahrtsskizzen zu den Trainingscentern. Selbstverständlich kann auch direkt im Intranet eine Registrierung für die gewünschte Veranstaltung vorgenommen werden. Nach Eingang der Registrierung und Überprüfung durch die Trainingsmanager werden die Interessenten rechtzeitig informiert, ob Ihr Buchungswunsch berücksichtigt werden kann.

3. Ausblick 2001: das LH-Bildungsportal

Mit dem LearnWay ist der Einstieg in eine neue Lernlandschaft gelungen. Die Evaluation der ersten Pilotphase hat aber deutlich gezeigt, dass ein Schwerpunkt der begleitenden Aktivitäten in Zukunft auf die Entwicklung einer neuen Lernkultur gelegt werden muss. Akzeptanz durch Vorgesetzte und Kollegen kann nicht immer vorausgesetzt werden. Auch Vorbehalte der Lernenden gegenüber den neuen Selbstlernmedien sind noch in einigen Bereichen abzubauen.

Nachdem für die Passage eine funktionsfähige Lernplattform zur Verfügung steht, soll nun eine Ausdehnung des "e-Learning" im Rahmen eines Bildungsportals auf weitere Konzernbereiche erreicht und damit für alle Lufthanseaten verfügbar werden.

3.1 Technische Rahmenbedingungen

Es müssen noch einige wichtige Voraussetzungen geschaffen werden. Darunter fallen vor allem die technischen Rahmenbedingungen wie auch die Frage nach geeigneten Lernorten (z.B. am Arbeitsplatz, zu Hause, in Lerninseln usw.)

Die technischen Anforderungen sind unten beschrieben und werden auf der Client-Ebene von den Arbeitsplatz-PCs in der LH-Passage weitestgehend erfüllt (Multimedia-PCs mit CD-ROM-Laufwerk, Soundkarte, Kopfhörer, 17"-Bildschirm, Win NT 4.0 und Netscape 4.5 oder MS-IE 5.0).

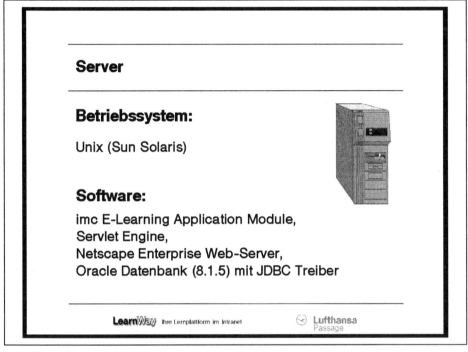

Abbildung 11: Technische Anforderungen

Da wir standardisierte PCs ohne Veränderungsmöglichkeit durch den User haben, gestaltet sich die Installation von Plugins (Z.B Shockwave, Video-Player) als Problem. Diese können nur nach einem zeitaufwendigen und teuren Engineering- und Zertifizierungsprozess durch den System-Provider zentral an die entsprechenden Client-PCs verteilt werden.

Auf der Konzernseite haben wir es noch mit einer sehr heterogenen PC-Infrastrukur zu tun, die dann bezogen auf die Bedürfnisse des E-Learning individuell aufgerüstet werden muss.

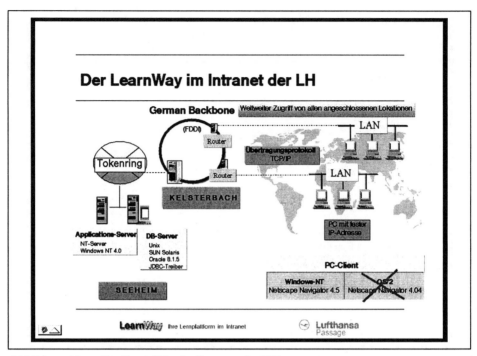

Abbildung 12:   Der LearnWay im Intranet der LH

Der nächste und logische Schritt nach LearnWay und Nessy ist die Verbindung dieser Systeme und deren Einbindung in ein Konzern-Bildungsportal, dass dann allen Lufthansa-Mitabeitern und Mitarbeiterinnen zur Verfügung steht und u.a. die folgenden Funktionen hat:

- Darstellung und Buchung aller im LH-Konzern angebotenen Trainingsveranstaltungen (inkl. Selbstlernmedien wie CBT und WBT), die mit Hilfe einer Suchmaschine allinsgesamt und auch nach Themen und Geschäftsfeldern sortiert angezeigt werden.
- persönlicher Trainingsplan und Bildungs-Warenkorb
- zielgruppengerechte Information (Z.B. Push- und Pull-Abos, E-Learning-Infos für die Bildungsverantwortlichen und Trainer der jeweiligen LH-Geschäftsfelder) und bildungsrelevante News (u.a. Erfahrungsberichte von Teilnehmern)
- Nutzerdatenbank
- FAQs zum Thema Aus- und Weiterbildung
- Top 10-Liste der qualitativ und quantitativ am meisten in Anspruch genommenen Trainings
- Links zu bildungsnahen Bereichen im Konzern und extern im Internet.

Konkret bedeutet das:

Ein Benutzer kann über das Lufthansa Bildungsportal im Intranet allgemeine Informationen zu Bildungsangeboten der Lufthansa erhalten, kann Online über Lufthansa lernen und erhält einen Link zu einem Job-Markt. Des weiteren kann er sich konzernübergreifend nach verschiedenen Kriterien über Trainings- und Bildungsangebote informieren. Dies ist beispielhaft nach Geschäftsfeldern und nach Themen dargestellt.

Die Informationen über die Bildungsangebote kommen primär aus den drei Anwendungen Lufthansa Learnway, Nessy und SAP R/3 TEM. Im Anschluss an die Suche von Bildungsangeboten können – bei Selbstbuchungsmöglichkeit – die Bildungsangebote ausgewählt und in einem Warenkorb gebucht werden. Je nach Buchungsprozess erfolgt die Anmeldung, Teilnahmebestätigung oder das Halten des Benutzers auf einer Warteliste.

Das Bildungsportal wickelt hierzu die Prozesse mit den drei darunterliegenden Anwendungen ab und synchronisiert die Daten (z.B. zwischen dem Veranstaltungsmanagement-System von SAP R/3 oder Nessy und Learnway).

Das soll in einer ersten Ausbaustufe folgende Hauptfunktionen umfassen:

- Konzernübergreifende Information und Suche von Bildungsangeboten /Trainings:
  Nach Themen
  Nach Geschäftsfeldern
  Nach Stichworten
  Nach Orten / Zeiten
  Nach Qualifikation

- Abruf von Detailinformationen zu einem Bildungsangebot (Buchungsinformationen, Preise, Verfügbarkeit)

- Anmeldung oder Buchung von Trainingsangeboten (je nach Berechtigung)

- Übergabe der Transaktionsdaten durch das Bildungsportal an das jeweilige Kursverwaltungs-/Veranstaltungsmanagementsystem im Hintergrund (z. Z. primär Nessy, SAP TEM und für Online-Kurse LH Learnway).

- Bereitstellung allgemeiner Informationen

- Design der Anwendung im LH Intranet-Design

In einer zweiten Ausbaustufe kann das Bildungsportal in eine Gesamtportalanwendung inkl. News, Ankündigungen und personalisierten Elementen integriert werden. Es ist Ziel, die Realisierung der ersten Ausbaustufe so zu vollziehen, dass später das bestehende Bildungsportal der 1. Ausbaustufe nahtlos über sogenannte „Miniapplikationen" in ein Gesamt-LH-Portal integriert werden kann.

3.2 Lernkultur

Es genügt jedoch nicht, nur die technologischen Voraussetzungen zu erfüllen und alles weitere den zukünftigen Nutzern zu überlassen. Eine zentrale Aufgabe ist deshalb die Schaffung einer Umgebung, die alle Vorteile des neuen Lernens zur Geltung bringt. Die Umsetzung einer neuen Lernkultur ist notwendige Voraussetzung für den Erfolg des Projekts und ein wichtiger Schritt in Richtung „lernende Organisation".

Um eine neue Lernkultur zu entwickeln und zu etablieren, müssen eine Reihe von Rahmenbedingungen erfüllt sein und ein Maßnahmenkatalog verabschiedet werden. Folgende Punkte stellen ein Gerüst an Aktivitäten dar:

Definition der Lernzeiten

- Lernzeit ist bei Erwerb von betriebsnotwendigem Wissen grundsätzlich Arbeitszeit
- Die durchschnittliche Lernzeit wird für jeden Kurs eindeutig definiert
- Die für die Erarbeitung eines Themas notwendige Lernzeit muss zur Verfügung stehen
- Über die definierte Lernzeit hinaus können sich die Mitarbeiter in der Freizeit vertiefend mit dem Thema beschäftigen

Lernen am Arbeitsplatz

- Lernen am Arbeitsplatz ist nicht möglich wo direkter Kundenkontakt besteht
- Während der Lernzeit sind die Mitarbeiter aus dem Arbeitsprozess herauszulösen und nicht zu stören

Beschreibung des Lernorts

- Es müssen die organisatorischen Voraussetzungen für einen garantierten Zugriff auf einen Lernort (ungestörtes Lernen am Arbeitsplatz, Lerninsel, Lehrsaal, Zuhause) geschaffen werden
- Der Lernort muss die ergonomischen Mindestanforderungen erfüllen
- Soweit als möglich sollte der Lernort einen angenehmen und motivierenden Charakter besitzen

Spaß am Lernen bieten

- Berücksichtigung der ergonomischen Aspekte
- Telefon für eventuelle Rückfragen in erreichbarer Nähe der Lerner
- Spannende Inhalte zur Verfügung stellen

Lernen als Teil der Unternehmensphilosophie

- Lernen als elementaren Bestandteil der Unternehmensphilosophie betrachten
- Lernprozess und Qualifizierung der Mitarbeiter ist auch Aufgabe des Vorgesetzten, nicht nur des Mitarbeiters selbst
- Den Vorgesetzten für diese Aufgabe qualifizieren
- Weiterqualifizierung seiner Mitarbeiter ist Teil der Zielvereinbarung für die Führungskräfte
- Zielsetzung ist das lernende Unternehmen um:
  a) wettbewerbsfähiger zu sein
  b) kundenorientierter aufzutreten
  c) qualifiziertere Mitarbeiter zu besitzen
- Durch das Top Management die neue Lernkultur und Unternehmensphilosophie kommunizieren und vorleben
- Lernkultur zum Schulungsthema für Mitarbeiter und Führungskräfte machen
  a) Welche Rolle hat die Führungskraft
  b) wie lernt der Mitarbeiter mit den neuen Medien
- Unternehmensphilosophie auch extern kommunizieren

Aufgabe der Führungskräfte

- Mitarbeiter zum Lernen motivieren
- Garantierte Lernzeiten zur Verfügung stellen
- Als Ansprechpartner zur Verfügung stehen
- Neuen Lernprozess und neue Lernkultur vorleben (vom Teamleiter bis zum Vorstand)

Technische Voraussetzungen schaffen

- Zugriff auf einen PC (am Arbeitsplatz, an einer Lerninsel oder einem Lehrsaal) sicherstellen
- Ausreichend Netzkapazität vorhalten
- Internet- und Intranetzugang sicherstellen

- Alternative Übertragungswege prüfen

Mitarbeitervertretungen in den Entwicklungsprozess einbeziehen

- Den Betriebsrat so früh als möglich in die Entwicklung einer neuen Lernkultur involvieren

Vorstellung der „Kunden" kennen und einbeziehen

- Sichtweisen und Anforderungen des internen Kunden berücksichtigen
- Workshops mit dem Kunden durchführen

Kontinuierlichen Skill Management Prozess anstoßen

- Identifizierung der vorhandenen Skill-Lücken
- Mit Hilfe der neuen Lerninfrastruktur die Lücken gezielt schließen
- Skill-Lücken sind nicht das Problem der Mitarbeiter sondern des Vorgesetzten
- Vorhandene Skill-Lücken als Entwicklungschance sehen und nicht als Qualifizierungsengpass

Feedback der Teilnehmer einholen und als kontinuierlichen Qualitätsprozess nutzen

- Mit Hilfe der Teilnehmer einen permanenten Evaluationszyklus durchlaufen
- Feedback der Teilnehmer als Verbesserungschance nutzen

Darstellung der Kosten Nutzen Aspekte einer neuen Lernkultur

- Betriebswirtschaftlichen Nutzen (ROI) für das Unternehmen darstellen

Natürlich bedeutet das auch ein neues Rollenverständnis bei Trainern und Lernenden:

Abbildung 13: Rollenverständnis bei Trainern und Lernenden

Unser Ziel: Durch die Entwicklung neuer Arbeits- und Lernformen leisten wir einen Beitrag zur Sicherung der nachhaltigen Wettbewerbsfähigkeit des lernenden Unternehmens Lufthansa.

Juliane Vering, KPMG Deutsche Treuhand-Gesellschaft, Berlin
Dr. Frank Habermann, imc GmbH, Saarbrücken
Michael Gschwendtner, KPMG Consulting, München

Virtual Campus: Einführung einer mitarbeiterorientierten Lernwelt im Intranet von KPMG

1. Einleitung

In diesem Fall ist es keine Plattitüde: Beratungsunternehmen leben vom Wissen ihrer Mitarbeiter. Deren Kompetenz entscheidet über die Beratungsqualität und somit den Erfolg des Unternehmens. Die dadurch begründete Notwendigkeit des kontinuierlichen Lernens schlägt sich auch in einer berufsrechtlichen Verpflichtung nieder. So werden für Mitarbeiter von Prüfungs- und Beratungsunternehmen mindestens 40 Stunden Fortbildung pro Jahr vorgeschrieben.

Seit Jahren verzeichnet KPMG einen stetigen Zuwachs an Aus- und Fortbildungsaktivitäten. Ein abrupter Anstieg von über 30% erfolgte 1998/1999, als erstmalig der Gedanke anderer Lernformen von den Geschäftseinheiten diskutiert wurde. Grundlagenwissen, so war man sich einig, sei mit Hilfe des Computers gut zu erlernen, die notwendige Unterstützung könne dann „on the job" erfolgen. Ob dieses Wissen per CD ROM, per Intranet oder per Internet abrufbar sein sollte, war zunächst sekundär. Reisezeiten, Reisekosten, Trainer- und Hotelkosten seien die großen Kostenblöcke in der innerbetrieblichen Ausbildung, die es zu beschneiden galt. Obwohl die ersten Gedanken zu diesem Thema inhaltlich-didaktischer Art waren, entwickelte sich fast parallel zum E-Business Boom E-Learning als neue Form einer Mitarbeiter orientierten Lernwelt im Internet oder Intranet. Moderne Netztechnologie sollte nicht nur für die Vermittlung von Inhalten, sondern auch u. a. für Design, Auswahl und Durchführung von Lernprozessen eingesetzt werden.

Die zentrale Aus- und Fortbildungsabteilung hat auf dieser Grundlage entsprechende Recherchen eingeleitet und Anfang 2000 ein Vision Scope Dokument entwickelt, das die

Projektvision, den Projektumfang, Anwenderszenarien, Anwendungsübersichten sowie Qualitätsrichtlinien und Risikoanalysen beinhaltet. Zwischen der Erstellung des Vision Scope Dokumentes bis zur endgültigen Einführung des Systems lag ein Jahr, in dem Anspruch und Wirklichkeit oftmals stark auseinander liefen. Unternehmensinterne Organisationsprozesse, Abhängigkeiten von Know-how Trägern anderer Abteilungen sowie die üblichen Beschränkungen an Zeit, Geld und sonstigen Ressourcen haben aus einem revolutionären Gedanken ein evolutionäres Projekt gemacht. Dabei gab es einige Besonderheiten zu beachten, die für die Einführung eines Learning Management Systems (LMS) bei einem großen Prüfungs- und Beratungsunternehmen typisch sind:

Hohe Mobilitätsanforderungen an die operativ tätigen Mitarbeiter (kein fester Arbeitsplatz); Leistungsbemessung anhand weiter berechenbarer Stunden; hohe Sicherheitsbestimmungen für den Datentransfer; Datenhaltung im unternehmensinternen Intranet, das bereits für das Wissensmanagement genutzt wird; Funktionalität schon vorhandener ERP (Enterprise Resource Planning) und Performance Management Systeme; Anwesenheit eines Betriebsrates, der die Einführung neuer Lernformen mitbestimmt; hoher Bildungsstandard der Mitarbeiter; Haus interne Entwicklung von Lerninhalten.

Innerhalb dieses Projektumfelds war es unser vorrangiges Ziel, dem Mitarbeiter in einer ersten Projektstufe erkennbaren, effektiven Nutzen zu bringen. Dies sollte mit Blick auf die bestehenden organisatorischen Rahmenbedingungen erfolgen, d. h. ohne radikale organisatorische Umstrukturierungen vornehmen zu müssen. Dabei galt es gleichzeitig, unsere weiter reichende E-Learning Vision nicht aus den Augen zu verlieren. Der vorliegende Beitrag behandelt somit insbesondere Fragen der strategischen Einführung eines Anwendungssystems [1].

2. E-Learning Projekte: Zwischen Revolution und Evolution

Im Leben gibt es keine Lösungen.
Es gibt nur Kräfte, die in Bewegung sind:
Man muss sie erzeugen - und die Lösungen werden folgen.

Saint Exupéry

Während unserer Recherchen im Projektvorfeld haben wir Standardsoftware für Learning Management Systeme identifiziert und bewertet. Diese Systeme leisteten zum Teil erheblich mehr, als innerhalb des gegebenen Zeitrahmens, des genehmigten Budgets sowie der technischen und organisatorischen Rahmenbedingungen zu realisieren war. Funktionalitäten wie vollautomatisierte Buchungsvorgänge, virtuelle Lerngemeinschaften (E-Learning Communities) mit qualifizierten Teletutoren, Schnittstellen zu externen Bildungsinstitutionen, Testmanagement oder ein integriertes Skill Management System, um nur einige wichtige zu nennen, haben Begehrlichkeiten nach Optimierung bestehender Strukturen und Prozesse geweckt. Gleichwohl war uns bewusst, dass eine unmittelbare Umsetzung o. a. Funktionalitäten zu starken Spannungen zwischen fachlichen Anforderungen und organisatorisch/informationstechnischem Status Quo geführt und die Organisation dieses abgelehnt hätte.

Grundsätzlich ist zu Beginn eines derartigen Projektes zu erörtern, inwieweit das Unternehmen für drastische Veränderungsprozesse aufnahmebereit ist. Beispielsweise sind in Zeiten eines hohen Drucks von außen unternehmensinterne „Revolutionen" für den Mitarbeiter verunsichernd und demotivierend.

Auf dieser Basis haben wir uns für einen evolutionären E-Learning Ansatz entschieden, der dem Nutzer die Chance gibt, sich kontinuierlich mit neuen Lernformen, Rollen und Prozessen anzufreunden. In unserem Beispiel, der Einführung einer digitalen Lernumgebung bei KPMG, wurden bestehende organisatorische Prozesse und informationstechnische Systeme weitest gehend berücksichtigt. Gleichzeitig wird der Weg für eine Optimierung vorbereitet. Weitere Ausbaustufen und Verbesserungen sind auf der Grundlage von Gebrauch, Übung und Feedback des anwendenden Mitarbeiters geplant.

Folgende Beispiele verdeutlichen dies:

▪ E-Learning Communities und Teletutoring

Derzeit unterstützt unser organisatorischer Status Quo den Einsatz asynchroner Kommunikationsmodelle via E-Mail. Es ist jedoch unser Ziel, die Mitarbeiter im Lernkontext miteinander zu vernetzen und in Interaktion treten zu lassen, so genannte E-Learning Communities zu etablieren und damit dem Lernen im Netz eine soziale Komponente zu verleihen. Dies bedeutet in der Praxis, dass nicht mehr alle Informations- und Kommunikationswege zentral vorgegeben werden, sondern eine höhere Selbstorganisation der Mitarbeiter erfolgt. Es bedeutet auch, dass das Backoffice umfangreiche organisatorische Prozesse einleiten muss, wie beispielsweise das Einrichten von Sprechzeiten, die Auswahl der Tutoren, die Spezifizierung der Zielgruppe. Außerdem sind technische Faktoren wie Bandbreitenprobleme zu klären und potenzielle Kosten für den Fernzugriff (RAS) zu ermitteln. Die Realisierung erfolgt daher graduell in verschiedenen Entwicklungsphasen. In einem weiteren Schritt werden die Lernenden direkt miteinander kommunizieren und z. B. erkennen, welche anderen Lerner mit ihnen die Lernplattform gemeinsam nutzen. So wird die Bildung von Lernteams und Kooperationslernen unterstützt. Auf dieser Grundlage sind dann mittelfristig Teletutoren einzusetzen. Die entsprechenden Funktionalitäten werden im aktuellen Projekt berücksichtigt und dann live geschaltet, wenn die entsprechenden organisatorischen Gestaltungsmaßnahmen für den Einsatz von Teletutoren abgeschlossen sind.

Eine Online-Betreuung durch Tutoren soll E-Learning für den Mitarbeiter ein Stück weit individualisieren. Eine Individualisierung kann dabei auf Gruppen sowie auf den einzelnen Teilnehmer ausgerichtet sein. Beide Formen der tutoriellen Betreuung erfordern eine individuelle Ausrichtung und gezielte Planung der inhaltlichen Lernangebote. Neben der Zielgruppen spezifischen Definition von Lernzielen und der inhaltlichen Ausgestaltung von Curricula sind themenspezifische Schwerpunkte zu setzen. Diese ermöglichen es den verschiedenen Benutzergruppen – mit spezifischen fachlichen Interessen, Vorwissen und Bildungsbedarfen – das Lernen effizient zu gestalten.

So ist die Schaffung von E-Learning Communities und Teletutoring ein eigenständiges Projekt, verbunden mit vollkommen neuen Organisationsprozessen, auf die das Unternehmen intensiv vorbereitet werden muss.

▪ Externe Bildungsinstitutionen / 3rd Party Content

Grundsätzlich unterscheiden wir zwischen internen und externen Lieferanten von digitalen Lerninhalten (Content). Unser Programm beschränkt sich zunächst auf interne Inhaltslieferanten, da mit der Beschaffung externen Inhalts umfangreiche organisatorische Maßnahmen verbunden sind. Um ein möglichst breites inhaltliches Spektrum abdecken zu können, müssen externe Experten und Inhaltslieferanten im Rahmen des laufenden Betriebs hinzugezogen werden, um Themengebiete, die z. B. von hoher Aktualität sind, fach- und zeitgerecht mit entsprechenden Inhalten aufbereiten zu können. Diese Lieferantenbeziehungen werden ebenfalls in den Prozess der Qualitätssicherung der Lerninhalte einbezogen.

Die Auswahl geeigneter interner und externer Lieferanten wird ein entscheidendes Kriterium zukünftiger Vielfalt an E-Learning Möglichkeiten sein. Auch hier muss organisatorisch geklärt werden, wer hierfür Verantwortung übernimmt. Liegt diese zentral beim Editor oder dezentral in den einzelnen Geschäftseinheiten? Möglicherweise müssen Allianzen zu externen Know-how Trägern gebildet werden, auf deren Inhalte (Know-how) zugegriffen werden kann und die gleichzeitig renommierte Tutoren zur Verfügung stellen, um Diskussionsforen als festen Bestandteil des Aus- und Fortbildungsprozesses zu etablieren. Selbst interne Inhaltslieferanten, wie Trainer und Kursentwickler, müssen intensiv auf diese neue Rolle vorbereitet werden, die ihnen durch die Lernplattform eingeräumt wird. In kleinen Schritten versuchen wir, Templates für die Vereinheitlichung der Kursmaterialien von Kursentwicklern einzufordern, was in konkreten Fällen mit großem Aufwand verbunden ist. Daher kann auch hier nur schrittweise vorgegangen werden.

Einbindung von Tests

Tests sind derzeit nicht Bestandteil unserer Aus- und Fortbildungskultur, nicht zuletzt aufgrund des Betriebsrats, der hier seinen Mitbestimmungspflichten nachkommt. Tests sind jedoch wesentlicher Bestandteil einer virtuellen Lernumgebung, um sicherzustellen, dass der Lernende das notwendige Lernziel auch tatsächlich erreicht. Es gibt verschiedene Arten der Lernerfolgskontrolle:

- die Selbstlernkontrolle bei Stand-alone Web-based Trainings (nur für den Mitarbeiter ersichtlich);
- die Lernkontrolle für Pflicht-Web-based Trainings, ohne deren Bestehen kein weiterer Kursbesuch erfolgt (Testergebnisse müssen an einer zentralen Stelle zusammenlaufen, ggf. anonymisiert);
- die formale Zertifizierung;
- die Kontrolle für den testenden Trainer, Tutor u. a.

In unserem Fall werden Tests zunächst als Lerner-Selbsttests zur individuellen Lernfortschrittsüberprüfung eingesetzt. Als Kursvoraussetzung werden die Testinhalte dem Trainer bekannt sein, der diese im Präsenzkurs abfragen kann. Auch dies ist eine relativ einfache Zwischenlösung, bei der es aber letztendlich nicht bleiben kann. Interessanter ist die Lernerfolgskontrolle im Zusammenhang mit einer tutoriellen Betreuung für Einzelteilnehmer oder Lerngruppen. Dies setzt voraus, dass Testergebnisse nicht mehr ausschließlich dem Lernenden, sondern auch dem Trainer/ Tutor zugänglich sind. Auf dieser Basis kann der individuelle Wissensstand ermittelt und Wissensdefizite können gezielt ausgeglichen werden. Genau an dieser Stelle sind intensive Gespräche mit dem Betriebsrat erforderlich.

Skill Management / Learning Paths

Nach Einführung neuer weltweit geltender „Competencies" bei KPMG beschränkt sich unser derzeitiges Skill Management auf die Verknüpfung einzelner Softskill-Kurse zu den einzelnen Kompetenzfeldern. Damit erreichen wir, dass die Competencies den Mitarbeitern bekannt und als Verhaltensbemessungsgrundlage innerhalb des Performance Management Systems angewandt werden. Die Einbeziehung der Competencies stellt allerdings nur einen Bruchteil der von uns angestrebten Einbindung aller individuellen Entwicklungs- und Karrierepfade in Verbindung mit den Geschäftszielen in ein integriertes Skill Management System dar. Für weiter gehende Schritte müssten die bestehenden HR-Prozesse und Strukturen grundlegend analysiert und reorganisiert werden. Neue Verantwortlichkeiten und Rollen für den Betrieb, die Entwicklung individueller Karriere- und Ausbildungspfade sowie die direkte Kopplung von Arbeitsergebnissen und Schulungsinhalten sind nur einige Punkte, die in diesem Zusammenhang zu erwähnen sind. Diese komplexen Veränderungen sind nur in einem evolutionären Prozess zu realisieren.

Die aufgeführten Beispiele verdeutlichen das Spannungsverhältnis zwischen Revolution und Evolution, das bei der Einführung einer digitalen Lernwelt zu berücksichtigen ist. Wie letztendlich die tatsächliche Ausgestaltung eines E-Learning Systems auszusehen hat, hängt maßgeblich von den technischen und organisatorischen Rahmenbedingungen eines bestimmten Projektes, vom Selbstverständnis des Bildungsanbieters und dem Bildungsbedarf der Lernenden und ihrem Umgang mit den angebotenen Lerninhalten ab. Erst im laufenden Betrieb werden sich aus den Erfahrungen konkrete Neuausrichtungen oder eine geänderte Schwerpunktbildung ergeben. Daher ist der evolutionäre Ansatz bei der Einführung von E-Learning Systemen in erster Linie Mitarbeiter orientiert, Kosten sparend und organisationsfreundlich, sofern kontinuierliche Verbesserungen auch umgesetzt werden.

Im Folgenden wird anhand des Projekts „Virtual Campus" im Detail erörtert, wie die wesentlichen Gestaltungsaufgaben bei der evolutionären Einführung einer digitalen Lernwelt angegangen wurden.

3. Das Projekt „Virtual Campus"

3.1 Wesentliche Gestaltungsaufgaben

Mit dem Projekt Virtual Campus führt KPMG eine virtuelle Lernwelt ein. Diese virtuelle Lernwelt ist in das Intranet des Unternehmens eingebettet. Ein besonderer Fokus des Projektes liegt auf der Realisierung Mitarbeiter orientierter Formen des Lernens. Mitarbeiterorientierung ist bei KPMG kein abstraktes Schlagwort, sondern manifestiert sich in konkreten Gestaltungsaufgaben. Diese Gestaltungsaufgaben, die den Charakter von Virtual Campus wesentlich prägen, werden im Folgenden charakterisiert.

▪ Management der Virtual Campus Benutzer

Über Virtual Campus werden den Mitarbeitern persönliche Dienste angeboten. Beispielsweise besitzt jeder Mitarbeiter eine persönliche Homepage, die ihn mit Nachrichten versorgt, die sein Interessensprofil betreffen, und die ihm eine Übersicht seiner aktuell gebuchten Kurse gibt. Darüber hinaus wird z. B. für jeden Mitarbeiter ein Lernkonto geführt, das die in der Vergangenheit bearbeiteten Lerninhalte abbildet.

Damit derartige persönliche Dienste angeboten werden können, müssen die Mitarbeiter dem System Virtual Campus bekannt gemacht werden. Dies erfordert zum einen die

Einbindung von Personalstammdaten. Zum anderen müssen Regeln für die Verwaltung der Personen bezogenen Daten in Virtual Campus definiert werden. Die erfolgreiche Gestaltung aller Funktionen des Benutzermanagements ist eine der wichtigsten Anforderungen, um das Ziel der Mitarbeiterorientierung erreichen zu können.

■ Aufbau neuer Kurs- und Curriculum-Strukturen

Mit Virtual Campus geht eine Veränderung der Lernwelt innerhalb des Unternehmens einher. Ausgangssituation waren sehr stark auf Präsenzveranstaltungen basierende Curricula. Zwar existierten vereinzelte Web-based Trainings, doch waren diese nicht oder nur unzureichend in das didaktische Gesamtkonzept einbezogen. Mit Virtual Campus wird dies verändert. Das Spektrum des Online-Lernens wird quantitativ und qualitativ erweitert. Kurse sind in Virtual Campus ein Bündel aus Online-Lernen und Präsenzlernen, wobei mediendidaktische Aspekte konsequent berücksichtigt werden. Mit der Gestaltung derartiger Curricula wird die Selbststeuerung der Mitarbeiter beim Lernen erhöht, Lerninhalte und -tempo individueller gestaltet.

Eine wesentliche Voraussetzung für die Gestaltung von Kursen und Curricula, die als Medienbündel fungieren, ist die Beschaffung geeigneter Online-Lerninhalte. Dabei sind technische Anforderungen (z. B. die technischen Voraussetzungen zum Abspielen eines Web-based Trainings), didaktische Kriterien (z. B. der substitutive oder komplementäre Charakter eines bestimmten Mediums) und betriebswirtschaftliche Anforderungen (z. B. die Auswahl eines Lieferanten für ein bestimmtes Medium) gleichermaßen zu berücksichtigen.

■ Buchung von Kursen in Virtual Campus

Als Konsequenz der Gestaltung neuer Kursstrukturen und Lerninhalte führt Virtual Campus auch zu einer Veränderung der Buchungsprozesse. Online-Lerninhalte, die direkt vom Arbeitsplatz aufgerufen genutzt werden sollen, erfordern schnelle und direkte Zugangsmöglichkeiten durch die Mitarbeiter. Nur wenn Mitarbeiter komfortabel auf Lerninhalte zugreifen können, kann die angestrebte enge Verzahnung von Lernen und Arbeiten erreicht werden [2].

In diesem Zusammenhang werden auch Reorganisationspotenziale für die bestehenden Geschäftsprozesse genutzt. Mit Virtual Campus wurde der in der Ausgangssituation bestehende Buchungs- und Genehmigungsprozess für Präsenzveranstaltungen überarbeitet. Medienbrüche zwischen Papier und digitalen Informationen wurden aufgehoben. Dadurch wird die Transparenz des Buchungsverfahrens für die Mitarbeiter maßgeblich erhöht. Auf organisatorischer Ebene wurde die Ablauflogik der Prozesse vereinfacht und die Stellenstruktur im Backoffice überarbeitet. Dies verdeutlicht die z. T. tief greifenden Entscheidungen, die nötig sind, um die Gestaltungspotenziale von E-Learning nutzen zu können.

■ Entwicklung neuer Lernszenarien

Mit Virtual Campus wird das Ziel verfolgt, neue Lernszenarien im Unternehmen zu etablieren. Mitarbeiter sollen sich nicht nur als Mitglied einer Arbeitsgemeinschaft verstehen, sondern auch als Mitglieder einer Lerngemeinschaft. Dies war in der Ausgangssituation, in der sich Mitarbeiter nur wenige Male im Jahr und dann auch nur in veränderten Kleingruppen zu Seminaren trafen, kaum möglich. Eine über diese punktuellen Seminartermine hinausgehende Verbindung der Lernenden existierte nicht.

Mit Virtual Campus sollen diese Netzwerke geknüpft werden. Mitarbeiter sollen sich über einen konkreten Seminartermin hinaus austauschen können und Wissen teilen. Hierfür fungiert Virtual Campus zunächst als technische Plattform. Doch die Schaffung einer virtuellen Lerngemeinschaft erfordert mehr als nur die Bereitstellung der informationstechnischen Werkzeuge. Beispielsweise müssen soziale Regeln definiert und ein Wertesystem für die Gemeinschaft entwickelt werden. Diese Prozesse sind oft langwierig und nur bedingt steuerbar. Dennoch müssen die entsprechenden organisatorischen Rahmenbedingungen gestaltet werden.

In den folgenden Abschnitten werden die organisatorischen und informationstechnischen Anforderungen bei der Gestaltung einer virtuellen Lernwelt an konkreten Projektbeispielen verdeutlicht. Die Gliederung orientiert sich an den vier vorgestellten Gestaltungsentscheidungen. Ein besonderes Augenmerk gilt den Wechselbeziehungen zwischen organisatorischen und technischen Aspekten.

3.2 Organisatorische Anforderungen und Auswirkungen auf die Informationstechnologie

Computer gestützte betriebswirtschaftliche Informationssysteme sind das Vehikel, um die Welt der Geschäftsprozesse mit der Welt der Informationstechnologie zu verbinden [3]. Übertragen auf E-Learning lautet diese allgemeine Aussage: „Learning Management Systeme (Lernplattformen) sind das Vehikel, um die Welt der Personalentwicklung mit der Welt der Informationstechnologie zu verbinden". Beide Welten – die eine fachlich/organisatorisch, die andere technisch geprägt – stehen in einem wechselseitigen Beziehungsgeflecht. Abbildung 1 veranschaulicht diese beiden Sichtweisen auf Lernplattformen.

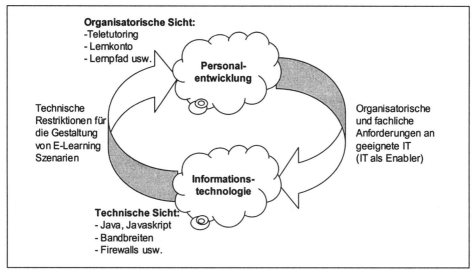

Abbildung 1: Organisatorische und technische Sichtweise auf Lernplattformen [4]

In diesem Abschnitt werden zunächst die organisatorischen Anforderungen und deren Auswirkungen auf die Informationstechnologie beschrieben. In Abbildung 1 ist dies durch den rechten Pfeil dargestellt. Hier wirkt IT als „Enabler" und schafft neue Gestaltungsspielräume. Im folgenden Abschnitt 3.3 werden dann die informationstechnischen Anforderungen und die umgekehrte Beziehungsrichtung dargestellt. In dieser Richtung wirkt IT als Restriktion, die bei der Organisationsgestaltung zu berücksichtigen ist.

3.2.1 Management der Virtual Campus Benutzer

Das Management von Benutzern (User Management) besitzt in einem LMS vor allem zwei entscheidende Ausprägungen:

- Abbildung des benötigten Rollenkonzepts,
- Anbieten von personalisierten Diensten.

Nicht zuletzt ist das User Management jedoch auch Voraussetzung für eine so selbstverständliche Sache wie die Autorisierung des Benutzers und seinen Zugang zum System.

Mit Hilfe des Gruppenmanagements erfolgt die Zuordnung von Personen zu verschiedenen Gruppen, die unterschiedliche Aufgaben und Rechte in Virtual Campus besitzen. Diese Gruppen entsprechen den für das LMS definierten Rollen. Dabei kann ein User mehreren Gruppen gleichzeitig zugeordnet werden. Aufgrund des Organisationsmodells bei der KPMG ist dies für Virtual Campus relativ häufig der Fall. Beispielsweise kann ein Personal verantwortlicher Partner (die Rolle „Partner" wird vor allem im Sinne des Buchungs- und Genehmigungsprozesses benötigt, s. Abschnitt 3.2.3) sich gleichzeitig als Autor von Inhalten betätigen. Ebenso sind Mitarbeiter des Backoffice gleichzeitig auch der Rolle eines Lerners zugeordnet.

Für das Verwalten der einzelnen Gruppen besteht die Voraussetzung, dass eine eindeutige Identifikation der User geschieht. Hierfür ist entscheidend, welche Felder für die Personen bezogenen Daten innerhalb des User Managements definiert werden, da anhand dieser die Zuordnung zu einer Gruppe erfolgen kann. In diesem Zusammenhang ist zuerst – insbesondere mit den Arbeitnehmervertretern – zu klären, welche persönlichen Mitarbeiterdaten im Rahmen des User Managements von Virtual Campus verwendet werden sollen. Dabei ist zu beachten, dass derartige Klärungsprozesse mehrere Gremien und Zyklen durchlaufen und infolgedessen sehr langwierig sein können. Eine entsprechende Vorlaufzeit ist einzuplanen. Denn nur über die Möglichkeit der Verwaltung geeigneter persönlicher Informationen können individualisierte Dienste, z. B. spezielle Kurse und News für Steuerberater von internationalen Betrieben, angeboten werden.

Für Virtual Campus wurden mehrere Gruppen definiert, die generell in zwei unterschiedliche Bereiche eingeteilt werden können:

- Gruppe der „lernenden User" (Interner Lerner, Externer Lerner und Gast); die Lerner unterteilen sich dabei wiederum organisatorisch in fachliche Mitarbeiter, Manager sowie Partner.
- Gruppe der „administrativen User" (Administrator, Editor, Autor, Trainer, Curriculum Manager und Partner).

Dabei gestaltet sich die Zuordnung der einzelnen Nutzer zu den definierten Gruppen/Rollen unterschiedlich schwierig. Recht einfach ist dies bei den lernenden Usern, denn hier gelten prinzipiell alle Mitarbeiter als Lerner, alle anderen „Besucher" von Virtual Campus sind Gäste mit entsprechend eingeschränkten Rechten und Funktionalitäten. Die Unterscheidung in interne und externe Lerner ist eher organisatorischer Natur und bezieht sich vor allem auf die Abwicklung unterschiedlicher Buchungskreise.

Anders sieht es bei den administrativen Usern aus, denn hier gibt es teilweise Rollen, die in ihrer Definition neu sind und nicht automatisch mit Personen belegt werden können. Hier darf sich die gewählte Lösung nicht allzu weit und zu radikal von den gegebenen organisatorischen Rahmenbedingungen absetzen, da ansonsten die Organisation überfordert wird. So gab es bei der KPMG bereits vor der Einführung von Virtual Campus innerhalb der existierenden Aus- und Fortbildungsstruktur Mitarbeiter in den meisten der definierten und oben genannten Rollen, wenn auch natürlich nicht mit identischer Aufgabenbeschreibung. Allerdings war es auch hier notwendig, einen Mitarbeiter für die neue Rolle des fachlichen Administrators für die Plattform zu bestimmen. In diesem Fall gelang dies durch die Umschichtung von Aufgaben von bestehenden Mitarbeitern, i. a. muss hier jedoch notfalls auch an die Schaffung von neuen Stellen gedacht werden.

3.2.2 Aufbau neuer Kurs- und Curriculum-Strukturen

E-Learning bedeutet nicht die vollkommene Abkehr vom Präsenzlernen, sondern die zielgerichtete Kombination von Präsenzveranstaltungen mit neuen digitalen Lerninhalten. So auch bei Virtual Campus. Neue Lernmedien wie Web-based Trainings werden sowohl substitutiv als auch komplementär zu Präsenzveranstaltungen eingesetzt. Im Fall des komplementären Einsatzes kommen sie zur Vorbereitung ebenso wie zur Nachbereitung zum Einsatz. Diese Einsatzmöglichkeiten richten sich neben der didaktischen und inhaltlichen Ausgestaltung auch nach den technischen Eigenschaften eines bestimmten Mediums (s. dazu Abschnitt 3.3.2).

Aus organisatorischer Sicht besteht nun eine wesentliche Anforderung darin, Prozesse für die Beschaffung der neuen Medien zu definieren. Dabei sind zahlreiche Aspekte zu beachten.

Zunächst muss aus fachlicher Sicht entschieden werden, welche Medientypen zum Einsatz kommen. Dies orientiert sich an dem konkreten Schulungsbedarf und an den geplanten didaktischen Konzepten. Sind die grundsätzlichen Medientypen definiert (z. B. Web-based Trainings, digitale Arbeitspapiere, Präsentationen usw.), muss identifiziert werden, welche qualitativen Anforderungen an die einzusetzenden Medien gestellt werden. Davon ist z. B. abhängig, ob als Inhaltelieferanten nur professionelle Anbieter in Frage kommen oder ob auch Mitarbeiter des eigenen Unternehmens mittels einfacher Autorenwerkzeuge Inhalte erstellen und liefern sollen. Dies ist selbstverständlich auch eine Kostenfrage.

Im Fall von Virtual Campus wurde die Entscheidung getroffen, bei der Einführung der Lernplattform ausschließlich auf hochwertige, professionell erstellte Inhalte zu setzen. Damit wird das Ziel verfolgt, die Akzeptanz der Lernenden zu erhöhen. Im weiteren Verlauf der Plattformnutzung soll dieses Konzept dahin gehend erweitert werden, dass auch unternehmensinterne Autoren aus den Fachabteilungen Inhalte liefern. Damit soll die Publikationsgeschwindigkeit, insbesondere für aktuelle Themen, erhöht werden.

Wurde die Entscheidung getroffen, sich auf externe Anbieter zu konzentrieren, muss zunächst eine Marktuntersuchung angestellt werden. Den meisten Unternehmen dürfte zu Beginn eines E-Learning Projektes unklar sein, welche Anbieter als Contentlieferanten fungieren. Dies ist nicht weiter verwunderlich, reichen die selbst ernannten Anbieter von E-Learning Produkten doch von deutschen und amerikanischen Universitätsinstituten über Verlagshäuser bis hin zu Softwareriesen wie Microsoft.

Marktabdeckung, Liefertreue und Servicelevel der Anbieter oder Beschaffungspreise der Produkte sind allgemeine Kriterien, die offensichtlich auch bei der Auswahl von E-

Learning Produkten zum Tragen kommen. Auch dass es bestimmte Standards gibt, auf die beim Kauf von z. B. Web-based Trainings geachtet werden sollte, wird einem schon nach kurzer Beschäftigung mit dem Thema klar. Doch dass es unterschiedliche Grade der Erfüllung dieser Standards gibt, was zum Teil erhebliche Auswirkungen für die Nutzbarkeit der Inhalte hat, ist in der Regel intransparent und kann eine schmerzliche Erfahrung sein. Deshalb ist es wichtig, genaue Anforderungen an E-Learning Inhalte und deren Beschreibung zu formulieren. Nur so kann sichergestellt werden, dass Lerninhalte in unterschiedlichen Kontexten genutzt und über organisatorische und technische Grenzen hinweg ausgetauscht werden können.

Abschließend sei bemerkt, dass die Beschaffung von E-Learning Produkten und deren Einbindung in Kurse und Curricula keine einmalige, sondern eine kontinuierliche Aufgabe ist. Hierfür sollten Routineprozesse etabliert werden, wodurch der Aufwand im laufenden Betrieb erheblich gesenkt werden kann. Zu diesem Zweck ist bereits während der Plattformeinführung ein entsprechendes fachliches Betreiberkonzept zu entwickeln. Dies bedeutet, dass entweder unternehmensinterne Mitarbeiter Aufgaben des Kurs- und Curriculum-Managements übernehmen und sich ihre Stellenprofile entsprechend verändern. Oder die Beschaffung von Inhalten, Aktualisierung der Kursstrukturen und Entwicklung neuer Curricula werden einem externen Dienstleister übertragen.

Somit erstrecken sich Make-or-Buy Entscheidungen nicht nur auf die Inhalte selbst, sondern auch auf die Prozesse für das Management dieser Inhalte. Letzteres ist insbesondere eine Frage der Organisationsentwicklung. Eine Unternehmung muss beantworten, ob sie den Weg in Richtung einer Corporate University mit eigener Verwaltung gehen möchte oder ob auf eine solche Administration verzichtet werden soll.

3.2.3 Buchung von Kursen in Virtual Campus

Virtual Campus verfolgt das Ziel, die bestehende Ausbildungslandschaft abzubilden und mit neuen Elementen anzureichern. Das heißt, dass bisher angebotene Präsenzveranstaltungen auch zukünftig angeboten werden, jedoch durch weitere mediale Elemente wie z. B. Powerpoint Präsentationen und Web-based Trainings ergänzt werden. Diese Aggregation von zusammenhängenden Lernelementen wird in Virtual Campus als Kurs bezeichnet. Letzten Endes kann jedoch ein Web-based Training auch als alleinige Ausbildungsform – und somit nicht nur als Ergänzung zu einem Präsenzkurs – fungieren. Es muss nun definiert werden, wie diese unterschiedlichen Kurs- und Ausbildungstypen für einen Lerner gebucht werden können.

Innerhalb von Virtual Campus findet eine Buchung von Lerninhalten auf der Ebene von Kursen statt. Auf der Ebene von Einzelelementen erfolgt kein Registrierungsprozess. Diese Einzelelemente sind in Virtual Campus frei verfügbar; dadurch dienen sie zunächst der allgemeinen Information der Benutzer und bieten ein breites Spektrum an Nachschlage- und Informationsmöglichkeiten.

Von den grundsätzlich drei Möglichkeiten, Buchungsprozesse von Kursen zu realisieren, wird in der ersten Realisierungsstufe von Virtual Campus die Buchungsart „Third Party Registration", also Buchung durch Dritte und nicht durch den Lernenden selbst, nicht angewandt. Zum Einsatz kommen hier die Buchungsarten „Self Registration" sowie „Self Registration with confirmation".

Kurse, die keine Präsenzveranstaltung beinhalten, werden in Virtual Campus durch den Lernenden selbst gebucht („Self Registration"). Die Registrierung von Kursen, die durch den Lernenden gebucht werden, dient nicht primär der Durchführung von Berechtigungs- oder Zugangskonzepten. Vielmehr ist die Selbstregistrierung als Angebot an den Lernenden zu betrachten, der auf diese Weise die Möglichkeit erhält, sich zunächst nach seinen individuellen Interessen Kurse auszuwählen und in einem nächsten Schritt zu entscheiden, ob er diese auch tatsächlich absolvieren möchte. Weiterhin kann der Lernende auf diese Weise seine Lernhistorie verfolgen, denn nur Kurse, die er gebucht und absolviert hat, werden in seinem Lernkonto geführt.

Im Gegensatz dazu müssen Kurse, die eine Präsenzveranstaltung beinhalten, vom Personal verantwortlichen Partner genehmigt werden. Dieses Vorgehen schafft somit eine Konsistenz im Vergleich zum bisherigen Antragstellungs- und Genehmigungsverfahren, da auch bisher Schulungsmaßnahmen vom Vorgesetzten jeweils zu genehmigen waren. Dieser Buchungsprozess „Self Registration with confirmation" kann als Hauptprozess innerhalb von Virtual Campus angesehen werden. Bei diesem Prozess muss der Antrag auf Ausbildung des Mitarbeiters erst genehmigt werden, bevor der Antragsteller effektiv als Teilnehmer einer Veranstaltung gebucht werden kann.

Dieser Prozess, der zuvor Papier basiert verlief, sollte durch Virtual Campus nun System basiert und automatisiert abgebildet werden. Dazu müssen die existierenden Genehmigungsprozesse ebenso wie die entsprechenden Genehmigungshierarchien berücksichtigt werden (siehe Kapitel 3.3.3).

Folge einer System internen Abbildung des Buchungsprozesses ist es, dass der bestehende Papier basierte Prozess keinen Bestand mehr haben wird und somit eine Steigerung der Effizienz und des Komforts für die Lernenden sowie die Mitarbeiter im Backoffice erreicht wird.

Es ist anzumerken, dass eine System technische Abbildung von ehemals Papier basierten Genehmigungsprozessen für alle Kursangebote und nicht nur einen Ausschnitt daraus erfolgen musste. Ein Nebeneinander von Papier basiertem und automatisiertem Prozess wäre kontraproduktiv gewesen. In diesem Fall hätten die Backoffice-Mitarbeiter zwei Prozesse unterstützen müssen, was eine Erhöhung der Arbeitslast und eine Steigerung der Fehlerrate bei der Bearbeitung von Anträgen zur Folge gehabt hätte. Außerdem ist davon auszugehen, dass die Benutzerakzeptanz eines Systems bei unklaren Strukturen und Prozessen, die mit System- und Medienbrüchen realisiert sind, signifikant sinkt.

3.2.4 Entwicklung neuer Lernszenarien

Mit Virtual Campus wird das Ziel verfolgt, eine virtuelle Wissens- und Lerngemeinschaft zu etablieren. In dieser Lerngemeinschaft sollen Mitarbeiter zu dauerhaften Wissens- und Lernnetzwerken verbunden werden und dadurch zu einer Verbesserung des Wissensaustauschs und Lernerfolgs beitragen. Gleichzeitig soll durch die organisatorische Vernetzung erreicht werden, dass nicht nur explizit dokumentiertes Wissen über Virtual Campus angeboten wird, sondern Mitarbeiter auch „weiches" Wissen wie Meinungen, Bewertungen und Stories einbringen. So kann beispielsweise die Qualität von Seminarveranstaltungen diskutiert und Vorschläge für neue Kursangebote können eingebracht werden.

Doch eine solche „Demokratisierung des Wissens" [5] wird nicht von allen Teilnehmern direkt akzeptiert, stößt mithin auf Widerstände und muss erst geübt werden. Die Entwicklung neuer Lernwelten ist deshalb ein evolutionärer Prozess, der zunächst an kleinen Aufgaben erprobt werden sollte. Im Fall von Virtual Campus wird dies z. B. dadurch erreicht, dass sich die Teilnehmer von Präsenzveranstaltungen bereits im Vorfeld kennen und über Kommunikationsmedien wie Foren austauschen. Mittelfristig soll dieses Spektrum dann erweitert und der Grad der Interaktion zwischen den Mitarbeitern zunehmend erhöht werden.

Für die Einführung neuer Lernwelten müssen grundsätzliche organisatorische Rahmenbedingungen definiert werden. Eine äußerst wichtige Rahmenbedingung besteht darin, dass Mitarbeiter den nötigen Freiraum für die aktive Teilnahme an der Lerngemeinschaft erhalten müssen. Das Ziel der Verzahnung von Lernen und Arbeiten kann nur erreicht werden, wenn die Mitarbeiter keinen Nachteil durch die neue Lernorganisation erleiden. So darf Lernen z. B. nicht per se auf Zeiten außerhalb der Kernarbeitszeit verlagert werden. Ganz zu schweigen davon, dass dies zu einer mangelnden Akzeptanz führt, die bis hin zur Sabotage reichen kann, würde ein solches Konzept bereits an der Zustimmung des Betriebsrats scheitern.

Darüber hinaus muss beispielsweise geklärt werden, ob sich Mitarbeiter hinter Alias-Namen „verstecken" dürfen, wie dies bei Internet-Communities die Regel ist, oder ob jeder Mitarbeiter ausschließlich mit seinem wahren Namen identifiziert wird. Ferner sind Regeln zu erstellen, wie miteinander in der neuen vernetzten Lernwelt umgegangen werden soll. Eine einfache Regel der so genannten „Netikette" sollte zum Beispiel lauten, dass über die Lern- und Wissensplattform ausschließlich Themen bezogen diskutiert wird. Doch hier sind die Grenzen fließend. Oft ist es ein schmaler Grat zwischen einem Chat, der den Verlauf eines Seminars diskutiert und an dessen Ende man sich verabredet, diese Diskussion außerhalb der Plattform weiter zu führen, und einem Chat, der mit Vorsatz als „Verabredungsbörse" genutzt wird. Auch in diesem Punkt ist Übung und in der Einführungsphase seitens der Organisation in jedem Fall ein gewisses Maß an Toleranz gefragt. Schließlich bedeutet der Übergang zu einer virtuellen Lernwelt immer auch ein Stück kulturellen Wandel.

Ist „Kultur" noch ein eher schwierig zu gestaltender Aspekt, so gehen mit der Einführung einer virtuellen Lernwelt auch ganz konkrete organisatorische Gestaltungsmaßnahmen einher. Dies kann am Beispiel von Teletutoring verdeutlicht werden. Unter Teletutoring werden Schulungs- und Betreuungsdienste verstanden, die den Lernenden online zur Verfügung stehen. Beispiele hierfür sind – bezogen auf einen bestimmten Kurs – die Moderation von Chats, das Führen von FAQ-Listen, das Erstellen von Glossaren oder die Auswertung von Online-Tests. Diese Dienste stellen eindeutige Zusatzleistungen dar, die mit der Einführung einer E-Learning Welt einhergehen. Dies hat zur Folge, dass Ressourcen für die Erbringung dieser Leistungen bereitgestellt werden müssen. Dies resultiert häufig nicht zuletzt in einer umfassenden Veränderung der bisherigen Stellenbeschreibung für Trainer bzw. Tutoren.

3.3 Informationstechnologische Anforderungen und Auswirkungen auf die Organisation

3.3.1 Management der Virtual Campus Benutzer

User im Sinne von Virtual Campus sind all diejenigen, die effektiv Zugriff auf das System haben. Mit Hilfe des User Management innerhalb Virtual Campus müssen diese Nutzer effizient eingerichtet und verwaltet werden können.

Im Rahmen des User Managements müssen für jeden aktiven User Personen bezogene Daten vor allem aus zweierlei Gründen zur Verfügung gestellt werden (siehe auch Kapitel 3.2.1):

- Benutzer bezogene Daten sind für die Realisierung des Gruppenmanagements innerhalb eines LMS erforderlich, in dem die Zuordnung von Personen zu verschiedenen Gruppen erfolgt, die unterschiedliche Aufgaben und Rechte besitzen. Diese Gruppen entsprechen den für Virtual Campus definierten Rollen.
- Zum anderen müssen in einem LMS sogenannte Personal Services, d. h. Personalisierung von News, Kursinformationen etc., verwirklicht werden können.

Es stellt sich nun die Frage, wie diese Personen bezogenen Daten effizient aus bestehenden Datenbeständen gewonnen werden können, ohne zum einen eine unnötige Datenredundanz zu generieren und zum anderen einen größeren Teil der benötigten Daten gänzlich neu anlegen zu müssen. Vom Idealfall, dass sämtliche Personen bezogenen Daten in bereits existierenden Datenquellen vorhanden sind, auf die vom LMS aus zugegriffen werden kann, kann wahrscheinlich nur in den wenigsten Fällen ausgegangen werden. Dieser Umstand trifft auch auf Virtual Campus zu.

Für die Personen bezogenen Daten kommen bei KPMG ursprünglich die beiden Datenquellen SAP HR sowie Exchange Server in Frage. Beide Datenquellen erfüllen jedoch nicht die notwendige Eigenschaft, sowohl die Personalnummer eines Mitarbeiters (über die vor allem Buchungsdaten aus SAP TEM referenziert werden) als auch seine NT-Kennung (über die er für Virtual Campus autorisiert wird) zu beinhalten. Diese Forderung des Datenmatches existiert in vielen Projekten mit Personen bezogenen Stammdaten. Aus diesem Grunde wurde für Virtual Campus auf eine proprietäre Datenbank zurück gegriffen, die für diesen Zweck kurz zuvor realisiert worden war: die **Z**entrale **A**dministrations-**DA**tenbank (ZADA) der KPMG. Diese Datenbank bündelt ausgewählte Daten aus unterschiedlichen Vorsystemen und kann diese in jeweils nach Bedarf zu definierenden Views für weitere Verwendungszwecke zur Verfügung stellen.

Zu einer vollständigen Definition der Benutzerdaten für ein LMS gehört auch die Abbildung von Organisationshierarchien, beispielsweise zur System technischen Unterstützung des Buchungs- und Genehmigungsprozesses (siehe Kapitel 3.2.3 und 3.3.3). Solche Organisationsabbildungen sind typischer Weise in SAP OM (Organisationsmanagement) abgelegt. Zum Einführungszeitpunkt von Virtual Campus war diese Applikation jedoch noch nicht im produktiven Einsatz.

Für die daraus entstehende Übergangsphase bieten sich grundsätzlich zwei Alternativen an:
1. Proprietäre Abbildung der Organisationshierarchie,
2. Abbildung temporärer Lösungen/Prozesse innerhalb des LMS.

Der erste Fall hat zur Folge, dass in der Datenbank des LMS die Organisation in der benötigten Form nachgebildet wird, d. h. beispielsweise die Zuordnung des vorgesetzten Partners zu jedem Mitarbeiter. Aus organisatorischen und budgetären Gründen sowie vor allem zur Vermeidung von Datenredundanzen und entstehendem Administrationsaufwand ist jedoch auf diese Lösung verzichtet worden. Statt dessen wählte man die zweite Alternative; eine konkrete Auswirkung davon spiegelt sich im resultierenden Buchungs- und Genehmigungsprozess wider, der in Kapitel 3.3.3 beschrieben ist.

Zum Schluss sei als Konsequenz aus den obigen Ausführungen angemerkt, dass bei existierenden Schnittstellen zur Vermeidung von unnötiger Datenredundanz stets nur die direkt notwendigen Daten im System vorgehalten werden sollten.

3.3.2 Aufbau neuer Kurs- und Curriculum-Strukturen

In Abschnitt 3.2.2 wurde dargestellt, welche fachlichen und betriebswirtschaftlichen Anforderungen für die Beschaffung neuer Medientypen bestehen. Darüber hinaus existieren technische Kriterien und Rahmenbedingungen, die bei der Medienauswahl und der Gestaltung neuer Kursstrukturen zu berücksichtigen sind.

Ein wesentliches Kriterium bei der Beschaffung neuer Medientypen sind die technischen Eigenschaften bestimmter Medien. Schließlich sollen nur solche Medien beschafft und in Kursstrukturen eingebaut werden, die in der bestehenden technischen Infrastruktur sinnvoll genutzt werden können. Dies bedeutet zuvorderst, dass bestimmte Mindestanforderungen an die technische Performanz gewährleistet sein müssen. Für Virtual Campus wurde z. B. beschlossen, dass nur solche Web-based Trainings zum Einsatz kommen, die unter einer Netzanbindung von 56kB einwandfrei funktionieren.

Das Performanzkriterium kann aber auch dazu führen, dass bestimmte Medientypen grundsätzlich ausgeschlossen werden. Dies ist bei Virtual Campus der Fall. Vor dem Hintergrund der bestehenden Netzinfrastruktur wurde entschieden, in der ersten Phase der Systemeinführung auf den Einsatz von Videos und anderen Streaming-Formaten zu verzichten. In einer späteren Phase soll das Konzept dann um diese Medien erweitert werden.

Neben dem Performanzkriterium setzen die Sicherheitsanforderungen einer bestimmten IT-Infrastruktur maßgebliche Rahmenbedingungen. So ist beispielsweise entscheidend, wie offen über die Grenzen eines Firmennetzes Inhalte ausgetauscht werden können. Dies betrifft sowohl den Austausch innerhalb eines Firmenverbundes als auch mit befreundeten Unternehmen. Virtual Campus hat aufgrund der bestehenden Firewalls und Sicherheitsrestriktionen primär den Charakter einer Intranet-Lernplattform. Dies bedeutet, dass „reiche" Inhalte wie Web-based Trainings ausschließlich unternehmensintern in das System eingestellt und ausschließlich im Intranet genutzt werden. Über die Verbindung zum Internet werden lediglich ergänzende Links auf HTML-Seiten in die Kursstrukturen eingebunden.

Für die Kombination der beschafften Medien in Kursen sind ebenfalls nicht nur fachliche, sondern auch technische Merkmale relevant. So können sich Medien aufgrund ihrer technischen Merkmale ausschließen oder ergänzen. Diese Gestaltungszusammenhänge, die insbesondere Aspekte der Rezeption berücksichtigen, werden in der in den Vereinigten Staaten weit verbreiteten Forschungsrichtung „Media Richness" behandelt [6].

Abschließend sei bemerkt, dass es zum Zeitpunkt der Einführung eines Learning Management Systems in vielen Fällen bereits existierende Anwendungssysteme gibt, mittels derer Schulungsveranstaltungen oder -inhalte verwaltet werden. Dies sind Module von betriebswirtschaftlichen Standardsoftwaresystemen aus dem HR-Bereich und Content Management Systeme für das Intranet. Einerseits werden diese Systeme den Anforderungen an eine E-Learning Applikation nicht gerecht. Andererseits werden sie bereits eingesetzt, die Mitarbeiter sind in der Nutzung geübt und es existieren Datenbestände, welche mit diesen Systemen erzeugt wurden. Daraus ergibt sich die Notwendigkeit, diese Systeme mit der E-Learning Plattform technisch zu integrieren.

Diese Situation stellte sich auch für Virtual Campus dar. Integrationsaspekte des bestehenden SAP Training and Event Management (TEM) Moduls werden im folgenden Abschnitt erörtert.

3.3.3 Buchung von Kursen in Virtual Campus

Ziel bei der System basierten Abbildung von Prozessen ist es, dass der Prozess vollständig ohne Medien- oder Systembrüche automatisiert wird. Voraussetzung dafür ist grundsätzlich auch, dass die vorhandenen und notwendigen Schnittstellen ein Schreiben von Daten in beide Richtungen erlauben, sofern die entsprechenden Quellsysteme als „führende" Systeme im Sinne der Datenhaltung beibehalten und deren Datenbestände sowie Prozessabbildungen nicht in den Aufgabenbereich der neuen Applikation gelegt werden.

So ist bei der KPMG das führende System zum Vorhalten von Kurs- und Teilnehmerinformationen sowie von Abrechnungsdaten auch nach Einführung von Virtual Campus weiterhin SAP TEM. Ohne eine bidirektionale Schnittstelle, d. h. spezifisch ohne eine Schreibmöglichkeit von Virtual Campus in SAP TEM, ist es allerdings nicht möglich, die beim Buchungsvorgang entstehenden Informationen automatisiert zu übertragen.

Für die Einführung von Virtual Campus waren solche bidirektionalen Schnittstellen nicht vorhanden und auch nicht kurzfristig realisierbar. Deshalb war man gezwungen, eine Übergangslösung für den Buchungsprozess zu finden, die getreu der Maßgabe, das System auf den Endbenutzer auszurichten, zwangsläufig zu einer sub-optimalen Lösung für das Backoffice-Personal und seine Prozesse führt. Folgende Einschränkungen sind bei der Realisierung des Buchungsprozesses zu konstatieren:

- Die Angaben zum verantwortlichen Partner und zum Ausbildungssekretariat müssen noch manuell vom Lerner ausgewählt werden,
- Die Buchungsinformationen, die in Virtual Campus generiert werden, müssen noch manuell von den Ausbildungssekretariaten in SAP TEM eingepflegt werden.

In der folgenden Abbildung ist der resultierende Buchungsprozess nachgebildet.

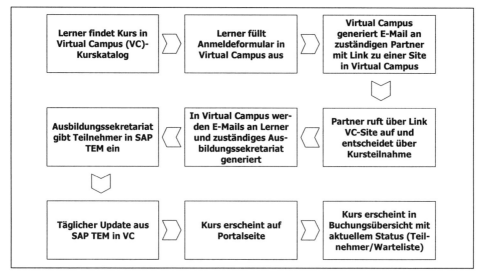

Abbildung 2: Buchungsprozess in Virtual Campus

Allerdings gelang es in Virtual Campus, trotz der gegebenen technischen Restriktionen den gewünschten Prozess organisatorisch vollständig abzubilden, zeitlich zu straffen und für den Benutzer wesentlich transparenter als in der Ausgangssituation zu gestalten.

3.3.4 Entwicklung neuer Lernszenarien

Die wichtigste Anforderung besteht darin, die für die Unterstützung der angestrebten Wissens- und Lernnetzwerke nötige technische Infrastruktur zu entwickeln. Dies betrifft zum einen die Bereitstellung eines technischen Netzwerkes, das die erforderlichen Bandbreiten für eine große Anzahl gleichzeitiger Benutzer bietet. Zum anderen sind die für den Wissensaustausch nötigen Informations- und Kommunikationswerkzeuge zu liefern.

An diesem Punkt wird die wechselseitige Beziehung von technischen und organisatorischen Gestaltungsanforderungen noch einmal besonders deutlich. Nur wenn beide Kriterien erfüllt und aufeinander abgestimmt sind, kann E-Learning zu einem Erfolg werden. So ist z. B. die Bereitstellung eines informationstechnischen Werkzeugs, z. B. einer Chat-Applikation, kontraproduktiv, wenn die Organisation nicht ausreichend darauf vorbereitet ist. Stellt beispielsweise ein Teilnehmer fest, dass er gar nicht so schnell tippen wie er denken und lesen kann oder, schlimmer noch, betritt er als einziger einen vollkommen leeren Chat-Raum, so wird er sehr schnell von der Benutzung dieses Mediums Abstand nehmen. Damit wird der Einsatz von Chats unter Umständen sogar langfristig verhindert. Umgekehrt sind die besten organisatorischen oder fachlichen Ansätze hinfällig, wenn z. B. die ausgewählte Lernplattform nicht über die erforderlichen Funktionalitäten verfügt, um diese Ansätze zu realisieren. Aufgrund des aktuellen Standes der Technik wiegt dieses Argument allerdings nicht so stark wie das zuerst genannte.

Abschließend wird deshalb auf einen anderen Aspekt eingegangen: die Verzahnung einer Lernplattform mit dem Intranet. In vielen Unternehmen existiert bereits ein Intranet, das bestimmte Informations- und Kommunikationsaufgaben erfüllt. Da die fachliche Abgrenzung zwischen Knowledge Management – als dessen Vertreter häufig ein Intranet angesehen wird – und Learning Management fließend ist, besteht die Anforderung, Intranet und Lernplattform auch aus technischer Sicht eng miteinander zu verzahnen.

Im einfachsten Fall bedeutet dies, dass zwischen beiden Systemen Verknüpfungen, so genannte Hyperlinks, zu erstellen sind. In der Regel geht die gewünschte Integration aber tiefer. So ist es mindestens ein Wunsch vieler Unternehmen, Intranet und Lernplattform in einem einheitlichen „Look and Feel" erscheinen zu lassen, d. h. beide Systeme hinsichtlich Usability und Grafik aneinander anzugleichen. Dies kann bei Web-Applikationen, aufgrund ihrer Software technischen Architektur, allerdings schnell zu funktionalen Eingriffen führen. Um den damit einhergehenden Programmieraufwand zu vermeiden und flexibel für zukünftige Designänderungen zu sein, wurde z. B. für Virtual Campus entschieden, nur solche Designanpassungen durchzuführen, die schnell realisierbar und auch in Zukunft anpassbar sind.

4. Fazit

Virtual Campus ist eine typische E-Learning Lösung. Typisch zum ersten deshalb, weil es Branchen spezifische Faktoren gibt, welche die Aus- und Fortbildungsprozesse maßgeblich prägen und dazu führen, dass sich ein Unternehmen entscheidet, E-Learning in großem Maßstab zu initiieren. Typisch ist zweitens, dass bei der Realisierung der Lösung auf ein bestimmtes Standard-Repertoire an LMS-Funktionen zurück gegriffen werden kann und Referenzmodelle bei der Einführung erheblich helfen. Und typisch ist nicht zuletzt drittens, dass es bestimmte organisatorische und technische Restriktionen der Unternehmung gibt, die dem Projekt seinen evolutionären Charakter verleihen.

Ein E-Learning Projekt ist letztlich immer beides: ein Projekt organisationalen Wandels sowie ein Projekt der Informationssystemgestaltung. Vertreter beider Seiten – Organisations- und Personalabteilung einerseits und IT-Abteilung andererseits – prägen den Charakter des Projekts. Folglich sind beide Seiten dauerhaft im Projektteam zu verankern, mit ihren individuellen Zielen in allen wichtigen Fragen zu hören und für Entscheidungen gemeinsam in die Verantwortung zu nehmen. Nur wenn es gelingt, das natürliche Spannungsverhältnis von organisatorischer und technischer Veränderung Schritt für Schritt zu lösen, kann die angestrebte Veränderung in Richtung einer erfolgreichen E-Learning Unternehmung vollzogen werden.

Dieser Wandel will Weile haben. Mit Virtual Campus wurde der erste Schritt gemacht.

Literaturverzeichnis

[1] Vgl. HABERMANN, F./SCHEER, A.-W., Strategische Überlegungen zur Einführung eines Organizational Memory Systems, in: Scheer, A.-W. (Hrsg.), Electronic Business und Knowledge Management - Neue Dimensionen für den Unternehmungserfolg, Tagungsband zur 20. Saarbrücker Arbeitstagung 1999, Heidelberg 1999, S. 433-456.

[2] Vgl. HABERMANN, F., Integration im Dienste des E-Learning, in: SAPInfo, Nr. 82, Mai 2001, online: http://www.sapinfo.net/goto/pra/5154/DE/.

[3] Vgl. SCHEER, A.-W., Wirtschaftsinformatik: Referenzmodelle für industrielle Geschäftsprozesse, 7. Auflage, Berlin et al. 1997, S. 4.

[4] in Anlehnung an SCHEER, A.-W., ARIS – Vom Geschäftsprozeß zum Anwendungssystem, 3. Auflage, Berlin et al. 1998., S. 39

[5] SERVATIUS, H.-G., Intellektuelle Wertschöpfung mit Wissensnetzwerken, IM Information Management & Consulting, 13(1998)1, S. 101-104.

[6] Vgl. z. B. DENNIS, A./VALACICH, J., Rethinking Media Richness: Towards a Theory of Media Synchronicity, in: Sprague, R. (Hrsg.): Proceedings of the 32nd Annual Hawaii International Conference on Systems Sciences, Los Alamitos CA 1999, o. S; RICE, R., Task analyzability, use of new media, and effectiveness: A multi-site exploration of media richness, Organization Science, 3(1992)4, S. 475-500.

Dr. Richard Staub
IBM, Paris

E-Learning als Unternehmensprozess – Praxiserfahrungen von IBM

1. Einleitung

„For individuals and organizations alike, having to adapt to the new „rules of the game" is becoming as critical as performing well under the old rules. In moving forward what some are optimistically heralding as „the future learning society", some monumental problems and challenges are before us."

DAVID A. KOLB

Experiential Learning, 1984

Lernen ist in den letzten Jahren zu einem Leitthema in Wirtschaft und Gesellschaft geworden. Mit wachsender Intensität werden dabei neue Wege des Lernens in Schulen, Universitäten und Unternehmen diskutiert und erprobt. Die neuen Informations- und Kommunikationstechnologien (IKT) nehmen in dieser Diskussion eine zentrale Rolle ein. E-Learning wird in diesem Zusammenhang als eine der vielversprechendsten, zukunftsweisenden Anwendungen gesehen. Es wird uns das Instrumentarium für wirksames lebensbegleitendes Lernen in die Hand geben und damit den Weg in das Lernzeitalter ebnen.

Der Diskurs über e-Learning darf nicht in einem Vakuum stattfinden – er muss vor dem Hintergrund der aktuellen Umbruchsituation in Wirtschaft und Gesellschaft geführt werden. Weiter setzt er Klarheit über den Begriff des Lernens selbst voraus. Ich werde daher im ersten Teil dieses Artikels einige Themen behandeln, die mir in diesem Zusammenhang wichtig erscheinen: Warum gerade jetzt der fast religiöse Eifer, mit dem Fragen des Lernens behandelt werden ? Inwieweit können wir unser vorhandenes Verständnis von Lernen in die neuen Lernwelten einbringen ? Welche besondere Rolle kommt Unternehmen zu?

Im zweiten Teil meines Beitrages möchte ich konkrete Beispiele für innovative e-Learning-Programme aus dem Hause IBM geben. Wohlgemerkt - nicht Ideen, nicht bloße Konzepte, sondern Programme, die tatsächlich in den letzten Jahren weltweit implementiert wurden.

Die Einführung von Neuerungen stellt einen Lernprozess höherer Ordnung dar. Ich werde daher abschließend auch einiges von dem, was wir bei der Umsetzung gelernt haben, mit dem Leser teilen.

2. Warum Lernen gerade heute wichtig ist

„The ability to learn faster than your competitors is the only sustainable source of competitive advantage"

ARIE DE GEUS

Zwei Begriffe prägen die aktuelle Diskussion über Änderungen in Wirtschaft und Gesellschaft: Das Wissenszeitalter [1] und die New Economy [2]. Wissen wird zur zentralen Ressource, wenngleich in einer besonderen Ausprägung – als dynamisches, sich in extrem kurzen Zyklen erneuerndes Wissen [3]. Für die explosionsartige Vermehrung des verfügbaren Wissensstandes, aber auch dafür, dass Wissen „flüchtig" geworden ist (man also nicht mehr mit stabilen Wissensformen operieren kann), sind technologische Innovationen verantwortlich. Technologische Innovationen haben uns aus einer primär rohstoffverarbeitenden Old Economy in eine wissensbasierte und durch Wissen angetriebene New Economy geführt, in der intellektuelles Kapital den Grundpfeiler erfolgreichen Wirtschaftens bildet. Aber erst die explosionsartige Verbreitung der neuen IKT schafft die Grundlage für die globale Vernetzung, die ich als „Nervensystem" unserer Gesellschaft bezeichnen möchte.

Als Unternehmen, die der New Economy angehören, werden vielfach Internet Companies wie Amazon.com angesehen. Traditionelle Brick & Mortar-Firmen bezeichnet man dagegen gerne als der Old Economy zugehörig. Diese Unterscheidung geht am Wesentlichen vorbei. Es handelt sich bei der New Economy nicht so sehr um die Verlagerung des wirtschaftlichen Geschehens zu den Internet Companies und zu den High-Tech Branchen. Vielmehr schaffen die neuen IKT die Basis für Effizienz- und Produktivitätssteigerung bei sämtlichen Akteuren - und hier im besonderen bei Firmen der Old Economy. Die unablässige Generierung, Verarbeitung und Verteilung von Wissen ist Motor dieser Entwicklung. Den Ausschlag gibt jedoch letztlich die Fähigkeit zur Anwendung des Wissens in der kürzest möglichen Zeit – zur Steigerung der Effizienz von Geschäftsprozessen, zur Beschleunigung der Produktentwicklung, zur Entwicklung und Implementierung neuer Vertriebswege bis hin zur Neudefinition von Geschäftsmodellen und von ganzen Industriezweigen.

Nachdem Wissen letztlich in den Köpfen von Menschen entsteht ist es offenbar, dass es hier um Lernvorgänge auf verschiedenen Ebenen geht. Die Fähigkeit zu lernen und die Fähigkeit durch Anwendung des erworbenen Wissens die Unternehmensleistung zu verbessern, wird zu einem entscheidenden Wettbewerbsfaktor. Lernen ist kein Luxus mehr sondern geradezu eine Frage des Überlebens. Manche Autoren behaupten sogar, dass die Fähigkeit schneller zu Lernen als die Konkurrenz der einzige nachhaltige Wettbewerbsvorteil in unserem Wissenszeitalter sei. Eine aus der Ökologie stammende Formel, die von Reg Revans, dem Vater des Action Learning übernommen wurde, besagt, dass das Überleben eines Organismus nur dann sichergestellt ist, wenn seine Lerntempo gleich oder höher ist als das Tempo der Veränderungen in seinem Umfeld [4].

Akzeptiert man, dass Lernen für Unternehmen eine derart vitale Bedeutung hat, dann rückt die Innovation des Lernprozesses selbst ins Zentrum des Interesses. Die Fähigkeit den Lernprozess zu gestalten und zu innovieren, wird damit zu einem entscheidenden Erfolgsfaktor für das Unternehmen. Dies schafft die Rechtfertigung dafür, wesentliche Investitionsmittel in die Entwicklung neuer Lernformen zu lenken und sich auf Neuland vorzuwagen. Folglich übernehmen Unternehmen vielfach eine Pionierrolle im Rahmen der Wissensgesellschaft - sie sind „Versuchsstationen", in denen neue Lernmethoden wie Action Learning, informelles Lernen, selbstgesteuertes, gemeinschaftliches Lernen – verbunden mit dem kreativen Technologieeinsatz - erprobt werden.

Der Innovationsdruck für Lernen selbst treibt die Verwendung von Technologie an. Dabei stoßen wir auf ein Paradoxon – erfolgreicher Einsatz von Lerntechnologie erfordert ein vertieftes Verständnis von Lernvorgängen und Lernmethoden. Es erscheint geradezu als eine Ironie, dass uns die Anwendung von Technologie zurück zu den Grundfragen des Lernens führt, die wir in den letzten Jahrzehnten im Unternehmensalltag weitgehend vergessen hatten.

3. Was ist Lernen?

„The illiterate of the 21st century will not be those who cannot read and write, but those who cannot learn, unlearn and relearn"

ALVIN TOFFLER

Plato hielt es für notwendig, dass Ausbildung und Lernen bis zum vierzigsten Lebensjahr fortgeführt wird. Heutzutage ist man allgemein der Ansicht, dass er den Endpunkt viel zu früh gesetzt hat. In einem kürzlich in der französischen Wochenzeitschrift „L'Express" publizierten Interview sagte der bekannte französische Schauspieler Jean-Louis Trintignant „Tant qu'on apprends, on est jeune. Comme comedien, j'apprends encore" [5]. Für Plato unvorstellbar -Trintignant ist immerhin 70 Jahre alt. Lernen ist zu einer lebenslangen Aufgabe geworden.

Lernen ist ein vielschichtiger, hochkomplexer Vorgang, der uns seit Menschengedenken in unserem Leben begleitet und in der einen oder anderen Form beschäftigt. Das lebenslange Lernen ist eine natürliche Grundfunktion des menschlichen Lebens. Ohne ständiges Lernen kann der Mensch in einer komplexen instabilen Welt nicht als selbst denkendes, sein Verhalten selbst regulierendes und das gemeinsame Ganze verantwortlich mitgestaltendes Wesen überleben. [6]

"You cannot not learn" hört man immer wieder, und "Lernen ist ein individuelles Streben nach Sinn und Relevanz". Lernen ist aber genauso eine soziale wie ein individuelle Aktivität. Ich möchte im folgenden einige Hinweise zur Begriffsklärung beisteuern.

Einige Wörterbücher setzen Lernen mit Training oder Ausbildung gleich. Andere sind eher der kognitiven Sichtweise verbunden und definieren Lernen als Erwerb von Wissen, Verständnis, oder Skill durch Selbststudium oder Erfahrung - *was* wir lernen (der Lerninhalt), Aneignung, Speicherung und Abruf von Wissen stehen im Vordergrund.

Verhaltenspsychologen werden dagegen Lernen vielfach als einen Prozess definieren, "der über Erfahrung zu relativ dauerhaften Veränderungen im Verhaltenspotential führt" [7]. Lernen manifestiert sich in einer Veränderung des beobachteten Verhaltens - „behavioral outcomes" stehen im Vordergrund.

Ein anderer Ansatz ist jener des „Experiential Learning". Experiential Learning versteht sich nicht als Alternative zu den oben angeführten Lerntheorien, sondern als ganzheitliches und integratives, d.h. Erfahrung, Wahrnehmung, Erkenntnis und Verhalten kombinierendes Lernmodell. Es bietet Lernmethoden, mit denen Ausbildung, Arbeit und persönliche Entwicklung eng miteinander verbunden werden können, und schafft damit die Grundlage für die Betrachtungsweise des Lernens als einen lebenslangen Prozess. Die Liste der Lerntheoretiker, die sich mit dem Zusammenhang zwischen Erfahrung und

Lernen beschäftigt haben enthält illustre Namen. Sie reicht von John Dewey und Jean Piaget über Reg Revens, dem Begründer des Action Learning, bis zu Malcolm Knowles und David Kolb, den Vater des "Experiential Learning Cycle". Kolb definiert individuelles Lernen als "the process whereby knowledge is created through the transformation of experience" - *wie* wir neues Wissen erwerben, der individuelle Lernprozess [8], steht primär im Vordergrund - und nicht Lerninhalt oder Änderung des Verhaltens. Wie und unter welchen Bedingungen IKT Lernen in Kolb's Sinn unterstützen kann, ist Gegenstand eines jüngst im Magazin Lline veröffentlichten Artikels [9].

4. Auf welche Art wir lernen

Zunächst einmal lernen wir von innen heraus, nach unserem genetischen Programm. Wir "reifen", sagen wir, wenn wir diesen lebenslangen Prozess bezeichnen wollen.

Dann lernen wir an akuten Aufgaben und Herausforderungen in wechselnden Lebens- und Arbeitssituationen. Wir lernen „informell" [10]. Es handelt sich hierbei um ein - weitgehend - selbstbestimmtes, aus Lebenserfahrungen und situativen Herausforderungen erwachsendes, in der täglichen Lebens- und Arbeitspraxis stattfindendes Lernen, das durch reflektierendes Verarbeiten von Erfahrungen zu einem zusammenhängenden Lernen für die persönliche Kompetenzentwicklung werden kann [11].

Schließlich bieten planmäßige Lernveranstaltungen eine weitere Möglichkeit für Lernen. In diesem Fall sprechen wir von „formellem" Lernen.

Dieses formelle Lernen ist der erste, natürliche Ansatzpunkt für prioritäre Reformmaßnahmen. Folglich beschäftige ich mich in diesem Beitrag primär mit formellem Lernen. Ich werde jedoch auf die Verbindungen zwischen strukturierten Lernvorgängen und erfahrungs- und praxisbezogenen hinweisen.

Es bedarf keiner besonderen Hervorhebung, dass Lernen im Unternehmen zweckorientiert ist - und zwar unabhängig davon, ob es sich um informelles oder formelles Lernen handelt: es geht letztlich um die Verbesserung der Unternehmensleistung, der Performance. In diese Richtung argumentiert etwa auch Marc Rosenberg, wenn er in seinem jüngst erschienenen Buch den Begriff Lernen definiert als „the process by which people acquire new skills or knowledge for the purpose of enhancing their performance", wobei die einzelne Leistungsverbesserung letztlich dem Unternehmen (durch bessere Produkte, erhöhte Wettbewerbsfähigkeit, usw.) zugute kommt [12].

5. E-Learning definiert

"E-Learning is not about using the latest technology to replace the classroom. Nor is it about posting content on the Web to be downloaded or read."

BRANDON HALL

Die Meinungen darüber, was e-Learning ist, gehen auseinander. Vielfach wird es mit Online Learning gleichgesetzt [13].

Was verstehen wir bei IBM unter e-Learning? E-Learning ist aus dem von IBM ursprünglich geprägten Begriff des e-Business gewachsen, und ist aus diesem abzuleiten. E-Business beschreibt die Erneuerung und Umwandlung der wesentlichen Unternehmensprozesse unter Einsatz von Netzwerktechnologie – im wesentlichen Internet, Intranets und Extranets. Prozesse wie Customer Relationship Management, Supply Chain Management, Business Intelligence, e-Procurement und e-Commerce (also Geschäftstransaktionen mit Kunden und Partnern) sind typische Anwendungsbereiche für e-Business. E-Learning und Wissensmanagement treten in letzter Zeit als e-Business-Anwendungen verstärkt in den Mittelpunkt des Interesses.

Wir sehen e-Learning daher in diesem weiteren Kontext, d.h. als

- einen kohärenten Unternehmensprozess,
- hochgradig mit anderen Unternehmensprozessen vernetzt – etwa mit Human Resource- Prozessen, Accounting-Prozessen und Verkaufssystemen,
- einen Prozess der die gesamte "Wertschöpfungskette" des Lernvorganges umfasst – die Identifizierung der für die Unterstützung der Unternehmensziele erforderlichen Skills und Kompetenzen, Investitionsentscheidungen für Lernprogramme, Design und Entwicklung, Bereitstellung bis hin zur Erfolgsmessung und laufenden Verbesserung in Echtzeit. In diesem Sinne sind auch Unterstützungsprozesse wie Kursbelegung, Berichtswesen, Fortschrittskontrolle, Testverfahren, Virtual Tutoring etc. als Bestandteil von e-Learning-Lösungen zu sehen.

So betrachtet wird es klar, dass es bei e-Learning tatsächlich um den Unternehmensprozess selbst geht und nicht nur um den Lernvorgang im engeren Sinn.

Erstmals verfügen wir mit dem Internet über ein Werkzeug, das die Neukonfiguration und Integration der bisher getrennten Komponenten der mit Lernen verbundenen Unternehmensprozesse ermöglicht. Damit sind einem gewaltigen Innovationspotential alle Türen geöffnet. Allerdings setzt dies sowohl den Einsatz neuer Unternehmensanwendungen voraus, wie zum Beispiel sogenannte „Learning Management Systems", als auch den Aufbau von Know-How im Bereich der Pädagogik und Didaktik.

6. Die Unternehmen als Pioniere

„In a time of drastic change, it is the learners who inherit the future. The learned find themselves equipped to live in a world that no longer exists".

ERIC HOFFER,

zitiert in Vanguard Management

Nur wenn wir die Herausforderung annehmen....

Ich habe bereits eingangs auf die Pionierrolle der Unternehmen auf dem Gebiet des neuen Lernens hingewiesen. Es geht um sehr viel; es gilt überlegene Kompetenz der Mitarbeiter zu schaffen und diese in der Form überlegener Unternehmensleistungen im Marktgeschehen zur Geltung zu bringen.

Zuerst einmal stehen beträchtliche direkte Ausgaben auf dem Spiel (für Kursentwicklung, Kursbeiträge, Supportsysteme, Reise- und Aufenthaltskosten etc.). So investieren wir bei IBM weltweit mehr als eine Milliarde Dollar an direkten Kosten für Mitarbeiterausbildung. Dazu kommen verschiedene Arten von indirekten Kosten wie Zeiteinsatz, aber auch Opportunity Cost – wie etwa nicht realisierte Geschäftsabschlüsse während der Abwesenheit der Mitarbeiter.

Versagen die Lernprozesse im Unternehmen so ist der Preis jedoch letztlich ein viel höherer – das Ausbleiben des angestrebten Geschäftserfolges steht normalerweise in keiner Relation zu - selbst beträchtlichen - Schulungsausgaben.

Im Wissenszeitalter geht auch darum, talentierte Mitarbeiter für das Unternehmen zu interessieren und an das Unternehmen zu binden. Eine der stärksten Waffen in diesem „War for Talent" ist die Fähigkeit und Bereitschaft die Skills von Mitarbeitern nicht nur auf dem letzten Stand zu halten, sondern auch attraktive Weiterentwicklungsmöglichkeit zu bieten. Dies wird zu einem essentiellen Bestandteil der "Talent-Solution" des Unternehmens gegenüber dem Mitarbeiter. Die Sicherung der Beschäftigungsfähigkeit der Mitarbeiter fördert gleichzeitig die Wettbewerbsfähigkeit des Unternehmens als ganzes.

Im Spannungsfeld zwischen sich rasch ändernden Marktbedingungen, hohen Investitionen in Lernprogramme und Infrastrukturen und der Notwendigkeit Mitarbeitern ein attraktives Lernumfeld zu bieten, stoßen viele Unternehmen in Neuland vor, und leisten Pionierarbeit, die weit über das Unternehmen hinaus für die Wirtschaft und die Gesellschaft Bedeutung haben. So ist zu erwarten, dass es zu einem sprunghaften Ansteigen der sogenannten „Public Private Partnerships" auf dem Gebiet der Ausbildung kommen wird. Angesichts der dramatisch steigenden Anforderungen an den öffentlichen Ausbildungssektor in quantitativer und in qualitativer Hinsicht, misst die Europäische Kommission diesen Partnerschaften größte Bedeutung zu. Denken Sie etwa an den Bereich des lebensbegleitenden Lernens, der sicher nicht von den Unternehmen allein getragen werden kann.

Bekanntlich hat sich die Europäische Union in Lissabon [14] zum Ziel gesetzt, als führende Wissensgesellschaft andere Regionen in ihrer Wettbewerbsfähigkeit zu übertreffen. Basierend auf dieser ambitiösen Absichtserklärung hat die Europäische Kommission die Europäische eLearning Initiative [15] ins Leben gerufen, im Rahmen derer Zusammenarbeit zwischen öffentlichen Institutionen und privaten Unternehmen besonderer Stellenwert zugemessen wird.

....können wir auch die magische Formel finden

In diesem Umfeld gilt es die magische Formel zu finden – was im Erproben und der laufenden Verbesserung wohldurchdachter Konzepte besteht. Der Schlüssel liegt in der konzeptuellen Aufbereitung und in der konkreten Anwendung - also Learning by Doing und Trial and Error inklusive Mechanismen zur raschen Rückkoppelung und Auswertung des Gelernten. Je besser dieser Meta-Lernvorgang organisiert ist, desto schneller wird es zur erfolgreichen Umsetzung von e-Learning auf breiter Basis im Unternehmen kommen.

7. Die e-Learning-Revolution bei IBM

*„The mission of corporate e-Learning is to supply the workforce
with an up-to-date and cost-effective program that yields
motivated, skilled, and loyal knowledge workers"*

WR HAMBRECHT+CO

Corporate e-Learning: Exploring a new frontier, 2000

Von Fragmentierung und Dezentralisierung.........

Die Expedition in Richtung e-Learning hat bei IBM vor etwas mehr als 3 Jahren begonnen. Damals fielen Entscheidungen in Fragen der Ausbildung weitgehend dezentral, vielfach ohne Abstimmung zwischen den Geschäftseinheiten und den verschiedenen geographischen Gebieten. Es gab zu diesem Zeitpunkt kaum Mechanismen innerhalb des Unternehmens, Richtungsentscheidungen für Ausbildungsinvestitionen auf globaler Ebene zu treffen.

Dem gegenüber standen Business Units, die zunehmend global agierten. Es ist leicht einzusehen, dass es sehr rasch zu einer beträchtlichen babylonischen Sprachverwirrung kommen muss, wenn etwa in einem Umfeld in dem globale Teams mit globalen Kunden an globalen Lösungen arbeiten, im Rahmen der Verkaufsausbildung unterschiedliche Verkaufsprozesse und Verkaufsmethoden vermittelt werden. Bringt man nun zusätzlich die Notwendigkeit des Einsatzes von Lerntechnologien ins Spiel, so erweist sich der dezentrale Ansatz als gänzlich kontraproduktiv. Hier spielt die Frage der "Total Cost of Learning" eine wachsende Rolle, d.h. die Entwicklung von technologiebasierten Lernprogrammen verursachen sehr große Anfangsinvestitionen auf der Ebene des Designs und der Kursentwicklung, während die Verfügbarmachung selbst für eine geographisch weit gestreute Zielgruppe bei gegebener Infrastruktur relativ geringe Kosten bereitet.

.....über neue Richtlinien und Grundsätze.......

Wie wurde nun diese Veränderung bei IBM auf breiter Basis konkret in Angriff genommen?

Neue Grundsätze gaben die neue Richtung vor:

1. Zentralisierung der Investitionsmittel für Neuentwicklung von internen Schulungsprogrammen auf der Ebene der globalen Geschäftsbereiche. Es ist hier anzumerken, dass diese Gruppen Größenordnungen "ausgewachsener" Unternehmen haben, mit Mitarbeiterzahlen in den zig-Tausenden.

2. Die Auflage, den Einsatz der Investitionsmittel an den strategischen Zielen des Unternehmens auszurichten.

3. Die Verankerung einer klaren Verantwortung innerhalb der globalen Geschäftsbereiche für "Learning" in der neuen Funktion eines "Group Learning Executive".

4. Etablierung eines Management Systems, das die Zusammenarbeit zwischen den Geschäftsbereichen gewährleistet. Auf diesem Weg sollten parallele, überlappende Entwicklungen vermieden sowie gemeinsame Investitionen der Geschäftsbereiche gefördert werden.

5. Ein neuer unternehmenspolitischer Grundsatz sollte den massiven Einsatz von Lerntechnologie sicherstellen: grundsätzlich durften Neuentwicklungen von Schulungsprogrammen nur technologiebasiert erfolgen – d.h. Technologie war sozusagen die als Standard etablierte Vorgangsweise. Wann immer traditionelle Direktunterricht-Seminare entwickelt werden sollten, musste dies gerechtfertigt werden. Zielsetzung war es, durch Überbetonung des Technologieeinsatzes den gedanklichen Umschwung bei allen Beteiligten zu erzielen.

Diese strategischen Richtungsentscheidungen stellten die Grundlage für konkrete Umsetzungsmaßnahmen dar, wie etwa

- Neue, granulare Budgetplanungsprozesse, die alle relevanten Kostenfaktoren für Ausbildungsprogramme in Betracht zogen.
- Verknüpfung des Skills-Management-Prozesses mit der Strategieplanung und der operativen Jahresplanung.
- Auf der konzeptuellen Ebene wurde ein Lernmodell entwickelt, das die Verbindung zwischen Lerntechnologie, pädagogischen Prinzipien und Lernzielen erleichtern sollte. Auf diesen Punkt werde ich noch zu sprechen kommen.

Soweit Messbarkeit gegeben war, wurden auch klare numerische Vorgaben und Ziele zur Fortschrittskontrolle festgelegt. Beispiel dafür sind Einsparungen bei Reise- und Aufenthaltskosten durch den Einsatz von technologiebasiertem Lernen (100 Millionen Dollar im ersten Jahr) oder Anteil von technologiebasierter Ausbildung an der gesamten internen Ausbildung. Hier werden Zeitannahmen für technologiegestützte Lernprogramme in Studenten-Tage umgerechnet, um die Vergleichbarkeit zu erzielen. Andere Beispiele sind der Fokus auf die Zeiträume, innerhalb derer neue Lernressourcen verfügbar gemacht (Time to Market) und verbessert werden können.

.....zu einer e-Learning Revolution

Tatsächlich läuteten die neuen Richtlinien und die darauf beruhenden Umsetzungsmaßnahmen eine wahre e-Learning-Revolution bei IBM ein. Im Jahre 2000 wurden bereits annähernd 40 % der internen Ausbildung über neue e-Learning Programme geliefert. Ein Innovationsschub bei der internen Ausbildung war damit in Bewegung gesetzt. Die Einsparungen bei Reise- und Aufenthaltskosten erreichten im Jahr 2000 die Rekordmarke von 350 Millionen Dollar. Dabei ist anzumerken, dass es sich hier um „Cost Avoidance" handelt, d.h. hätte man die e-Learning-Programme in Form von traditionellen Direktschulungen geliefert, wären diese Kosten ausgefallen.

So positiv solche Kosteneffekte auch sein mögen, zum Nachweis des wahren Wertes der Lerninvestitionen für das Unternehmen benötigt man zusätzliche Messgrößen. Wir haben daher im vergangenen Jahr ein Projekt zur Messung des Return on Investment bedeutender Schulungsinvestitionen lanciert, dessen Ergebnisse wir im Laufe des Jahres 2001 erwarten.

8. Das Lernmodell

„What is emerging most clearly from the technology
explosion is, ironically enough, a refocusing on people"
L. WINER, N. RUSHBY, J. VAZQUEZ-ABADY

Einer der größten Fehler, der beim Einsatz von neuen Lerntechnologien gemacht werden kann ist es, Technologie um ihrer selbst willen einzusetzen. Das hieße Benutzer mit Technologie zu überhäufen. Im Zentrum der Überlegungen muss der Benutzer selbst stehen bzw. der Lernvorgang mit den definierten Lernzielen. „Zuerst Pädagogik und Didaktik, dann Technologie" sollte der Grundsatz hier lauten.

Bei IBM übernahm die für Führungskräfteentwicklung verantwortliche Funktion eine Vorreiterrolle. Im Gefolge der IBM-Restrukturierung der frühen 90er Jahre wurde die Führungskräfteentwicklung als unternehmensweite Verantwortung etabliert. Mit Rücksicht auf die Bedeutung der Schaffung einer neuen Unternehmenskultur mit unternehmensweit ausgerichteten Führungsprinzipien, "Leadership-Competencies" sowie der hierfür nötigen Ausbildungsprogramme, war dies ein verständlicher Schritt. Im Rahmen dieser Führungskräfteentwicklung war es nun erforderlich, eine Population von insgesamt etwa 30 000 Führungskräften mit adäquaten Ausbildungsmaßnahmen zu versorgen. Es war sehr rasch klar, dass dies nicht mehr auf konventionelle Weise erfolgen konnte – d.h. mit massiver traditioneller Seminartätigkeit. In diesem Sinn fiel die Grundsatzentscheidung für den Einsatz von e-Learning bei der Führungskräfteentwicklung bereits vor drei Jahren. Gerade auf diesem, von "weichen Skills" geprägten Gebiet sind jedoch tiefgreifende Überlegungen über den sinnhaften und planmäßigen Einsatz von Technologien zwingend nötig. Dies führte zur Entwicklung eines mehrstufigen Lernmodells. (Abbildung 1: „Learning Model")

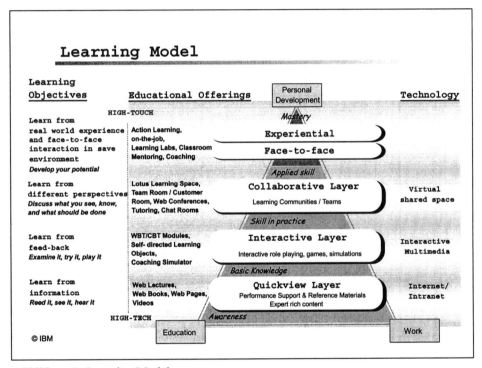

Abbildung 1: Learning Model

Dieses Modell schafft eine gemeinsame Sprache und ein gemeinsames Verständnis für den Einsatz und die Verknüpfung verschiedener Lernmethoden. Es führt früh im Entscheidungsprozeß zu sinnvollen Fragestellungen, wie etwa: Was sind die Lernziele ? Welcher Skills-Level soll erreicht werden ? Welche Technologie(n) eignen sich am besten hierfür ? Wenn es etwa um die bloße Vermittlung von Grundlagenwissen geht, so mögen standardisierte Informationselemente, die üblicherweise vom firmeneigenen Intranet aufgerufen werden können, ausreichend sein. Wir nennen diese bei IBM "Quickviews". Dies ist die Stufe 1 des Lernmodells. Strebt man hingegen die Erlangung von Anwendungswissen an, so bedarf es eines ein höheren Maßes an Interaktivität – hier kommen Simulatoren als eine der erfolgversprechendsten Technologien ins Spiel. IBM hat für interne Zwecke Simulatoren auf den Gebieten wie Coaching, Culture Clashes und Verkaufsszenarien entwickelt. Diese Simulationen sind durchaus komplex und vielschichtig – der Coaching Simulator besteht aus 5 000 verschiedenen Bildschirmseiten und bietet dem Benutzer zehn verschiedene Szenarien, mit Feedback-Mechanismen, Fortschrittsanzeige etc.

In Stufe 3 des Modells geht es um die durch Technologie vermittelte persönliche Interaktion zwischen Lernenden sowie Lernenden und Tutoren. Dabei gelangen wir auf das Gebiet der kollaborative Technologien und somit auf Lernmethoden die das Potential zur Verhaltensänderung der Teilnehmer haben. Lotus [16] hat mit "Lotus Learning Space" bahnbrechendes auf dem Gebiet des kollaborativen Lernens geleistet und es wird nicht überraschen, dass wir innerhalb von IBM massiv Learning Spaces als virtuelle Räume der Zusammenarbeit und des gemeinsamen Lernens etabliert haben. Dabei dienen Learning Spaces auch als Plattform für jegliche Art von virtuellen Lernvorgängen – etwa mittels Weblinks zu anderen Lernressourcen. All diese technologiegestützten Lernmethoden sollen nicht die Illusion erwecken, dass die direkte und persönliche Interaktion im Seminarraum ausgedient hat. Ganz im Gegenteil – diese ist wichtiger denn je. Allerdings besteht die Notwendigkeit den Zeiteinsatz im Klassenraum sowie die damit verbundenen erheblichen Kosten optimal zu nutzen. An der Spitze des Learning Model steht daher „High Touch Learning" mit direkter persönlicher Interaktion der Beteiligten.

Es stellt sich nun die Frage wie man aus den verschiedenen Vermittlungsmethoden einen wirksamen und erfolgreichen Lernprozess machen kann. Wie gesagt – die bloße Aneinanderreihung von Lernaktivitäten führt nicht notwendiger Weise zum gewünschten Lernziel.

9. Auf den richtigen Mix kommt es an

Intelligent und kreativ eingesetzte Lerntechnologie schafft große Gestaltungsspielräume bei Lernmethoden und Lernprozessen. Lassen Sie mich das an einem anschaulichen Beispiel darstellen. Bei IBM werden jährlich 5 000 – 6 000 Manager ernannt. Diese Manager müssen rasch mit Grundsätzen der Mitarbeiterführung, mit Human Ressource-Processes und -Practices sowie mit allgemeinen Kompetenzen vertraut gemacht werden, die Manager in ihre Tätigkeit einbringen sollen.

In der Tat ist es gelungen unter Einsatz von Technologie den gesamten Lernprozess zu erneuern. Im Sinne des zuvor dargestellten Lernmodells wurde die Verwendung bestimmter Lerntechnologien optimiert und der gesamte Lernprozess in systemischer Weise organisiert. Lotus Notes sowie das IBM Intranet helfen uns dabei die Elemente aneinander zu knüpfen und Visibilität für Lernende und Tutoren über Fortschritt und Erfolg in jeder Phase des Prozesses zu gewährleisten. Ein solcher hybrider Lernprozess wird heute vielfach als „Blended Learning Process" bezeichnet. (Abbildung 2: „Basic Blue")

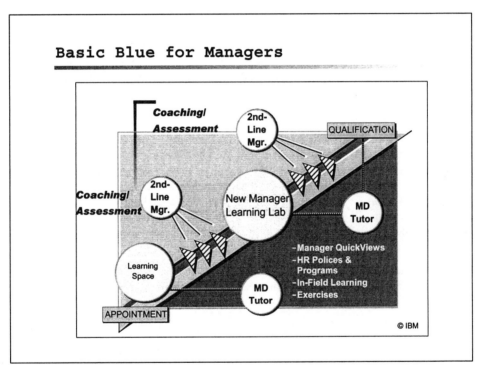

Abbildung 2: Basis Blue

Der Lernprozess wurde in drei Abschnitte gegliedert

- Vermittlung des Grundlagenwissens im Rahmen des Learning Space während einer Periode von sechs Monaten – weitgehend auf Basis selbstgesteuerten Lernens im vorgegebenen Zeitrahmen;
- Anwendung des erworbenen Wissens im Rahmen eines 5-tägigen Intensivworkshops (Learning Lab);
- Nachbearbeitung des Gelernten während eines weiteren halben Jahres im Learning Space in virtuellen Arbeitsgruppen.

Der Learning Space hat in diesem Ablauf eine Mehrfachfunktion, nämlich als

- virtuelles Klassenzimmer, in dem sich Diskussionen und Gruppenarbeiten abspielen;
- Planungsmodul (Schedule Database), das den Syllabus und die Terminvorgaben enthält;
- Media-Center, über welches direkter Zugriff auf Lernressourcen möglich ist (z.B. Simulatoren, Quickviews zu den einzelnen Lernabschnitten, Fachartikel etc.)
- Datenbank mit den persönlichen Profilen der Teilnehmer und der Tutoren; immerhin sind 100 – 120 Teilnehmer gleichzeitig in einem Learning Space und haben somit bessere Möglichkeiten sich gegenseitig kennenzulernen;
- Learnig Management System mit einer Funktionalität, die Kursbelegung, Testverfahren, Fortschrittsinformation und detailliertes Berichtswesen umfasst.

Dieser Ausbildungsweg für neue Manager – interne Bezeichnung: "Basic Blue" - ist ein beredtes Beispiel für die konkrete, praktische Anwendung des Learning Models und der darin enthaltenen Grundsätze. Der begeisterte Feedback der Teilnehmer bestärkt uns in der Annahme, dass hier ein vielversprechender Weg eingeschlagen wurde.

Einige Schlussfolgerungen – warum das Programm erfolgreich ist:

- Hohes Motivations-Niveau – neue Manager bekommen fundierte Ausbildung.
- Teilnahme ist obligatorisch – das hilft Widerstände zu überwinden und stellt hohe Priorität dieser Lernaktivität bei den Teilnehmern und deren Management sicher.
- Absolvierung der Phase 1 im Learning Space ist Voraussetzung für Zulassung zum Learning Lab - d.h. ohne Absolvierung der in den ersten sechs Monaten vorgesehenen Übungen und den damit verbundenen Tests im Learning Space ist die Teilnahme am Kernseminar der IBM Managementausbildung für neu ernannte Führungskräfte nicht möglich.
- Akzeptable Arbeitsbelastung – mit circa 2-3 Wochenstunden sind die im Learning Space durchzuführenden Aufgaben mit der im allgemeinen hohen Arbeitsbelastung von Führungskräften kompatibel.

- Starke Unterstützungsstruktur - die Tutoren haben die Funktion von virtuellen Moderatoren, die den Überblick über die Vorgänge im Learning Space bewahren und sich bei Problemen mit den einzelnen Kandidaten persönlich in Verbindung setzen.
- Zugang zu führender Managementexpertise – sowohl durch Zugriff auf neueste Managementliteratur als auch durch Interaktion mit den virtuellen Tutoren, die außerhalb des Learning Spaces eine intensive Seminartätigkeit im Rahmen der internen Management-Ausbildungsprogramme ausüben, und daher hochkarätige Experten auf den verschiedensten Gebieten des Management sind.
- Ein Höchstmaß an Praxisrelevanz – so werden etwa Quickviews im Rahmen des Ausbildungsweges eingesetzt. Dieselben Quickviews dienen auch der Informationsbeschaffung Just-in-Time am Arbeitsplatz in der täglichen Praxis der Führungskräfte.

Es muss klargestellt werden, dass sich das Basic Blue-Programm in eine Reihe von sorgfältig geplanten und aufeinander abgestimmten Programmen zur Führungskräfteentwicklung einfügt. Basic Blue stellt sozusagen die Grundausbildung dar. In weiteren Programmen wird Schwergewicht auf die Vertiefung der Leadership Competencies gelegt, auf die Auswirkungen von Management-Stil und des in der Gruppe geschaffenen Klimas auf die Leistung, und ähnliche Fragen. Auch diese Programme werden durch Web-basierte Anwendungen unterstützt (z.B. 360 Grad Feedback), münden aber letztlich in ein Direkt-Workshop, in dem das vorbereitete Material mit Unterstützung eines erfahrenen Tutors gemeinsam mit der Gruppe ausgewertet wird.

10. Weltweite Schulungen in Rekordzeit

*„We need to bring learning to people
instead of bringing people to learning"*

The MASIE Center,

TechLearn99

Ein weiteres Praxisbeispiel beschreibt eine Situation mit der wir immer häufiger konfrontiert sind: Kurzfristige Änderungen - etwa bei Absatz- oder Produktstrategien - machen es erforderlich, große Gruppen von Mitarbeitern in sehr kurzen Zeiträumen Grundlagenschulung zu vermitteln. Bei globalen Unternehmen sollen solche Schulungen möglichst in allen Kontinenten gleichzeitig erfolgen.

Dieser Problematik sahen wir uns Ende des Jahres 1998 gegenüber, als es darum ging unserer weltweiten Verkaufsmannschaft die Grundlagen von e-Business zu vermitteln. Nachdem wir die ursprüngliche Idee der Frontalschulung von mehr als 15 000 Mitarbeitern innerhalb von 8-12 Wochen sowohl aus Kostengründen als auch aus Machbarkeitserwägungen verworfen hatten, wandten wir uns einer neuen Lösung zu: Statt die Mitarbeiter zu den Vorträgen zu senden, haben wir die Vorträge zu den Mitarbeitern gebracht. Wir haben hierfür eine Technologie gewählt, bei der der Zugriff auf Präsentations-Charts mit Sprechertexten und Audio über unser Intranet erfolgt.

Die nachstehende Faktoren haben zum Erfolg dieses Programms beigetragen:

- Die modulare Struktur: die Schulung wurde in 15 etwa einstündige Vortagsmodule gegliedert, die vom Mitarbeiter in Übereinstimmung mit seiner Zeitplanung abgerufen werden konnten.
- Durch den Verzicht auf Video, konnte auch bei geringer Übertragungsgeschwindigkeit auf die Kursmodule zugegriffen werden; dies ist im Zeitalter erhöhter Mobilität von großer Wichtigkeit (Home Office, Hotelräume, Gebiete mit geringer Bandbreite der öffentlichen Telefonsysteme, etc.).
- Über das Learning Management System konnte der Mitarbeiter jederzeit abrufbare Information über seinen Fortschritt, sowie mittels integrierter Testverfahren Aufschluss und Feedback über das Verständnis des Gelernten erhalten.
- Die mit jedem Vortrag verbundenen Online-Tests gaben den Teilnehmern unmittelbaren Feedback über das Verständnis der durchgearbeiteten Lectures.
- Die Möglichkeit, online Verbesserungsvorschläge zu jedem einzelnen Modul zu machen, die, wenn angebracht, innerhalb von Stunden in die Lectures integriert werden konnten und somit rund um den Erdball verfügbar waren.
- Durch die Option, die Präsentation selbst und die damit verbundenen Sprechertexte auf das eigene System herunterzuladen war die unmittelbare Verwendung des Gelernten in der täglichen Praxis ermöglicht.

Ich habe dieses Beispiel bewusst gewählt, da es sich hierbei nicht um eine hochgestochene technologische Lösung handelt, sondern um einen Weg, der den Einschränkungen denen wir uns mitunter gegenüber sehen, Rechnung trägt. Entscheidungen dieser Art müssen in Hinblick auf Lernziele und der hierfür angemessenen Lernmethoden fallen, aber gleichzeitig die infrastrukturellen Gegebenheiten für den Technologieeinsatz berücksichtigen.

Dem Einwand, dass diese virtuellen Vorträge nicht gleichgesetzt werden können mit den ursprünglich vorgesehenen Workshops, die zur persönlichen Interaktion der Teilnehmer untereinander sowie mit den Vortragenden geführt hätten, würde ich folgendes entgegenhalten: Es ist richtig, dass die sozialen Aspekte von Direktworkshops nicht durch Fernvorträge ersetzt werden können. Allerdings war die Geschwindigkeit, mit der wir bestimmte Mitarbeitergruppen ansprechen wollten, ein Schlüsselkriterium für die Entscheidung. Die Zielsetzung dieses Lernschrittes war sozusagen ein breites „Level-Setting", auf dessen Grundlage, je nach Skills-Anforderungen weitere Lernschritte im Sinne des IBM Learning Models vorgenommen werden konnten.

11. Was wir gelernt haben

Lassen Sie mich nun zu einigen Lessons Learned kommen.

Wie erwähnt, muss man die Einführung von e-Learning im Unternehmen als großen Lernprozess sehen. Eine Vielzahl von Einflussfaktoren bestimmt das, was in einem gegebenen Umfeld realisierbar ist. Diese Einflussgrößen umfassen Elemente wie Unternehmenskultur, Erfahrungen und Skills von Mitarbeitern und Management im Umgang mit IKT, die Ausstattung von Mitarbeitern mit multimediafähigen Endgeräten sowie die e-Business-Infrastruktur des Unternehmens. Eine e-Learning Revolution muss jedoch vor allem von der Überzeugung und Bereitschaft im Top Management getragen sein, in innovative Lösungen zu investieren und diesem Thema hohe Priorität einzuräumen.

„Nothing is as practical as a good theory" (Kurt Lewin)

Will man nicht bloß temporäre Inseln der Innovation schaffen, sondern das Unternehmen als Ganzes nachhaltig mit neuen Lernmethoden durchdringen, so empfiehlt es sich, auf bewährte Grundlagen zurückzugreifen, die im Laufe der letzten Jahrzehnte auf wissenschaftlicher Basis entwickelt wurden. Bei IBM haben wir mit großem Erfolg die Erkenntnisse von Everett Rogers angewandt, die er in seinem grundlegenden Werk „Diffusion of Innovations" [17] dargelegt hat. Rogers schlägt fünf Attribute vor, die Vorhersagekraft für die Akzeptanz und den Erfolg von Innovationen haben: Relative Advantage, Compatibility, Simplicity, Trialability und Observability. Es würde an dieser Stelle zu weit führen auf diese Attribute im Detail einzugehen, doch soll deren Bedeutung anhand von Beispielen illustriert werden. Der relative Vorteil betrifft das Ausmaß in dem die Innovation als eine Verbesserung gegenüber den bisherigen Vorgangsweisen gesehen wird. So wird etwa die Möglichkeit jederzeit und ortsunabhängig auf wichtige Lernressourcen zugreifen zu können, allgemein als vorteilhaft eingeschätzt werden. Dennoch wird eine solche Innovation geringe Chancen auf rasche, nachhaltige Verbreitung im Unternehmen haben, wenn sie mit bestehenden Erfahrungen und Wertvorstellungen der Mitarbeiter nicht vereinbar ist. Wenn die Benutzer etwa mit einem virtuellen Lernumfeld konfrontiert werden, das hinsichtlich Orientierung und Navigation völlig von dem des Arbeitsalltages abweicht, wird es zu erheblichen Anpassungsschwierigkeiten kommen. Auch die Frage der einfachen Handhabbarkeit hat erheblichen Einfluss auf die Akzeptanz – mitunter erweisen sich für erfahrene PC-Benutzer triviale Transaktionen wie das Herunterladen eines „Plug-in", als wahres Hindernis für die große Masse der Anwender.

Die Anwendung dieser Kriterien schafft gute Voraussetzungen für die breitflächige Annahme neuartiger Lernprogramme. Darüber hinaus ist jedoch auch großer Nachdruck seitens des Management auf die Nutzung neuer Lernverfahren nötig. Mitunter ist dies der einzige Weg eine Neubewertung der eigenen Lernpräferenzen bei den Lernenden herbeizuführen. Wir haben festgestellt, dass sich die Präferenzen von neuen Führungskräften nach Absolvierung des obligatorischen Basic Blue-Programmes deutlich in Richtung Online-Learning verschoben haben. „We don't know what we don't know" – bevor diese Erfahrungen nicht persönlich gemacht werden, ist die Einschätzung der neuen Lernmethoden durch die Betroffenen nicht wirklich möglich.

Von Syllabus bis Support

Einige weitere Erfahrungen, mit denen wir vermutlich nicht allein dastehen:

- Das bloße Anbieten von neuen technologiebasierten Lernressourcen ist zu wenig um selbstgesteuerte Lernvorgänge auf breiter Basis voranzutreiben. Die Einbindung in einen Syllabus, der einerseits Flexibilität für die Lernenden bietet und andererseits einen Gesamtrahmen sowie Meilensteine für den Lernprozess vorgibt, ist unumgänglich um das erforderliche Maß an Lerndisziplin zu erzielen.
- Das geradezu exponentielle Ansteigen von Online-Lernprogrammen birgt die Gefahr einer Überlastung der Lernenden in sich. Insbesondere bei obligatorischen und terminisierten Ausbildungsinitiativen muss der Impact auf die jeweiligen Zielgruppen analysiert und verstanden werden.
- Die Bedeutung einer soliden Support-Struktur zur Unterstützung der Lernenden kann nicht hoch genug eingeschätzt werden. Online-Hilfefunktionen sind gut und wichtig, doch nichts kann personalisierte Hilfefunktionen ersetzen - kompetente Ansprechpartner für technische oder inhaltliche Fragestellungen.
- Virtuelle Tutoren stellen eine neue Form von Kursleitern dar, die sorgfältig auf ihre Aufgabe vorbereitet werden müssen. Neben inhaltlichen Kenntnissen sind neuartige Skills gefragt – etwa Online-Facilitation-Skills, also die Fähigkeit den Lernenden über Online-Interventionen zu helfen, ihren Weg durch den Lernparcours zu finden.

Von Skills zu Competencies

Will man e-Learning erfolgreich einsetzen, bedarf es auch eines differenzierten Verständnisses der verschiedenen Schichten, die die menschliche Qualifikation und Leistungsfähigkeit darstellen. Wir haben vor einigen Jahren begonnen uns intensiv mit den Fragen des Skills Management zu befassen, wobei Skills auf technische und professionelle Qualifikationen fokussiert sind. In der Folge haben wir uns in Richtung des breiteren Begriffes der Competencies bewegt, die neben Skills und Knowledge auch Elemente wie Einstellung (attitudes), Wertvorstellungen, Selbstbild und Motive beinhalten. Competencies erlauben Rückschlüsse auf die Leistungsfähigkeit von Mitarbeitern in einem gegebenen Umfeld und gehen in ihrer diesbezüglichen Aussagekraft weit über Skills hinaus. Sie machen auch die Grenzen dessen deutlich, was man nun tatsächlich im Unternehmen rasch lernen kann und welche Fähigkeiten sich über lange Zeiträume entwickeln und bereits in den Mitarbeitern, die man aufnimmt – zumindest ansatzweise - vorhanden sein sollten. Lyle Spencer, einer der Gurus der Competency-Bewegung drückte es so aus: „You can teach a turkey to climb a tree, but it is easier to hire a squirrel".

Pedagogy first

Die besondere Herausforderung bei e-Learning ist es jedoch pädagogisches Wissen einzusetzen, um auf den ganzen Menschen zugeschnittene, ansprechende Lernvorgänge zu schaffen [18]. Content gibt es in Hülle und Fülle, doch diesen in eine Form zu gießen, die Interesse oder gar Begeisterung beim Lernenden erzeugt, ist eine andere Sache. „We must work harder and complain louder to ensure that the quality of alternative delivery options will continue to improve and perhaps one day will become „informational and inspirational - possibly even entertaining" [19]. Ansonsten besteht die Gefahr von "Technologieruinen", die mit großem Aufwand errichtet wurden, die jedoch niemand benutzt, da sich die potentiellen Bewohner darin nicht wohl fühlen.

„Wir müssen nicht nur lernen, wir müssen das Lernen lernen" (Friedrich Schleiermacher)

Es besteht kein Zweifel daran, dass sich e-Learning derzeit in einer frühen Entwicklungsphase befindet, es steckt sozusagen noch in den Kinderschuhen. Es erfordert den Aufbau neuen Wissens im Unternehmen und die neue Lernkultur wird zu einem wesentlichen Element einer neuen, zeitgemäßen Unternehmenskultur. Ein Umfeld zu schaffen in dem Lernen auf vielfältige Art gefördert und unterstützt wird, ist heute eine der zentralen Führungsaufgaben. Die Mitarbeiter aber auch das Unternehmen als Ganzes müssen lernen neu zu lernen. Angesichts des Einflusses dieser Lernfähigkeit auf die Wettbewerbskraft des Unternehmens ist es ratsam den mitunter beschwerlichen Weg in Neuland eher rasch zu beschreiten. Je später das Unternehmen diese Lernkurve in Angriff nimmt, um so länger wird es dauern die Früchte zu ernten. Wenn auch Lernen nicht das Allheilmittel für alle denkbaren Unternehmensprobleme sein kann so ist es doch eines der Schlüsselelemente zum Erfolg von morgen. Wie sagen die Philosophen doch so schön: es ist eine notwendige aber nicht ausreichende Bedingung.

Lernen ist ein weites Land. Lassen Sie mich meine Ausführungen mit einer kleinen Anekdote beschließen, die die Breite dieses Themas wiedergibt:

Es war einmal ein junger Manager bei IBM, der in einem riskanten Geschäft mehrere Millionen Dollar in den Sand setzte. Er wird ins Büro von Thomas Watson sen., dem IBM-Gründer, gerufen. Sichtlich eingeschüchtert, beginnt er mit den Worten: „Ich nehme an, Sie erwarten meinen Abschied". „Das kann doch nicht ihr Ernst sein", antwortet Watson, „wir haben gerade 10 Millionen in Ihre Ausbildung investiert".

Literaturverzeichnis und Anmerkungen

[1] Der Begriff „Knowledge Society" wurde erstmals 1968 von Peter Drucker in "The Age of Discontinuity" verwendet. Wann das Wissenszeitalter begonnen hat ist unklar. Während Drucker eher vermutet, daß die Transformation zu einer Knowledge Society nach dem zweiten Weltkrieg begonnen hat (jedem amerikanischen Soldaten wurde die Universitätsausbildung ermöglicht), gibt für Shoshana Zuboff („In the Age of the Smart Machine", 1988) die breite Akzeptanz des PC den Ausschlag.

[2] Zur „New Economy" -

Nachstehend einige typische Entwicklungen, die mit der New Economy in Zusammenhang gebracht werden können:

Aufgrund drastisch fallender Preise für Computer und Leitungsverbindungen ist die Geschwindigkeit mit der sich die neuen Informationstechnologien und das Internet ausbreitet wesentlich rascher, als alles bisher dagewesene

IKT durchdringt die gesamte Wirtschaft und hat das Potential Effizienz und Produktivität praktisch jeglicher Unternehmensaktivität zu steigern.

Erhöhter Informationszugang erlaubt den Märkten wirtschaftlicher und effizienter zu agieren.

IKT und Globalisierung sind auf das engste verknüpft: aufgrund reduzierter Kommunikationskosten können Produktion und Kapitalmärkte globalisiert werden. Der resultierende erhöhte Wettbewerb wiederum beschleunigt das Innovationstempo und somit die Diffusion von neuen Technologien.

Innovation selbst wird durch IKT angefacht, da es einfacher und billiger wird, große Datenmengen zu verarbeiten und die Zeit bis zur Marktreife von Neuentwicklungen kürzer wird.

[3] 1447 (Gutenberg Druckereipresse) bis 1750: Verdopplung schriftlich überlieferten Wissens
1900: Verdopplung globalen Wissens
1950: Verdopplung globalen Wissens
2000: Globales Wissen verdoppelt sich alle 5 Jahre
2020: man kann damit rechnen, daß sich der Umfang des globalen Wissens alle 72 Tage verdoppelt

Quelle: INSEAD CASE, Knowledge Management at Arthur Andersen (Denmark): Building Assets, in: Real Time and in Virtual Space, 1997.

[4] REVANS, R., The Origins and Growth of Action Learning, 1982: An organization's rate of learning should be equal to, or greater than, the rate of change in the environment: L ≥ C.

[5] „Solange man lernt, ist man jung. Als Schauspieler lerne ich immer noch"

[6] DOHMEN, G., in: BM für Bildung, Wissenschaft, Forschung und Technologie (Hrsg.), Das Lebenslange Lernen, Bonn 1996.

[7] siehe ANDERSON, J.R., Learning and memory: An integrated approach, John Wiley & sons Inc., New York 1995.

[8] Dem Begriff „Lernprozeß" liegt die Annahme zugrunde, daß Lernen ein Vorgang ist, der sich in mehreren Etappen („stages") vollzieht. Je nachdem, ob es sich um Lernen auf individueller Ebene oder auf organisationaler Ebene handelt, sind diese Etappen verschieden. Der Lernprozeß wird häufig in einem Lernzyklus dargestellt. Ein Beispiel für einen Lernzyklus auf individueller Ebene ist Daniel Kolb's „Experiential Learning Cycle", der 4 Stufen umfaßt: „concrete experience" - reflective observation" - „abstract conceptualization - „active experimentation". Das heißt, der Lernprozeß wird begriffen als „konkrete Erfahrung", die über „Interpretation und bewußtes Reflektieren über das Erfahrene " zur „Schaffung neuer Sinnstrukturen" führt, die in „Testen der neuer Sinnstrukturen in Form von Gedanken oder Aktionen" münden, die wieder zu neuer Erfahrung führen, usw. Ausgehend von Kolb's Modell hat Nancy Dixon einen Lernzyklus für Lernen auf organisatorischer Ebene entwickelt, den sogenannten „Organizational Learning Cycle", der ebenfalls 4 Stufen umfaßt, organizational context" - „collective interpretation of information" - „acting on information". Um Lernen auf organisationaler Ebene sicherzustellen, muß jeder Einzelne allerdings zuerst alle Schrittes seines individuellen Lernprozesses durchmachen. „There is no organisational learning without individual learning", haben schon Argyris und Schön (1978) erkannt. Vgl. KOLB, D.A., Experiential Learning: Experience as a source of Learning and Development, Prentice-Hall, 1984; DIXON, N., The Organizational Learning Cycle, McGraw-Hill, 1994; GARVIN, D.A., Learning in Action, Harvard Business School Press, Boston 2000 (samt weiterführender Literatur, Seite 223).

[9] SQUIRES, D., The Impact of ICT Use on the Role of the Learner, Lifelong Learning in Europe, 1/2000.

[10] In engem Zusammenhang zu informellem Lernen steht selbstgesteuertes Lernen (Self-directed Learning). Selbstgesteuertes Lernen wird als Lernen verstanden, bei dem die Lernenden ihren Lernprozeß im wesentlichen selbst lenken. Es ist eng verbunden mit der Vorstellung vom selbständigen Entscheiden des Einzelnen über die Nutzung der verschiedensten informellen und institutionalisierten Lernhilfen in der eigenen Lebens- und Medienwelt, stellt aber hohe Anforderungen in puncto Kennt-

nis der eigenen Lernbedürfnisse, - ziele und -voraussetzungen, und setzt ein hohes Maß an Motivation voraus [6]. Eine ausführliche Darstellung der Rahmenbedingungen und Entwicklungshilfen für selbstgesteuertes Lernen bietet die Druckschrift Weiterbildungsinstitutionen, Medien, Lernumwelten, Herausgeber BM für Bildung, Wissenschaft, Forschung und Technologie, 1999.

[11] WATKINS, K.E./MARSICK, V.J., Towards a Theory of informal and incidental Learning in Organizations,1992, zitiert in [6].

[12] zitiert in ROSENBERG, M.J., e-Learning, McGraw-Hill, 2001.

[13] Einige Definitionen von e-Learning

E-Learning ist „jeglicher Einsatz von Technologie für Lernen außerhalb des physischen Klassenraums" (Brandon Hall).

„E-Learning refers to anything delivered, enabled, or mediated by electronic technology for the explicit purpose of learning" (ASTD).

[14] LISBON EUROPEAN COUNCIL, March 23 and 24, 2000.

[15] COMMUNICATION FROM THE COMMISSION, e-Learning - Designing Tomorrow's Education, May 16, 2000.

[16] Lotus ist eine Tochtergesellschaft von IBM

[17] ROGERS, E., Diffusion of Innovations, The Free Press, 1995.

[18] Das Spektrum reicht vom Einarbeiten der neuesten Erkenntnisse auf dem Gebiet der Neurowissenschaften in das sogenannte „Brain-Based Learning" - bei dem es um die Frage geht, wie sich Aufmerksamkeit, Gefühle, Motivation, usw. auf Lernen auswirken - über Entwicklung von Scenario Planning bis hin zur optimalen Konzeption von Multimedia. Vgl. WEISS, R.P., Brain-Based Learning, in: Training & Development, American Society for Training and Development (ASTD), July 2000; und SYLWESTER, R., A Celebration of Neurons: An Educator's Guide to the Human Brain, ASCD, 1995, Beispiel: „Motivation": Forschungsergebnisse über Lernen von Erwachsenen zeigen z.B., daß unsere Motivation zu lernen dann steigt, wenn wir aktiv in den Lernprozeß involviert sind und es um Themen geht, die für uns relevant sind, sei es im täglichen Leben oder im Beruf. Action Learning erfüllt beide Voraussetzungen. Reg Revans faßt sein Konzept, das in verschiedensten Action Learning-Programmen verwirklicht wurde, in einem Satz zusammen: „Real people learn with and from other real people by working together in real time on real problems" (REVANS, R., Action Learning and the Cowboys, Organizational Development Journal, Fall 1986).

[19] THE ADVISER, The human side of eLearning, Volume 01 Number 04, 2000, BNH Expert Software - http://www.bnhexpertsoft.com.

Mit Update-Service im Internet
www.gabler.de/wirtschaftslexikon

ALLES DRIN!

DAS NEUE GABLER WIRTSCHAFTS-LEXIKON

GEBUNDENE AUSGABE
DM 348,–/ EUR 174,–
ISBN 3-409-32998-6

TASCHENBUCH NEU
DM 178,–/ EUR 89,–
ISBN 3-409-30388-x

CD-ROM NEU
DM 178,–*/EUR 89,–*
ISBN 3-409-49926-1

JETZT BESTELLEN: Im Buchhandel oder beim **GABLER VERLAG** · 65173 Wiesbaden
Telefon +49.(0)611.78 78-1 24 Telefax +49.(0)611.78 78-4 20
Änderungen vorbehalten. Die Europreise gelten ab dem 1.1.2002. *Unverbindliche Preisempfehlung

KOMPETENZ IN SACHEN WIRTSCHAFT

Fachinformation auf Mausklick

Das Internet-Angebot der Verlage **Gabler, Vieweg, Westdeutscher Verlag, B. G. Teubner** sowie des **Deutschen Universitätsverlages** bietet frei zugängliche Informationen über Bücher, Zeitschriften, Neue Medien und die Seminare der Verlage. Die Produkte sind über einen Online-Shop recherchier- und bestellbar.

Für ausgewählte Produkte werden Demoversionen zum Download, Leseproben, weitere Informationsquellen im Internet und Rezensionen bereitgestellt. So ist zum Beispiel eine Online-Variante des Gabler Wirtschafts-Lexikon mit über 500 Stichworten voll recherchierbar auf der Homepage integriert.

Über die Homepage finden Sie auch den Einstieg in die Online-Angebote der Verlagsgruppe, so etwa zum Business-Guide, der die Informationsangebote der Gabler-Wirtschaftspresse unter einem Dach vereint, oder zu den Börsen- und Wirtschaftsinfos des Platow Briefes und der Fuchsbriefe.

Selbstverständlich bietet die Homepage dem Nutzer auch die Möglichkeit mit den Mitarbeitern in den Verlagen via E-Mail zu kommunizieren. In unterschiedlichen Foren ist darüber hinaus die Möglichkeit gegeben, sich mit einer „community of interest" online auszutauschen.

... wir freuen uns auf Ihren Besuch!

www.gabler.de
www.vieweg.de
www.westdeutschervlg.de
www.teubner.de
www.duv.de

**Abraham-Lincoln-Str. 46
65189 Wiesbaden
Fax: 06 11.78 78-400**